谨以此书纪念我们尊敬的张忠培先生

河套地区先秦两汉时期的文化、生业与环境研究系列报告：五

# 浑河下游地区区域性考古调查报告

## （上册）

内蒙古自治区文物考古研究所
内蒙古自治区文物保护中心　编著

曹建恩　主　编

党　郁　孙金松　杨星宇　副主编

文物出版社

## 图书在版编目（CIP）数据

浑河下游地区区域性考古调查报告／曹建恩主编；
内蒙古自治区文物考古研究所，内蒙古自治区文物保护中
心编著. －北京：文物出版社，2018.11
　ISBN 978－7－5010－4878－6

　Ⅰ.①浑… Ⅱ.①曹… ②内… ③内… Ⅲ.①浑河－
下游－考古调查－调查报告 Ⅳ.①K872.26

中国版本图书馆CIP数据核字（2017）第016242号

# 浑河下游地区区域性考古调查报告

编　　著：内蒙古自治区文物考古研究所　内蒙古自治区文物保护中心
主　　编：曹建恩
副 主 编：党　郁　孙金松　杨星宇

题　　签：张忠培
责任编辑：马晓雪　李　飏
责任印制：陈　杰
责任校对：安艳娇

出版发行：文物出版社
社　　址：北京市东直门内北小街2号楼
邮　　编：100007
网　　址：http：//www.wenwu.com
邮　　箱：web@wenwu.com
经　　销：新华书店
制　　版：北京文博利奥印刷有限公司
印　　刷：北京鹏润伟业印刷有限公司
开　　本：787mm×1092mm　1/16
印　　张：58.25
版　　次：2018年11月第1版
印　　次：2018年11月第1次印刷
书　　号：ISBN 978－7－5010－4878－6
定　　价：620.00元（全二册）

本报告出版得到

国家社科基金西部项目《浑河下游地区区域性考古调查》
（项目编号09XKG001）

内蒙古2012年"草原英才"培养项目
（编号CYYC2012078）

内蒙古2017年"草原英才"滚动项目
（编号CYYC2012078）

国家重点文物保护专项补助经费
资助

# 序　一

　　20世纪90年代初，迫于市场经济的发展，我曾向国家文物局张柏副局长提出建议：一是在市场经济正在发展的地区，应依据文物保护法，切实做好文物保护工作；二是应组织力量，积极做好尚待开发地区的文物调查与勘探工作。后者的目的，是抢在这些地区开发之前，能对这些地区的文物，尤其是其中的地下文物做到心中有数，以便这些地区面临开发之时，向有关部门明示文物保护方案，减少文物保护工作与经济建设之间不必要的矛盾，主动地做好文物保护工作。为此，我还建议，负责文物调查与勘探工作的业务单位，除发表有关报告之外，还应将调查与勘探的有关资料，报送有关文物行政部门并向这些部门提出某些重要遗址应列入何级保护单位的建议。在我看来，我的这些建议无疑是将考古工作纳入文物保护，为实践文物保护法、有效地做好文物保护的一种策略。

　　1995～1996年在美国讲学期间，为同许倬云教授共同探讨中西文化交流问题，我对长城地带考古学文化及谱系问题进行了较为系统的思考，并向许倬云兄提出共同促成中美合作在长城地带开展考古工作的建议。在此之前，继20世纪80年代初明确提出两种经济类型新石器时代文化之后，我又提出了牧业和农业两类文明的想法。这是我组织赤峰考古队的一种动机和追求。我向倬云兄提出的上述建议，由于双方的努力，以及国家文物局的大力支持，终于使我和林嘉琳教授结成了合作伙伴。原先，我想按照组织赤峰考古队的动机及追求的设想，共同在内蒙古的河套地区开展考古工作，实现河套和赤峰两地区工作的相互策应，并逐步地由东向西将整个长城地带的考古工作开展起来，但林嘉琳教授却选择了赤峰地区。

　　在河套地区进行考古工作，和自此由东而西将整个长城地带的考古工作逐步开展起来的想法，一直萦绕着我的头脑而不能自制，这当有着深层次的原因。早在20世纪60年代，我就相当关注黄河两岸陕晋零星出土的一些青铜器，70年代末，接受秉琦师的建议于张家口地区开展考古工作，其中的部分原因，是想在这一地区探寻以"绥远青铜器"为代表的遗存。80年代前期，在白燕遗址见到的那些与鄂尔多斯相似或相同的新石器时代及夏代的遗存，尤其是于此发现几座出有与黄河两岸的陕晋地区零星出土的青铜器伴出的形式相同的金耳饰的墓葬，吸引我将吉林大学的考古工作推到忻州盆地和河西走廊，增强了我在黄河两岸及河套地区开展考古工作的愿望，自上述我在美国对长城地带考古学文化谱系进行了系统整理之后，认识上才出现质的飞跃，产生了应去长城地带开展考古工作以及如何进行工作的较系统认识，才可能向许倬云教授提出共同促成中美合作，共同开展长城地带考古的建议。

自有了组织赤峰考古队的那些追求之后，在开发大西部的背景下，我认识到将包括河套地区在内的长城地带考古工作的设想付之于实践已刻不容缓。1999年，我邀乔梁、曹玮和魏坚共同考察了陕北、内蒙古中南部及吕梁地区的一些遗址，以及这些地区以往考古工作收集的资料，特别是陶器（片）。之后，撰写了《河套地区先秦两汉时期的生业、文化与环境》。2000年9月，我应邀参加了国家文物局在乌鲁木齐召开的"国家文物局西部文物工作会议"，在会上作了开展西部考古与做好文物保护工作有关内容的发言，会后又考察了石河子及哈密地区。同年10月，我还应邀参加了文化部在青海西宁召开的西部文化工作座谈会，在大会上作了题为"考古学——连接中国西部古今之桥"的发言。通过这些活动，自认为在开发大西部的形势下推进中国的考古和文物保护工作的思考已经成熟，便向张柏副局长提出了自己的想法和建议。张柏副局长等国家文物局的有关负责同志认真听取了我的意见，同时我们共同认为，包括长城地带在内的中国西部的考古与文物保护工作，限于人力与物力，只能取点面结合，逐步进展的策略，而在当时的情况下，点上的工作，我们只能先从河套地区开始。

这就是提出"河套地区先秦两汉时期文化、生业与环境研究"课题的由来。在国家文物局支援下，2003年3月，我建议并会同杨志军于故宫博物院主持召开了内蒙古、山西、陕西三省区考古所课题负责人会议。会议就我提出的课题目标以及如何进行课题研究诸业务性问题进行了讨论，统一了认识。杨志军据我向国家文物局申报这一课题的意见和国家文物局的决定，宣布我为这一总课题的负责人，总课题组的成员是：杨晶、李水城、杨建华、朱泓、乔梁。总课题组下设内蒙古、山西、陕西三个课题组；负责人分别是：塔拉、曹建恩、马昇、谢尧亭、曹玮、王炜林。并要求相关单位积极支援课题组的工作，实行专款专用，并从人力、物力方面保证课题组工作。总课题组及其成员的活动经费由各省（区）课题经费中支出。我在这次会上发了言，说自己虽为课题组总负责人，但不参加具体的学术研究，只出些点子和做些督察工作，总课题组成员协助我做些工作，并以自己的专长和兴趣自选学术课题研究。杨晶除做上述工作外，还承担总课题组的行政事务工作和各省（区）课题组的协调事宜。这次会议，当是"河套地区先秦两汉时期的文化、生业与环境研究"课题的正式启动。

从上述我对这一课题的思想形成过程的叙述，似乎已讲清楚了这一课题的目标，以及如何实现这一课题研究的问题。为了明晰起见，还想对此作些概括性说明。

1. 课题目标

一是学术研究，二是文物保护，并以学术研究推动文物保护。学术研究的任务是：一是搞清楚河套地区考古学文化和诸考古学文化的关系，以及这一地区的考古学文化和其周边文化的关系；二是要搞清楚这一地区诸考古学文化的生业与产业。生业包括农牧的转化或更替，及其与环境的关系和牧业发展的阶段性；三是从上述研究产生的认识中获取今人应吸取的经验与教训。

2.实践课题目标的途径

1）在以往学术研究的基础上，各省区选择一条可能实现研究课题目标的不大不小的河流，做出规划报国家文物局和总课题组，经批准后，于此河流域地区进行全面的调查与勘探，掌握其先秦两汉时期遗存的分布，主要遗存的范围、面积、文化性质和文化堆积情况。同时，为了解决课题提出的学术研究的需要，选择某些遗址或墓地进行试掘或发掘。各省区关于调查、勘探河流地区的选择，和选择何遗址或墓地进行试掘或发掘，应在地理位置和年代，或文化，或问题探讨等诸方面相互配合，做到互补。这方面的协调工作，由总课题组负责。

2）除上述工作外，可将与本课题有关的以往调查或发掘并尚需整理、研究发表报告的资料，经报总课题组同意后，可将其列入本规划。

3）适时将调查、勘探、试掘或发掘的遗址或墓地的情况通报有关文物行政管理部门，协助其建立档案，纳入其保护视野，并据中华人民共和国文物保护法的规定，向有关文物行政管理部门提出某些遗址或墓地等遗存应列入某级文物保护单位的建议。

4）对所获得的遗存进行生物、物理、化学和地质学等有关的科学技术的测试、鉴定和研究，以扩大和提高从遗存获取资讯的质量，是本课题成败的一个关键。因此，必须吸纳这些学科参与课题的研究。如何吸纳，请各省区课题组自行解决。

3.资料的保存、保护与研究著作的出版

1）调查、试掘和发掘所获得的陶片，应尽可能进行复原。调查、勘探、试掘和发掘所获得的实物、文字、图片，和整理、编写报告过程中所复原或修复的器物及形成的文字、图片的资料，必须建档和妥善保存，以便展示或备日后他人检索和研究。

2）报告是文物保护的一种形式，也是本课题学术研究成果的主要表述方式，必须认真对待，高质量地做好这件工作。报告的总名称为《河套地区先秦两汉时期的文化、生业与环境研究系列报告》，依出版先后编序。报告除由编辑单位分送学者及有关学术单位外，应以相当的数量投入市场，同时，需送总课题组90本，其中60本由总课题组送国家文物局。

3）综合研究则由个人进行。总课题组（或据省区课题组的建议）认为必要时，则适时地召开学术研讨会进行学术讨论，将交会讨论的有一定研究水平的论著合集出版，编入《河套地区先秦两汉时期的文化、生业与环境研究系列报告》。

这是本研究课题的目标，存照于此，内明约定，外求监督。队伍已经集合，我相信只要我们一步一个脚印地走下去，目标定将实现。

是以为序。

张忠培

2004 年 10 月 18 日成稿于台湾云林斗六市

# 序 二

我国的现代化建设，在加快城市化进程的同时，也使古代遗址的保护工作面临着严峻的考验，特别是在经济欠发达的西部地区，大量基础设施的兴建，使古代遗址的保护问题显得尤为突出。在这种严峻的形势面前，由于种种原因，我们的文物工作者，在建设工程中经常扮演着抢险队员的角色，所谓的"随工清理"往往将文物保护工作置于非常被动的境地。究其原因，很大程度上是由于我们对文物遗存的家底掌握不清。为了改变目前的这种被动局面，我们在实际工作中除了继续加强依法行政外，更重要的是要按照经济建设中存在的地区差别，来布置好各地的文物工作。经济建设较快的地区，往往文物保护工作所面临的挑战也更为突出，我们必须抽出专门的人力，投入一定的资金到这些地区行将开发的地段，以保护文物为目的，进行一些必要的考古调查，摸清该地区地下文物的家底，依法确定一批不同等级的遗址保护单位，作为未来制定建设规划的依据，这样就可能变被动为主动，做好在现代化建设中的文物保护工作。

前些年，我曾就文物保护问题经常与张忠培先生交换看法。上述这种变被动为主动，走在经济建设前面做好文物保护工作的思路成了我们的共识。不仅如此，张先生还认为，任何时代的考古学都存在着局限性，为考古研究而进行的田野发掘，应主动接受两方面的制约，一是学科发展的水平，能否认知发掘对象；二是出土的文物能否得到妥善的保存。凡是考古学科水平不能认知的，或出土文物不能妥善保存的，都不应将其列入发掘计划。唯其如此，才能正确处理好考古学研究和文物保护的关系，考古学也才能真正得到持续性发展，文物保护是考古学研究自在之义。1995年，张忠培先生提出了他的设想，拟在北方的赤峰地区组织一次以保护地下遗存为宗旨，保护、研究、教学三者紧密结合的考古工作，在提高考古研究水平的基础上，开展广泛的调查与试掘，以确定遗址的分布、规模和保护级别，作为行政部门保护文物的科学依据。国家文物局从行政和财力方面支持了这个设想的实施，经过5年的艰苦工作，张先生领导的赤峰考古队在2002年向学界提交了《半支箭河中游先秦时期遗址》这项可喜的成果，首次向社会展示出了赤峰地区西南部文物资源的一份底账，这些成果不仅为遗址保护奠定了可靠的科学基础，同时对日后的考古研究也将起到非常重要的作用。

也许是受到赤峰考古成果的鼓舞，张忠培先生以其对北方考古研究的丰厚学术积淀和情愫，又适时地提出了以赤峰考古的模式在内蒙古的河套地区开展考古工作，以实现河套和赤峰两地区工作的相互策应，并逐步地由东向西将整个长城地带的考古工作开展起来的设想。

　　1999年，张先生继1992年和黄景略先生考察陕北之后，又同乔梁对陕北、内蒙古中南部及吕梁地区的一些遗址进行考察，并发表了《河套地区先秦两汉时期的生业、文化与环境》这篇内涵深刻的著作，随后在乌鲁木齐召开的"国家文物局西部文物工作会议"上及文化部在青海西宁召开的西部文化工作座谈会上，发表了题为"考古学——连接中国西部古今之桥"的讲话，该文内容广泛，我同张先生就他的这个讲话，特别是他对西部大开发中考古研究与文物保护工作的一些思考，也交换过意见。我们的共同认识是：包括长城地带在内的中国西部地区，不仅是西部开发和水土流失等自然力破坏的敏感地带，也是中国古代文化的敏感地带，这里的考古研究与文物保护工作必须尽快提到议事日程上。但考虑到当时的人力与物力，我们最终选择从河套地区开始来实施这一设想。

　　2003年，在国家文物局支持下，由张忠培先生负责的"河套地区先秦两汉时期的文化、生业与环境研究"项目正式启动。课题开展三年来，内蒙古、山西、陕西三省区的考古所，根据课题的需要，分别对内蒙古中南部的浑河流域、山西柳林县三川河流域以及陕北无定河支流大理河流域进行了地毯式调查，涉及面积达数百平方公里，并对清水河县西岔遗址、柳林县高红遗址、横山县金山寨遗址、瓦窑渠遗址、子洲县三眼泉遗址等进行了发掘，陕西省还根据课题研究需要，对先期发掘的神木新华遗址的古代环境重新进行了研究。这个项目的良好开局已呈现在人们面前。我由于工作太忙，没有机会像赤峰考古那样，亲自去体验考古队员的辛苦并分享他们的欢乐，但每年的汇报资料却令人鼓舞。目前，该课题正沿着既定的目标，即张忠培先生所言的"一是学术研究，二是文物保护，并以学术研究推动文物保护"的方向顺利进行，一系列研究成果即将陆续展现给学界！我认为，"河套地区先秦两汉时期的文化、生业与环境研究"课题的实施，不仅像赤峰考古那样，体现了在地下文物的保护上打了主动战，再次证实了围绕文物保护开展考古工作这个思路的可行性，其以重点发掘带动区域调查的方法，也对摸清河套地区地下文物之家底，建立相关区域的考古学文化序列具有非常重要之意义。更重要的是，这个项目在实施中，就像它的题目所表达的那样，强调了这一地区诸考古学文化、生业、环境之关系，其成果中农牧的转化或更替及其与环境的关系和牧业发展的阶段性成果之展示，不仅将我国北方地区考古的研究引向了一个很深的层次，而且对国家正在这一环境脆弱地区实施的经济开发战略具有重要的历史借鉴作用，"河套地区先秦两汉时期的文化、生业与环境研究"项目的实施，必将为该地区经济的可持续发展作出贡献。

　　最后，我想借此机会向故宫博物院、内蒙古自治区文物考古研究所、山西省考古研究所、陕西省考古研究所、北京大学考古文博学院和吉林大学边疆考古研究中心等单位以及向该项目实施提供过支持和帮助的所有同志表示衷心感谢！向参加该项目研究的全体考古队员致以敬意！

张忠

2005 年 3 月

# 序 三

浑河下游地区区域性考古调查是以我国著名考古学家张忠培先生为首席专家的国家文物局重点课题《河套地区先秦两汉时期的文化、生业与环境》的重要成果之一，在《浑河下游地区区域性考古调查报告》付梓出版之际，内蒙古课题组负责人曹建恩同志请我为此书作序，因为分管文物多年且对文化遗产保护、管理与利用有些想法，便欣然命笔。

内蒙古雄踞中国北方，北临蒙古大漠，南控九曲黄河，幅员广袤，古代文化源远流长，是草原文明诞生的摇篮，人类最早的发祥地之一。内蒙古属文物大区，拥有不可移动文物达21099处，古代岩画3万余幅、历代长城7570公里，这些文物资源广泛分布于草原森林与荒漠戈壁之间，于今记录在案，为世人所知，得益于新中国成立以来开展的三次全国性文物普查工作，得益于几代文物工作者孜孜不倦的精神追求和辛勤汗水。

曹建恩同志所主持的浑河下游地区区域性考古调查工作开展于第三次全国文物普查之前，历时两年，年轻的课题组成员不顾酷暑严寒，顶风沐雨，踏遍阡陌荒野，山川沟谷，对浑河下游地区及邻近的黄河两岸约280平方公里区域进行了地毯式的区域性考古调查工作，累计发现自仰韶文化早期延续至两汉时期的各类遗址点共367处，并以文字、照片、图纸等形式记录下了遗址的时代、地理位置、周边环境、遗址保存状况和遗迹遗物等信息，获得了一批详尽而科学的调查资料，为本地区生态环境的变迁、生业的转化历程、聚落形态的发展、社会结构演变等多方面学术课题研究提供了基础资料，是在内蒙古开展区域性考古调查的重要实践。

浑河流域调查的面积与内蒙古广袤的疆域相比，无异于沧海一粟，但其对内蒙古文物保护工作的启示则是独一无二的。据不完全统计，全国第二次文物普查时浑河下游地区登记且见于《中国文物地图集（内蒙古自治区分册）》的各类遗址不到20处，而曹建恩同志带领的团队却在同一区域发现先秦时期遗址367处，这种巨大的数字差异一方面暴露出以前工作的不足，但更为重要的是验证了科学、全面开展区域性考古调查的优势，如果在全区开展同类的工作，内蒙古文物资源的数量可能出现基数级的增长。

2009年我由分管艺术到分管文物，岁月蹉跎间已近八年，在这段时间，我从一个文艺工作者，成为一个文博工作者，与我个人实现专业转身的同时，内蒙古文物事业也取得了长足的进步，从第三次全国不可移动文物普查，长城资源调查完美收官，元上都遗址申报世界文化遗产成功，到第一次全国可移动文物普查全面开展，几个国家级大项目为内蒙古文物事业发展历程画出了新轨迹，推向了新高度。更值得欣喜的是在区内外考古工作者的努力下，赤峰市二道井子、辽上京遗址、通辽市哈民忙哈遗址、锡林郭勒盟伊和淖尔墓地四项考古发掘项目连续获得"全国十大考古发现"，赤峰市二道井子、辽上京遗址、通辽市哈民忙哈遗址、鄂尔多斯市乌兰木伦遗址、呼伦贝尔市岗嘎墓地分别获得不同年度的"中国六大考古新发现"，标志着内蒙古考古事业亦取得了辉煌成绩。

考古专业性较强且与艰苦相伴，2009年我到魏家窝铺、二道井子遗址调研，第一次体验到二道井子遗址充斥人毛孔的弥漫的灰尘、魏家窝铺遗址使人无处躲藏的烈日酷暑，以后我又多次赴和林格尔土城子、哈民忙哈等遗址调研，认识到在艰苦环境中进行科学研究是考古者的工作常态。与艺术工作相比，这里没有炫目的服饰，没有耀眼的舞台，没有观众、鲜花和掌声，只有不畏艰苦的默默求索，考古业绩来之不易。

张忠培先生是我非常敬重的著名考古学家，几十年来对内蒙古的考古事业支持良多，例如赤峰半支箭河流域考古调查，浑河流域调查等重要的考古项目，都倾注着先生的心血。我与张忠培先生谋面不多，但每次见面都会被先生的人品、学识所折服，在社会科学基金重大委托项目蒙古族探源工程启动时期，国家文物局在北京召开了此工程论证会，会上聆听了张忠培先生的意见，先生的真知灼见，锐利的话锋，年近八旬仍十分严谨的逻辑思维，都令人感佩。

浑河流域调查工作的成果即将公之于众，总结研究这些成果学术价值的同时，更应该预见到保护遗址的压力也会随之而来，如何使浑河下游地区367处遗址乃至全区21099处不可移动文物得到有效保护，将是长期面临的工作任务。古遗址等不可移动文物发现不易，保护传承更难。内蒙古的考古事业、文物保护事业任重而道远！

2016 年 4 月

# 目　录

# 插图目录

# 彩版目录

# 第一章　调查概况

## 第一节　浑河下游区域性考古调查相关区域情况介绍

浑河下游地区区域性考古调查是国家文物局重点科研项目《河套地区先秦两汉时期的文化、生业与环境》的重要组成部分。调查工作于2004～2005年完成，调查面积约280平方公里，涉及的主要行政区域包括内蒙古自治区呼和浩特市清水河县、鄂尔多斯市准格尔旗等，涉及的主要水系有黄河、浑河、清水河等。

南流黄河将调查区域划分为东西两部分，其中黄河西岸部分位于准格尔旗境内、黄河东岸部分位于清水河县境内，黄河东岸的调查区域部分又以浑河分为浑河南岸和浑河北岸两部分。

现将浑河下游地区区域性考古调查范围内所涉及的地理区域、水系等相关情况介绍如下：

## 一　清水河县概况

清水河县位于内蒙古自治区中部，属呼和浩特市管辖。地理坐标位于东经111°18′45″～112°07′30″、北纬39°35′00″～40°12′30″。东南以长城为界，与山西省右玉、平鲁、偏关三县毗邻；西以黄河为界，与内蒙古自治区鄂尔多斯市（原伊克昭盟）准格尔旗隔河相望；北临古勒半几河与和林格尔县相连；西北与托克托县交界。县境南北长85公里、东西宽80公里，总面积2822.59平方公里，其中山地占26%，丘陵占73%，滩地河谷占1%。

清水河县地处黄河中上游黄土丘陵区，境内丘陵起伏，沟壑纵横，山岭连绵，其地势东南高、西北低，平均海拔高度1373.6米。境内山脉大都导脉阴山，蜿蜒起伏，布满全境，然皆童秃土阜，鲜有突兀峥嵘之势。大小山峰97座，主要有盘山、玉屏山、巴儿山、银滚山、紫金山等。

清水河县位于内蒙古高原和山陕黄土高原的中间地带，由于长期受流水的侵蚀和切割，高原面貌被破坏，地表造成千沟万壑、纵横交错，呈现出波状起伏的低山丘陵地形。沟网密度达到4.02公里/平方公里，相对高差大于50米，侵蚀模数7000～8000平方米/年，是黄河中上游地区水土流失最严重的旗县之一。县境内由于受构造和岩性的控制，以清水河河谷为界，南北两地的地质地貌和水文地质条件差异很大，形成了以低山丘陵为主体，低缓丘陵、丘陵沟壑、土石山和冲积平原并存的地貌类型。其中浑河下游区域性考古调查涉及的地形包括以下三种：

## 1. 低缓丘陵区

主要分布于清水河县以北的喇嘛湾、王桂窑、五良太一带，海拔高度1000～1200米，区域构造属山间飘陷地带。由于风力作用，使准格尔流沙隔河东移，形成西起喇嘛湾经王桂窑东至五良太的一条大沙带，存有较大沙滩十余处。

## 2. 丘陵沟壑区

主要分布于小庙子、窑沟、小缸房大部分地区和单台子部分地区，该区黄土覆盖层明显加厚，深达100米左右，浅处平均小于20米。海拔高度1300～1400米，相对高度100米左右，山顶浑圆，斜坡多为"凸"字形，坡角在10～20度之间。谷网发育，当雨水降落地面，先是沿坡流动，形成片流，使大量表层土随地表径流而流失并造成片蚀，随着坡度的增大流速加大，并发生分异兼并而形成小河流汇集在低凹处，水层变薄，冲刷能力强，形成沟槽，这个阶段的沟谷称为切沟（沟宽、谷深为1～2米，横截面为V形，沟槽较明显）。切沟逐渐发展，沟底切至基岩时，旁蚀作用增强，沟坡往往发生崩塌和滑坡等现象，同时沟槽显著加宽，每当洪汛到来，沟槽中长期积累物便以泥石流、水石流的形式冲出沟，在沟口堆积将地面分割成支离破碎的"梁""峁"状岗丘和纵横交错的丘陵沟壑地形。除黄河沿岸一带沟谷切割较剧烈有泉水出露外，其余均为缺水区。

## 3. 冲积平原区

主要分布在清水河、浑河、古勒半几河、黄河等河谷及山间沟谷洼地中。谷宽500～1000米，断面为U形或V形，多为东北－西南或近东西向分布。较大河谷内均发育着Ⅱ级不完整、不对称的阶地。Ⅰ级阶地高出河床1～2米，Ⅱ级阶地高出河床5～10米，沟谷的上游多堆积有砂、沙砾石；下游谷底基岩裸露，由第四纪全新世冲积、洪积的细粉砂、沙砾石层组成。河谷平原面积零散，由于泥沙堵塞造成床河不能固定，从而形成许多曲线形河流。此岸一个扇形台地、彼岸一个扇形台地，河水顺着弯弯曲曲的河谷流淌。

此外，清水河县境内山地由高度不同的山峰、陡缓不同的坡面及沟谷组成，具有明显的山脊、山顶、山坡。一般阴坡多为25度左右，阳坡在30～50度之间，其土质为较为肥沃的壤质地，多年来自然形成以刺玫、山杨、虎臻等占优势的植物群落，并伴有绣线菊、紫苑等多种植物，实为天然牧场，宜种植油松、落叶松、柠条等。

清水河县属于典型的内陆干旱地区，素有"有河不成系"的说法，其境内的主要河流有黄河、浑河、清水河、古勒半几河等，总长度达108.5公里，支沟、毛沟不计其数，且多为季节性泄洪河谷，是黄河中上游地区水土流失比较严重的县份之一。县境内西南部水源匮乏，虽沟壑纵横，却均为旱谷，人畜饮水十分困难。全县年平均地表水径流量为33494万立方米，其中客水量为20052万立方米，自产水为13442万立方米，地下水总蓄水量为16888万立方米。

县境内四季分明，光照充足，属于典型的温带大陆性季风气候。冬季寒冷漫长，春季温暖干燥，夏季炎热且雨量集中，秋季凉爽明快，年平均气温7.1℃。气温由西向东随海拔增高而递减，温差受地形影响，随季节变化；西部黄河沿岸年平均气温6.9℃，东部山区多在3.9℃，极端最低气温曾达−35℃，极端最高气温达36.8℃。年平均降水量为413.8毫米，年内降水量分配不均匀，主要集中在7、8、9三个月内，占全年总降水量的52%。大风天气多出在春季，主要风向为西北风，年平均风速为2.6米/秒。年日照时数在2445.1～3757.9小时，生理辐射量为67.01千卡/平方厘米，年平均无霜期146天左右，可满足大部分农作物的生长需要。县境深居内陆，远离海洋，加上受较强的冬季风和蒙古气旋影响，易形成旱涝灾害。

清水河县自然资源丰富，开发利用价值可观。全县土地面积282259.8公顷，其中农业用地86584公顷；宜林面积3349公顷；人工草地和天然牧草地148889.5公顷；水域2780公顷。文献记载，清乾隆年间，境内山区森林茂密，原野牧草丰盛，清代中期以降，随着土地的放垦和林木的乱砍滥伐，自然植被遭到严重破坏。现在清水河县境内由于受水热条件和地形的影响，由草甸草原向丘陵、沙地过渡的人工灌丛草原植被，呈东南向西北分布，大体可分为山地草甸草原植被、丘陵干旱草原植被、沙丘沙地草原植被、低温地草甸草原植被四种类型。浑河下游区域性考古调查涉及以下三种植被类型：

### 1. 丘陵干旱草原植被

主要分布于除喇嘛湾、五良太、王桂窑等地外的其余大部分地区，海拔高度在1200米以上，属于百里香、本氏针茅杂草类和人工灌木群落。主要建群种有百里香、本氏针茅、羊草、隐子草、紫花苜蓿、狗娃花、湖枝子、多叶刺豆等，总覆盖度18%，基本覆盖度6%，草高3～20厘米。这一带土壤基本为栗钙土。

### 2. 沙丘沙地草原植被

分布于喇嘛湾、五良太、王桂窑等地的沙丘和沙带之上，海拔高度1000米以上，植被属柠条灌木、沙蒿、猫头刺等植物群落。县境内的人工灌木林主要为柠条，大面积生长在沙梁沟坡之上，与风沙抗争，具有顽强的生命力。由于受柠条灌木丛落的阻挡，在群落附近常可形成固定或半固定式沙滩，在群落外围或内部，发育着一些乔木科、沙草科、菊科的草本植物，像沙蒿、猫头刺、狗尾草、湖枝子、百里香、白草、沙生棘豆等。一般草高3～11厘米，总覆盖度16％，基本覆盖度5％。这些草本在各个灌丛之间的空隙地上以受抑制的状态出现，而柠条则以发达的根系穿透，并起到改良土壤的作用。此处土壤发育为风沙土。

**3. 低温地草甸草原植被**

分布于浑河、清水河、古勒半几河等几大水系的沟谷阶地、丘间洼地，属非地带性植被，主要建群种有：寸草、羊草、芦苇、蒲草、车前子、蒲公英等，在低洼盐渍地上，生长着盐生植物，建群种有盐蓬等。土壤发育为草甸栗钙土、沼泽土、盐土等。

境内可见动物除马、牛、羊、驴、骡、猪、鸡等家畜家禽外，还有狼、狐狸、獾、野兔、黄鼬、石鸡、半翅、乌鸦、喜鹊、麻雀等野生的飞禽走兽；植物有各种农作物及甘草、党参、知母、冬花、麻黄等中草药材。全县共计野生植物63科、218属、418种，以禾本科、菊科为最多；林木种类主要有油松、落叶松、樟子松、侧柏、槐、桦、榆、柳等。

清水河县地处黄河中上游，历史悠久，从田家石畔、白泥窑子以及岔河口环壕聚落等古文化遗址可知，早在新石器时代这里就已经成为人类繁衍生息之地；唐尧时期，今清水河县为朔方幽都地；虞舜时属并州地；夏禹时期为冀州之域；春秋时期，今县境为林胡、楼烦等早期游牧民族游牧聚居之地；战国时，赵国五灵王北破林胡、楼烦，于公元前301年沿大青山南麓筑建长城，置云中、雁门、代郡，今清水河县境属赵国云中郡管辖；秦始皇统一六国后，分天下为36郡，今县境仍属于云中郡管辖；汉高祖六年（前201年），汉王朝分云中郡东北置定襄郡，郡置成乐（今和林格尔县土城村北），辖12县，其中桐过县、骆县、武成县均在今清水河县境内，隶属定襄郡；汉元朔四年（前125年），匈奴军进入代郡、定襄郡各3万骑兵，杀戮并俘获数千人。元朔六年，卫青率军收复定襄郡；公元10年，王莽发兵30万扰匈奴，匈奴南下据云中、定襄、五原等地；东汉建武二十六年（50年），南匈奴部众居云中等地，东汉令云中、定襄居民内迁；北魏时，今县境为代都平城西部地，有昆新城，其后置尖山、树颓两县，隶属朔州（今和林格尔县境内）神武郡；隋代隶紫河镇，隋大业三年（607年），修筑长城，西距榆林，东至紫河（今浑河）；唐代置唐隆镇；辽代置宁边州，不领县，隶西京道，兵事属西南面招讨使；元代废宁边州，以其地之北半入东胜州，南半入五州，直隶大同路；清乾隆元年（1736年）设厅；民国元年（1912年），改厅为县，辖5个行政区，480个自然村；抗日战争时期，清水河县分根据地、游击区和敌占区；中华人民共和国成立后，随着区划变更，原属偏关、托克托、和林格尔三县管辖的部分自然村划入清水河县，隶属绥远省萨县专员公署辖；1952年，改属集宁专署；1958年划归内蒙古乌兰察布盟；1995年划归内蒙古自治区呼和浩特市管辖；截至2000年[1]，全县共有2个镇，12个乡，128个村委会，831个自然村，人口约14万。

## 二　准格尔旗概况

准格尔旗位于内蒙古自治区西南部、鄂尔多斯高原东部，介于东经110°05′～111°27′、北纬39°16′～40°20′之间，隶属于内蒙古自治区鄂尔多斯市（原伊克昭盟）。旗境北部、东部及东南部为黄河所环抱，沿河由北向南分别与土默特右旗、托克托县、清水河县，山西省偏关县和河曲县隔河相望；南部与陕西省府谷县接壤；西部自南到北依次与内蒙古自治区伊金霍洛旗、鄂尔多斯市、达拉特旗毗邻，是内蒙古自治区与山西、陕西两省连接之地。

准格尔旗境内南北长约116.5公里，东西宽约115.2公里，总面积达7692平方公里。其中沙漠区占地900平方公里，沿河平坦地占地578平方公里，其余的6214平方公里主要分布众多大小不等的丘陵沟壑。由于准格尔旗地处鄂尔多斯高原的东部，造就了其西北高东南低的典型地形特点，在准格尔旗中部从西端的坝梁为起点，沿东南到点素敖包一线略有隆起，形成了准格尔旗的"脊梁"地带，实际上也是造成准格尔旗南北自然差异的分水岭。旗内大部分地区沟谷发育、沟网纵横密布，地表被切割得支离破碎；沟川河谷大部分由西北向东南注入黄河，河床比降由北向南逐步增大，"脊梁"以北地区的部分河川径流则北向注入黄河。根据南北地貌的差异可以将准格尔旗全境划分为黄河南岸平原区、北部库布其沙漠区、中部丘陵沟壑区、南部黄土丘陵沟壑区等四个地貌单元。

准格尔旗属于典型的中温带大陆性气候，阳光充足，四季分明，四季气候变化明显。冬季漫长寒冷，夏季炎热短促，春秋两季气温变化剧烈。降雨量较少，主要集中在夏秋两季。年日照时间为3000小时以上。年平均气温在6.2℃～8.7℃，其中1月份平均气温在−12.9℃～−10.8℃，极端最低温度为−32.8℃；7月份平均气温25℃～29℃，极端最高温度39℃。全年无霜期145天，年降水量400毫米左右。因受季风影响，全旗夏季多偏南或偏东风，晚秋至次年早春多西北风，风沙较大，年风沙日数达到35～60天，最多可达89天，其中大风日数一般在半月以上。

全旗境内地表沟谷发育，沟纹密布，河网密度为0.25公里/平方公里。地表径流均属于黄河水系，除呼斯太河常年有水外，其余大多数均为季节性河流，以大气降水补

---

[1] 2000年以后，随着国家合乡并镇政策的实行，清水河县目前存在的乡、镇数量有所变化。

给为主。这些河川的主要特征是：径流量小、年际变化大、年内分配不均，一般是春秋流水，冬季干涸。河流短，比降大，水流湍急，水土流失较为严重。

因受自然环境的影响，植被面貌上充分显示出干旱草原景观。由于地形起伏较小，故植被群落垂直分布不甚明显，只在水平分布上因局部环境的变异而呈现地域性差异，并据此将准格尔旗全境划分为丘陵沟壑干旱区（准格尔旗西、南、中部）、沙带地区（准格尔旗北部）、低湿地草甸区（全旗沙地间、丘间洼地、沿黄河河滩地带）、沼泽区（河滩常年积水一带）。主要植被类型包括以侧柏、油松、杜松、杨、柳、榆为主的乔木，以柠条、酸刺等为主的灌木，以沙蒿、芨芨草、寸草、芦草、灰蒿等为主的草本植物。

准格尔旗在未放垦之前，曾是狼、豹、狐、野牛、黄羊等多种野生动物出没的场所。放垦后，由于森林、草原被严重破坏，各种动物失去栖息之所，加之人为的乱捕滥杀，使之无法繁衍，野生动物种类和数量大大减少。目前，在旗境内可见的野生动物包括黄羊、野兔、野鼠、獾、鼬、狐等20余种兽类，麻雀、喜鹊、鸳鸯、鸿雁、鹰、野鸽、石鸡、雉鸡等60余种鸟类，鲤鱼、鲢鱼、鲫鱼、草鱼等近10种鱼类和蜥蜴、蛇等爬行动物等及种属、数量众多的昆虫等。

准格尔旗历史悠久、文化内涵丰富。早在3.5万年前，已出现以渔猎和采集为主要生活手段的古人类活动，文化面貌与鄂尔多斯"河套人"及"萨拉乌苏文化"存在诸多联系。进入新石器时代，旗境内人类活动更加频繁，人类遗存丰富多彩、遍布全旗，东部黄河沿岸和西南部地区的沟川河畔尤为密集，包含了从距今6000年至3000年的仰韶文化至龙山阶段的各时期文化遗存，文化内涵丰富，文化面貌与黄河流域同时期文化遗存存在诸多联系，并与中原史前文化同步发展，同东、西部长城地带及北方草原地区互有影响，具有鲜明的地方特色。夏商周时期该地朱开沟文化先民及土方、林胡等早期游牧民族活动频繁，春秋战国时期属于魏国上郡辖区。公元前328年，魏被秦战败，割让上郡给秦，称之"河南地"，后被林胡、楼烦等早期游牧民族占据。公元前206年，赵王经过"胡服骑射"改革，国势强大，将旗境划归云中郡管辖。战国后期，旗境又被秦国所占领。秦始皇统一六国后，旗境分别属九原、云中、上郡管辖，在准格尔旗西南曾设广衍县（今勿尔吐沟古城）。西汉建立后，旗境分别归属云中、五原、西河郡管辖，曾设立沙南县（今十二连城古城）、广衍县、富昌县（今黄甫川北古城）、美稷县（今纳林北古城），在美稷设属国都尉府，安置归附的匈奴人。王莽篡权后，为控制北方领土，将云中郡改为受降郡，西河郡改为新归郡，管理投降的匈奴人。东汉时期，南匈奴呼韩单于归汉，汉在美稷设单于庭，为南匈奴政治、经济中心。425年，北魏划准格尔旗境黄河沿岸一带归朔州辖，525年，又裁朔州划入并州。隋统一后，在旗境设立榆林郡（今十二连城古城），领榆林县、富昌县（今天顺圪梁古城）、金河县。627年，唐太宗将旗境划入关内道领属，在东北部设胜州，下辖榆林县（今十二连城古城）、河滨县（今天顺圪梁古城），西南归鳞州辖。916年，辽化旗境为振武军领属，属胜州，后在今托克托县设东胜州，辖旗境东北部，置榆林县和河滨县，在旗境西部设金肃州。960年，北宋在旗境西南设丰州（今敖斯润陶亥乡二长渠），为北宋王朝在内蒙古地区设立的唯一州城，旗境其他地区为西夏领地。元灭西夏统一中国后，把旗境划归中书省河东山西道宣慰司大同路领属，为东胜州辖区。明初，旗境为东胜右卫地，天顺年间，渐次为鞑靼蒙古部驻牧。崇祯八年（1635年），鄂尔多斯济农额令臣率部归属后金。清顺治六年（1649年），将鄂尔多斯部落划为六旗，准格尔旗境内为鄂尔多斯左翼前锋。民国时期，按照"优待蒙古条例"，旗制如前。民国二十九年（1940年），国民党在今长滩镇设山西省河曲县政府。1948年，旗境黄河以南解放，成立了中国共产党领导的准格尔旗临时政务委员会。1950年1月，全境回归，成立准格尔旗人民政府至今。

## 三　调查区域内河流概况

黄河蒙语称之为哈屯高勒，纵贯清水河县西部，由北向南，从喇嘛湾小石窑入境，南至单台子阎王鼻子出境，流经清水河县境65公里，河面宽200～300米，集水面积93005公顷，地表径流深度45毫米/年。水位变化较大，枯水期水位标高北端的喇嘛湾附近为980米，南端的阎王鼻子附近为920米，年平均流量为3400立方米/秒、洪水期流量为500立方米/秒、清水流量为300立方米/秒、流速3～4米/秒。冰冻期一般在70～80天，结冰厚度为40～50厘米。两岸沟谷密布、悬崖陡立，构成羽状（或梳状）排列的平面格局。属区域性地表水流和地下水的归宿排泄地。

区域内由于新构造运动作用和长期流水切割侵蚀，沟谷交错，表层水多以上升泉或下降泉的形式排泄。境内河道平直，水流稳定，利于舟楫，古代为水运通道。每到河水增长期，民间船只往来不绝，运航便利，由清水河县逆水经托克托县、萨县（今土默特右旗）至包头；下行（顺水）可达山西省偏关县。

浑河，亦称红河，属黄河水系，蒙古语称乌兰木伦，《水经注》中称中陵水，中上游称沧头河。发源于山西省平鲁县郭家夭乡料八山，向东流至郑家营，转北经杀虎口入和林格尔县境内，向西北至三十二村，再转西南经新店子、大红城入清水河县境，至王桂窑乡于岔河口汇入黄河。浑河全长219.4公里，山西部分101.4公里，流经清水河县境部分32余公里，河面宽50～100米，河道比降2.28‰，集水面积27253公顷，平均流量8.28立方米/秒、最大流量808立方米/秒。浑河流经黄土丘陵与土石山区，河道特点为川峡相间的葫芦形河谷，东台山以上为干河，以下均有清水，两岸的河滩平地属富庶之区。浑河流域共有支沟58条，其中较大的有8条，以马场河、清水河和古勒半吉河流域面积最大。浑河水位、流量随季节变化而变化，为县境北部区域地表水系和地下水系的局部排泄带。由于河床低，沿河没有引灌。

隋炀帝大业三年（607年）所筑的一条长城，称"榆林紫河长城"。《隋书·炀帝纪》载称："大业三年七月，发丁男百余万筑长城，西距榆林，东至紫河，一旬而罢。"榆林在今内蒙古准格尔旗十二连城，紫河就是今天的浑河。

清水河属浑河支流，南北朝时期称树颓水，辽金时期称宁边河，发源于山西省平鲁县西北20公里大头山下的大咀沟。由盆地青乡入境，贯穿清水河县境中部，自东南向西北呈弧形折向西南，流经西咀子至岔河口与浑河汇合，又西入黄河，县境内全长51.5公里，集水面积671平方公里，河道比降7.71‰，河面宽30～50米。据清水河县水文站水文资料记载：清水河多年平均流量为0.84立方米/秒，年平均最大流量为1971年的1.87立方米/秒，最小流量为1976年的0.46立方米/秒，多年平均洪峰流量为770立方米/秒，洪峰最大流量为1968年8月1日达1920立方米/秒，多年平均输沙量为117.8公斤/秒，最大年份为1971年的350公斤/秒，最小年份为1977年的21.3公斤/秒。其特点是水位季节性变化大，含沙量小，阶地发育。由于河床低，引灌条件差。

# 第二节　调查的背景、方法和研究经过

## 一　调查背景

此次浑河流域区域性考古调查是《河套地区先秦两汉时期的生业、文化与环境》项目的子课题，以深入研究河套地区先秦两汉时期人类文化、生业与环境为目的，内蒙古河套项目组将调查区域选在内蒙古中南部浑河下游流域，主要基于以下三个原因：一、区域内考古基础扎实，考古学文化时空框架基本建立，相关研究成果在内蒙古中南部起到标尺作用；二、浑河位于河套地区的北部边缘，这一地区的研究对于全面探索河套地区古文化发展具有不可替代的重要学术价值；三、地理人文环境优越，交通便利，有利于圆满完成调查工作。

## 二　调查方法

调查过程中严格执行《田野考古操作规程》，并根据调查区域的地形特点，有效借鉴中美联合考古队对赤峰区域性考古调查的先进方法及经验，制定浑河下游地区区域性考古调查方法和工作步骤。

1. 采用地毯式调查方法，以小组为单位，每组4～6人，各组成员在已规划的范围内，以相互间隔50米左右的距离拉网式并同"之"字形前进。

2. 调查过程中充分运用GPS卫星定位系统、数码照相、电脑处理等多种高科技手段，认真做好记录，详细描述遗址所在地理位置、地貌等情况；详细进行绘图、照相、划分采集点采集遗物等工作，在大比例地图上表明遗址和采集点的位置、范围及性质，并填写表格和文字记录，力求全面、详细、准确地反映调查遗址点的相关情况，同时注意采集土样、观察地貌等环境信息。

3. 在田野调查之余，对资料进行初步整合，及时核对以确保资料的科学性、准确性；并对每处遗址地理地貌、范围、文化内涵等方面内容进行文字、数码照片、精密地图标示等多媒体存档。在调查末期对文化层丰富且保存较好的遗址进行复查，以在遗址不同位置选取多个采集点的复查方法，试图更为详细、更加科学准确地了解遗址文化内涵、不同时期文化的分布范围，为下一步的试掘工作奠定基础。

## 三　调查及研究历程

为了保证考古调查的准确性及调查区域的完整性，我们将区域性考古调查区域分为三个部分即浑河北岸部分、浑河南岸部分、黄河西岸部分，并制定了严格的调查程序及时间安排。

浑河下游地区区域性考古调查大体分为以下几个时间段进行：

1. 2003年底，为配合《河套地区先秦两汉时期的文化、生业与环境》课题研究的全面展开，在对西岔遗址进行发掘之时，即已开始制订次年开展区域性考古调查工作的计划。在综合考虑内蒙古中南部古文化分布情况及考古研究成果的情况下，最终聚焦浑河流域。因为浑河下游地区属浑河、清水河、黄河三河交汇之地，遗址点必然集中而丰富，不仅能在有限的范围内发现更多的遗址，而且通过数据分析对比能得出更为准确的调查数据，故将流域的280平方公里定为调查区域。随即开始准备相关资料，包括区域内的大比例地图、历年考古发掘成果和经典的调查报告等。

2. 2004年初，正式组建浑河下游区域性考古调查队，由内蒙古自治区文物考古研究所曹建恩同志任队长，参加调查人员包括内蒙古自治区文物考古研究所孙金松、党郁、杨星宇同志；准格尔旗文管所王永胜；技工张清秀、刘金娃、侯志军、刘志勇、王东升、段成等；司机杨小勇、贾青海等。3～4月，利用室内整理的空闲时间，曹建恩同志在内蒙古考古研究所凉城老虎山工作站对参加区域性考古调查的所有同志进行了区域性考古调查相关技术培训。培训内容包括区域性考古调查的理论方法、遗址点的确认标准、内蒙古中南部史前文化的辨识、GPS的使用、遗址点在地图上的标示方法、计算机数据库的建立及使用等。并确定了浑河下游地区区域性考古调查的具体范围，即自清水河县当阳桥水库至岔河口的浑河下游南北两岸部分及与之对应的黄河西岸部分区域。

3. 2004年4～7月，调查队进驻当阳桥水库，正式对浑河下游南岸区域进行地毯式考古调查，调查过程中严格按照之前制定的工作程序进行，各组人员一字排开以"之"字形路线前行，发现遗址后首先采集标本并确定遗址范围，然后所有人员集中在遗址中心附近，对采集标本进行识别并进行GPS定位，在大比例地图之上标示遗址范围，并填写《浑河下游地区区域性考古调查遗址记录表》及《浑河下游地区区域性考古调查遗址采集标本记录表》。至调查结束共发现各类遗址200处，其间完成了本年度区域性考古调查所发现的所有遗址点资料的电脑输入及数据库初建工作。

4. 2004年11月～2005年1月，浑河下游区域性考古调查南岸调查成果在凉城县老虎山工作站进入室内整理阶段：对所发现的200处遗址采集标本进行清洗并在每片标本上书写遗址编号，按单位上架；针对每个单位所采集回来的标本认真核对文化属性及内涵并确定年代；对南岸所发现的遗址进行初步的数据统计并完善调查数据库的设置。

5. 2005年4～7月，进驻岔河口，正式对浑河下游北岸区域及与黄河东岸调查范围相对应的黄河西岸部分进行调查，调查过程中除继续沿用2004年的调查方法和理念外，更加注重对遗址周边环境的调查和记录，并利用天然断崖对遗址文化层、残存遗迹单位进行剖析。其间，曹建恩同志带领党郁等少部分队员对2004～2005年已调查出的遗址进行全面详细的复查工作，力图了解复合型遗址中不同文化的分布规律并为浑河下游地区区域性考古试掘工作进行准备。

6. 2005年冬，在老虎山工作站对本年度调查所获遗址资料进行整理。

7. 2006～2007年，由于浑河下游地区区域性考古试掘工作较为繁忙，故浑河下游区域性考古调查资料整理工作进展较为缓慢，仅利用田野考古发掘之余的少量时间对浑河下游区域性考古调查所获遗址资料进行初步整合及分析，其间完成了部分遗址地形图的测绘工作。

8. 2007年底，在曹建恩同志的指导、统筹下，党郁、孙金松完成了浑河南岸所有遗址点采集标本的最后识别、确认工作，并选取报告所用标本；杨星宇同志完成了其他区域的文化识别、确认工作，并选取报告所用标本；曹建恩同志负责完成浑河下游地区区域性考古调查所获所有遗址文化内涵的再次确认工作，并制定了《浑河下游地区区域性考古调查报告》的编写体例、注意事项及参加报告编写人员的具体分工。

9. 2008年始，正式编写《浑河下游地区区域性考古调查报告》。调查、整理期间，"河套地区先秦两汉时期的文化、生业与环境"课题总指挥张忠培先生先后两次到老虎山工作站检查浑河下游区域性考古调查工作，并对调查、整理过程中出现的问题和注意事项做了详细的说明指导。

10. 2009～2010年对调查区域内的遗址点进行测绘，并开展了全范围的航拍工作，航拍所成照片全部生成1∶5000的地形图，所有遗址点如有必要，均可存在独立的地形图，这样的大比例地形图和数据库将为以后的研究提供最科学和基础的资料。

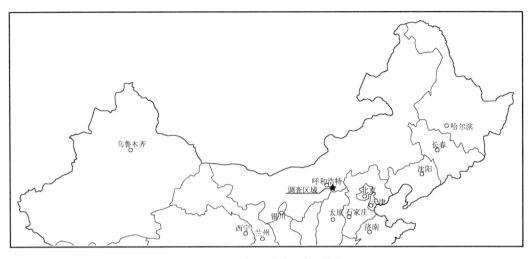

图一　调查区域地理位置图

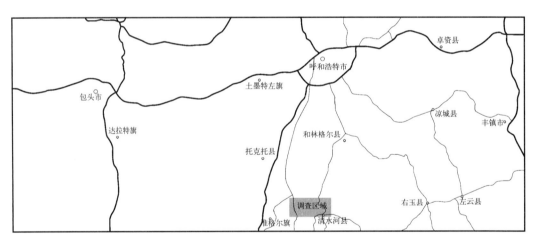

图二　调查区域位置图

# 第二章 遗址点及采集遗物介绍

## 第一节 浑河南岸遗址点及遗物介绍

浑河南岸包括的行政单位有清水河县城所在的城关镇、小庙乡和窑沟乡三个乡镇。共发现遗址点197处,另还有一些采集点。遗址点主要分布在浑河、清水河两岸的台地、坡地之上,而远离河流的坡顶上的遗址年代则多较晚。地势较北岸略缓,面积较北岸大(彩版一、二)。

### 04-001 庄窝坪遗址-1

遗址编号:QXZ-1

文化属性:鲁家坡一期遗存、庙子沟文化、阿善三期文化、朱开沟文化

行政归属:清水河县小庙乡庄窝坪村

GPS 坐标:遗址中部东经111°37′47.7″、北纬39°59′0.37″

海拔高度:1147±4米

初查时间:2004年4月24日

遗址位于浑河南岸坡度较缓的低矮浑圆土丘之上,遗址地势西高东低,南坡陡峭,北坡较为平缓。遗址东北与209国道相邻,北部紧邻庄窝坪村,西侧距丰准铁路约1公里。以遗址制高点为中心有环状梯田,当地居民称此坡为"大峁梁"(图三;彩版一一,1)。

遗址东西长约300米、南北宽约500米,面积约15万平方米。从陶片的分布情况来看,庙子沟文化的遗物主要集中分布于坡体南部,而朱开沟文化的遗物则全面分布。鲁家坡一期遗存和阿善三期文化的遗物较少,零散可见。该遗址点以庙子沟文化和朱开沟文化为主。

001:1,直口钵口沿,泥质红陶。直口微敛,腹上部较直,至下部弧内收。外腹壁饰黑彩和紫彩组成的连续三角形网格纹及连弧线纹,器表彩绘水蚀斑驳。残高7.6、壁厚0.3~0.6厘米(图四,13)。

001:2,直口钵口沿,泥质红陶。直口微敛,弧腹略收。外腹壁饰一周宽约4.5厘

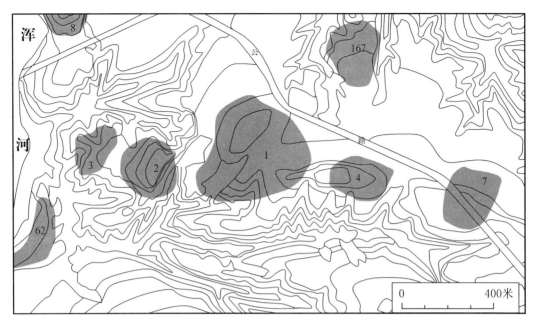

图三　04-001～04-004、04-007、04-062、04-167号遗址地形图

米的黑彩带。残高7.2、壁厚0.5厘米（图四，5）。

　　001：3，小口双耳罐颈部，泥质红陶。为颈部至肩部过渡之处。外腹壁饰黑彩、紫彩的连弧线纹，彩绘较为斑驳。壁厚0.6厘米（图四，7）。

　　001：4，小口瓮口沿，泥质灰陶，略加细砂。沿部残，以下饰四道泥条附加堆纹，腹部较直。残高6.7、壁厚0.5厘米（图四，6）。

　　001：5，纺轮，夹砂褐陶，表面打磨光滑。中间对钻穿孔，残半。直径8.2、穿孔径1、厚1.2厘米（图四，11）。

　　001：6，侈沿罐口沿，夹砂灰褐陶。方唇，直口，溜肩。唇上饰斜向绳纹，口沿以下饰一周压印附加堆纹，肩部以下饰绳纹。残高2、壁厚1厘米（图四，9）。

　　001：7，甗腰部，泥质灰褐陶。饰有竖向细绳纹，内壁可见修整痕迹。残高2.6、壁厚0.9厘米（图四，12）。

　　001：8，直口钵口沿，泥质红褐陶。方圆唇，直口，直弧腹，腹中部微弧曲。外腹壁饰黑彩、紫彩的连弧线纹，外壁彩绘斑驳不一。残高8.2、壁厚0.2～0.6厘米（图四，14）。

　　001：9，绳纹陶片，泥质灰陶，内壁可见轮修痕迹。器表饰细绳纹。壁厚0.6厘米（图四，16）。

　　001：10，高领罐口沿，泥质红褐陶。方圆唇，侈领，溜肩。颈部有人工修整痕

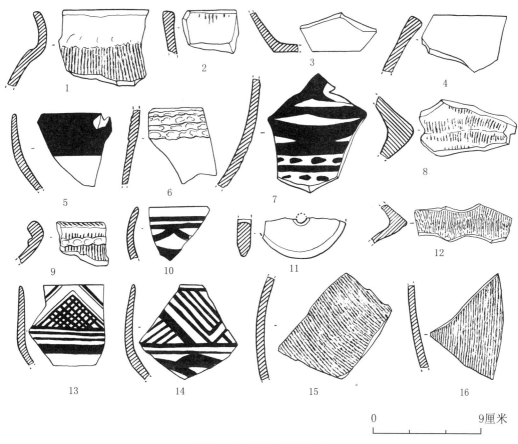

0　　　　　　　9厘米

图四　04-001号遗址标本

1.高领罐口沿（001：10）　2.平口罐口沿（001：12）　3.盆底（001：15）　4.三足瓮口沿（001：11）　5、13、14.直口钵口沿（001：2,001：1,001：8）　6.小口瓮口沿（001：4）　7.小口双耳罐颈部（001：3）　8、12.瓿腰部（001：13,001：7）　9.侈沿罐口沿（001：6）　10.敛口钵口沿（001：16）　11.纺轮（001：5）　15、16.绳纹陶片（001：14,001：9）（3、5为鲁家坡一期遗存，2、7、9～11、13～14为庙子沟文化，6为阿善三期文化，余为朱开沟文化）

迹，以下饰竖向绳纹。残高7、壁厚1.2厘米（图四，1）。

001：11，三足瓮口沿，泥质灰陶。方唇，平口。器表打磨光滑。残高5.4、壁厚1厘米（图四，4）。

001：12，平口罐口沿，夹砂红褐陶。方唇，平口。残高4.3、壁厚1厘米（图四，2）。

001：13，瓿腰部，夹砂红褐陶。饰有竖向细绳纹。残高4.5、壁厚0.5厘米（图四，8）。

001：14，绳纹陶片，夹砂褐陶。饰有竖向细绳纹。残高6.5、壁厚1厘米（图四，15）。

001：15，盆底，泥质红陶。斜腹内收，平底，素面。残高1.8、壁厚0.7厘米（图四，3）。

001：16，敛口钵口沿，泥质红陶。敛口，弧腹，外壁饰红彩弧线纹饰。残高4.5、壁厚0.5～0.7厘米（图四，10）。

### 04-002　庄窝坪遗址-2

遗址编号：QXZ-2

文化属性：鲁家坡一期遗存、阿善三期文化、永兴店文化、朱开沟文化、战国

行政归属：清水河县小庙乡庄窝坪村

GPS坐标：遗址中部东经111°37′29.3″、北纬39°58′57.6″

海拔高度：1112±4米

初查时间：2004年4月24日

遗址位于浑河南岸坡度较缓的土梁之上，遗址北面与庄窝坪村隔沟相望，此沟宽约400米，南侧有一冲沟环绕遗址东北侧，西侧为丰准铁路经过处，遗址制高点位于遗址东侧。遗址地表现辟为耕田，当地居民称之为"下圪梁"。该遗址西南方向与04-001号遗址点隔一宽约30米的土梁（参见图三；彩版一一，2）。

遗址东西长约400米、南北宽约200米，面积约8万平方米。地表可见大量的鲁家坡一期遗存、庙子沟文化和朱开沟文化时期的陶片，其中鲁家坡一期遗存和庙子沟文化的遗物分布较广。阿善三期文化和战国时期的遗物较少。

002：1，器足，泥质灰陶。三足瓮乳状袋足，外壁饰竖向绳纹，内壁可见捏制痕迹。残高7、壁厚1厘米（图五，1）。

002：2，敛口瓮口沿，泥质磨光红陶。敛口外叠唇，广肩。残高1.7、壁厚0.8厘米（图五，2）。

002：3，窄沿罐底，泥质灰褐陶。斜直腹，平底。腹部存有斜横向篮纹。残高3.2、壁厚0.7厘米（图五，3）。

002：4，窄沿罐底，夹砂灰褐陶。斜直腹，平底。外壁饰右斜向篮纹。残高6.3、壁厚0.7厘米（图五，4）。

002：5，蛇纹鬲口沿，泥质红陶。侈领，溜肩，口部饰极细的附加泥条纹，并存有一凸纽。领部及肩部均饰竖向细绳纹。残高6、壁厚0.5厘米（图五，5）。

002：6，直口钵口沿，泥质红陶。直口，直弧腹。残高5、壁厚0.5厘米（图五，6）。

002：7，直口钵口沿，泥质红陶。直口，直弧腹。口部外侧施一道宽约5.5厘米的黑彩带。残高7、壁厚0.6厘米（图五，7）。

002：8，矮领罐口沿，泥质灰陶。直领略外卷，溜肩，肩部饰抹断绳纹。残高

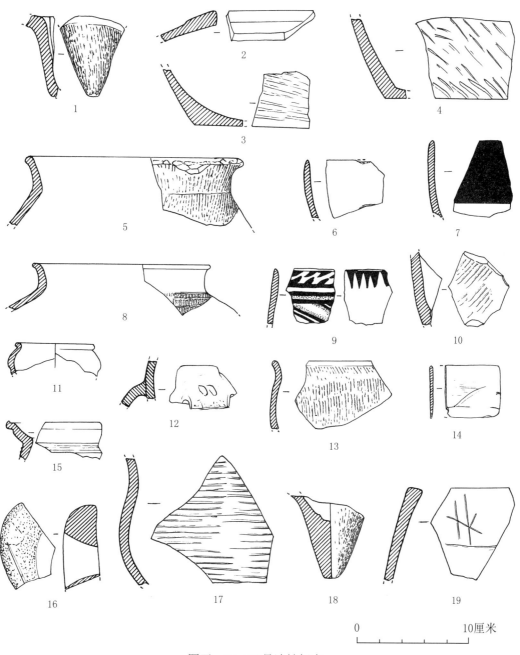

图五　04-002号遗址标本

1、18.器足（002：1，002：19）　2.敛口瓮口沿（002：2）　3、4.窄沿罐底（002：3，002：4）　5.蛇纹鬲口沿（002：5）　6、7.直口钵口沿（002：6，002：7）　8.矮领罐口沿（002：8）　9.直口钵口沿（002：13）　10.尖底瓶底残片（002：9）　11.尖底瓶口沿（002：11）　12.器耳（002：12）　13.侈口盆口沿（002：14）　14.石刀（002：10）　15.铁轨式口沿罐口沿（002：15）　16.环形石器（002：18）　17.篮纹陶片（002：16）　19.瓦片（002：17）（6、7、11、15为鲁家坡一期遗存，3、9、10、14、16为庙子沟文化，2、4、12、17为阿善三期文化，1、5、13、18为朱开沟文化，8、19为战国）

5.4、壁厚0.5厘米（图五，8）。

002：9，尖底瓶底残片，泥质灰陶，火候较差。应为一尖底瓶接近底部的残片，上面隐约可见篮纹。壁厚0.6～0.8厘米（图五，10）。

002：10，石刀，红色板岩磨制而成，长方形、刃端较薄。残长5、宽约4.6厘米（图五，14）。

002：11，尖底瓶口沿，泥质红陶。重唇，小口。残高3、壁厚0.5厘米（图五，11）。

002：12，器耳，泥质灰陶。应为小口双耳罐的残环耳。壁厚0.5厘米（图五，12）。

002：13，直口钵口沿，泥质红陶。尖圆唇，直口，直腹。外壁饰黑彩和紫彩弧线组成的几何纹，内壁口部处施一周黑彩连续倒三角纹。残高4.9、壁厚0.4厘米（图五，9）。

002：14，侈口盆口沿，泥质红陶。侈口，直弧腹。口部以下饰竖向细绳纹。残高6、壁厚0.5厘米（图五，13）。

002：15，铁轨式口沿罐口沿，砂质灰褐陶。敛口，折沿，沿上存有凹槽，溜肩。仅存的器身可见饰有凸弦纹。残高2.5、壁厚0.6厘米（图五，15）。

002：16，篮纹陶片，泥质夹细砂灰陶。应为陶瓮等大器物的腹部，外壁饰横向篮纹，器壁较厚。壁厚0.6厘米（图五，17）。

002：17，瓦片，泥质红陶。为一板瓦的一端残片，正面存有刻划的线纹，较为随意。残高6、壁厚0.5厘米（图五，19）。

002：18，环形石器，红褐色泥岩磨制而成。残，应为圆形，中间存有穿孔。高3.2厘米（图五，16）。

002：19，器足，泥质红陶。为三足器的足根，内壁可见捏制痕，外壁饰竖向绳纹。残高8.5厘米（图五，18）。

## 04-003　庄窝坪遗址-3

遗址编号：QXZ-3

文化属性：鲁家坡一期遗存、朱开沟文化、战国

行政归属：清水河县小庙乡庄窝坪村

GPS 坐标：遗址中部东经111°37′23.9″、北纬39°58′54.1″

海拔高度：1103±5米

初查时间：2004年4月24日

庄窝坪三号遗址位于浑河南岸，庄窝坪村南部坡度较缓的土丘之上。西北部远眺可见丰准铁路，以遗址制高点为中心，四周环绕阶梯状环形梯田，地表大部现已辟

为耕田。04-003号遗址东部隔一宽约150米的冲沟与04-001号遗址相望，东侧则与04-002号遗址相邻（参见图三；彩版一一，1）。

遗址东西长约200米、南北宽约70米，面积约1.4万平方米。地表可见大量的鲁家坡一期遗存和庙子沟文化陶片，另见少量朱开沟文化陶片，其中鲁家坡一期的遗物几乎全面分布。

003：1，盆底，泥质红陶。平底。外壁饰竖向绳纹。残高3.5、壁厚0.7厘米（图六，12）。

003：2，绳纹陶片，泥质灰褐陶，陶质疏松。为器物口部，口沿残，外壁饰竖向细绳纹。壁厚0.7厘米（图六，10）。

003：3，绳纹陶片，泥质红陶。外壁饰竖向绳纹。壁厚0.5厘米（图六，7）。

003：4，绳纹陶片，泥质红褐陶。外壁饰略粗的竖向线纹。壁厚0.5厘米（图六，8）。

003：5，敞口盆口沿，泥质灰陶，轮制而成，器内壁可见轮修痕迹。敞口，外壁饰数道凸弦纹。壁厚0.5厘米（图六，5）。

003：6，敞口盆口沿，泥质红陶。方唇，敞口。外壁饰竖向细绳纹。残高3、壁厚0.5厘米（图六，4）。

003：7，侈口盆口沿，泥质红陶。侈口较甚，口部素面。残高3.6、壁厚0.6厘米（图六，9）。

003：8，矮领罐口沿，泥质灰陶。直领略高，溜肩。肩部以下饰竖向细密的绳纹。残高3.7、壁厚0.5厘米（图六，14）。

003：9，绳纹陶片，夹砂灰褐陶。外壁饰绳纹。壁厚0.5厘米（图六，6）。

### 04-004　庄窝坪遗址-4

遗址编号：QXZ-4

文化属性：庙子沟文化

行政归属：清水河县小庙乡庄窝坪村

GPS坐标：遗址中部东经111°38′12.3″、北纬39°58′54.1″

海拔高度：1146±5米

初查时间：2004年4月24日

遗址坐落在破头窑村北面，与村落隔一条冲沟的低矮土丘之上。自破头窑村远望该土丘，似伸向深沟之中的孤岛。遗址地势北高南低，东侧邻近209国道，西侧为连绵起伏的土坡并与浑河相望，北侧存有平缓的山丘，现辟为耕地，地势较为平坦。该遗址与04-001号遗址隔一浅洼地带相望（参见图三；彩版一一，1）。

遗址东西长约150米、南北宽约100米，面积约1.5万平方米。地表可见一定数量的

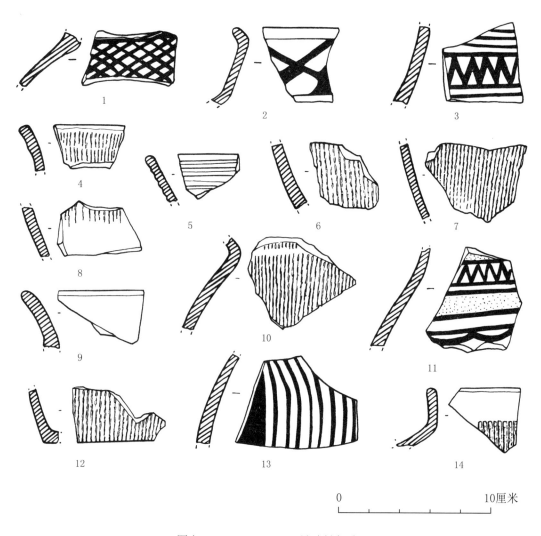

0　　　　　　　　　　　　　　　10厘米

图六　04-003、04-004号遗址标本

1、3、11、13.彩陶片（004：1，004：5，004：4，004：2）　2.小口双耳罐口沿（004：3）　4、5.敞口盆口沿（003：6，003：5）　6～8、10.绳纹陶片（003：9，003：3，003：4，003：2）　9.侈口盆口沿（003：7）　12.盆底（003：1）　14.矮领罐口沿（003：8）（8为鲁家坡一期遗存，1～3、11、13为庙子沟文化，5、14为战国，余为朱开沟文化）

庙子沟文化陶片，遗址西南部遗物较为集中。

004：1，彩陶片，泥质红陶。外壁饰黑彩线条组成的网格状结几何纹。壁厚0.6厘米（图六，1）。

004：2，彩陶片，泥质红褐陶。外壁饰黑彩弧线、三角几何纹。壁厚0.5厘米（图六，13）。

004：3，小口双耳罐口沿，泥质红陶。窄沿，长溜肩。外壁饰黑彩弧线几何纹。残高5、壁厚0.4厘米（图六，2）。

004：4，彩陶片，泥质红陶。外壁饰黑彩和紫彩线条组成的折线几何纹并见弧线纹，纹饰清晰、绘制精美。壁厚0.7厘米（图六，11）。

004：5，彩陶片，泥质红陶。外壁饰黑彩和紫彩线条组成的折线几何纹并见弧线纹，纹饰清晰、绘制精美。壁厚0.6厘米（图六，3）。

### 04-005　南卯上遗址-1

遗址编号：QXN-1

文化属性：庙子沟文化、战国

行政归属：清水河县小庙乡南卯上村

GPS坐标：遗址中部东经111°38′45.2″、北纬39°58′30.4″

海拔高度：1192±5米

初查时间：2004年4月24日

遗址位于南卯上村东北部的低矮土丘之上，自南卯子村远望该土丘，坡势平缓、顶部浑圆。遗址地势西高东低，东侧邻近209国道，西、南侧为平坦的缓坡，直抵顶部。遗址上现辟为耕地，地势较为平坦。该遗址隔破头窑村可与04-007号遗址点相望（彩版六三，1）。

遗址东西长约80米、南北宽约150米，面积约1.2万平方米。地表可见一定数量的庙子沟文化遗存的陶片及少量战国时期陶片。

005：1，器底，泥质红褐陶。斜直腹，平底，素面。残高4.8、壁厚0.6厘米（图七，11）。

005：2，侈沿罐底，泥质夹细砂灰褐陶。斜直腹，平底，外壁饰竖向细绳纹，底部亦存有几条绳纹。残高2.7、壁厚0.5厘米（图七，13）。

005：3，交叉线纹陶片，泥质灰褐陶。外壁饰交叉线纹，应为筒形罐器体残片。壁厚0.5厘米（图七，9）。

005：4，矮领瓮口沿，泥质灰陶。外卷圆唇，直领，溜肩，肩部饰竖向规整的抹断绳纹。残高5.8、壁厚0.5厘米（图七，2）。

005：5，碗口沿，泥质灰陶，轮制，内外壁皆可见轮修痕迹。敞口、外卷圆唇，折腹处起一道凸棱，素面。口径14、残高5、壁厚0.5厘米（图七，8）。

### 04-006　南卯上遗址-2

遗址编号：QXN-2

文化属性：汉代

行政归属：清水河县小庙乡南卯上村

GPS 坐 标：遗址中部东经111°38′20.9″、北纬39°58′15.9″

海拔高度：1178±5米

初查时间：2004年4月24日

遗址位于南卯上村西南部的一坡度较缓的漫坡之上，西临四圪坨村（已经搬迁），南部为一条较深的冲沟，东北部为向上的缓坡。南卯上二号遗址点东北处可与04-006号遗址点相望（彩版六三，1）。

遗址东西长约200米、南北宽约400米，面积约8万平方米。遗址中部存有一乡间小路横穿其中，地表种植有柠条，西部辟为耕地并见一定数量的汉代泥质灰陶片。

006：1，平折沿盆口沿，泥质灰陶。方唇，平折沿，直弧腹。口沿下部饰有数道凸弦纹。残高3.5、壁厚0.5～0.8厘米（图七，1）。

006：2，压印纹陶片，泥质灰陶。外壁上部饰弦纹，以下为压印坑点纹。壁厚0.6厘米（图七，6）。

006：3，短沿盆口沿，泥质灰陶。敞口，外卷短沿，直弧腹，上腹部存有凸弦纹。口径20、残高7.8、壁厚0.7厘米（图七，4）。

006：4，矮领瓮口沿，泥质灰陶。圆唇，直领，溜肩，素面。残高4.5、壁厚0.5厘米（图七，12）。

006：5，器底，泥质灰陶。斜直腹，平底，素面。内底可见数道轮修的旋纹。残高2.8、壁厚0.5～1.1厘米（图七，7）。

006：6，压印纹陶片，泥质灰陶。外壁以抹断绳纹为主，并见少量弦纹。壁厚0.5厘米（图七，10）。

## 04-007　破头窑遗址-1

遗址编号：QXP-1

文化属性：永兴店文化

行政归属：清水河县小庙乡破头窑村

GPS 坐 标：遗址中部东经111°38′23.8″、北纬39°58′54.0″

海拔高度：1155±4米

初查时间：2004年4月24日

遗址位于破头窑村东北部的耕地之上，远离浑河南岸，209国道从遗址中部偏南处南北向横贯而出，南临破头窑村路一农居，北侧、西侧均为略起坡度的平缓坡地，东部尽端坡地较陡，其下冲沟被村民称为"石湖沟"。遗址现辟为耕地，地势略平坦。04-007号遗址西部与04-004号遗址紧邻（参见图三；彩版六三，1）。

遗址东西长约150米、南北宽约200米，面积约3万平方米。地表可见较多永兴店文化陶片。

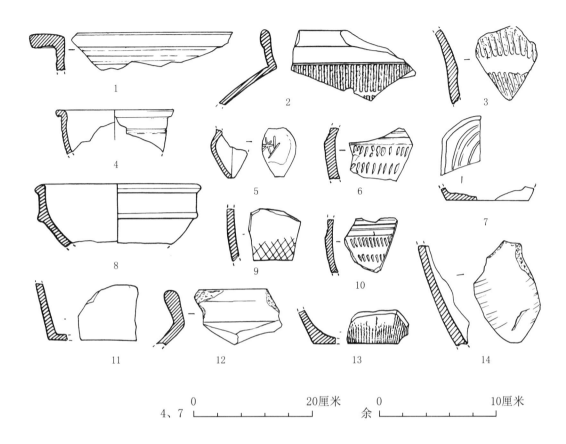

图七  04-005、04-006、04-007号遗址标本

1.平折沿盆口沿（006：1）  2、12.矮领瓮口沿（005：4，006：4）  3.绳纹陶片（007：2）  4.短沿盆口沿（006：3）  5.鬶足（007：3）  6、10.压印纹陶片（006：2，006：6）  7、11.器底（006：5，005：1）  8.碗口沿（005：5）  9.交叉线纹陶片（005：3）  13.侈沿罐底（005：2）  14.尖底瓶残片（007：1）（9、11、13为庙子沟文化，3、5、14为永兴店文化，2、8为战国，余为汉代）

007：1，尖底瓶残片，砂质灰陶。外壁饰有拍印的左斜向篮纹，纹饰不甚清晰。壁厚0.5厘米（图七，14）。

007：2，绳纹陶片，泥质灰陶。外壁饰粗绳纹。壁厚0.5厘米（图七，3）。

007：3，鬶足，泥质灰陶。为三足器之足跟处，外壁可见烟炱痕。残高4、壁厚0.4厘米（图七，5）。

### 04-008  四圪垯遗址-1

遗址编号：QXS-1

文化属性：庙子沟文化、战国

行政归属：清水河县小庙乡四圪垯村

GPS 坐 标：遗址中部东经111°37′46.6″、北纬39°58′30.1″

海拔高度：1152±9米

初查时间：2004年4月24日

遗址位于四圪坨村北部偏东处一低矮土丘的漫坡之上，向北远眺可见浑河河漕，西部为一冲沟，并环绕遗址东、北侧。遗址所在坡地的坡顶浑圆，制高点突出，现辟为耕地。遗址与村落间地势略平坦，其他接近冲沟处地势略为陡峭。遗址东南方向与04-006号隔沟相望（彩版六三，2）。

遗址东西长约100米、南北宽约250米，面积约2.5万平方米。鲁家坡一期遗存陶片较少，战国时期遗物分布较广，可见泥质灰陶的罐、盆、瓮等残片。

008：1，筒形罐残片，夹砂红褐陶。外壁饰交错的线纹。壁厚0.4厘米（图九，7）。

008：2，矮领罐口沿，泥质灰陶。矮领，溜肩。口部饰一周附加堆纹，肩部以下饰数道弦纹。残高6.7、壁厚0.7厘米（图九，3）。

008：3，卷沿瓮口沿，泥质灰陶。卷沿，溜肩，肩部下饰抹断绳纹。残高6.5、壁厚0.6厘米（图九，2）。

008：4，平折沿盆口沿，泥质灰陶。方唇，平折沿，直弧腹。口沿下饰有凸弦纹，以下为规整细密的抹断绳纹。内壁可见磨光暗条纹。残高5.6、壁厚0.5厘米（图九，1）。

## 04-009　四圪坨遗址-2

遗址编号：QXS-2

文化属性：庙子沟文化、永兴店文化、朱开沟文化

行政归属：清水河县小庙乡四圪坨村

GPS 坐 标：遗址中部东经111°37′20.9″、北纬39°58′29.9″

海拔高度：1124±9米

初查时间：2004年4月24日

遗址位于四圪坨村西北一坡度较缓的漫坡之上，向北可远望丰准铁路，西南部为一冲沟。遗址上种植有大量柠条，并挖有育林坑，坑内植有沙棘，在沟畔发现两座石板墓。遗址所在坡地水土流失较为严重，红胶泥土已经暴露，且遍布料礓石。在遗址制高点处发现一已遭破坏的石板墓。遗址东部可与04-008号遗址隔沟相望，008号遗址所处的坡地西南下方为010号遗址（图八；彩版六三，2）。

遗址东西长约300米、南北宽约200米，面积约6万平方米。由于水土流失严重，故地表采集标本不甚丰富。

009：1，残石杵，青白色砂岩磨制而成。椭圆形柱状体，下端残。残长6.8、宽3.7、厚2厘米（图九，10）。

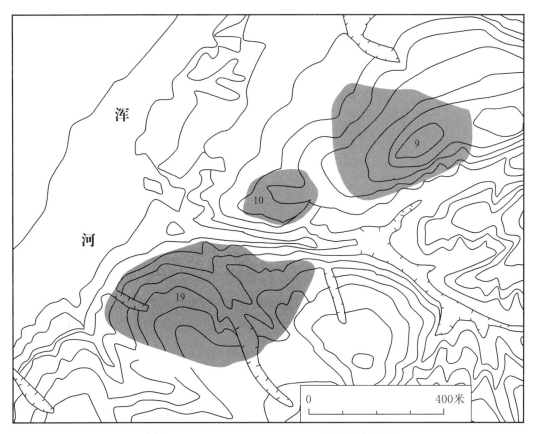

图八　04-009、04-010、04-019号遗址地形图

009：2，彩陶片，泥质红陶。外壁饰黑彩网格状几何纹。壁厚0.3厘米（图九，13）。

009：3，篮纹陶片，泥质灰陶，火候不匀。外壁饰斜向篮纹。壁厚0.8厘米（图九，4）。

009：4，绳纹陶片，泥质红褐陶，胎体较为厚重。外壁饰竖向绳纹。壁厚0.9厘米（图九，5）。

009：5，侈沿盆口沿，泥质红褐陶。为一陶器领部，外壁饰竖向绳纹。残高3.3、壁厚0.6厘米（图九，8）。

009：6，三足瓮口沿，泥质红陶。方唇，敛口，外壁饰竖向细绳纹。残高5.8、壁厚1.1厘米（图九，6）。

009：7，蛇纹鬲口沿，砂质灰褐陶。直口，外附一周细蛇纹。残高3.7、壁厚0.6厘米（图九，9）。

009：8，敞口钵口沿，泥质灰陶。直口微侈，直弧腹，素面。残高5.9、壁厚0.6厘米（图九，11）。

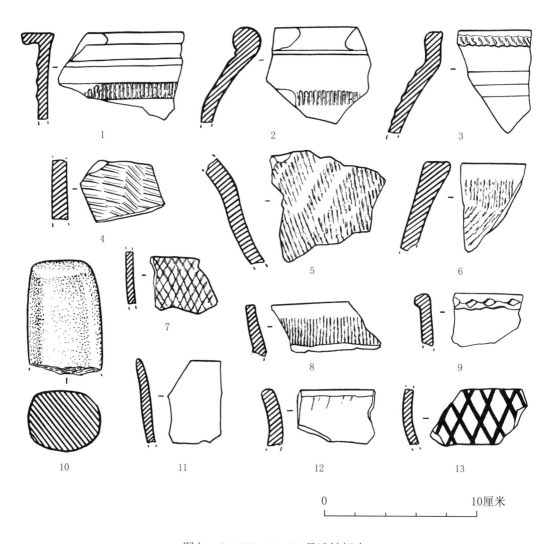

0　　　　　　　　　　　10厘米

图九　04-008、04-009号遗址标本

1.平折沿盆口沿（008：4）　2.卷沿瓮口沿（008：3）　3.矮领罐口沿（008：2）　4.篮纹陶片（009：3）　5.绳纹陶片（009：4）　6.三足瓮口沿（009：6）　7.筒形罐残片（008：1）　8.侈沿盆口沿（009：5）　9.蛇纹鬲口沿（009：7）　10.残石杵（009：1）　11.敞口钵口沿（009：8）　12.侈沿罐口沿（009：9）　13.彩陶片（009：2）（7、11～13为庙子沟文化，　4为永兴店文化，5、6、8～10为朱开沟文化，1～3为战国）

009：9，侈沿罐口沿，夹砂红褐陶，矮领。残高3.5、壁厚0.7厘米（图九，12）。

## 04-010　四圪垯遗址-3

遗址编号：QXS-3

文化属性：阿善三期文化

行政归属：清水河县小庙乡四圪垯村

GPS 坐标：遗址中部东经111°37′04.7″、北纬39°58′26.4″

海拔高度：1093±6米

初查时间：2004年4月24日

遗址位于四圪垯村西北部的漫坡之上，坡体略呈椭圆形，西北临近丰准铁路，南临大石沟，坡度较大，东部向上为漫坡，遗址坡度较缓，坡体由东北向西南延伸。地表种植柠条，并挖有育林坑，在坡体制高点处存一现代墓葬。遗址向东北可与04-009号遗址相望（参见图八；彩版六三，2）。

遗址东西长约60米、南北宽约80米，面积约0.48万平方米。地表散见少量阿善三期文化陶片。

010：1，窄沿罐底，泥质灰陶。斜弧腹，平底。外壁饰篮纹。残高4.5、壁厚0.6～1厘米（图一〇，4）。

010：2，高领罐口沿，泥质灰褐陶。高领外侈。残高3、壁厚0.7厘米（图一〇，2）。

010：3，窄沿罐底，泥质灰陶。斜弧腹，平底。外壁饰篮纹。残高4.8、壁厚0.6厘米（图一〇，5）。

## 04-011　黄落城遗址-1

遗址编号：QXH-1

文化属性：汉代

行政归属：清水河县小庙乡黄落城村

GPS 坐标：遗址中部东经111°38′0.83″、北纬39°57′54.4″

海拔高度：1185±5米

初查时间：2004年4月25日

遗址位于黄落城村北的漫坡之上，东北方向则可与南卯上二号遗址隔沟相望，此沟被当地人称作石盘沟。遗址西望浑河，东西两侧均可见村落，南部为大燕沟，南北两侧均被冲沟所隔，遗址就处于两沟之间的平坦耕地上。

遗址东西长约100米、南北宽约120米，面积约1.2万平方米。地面散见有少量灰陶片，以方格纹较多，素面较少，均为汉代陶片。

011：1，平折沿盆口沿，泥质灰陶。卷沿，内壁可见磨光暗条纹。残高1.8、壁厚0.9厘米（图一〇，7）。

011：2，平折沿盆口沿，泥质灰陶。平折沿，斜弧腹。残高3.8、壁厚0.5厘米（图一〇，11）。

011：3，矮领罐口沿，泥质灰陶。领部较高，口沿残，溜肩。外壁饰竖向粗绳纹。壁厚0.4厘米（图一〇，6）。

011：4，高领折沿罐口沿，泥质灰陶。外卷圆唇，直领。残高4.7、壁厚0.6厘米

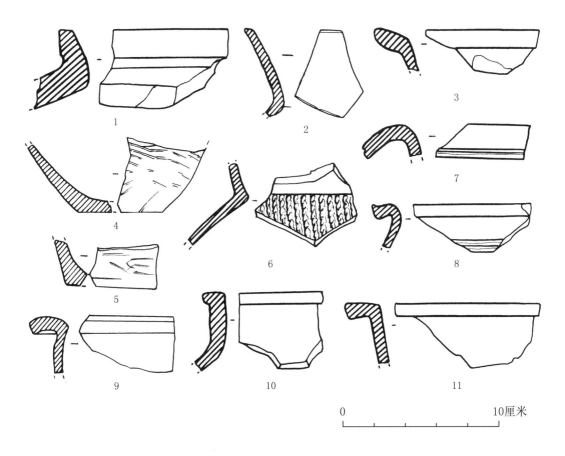

图一〇　04-010、04-011遗址标本

1.矮领瓮口沿（011：7）　2.高领罐口沿（010：2）　3、7、8、9、11.平折沿盆口沿（011：6，011：1，011：8，011：5，011：2）　4、5.窄沿罐底（010：1，010：3）　6.矮领罐口沿（011：3）　10.高领折沿罐口沿（011：4）（2、4、5为阿善三期文化，余为汉代）

（图一〇，10）。

011：5，平折沿盆口沿，泥质灰陶。外斜折沿，斜弧腹，内壁可见磨光暗条纹。残高3.6、壁厚0.6厘米（图一〇，9）。

011：6，平折沿盆口沿，泥质灰陶。平沿，斜弧腹。残高2.6、壁厚0.5厘米（图一〇，3）。

011：7，矮领瓮口沿，泥质灰陶。矮领，胎体厚重，溜肩，素面。残高4.7、壁厚1.2厘米（图一〇，1）。

011：8，平折沿盆口沿，泥质灰陶。平沿，内凹，短颈，颈下饰弦纹。残高2.9、壁厚0.5厘米（图一〇，8）。

## 04-012　马家新庄窝遗址-1

遗址编号：QXM-1

文化属性：鲁家坡一期遗存、庙子沟文化、阿善三期文化、朱开沟文化、汉代

行政归属：清水河县小庙乡马家新庄窝村

GPS坐标：遗址制高点东经111°36′25.2″、北纬39°57′48.8″

海拔高度：1124±5米

初查时间：2004年4月26日

遗址位于马家新庄窝村西部，当地称作坟塔圪旦。西部临近浑河，丰准铁路从遗址西部经过；北为前石架沟，沟口即为修建丰准铁路而兴起的马家新庄窝村；遗址东部为以前的马家庄窝村。遗址所在坡地的制高点偏西，放眼可见整个遗址呈扇形分布，坡度较缓。平坡边缘较陡，存有冲沟。扇形平坡为遗址中心区，现开辟为耕地（彩版六四，1）。

遗址东西长约250米、南北宽约200米，分布面积约5万平方米。地面散见有大量庙子沟文化陶片，也可见阿善三期文化、战国时期的陶片。

012：1，高领罐口沿，泥质灰陶，胎体厚重。内斜唇，高领，素面。残高7.8、壁厚1.1厘米（图一一，12）。

012：2，平口罐口沿，夹砂灰陶。微叠唇，平口，直弧腹。残高4、壁厚0.6厘米（图一一，6）。

012：3，窄沿罐底，泥质灰陶。斜直腹，平底，外壁饰篮纹。残高3.6、壁厚0.6厘米（图一一，7）。

012：4，高领罐口沿，泥质红陶。直领，素面。残高3.8、壁厚0.5厘米（图一一，5）。

012：5，敛口曲腹钵口沿，泥质磨光灰陶。敛口，曲腹，素面。残高4.3、壁厚0.6厘米（图一一，8）。

012：6，侈沿罐口沿，夹砂灰褐陶。颈部饰附加堆纹，外壁饰竖向绳纹。壁厚0.6厘米（图一一，9）。

012：7，彩陶片，泥质红陶。外壁饰黑彩弧线三角几何纹。壁厚0.5厘米（图一一，11）。

012：8，侈沿罐口沿，夹砂红陶。侈领，领下部饰附加堆纹，领部以下饰竖向绳纹。残高4.7、壁厚0.7厘米（图一一，1）。

012：9，篮纹陶片，泥质红陶。外壁饰横向篮纹，应为尖底瓶腹部残片。壁厚0.3厘米（图一一，2）。

012：10，侈沿罐口沿，夹砂红陶。侈领，领下部饰附加堆纹，领部及肩部均饰竖

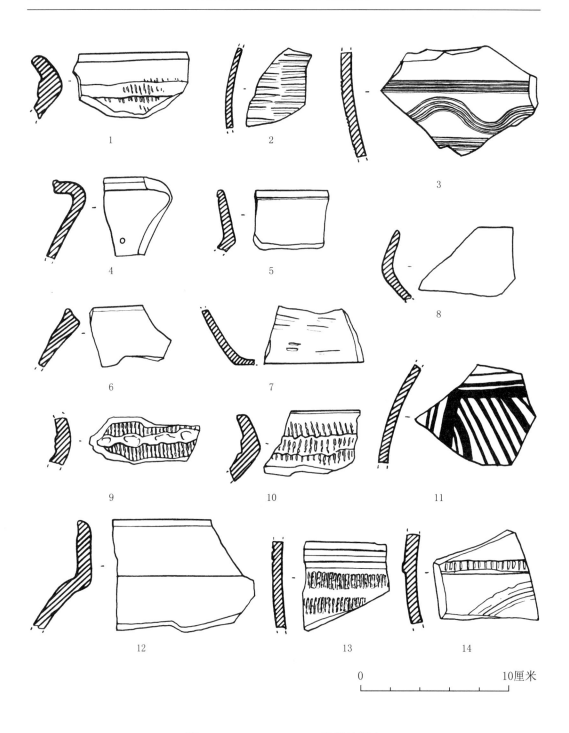

图一一　04-012、04-017号遗址标本

1、9、10.侈沿罐口沿（012：8，012：6，012：10）　2.篮纹陶片（012：9）　3.水波划纹陶片（017：3）　4.折沿罐口沿（017：2）　5、12.高领罐口沿（012：4，012：1）　6.平口罐口沿（012：2）　7.窄沿罐底（012：3）　8.敛口曲腹钵口沿（012：5）　11.彩陶片（012：7）　13.抹断绳纹陶片（017：1）　14.附加堆纹陶片（017：4）（1、8～11为庙子沟文化，2、6、7为阿善三期文化，13、14为战国，余为汉代）

向绳纹。残高4、壁厚0.6厘米（图一一，10）。

### 04-013 马家新庄窝遗址-2

遗址编号：QXM-2

文化属性：庙子沟文化

行政归属：清水河县小庙乡马家新庄窝村

GPS 坐标：遗址中心东经111°36′45.3″、北纬39°57′35.0″

海拔高度：1155±7米

初查时间：2004年4月26日

遗址位于马家新庄窝村东南部的坡地之上，西南为前石架子沟，沟北部一乡间小道将其与04-012号遗址相连；遗址北部即为马家新庄窝村；东北部为一条天然冲沟。遗址顶部呈圆形土坡状，即为遗址中心（彩版六四，1）。

遗址东西长约100米、南北宽约80米，总面积约0.8万平方米。地表散见庙子沟文化遗物。

### 04-014 贺家山遗址-3

遗址编号：QXH-3

文化属性：汉代

行政归属：清水河县小庙乡贺家山村

GPS 坐标：遗址中心制高点东经111°37′25.6″、北纬39°58′00.3″

海拔高度：1158±8米

初查时间：2004年4月26日

遗址位于贺家山村北部的缓坡之上，三面环沟，东北部与黄落城村相望。坡体呈南高北低之势，东西坡度较大。坡地下部现退耕还林，育林坑密布，以防水土流失。东南部坡地种植有小片柠条。东南距04-017号遗址约500米，东北与04-018号遗址相邻。遗址主要分布于坡地的东北部，现开辟为耕地，呈环形梯田台阶状分布（彩版六四，2）。

遗址东西长约200米、南北宽约150米，总面积约3万平方米。地表散见大量汉代遗物，多为泥质灰陶的缸、瓮、罐、盆等日常生活用具的残片。

014：1，盆底，泥质灰陶。斜弧腹，平底，素面。残高3.6、壁厚0.5厘米（图一二，7）。

014：2，盆底，泥质灰陶。斜直腹，平底，素面。残高4、壁厚0.4～0.6厘米（图一二，9）。

014：3，罐底，泥质灰陶，胎体厚重。斜直腹，微内收，平底，素面。残高7、壁厚1厘米（图一二，8）。

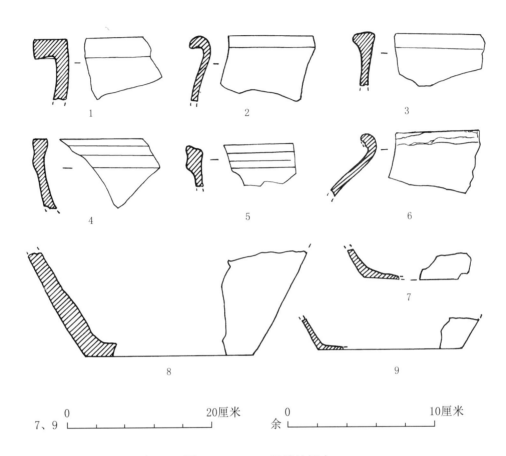

图一二　04-014号遗址标本

1.平折沿盆口沿（014：7）　　2、6.卷沿罐口沿（014：5，014：9）　　3~5.敞口盆口沿（014：4，014：8，014：6）　　7、9.盆底（014：1，014：2）　　8.罐底（014：3）（1~9皆为汉代）

014：4，敞口盆口沿，泥质灰陶。厚方唇，平折沿，斜弧腹，素面。残高3.5、壁厚0.4厘米（图一二，3）。

014：5，卷沿罐口沿，泥质灰陶。卷沿，沿部略残，溜肩，素面。残高4、壁厚0.4厘米（图一二，2）。

014：6，敞口盆口沿，泥质灰陶。外叠唇，敞口，斜弧腹，素面。残高3.6、壁厚0.5厘米（图一二，5）。

014：7，平折沿盆口沿，泥质灰陶。外叠唇，小口，素面。残高2.6、壁厚0.5厘米（图一二，1）。

014：8，敞口盆口沿，泥质灰陶。外叠方唇，直口，素面。残高4.6、壁厚0.4厘米（图一二，4）。

014：9，卷沿罐口沿，泥质灰陶。卷圆唇，溜肩，鼓腹，素面。残高3.5、壁厚

0.4厘米（图一二，6）。

### 04-015 黄落城遗址-2

遗址编号：QXH-2

文化属性：汉代

行政归属：清水河县小庙乡黄落城村

GPS 坐 标：遗址中部东经111°38′27.7″、北纬39°57′46.1″

海拔高度：1203±7米

初查时间：2004年4月26日

遗址位于黄落城村东侧，以石盘沟将两者间隔而相望东西，石盘沟蜿蜒向前伸至四圪垯村后直至浑河。遗址西北可远眺黄落城村，东侧亦为深沟与石盘沟相连。遗址所在坡地即被夹于石盘沟与大燕沟之间，故此遗址所处土丘呈向前伸出的斜坡状，至土丘边缘直转而下。遗址南端为一向上漫坡，连绵起伏。由于水土流失严重，南侧中部可见存有一方形土台，高约2米、顶部约1平方米（图一三）。

遗址整体地形呈三角形，东西最长处达500米、南北最长处达600米，面积约30万平方米。地表散落有少量泥制灰陶残片，饰以弦纹、弦断绳纹等，多为素面。

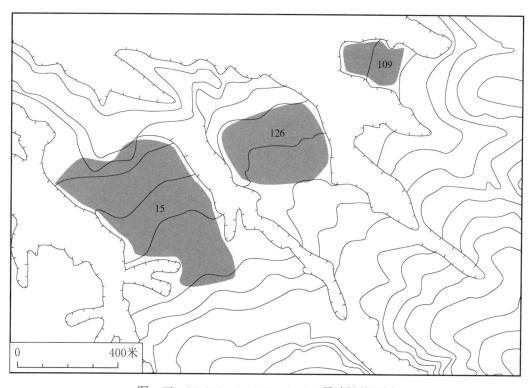

图一三 04-015、04-109、04-126号遗址地形图

### 04—016　马家新庄窝村遗址—3

遗址编号：QXM-3

文化属性：庙子沟文化、朱开沟文化、战国

行政归属：清水河县小庙乡马家新庄窝村

GPS 坐标：遗址中部东经111°36′45.0″、北纬39°57′58.0″

海拔高度：1121±7米

初查时间：2004年4月26日

遗址位于马家新庄窝村北，其所在坡地被临近的两条冲沟冲刷呈三个孤岛形状的台地。遗址南部为丰准铁路清水河站，东侧为连绵起伏的山坡，坡顶浑圆；东南侧为早期发育的大型冲沟，延伸至马家新庄窝村，然后直至浑河；西、北两侧均为较平坦的漫坡。遗址现开辟为耕地。

遗址东西长约250米、南北宽约200米，总面积约5万平方米。地表面散见陶片以灰陶居多，少量为红陶。多为泥质，表面多饰绳纹。遗物较少且细碎，故未选标本。

### 04—017　贺家山遗址—1

遗址编号：QXH-1

文化属性：战国、汉代

行政归属：清水河县小庙乡贺家山村

GPS 坐标：遗址中心东经111°37′35.8″、北纬39°57′20.6″

海拔高度：1251±7米

初查时间：2004年4月26日

从马家新庄窝村西北部远眺可见本遗址，呈一浑圆形高土丘，土丘坡势较陡，底部存有较多小型冲沟。贺家山村坐落在山丘顶部圆形高台之上，遗址则位于山丘最高一层的土台之上，向下的台地上散落分布着现代村民居所。遗址整体呈以圆台为中心的环绕状梯田结构，南侧紧邻一村民居所。从04—017号遗址东北可望见位于土丘中低部的04—018号和04—014号遗址（彩版六五，1）。

遗址东西长约100米、南北宽约200米，总面积约2万平方米。地表散落大量泥质灰陶片，饰以绳纹、网格纹、波浪线纹等。

017：1，抹断绳纹陶片，泥制灰陶。器壁上端为数道弦纹，下端为抹断绳纹。残高3.5、壁厚0.6厘米（图一一，13）。

017：2，折沿罐口沿，泥制灰陶。折沿，沿面略下凹，溜肩，素面。残高5.2、壁厚0.5厘米（图一一，4）。

017：3，水波划纹陶片，泥质灰陶。外壁饰刻划的弦纹和波浪纹。残高5.2、壁厚0.5厘米（图一一，3）。

017：4，附加堆纹陶片，泥质灰陶。外壁可见压印附加泥条纹。壁厚0.8厘米（图一一，14）。

## 04—018 贺家山遗址—2

遗址编号：QXH-2

文化属性：阿善三期文化

行政归属：清水河县小庙乡贺家山村

GPS坐标：遗址西部东经111°37′42.9″、北纬39°57′44.9″

海拔高度：1182±9米

初查时间：2004年4月26日

遗址与04-017号遗址位于同一土丘之上，地势坡度较小。该土丘东北部从中间起被一冲沟分为两部分，遗址位于东侧一突出部分的梯田之中，地势平坦。从遗址中部向北可望见当阳桥水库，东北处可远眺四圪垯村，东西两侧均为较深的冲沟，南部漫坡向上的土丘顶部为贺家山村。遗址南部可见04-017号，向西北可见04-014号遗址。

遗址东西长约150米，南北宽约100米，总面积达1.5万平方米。地表散落灰陶片以泥质居多，少见夹砂陶，且多饰以篮纹、弦纹。

018：1，窄沿罐口沿，泥制磨光灰陶。矮领，溜肩，素面，器壁较薄。残高4.8、壁厚0.3厘米（图一四，1）。

## 04—019 石苍窑遗址—2

遗址编号：QXS-2

文化属性：庙子沟文化、阿善三期文化、永兴店文化、朱开沟文化

行政归属：清水河县小庙乡石苍窑村

GPS坐标：遗址中心偏下东经111°37′06.1″、北纬39°58′19.5″

海拔高度：1025±8米

初查时间：2004年4月26日

遗址位于石苍窑村西北部约300米处，西邻浑河，丰准铁路从此遗址西部穿过，北至大石沟的沟口。遗址所处土坡坡度较大，野草丛生，表面有排列规整的育林坑作为防风固沙的防护林带。遗址范围内被多条小沟冲刷而分割成多片（参见图八）。遗址北部隔大型冲沟与04-010号遗址相望，东北部坡上为04-009号遗址（彩版六四，2）。

遗址东西长约100米、南北宽约70米，总面积约0.7万平方米。地表散见有大量灰陶片，多饰以绳纹，其次为素面。其中有夹砂陶罐口沿、鬲等器物口沿标本。

019：1，绳纹陶片，泥质红陶。外壁饰竖向细绳纹。壁厚0.6厘米（图一四，11）。

019：2，高领罐口沿，泥质灰陶。直领，溜肩，肩部饰竖向细绳纹。残高5、壁厚

0.6厘米（图一四，3）。

019：3，矮领罐口沿，泥质灰陶。直领微侈，溜肩，肩部饰竖向细绳纹。残高4.6、壁厚0.4厘米（图一四，7）。

019：4，侈沿罐口沿，泥质灰褐陶。侈口，口下饰一周附加堆纹。残高2.4、壁厚0.6厘米（图一四，4）。

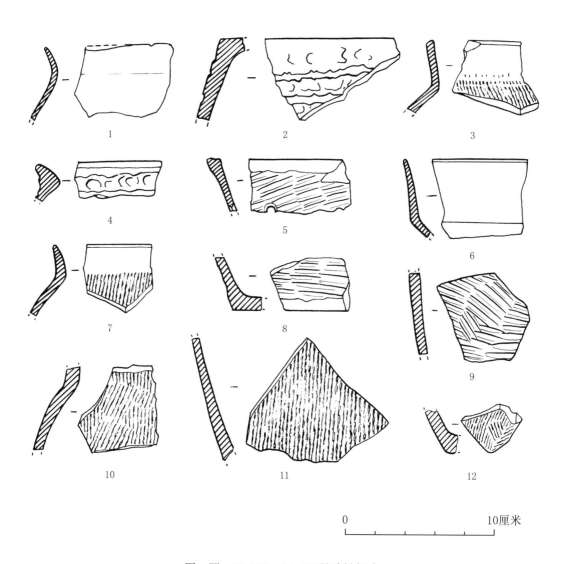

图一四　04-018、04-019号遗址标本

1.窄沿罐口沿（018：1）　2.三足瓮口沿（019：6）　3.高领罐口沿（019：2）　4.侈沿罐口沿（019：4）　5.尖底瓶口沿（019：8）　6.敞口折腹钵口沿（019：7）　7.矮领罐口沿（019：3）　8.窄沿罐底（019：10）　9.篮纹陶片（019：11）　10、11.绳纹陶片（019：9，019：1）　12.鬲足（019：5）　（4、5、6为庙子沟文化，1、8、9为阿善三期文化，12为永兴店文化，2、3、7、10、11为朱开沟文化）

019：5，鬲足，泥质灰褐陶。外壁饰细绳纹，为三足器空心足根处。壁厚1厘米（图一四，12）。

019：6，三足瓮口沿，砂质灰褐陶，胎体厚重。平唇，敛口，直弧腹。外壁饰数道附加堆纹。残高5.6、壁厚1厘米（图一四，2）。

019：7，敞口折腹钵口沿，泥质磨光灰陶，胎体较薄。敞口，折腹，折腹上部较直，下部斜直内收。残高5.5、壁厚0.4厘米（图一四，6）。

019：8，尖底瓶口沿，泥质红陶。外叠唇，喇叭口，口上存有凹槽，口下饰左斜向篮纹。残高3.5、壁厚0.5厘米（图一四，5）。

019：9，绳纹陶片，夹砂红褐陶。陶质疏松，口沿残，肩部饰竖向绳纹。壁厚0.6厘米（图一四，10）。

019：10，窄沿罐底，夹砂灰褐陶。斜直腹，平底，腹部饰篮纹，内底亦可见拍印的篮纹。残高3.3、壁厚1厘米（图一四，8）。

019：11，篮纹陶片，泥质灰陶。外壁饰篮纹。壁厚0.6厘米（图一四，9）。

### 04-020　石苍窑遗址-1

遗址编号：QXS-1

文化属性：鲁家坡一期遗存、庙子沟文化、阿善三期文化、朱开沟文化、战国

行政归属：清水河县小庙乡石苍窑村

GPS坐标：遗址中部偏南东经111°37′12.8″、北纬39°58′05.4″

海拔高度：1150±6米

初查时间：2004年4月26日

遗址位于石苍窑村东南部一由两条冲沟相夹的坡势较缓的土脊之上。遗址东西两侧均为自然早期发育的深沟，北部为浑河北岸，南部向上为一浑圆形土丘。东南可见04-018号遗址及04-014号遗址。遗址整体位于两阶梯田之内，上下两层落差约0.5米，地势呈北高南低（彩版六四，2）。

遗址东西长约150米、南北宽约100米，总面积约1.5万平方米。地表散见有夹砂绳纹红陶片、细线纹红陶片等；泥质灰陶多为素面，少量有绳纹。

020：1，敛口折腹钵口沿，泥质灰陶。敛口，折腹，折棱处饰一周坑点纹，以下饰篮纹。残高4.5、壁厚0.2～0.8厘米（图一五，1）。

020：2，直口钵口沿，泥质红陶。直口微敛，直弧腹。壁厚0.5厘米（图一五，8）。

020：3，直口钵口沿，泥质红陶。直口微敛，直弧腹，外壁口部施黑彩带纹。残高2.5、壁厚0.5厘米（图一五，2）。

020：4，直口钵口沿，泥质红陶。直口微敛，直弧腹，口部施黑彩带纹。残高4、壁厚0.3厘米（图一五，7）。

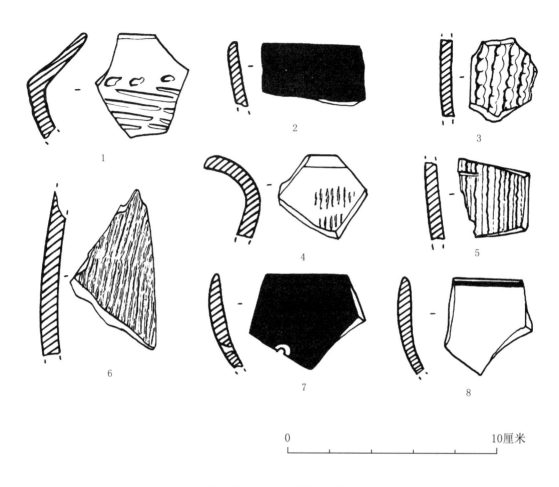

图一五　04-020号遗址标本

1.敛口折腹钵口沿（020：1）　　2、7、8.直口钵口沿（020：3，020：4，020：2）　　3、5、6.绳纹陶片（020：6，020：5，020：8）　4.侈沿盆口沿（020：7）　　（2、5、7、8为鲁家坡一期遗存，6为庙子沟文化，1为阿善三期文化，4为朱开沟文化，3为战国）

020：5，绳纹陶片，夹砂红陶。外壁饰粗绳纹。壁厚0.6厘米（图一五，5）。

020：6，绳纹陶片，泥质灰陶。外壁饰粗绳纹。壁厚0.4厘米（图一五，3）。

020：7，侈沿盆口沿，泥质灰褐陶。矮领，溜肩，肩部饰竖向绳纹。残高3.1、壁厚0.6厘米（图一五，4）。

020：8，绳纹陶片，泥质灰陶。外壁饰竖向绳纹。壁厚0.7厘米（图一五，6）。

## 04-021　薛家梁遗址-2

遗址编号：QXX-2

文化属性：鲁家坡一期遗存、庙子沟文化、阿善三期文化、朱开沟文化

行政归属：清水河县小庙乡薛家梁村

GPS 坐 标：遗址中心偏东北东经111°35′54.1″、北纬39°57′28.9″

海拔高度：1115±5米

初查时间：2004年4月26日

　　遗址位于薛家梁西北部的土丘之上，北为丰准铁路，西北可望见浑河，南临在当地被称作石湖沟的一条早期发育的冲沟。土丘顶部略呈圆形，东北部一条小路绕着土丘通向村庄，并与一条小沟将遗址与04-030号遗址相分隔。土丘北部被一条小冲沟分为东西两部分，其中西部面积较大。此外在冲沟断面可见一朱开沟文化时期的陶窑痕迹。地表现开辟为耕地（彩版六五，2）。

　　遗址东西长约150米、南北宽约100米，总面积约1.5万平方米。地表散见遗物以庙子沟文化陶片为主，有少量的朱开沟文化和阿善三期文化的遗物。庙子沟文化遗物分布于整个遗址，朱开沟文化时期遗物较集中于遗址的西南部。

　　021：1，绳纹陶片，砂质灰陶。口部残，外壁饰竖向绳纹。壁厚0.7厘米（图一六，11）。

　　021：2，绳纹陶片，泥质红陶。外壁饰细线纹。壁厚0.6厘米（图一六，12）。

　　021：3，篮纹陶片，泥质灰褐陶。外壁饰篮纹。壁厚0.6厘米（图一六，1）。

　　021：4，绳纹陶片，夹砂褐陶。外壁饰竖向绳纹。壁厚0.6厘米（图一六，7）。

　　021：5，石刀，红褐色砂岩磨制而成。长方形，上端存有一钻孔，单面刃，两端略残。残长6.3、宽5.1、壁厚0.2厘米（图一六，15）。

　　021：6，鬲足，泥质灰陶。为三足器之足跟，内壁可见捏制痕迹，外壁饰竖向绳纹。残高8、壁厚1.2厘米（图一六，9）。

　　021：7，矮领罐口沿，泥质灰陶。矮领，肩部饰绳纹。残高3.3、壁厚0.5厘米（图一六，4）。

　　021：8，绳纹陶片，泥质灰陶。外壁先饰绳纹，后在绳纹上刻划"之"字形纹。壁厚0.8厘米（图一六，2）。

　　021：9，鬲足，泥质灰陶。锥状空心足跟，外壁饰竖向绳纹。残高8.5、壁厚0.8厘米（图一六，14）。

　　021：10，侈沿罐口沿，夹砂红陶。口部残，颈部饰附加堆纹，领部及以下饰竖向绳纹。壁厚0.6厘米（图一六，10）。

　　021：11，绳纹陶片，泥质灰陶。外壁饰绳纹。残高4、壁厚0.7厘米（图一六，13）。

## 04-022　黑愣梁遗址-3

遗址编号：QXH-3

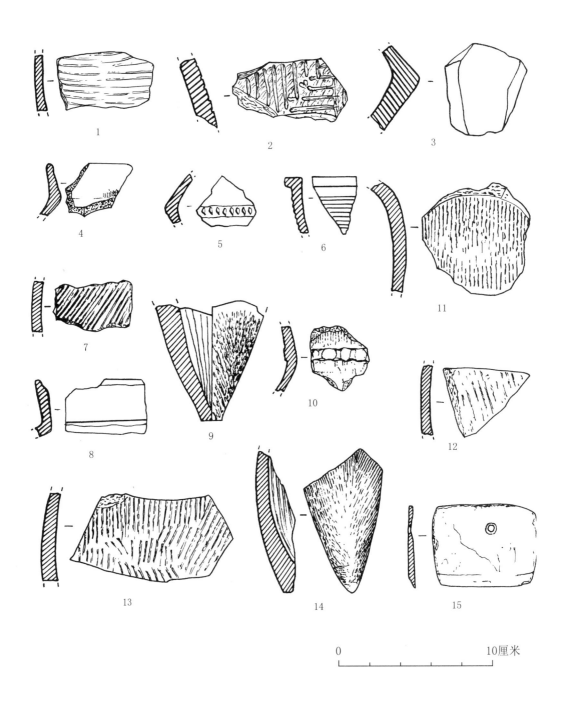

图一六　04-021、04-022号遗址标本

1.篮纹陶片（021：3）　2、7、11～13.绳纹陶片（021：8，021：4，021：1，021：2，021：11）　3.鬲裆（022：1）　4.矮领罐口沿（021：7）　5.折腹钵残片（022：4）　6.折沿盆口沿（022：3）　8.折沿罐口沿（022：2）　9、14.鬲足（021：6，021：9）　10.侈沿罐口沿（021：10）　15.石刀（021：5）　（6、12为鲁家坡一期遗存，7、8、10为庙子沟文化，4、15为阿善三期文化，3、5为永兴店文化，余为朱开沟文化）

文化属性：鲁家坡一期遗存、庙子沟文化、永兴店文化

行政归属：清水河县小庙乡黑愣梁村

GPS 坐标：遗址中心偏东东经111°36′26.1″、北纬39°56′18.5″

海拔高度：1257±6米

初查时间：2004年4月28日

遗址位于黑愣梁村东部偏南方向约1公里处的漫坡之上，东北可望见窑头村，东有乡间小路与走马塂村相连，西南可见清水河河道。遗址整体位于一平台型土丘的西北坡，地表现开辟为梯田，西面为一小冲沟，东面有一小片柠条地（彩版六六，1）。

遗址东西长约120米、南北宽约100米，总面积约1.2万平方米。地表散见少量陶片。

022：1，鬲裆，砂质灰褐陶，胎体厚重。矮领略残，溜肩。残高4.7、壁厚1.2厘米（图一六，3）。

022：2，折沿罐口沿，砂质灰褐陶。窄沿，溜肩。残高3、壁厚0.5厘米（图一六，8）。

022：3，折沿盆口沿，泥质红褐陶。外叠方唇，敞口，斜弧腹，外壁饰凸弦纹。残高3、壁厚0.6厘米（图一六，6）。

022：4，折腹钵残片，泥质灰陶。外壁折棱处饰戳刺纹。壁厚0.4厘米（图一六，5）。

### 04-023 杨湾遗址-1

遗址编号：QXY-1

文化属性：庙子沟文化、战国

行政归属：清水河县小庙乡杨湾村

GPS 坐标：遗址中心偏东北制高点东经111°36′07.1″、北纬39°55′51.3″

海拔高度：1218±5米

初查时间：2004年4月28日

遗址位于杨湾村东部略偏北的缓坡之上，向东可远望走马塂村，西南部缓坡为清水河环绕，北部偏西处为黑愣梁村。遗址所处坡地顶部浑圆，东西长约600米，南北宽约400米，当地称为"大庙圪旦"。坡地东南为遗址所在，西部存一小型冲沟将遗址与顶部分割。遗址所在与杨湾村仅一村之隔。地表现辟为耕地，东部为一片柠条林（图一七；彩版一二，1，彩版六六，2）。

遗址东西长约200米、南北宽约300米，总面积约6万平方米。地表散见遗物主要为泥质细线纹红陶片、绳纹陶片、素面陶片等，罐、钵、盆等残片，分布于整个遗址。

023：1，尖底瓶底部，泥质红褐陶，胎体较薄。内壁可见泥条盘筑的痕迹，素

面。残高5.7、壁厚0.4厘米（图一八，1）。

023：2，侈沿罐底，夹砂红褐陶。平底，外壁可见竖向细绳纹。残高1.8、壁厚1厘米（图一八，4）。

023：3，侈沿罐口沿，夹砂红褐陶。直口，口下饰一周附加堆纹，以下饰竖向绳纹。残高6.2、壁厚0.8厘米（图一八，7）。

023：4，折沿盆口沿，泥质灰陶。方唇，短平沿，斜弧腹，素面。残高2.5、壁厚0.7厘米（图一八，3）。

023：5，尖底瓶口沿，泥质红褐陶。喇叭口，口上存有凹槽。残高2.5、壁厚0.5厘米（图一八，5）。

023：6，绳纹陶片，泥质褐陶。外壁饰绳纹。壁厚0.5厘米（图一八，8）。

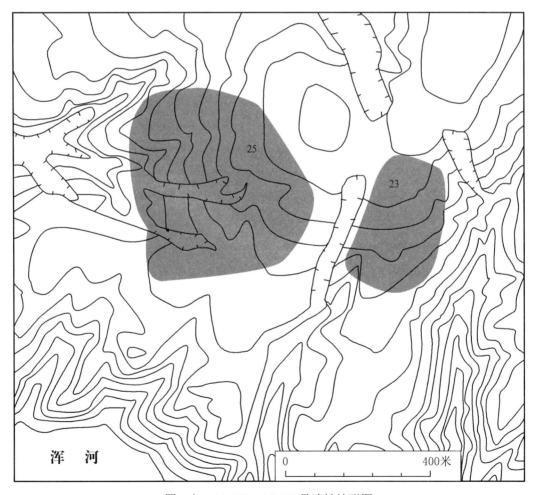

图一七　04-023、04-025号遗址地形图

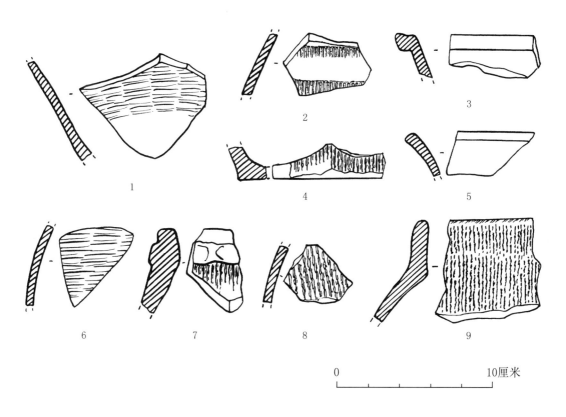

图一八 04-023号遗址标本

1.尖底瓶底部（023：1） 2、8.绳纹陶片（023：7，023：6） 3.折沿盆口沿（023：4） 4.侈沿罐底（023：2） 5.尖底瓶口沿（023：5） 6.篮纹陶片（023：9） 7.侈沿罐口沿（023：3） 9.矮领罐口沿（023：8）（1、4～9为庙子沟文化，2、3为战国）

023：7，绳纹陶片，泥质灰陶。外壁饰抹断绳纹。壁厚0.6厘米（图一八，2）。

023：8，矮领罐口沿，泥质灰褐陶。矮领较直，溜肩，外壁饰竖向绳纹。残高6.3、壁厚0.8厘米（图一八，9）。

023：9，篮纹陶片，泥质红褐陶。外壁饰篮纹。壁厚0.4厘米（图一八，6）。

## 04-024 走马塔遗址-1

遗址编号：QXZ-1

文化属性：庙子沟文化、永兴店文化

行政归属：清水河县小庙乡走马塔村

GPS 坐 标：遗址东部制高点东经111°36′38.9″、北纬39°55′52.6″

海拔高度：1245±4米

初查时间：2004年4月28日

遗址位于走马埚村西南约2公里处，西与04-035号遗址隔沟相望，距杨湾村约600米，南邻清水河，向东可远望见清水河县城。整个遗址位于平顶梁的南坡上，光阳咀村的正北（该村现已迁走）。遗址中部有一条小沟穿过破坏了其完整性，沟边为一乡间小路，地表大部分辟为梯田，还有部分布满荒草（彩版六七，1）。

遗址东西长约250米、南北宽约120米，总面积约3万平方米。地表散见遗物主要以庙子沟文化遗物为主，少见永兴店文化遗物。

### 04-025 杨湾遗址-2

遗址编号：QXY-2

文化属性：汉代

行政归属：清水河县小庙乡杨湾村

GPS 坐标：遗址东部制高点东经111°35′54.5″、北纬39°55′51.3″

海拔高度：1218±5米

初查时间：2004年4月28日

遗址位于阳湾村西北约百米处的坡地之上，此坡地在当地被称为三合圪旦，遗址即分布于坡势较缓的阳坡。东隔小冲沟与04-023号遗址相邻，与023号遗址为同一大型坡地的两个延伸方向，西南与清水河相邻，遗址中心存一冲沟将遗址分割成南北两半。地表现辟为耕地（参见图一七；彩版六六，2）。

遗址东西长约500米、南北宽约300米，总面积约1.5万平方米。地表可见少量汉代器物残片，陶片较为细碎，多为素面。

### 04-026 缸房坪遗址-1

遗址编号：QXG-1

文化属性：庙子沟文化、汉代

行政归属：清水河县小庙乡缸房坪村

GPS 坐标：遗址中心偏北制高点东经111°33′43.3″、北纬39°57′00.1″

海拔高度：1125±7米

初查时间：2004年4月29日

遗址位于缸房坪村西南部的平台之上，西北临近浑河，西南部可远望大路壕村，东北部为一平台。台地以制高点为中心开辟有环形梯田，四周围绕有乡村小路，西南部一条冲沟将其与大路壕村相隔，平台的西北部以缓坡的形式向北延伸直至浑河岸边，缓坡被一条小冲沟分割成若干道小梁，丰准铁路从其中一条小梁上穿过（彩版六七，2）。

遗址东西长约400米、南北宽约500米，总面积约20万平方米。地表可见到大量汉代陶器残片，有盆、罐、缸、瓮等日常生活用器。遗物丰富，分布较密。

026：1，卷沿罐口沿，泥质灰白陶。外叠方唇，素面。口径15、残高2.8、壁厚0.4厘米（图一九，1）。

026：2，卷沿盆口沿，泥质灰白陶。外叠方唇。口径16、残高4.5、壁厚0.5厘米（图一九，2）。

026：3，器盖，泥质灰陶。圈足，器表可见磨光痕。残高3、壁厚0.5厘米（图一九，4）。

026：4，卷沿盆口沿，泥质灰陶。圆唇，敞口，直弧腹，外壁口下及腹部上方饰有两道凸弦纹。残高4.2、壁厚0.5厘米（图一九，6）。

026：5，卷沿盆口沿，泥质灰白陶。圆唇，短平沿，直弧腹，素面。口径18、残高4、壁厚0.5厘米（图一九，5）。

026：6，卷沿盆口沿，泥质灰陶。方唇，短平沿，沿上存有凹槽，直弧腹，素面。残高4.1、壁厚0.6厘米（图一九，12）。

026：7，卷沿罐口沿，泥质灰白陶。外叠方唇，器形与026：1相同。口径28、残高3.6、壁厚0.5厘米（图一九，3）。

026：8，卷沿盆口沿，泥质灰陶。下卷圆唇，平折沿，沿上可见磨光暗纹。壁厚0.5厘米（图一九，7）。

026：9，圆饼形石器，灰色泥岩打磨而成，周边打磨光滑，两个平面粗糙。厚1.5厘米（图一九，10）。

026：10，残石杵，青灰色泥岩，圆角方形柱状体，下端残。残长6.3、宽5.1厘米（图一九，14）。

026：11，卷沿盆口沿，泥质灰陶。圆唇，敞口，直弧腹，外壁口下及腹部上方饰有两道凸弦纹，以下饰竖向绳纹。残高6.2、壁厚0.3厘米（图一九，11）。

026：12，刻划纹陶片，泥质红褐陶。饰有交叉线纹。壁厚0.5厘米（图一九，9）。

026：13，绳纹陶片，泥质红褐陶。饰有绳纹。壁厚0.5厘米（图一九，8）。

026：14，侈沿罐底，夹砂灰褐陶，陶质疏松，断面呈红褐色。表面饰有横向篮纹，平底。壁厚0.6厘米（图一九，13）。

## 04-027 放牛沟遗址-1

遗址编号：QXF-1

文化属性：战国

行政归属：清水河县小庙乡放牛沟村

GPS坐标：遗址中心偏北制高点东经111°33′27.6″、北纬39°57′09.0″

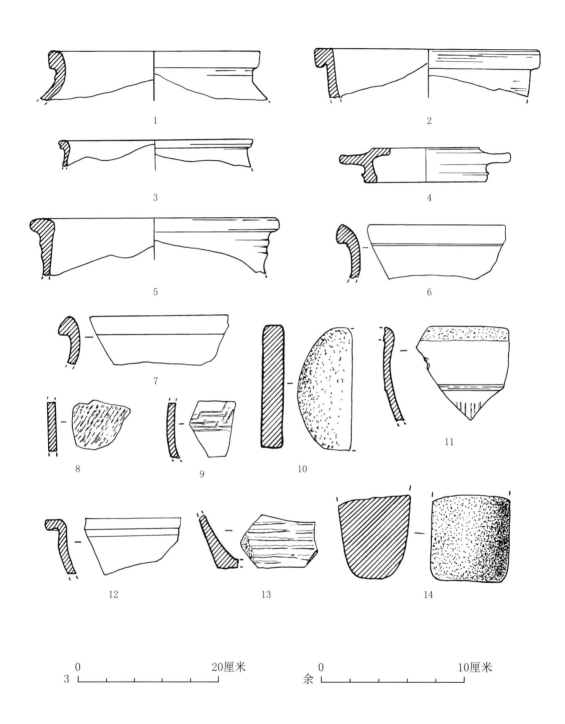

图一九　04-026号遗址标本

1、3.卷沿罐口沿（026：1，026：7）　2、5～7、11、12.卷沿盆口沿（026：2，026：5，026：4，026：8，026：11，026：6）4.器盖（026：3）　8.绳纹陶片（026：13）　9.刻划纹陶片（026：12）　10.圆饼形石器（026：9）　13.侈沿罐底（026：14）　14.残石杵（026：10）（8～10、13、14为庙子沟文化，余为汉代）

海拔高度：1112±6米

初查时间：2004年4月29日

遗址位于放牛沟村东部，该村与大路壕村被一条小冲沟分割开。丰准铁路从遗址西北部穿过，西部即为该村落所在。遗址西北部可见到浑河，北部为放牛沟村的水文站。遗址被两条小冲沟分为三片，东西两片面积较大，中间坡地面积较小，且与04-026号遗址处同一平台之上。04-026号遗址位于坡顶部，此遗址位于平台北部的缓坡之上，相距约200米（彩版一二，2、彩版六七，2）。

遗址东西长约100米、南北宽约230米，总面积约2.3万平方米。地表可见豆、盆、罐、釜形器等残片，多饰以绳纹。

027：1，豆柄，泥质灰陶。素面。残高4.2、壁厚0.5厘米（图二〇，6）。

027：2，矮领罐口沿，泥质灰陶。矮领，沿上存凹槽。残高2.6、壁厚0.6厘米（图二〇，5）。

027：3，罐底，泥质灰陶。斜直腹，平底。外壁饰戳刺纹。残高4.7、壁厚0.5厘米（图二〇，4）。

027：4，矮领罐口沿，泥质灰陶。高领外侈，溜肩，肩部饰绳纹。残高3.8、壁厚0.5厘米（图二〇，3）。

027：5，矮领瓮口沿，泥质灰陶。外卷圆唇，矮领，溜肩，肩部饰绳纹。残高3.5、壁厚0.5厘米（图二〇，2）。

027：6，折沿盆口沿，泥质灰陶。折沿，直弧腹，沿以下饰竖向绳纹。残高6.9、壁厚0.7厘米（图二〇，1）。

### 04-028 西贺家山遗址-2

遗址编号：QXX-2

文化属性：庙子沟文化、阿善三期文化、永兴店文化、战国

行政归属：清水河县小庙乡西贺家山村

GPS坐标：遗址中心东经111°34′28.0″、北纬39°56′28.9″

海拔高度：1172±4米

初查时间：2004年4月29日

遗址位于西贺家山村东部，缸房坪村东南侧的土丘顶部圆台及北坡之上。遗址中心向南有一浑圆形土丘，顶部为04-040号遗址，向南可见04-040号所在土丘之上的蓄水池。东部为榆树沟，可延伸至清水河，北侧有一缓坡，缓坡之上见一土丘，正北侧可见浑河北岸及一片植柠条及防护林带的土坡。遗址所在地势南高北低，中脊突出。主要存于三阶梯田之内，落差约0.4米。

遗址东西长约150米、南北宽约200米，总面积约3万平方米。地表可见庙子沟文化

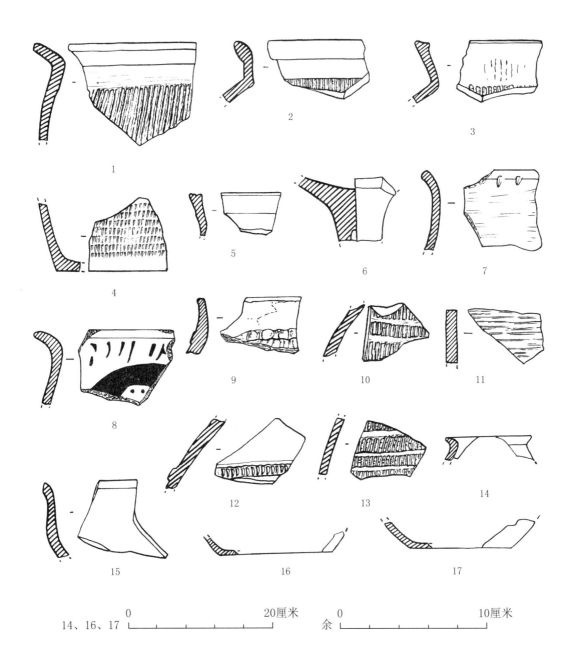

图二〇　04-027～04-029号遗址标本

1.折沿盆口沿（027:6）　2.矮领瓮口沿（027:5）　3、5.矮领罐口沿（027:4，027:2）　4.罐底（027:3）　6.豆柄（027:1）　7.尖底瓶口沿（028:2）　8、14.小口双耳罐口沿（028:6，028:7）　9.侈沿罐口沿（028:4）　10、12、13.弦断绳纹陶片（029:2，029:1，029:3）　11.篮纹陶片（028:3）　15.敞口钵口沿（029:4）　16、17.罐底（028:5，028:1）（8、9、14、15为庙子沟文化，11为阿善三期文化，7为永兴店文化，余为战国）

陶片和少量阿善三期文化的陶片。

028：1，罐底，泥质灰褐陶。斜弧腹，平底，素面。残高4、壁厚1厘米（图二○，17）。

028：2，尖底瓶口沿，泥质灰白陶。侈领，领部以下饰篮纹。残高5、壁厚0.5厘米（图二○，7）。

028：3，篮纹陶片，泥质灰陶。外壁饰篮纹。壁厚0.8厘米（图二○，11）。

028：4，侈沿罐口沿，夹砂灰褐陶。侈领，颈部饰一周附加堆纹。残高3.5、壁厚0.7厘米（图二○，9）。

028：5，罐底，泥质红陶。斜弧腹。平底、素面。残高3、壁厚1厘米（图二○，16）。

028：6，小口双耳罐口沿，泥质红陶。窄沿，斜肩，外壁饰黑彩弧线三角几何纹。残高4.7、壁厚0.5厘米（图二○，8）。

028：7，小口双耳罐口沿，泥质灰陶，窄沿，斜肩，素面。残高3.5、壁厚0.5厘米（图二○，14）。

### 04-029 下阳塔遗址-3

遗址编号：QXX-3

文化属性：庙子沟文化、战国

行政归属：清水河县小庙乡下阳塔村

GPS坐标：遗址中心偏北东经111°33′25.5″、北纬39°56′15.6″

海拔高度：1155±11米

初查时间：2004年4月29日

遗址位于下阳塔村东南部约1公里处的平台东部缓坡之上，放牛沟由遗址的东部向南延伸而去，向北可遥望到大路壕村，西部与北部为漫坡直至坡顶。遗址下部即东南部夹于两条小冲沟之间，地表沙化现象比较严重。表面分布有规律的育林坑。东部蔓延有一小土丘，上面遍植柠条，顶部辟为梯田，一条小路从顶部穿过。缓坡表面呈三角形（图二一）。

遗址东西长约85米、南北宽约120米，总面积约1.02万平方米。遗址地表可见遗物较少，以战国时期陶片为主，鲜见庙子沟文化遗物。

029：1，弦断绳纹陶片，泥质灰陶。外壁饰压印泥条纹并隐约见少量弦断绳纹。壁厚0.5厘米（图二○，12）。

029：2，弦断绳纹陶片，泥质灰陶。外壁饰弦断绳纹。壁厚0.5厘米（图二○，10）。

029：3，弦断绳纹陶片，泥质灰陶。外壁饰弦断绳纹。壁厚0.3厘米（图二○，

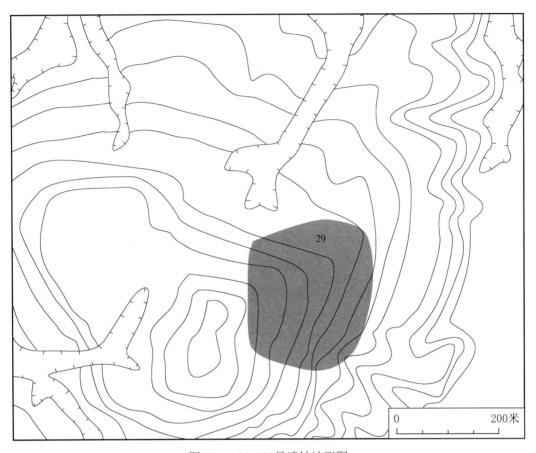

图二一　04-029号遗址地形图

13）。

029：4，敞口钵口沿，泥质灰白陶。直口微敞，弧腹。残高5、壁厚0.5厘米（图二〇，15）。

## 04-030　薛家梁遗址-1

遗址编号：QXX-1

文化属性：庙子沟文化、阿善三期文化、朱开沟文化、汉代

行政归属：清水河县小庙乡薛家梁村

GPS坐标：中部偏东北东经111°36′28.8″、北纬39°57′29.6″

海拔高度：1131±5米

初查时间：2004年4月29日

遗址位于薛家梁村东北部一南北向漫坡之上，地势南高北低。遗址东、北、西三面被马家沟环绕，中间一条小冲沟将遗址分为两部分。南面低矮土丘与村落相连，东北

隔沟与马家新庄窝村相望，向北可远眺到丰准铁路，西面坡地向上为一浑圆形土丘。遗址主要分布在两阶梯田之内，上下落差为0.3米。东部种植柠条。

遗址东西长约500米、南北宽约300米，总面积约15万平方米。汉代遗物分布较多，少量庙子沟文化、阿善三期文化遗物分布在隔沟两侧的坡地上。

030：1，陶环，泥质灰白陶。外缘薄，内缘厚，截面呈楔形。壁厚0.8厘米（图二二，2）。

030：2，敞口盆口沿，泥质灰陶。外叠圆唇，敞口，斜弧腹。残高4.3、壁厚0.5厘米（图二二，1）。

030：3，石刀，红褐色板岩磨制而成，整体呈梯形，下端残，存有残穿孔。残长4.3、宽4、厚0.7厘米（图二二，3）。

030：4，矮领罐口沿，泥质灰陶。外叠方唇，高领。口径12、残高5.3、壁厚0.5厘米（图二二，8）。

030：5，矮领罐口沿，泥质灰陶。外叠圆唇，高领。残高4.5、壁厚0.4厘米（图二二，7）。

030：6，窄沿罐口沿，泥质灰陶。圆唇，折沿，溜肩。沿下隐约可见抹绳纹。口径14、残高4.2、壁厚0.6厘米（图二二，6）。

030：7，卷沿盆口沿，泥质灰陶。外叠厚方唇，直口。口径20、残高4、壁厚0.3厘米（图二二，12）。

030：8，窄沿罐口沿，泥质磨光灰陶。侈口，直弧腹。口径10、残高4.5、壁厚0.7厘米（图二二，5）。

030：9，平折沿盆口沿，泥质灰陶。平折沿，斜弧腹，沿上及内壁可见磨光暗条纹。口径34、残高3.9、壁厚0.4厘米（图二二，9）。

030：10，篮纹陶片，泥质灰白陶。外壁饰横向篮纹。壁厚0.5厘米（图二二，10）。

030：11，敛口曲腹钵口沿，泥质灰陶。敛口，曲腹，腹下壁饰左斜向篮纹。残高3、壁厚0.5厘米（图二二，11）。

030：12，平口罐口沿，夹砂灰褐陶。厚方唇，直口。口部下方饰一周附加堆纹且均拍印竖向绳纹。残高4.7、壁厚0.7～1.5厘米（图二二，4）。

030：13，直口钵口沿，泥质磨光灰陶。直口，折腹，下腹斜内收。残高6、壁厚0.5厘米（图二二，14）。

030：14，侈沿罐口沿，夹砂红褐陶。侈领，直弧腹。颈部饰两周附加堆纹，领部及腹部饰右斜向绳纹。残高6、壁厚0.6厘米（图二二，15）。

030：15，平口罐口沿，泥质磨光灰陶。侈口，直弧腹。残高4.5、壁厚0.7厘米

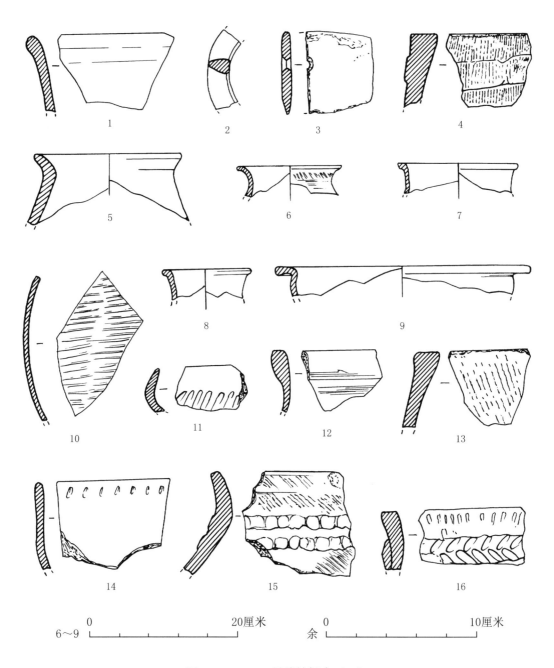

图二二　04-030号遗址标本（一）

1.敞口盆口沿（030：2）　2.陶环（030：1）　3.石刀（030：3）　4、13、16.平口罐口沿（030：12，030：15，030：16）　5、6.窄沿罐口沿（030：8，030：6）　7、8.矮领罐口沿（030：5，030：4）　9.平折沿盆口沿（030：9）　10.篮纹陶片（030：10）　11.敛口曲腹钵口沿（030：11）　12.卷沿盆口沿（030：7）　14.直口钵口沿（030：13）　15.侈沿罐口沿（030：14）（4、10、11、13～16为庙子沟文化，2、3、5、6为阿善三期文化，余为汉代）

（图二二，13）。

030：16，平口罐口沿，夹砂灰褐陶。直口，口部下方饰一周附加压印"人"字形。残高4、壁厚0.8厘米（图二二，16）。

030：17，侈口沿，砂质红褐陶。外斜唇，高领，溜肩。领部存有小凸纽，领肩处饰细泥条纹，领部及腹部均饰竖向细绳纹。残高6、壁厚0.5厘米（图二三，1）。

030：18，侈沿罐口沿，夹砂红褐陶。侈领，颈部饰附加堆纹，领部及腹部饰竖向绳纹。残高5、壁厚0.5厘米（图二三，12）。

030：19，侈沿罐口沿，夹砂灰褐陶。侈领，颈部饰附加堆纹，口沿处刻压斜线纹。残高4.6、壁厚0.7厘米（图二三，4）。

030：20，侈沿罐口沿，夹砂灰陶。侈领，口部外侧压印斜线纹，颈部刻划斜线纹。残高4.5、壁厚0.6厘米（图二三，3）。

030：21，侈沿罐口沿，夹砂红褐陶。侈口，颈部饰附加堆纹。残高3.1、壁厚0.5厘米（图二三，9）。

030：22，平口罐口沿，夹砂红褐陶。直口，口外壁贴饰附加堆纹，器表饰以竖向绳纹。残高4.9、壁厚0.7～2.3厘米（图二三，14）。

030：23，敛口钵口沿，泥质红陶。敛口，弧腹。残高3.6、壁厚0.6厘米（图二三，8）。

030：24，尖底瓶口沿，泥质红陶。内斜唇，喇叭口。残高4.5、壁厚0.6厘米（图二三，5）。

030：25，尖底瓶颈部残片，泥质红褐陶。颈部饰一周细泥条附加堆纹，以下饰篮纹。残高7、壁厚0.6厘米（图二三，10）。

030：26，侈沿罐口沿，夹砂灰褐陶。侈口，溜肩。口上刻划短线纹，外壁饰竖向绳纹。残高6、壁厚0.6厘米（图二三，6）。

030：27，小口双耳罐口沿，泥质红陶。窄沿，口部略残，溜肩。外壁饰黑彩弧线纹。残高4、壁厚0.5厘米（图二三，11）。

030：28，敛口钵口沿，泥质红褐陶。敛口，曲腹。残高5.1、壁厚0.5厘米（图二三，2）。

030：29，直口钵口沿，泥质红陶。直口微侈，直弧腹。内外壁皆施黑彩弧线三角几何纹。残高5、壁厚0.3厘米（图二三，16）。

030：30，彩陶片，泥质红陶。外壁饰黑彩和紫彩组成的太阳形纹，内壁可见泥条盘筑痕。壁厚0.5厘米（图二三，7）。

030：31，敛口曲腹钵口沿，泥质红陶。敛口，曲腹，下腹斜直内收。外壁饰黑彩弧线几何纹。残高3.5、壁厚0.6厘米（图二三，13）。

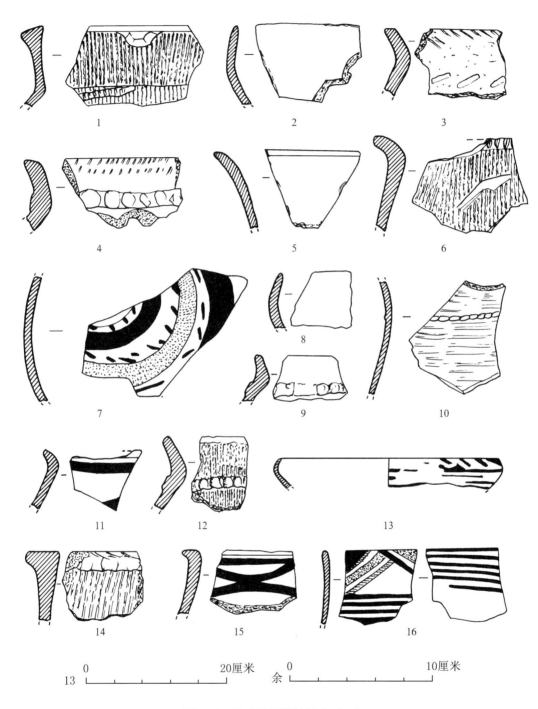

图二三　04-030号遗址标本（二）

1.鬲口沿（030：17）　2、8.敛口钵口沿（030：28，030：23）　3、4、6、9、12.侈沿罐口沿（030：20，030：19，030：26，030：21，030：18）　5.尖底瓶口沿（030：24）　7.彩陶片（030：30）　10.尖底瓶颈部残片（030：25）　11、15.小口双耳罐口沿（030：27，030：32）　13.敛口曲腹钵口沿（030：31）　16.直口钵口沿（030：29）　14.平口罐口沿（030：22）（2～16为庙子沟文化，1为朱开沟文化）

030：32，小口双耳罐口沿，泥质红褐陶。窄沿略残，溜肩。外壁饰黑彩弧线几何纹。残高4.3、壁厚0.5厘米（图二三，15）。

### 04-031　梁家圪塔遗址-1

遗址编号：QXL-1

文化属性：庙子沟文化、朱开沟文化

行政归属：清水河县小庙乡梁家圪塔村

GPS坐标：遗址南部东经111°35′14.9″、北纬39°56′59.2″

海拔高度：1128±4米

初查时间：2004年4月27日

遗址位于清水河东岸的梁家圪塔村的浑圆形土丘之上，土丘坡势较陡。顶部为平坦的圆形平台，即为村落所在。遗址主要分布于坡顶到东南漫坡之上，因小冲沟而分成三角形台地，台地呈落差约为0.5米的三阶梯田。遗址东、南、西部均有深浅不一的冲沟，西北为一位于村后的场面，东、南部沟的对面皆为向上隆起的漫坡，北可远望到罗二窑子村、丰准铁路及浑河。

遗址东西长约920米、南北宽约300米，总面积约27.6万平方米。地表可见陶片主要为庙子沟文化时期，夹砂红陶及泥质灰陶片，饰绳纹、线纹，素面多见。还可见朱开沟文化遗存。

031：1，石杵，砂岩磨制而成，椭圆形柱状体，一端残。残长16.2、宽5.5厘米（图二四，7）。

031：2，绳纹陶片，泥质灰陶。外壁饰竖向细绳纹。壁厚0.5厘米（图二四，1）。

031：3，侈沿罐底，夹砂灰褐陶。斜直腹，平底，可见为底包腹，故在外面形成凸棱。外壁饰竖向绳纹。残高4.7、壁厚0.7厘米（图二四，2）。

031：4，鬲足，泥质灰褐陶。锥状实足根，外壁饰竖向细绳纹，足根处素面。残高8、壁厚0.7厘米（图二四，3）。

031：5，三足瓮足，泥质灰褐陶，胎体厚重。足根残，上面乳状空心处较大，外壁饰绳纹。壁厚1～1.3厘米（图二四，5）。

031：6，绳纹陶片，泥质灰陶。外壁饰竖向细绳纹，上下为横向抹断，中部绳纹呈连续三角形被抹去。壁厚0.3厘米（图二四，6）。

031：7，小口双耳罐口沿，泥质红陶。窄沿，溜肩，口以下施黑彩，斑驳难辨。口径12、残高3.7、壁厚0.6厘米（图二四，4）。

031：8，侈沿罐口沿，夹砂褐陶。侈沿，颈部饰一周附加堆纹。残高3.7、壁厚0.7厘米（图二四，11）。

031：9，小口罐口沿，泥质灰陶。直领，溜肩，肩部饰竖向绳纹。口径14、残高

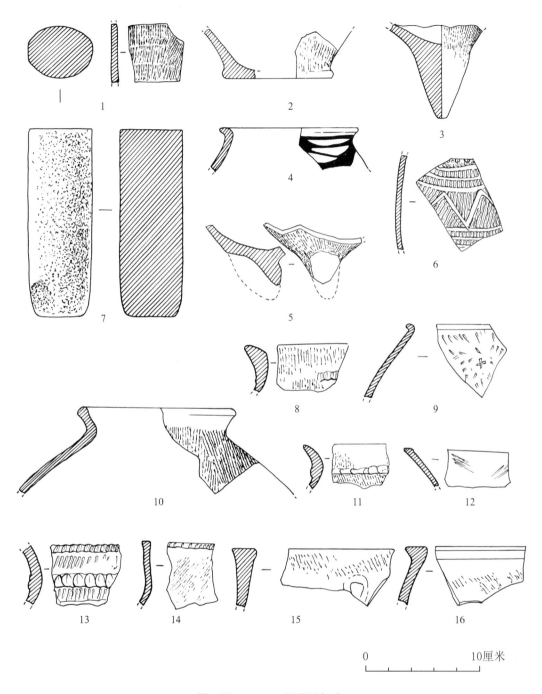

图二四　04-031号遗址标本

1.绳纹陶片（031：2）　2.侈沿罐底（031：3）　3.鬲足（031：4）　4.小口双耳罐口沿（031：7）　5.三足
瓮足（031：5）　6.绳纹陶片（031：6）　7.石杵（031：1）　8、11.侈沿罐口沿（031：11，031：8）　9.
侈沿罐口沿（031：10）　10.小口罐口沿（031：9）　12.尖底瓶口沿（031：12）　13.侈沿罐口沿残片
（031：13）　14.高领鬲口沿（031：14）　15.平口罐口沿（031：16）　16.敛口瓮口沿（031：15）（2、4、
6、8、9、11～13、15、16为庙子沟文化，1、3、5、7、10、14为朱开沟文化）

7.6、壁厚0.6~0.8厘米（图二四，10）。

031：10，侈沿罐口沿，泥质灰陶。窄沿，溜肩，素面。残高5.7、壁厚0.5厘米（图二四，9）。

031：11，侈沿罐口沿，夹砂红褐陶。侈沿，口部饰竖向绳纹，颈部饰一周附加堆纹。残高4.2、壁厚0.5~0.8厘米（图二四，8）。

031：12，尖底瓶口沿，泥质灰陶。斜方唇，敞口，素面。残高2.9、壁厚0.5厘米（图二四，12）。

031：13，侈沿罐口沿残片，夹砂红褐陶。侈口。口部压印斜线花纹，颈部饰一周附加堆纹，上下皆为竖向绳纹。残高5.3、壁厚0.6厘米（图二四，13）。

031：14，高领鬲口沿，夹砂红陶。直领。口部压印斜线花纹，领部饰竖向绳纹。残高5.8、壁厚0.4厘米（图二四，14）。

031：15，敛口瓮口沿，夹砂红褐陶。厚方唇，敛口。外部饰竖向绳纹。残高5、壁厚0.7~1.7厘米（图二四，16）。

031：16，平口罐口沿，夹砂灰褐陶。宽平沿，直弧腹。外壁饰右斜向绳纹。残高4.8、壁厚0.7厘米（图二四，15）。

## 04-032　梁家圪堵遗址-2

遗址编号：QXL-2

文化属性：庙子沟文化、朱开沟文化、汉代

行政归属：清水河县小庙乡梁家圪堵村

GPS坐标：遗址中心制高点东经111°34′22.7″、北纬39°57′40.9″

海拔高度：1077±6米

初查时间：2004年4月27日

遗址位于丰准铁路和浑河之间，从遗址中心向东南可见梁家圪堵村。遗址位于东西向土脊之上，南侧接近丰准铁路，坡势较缓，北侧临近浑河，坡势较陡。东西两侧皆为向下延伸的漫坡，东侧略有低洼，西侧则为土丘，向西延伸存有大型冲沟，直至浑河与清水河的交界处。在遗址近浑河处，东西两侧有小型冲沟。遗址中部略有凸起，现辟为耕地。中部存有一长方形的东西向土台，高0.5米、长10米，其上堆积有大量石块。西南可望见04-031号遗址（彩版六八，1）。

遗址东西长约200米、南北宽约100米，总面积约2万平方米。地表分布有朱开沟文化遗物，多饰以细绳纹，鲜见庙子沟文化遗物。此外还有大量汉代陶片。

032：1，侈口盆口沿，夹砂灰褐陶。方唇，侈口。弧腹，外壁饰竖向细绳纹。残高7.1、壁厚0.7厘米（图二五，1）。

032：2，瓮足，泥质灰陶。空心袋足足跟处，外壁饰竖向细绳纹。残高7、壁厚

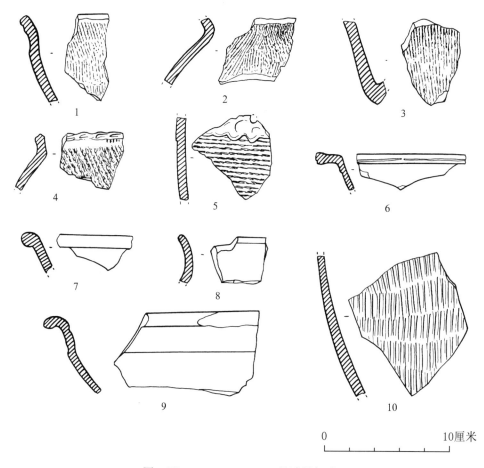

图二五　04-032、04-033号遗址标本

1.侈口盆口沿（032：1）　2.罐口残片（032：5）　3.瓮足（032：2）　4、8.侈沿罐口沿（032：4，032：3）　5.绳纹陶片（033：2）　6、9.平折沿盆口沿（032：6，032：7）　7.卷沿盆口沿（033：1）　10.篮纹陶片（033：3）（4、5、8为庙子沟文化，10为永兴店文化，1～3为朱开沟文化，余为汉代）

0.7厘米（图二五，3）。

　　032：3，侈沿罐口沿，泥质红褐陶。尖圆唇，侈口。残高4、壁厚0.6厘米（图二五，8）。

　　032：4，侈沿罐口沿，夹砂灰褐陶。侈沿，口部压印花口，溜肩，外壁饰竖向绳纹。残高4.9、壁厚0.6厘米（图二五，4）。

　　032：5，罐口残片，夹砂灰褐陶，断面呈红褐色。口残，溜肩，外壁饰竖向绳纹。壁厚0.5厘米（图二五，2）。

032：6，平折沿盆口沿，泥质灰陶。平折沿，沿上下凹，弧腹，素面。残高2.6、壁厚0.4厘米（图二五，6）。

032：7，平折沿盆口沿，泥质灰陶。外斜沿，微卷，沿内壁下凹，斜弧腹，素面。残高7.1、壁厚0.5厘米（图二五，9）。

### 04-033　梁家圪垯遗址-4

遗址编号：QXL-4

文化属性：庙子沟文化、永兴店文化、汉代

行政归属：清水河县小庙乡梁家圪垯村

GPS 坐 标：遗址中心东经111°35′39.1″、北纬39°57′06.0″

海拔高度：1151±10米

初查时间：2004年4月28日

遗址位于梁家圪垯村东、薛家梁村西南之间由东、西两条冲沟冲刷形成的坡地之上，坡势较缓。向北可远眺浑河及北岸林地；向南仍为向上漫坡，略有浑圆形土丘；东、西两侧冲沟为早期发育，直入浑河；向西北可见04-031号遗址。遗址面积较小，主要分布于南北向梯田之内，两阶梯田落差约0.5米，中脊略起，其余平坦，现辟为耕地。

遗址东西长约50米、南北宽约50米，总面积约0.25万平方米。遗址表面散见泥质灰陶残片，多饰以篮纹、绳纹等，其中以庙子沟文化遗物较多。

033：1，卷沿盆口沿，泥质灰陶。卷圆唇，敞口，斜弧腹，素面。残高2.6、壁厚0.5厘米（图二五，7）。

033：2，绳纹陶片，夹砂灰褐陶。外壁饰竖向粗绳纹。壁厚0.6厘米（图二五，5）。

033：3，篮纹陶片，泥质灰陶。外壁饰横向篮纹。壁厚0.7厘米（图二五，10）。

### 04-034　梁家圪垯遗址-3

遗址编号：QXL-3

文化属性：庙子沟文化、汉代

行政归属：清水河县小庙乡梁家圪垯村

GPS 坐 标：遗址中心东经111°35′45.8″、北纬39°56′50.3″

海拔高度：1180±5米

初查时间：2004年4月28日

遗址位于梁家圪垯四号遗址所在坡地的向上缓坡之上，坡顶西北可见梁家圪垯村，东北可见薛家梁村。东北存有一小型冲沟直通东部大沟，遗址东西两侧各存有乡间小路通往村落，向北可见04-033号遗址，西北可见04-031号遗址。遗址地表现辟为耕地。

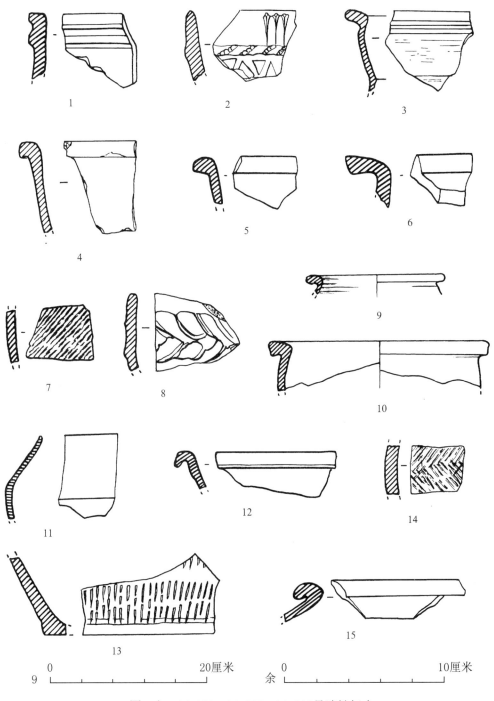

图二六　04-034、04-037、04-038号遗址标本

1.直口盆口沿（037：3）　2.鬲口沿（038：6）　3、4、5、10、12.短沿盆口沿（038：7，038：4，034：4，038：3，034：1）　6.平折沿盆口沿（037：2）　7、14.绳纹陶片（038：8，034：3）　8.附加堆纹陶片（038：2）　9、15.卷沿瓮口沿（038：5，034：2）　11.敛口折腹钵口沿（037：1）　13.压印楔形纹罐底（038：1）（7、11、14为庙子沟文化，2为朱开沟文化，余为汉代）

遗址东西长约50米、南北宽约100米，总面积约0.5万平方米。地表散见有泥质灰陶片，素面居多，少量饰弦纹及绳纹。遗物多集中在东南部。

034：1，短沿盆口沿，泥质红褐陶。卷沿，斜弧腹，素面。残高3.1、壁厚0.3厘米（图二六，12）。

034：2，卷沿瓮口沿，夹砂灰陶。卷沿，溜肩，素面。残高2.3、壁厚0.6厘米（图二六，15）。

034：3，绳纹陶片，泥质灰陶。外壁饰绳纹。壁厚0.7厘米（图二六，14）。

### 04-035 黑愣梁遗址-1

遗址编号：QXH-1

文化属性：庙子沟文化、阿善三期文化

行政归属：清水河县小庙乡黑愣梁村

GPS坐标：遗址南部东经111°35′24.5″、北纬39°56′38.8″

海拔高度：1171±5米

初查时间：2004年4月28日

遗址位于浑河南岸的梁家圪坮村南，黑愣梁村西北部的浑圆形土丘顶部及土丘西坡之上。土丘顶部略显平坦、开阔，西侧隔一冲沟为清水河，环绕至西南侧后流入浑河。北侧有一乡间公路穿过，东北侧为04-034号遗址，东侧有一冲沟直入清水河。从遗址向北可远望浑河河槽。遗址地表现辟为耕地，大体为两阶梯田，落差约为0.5米（彩版六八，2）。

遗址东西长约400米、南北宽约360米，总面积约14.4万平方米。地表散见较多的泥质灰陶残片，多为素面，仅少量饰以绳纹。夹砂陶片较少，多素面，少量饰以绳纹及附加堆纹，泥质彩绘红陶片也可见到。

035：1，陶环，泥质灰白陶。残，截面近似圆角方形，上下两面磨平。截面径0.8厘米（图二七，1）。

035：2，矮领罐口沿，泥质灰陶。侈口，矮领。残高4.1、壁厚0.6厘米（图二七，7）。

035：3，器耳，泥质灰陶。为小口双耳罐的残耳。壁厚1厘米（图二七，3）。

035：4，器耳，泥质红褐陶。残环耳。壁厚0.8厘米（图二七，2）。

035：5，器耳，泥质灰陶。为小口双耳罐的残耳。壁厚1厘米（图二七，4）。

035：6，彩陶片，泥质红陶。外壁饰黑彩线纹。壁厚0.7厘米（图二七，5）。

035：7，篮纹陶片，泥质红陶。外壁饰篮纹。壁厚0.6厘米（图二七，6）。

035：8，侈沿罐口沿，夹砂红褐陶。侈领，颈部饰附加堆纹，领部及以下均饰竖向绳纹。残高5.5、壁厚1厘米（图二七，10）。

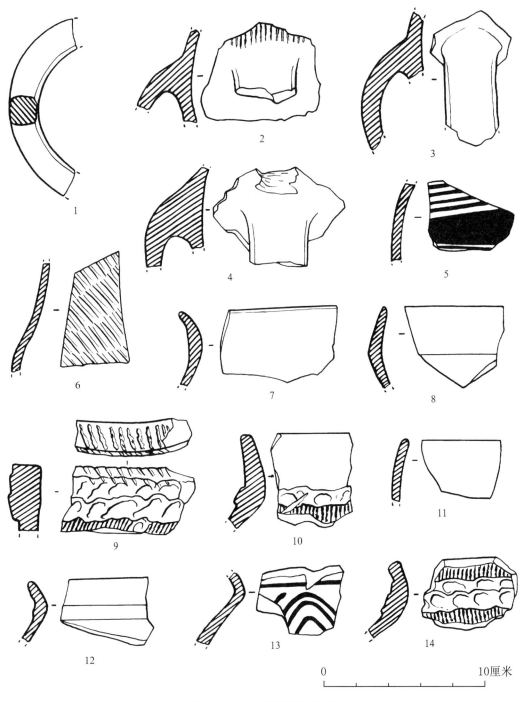

图二七　04-035号遗址标本

1.陶环（035：1）　2～4.器耳（035：4，035：3，035：5）　5、13.彩陶片（035：6，035：10）　6.篮纹陶片（035：7）　7.矮领罐口沿（035：2）　8.敛口折腹体口沿（035：14）　10、14.侈沿罐口沿（035：8，035：9）　9.平口罐口沿（035：11）　11.敛口钵口沿（035：13）　12.窄沿罐口沿（035：12）（7、12为阿善三期文化，余为庙子沟文化）

035：9，侈口罐口沿，夹砂红褐陶。侈口，颈部饰两道附加堆纹，颈部及以下均饰绳纹。残高4.3、壁厚0.8厘米（图二七，14）。

035：10，彩陶片，泥质红陶。外壁饰弧线三角几何纹，内壁口沿处施黑彩连续三角纹。残高3.5、壁厚0.5厘米（图二七，13）。

035：11，平口罐口沿，夹砂红褐陶。平口较厚，口上存有压印的短线纹，外壁饰一周附加堆纹，以下为竖向绳纹。残高4.1、壁厚1.4厘米（图二七，9）。

035：12，窄沿罐口沿，泥质灰白陶。矮领，溜肩，素面。残高4、壁厚0.5厘米（图二七，12）。

035：13，敛口钵口沿，泥质磨光灰陶。敛口，弧腹。残高3.6、壁厚0.5厘米（图二七，11）。

035：14，敛口折腹钵口沿，泥质磨光黑陶。敛口，折腹，下腹斜直内收。残高4.3、壁厚0.2～0.8厘米（图二七，8）。

## 04-036 黑愣梁遗址-2

遗址编号：QXH-2

文化属性：庙子沟文化、朱开沟文化、战国

行政归属：清水河县小庙乡黑愣梁村

GPS 坐标：遗址南部东经111°35′12.3″、北纬39°56′43.7″

海拔高度：1157±5米

初查时间：2004年4月28日

遗址位于黑愣梁村西、梁家圪垯村东南、04-035号（黑愣梁一号遗址）遗址所在坡地的南侧漫坡之上，地势呈东北高西南低。遗址集中分布于两坡之间的圆形台地之上，04-035和04-036之间地带少见遗物。遗址西侧为清水河，坡势较陡；东南紧邻乡间公路及一条直入浑河的冲沟；南为一漫坡，其下为海拔较低的土丘（彩版六八，2）。

遗址基本形状呈椭圆形，东西长约500米、南北宽约200米，总面积约10万平方米。地表散见多为泥质灰陶片，少见红陶片。灰陶片多为素面，少量饰以绳纹、篮纹。

## 04-037 走马墕遗址-2

遗址编号：QXZ-2

文化属性：庙子沟文化、汉代

行政归属：清水河县小庙乡走马墕村

GPS 坐标：遗址中部东经111°37′04.1″、北纬39°56′13.0″

海拔高度：1252±6米

初查时间：2004年4月28日

遗址位于走马墕村西南部一土丘之上，集中分布于土丘东部。遗址东南可远望清水河县城；南侧有一冲沟，其下为一炼铁厂；西侧向上为浑圆形土丘的圆形平台，从平台向东北可见走马墕村几户民居；北侧仍为连绵起伏的坡地。遗址中部存有一条小型冲沟，下部遍植柠条。

遗址东西长约400米、南北宽约200米，总面积约8万平方米。地表散见均为泥质灰陶残片，多为素面，少量饰以弦纹和绳纹。

037：1，敛口折腹钵口沿，泥质灰陶。敛口，折腹，上部较直，下腹部斜直内收，折腹处起凸棱。口径15、残高5、壁厚0.3厘米（图二六，11）。

037：2，平折沿盆口沿，泥质灰陶。平折沿，沿上可见磨光暗纹。残高3、壁厚0.5厘米（图二六，6）。

037：3，直口盆口沿，泥质灰陶。直口，口部外侧存有两道凸棱。残高4.5、壁厚1.8厘米（图二六，1）。

### 04-038　西贺家山遗址-1

遗址编号：QXX-1

文化属性：庙子沟文化、朱开沟文化、汉代

行政归属：清水河县小庙乡西贺家山村

GPS 坐 标：遗址中部东经111°34′18.3″、北纬39°56′41.2″

海拔高度：1125±5米

初查时间：2004年4月29日

遗址位于缸房坪村东南部、西贺家山村东北部一东南-西北走向的坡地之上，地势东南高西北低。遗址东邻冲沟，直入清水河；北为一缓坡，绵延向前直抵缸房坪村东，缓坡下为平地，其上遍植柠条；南侧为向上缓坡，尽端为浑圆形土丘的坡顶，土丘与缓坡之间有一东西向冲沟。遗址地表现辟为耕地，东西两侧为防护林带。

遗址东西长约200米、南北宽约100米，总面积约2万平方米。地表散见泥质灰陶残片，多为素面，少量饰以弦纹及附加堆纹、篦纹、细绳纹等。器形有盆、罐、瓮、缸等生活用器。

038：1，压印楔形纹罐底，砂质灰陶。直弧腹，平底。腹部饰压印楔形纹，楔形纹较窄。底径16.8、残高4.7、壁厚0.5厘米（图二六，13）。

038：2，附加堆纹陶片，泥质灰陶。外壁饰附加泥条组成的"人"字形纹。壁厚0.5厘米（图二六，8）。

038：3，短沿盆口沿，泥质灰陶。外叠方唇，直口。口径14、残高3、壁厚0.5厘米（图二六，10）。

038：4，短沿盆口沿，泥质灰陶。外叠方唇，敞口，直弧腹，素面。残高5.5、壁厚0.5厘米（图二六，4）。

038：5，卷沿瓮口沿，泥质灰陶。卷沿。口径17.6、残高2.5、壁厚0.3～0.7厘米（图二六，9）。

038：6，敞口沿，砂质红褐陶。外壁饰泥条压印组成的三角几何纹。残高4、壁厚0.7厘米（图二六，2）。

038：7，短沿盆口沿，泥质灰陶。平沿，直弧腹。口径15.6、残高4.5、壁厚0.4厘米（图二六，3）。

038：8，绳纹陶片，泥质褐陶。外壁饰较浅交错细绳纹，不甚清晰。壁厚0.6厘米（图二六，7）。

### 04—039　缸房坪遗址-2

遗址编号：QXG-2

文化属性：庙子沟文化、朱开沟文化、汉代

行政归属：清水河县小庙乡缸房坪村

GPS坐标：遗址中部东经111°33′58.2″、北纬39°57′22.3″

海拔高度：1108±4米

初查时间：2004年4月29日

遗址位于缸房坪村东北部坡地的东北坡上。西部为放牛沟水文站，且可望见浑河；东部为一名为缸房沟的大型冲沟，直入清水河；北部为清水河与浑河的交汇处。遗址分布于山坡靠下端，现辟为耕地（彩版六九，1）。

遗址东西长约300米、南北宽约400米，总面积约12万平方米。地表散见遗物大多为朱开沟文化，泥质灰陶残片，多为素面，少量饰以绳纹或篮纹。

039：1，曲领罐口沿，泥质灰陶。高领，领部呈弧状。口径31.2、残高5.2、壁厚1厘米（图二八，2）。

039：2，器底，泥质灰陶。弧腹，平底。残高3.6、壁厚0.5厘米（图二八，4）。

039：3，折沿盆口沿，泥质灰陶。卷圆唇，平折沿，斜弧腹，内壁可见磨光暗条纹。残高7.3、壁厚0.7厘米（图二八，1）。

039：4，小口双耳罐口沿，泥质灰陶。尖圆唇，窄沿，长溜肩。残高6.5、壁厚0.5厘米（图二八，10）。

039：5，折沿盆口沿，泥质灰陶。方唇，斜沿，斜弧腹，内壁可见磨光暗条纹。残高11、壁厚1.5厘米（图二八，8）。

039：6，折沿罐口沿，泥质灰白陶。折沿，溜肩，肩部以下饰竖向粗绳纹。口径10、残高7.2、壁厚0.6厘米（图二八，12）。

039：7，绳纹陶片，泥质灰褐陶。外壁饰竖向绳纹。壁厚0.7厘米（图二八，11）。

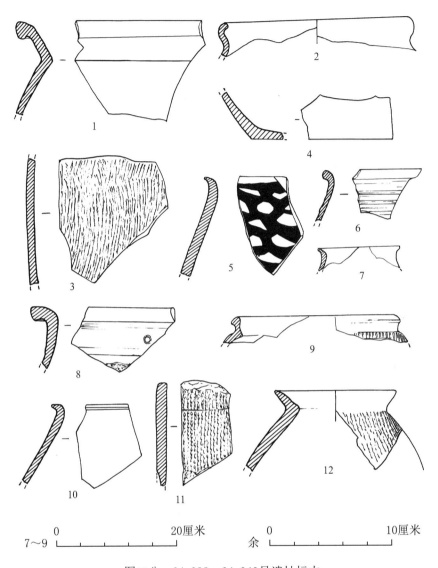

7～9　0　　　　　　20厘米　　　余　0　　　　　10厘米

图二八　04-039、04-040号遗址标本

1、8.折沿盆口沿（039：3，039：5）　2.曲领罐口沿（039：1）　3、11.绳纹陶片（040：3，039：7）　4.器底
（039：2）　5、7、10.小口双耳罐口沿（040：5，040：4，039：4）　6.卷沿罐口沿（040：1）　9.矮领罐口沿
（040：2）　12.折沿罐口沿（039：6）（3、5、6、10、12为庙子沟文化，11为朱开沟文化，余为汉代）

## 04-040　西贺家山遗址-3

遗址编号：QXX-3

文化属性：庙子沟文化、汉代

行政归属：清水河县小庙乡西贺家山村

GPS 坐标：遗址中心东经111°34′15.2″、北纬39°56′17.3″

海拔高度：1189±4米

初查时间：2004年4月29日

遗址位于西贺家山村东北一中间高四周低的圆台形向阳坡地的坡顶之上，坡地地势整体较为平缓，东部为清水河，西南及北部均为大型冲沟，西南部为放牛沟所环绕。东侧临近育林沟。遗址现辟为耕地，环形梯田落差0.5～1米。

遗址东西长约300米、南北宽约200米，总面积约6万平方米。地表散见大量泥质灰陶残片，并多饰以细绳纹或弦纹。

040：1，卷沿罐口沿，泥质灰陶。卷圆唇，溜肩，素面。残高3.7、壁厚0.4厘米（图二八，6）。

040：2，矮领罐口沿，泥质灰陶。三角唇，矮领，溜肩，肩部以下饰规整的竖向绳纹。口径28、残高5、壁厚1厘米（图二八，9）。

040：3，绳纹陶片，夹砂灰褐陶。外壁饰竖向绳纹。壁厚0.6厘米（图二八，3）。

040：4，小口双耳罐口沿，泥质红褐陶。窄沿，溜肩，素面。口径14、残高3.8、壁厚0.5厘米（图二八，7）。

040：5，小口双耳罐口沿，泥质红陶。窄沿，长溜肩，外壁饰鱼鳞状黑彩几何纹。残高6.8、壁厚0.7厘米（图二八，5）。

**04-041　八龙湾遗址-1**

遗址编号：QXB-1

文化属性：阿善三期文化、战国

行政归属：清水河县小庙乡八龙湾村

GPS 坐 标：遗址中部东经111°35′07.2″、北纬39°56′02.6″

海拔高度：1111±5米

初查时间：2004年4月29日

遗址位于八龙湾村东北部的缓坡平地之上，四周均有或大或小的山丘。遗址即位于其间一小山丘顶部的台地上。台地东西较长，东侧紧邻清水河，隔河可见坡顶部的西咀村。北侧为两坡地之间的低洼处，有一大型东西向冲沟直入清水河。遗址所在山丘的南坡较陡，有一冲沟直入清水河，上植柠条。西侧隔一人工水渠，东侧人为抬高约2米，现辟为耕地（彩版六九，2）。

遗址东西长约50米、南北宽约100米，总面积约0.5万平方米。地表散见多为泥质灰陶残片，少量饰以斜向篮纹，绳纹（深且粗犷），个别绳纹上存有横向抹痕。

041：1，豆座，泥质灰陶。空心柱状豆柄，喇叭形豆座。残高4.2、底径9.1厘米（图二九，7）。

041：2，折沿盆口沿，泥质灰陶。折沿，弧腹。腹外壁饰竖向绳纹。残高5.3、壁厚0.6厘米（图二九，2）。

041：3，侈领罐口沿，夹砂灰陶。侈领，溜肩。肩部以下饰竖向绳纹。残高5.6、壁厚0.7厘米（图二九，6）。

041：4，豆座，泥质灰陶。喇叭形底座，近底部一周较平。残高3.5、壁厚1.1厘米（图二九，8）。

041：5，碗口沿，泥质灰陶。直口，口部下方一周内凹，直弧腹。残高7.3、壁厚

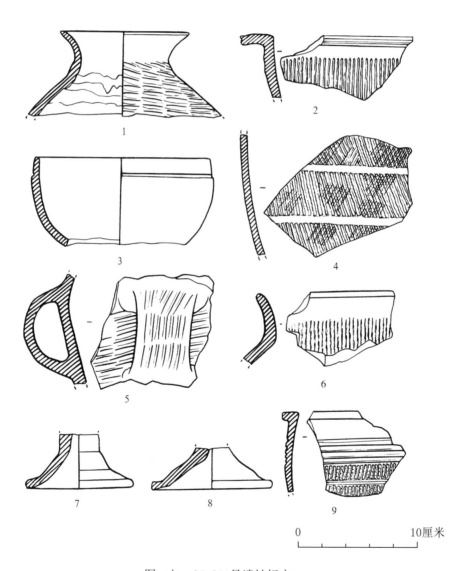

图二九　04-041号遗址标本

1.高领罐口沿（041：6）　2、9.折沿盆口沿（041：2，041：7）　3.碗口沿（041：5）　4.抹断绳纹陶片（041：8）　5.器耳（041：9）　6.侈领罐口沿（041：3）　7、8.豆座（041：1，041：4）（1、5、6为阿善三期文化，2~4、7~9为战国）

0.4厘米（图二九，3）。

041：6，高领罐口沿，泥质灰白陶。折沿，溜肩。肩部以下饰篮纹。内壁可见口部与肩部结合抹泥痕迹。残高7、壁厚0.5厘米（图二九，1）。

041：7，折沿盆口沿，泥质灰陶。外壁上部饰弦纹，以下饰抹断绳纹。壁厚0.5厘米（图二九，9）。

041：8，抹断绳纹陶片，泥质灰陶。外壁饰抹断绳纹。壁厚0.5厘米（图二九，4）。

041：9，器耳，砂质灰白陶。为器耳部残片，器底饰横向篮纹，耳上为弦纹。壁厚1厘米（图二九，5）。

## 04-042　八龙湾遗址-2

遗址编号：QXB-2

文化属性：战国

行政归属：清水河县小庙乡八龙湾村

GPS坐标：遗址中部东经111°34′42.5″、北纬39°56′01.0″

海拔高度：1172±4米

初查时间：2004年4月29日

遗址位于八龙湾村北部的坡间平地之上，地表平坦广阔，分布较广。东侧近邻04-041号遗址，过清水河可见对岸的西咀村；西侧为缓坡，向上存有浑圆土丘，坡地之上遍植柠条；南侧亦为坡地，有一乡间公路通往村落。遗址地表辟为三阶梯田，落差约为2米，中部破坏较为严重（彩版六九，2）。

遗址东西长约600米、南北宽约800米，总面积约48万平方米。第一阶及第三阶台地上遗物较多，第二阶台地上几乎不见。地表遗物多为泥质灰陶残片，素面居多。纹饰仅见有规整的绳纹，多为瓮、罐、缸等器形的口沿残片。

## 04-043　下阳塔遗址-1

遗址编号：QXX-1

文化属性：朱开沟文化、战国

行政归属：清水河县小庙乡下阳塔村

GPS坐标：遗址中部东经111°32′04.1″、北纬39°56′40.5″

海拔高度：1117±4米

初查时间：2004年4月30日

遗址位于下阳塔村所在山丘西部较远处的一低矮山丘之上，南侧隔沟与下富家梁村相望，东南为一缓坡，上有一小丘，浑河从西北侧经过，东北、西南均为冲沟。从下富家梁村有乡间公路直通向遗址，从遗址向东可见04-044号遗址所在土丘。

遗址东西长约500米、南北宽约300米，总面积约15万平方米。遗物标本主要见于西部，其余地方少见。遗址地表可见陶片主要为灰陶，饰以绳纹、篮纹等；少见红陶。

043：1，瓮足，泥质红陶。空心足根，内壁可见捏制痕迹。残高5.5、壁厚0.5厘米（图三〇，3）。

043：2，绳纹陶片，泥质灰陶。胎体厚重，外壁饰竖向绳纹。壁厚1厘米（图三〇，1）。

043：3，罐底，泥质灰陶。斜直腹，凹底。腹部饰竖向规整的绳纹。底径20、残高4.5、壁厚0.5厘米（图三〇，8）。

043：4，矮领罐口沿，泥质灰陶。外叠唇，直领，肩部饰绳纹。口径28、残高4.1、壁厚0.6厘米（图三〇，7）。

## 04-044　下阳塔遗址-2

遗址编号：QXX-2

文化属性：官地一期遗存

行政归属：清水河县小庙乡下阳塔村

GPS坐标：遗址西部东经111°32′39.4″、北纬39°56′34.4″

海拔高度：1146±5米

初查时间：2004年4月30日

遗址位于下阳塔村偏南，与村有一小冲沟之隔的土丘之上。土丘较为低矮，东侧坡势平缓，遗址即集中分布于东侧漫坡之上。南侧坡下为一小冲沟，与沟相隔为一东西向土丘，下富家梁村即在此。东侧缓坡向下有一冲沟直入浑河，西侧向上土丘顶部向西可见04-043号遗址，东南可远望到04-029号遗址。遗址现辟为耕地。

遗址东西长约300米、南北宽约200米，总面积约6万平方米。遗址地表分布陶片主要为灰陶，少见红陶。红陶片夹砂居多，多为素面，少量饰以竖向线纹、绳纹等。灰陶多为泥质素面，少量饰以绳纹。

044：1，铁轨式口沿罐口沿，夹砂红褐陶。外叠重唇，直口，口部下饰竖向绳纹。残高5.1、壁厚0.6厘米（图三〇，2）。

044：2，铁轨式口沿罐罐底，夹砂红褐陶，胎质疏松。斜直腹，平底。腹部饰斜向绳纹。残高2.6、壁厚1.1厘米（图三〇，5）。

044：3，铁轨式口沿罐罐底，夹砂红褐陶，胎质疏松。斜直腹，平底。腹部饰斜向绳纹。残高4.5、壁厚0.8厘米（图三〇，4）。

044：4，铁轨式口沿罐口沿，夹砂红褐陶。外叠唇，敛口，唇上压印两道凹槽，直弧腹，腹部饰左斜向绳纹。残高4.7、壁厚0.6厘米（图三〇，6）。

044：5，器耳，泥质红陶。腹部存有残耳，应为尖底瓶残片。壁厚0.6厘米（图三〇，9）。

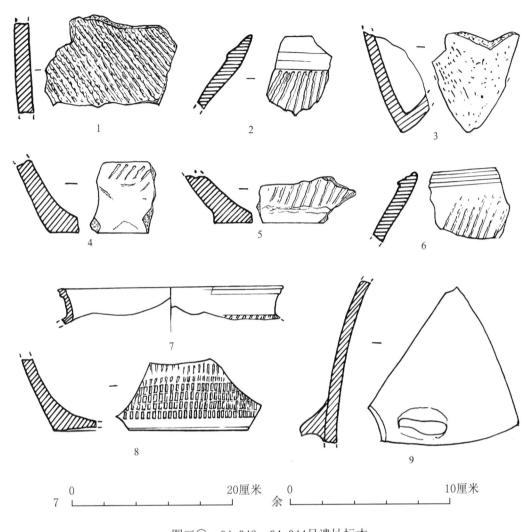

图三〇　04-043、04-044号遗址标本

1.绳纹陶片（043：2）　2、6.铁轨式口沿罐口沿（044：1，044：4）　3.瓮足（043：1）　4、5.铁轨式口沿罐罐底（044：3，044：2）　7.矮领罐口沿（043：4）　8.罐底（043：3）　9.器耳（044：5）（2、4、5、6、9为官地一期遗存，余为战国）

## 04-045　八龙湾遗址-3

遗址编号：QXB-3

文化属性：战国、汉代

行政归属：清水河县小庙乡八龙湾村

GPS坐标：遗址中部东经111°34′11.3″、北纬39°55′53.1″

海拔高度：1201±5米

初查时间：2004年5月2日

遗址位于八龙湾村西部，一南北向坡地的东坡上。从八龙湾村有一乡间土路可直达此坡的顶部。遗址主要分布于土丘顶部乡间土路的东侧，南部为连绵起伏的土坡，坡势略陡；北部为缓坡，尽端有一较大冲沟，直通向04-042号遗址所在土丘。遗址向东隔一南北向冲沟可与04-041、04-042号遗址相望，遗址地势平坦，坡度不大，现辟为耕地。

遗址东西长约200米、南北宽约350米，总面积约7万平方米。地表可见遗物均为泥质灰陶残片，素面居多，少量弦纹、绳纹及附加堆纹。可见器形有盆、罐等。

045：1，高领罐口沿，泥质灰陶。高领外卷方唇，小口，素面。口径11.2、残高6.5、壁厚1厘米（图三一，3）

045：2，器底，泥质灰陶。斜直腹，平底，素面，器表斑驳。残高5.5、壁厚0.6厘米（图三一，2）。

045：3，戳刺纹陶片，泥质灰白陶，胎体厚重。外壁饰规整的戳刺楔形纹。壁厚1.3厘米（图三一，4）。

045：4，器底，泥质灰陶。斜直腹，平底，素面。残高5.5、壁厚0.4厘米（图三一，1）。

## 04-046　八龙湾遗址-4

遗址编号：QXB-4

文化属性：庙子沟文化、战国

行政归属：清水河县小庙乡八龙湾村

GPS坐标：遗址中部偏北处东经111°34′24.1″、北纬39°55′57.7″

海拔高度：1179±5米

初查时间：2004年5月2日

遗址位于八龙湾村西部，04-045号遗址所在山脊东边一低矮山丘之上，地势西高东低，漫坡向东延伸至04-042号遗址所在山丘，并与之相连。遗址东侧视野开阔，可见04-041、04-042号遗址，西侧可见山脊之上的04-045号遗址。地表现辟为耕地，南侧种植有少量柠条及榆树。

遗址东西长约100米、南北宽约300米，总面积约3万平方米。地表散落遗物基本属于庙子沟文化，陶片中泥质红陶多为素面，少量饰以斜向篮纹或细绳纹；灰陶较多夹砂，多饰以绳纹及附加堆纹。断崖处发现战国时期残墓，沟底存有冲刷的马牙及其他动物骨骼等。

046：1，马牙，长6.1、宽2厘米（图三一，7）。

046：2，彩陶片，残耳，泥质红陶。为小口双耳罐残耳。壁厚0.7厘米（图三一，8）。

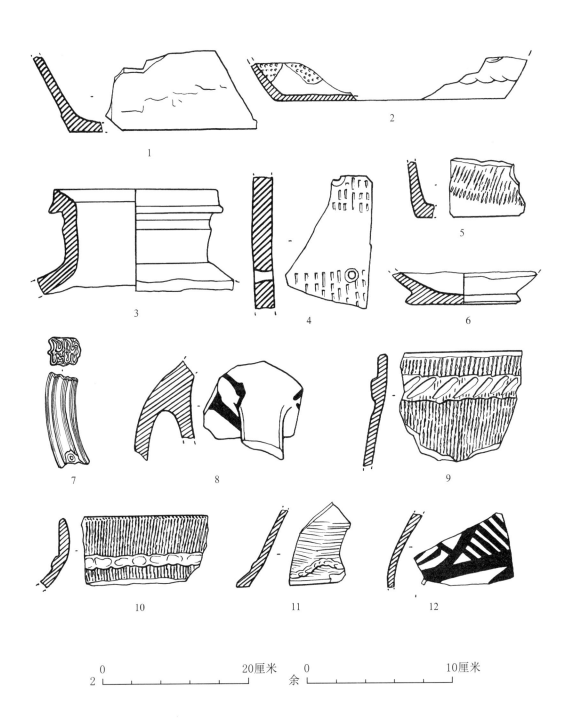

图三一　04-045、04-046号遗址标本

1、2、5.器底（045：4，045：2，046：8）　3.高领罐口沿（045：1）　4.戳刺纹陶片（045：3）　6.圈足器底（046：5）　7.马牙（046：1）　8、12.彩陶片（046：2，046：4）　9.绳纹罐口沿（046：7）　10.侈沿罐口沿（046：6）　11.尖底瓶口沿（046：3）（6、7为战国，1～4为汉代，余为庙子沟文化）

046：3，尖底瓶口沿，泥质红陶。内斜唇，喇叭口。外壁饰横向篮纹，并饰有泥条堆纹。残高5、壁厚0.5厘米（图三一，11）。

046：4，彩陶片，泥质红陶。外壁饰黑彩几何纹。壁厚0.5厘米（图三一，12）。

046：5，圈足器底，泥质灰陶。假圈足。残高1.5、壁厚0.5厘米（图三一，6）。

046：6，侈沿罐口沿，夹砂红褐陶。侈领，颈部饰一周附加堆纹，领部及以下均饰竖向绳纹。残高4.8、壁厚0.5厘米（图三一，10）。

046：7，绳纹罐口沿，夹砂灰陶。外斜唇，直口，直弧腹。口下饰一周附加堆纹，外壁饰竖向绳纹。残高8.3、壁厚0.6厘米（图三一，9）。

046：8，器底，夹砂灰陶。平底，外壁饰竖向绳纹。残高3.7、壁厚0.5～1.5厘米（图三一，5）。

### 04-047　上阳塔遗址-1

遗址编号：QXS-1

文化属性：汉代

行政归属：清水河县小庙乡上阳塔村

GPS坐标：遗址西南部东经111°33′25.1″、北纬39°54′51.2″

海拔高度：1245±4米

初查时间：2004年5月2日

遗址位于上阳塔村南部的浑圆形土丘之上，土丘较大，四周均为坡势较缓的漫坡。遗址分布于土丘顶部偏北处，与村落之间有东西向冲沟相隔。西部可见一低矮土丘，有乡间小路可以通向村落所在的坡地；向东为早期发育的大型冲沟，将遗址与下富家梁村相隔；南侧漫坡极长。地表现辟为耕地（图三二；彩版七〇，1）。

遗址东西长约500米、南北宽约150米，总面积约7.5万平方米。地表散见大量汉代遗物，陶片皆为泥质灰陶，多为素面。

047：1，矮沿罐口沿，泥质灰陶，小口，矮领外卷方唇，溜肩，素面。口径20、残高5.3、壁厚0.4厘米（图三三，4）。

047：2，平折沿盆口沿，泥质灰陶，平折沿，斜弧腹，内壁可见磨光暗条纹。残高6.6、壁厚0.5厘米（图三三，1）。

047：3，卷沿罐口沿，泥质灰陶，卷圆唇，素面。残高3.3、壁厚0.6厘米（图三三，2）。

### 04-048　小偏头遗址-5

遗址编号：QXX-5

文化属性：庙子沟文化

行政归属：清水河县小庙乡小偏头村

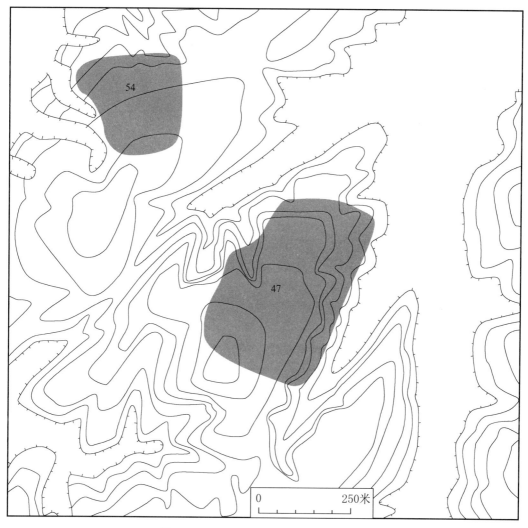

图三二　04-047、04-054号遗址地形图

GPS坐标：遗址中部东经111°32′18.3″、北纬39°55′44.7″

海拔高度：1214±5米

初查时间：2004年5月3日

遗址位于马站村东南部浑圆形土丘的顶部平台中部，遗址北侧隔一丘间小坡可见小偏头村，西北可见浑河，东侧隔一小冲沟为小偏头村所在山丘的东南坡地，南侧为较缓的坡地，下即为在当地被称为"白泥沟"的冲沟，沟内为了保持水土而种植有大量树木。遗址地势平坦，现辟为耕地（图三四；彩版七〇，2）。

遗址东西长约50米、南北宽约50米，总面积约0.25万平方米。地表散见遗物主要为庙子沟文化，陶片以泥质素面灰陶居多，少量饰以绳纹加附加堆纹；夹砂红陶饰以细绳纹、细线纹等。

048：1，敛口钵口沿，泥质磨光灰陶。敛口，曲鼓腹。残高6.8、壁厚0.5厘米（图三三，7）。

048：2，侈沿罐罐底，泥质红陶。斜直腹，平底，素面。底径12、残高5.7、壁厚0.5厘米（图三三，3）。

048：3，小口双耳罐口沿，泥质红陶。窄沿，溜肩，肩部隐约可见黑彩几何纹，

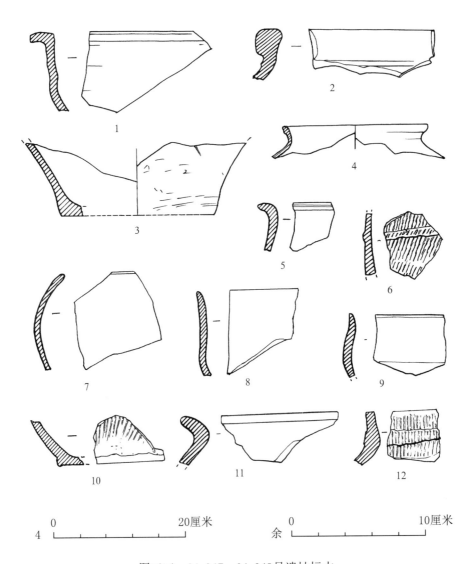

图三三　04-047～04-049号遗址标本

1.平折沿盆口沿（047：2）　2.卷沿罐口沿（047：3）　3、10.侈沿罐罐底（048：2，049：5）　4.矮沿罐口沿（047：1）　5.小口双耳罐口沿（048：3）　6.绳纹陶片（049：6）　7.敛口钵口沿（048：1）　8、9.直口折腹钵口沿（049：1，049：4）　11、12.侈沿罐口沿（049：2，049：3）（3、5～12为庙子沟文化，1、2、4为汉代）

但不甚清晰。残高3.5、壁厚0.4厘米（图三三，5）。

### 04—049　上富家梁遗址-1

遗址编号：QXS-1

文化属性：庙子沟文化

行政归属：清水河县小庙乡上富家梁村

GPS坐标：遗址中部东经111°31′41.7″、北纬39°56′22.5″

海拔高度：1147±5米

初查时间：2004年5月3日

遗址位于上富家梁村北部一低矮土丘的北坡上，沿坡体南行至该土丘的顶部为制高点，现已辟为居民的场面。场面南侧为通往上富梁村的土路，东侧为向下缓坡，东北侧紧贴一居民住所。北侧偏东处为土丘缓坡之下的开阔耕地，西北侧亦为缓坡，坡下为乡间小路，向西可到下富家梁村。遗物主要分布于以场面为中心的弧形台地上的三阶梯田之内，落差约为0.3米（参见图三四；彩版七一，1）。

遗址东西长约150米、南北宽约100米，总面积约1.5万平方米。地表散见陶片主要为泥质灰陶，多为素面，少量饰以绳纹；泥质红陶次之，多为素面，少量饰有绳纹；夹砂红陶少见，饰细线纹。

049：1，直口折腹钵口沿，泥质磨光灰陶。圆唇，直口微侈。直腹至中部软折。残高7.2、壁厚0.5厘米（图三三，8）。

049：2，侈沿罐口沿，夹砂红陶。方唇，直口，口部饰有竖向浅细绳纹，纹饰不甚清晰。残高9.6、壁厚0.7厘米（图三三，11）。

049：3，侈沿罐口沿，泥质灰陶。圆唇，侈沿，溜肩。残高4、壁厚0.7厘米（图三三，12）。

049：4，直口折腹钵口沿，泥质磨光灰陶。尖圆唇，直口微侈，曲腹。残高4.3、壁厚0.3～0.6厘米（图三三，9）。

049：5，侈沿罐罐底，夹砂红陶。平底略带圈足，腹部饰有左斜细绳纹。残高3.4、壁厚0.6～0.8厘米（图三三，10）。

049：6，绳纹陶片，夹砂灰陶。器表饰有左斜细绳纹并装饰有附加堆纹。壁厚0.4厘米（图三三，6）。

### 04—050　碓臼塌遗址-1

遗址编号：QYD-1

文化属性：鲁家坡一期遗存、庙子沟文化、阿善三期文化、朱开沟文化

行政归属：清水河县小庙乡碓臼塌村

GPS坐标：遗址中部制高点东经111°31′20.9″、北纬39°54′36.8″

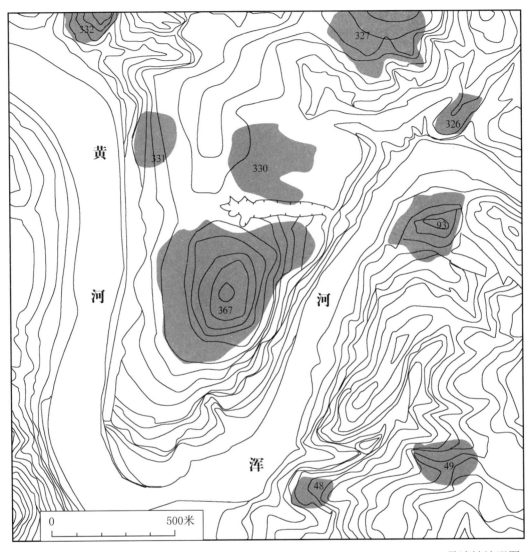

图三四　04-048、04-049、04-093、05-326、05-327、05-330～05-332、05-367号遗址地形图

海拔高度：1265±5米

初查时间：2004年5月6日

遗址位于碓臼壕村所在浑圆形土丘坡地的顶部及东部缓坡之上。西北紧邻该村，东、北部皆被早期发育的大型冲沟所环绕，东部不远处即为防护林带。遗址内整体辟为梯田，东部至西部边缘为居民环绕（彩版七一，2）。

遗址东西长约200米、南北宽300米，面积约6万平方米。地表散见较多的鲁家坡一期遗存、庙子沟文化和阿善三期文化的陶片，另外可见朱开沟文化时期的遗物，器形多为盆、瓮、罐等。

050：1，折沿盆口沿，泥质灰陶。折沿，斜弧腹。残高4.6、壁厚0.5～1厘米（图三五，10）。

050：2，甗腰，泥质灰陶。外壁饰有竖向的粗绳纹。壁厚0.8厘米（图三五，18）。

050：3，绳纹陶片，泥质红陶。陶色斑驳不一，外壁饰有竖向绳纹。壁厚0.4厘米（图三五，13）。

050：4，鬲足，泥质红褐陶。外壁饰有竖向的粗绳纹。残高6.8厘米（图三五，17）。

050：5，绳纹陶片，夹细砂灰陶。外壁饰有竖向细绳纹。壁厚0.7厘米（图三五，15）。

050：6，折沿盆口沿，夹砂红褐陶。沿部略残，直弧腹。壁厚0.6厘米（图三五，6）。

## 04-051 放牛沟遗址-2

遗址编号：QXF-2

文化属性：庙子沟文化、战国

行政归属：清水河县小庙乡放牛沟村

GPS坐标：遗址中部偏东处东经111°32′50.0″、北纬39°57′05.6″

海拔高度：1088±5米

初查时间：2004年4月30日

遗址位于放牛沟村西部由南向北延伸的漫坡之上，与言正子村隔浑河相望。西北部被由东向西流经的浑河所环绕，丰准铁路的跨河桥从浑河河面穿过。遗址东邻放牛沟沟掌；南部距坡顶04-052号遗址约200米；西南部为早期发育的大型冲沟所环绕，沟南即为下阳塔村。遗址北坡存有两三户放牛沟村的村居。遗址地表现开辟为耕地，一条小路从遗址间穿过并将遗址与其他村落相连（彩版七二，1）。

遗址东西长约200米、南北宽约250米，总面积约5万平方米。地表遗物分布较为密集，皆为战国时期，可辨器形有豆、盆、罐等。

051：1，釜口沿，夹砂灰褐陶。侈领，领部饰竖向绳纹。残高3.5、壁厚0.6厘米（图三五，16）。

051：2，尖底瓶口沿，泥质灰陶。喇叭口，素面。残高3.7、壁厚0.5厘米（图三五，12）。

051：3，平折沿盆口沿，泥质灰陶。平折沿，直弧腹，外壁上部饰弦纹，下部饰抹断绳纹。残高8、壁厚0.7厘米（图三五，7）。

051：4，绳纹陶片，泥质灰陶。外壁饰抹断绳纹。壁厚0.7厘米（图三五，3）。

051：5，绳纹陶片，泥质灰陶。外壁饰抹断绳纹。壁厚0.5厘米（图三五，5）。

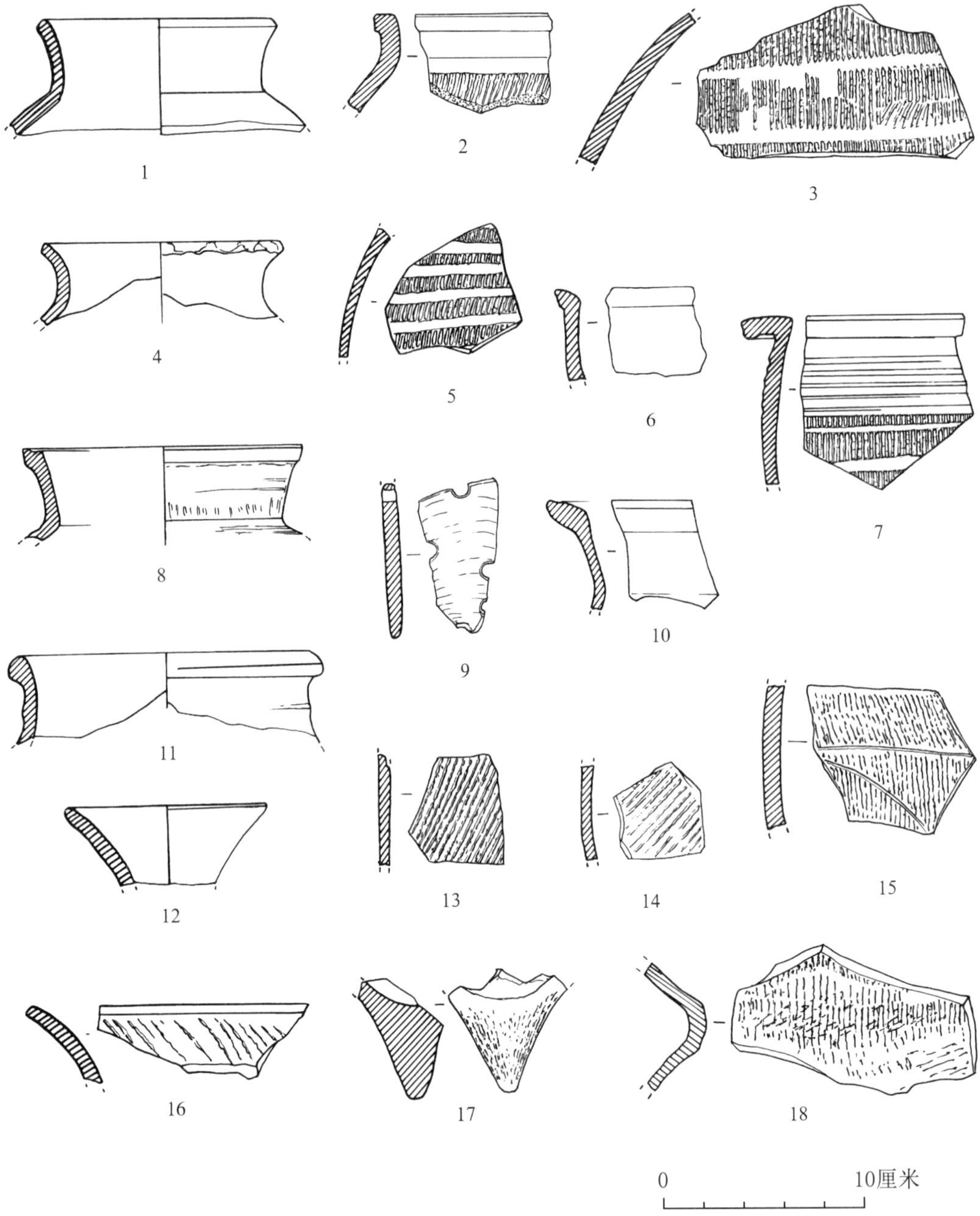


图三五 04-050、04-051号遗址标本

1、4、8、11. 高领罐口沿（051∶6，051∶7，051∶8，051∶10） 2. 矮领罐口沿（051∶9） 3、5、13、15. 绳纹陶片（051∶4，051∶5，050∶3，050∶5） 6、10. 折沿盆口沿（050∶6，050∶1） 7. 平折沿盆口沿（051∶3） 9. 甑残片（051∶11） 12. 尖底瓶口沿（051∶2） 16. 釜口沿（051∶1） 17. 鬲足（050∶4） 18. 甗腰（050∶2）（6、12～15为庙子沟文化，10为阿善三期文化，17、18为朱开沟文化，余为战国）

051：6，高领罐口沿，泥质灰陶。高领微侈，溜肩。口径12、残高5.9、壁厚0.7厘米（图三五，1）。

051：7，高领罐口沿，泥质灰陶。卷圆唇，矮领，溜肩。口径12.2、残高4、壁厚0.5厘米（图三五，4）。

051：8，高领罐口沿，泥质灰陶。卷圆唇，直领较高，溜肩。领部下侧可见抹绳纹。残高4.1、壁厚0.6厘米（图三五，8）。

051：9，矮领罐口沿，泥质灰陶。卷圆唇，矮领，溜肩。肩部以下饰竖向绳纹。残高4.9、壁厚0.6厘米（图三五，2）。

051：10，高领罐口沿，泥质灰陶。卷圆唇，高领，溜肩。口径15.6、残高4.7、壁厚0.5厘米（图三五，11）。

051：11，甑残片，泥质灰陶。壁厚0.7厘米（图三五，9）。

### 04-052　下阳塔遗址-4

遗址编号：QXX-4

文化属性：庙子沟文化、阿善三期文化、战国

行政归属：清水河县小庙乡下阳塔村

GPS坐标：遗址中部偏东处东经111°33′00.4″、北纬39°56′48.3″

海拔高度：1132±5米

初查时间：2004年4月30日

遗址位于下阳塔村东北部的坡地之上，西南、东北部为早期发育的大型冲沟所环绕，西南部冲沟当地人称之为"前梁河"，自遗址所在坡地的西部直入浑河。东北部冲沟名为放牛沟，紧邻大路壕村。遗址位于坡地西坡，自东南上行为坡地的顶部平台，制高点海拔高度为1135米。从制高点上向西北可见04-051号遗址及隔河的言正子村，一条乡村公路由南向北从遗址中心穿过。遗址表面已开辟为耕地。

遗址东西长约750米、南北宽约500米，总面积约37.5万平方米。遗址地面散见大量陶片，西坡上比较集中。陶片多饰以篮纹，素面及绳纹较少。可辨器形有罐、盆、钵等。

052：1，彩陶片，泥质红陶。外壁饰有黑彩弧线三角几何纹。壁厚0.5厘米（图三六，11）。

052：2，高领罐口沿，泥质灰陶。侈口，高领，溜肩。肩部以下饰横向篮纹。残高5、壁厚0.5厘米（图三六，13）。

052：3，高领罐口沿，泥质灰陶。侈领，溜肩。口径11.6、残高5.5、壁厚0.5厘米（图三六，17）。

052：4，窄沿罐口沿，砂质灰白陶。口部残，溜肩。壁厚0.5厘米（图三六，10）。

052：5，高领罐口沿，泥质灰陶。侈领，溜肩。口径12、残高4.1、壁厚0.5厘米

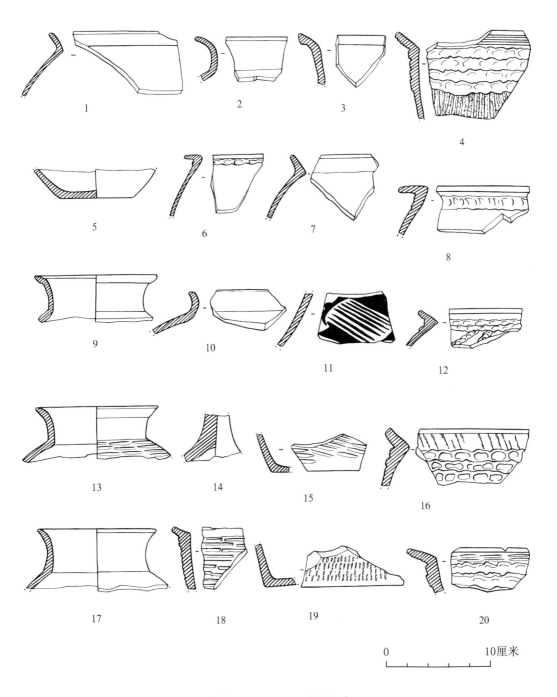

图三六　04-052号遗址标本

1、6~8、10、12、16.窄沿罐口沿（052：12，052：6，052：11，052：16，052：4，052：8，052：14）　2、
9、13、17.高领罐口沿（052：7，052：5，052：2，052：3）　3.敞口盆口沿（052：19）　4、18、20.直壁瓮
口沿（052：13，052：15，052：17）　5、15.窄沿罐底（052：10，052：9）　11.彩陶片（052：1）　14.豆柄
（052：18）　19.罐底（052：20）（5、11为庙子沟文化，3、14、19为战国，余为阿善三期文化）

（图三六，9）。

052：6，窄沿罐口沿，泥质磨光灰陶。小窄沿，溜肩。口径12、残高6.5、壁厚0.3厘米（图三六，6）。

052：7，高领罐口沿，泥质灰陶。侈口，高领，溜肩。残高4、壁厚0.4厘米（图三六，2）。

052：8，窄沿罐口沿，砂质灰白陶。折沿，沿下饰两道附加堆纹，肩部以下饰横向篮纹及附加堆纹。残高3.3、壁厚0.5厘米（图三六，12）。

052：9，窄沿罐底，泥质灰陶。斜直腹，平底。外壁饰横向篮纹。残高3.4、壁厚0.5厘米（图三六，15）。

052：10，窄沿罐底，夹砂红褐陶。斜直腹，平底。口径10、残高2.6、底径7.5、壁厚0.5厘米（图三六，5）。

052：11，窄沿罐口沿，砂质灰白陶。窄沿，溜肩。残高5.7、壁厚0.5厘米（图三六，7）。

052：12，窄沿罐口沿，泥质灰陶。窄沿，溜肩。残高5.3、壁厚0.4厘米（图三六，1）。

052：13，直壁瓮口沿，夹砂灰陶。侈沿，直弧腹。口下部饰四道附加堆纹，以下饰竖向绳纹。残高7、壁厚0.7厘米（图三六，4）。

052：14，窄沿罐口沿，砂质灰陶。窄沿，溜肩。口下部饰附加堆纹。残高5.6、壁厚1厘米（图三六，16）。

052：15，直壁瓮口沿，夹砂灰陶。小折沿，直壁，外壁饰弦纹。壁厚1厘米（图三六，18）。

052：16，窄沿罐口沿，泥质灰陶。小窄沿，弧腹，沿下饰一周附加堆纹。残高4.5、壁厚0.4厘米（图三六，8）。

052：17，直壁瓮口沿，夹砂灰褐陶。折沿，直壁。沿下饰数道附加堆纹。残高5.5、壁厚0.8厘米（图三六，20）。

052：18，豆柄，泥质灰陶。素面。残高4.3、壁厚0.9厘米（图三六，14）。

052：19，敞口盆口沿，泥质灰陶。外叠唇，敞口略折。残高5、壁厚0.5厘米（图三六，3）。

052：20，罐底，泥质灰陶。斜直腹，平底。腹壁饰排列整齐的压印楔形纹。残高4.1、壁厚0.7厘米（图三六，19）。

## 04—053　八龙湾遗址-5

遗址编号：QXB-5

文化属性：战国

行政归属：清水河县小庙乡八龙湾村

GPS 坐 标：遗址中部偏南东经111°33′59.0″、北纬39°55′59.5″

海拔高度：1180±6米

初查时间：2004年5月2日

遗址位于八龙湾村西北部"大庙圪旦"与"西背圪旦"之间的低洼处。"西背圪旦"东、西、北三面被放牛沟环绕，坡体呈东南高、西北低之势，接近放牛沟处坡陡约35度。遗址西南部为"大庙圪旦"，即为海拔高度1205米的制高点。遗址地面现辟为耕地，暴露出黑土（彩版七二，2）。

此遗址东西长约80米、南北宽约130米，总面积约1.04万平方米。地表散见陶片主要为泥质素面灰陶，其次为绳纹陶，分布于整个遗址范围内。

053：1，碗，泥质灰陶。敞口，外卷沿。折腹处存有凸棱，下腹壁斜弧内收，存有两道凸起。平底内凹似圈足。口径16、高6.7、底径5.6、壁厚0.5厘米（图三七，7）。

053：2，绳纹陶片，泥质灰陶。外壁饰弦断绳纹。壁厚0.5厘米（图三七，8）。

**04-054　上阳塔遗址-2**

遗址编号：QXS-2

文化属性：汉代

行政归属：清水河县小庙乡上阳塔村

GPS 坐 标：遗址中部偏西处东经111°33′11.9″、北纬39°55′12.2″

海拔高度：1215±5米

初查时间：2004年5月2日

遗址位于上阳塔村西南部海拔高度为1228米山坡的北坡，与西北部的小偏头村及04-056号遗址隔沟相望，西南部隔沟为04-055号遗址，东南侧隔冲沟可见04-047号遗址。遗址地势平缓，仅西部邻沟处略陡，坡度约35度（参见图三二，彩版七三，1）。

遗址东西长约100米、南北宽约150米，总面积约1.5万平方米。地表散见陶片主要为泥质灰陶，器表饰以弦纹，附加堆纹和少量绳纹。

054：1，弦纹陶片，泥质灰陶。外壁饰弦纹和抹断绳纹。壁厚1厘米（图三七，6）。

054：2，水波纹陶片，泥质灰陶。外壁饰压印泥条纹及水波纹。壁厚0.7厘米（图三七，11）。

**04-055　上阳塔遗址-3**

遗址编号：QXS-3

文化属性：庙子沟文化、战国、汉代

行政归属：清水河县小庙乡上阳塔村

GPS 坐 标：遗址中部东经111°32′49.5″、北纬39°55′04.7″

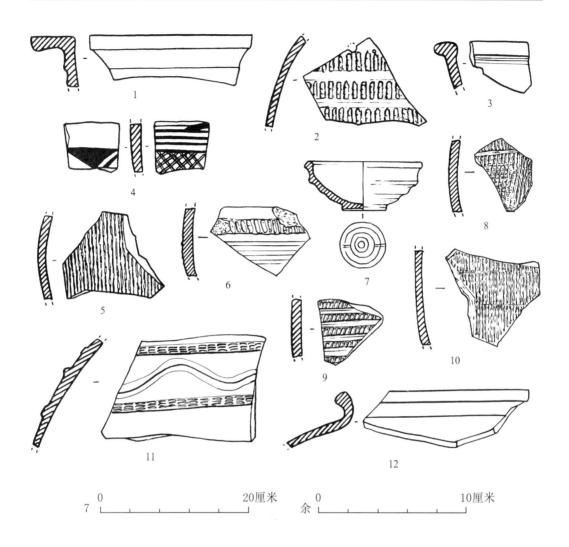

图三七　04-053、04-055号遗址标本

1、3.平折沿盆口沿（055：4，055：1）　2、5、8、9、10.绳纹陶片（055：8，055：3，053：2，055：7，055：6）　4.彩陶片（055：2）　6.弦纹陶片（054：1）　7.碗（053：1）　11.水波纹陶片（054：2）　12.矮领瓮口沿（055：5）（4、5为庙子沟文化，2、7~10为战国，余为汉代）

海拔高度：1218±4米

初查时间：2004年5月2日

遗址位于上阳塔村西南较远的一座三面环沟的土丘之上，仅东部存一缓坡，与北侧的04-054号遗址相距二三百米。遗址北部可见小偏头村，一条小路将遗址与小偏头村相连。土丘呈一凸出的舌状半岛形，制高点海拔高度为1224米，土丘顶部略呈三角形，表面现辟为耕地（彩版七三，1）。

遗址东西长约360米、南北宽约230米，总面积约8.28万平方米。地表散见陶片主要为泥质灰陶，素面居多，也有少量的绳纹陶片。可辨认器形有罐、盆等。

055：1，平折沿盆口沿，泥质灰陶。平沿较短，素面。高3.3、壁厚0.7厘米（图三七，3）。

055：2，彩陶片，泥质红陶。外壁饰黑彩网格纹和几何线纹。壁厚0.5厘米（图三七，4）。

055：3，绳纹陶片，泥质红褐陶。为陶罐的肩部残片，绳纹。壁厚0.5厘米（图三七，5）。

055：4，平折沿盆口沿，泥质灰陶。平折沿，斜弧腹。高3.3、壁厚0.6厘米（图三七，1）。

055：5，矮领瓮口沿，泥质灰陶。卷圆唇，矮领，溜肩。高3.5、壁厚0.5厘米（图三七，12）。

055：6，绳纹陶片，泥质灰陶。外壁饰抹断绳纹。壁厚0.5厘米（图三七，10）。

055：7，绳纹陶片，泥质灰陶。外壁饰弦断绳纹。壁厚0.5厘米（图三七，9）。

055：8，绳纹陶片，泥质灰陶。外壁饰弦断绳纹。壁厚0.4厘米（图三七，2）。

## 04-056　小偏头遗址-1

遗址编号：QXX-1

文化属性：庙子沟文化、战国、汉代

行政归属：清水河县小庙乡小偏头村

GPS 坐标：遗址中部偏北东经111°32′52.4″、北纬39°55′28.1″

海拔高度：1212±8米

初查时间：2004年5月3日

遗址位于小偏头村所在坡地之上，制高点海拔高度1234米的坡体东南部，小偏头村位于制高点西南约200米处。该坡体东南坡较短，为一条早期发育的大型冲沟环绕，坡势较陡，约有40度；西北坡体长且较缓，与"富家梁沟"相傍；南部为一条小路可到达04-055号遗址。遗址地表现辟为耕地（彩版七三，1）。

遗址东西长约350米、南北宽约500米，总面积约17.5万平方米。地表散见陶片主要为泥质灰陶，素面居多。

056：1，附加堆纹陶片，泥质红陶。外壁饰附加泥条纹。壁厚0.7厘米（图三八，15）。

056：2，平折沿盆口沿，泥质灰陶。小平沿，直弧腹。外壁饰抹断绳纹。残高4、壁厚0.5厘米（图三八，13）。

056：3，卷沿罐口沿，泥质灰陶。卷沿，广肩，鼓腹。残高3、壁厚0.5厘米（图三八，6）。

056：4，平折沿盆口沿，泥质红陶。平沿，斜弧腹。残高2.6、壁厚0.6厘米（图三八，4）。

056：5，平折沿盆口沿，泥质灰陶。卷圆唇，平折沿，斜弧腹。内壁可见磨光暗条纹。残高3.8、壁厚0.5厘米（图三八，11）。

056：6，铜扣，正面圆鼓，背部正中存有小桥形纽。直径4.5、高1厘米（图三八，14）。

### 04-057　小偏头遗址-2

遗址编号：QXX-2

文化属性：汉代

行政归属：清水河县小庙乡小偏头村

GPS坐标：遗址中部偏东处东经111°32′59.0″、北纬39°55′41.1″

海拔高度：1179±7米

初查时间：2004年5月3日

遗址位于小偏头村北部，制高点海拔高度为1234米的坡体的东北部。遗址被若干条小冲沟分割成向东部大沟延伸的小梁，遗址西部为长且缓的斜坡，下即为富家梁沟。遗址所在的小梁南侧较陡，地表上部为耕地，下部已退耕还林（彩版七三，2）。

遗址东西长约100米、南北宽约50米，总面积约0.5万平方米。地表散见有少量泥质灰陶片，多饰以规整的弦断绳纹，少量素面。

### 04-058　小偏头遗址-3

遗址编号：QXX-3

文化属性：战国

行政归属：清水河县小庙乡小偏头村

GPS坐标：遗址南部东经111°33′08.1″、北纬39°55′45.8″

海拔高度：1168±5米

初查时间：2004年5月3日

遗址位于小偏头村北部制高点海拔高度为1234米的坡体东北部，04-056、04-057号遗址及本遗址南北向一字排开，东侧均邻相同的大型早期发育的冲沟，当地人称为放牛沟。坡地向西为一较大的平缓台地，东北可远望04-029号遗址，之间为宽约300米的放牛沟。遗址所在坡体东、北、南三面皆邻放牛沟，临沟处山势坡度较陡（彩版七三，2）。

遗址东西长约400米、南北宽约600米，总面积约24万平方米。遗址地表散见陶片多饰以绳纹，素面次之，弦纹较少，主要分布于遗址南坡上。

058：1，直口盆口沿，泥质灰陶。直口，直弧腹。残高2.6、壁厚0.5厘米（图三八，1）。

058：2，矮领罐口沿，泥质灰陶。外卷唇，直领。残高3.7、壁厚0.6厘米（图三八，2）。

058：3，附加堆纹陶片，泥质灰陶。外壁饰附加堆纹和压印的小方格纹。壁厚0.5厘米（图三八，8）。

058：4，碗口沿，泥质灰陶。外叠圆唇，直口，折腹，下腹壁斜直内收，折腹处存有凸棱。残高4.7、壁厚0.5厘米（图三八，9）。

058：5，附加堆纹陶片，泥质灰陶。外壁饰附加泥条纹。壁厚0.6厘米（图三八，12）。

058：6，碗口沿，泥质灰陶。外卷方唇，直口，折腹，腹壁下斜直内收，折腹初起凸棱。残高5.5、壁厚0.7厘米（图三八，10）。

058：7，碗底，泥质灰陶。平底，假圈足。残高1.7、底径9、壁厚0.6厘米（图三八，17）。

058：8，矮领罐口沿，泥质灰陶。外卷唇，矮领，溜肩。肩部饰竖向绳纹。残高6.7、壁厚0.5厘米（图三八，16）。

058：9，矮领罐口沿，泥质灰陶。外卷圆唇，直领，溜肩，素面。残高4.5、壁厚0.5厘米（图三八，3）。

058：10，矮领罐口沿，泥质灰陶。外卷唇，矮领，溜肩，外壁饰竖向绳纹。残高6.2、壁厚0.4厘米（图三八，7）。

058：11，平折沿盆口沿，泥质灰陶。平沿，斜弧腹，外壁上部饰弦纹，下部饰抹断绳纹。残高8.7、壁厚0.6厘米（图三八，5）。

## 04-059　小偏头遗址-4

遗址编号：QXX-4

文化属性：战国

行政归属：清水河县小庙乡小偏头村

GPS 坐标：遗址中部偏西处东经111°32′35.5″、北纬39°56′02.8″

海拔高度：1202±7米

初查时间：2004年5月3日

遗址位于小偏头村西北部，制高点海拔高度为1195米的平缓台地的中心部位。西部与马站村隔沟相望，从制高点处向东北遥望可见与一条小沟相隔的下阳塔村。台地向西南延伸的缓坡，与小偏头村所在山体向东北延伸的缓坡相连接，形成一个略低的洼地。台地向东延伸可至放牛沟，邻沟处坡势略陡，约30度。遗址地表现辟为耕地（彩版七三，2）。

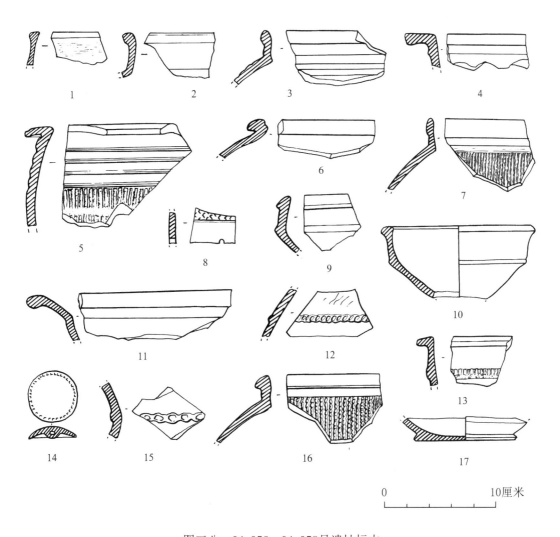

图三八 04-056、04-058号遗址标本

1.直口盆口沿（058：1） 2、3、7、16.矮领罐口沿（058：2，058：9，058：10，058：8） 4、5、11、13.平折沿盆口沿（056：4，058：11，056：5，056：2） 6.卷沿罐口沿（056：3） 8、12、15.附加堆纹陶片（058：3，058：5，056：1） 9、10.碗口沿（058：4，058：6） 14.铜扣（056：6） 17.碗底（058：7）（15为庙子沟文化，4、5、6、11、13为战国—汉，1～3、7～10、12、14、16、17为战国）

遗址东西长约400米、南北宽约300米，总面积约12万平方米。遗址地表散见陶片主要为泥质灰陶，饰绳纹，有少量的素面陶。可辨认器形有盆、罐、钵、豆等，分布于遗址的整个地表。

059：1，绳纹陶片，泥质灰陶。外壁饰竖向绳纹。壁厚0.4厘米（图三九，7）。

059：2，绳纹陶片，泥质灰陶。外壁饰抹断绳纹。壁厚0.6厘米（图三九，15）。

059：3，绳纹陶片，泥质灰陶。外壁饰抹断斜向绳纹。壁厚0.4厘米（图三九，8）。

059：4，短沿盆口沿，泥质灰陶。方唇，平折沿，直腹，素面。残高3.2、壁厚0.5厘米（图三九，10）。

059：5，短沿盆口沿，泥质灰陶。外叠圆唇，矮领。残高3、壁厚0.5厘米（图三九，5）。

059：6，平折沿盆口沿，泥质灰陶。折沿，斜弧腹。残高3.3、壁厚0.5厘米（图三九，4）。

059：7，短沿盆口沿，泥质灰陶。外卷唇，矮领。残高3.5、壁厚0.5厘米（图三九，2）。

059：8，矮领罐口沿，泥质灰陶。外卷方唇，矮领。上施弦纹及抹断绳纹。残高4、壁厚0.8厘米（图三九，11）。

### 04—060　下脑包遗址-1

遗址编号：QXX-1

文化属性：鲁家坡一期遗存、永兴店文化、战国

行政归属：清水河县小庙乡下脑包村

GPS坐标：遗址中部偏南处东经111°31′13.7″、北纬39°56′55.2″

海拔高度：1085±6米

初查时间：2004年5月4日

遗址位于下脑包村北部略偏东一制高点海拔高度1141米的山体北部一向浑河延伸的土丘之上，浑河环绕于土丘东、西、北部。遗址北部与胶泥圪老村隔河相望，土丘南部向上制高点被当地人称为"小脑包"，站在遗址中心向北可见丰准铁路"言正子二号"涵洞。遗址所处坡地的沟边及部分地区已暴露出土层下的岩石（彩版七四，1）。

遗址东西长约120米、南北宽约100米，总面积约1.2万平方米。地表散见鲁家坡一期、永兴店文化及战国时期遗物，以中心处最为集中。

060：1，直口深腹钵口沿，泥质红陶。敛口，直弧腹较深，外壁饰黑彩宽带纹。残高3、壁厚0.2～0.6厘米（图三九，16）。

060：2，钵腹残片，泥质红陶。素面，为陶钵的腹部残片。壁厚0.4厘米（图三九，13）。

060：3，绳纹陶片，泥质灰褐陶。外壁饰斜向绳纹。壁厚0.6厘米（图三九，18）。

060：4，绳纹陶片，夹砂灰褐陶。外壁饰抹断细绳纹。壁厚0.5厘米（图三九，14）。

060：5，錾耳，泥质灰陶。鸡冠形錾耳，外壁饰绳纹。长6.5、宽4、壁厚0.6厘米（图三九，17）。

060：6，高领罐口沿，夹砂灰陶。高领微侈。残高5.6、壁厚0.6～1厘米（图三九，1）。

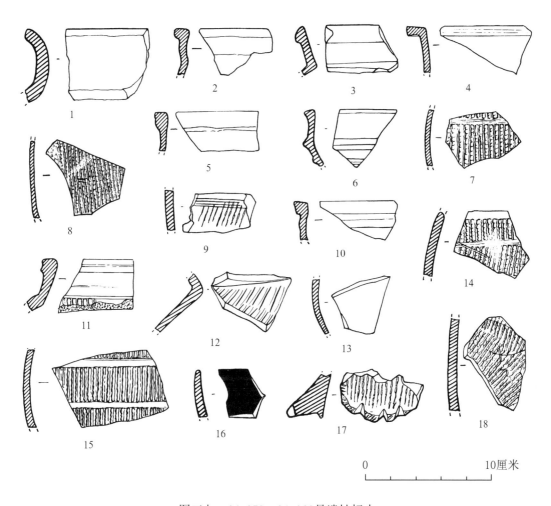

图三九　04-059、04-060号遗址标本

1.高领罐口沿（060：6）　2、5、10.短沿盆口沿（059：7，059：5，059：4）　3、11.矮领罐口沿（060：7，059：8）　4.平折沿盆口沿（059：6）　6.碗口沿（060：9）　7～9、14、15、18.绳纹陶片（059：1，059：3，060：10，060：4，059：2，060：3）　12.篮纹陶片（060：8）　13.钵腹残片（060：2）　16.直口深腹钵口沿（060：1）　17.鋬耳（060：5）（13、16为鲁家坡一期遗存，1、9、12、17为永兴店文化，余为战国）

060：7，矮领罐口沿，泥质红陶。外卷圆唇，直领。残高3.3、壁厚0.5厘米（图三九，3）。

060：8，篮纹陶片，泥质灰陶。口沿残，肩部饰篮纹。壁厚0.4厘米（图三九，12）。

060：9，碗口沿，泥质灰陶。外卷圆唇，敞口，折腹处起凸棱。残高4.3、壁厚0.4厘米（图三九，6）。

060：10，绳纹陶片，泥质灰陶。外壁饰细绳纹，不甚清晰。壁厚0.5厘米（图三九，9）。

### 04-061　下脑包遗址-2

遗址编号：QXX-2

文化属性：庙子沟文化、永兴店文化

行政归属：清水河县小庙乡下脑包村

GPS 坐标：遗址石城城门处东经111°30′53.2″、北纬39°56′28.7″

海拔高度：1130±7米

初查时间：2004年5月4日

遗址位于下脑包村北部约500米处一整体圆形台地之上，东邻富家梁沟，西北部为浑河。台地东南部坡体短且较陡，坡度约35度，表面沙化严重，种植有柠条。北坡长且缓，邻一条小沟，邻沟处为石崖，地表遍布料礓石。输电网从遗址的中心由南向北贯穿（彩版五一；彩版七四，2）。

遗址地表现为耕地，南部、东部石墙保存较好，西部石墙断断续续可延伸至浑河断崖处。从村落向北一条乡间小路从遗址顶部经过，将南墙中部破坏，此处地势较平，应为城门所在。当地村民因修建房屋等将石墙上面的石块搬走，破坏较为严重，局部保存较好。石墙普遍露出地表约25厘米（图四〇；彩版一三；彩版二六）。

遗址东西长约500米、南北宽约400米，总面积约20万平方米。为一典型的永兴店文化时期的石城址，遗址范围即以石墙所包括范围计算。地表散见遗物主要为永兴店文化，庙子沟文化时期遗物较少。可辨器形有宽档鬲、篮纹罐、钵等。

在2004年的调查基础上，2006年对下脑包石城址进行了为期3个月的试掘工作，清理和解剖石墙及石墙上的附属设施，发现墙体由石块垒砌的石墙、墙外伸出的石砌马面和墙内侧的夯土墙组成。在城墙内进行的局部地区探方试掘表明，地层保存不佳，发现有房址、灰坑等。详细情况可见《浑河考古——下脑包二号石城发掘简报》。

061：1，折沿罐底，泥质灰陶，斜直腹，平底。外壁饰篮纹。残高4、壁厚0.4厘米（图四一，1）。

061：2，敞口深腹盆口沿，泥质灰陶。外叠唇，敞口，斜直腹较深。外壁饰横向篮纹。残高4.6、壁厚0.5厘米（图四一，2）。

061：3，敛口钵口沿，泥质红陶。敛口，弧腹。残高2.8、壁厚0.3厘米（图四一，4）。

061：4，档部残片，泥质灰陶，胎质厚重。为鬲一类三足器的档部，外壁饰粗绳纹。壁厚0.6厘米（图四一，3）。

061：5，档部残片，泥质灰陶，胎质厚重。为鬲一类三足器的档部。壁厚0.8厘米（图四一，13）。

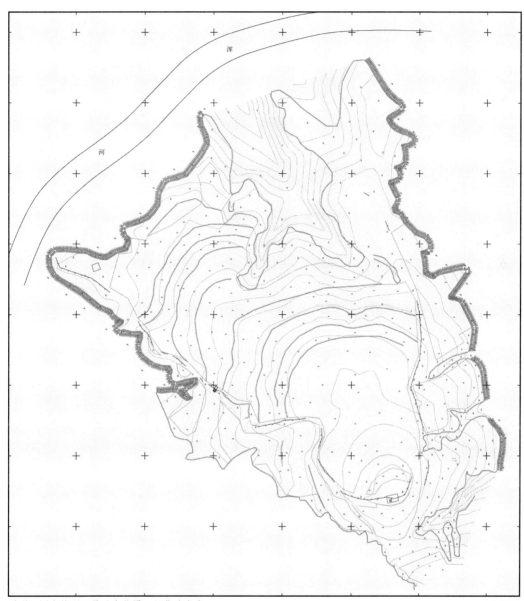

说明：图中的浑河是示意位置，只作为参考。　　　　　　　　　　　　1：1000

图四〇　04-061号遗址地形图

## 04-062　庄窝坪遗址-5

遗址编号：QXZ-5

文化属性：鲁家坡一期遗存、阿善三期文化、永兴店文化、朱开沟文化、战国

行政归属：清水河县小庙乡庄窝坪村

GPS 坐 标：遗址中部东经111°37′10.1″、北纬39°58′48.7″

海拔高度：1083±7米

初查时间：2004年5月4日

遗址位于庄窝坪村西南1公里处，北距当阳桥约600米，遗址西部为浑河断崖，向南为浑河河槽，丰准铁路从遗址东侧经过。地势南高北低。东西较窄，南北狭长。地表现辟为耕地，东部种植有柠条（参见图三；彩版一五，1）。

遗址东西长约150米、南北宽约200米，总面积约3万平方米。地表散见遗物多为篮纹陶片，其次为绳纹陶片，素面较少。可辨认器形有鬲、罐、盆等，遗址地表均有分布。

2006年对其进行了小规模试掘。

062：1，敛口瓮口沿，泥质灰陶，平口，胎体厚重。口外壁饰两道附加堆纹，以下饰竖向绳纹。残高6、壁厚1.2厘米（图四一，5）。

062：2，敛口瓮口沿，泥质灰陶。外叠方唇，敛口，溜肩。唇部压印斜线纹，肩部以下饰右斜向篮纹。残高6、壁厚0.7厘米（图四一，8）。

062：3，敞口盆口沿，泥质灰陶。敞口，外壁饰一排凹点纹。残高5.3、壁厚0.5厘米（图四一，17）。

062：4，器鋬，夹砂灰褐陶。为陶鬲的鸡冠形鋬耳，饰圆窝纹及竖向绳纹。残高6、壁厚1.2厘米（图四一，20）。

062：5，鬲口沿，泥质灰陶。矮领，广肩，胎体厚重。外壁饰横向篮纹。残高4.1、壁厚0.8厘米（图四一，6）。

062：6，器鋬，泥质灰白陶。鸡冠形鋬耳，耳上饰坑点纹，器壁饰斜向篮纹。壁厚0.8厘米（图四一，16）。

062：7，敞口盆口沿，泥质黑陶。外叠圆唇，敞口，斜弧腹。外壁饰左斜向篮纹。残高3、壁厚0.3厘米（图四一，12）。

062：8，器耳，泥质灰陶。残环耳，饰粗绳纹。壁厚0.5厘米（图四一，14）。

062：9，鬲足根，夹砂灰褐陶。外壁饰竖向粗绳纹。残高5.3、壁厚0.6厘米（图四一，15）。

062：10，罐底，泥质灰陶。斜腹内收，平底。外壁饰抹断绳纹。壁厚0.7厘米（图四一，18）。

062：11，鬲足，泥质灰褐陶。为空心足残片。外壁饰竖向绳纹。壁厚0.6厘米（图四一，10）。

062：12，绳纹陶片，泥质灰陶，断面呈红褐色。外壁饰竖向绳纹。壁厚0.7厘米（图四一，11）。

062：13，敞口盆口沿，泥质灰陶，胎体较薄。外叠唇，敞口，斜直腹，腹外壁饰右斜向篮纹。残高3、壁厚0.4厘米（图四一，9）。

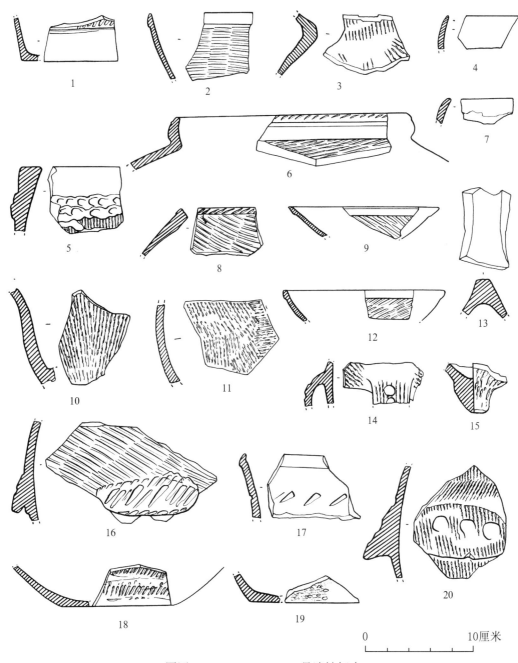

图四一　04-061、04-062号遗址标本

1.折沿罐底（061：1）　2.敞口深腹盆口沿（061：2）　3、13.裆部残片（061：4、061：5）　4、7.敛口钵口沿（061：3，062：14）　5、8.敛口瓮口沿（062：1，062：2）　6.鬲口沿（062：5）　9、12.敞口盆口沿（062：13，062：7）　10.鬲足（062：11）　11.绳纹陶片（062：12）　14.器耳（062：8）　15.鬲足根（062：9）　16、20.器鋬（062：6，062：4）　17.敞口盆口沿（062：3）　18.罐底（062：10）　19.夹砂罐底（062：15）（19为鲁家坡一期遗存，14为阿善三期文化，4为庙子沟文化，1~3、5~9、12、13、16、20为永兴店文化，10、11为朱开沟文化，15、17、18为战国）

062：14，敛口钵口沿，泥质红陶。敛口，弧腹。残高2.5、壁厚0.5厘米（图四一，7）。

062：15，夹砂罐底，夹砂红褐陶，平底。残高2.3、壁厚0.6厘米（图四一，19）。

### 04-063 阳坡上遗址-1

遗址编号：QYY-1

文化属性：汉代

行政归属：清水河县窑沟乡阳坡上村

GPS坐标：遗址中部东经111°30′17.8″、北纬39°56′07.8″

海拔高度：1190±7米

初查时间：2004年5月4日

遗址位于阳坡上村北部偏西的台地之上，当地村民称为"南塌圪旦"。东北邻石峁村，南侧邻一条小冲沟，一条乡间小路绕着遗址西侧通过。遗址表面现辟为耕地，地表普遍暴露料礓石，地势较为平坦（彩版七四，2）。

遗址东西长约200米、南北宽约300米，总面积约6万平方米。地表散见陶片以泥质素面灰陶为主，可辨器形有罐、盆等。遗物主要分布于平台之上。

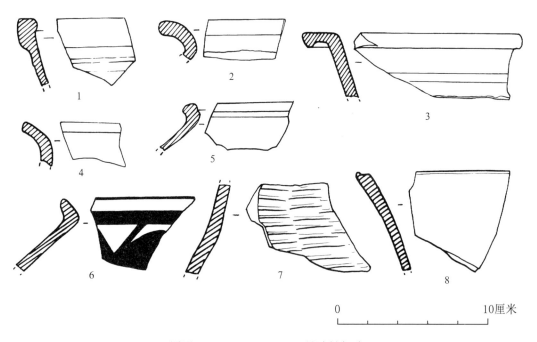

0                    10厘米

图四二  04-063、04-067号遗址标本

1. 敞口盆口沿（063：3）  2、4. 折沿盆口沿（063：2，063：5）  3. 平折沿盆口沿（063：1）  5. 卷沿罐口沿（063：4）  6. 小口双耳罐口沿（067：3）  7. 尖底瓶肩部（067：1）  8. 尖底瓶口沿（067：2）（6～8庙子沟文化，余为汉代）

063：1，平折沿盆口沿，泥质灰陶。沿下卷方唇，平折沿，斜弧腹，素面，沿上可见磨光暗纹。残高3.5、壁厚0.7厘米（图四二，3）。

063：2，折沿盆口沿，泥质灰陶。圆唇，折沿微卷，素面。壁厚0.5厘米（图四二，2）。

063：3，敞口盆口沿，泥质灰陶。外叠厚方唇，敞口，素面。残高4.1、壁厚0.4～1厘米（图四二，1）。

063：4，卷沿罐口沿，泥质灰陶。卷圆唇，溜肩，素面。残高3.5、壁厚0.6厘米（图四二，5）。

063：5，折沿盆口沿，泥质灰陶。方唇，内斜折沿，素面。壁厚0.7厘米（图四二，4）。

## 04-064　下脑包遗址-3

遗址编号：QYX-3

文化属性：庙子沟文化、阿善三期文化、朱开沟文化、战国

行政归属：清水河县窑沟乡下脑包村

GPS坐标：遗址中心偏东北处东经111°30′22.5″、北纬39°56′30.2″

海拔高度：1141±7米

初查时间：2004年5月4日

遗址位于下脑包村西北部的坡地之上，坡顶为浑圆丘状，海拔高度1253米。西、北部与浑河相邻，东部与04-061号遗址石城隔沟相望，站在遗址北部可见到丰准铁路"言正子二号"涵洞的西入口。坡体顶部略呈圆形，西北坡略缓，近浑河处为石崖；北部伸出一条山脊，长约300米，山脊土层较薄，暴露出岩石层；南部与阳坡村所在的山体相连，形成一个低洼地带。遗址表面现辟为环形梯田，普遍暴露出料礓石（图四三；彩版一四，1；彩版二七；彩版七四，2）。

遗址北面为浑河，其余三面均可见断断续续的石墙。北侧石质城垣较为明显，隆起的石墙暴露于地表，现存高度约50厘米。与061及浑河北岸的后城咀大型石城址组成浑河流域的石城遗址群（彩版五二；彩版七四，2）。

遗址东西长约350米、南北宽约400米，总面积约14万平方米。遗物分布于整个地表，主要为朱开沟文化时期，其次为庙子沟文化、阿善三期文化、战国时期。可辨认器形有钵、瓶、罐、鬲、釜形器等，还采集到一件残石斧。

在浑河流域考古调查基础上，于2006年对石城进行了部分试掘，试掘成果表明此处城墙墙体保存程度不佳，并发现数座压于城墙之下的庙子沟文化时期房址等。此外，在城内计清理数十座石棺墓。详细的发掘情况可参见《浑河考古——下脑包一号石城发掘简报》。

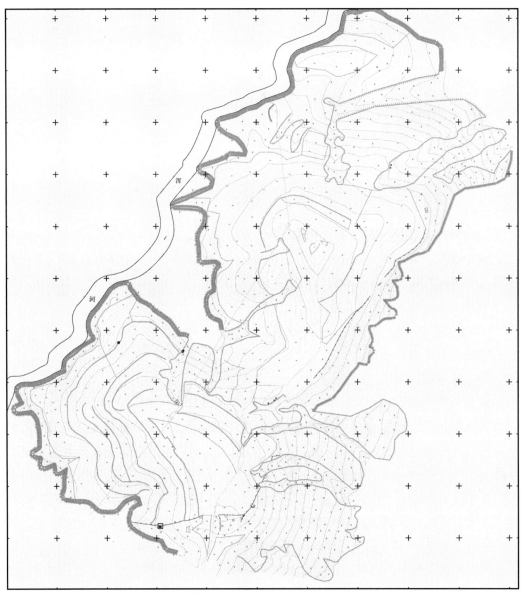

说明：图中的浑河是示意位置，只作为参考。　　　　　　　　　　　　　　　　　1∶1000

图四三　04-064号遗址地形图

064∶1，石环，青灰色泥岩磨制而成，截面楔形，残。壁厚0.6厘米（图四四，11）。

064∶2，窄沿罐口沿，泥质灰陶。领部外侈，方唇上存有凹槽，溜肩，外壁饰有交错杂乱的绳纹。口径18.4、残高6.5、壁厚0.6～2厘米（图四四，14）。

064∶3，残石斧，青灰色泥岩磨制而成，整体呈梯形，四边打磨光滑而规整，下部残存有穿孔，上端至下端渐厚。残长5.5、上端宽4.2、孔径0.8～1.1、截面厚1厘米

（图四四，2）。

064：4，鬲口沿，砂质灰陶。方唇微内卷，高领，唇上压印几何纹，领下饰有模糊的竖向绳纹。领下方饰有一周附加堆纹。残高4、壁厚1厘米（图四四，15）。

064：5，鬲足根，夹砂灰褐陶。外壁饰有粗糙的绳纹，内壁可见手工捏制痕。壁厚0.8厘米（图四四，7）。

064：6，碗口沿，泥质灰褐陶。高领外侈，素面。残高6.5、壁厚1厘米（图四四，3）。

064：7，窄沿罐底，泥质灰褐陶。外壁饰有横向篮纹，平底。壁厚0.5～0.8厘米（图四四，9）。

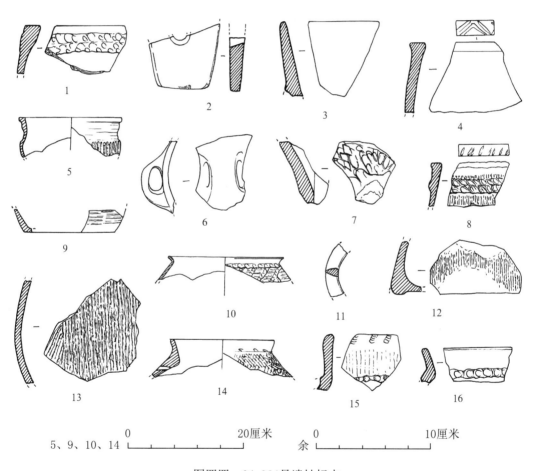

图四四　04-064号遗址标本

1. 平口罐口沿（064：13）　2. 残石斧（064：3）　3. 碗口沿（064：6）　4. 平口瓮口沿（064：16）　5. 釜口沿（064：9）　6. 器耳（064：8）　7. 鬲足根（064：5）　8、15. 鬲口沿（064：14，064：4）　9. 窄沿罐底（064：7）　10、14. 窄沿罐口沿（064：2，064：11）　11. 石环（064：1）　12. 甗腰（064：15）　13. 绳纹陶片（064：10）　16. 侈沿罐口沿（064：12）（1、6、16为庙子沟文化，4、9～11、14为阿善三期文化，2、8、12、13、15为朱开沟文化，3、5、7为战国）

064：8，器耳，泥质灰褐陶。环耳。壁厚0.4～0.6厘米（图四四，6）。

064：9，釜口沿，夹砂红褐陶。外斜抹唇，直口，唇上饰有斜向压印纹，领部饰竖向细绳纹，颈部饰有附加圆窝状纹。残高4.7、壁厚0.7厘米（图四四，5）。

064：10，绳纹陶片，夹砂灰褐陶。外壁饰有竖向绳纹。壁厚0.5厘米（图四四，13）。

064：11，窄沿罐口沿，泥质灰白陶。窄沿，胎体较薄。沿下饰有一道附加堆纹，以下饰有横向篮纹并在其上贴附有数道左斜向附加堆纹。口径20.4、残高4、壁厚0.2～0.3厘米（图四四，10）。

064：12，侈沿罐口沿，泥质红褐陶。圆唇，直口微侈，颈部饰有一道附加堆纹。残高3、壁厚0.6厘米（图四四，16）。

064：13，平口罐口沿，泥质红褐陶。方唇，平口，口下饰两道附加堆纹，以下为竖向绳纹。残高4.5、壁厚0.5厘米（图四四，1）。

064：14，鬲口沿，泥质红褐陶。外叠方唇，直口，唇上饰有压印的线纹，口部外侧饰有一道附加堆纹，以下为竖向细绳纹。残高3.5、壁厚0.4～0.7厘米（图四四，8）。

064：15，甗腰，泥质夹细砂红陶。外壁饰有竖向细绳纹，内壁可见腰隔处的残留痕迹。壁厚0.5厘米（图四四，12）。

064：16，平口瓮口沿，泥质夹细砂红陶。外叠方唇，平口，唇上饰有压印的三角形几何纹，以下饰有模糊的绳纹。残高6.5、壁厚0.9～1.1厘米（图四四，4）。

## 04-065　腰栅遗址-1

遗址编号：QYY-1

文化属性：汉代

行政归属：清水河县窑沟乡腰栅村

GPS坐标：遗址中心偏南部东经111°30′50.2″、北纬39°55′28.6″

海拔高度：1211±5米

初查时间：2004年5月6日

遗址位于腰栅村南部顶部制高点海拔高度为1232米的坡地之上。遗址主要分布于坡地北偏东部，东濒临一条早期发育的大型冲沟，西北部隔一冲沟可望见阳坡上村。坡地由南向北蔓延，西部坡体被若干道小型旱沟分割。地表现已被辟为耕地。一条乡间小路由遗址上南北向通过，将遗址与村落相连（彩版七五，1）。

遗址东西长约80米、南北宽约100米，总面积约0.8万平方米。地表散见有泥质灰陶片，均为素面。分布较少，范围较小。

065：1，矮领罐口沿，泥质灰陶。方唇，矮领。残高4、壁厚1.2厘米（图四五，14）。

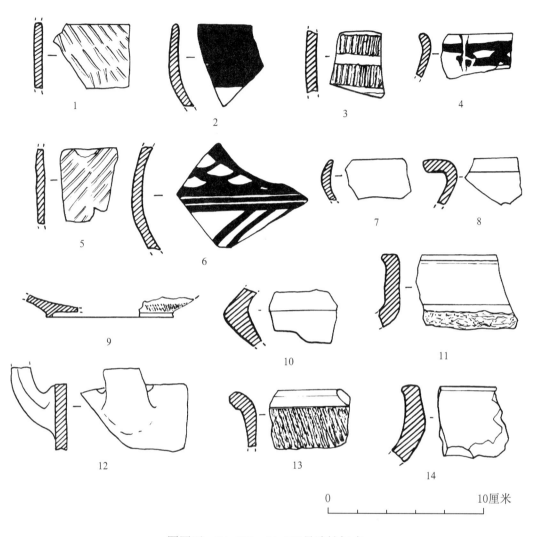

图四五　04-065、04-066号遗址标本

1、5.篮纹陶片（066：9，066：7）　2.直口钵口沿（066：3）　3.抹断绳纹陶片（065：2）　4.小口双耳罐口沿（066：1）　6.彩陶片（066：2）　7.敛口钵口沿（066：5）　8.平折沿盆口沿（066：10）　9.圈足器底（066：8）　10.折腹钵残片（066：12）　11、14.矮领罐口沿（066：11，065：1）　12.器耳（066：6）　13.卷沿盆口沿（066：4）　（2为鲁家坡一期遗存，4～7、12为庙子沟文化，1为阿善三期文化，余为汉代）

065：2，抹断绳纹陶片，泥质灰陶。外壁饰抹断绳纹。壁厚0.5厘米（图四五，3）。

## 04-066　下峁遗址-1

遗址编号：QYX-1

文化属性：鲁家坡一期遗存、庙子沟文化、阿善三期文化、汉代

行政归属：清水河县窑沟乡下峁村

GPS坐标：遗址中心偏北部东经111°31′54.6″、北纬39°55′09.9″

海拔高度：1204±11米

初查时间：2004年5月6日

遗址位于下夼村北部的台地之上，当地人称为"下夼圪旦"，北邻"富家梁沟"，西南邻"碓臼墕沟"，向北可遥望上富家梁村。一条乡间小路从遗址的东北部穿过。地表现辟为环形梯田。台地顶部呈圆形，北坡与海拔高度1201米的山体相连，形成一个低洼地带（图四六；彩版七五，2）。

遗址东西长约120米、南北宽约180米，总面积约2.16万平方米。地表散见遗物以庙子沟文化为主，其次是汉代、阿善三期文化时期遗物，多分布于遗址制高点周围。仅见极少量的鲁家坡一期遗存。

066：1，小口双耳罐口沿，泥质灰陶。窄沿，外壁饰黑彩鱼鳞状几何纹。残高2.5、壁厚0.3厘米（图四五，4）。

066：2，彩陶片，泥质红陶。外壁饰黑彩、紫彩弧线组成的几何纹。壁厚0.7厘米（图四五，6）。

066：3，直口钵口沿，泥质红陶。直口，直弧腹。外壁饰黑彩宽带纹。残高4.7、壁厚0.6厘米（图四五，2）。

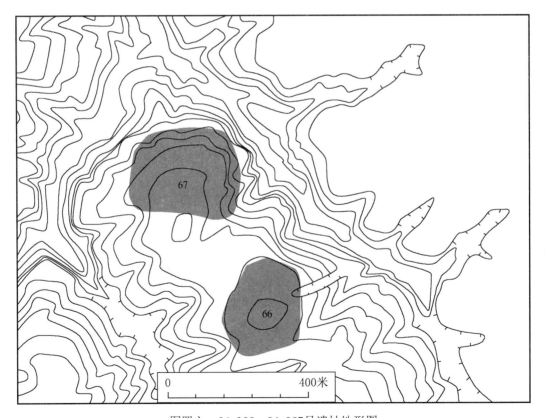

图四六　04-066、04-067号遗址地形图

066：4，卷沿盆口沿，夹砂红褐陶。侈口，直弧腹，外壁饰竖向绳纹。残高3.6、壁厚0.6厘米（图四五，13）。

066：5，敛口钵口沿，泥质灰陶。敛口，弧腹。残高2.5、壁厚0.3厘米（图四五，7）。

066：6，器耳，泥质灰陶。磨光，外壁残存环状器耳。壁厚0.6厘米（图四五，12）。

066：7，篮纹陶片，泥质红陶。外壁饰左斜向篮纹。壁厚0.3厘米（图四五，5）。

066：8，圈足器底，泥质灰陶。斜直腹，圈足。残高1.5、壁厚0.5厘米（图四五，9）。

066：9，篮纹陶片，泥质灰白陶。外壁饰斜向短篮纹。壁厚0.4厘米（图四五，1）。

066：10，平折沿盆口沿，泥质灰陶。折沿近平，溜肩，素面。残高2.8、壁厚0.4厘米（图四五，8）。

066：11，矮领罐口沿，泥质灰白陶。直领较矮。残高4.3、壁厚0.8厘米（图四五，11）。

066：12，折腹钵残片，泥质灰陶。器表磨光，素面。残高3、壁厚0.5厘米（图四五，10）。

### 04-067　下圪遗址-2

遗址编号：QYX-2

文化属性：庙子沟文化

行政归属：清水河县窑沟乡下圪村

GPS 坐标：遗址中心偏北部东经111° 31′ 47.7″、北纬39° 55′ 23.8″

海拔高度：1183±5米

初查时间：2004年5月6日

遗址位于下圪村北部偏西处制高点海拔高度1201米的台地之上，东南部与04-066号遗址所在坡体相连，东北邻"富家梁沟"，西南邻"碓臼塌沟"，北部遥望上富家梁村，一条小路从遗址东边穿过。台地顶部略呈圆形，四周平缓，邻沟处略陡，坡度约30度。遗址主要分布于台地北部漫坡靠下处，台地北部紧邻冲沟的地表上存在大量育林坑，种植有果树。以台地顶部为中心，地表现辟为环形梯田（参见图四六；彩版七五，2）。

遗址东西长约200米、南北宽约250米，总面积约5万平方米。地表散见遗物以彩陶残片为主，素面次之。可辨器形有钵、罐等，分布于整个遗址范围内。

067：1，尖底瓶肩部，泥质灰陶。外壁饰篮纹，为尖底瓶肩部残片。壁厚0.7厘米（图四二，7）。

067：2，尖底瓶口沿，泥质红陶。喇叭口，重唇，素面。残高5.3、壁厚0.5厘米（图四二，8）。

067：3，小口双耳罐口沿，泥质红陶。窄沿，外壁饰黑彩三角形几何纹，内壁口沿施一周波浪线组成的水波纹。残高4.3、壁厚0.4厘米（图四二，6）。

### 04—068　新营峁遗址-1

遗址编号：QYX-1

文化属性：辽金

行政归属：清水河县窑沟乡新营峁村

GPS坐标：遗址中部东经111°29′46.5″、北纬39°55′10.7″

海拔高度：1198±6米

初查时间：2004年5月6日

遗址南邻石井沟，已搬迁的喜照沟村原位于此沟北畔。石井沟在喜照沟村东西两侧分成南北向两条支叉，遗址即位于两条支叉间。北部向上为一浑圆形黄土丘，土丘东西两侧坡体较为陡峭，南侧趋于平缓，与石井沟相衔接。遗址主要分布于土丘的南坡。遗址文化堆积因水土流失而破坏严重，遗址北部遗物分布较少，东侧及南部分布则较为密集（彩版七六，1）。地表现已被辟为耕地。

遗址东西长约750米、南北宽约900米，总面积约67.5万平方米。遗物以泥质灰陶残片为主，可辨器形有宽沿盆、矮领罐等，饰以绳纹、篦纹及素面等，以篦纹最具代表。另外还见有大量瓷器，如碗、罐、盘等日常生活器物残片，为一处较大型的辽金时期遗址。

### 04—069　新营峁遗址-2

遗址编号：QYX-2

文化属性：阿善三期文化、汉代

行政归属：清水河县窑沟乡新营峁村

GPS坐标：遗址中部东经111°29′24.5″、北纬39°55′29.4″

海拔高度：1210±7米

初查时间：2004年5月7日

遗址位于新营峁村西部制高点海拔高度1213米的坡地东北坡之上。遗址东北部为向上隆起的山丘顶部，可望见小南壋村，西部与大南壋村相邻。一条乡间公路从遗址南部穿过，遗址所在土丘的海拔高度较新营峁村所在土丘略低。山顶台地平缓，南北两侧坡体绵延较长，现已辟为环形梯田。遗址南侧邻石井沟，北侧为一条通往浑河的早期发育的大型冲沟。

遗址东西长约120米、南北宽约85米，总面积约1.02万平方米。遗址地表散见陶片

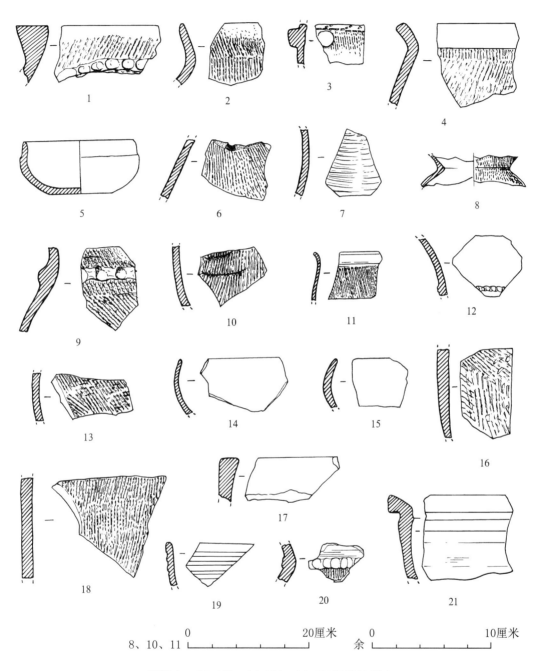

图四七 04-069、04-072、04-073号遗址标本

1、17.平口罐口沿（072：6，072：7） 2.矮领罐口沿（073：4） 3.鬲口沿（072：5） 4.侈口盆口沿（073：5） 5.直口弧腹钵口沿（072：8） 6、10、13、16、18.绳纹陶片（072：2，073：2，069：1，072：4，073：3） 7.篮纹陶片（072：11） 8、20.甑腰（073：7，072：3） 9.侈沿罐口沿（072：12） 11.鬲口沿（072：1） 12.尖底瓶颈部残片（072：9） 14、15.敛口弧腹钵口沿（072：13，072：10） 19.敞口盆口沿（073：1） 21.折沿盆口沿（073：6）（1、5~7、9、12、14、15、17为鲁家坡一期遗存，2~4、8、10、11、16、18、20为朱开沟文化，19、21为战国，13为汉代）

以泥质灰陶为主，多为汉代时期遗物，鲜见阿善三期遗物。

069：1，绳纹陶片，泥质灰陶。外壁饰规整清晰的绳纹。壁厚0.6厘米（图四七，13）。

## 04—070　上富家梁遗址-2

遗址编号：QXS-2

文化属性：永兴店文化、战国

行政归属：清水河县小庙乡上富家梁村

GPS坐标：遗址中部东经111°31′24.6″、北纬39°55′52.8″

海拔高度：1132±4米

初查时间：2004年5月5日

遗址位于上富家梁村西南部一东西向坡地之上，地势东高西低，遗址位于缓坡偏下部的三阶台地之内，台地间高差约为0.3米。遗址向东北可遥望上富家梁村，与村子所在的土丘之间相隔有冲沟。东南为向上漫坡，制高点海拔高度1247米，从坡顶通往下脑包的乡间小路从遗址西部穿过。遗址东西两侧均存有南北向冲沟，使遗址所在缓坡呈独立状态。冲沟内土地平坦，辟为耕地，种植有树木。

遗址东西长约50米、南北宽约50米，总面积约0.25万平方米。遗址地表可见遗物主要为战国时期，多见泥质灰陶片，大量饰以绳纹或宽弦纹，少量素面。也可见部分夹砂绳纹灰陶片、篮纹陶片等。

070：1，碗，泥质灰白陶。外叠圆唇，敞口，斜直腹，腹上部存有一道凸棱，假圈足，素面。口径14.5、高6.8、底径6.3、壁厚0.4～0.8厘米（图四八，3）。

070：2，矮领罐口沿，泥质灰陶。外叠圆唇，矮领，溜肩，肩部以下饰抹断绳纹。残高8.6、壁厚0.5厘米（图四八，10）。

070：3，敛口罐口沿，泥质灰陶。卷圆唇，敛口，溜肩，圆鼓腹，素面。口径20、残高6.8、壁厚0.7厘米（图四八，1）。

070：4，平折沿盆口沿，泥质灰陶。平折沿，直弧腹，素面。残高5、壁厚0.5厘米（图四八，2）。

070：5，抹断绳纹陶片，泥质灰陶。外壁饰抹断绳纹。壁厚0.5厘米（图四八，5）。

070：6，篮纹陶片，泥质灰陶。外壁饰横向篮纹。壁厚0.4厘米（图四八，9）。

070：7，平折沿盆口沿，泥质灰陶。平折沿，斜弧腹。沿内壁可见磨光暗条纹，外壁饰戳刺纹。残高5.1、壁厚0.5厘米（图四八，11）。

070：8，绳纹陶片，泥质灰陶。外壁清晰规整的绳纹。壁厚0.6厘米（图四八，12）。

070：9，戳刺纹陶片，泥质灰陶。外壁饰压印戳刺纹。壁厚0.6厘米（图四八，7）。

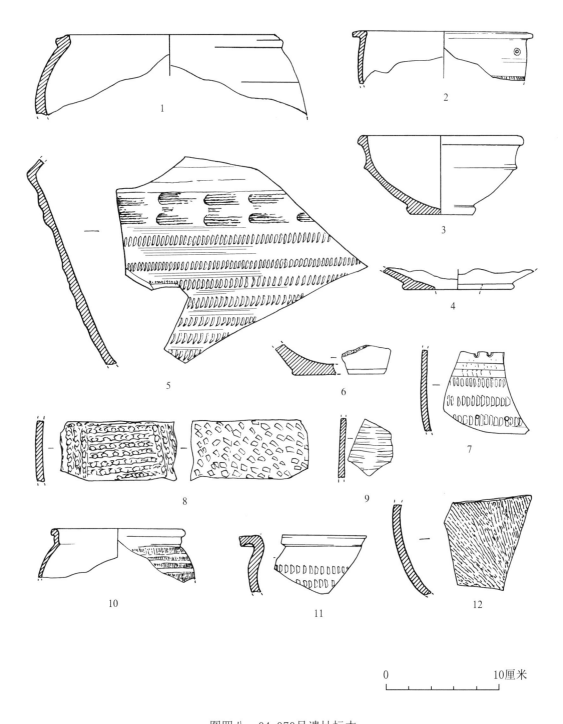

图四八 04-070号遗址标本

1.敛口罐口沿（070：3） 2、11.平折沿盆口沿（070：4，070：7） 3.碗（070：1） 4.碗底（070：12） 5.抹断绳纹陶片（070：5） 6.器底（070：10） 7.戳刺纹陶片（070：9） 8.粗绳纹陶片（070：11） 9.篮纹陶片（070：6） 10.矮领罐口沿（070：2） 12.绳纹陶片（070：8）（9为永兴店文化，余为战国）

070：10，器底，泥质灰陶。假圈足，底部存磨光暗纹。残高2.3、壁厚0.7厘米（图四八，6）。

070：11，粗绳纹陶片，夹砂灰褐陶。外壁饰交错粗绳纹。壁厚0.5厘米（图四八，8）。

070：12，碗底，泥质灰褐陶。假圈足。底径10、残高1.7、壁厚0.4厘米（图四八，4）。

### 04-072　阳湾子遗址-1

遗址编号：QYY-1

文化属性：鲁家坡一期遗存、朱开沟文化

行政归属：清水河县窑沟乡阳湾子村

GPS坐标：遗址中部东经111°29′56.6″、北纬39°56′24.8″

海拔高度：1163±6米

初查时间：2004年5月5日

遗址位于阳湾子村所在土丘顶部的圆台及北坡之上，北坡地势南高北低，地势平缓。从遗址中部向北可见浑河、丰准铁路的隧道及高架桥；东部紧邻一条小冲沟，其内现种植树木；西部为向下的坡地，地势较为平缓；南部为向上漫坡，其上为圆形平台，村落主体位于圆台南侧，遗址则占据北侧一部分，一民居于遗址南侧范围内。地表现辟为梯田，大体呈三角形。西侧有一条乡间小路南北向经过，西可望见04-073号遗址。

遗址东西长约150米、南北宽约200米，总面积约3万平方米。遗址地表散见陶片，其中泥质红陶片多饰以竖向篮纹、细线纹等，泥质灰陶片素面居多，也少量见有绳纹，夹砂陶较少。

072：1，敞口沿，砂质灰陶。圆唇，侈口，直弧腹，外壁饰有竖向细绳纹。残高8.3、壁厚0.6厘米（图四七，11）。

072：2，绳纹陶片，泥质灰褐陶。外壁饰有竖向绳纹。壁厚0.5厘米（图四七，6）。

072：3，甗腰，泥质红褐陶。上部饰有竖向细绳纹，腰部贴附有附加堆纹并拍印绳纹，下部饰斜向绳纹。壁厚0.5～1厘米（图四七，20）。

072：4，绳纹陶片，泥质红陶。饰有竖向模糊的绳纹。壁厚0.6厘米（图四七，16）。

072：5，敞口沿，泥制灰褐陶。方唇，直领，沿上饰有压印的斜线纹，领部饰有竖向细绳纹并存有一凸纽。残高3.5、壁厚0.4厘米（图四七，3）。

072：6，平口罐口沿，泥质夹细砂灰褐陶。厚方唇，以下渐薄，平口，唇面饰有竖向细绳纹，口部下方饰附加堆纹，以下为绳纹。残高4.7、壁厚0.7～2.5厘米（图四七，1）。

072：7，平口罐口沿，泥质灰陶。方唇，平口，器表素面磨光。残高3.5、壁厚1～1.4厘米（图四七，17）。

072：8，直口弧腹钵口沿，泥质磨光黑灰陶。圆唇，敞口，圆弧腹，口下部外壁起凸棱，平底。口径9.6、高3.6、底径5.5、壁厚0.5厘米（图四七，5）。

072：9，尖底瓶颈部残片，泥质红陶。喇叭形口，颈部饰有一道附加堆纹。壁厚0.4厘米（图四七，12）。

072：10，敛口弧腹钵口沿，泥质磨光灰陶。圆唇，敛口，弧腹。高4、壁厚0.4厘米（图四七，15）。

072：11，篮纹陶片，泥质红陶。器表饰有横向篮纹，为尖底瓶肩部残片。壁厚0.6厘米（图四七，7）。

072：12，侈沿罐口沿，夹砂红褐陶。侈口，颈部饰有一道附加堆纹。以下饰有绳纹。残高2.8、壁厚0.4厘米（图四七，9）。

072：13，敛口弧腹钵口沿，泥质磨光灰陶。圆唇，敛口，鼓腹。高4.5、壁厚0.5厘米（图四七，14）。

### 04—073　阳湾子遗址－2

遗址编号：QYY-2

文化属性：朱开沟文化、战国

行政归属：清水河县窑沟乡阳湾子村

GPS坐标：遗址中部东经111°29′38.4″、北纬39°56′29.8″

海拔高度：1190±7米

初查时间：2004年5月5日

遗址位于阳湾坡村西北部一浑圆形土丘的西北坡上。从遗址北部可望见丰准铁路、隧道及高架桥，西北侧的漫坡向下直至铁路路基之下。南部为向上的漫坡直至土丘的顶部，西侧为南北向冲沟所环绕，直入浑河。地表现辟为梯田，遗址主要分布于两阶台地之内。向东可望见04-072号遗址。

遗址东西长约100米、南北宽约50米，总面积约0.5万平方米。遗址地表多见泥质红陶、灰陶片，多饰以细绳纹。多为战国时期遗物，属朱开沟文化者较少。

073：1，敞口盆口沿，泥质黑灰陶。圆唇，敞口，外壁可见凸起凹弦纹，内壁清晰可见轮制痕迹。残高3.1、壁厚0.3厘米（图四七，19）。

073：2，绳纹陶片，泥质灰白陶。胎体厚重，外壁饰有杂乱的粗绳纹。壁厚1.1厘米（图四七，10）。

073：3，绳纹陶片，泥质红褐陶。外壁饰有竖向绳纹。壁厚0.8厘米（图四七，

18）。

073：4，矮领罐口沿，泥质红褐陶。领部略侈，口部以下饰有竖向细绳纹。残高5、壁厚0.5厘米（图四七，2）。

073：5，侈口盆口沿，泥质红褐陶。胎体厚重，方唇，侈口，直弧腹。外壁饰有竖向细绳纹。残高6.2、壁厚0.7厘米（图四七，4）。

073：6，折沿盆口沿，泥质灰陶。胎体厚重，方唇，折沿内斜，直弧腹。素面。残高7.8、壁厚0.8厘米（图四七，21）。

073：7，甗腰，泥质红褐夹细砂陶。外壁饰有竖向的粗绳纹，内壁可见上下贴附痕。壁厚0.5～1.2厘米（图四七，8）。

### 04—076　碓臼墕遗址—2

遗址编号：QYD-2

文化属性：战国

行政归属：清水河县窑沟乡碓臼墕村

GPS坐标：遗址中部东经111°31′30.6″、北纬39°54′55.6″

海拔高度：1190±7米

初查时间：2004年5月6日

遗址位于碓臼墕村所在圆形土坡的北部低矮土丘之上。北、东、西三面均为冲沟，该土丘海拔较低，坡势较缓。向南为向上的漫坡，制高点海拔高度1226米。遗址主要分布于土丘顶部圆台偏北处及北坡上端，向南望可见该村落，遗址南坡和碓臼墕村所在土丘底部相连，西侧与另一浑圆形土丘底部相连。两土丘相接处为一通往该村的乡间土路。遗址向南可见04-050号遗址（彩版七七，1）。

遗址东西长约200米、南北宽约100米，总面积约2万平方米。遗址地表散见的陶片主要为灰陶，泥质居多，夹砂次之。其中泥质灰陶片多为素面，少见细绳纹及附加堆纹。

076：1，弦断绳纹陶片，泥质灰白陶。外壁饰弦断绳纹。壁厚0.6厘米（图四九，11）。

076：2，甗底，泥质灰陶。存有残甗孔，素面。壁厚0.5厘米（图四九，9）。

076：3，豆盘，泥质灰陶。敛口，下腹壁斜直内收，素面。口径14.8、残高4.7、壁最厚处1厘米（图四九，4）。

### 04—077　小南墕遗址—1

遗址编号：QYX-1

文化属性：鲁家坡一期遗存、庙子沟文化、朱开沟文化、战国

行政归属：清水河县窑沟乡小南墕村

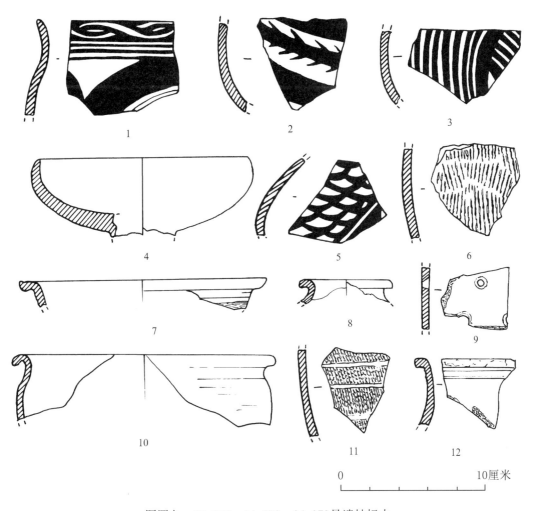

图四九　04-076、04-078、04-079号遗址标本

1. 敞口盆口沿（079：5）　2、3、5.彩陶片（079：4，079：2，079：3）　4.豆盘（076：3）　6.绳纹陶片
（079：1）　7.平折沿盆口沿（078：3）　8、10.折沿盆口沿（078：2，078：4）　9.甑底（076：2）　11.弦断
绳纹陶片（076：1）　12.高领壶口沿（078：1）（1～3、5、6为庙子沟文化，4、9、11为战国，余为汉代）

GPS 坐 标：遗址中部制高点东经111°29′23.3″、北纬39°56′00.0″

海拔高度：1158±8米

初查时间：2004年5月7日

　　遗址位于水泉塔（已搬迁）西部，小南塔村西北部的一浑圆形土丘制高点之上。该土丘东坡与小南焉村所在土丘西坡相连，中间为一缓坡。从遗址中心向西可望见丰准铁路西南—东北向经过。西部可望见几处民居，北部隔一早期发育的大型冲沟可见阳湾村，南邻的冲沟环绕遗址所在的坡地西侧直入浑河。遗址分布范围较大，土丘顶部、东、南、西坡分布较多。遗址所处区域整体地势平缓，其中部有几条小型冲沟将遗址分

割成几部分，冲沟均直入浑河。遗址地表大部分辟为耕地，坡下部分为荒地。断崖处可见距红胶泥土层约50厘米。向西北可望见04-073号遗址（阳湾子二号遗址）。

遗址东西长约200米、南北宽约400米，总面积约8万平方米。地表可见庙子沟文化遗物全面分布，在南侧（西坡）坡地处有一面积不大的战国遗物集中分布区。地表遗物较为丰富，可见到有泥质红陶、泥质灰陶片，其中泥质灰陶片多饰以篮纹、绳纹、附加堆纹等。可辨认器形有尖底瓶、高领罐、豆和鬲等。

077：1，陶环，泥质磨光灰陶。残半，截面呈楔形。残高7.2、壁厚1.3厘米（图五〇，10）。

077：2，侈沿罐口沿，夹砂红褐陶。侈领，外壁饰竖向绳纹。残高5.3、壁厚0.8厘米（图五〇，12）。

077：3，器底，砂质灰陶。平底。残高2.3、壁厚0.8厘米（图五〇，15）。

077：4，抹断绳纹陶片，泥质灰陶。外壁饰抹断绳纹。壁厚0.5厘米（图五〇，7）。

077：5，尖底瓶口沿，泥质灰陶。内斜唇，喇叭形口，外壁饰篮纹。残高3、壁厚0.5厘米（图五〇，16）。

077：6，敛口弧腹钵口沿，泥质灰陶。敛口，弧腹。残高3.5、壁厚0.4厘米（图五〇，3）。

077：7，盆底，泥质灰陶。外壁饰竖向绳纹，平底残。残高8.6、壁厚0.8厘米（图五〇，20）。

077：8，盆底，泥质灰陶。斜直腹，平底。外壁及器底均饰绳纹。残高4.6、壁厚0.8厘米（图五〇，11）。

077：9，敛口罐口沿，夹砂褐陶。小折沿，溜肩，外壁饰绳纹。残高4.6、壁厚0.6厘米（图五〇，18）。

077：10，侈沿罐底，夹砂灰褐陶。胎质疏松，内壁呈红褐色。斜直腹，平底。外壁饰竖向绳纹。残高4.5、壁厚0.7厘米（图五〇，14）。

077：11，尖底瓶底部，泥质红陶。尖底磨钝，内壁可见盘筑痕迹，外壁饰篮纹。残高7.5、壁厚0.5厘米（图五〇，19）。

077：12，侈沿罐口沿，夹砂灰褐陶。侈口，颈部饰附加堆纹，领部及肩部饰竖向绳纹。残高6.3、壁厚0.5厘米（图五〇，5）。

077：13，尖底瓶底部，泥质红陶。尖底残，内壁可见盘筑痕，外壁饰篮纹。壁厚0.5厘米（图五〇，22）。

077：14，钵底，泥质红褐陶。斜直腹，平底。残高4.5、壁厚0.5厘米（图五〇，21）。

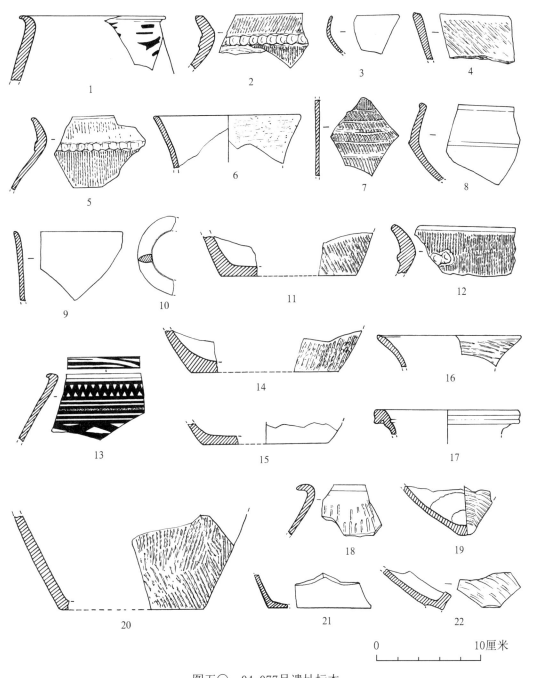

图五〇　04-077号遗址标本

1、13.小口双耳罐口沿（077：18，077：19）　2、5、12.侈沿罐口沿（077：22，077：12，077：2）　3.敛口弧腹钵口沿（077：6）　4、6、16.尖底瓶口沿（077：16，077：20，077：5）　7.抹断绳纹陶片（077：4）　8.敛口折腹钵口沿（077：15）　9.直口钵口沿（077：17）　10.陶环（077：1）　11、20.盆底（077：8，077：7）　14.侈沿罐底（077：10）　15.器底（077：3）　17.卷沿罐口沿（077：21）　18.敛口罐口沿（077：9）　19、22.尖底瓶底部（077：11，077：13）　21.钵底（077：14）（18为鲁家坡一期遗存，1～6、8～10、12～14、16、19、21、22为庙子沟文化，11、20为朱开沟文化，7、15、17为战国）

077：15，敛口折腹钵口沿，泥质灰陶。敛口，折腹，腹部存有凸棱，下腹斜直内收。残高6.6、壁厚0.4～0.7厘米（图五〇，8）。

077：16，尖底瓶口沿，泥质红陶。喇叭形口，内斜唇，外壁饰斜向篮纹。残高4、壁厚0.5厘米（图五〇，4）。

077：17，直口钵口沿，泥质灰陶。直口微侈，直弧腹。残高6.6、壁厚0.4厘米（图五〇，9）。

077：18，小口双耳罐口沿，泥质红陶。窄沿，溜肩。肩部施黑彩几何纹。残高6.3、壁厚0.8厘米（图五〇，1）。

077：19，小口双耳罐口沿，泥质红陶。窄沿，溜肩。外壁饰黑彩、紫彩折线、三角几何纹。残高5.6、壁厚0.5厘米（图五〇，13）。

077：20，尖底瓶口沿，夹砂红褐陶。内斜唇，喇叭口。残高3.5、壁厚0.7厘米（图五〇，6）。

077：21，卷沿罐口沿，泥质灰陶。卷方唇，直领。残高2.3、壁厚0.4厘米（图五〇，17）。

077：22，侈沿罐口沿，夹砂红褐陶。侈领，颈部饰泥条堆纹，领部饰竖向绳纹，口部压印斜线纹。残高4.8、壁厚0.5厘米（图五〇，2）。

## 04-078　桑林坡遗址-1

遗址编号：QYS-1

文化属性：汉代

行政归属：清水河县窑沟乡桑林坡村

GPS坐标：遗址南坡中下部东经111°28′53.0″、北纬39°55′23.9″

海拔高度：1199±5米

初查时间：2004年5月7日

遗址位于桑林坡村东南部的一浑圆形土丘靠下部的梯田之内，与桑林坡所在土丘之间隔一条冲沟，冲沟三面环绕遗址所在坡体。北部向上为坡地制高点海拔高度1205米所在，西部为一条通往桑林坡村的乡间公路，南部为较为狭长的缓坡直至石井沟。遗址主要分布土丘的南坡偏西处，从遗址中部西北可清晰望见桑林坡村落的民居，东北可望见大南墕村（彩版七七，2）。

遗址东西长约100米、南北宽约100米，总面积约1万平方米。遗址地表散见的陶片均为泥质灰陶，素面居多。可辨器形有卷沿盆、罐等。

078：1，高领壶口沿，泥质灰陶。卷方唇，高领。残高4.8、壁厚0.4厘米（图四九，12）。

078：2，折沿盆口沿，泥质灰陶。平卷沿，溜肩。残高3、壁厚0.4厘米（图四九，8）。

078：3，平折沿盆口沿，泥质灰陶。卷平沿，斜弧腹，内壁可见磨光暗纹。口径34、残高5、壁厚0.8厘米（图四九，7）。

078：4，折沿盆口沿，泥质灰陶。平卷沿，直弧腹。口径36、残高9.5、壁厚0.6厘米（图四九，10）。

### 04—079　桑林坡遗址-2

遗址编号：QYS-2

文化属性：庙子沟文化

行政归属：清水河县窑沟乡桑林坡村

GPS 坐 标：遗址中部东经111°28′33.0″、北纬39°56′01.4″

海拔高度：1144±5米

初查时间：2004年5月7日

遗址位于桑林坡村北部一浑圆形土丘的西南坡上，主要分布于土丘中下部。遗址与桑林坡村隔冲沟相望，冲沟西北—东南向注入浑河。站在遗址中部可远眺丰准铁路一处车站，遗址东侧即为通往桑林坡村的乡间公路。遗址地势较为平缓但略有起伏，下部较陡，直至沟底。遗址内辟为两阶梯田，其下为退耕还林的草坡。

遗址东西长约50米、南北宽约50米，总面积约0.25万平方米。面积较小，地表散见均为庙子沟文化陶片，多为泥质红陶，也可见到彩陶片，少见灰陶，多饰以绳纹。可辨器形有高领罐等，分布范围较小且少。

079：1，绳纹陶片，夹砂灰褐陶。外壁饰竖向绳纹。壁厚0.5厘米（图四九，6）。

079：2，彩陶片，泥质灰陶。外壁饰黑彩弧线几何纹。壁厚0.5厘米（图四九，3）。

079：3，彩陶片，泥质红陶。外壁饰黑彩鱼鳞状几何纹。壁厚0.6厘米（图四九，5）。

079：4，彩陶片，泥质灰陶。外壁饰黑彩弧线几何纹。壁厚0.6厘米（图四九，2）。

079：5，敞口盆口沿，泥质红陶。敞口，直弧腹，外壁饰黑彩弧线几何纹。残高6.1、壁厚0.4厘米（图四九，1）。

### 04—080　桑林坡遗址-3

遗址编号：QYS-3

文化属性：阿善三期文化

行政归属：清水河县窑沟乡桑林坡村

GPS 坐 标：遗址中部东经111°29′01.4″、北纬39°55′48.8″

海拔高度：1140±6米

初查时间：2004年5月7日

遗址位于桑林坡村东北部坡地靠下方的一座小平台上，其上遍植柠条。南部沙化严重，东、北部均为早期发育的大型冲沟，西部为较小的冲沟，西南向上为坡地制高点所在，地势较为平坦。与04-077号遗址可以对望，中间被一条大型冲沟相隔。

遗址东西长约30米、南北宽约30米，总面积约0.09万平方米。遗址地表散见泥质夹细砂及夹砂灰陶片，饰以绳纹、附加堆纹。采集有高领罐口沿、器鋬等。分布范围较小，遗物较少。

080：1，石刀，灰褐色砂岩磨制而成，残弧刃较薄。残长6.5、厚约1厘米（图五一，15）。

080：2，高领罐口沿，砂质灰白陶。小折沿，领部较高，溜肩，肩部以下饰篮纹。从内壁可见领部与肩部为两次制作相接而成。残高4.5、壁厚0.5厘米（图五一，8）。

080：3，器耳，夹砂灰白陶。为一器耳残片，耳部隐约可见条形纹。壁厚0.5厘米（图五一，14）。

### 04-081　桑林坡遗址-4

遗址编号：QYS-4

文化属性：阿善三期文化、战国

行政归属：清水河县窑沟乡桑林坡村

GPS坐标：遗址中部东经111°28′23.3″、北纬39°56′11.1″

海拔高度：1199±8米

初查时间：2004年5月8日

遗址北部紧邻浑河，从遗址向北可见丰准铁路及老牛湾车站，遗址南侧为一较高土丘，桑林坡村即位于此土丘的南坡之上。从遗址向西南可见散居的村民房屋，东西两侧存有采石场，正在对遗址所在土丘进行采掘。土丘北坡较陡，其下存有一低矮土丘，陶片分布较多，下部平缓直抵河槽，土丘周围有土路环绕。遗址所在台地较为平整，现为杂草及碎石所覆盖。从采石场挖掘的剖面看，台地上仅存约0.5米厚的黄土堆积。

遗址东西长约30米、南北宽约20米，总面积约0.06万平方米，面积较小。地表散见陶片均为泥质灰陶，少量素面，大量陶片饰以绳纹、弦纹，并存有少量篦纹。

081：1，碗口沿，泥质灰陶。敞口，折腹，腹下壁斜直内收，折腹处存有凸棱。口径22、残高5.7、壁厚0.7厘米（图五一，2）。

081：2，篮纹陶片，泥质灰陶。外壁饰篮纹。壁厚0.5厘米（图五一，13）。

081：3，豆座，泥质灰陶。喇叭形豆座，素面。残高1.7、壁厚0.6厘米（图五一，10）。

081：4，折沿盆口沿，泥质灰陶。折沿，弧腹，腹部饰抹断绳纹。残高5.9、壁厚

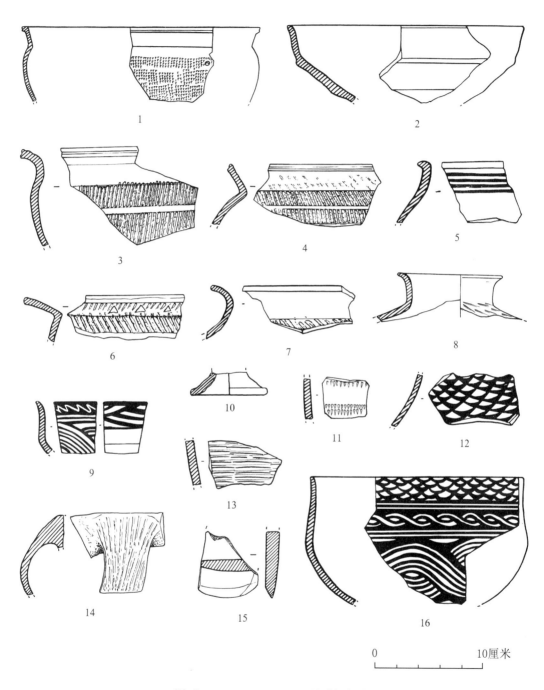

图五一 04-080～04-082号遗址标本

1.侈口弧腹盆口沿（081：8） 2.碗口沿（081：1） 3、4、6.折沿盆口沿（081：6，081：4，081：7） 5.小口双耳罐口沿（082：2） 7.折沿罐口沿（081：5） 8.高领罐口沿（080：2） 9、16.直口折腹钵口沿（082：3，082：4） 10.豆座（081：3） 11.戳刺纹陶片（082：1） 12.彩陶片（082：5） 13.篮纹陶片（081：2） 14.器耳（080：3） 15.石刀（080：1）（5、9、12、16为庙子沟文化，8、13～15为阿善三期文化，余为战国）

0.5厘米（图五一，4）。

081：5，折沿罐口沿，泥质灰陶。折沿，溜肩，肩部以下饰绳纹。残高4.5、壁厚0.7厘米（图五一，7）。

081：6，折沿盆口沿，泥质灰陶。折沿，斜弧腹，腹部饰抹断绳纹。残高10、壁厚0.6厘米（图五一，3）。

081：7，折沿盆口沿，泥质灰陶。折沿，溜肩，外壁饰竖向绳纹，沿下部分有抹痕。残高4.2、壁厚0.7厘米（图五一，6）。

081：8，侈口弧腹盆口沿，泥质灰陶。外卷方唇，侈口，直弧腹，腹部饰竖向绳纹。口径20、残高13.8、壁厚0.6厘米（图五一，1）。

### 04-082　桑林坡遗址-5

遗址编号：QYS-5

文化属性：庙子沟文化、战国

行政归属：清水河县窑沟乡桑林坡村

GPS 坐 标：遗址中部东经111°28′50.8″、北纬39°55′56.7″

海拔高度：1135±5米

初查时间：2004年5月8日

遗址位于桑林坡村东北部一较小的缓坡之上，该土坡西高东低。西部向上为漫坡海拔高度1164米的制高点，制高点处有乡间小路将之与04-079号遗址相连；东部向下隔一冲沟。与水泉塄村所在坡地相望，该冲沟为早期发育且直入浑河。遗址两侧为向上漫坡，中间存有一土路与北部采石场相连，南侧隔一小冲沟与04-080号遗址相望，北侧漫坡向下隔一冲沟有一圆形平台，从遗址向北可望见丰准铁路及浑河南侧河槽。遗址地表植有杂草，中部有大量育林坑，东侧边缘为种植的柠条，皆为固沙防止水土流失的措施。

遗址东西长约100米、南北宽约80米，总面积约0.8万平方米。地表散见陶片主要为泥质灰陶，少量红陶。多为素面，少量饰以斜向篮纹、细绳纹等。

082：1，戳刺纹陶片，泥质灰陶。外壁饰戳刺楔形纹。壁厚0.5厘米（图五一，11）。

082：2，小口双耳罐口沿，泥质红陶。折沿，溜肩。外壁饰黑彩弧线几何纹。残高5.3、壁厚0.5厘米（图五一，5）。

082：3，直口折腹钵口沿，泥质红陶。直口略侈，上腹壁竖直，折腹。内外壁皆施黑彩、紫彩弧线几何纹。残高4.5、壁厚0.5厘米（图五一，9）。

082：4，直口折腹钵口沿，泥质灰陶。直口微侈，直腹微弧，至中部内折。口径20、残高12、壁厚0.7厘米（图五一，16）。

082：5，彩陶片，泥质红陶。外壁饰黑彩几何纹。壁厚0.4厘米（图五一，12）。

### 04-083　羊路渠遗址-1

遗址编号：QYY-1

文化属性：庙子沟文化、永兴店文化、朱开沟文化

行政归属：清水河县窑沟乡羊路渠村

GPS 坐 标：遗址南部东经111°28′03.8″、北纬39°55′59.6″

海拔高度：1142±6米

初查时间：2004年5月8日

遗址位于浑河南岸一土丘北坡的上部。从遗址中部向西北可望见羊路渠村；北部为向下的漫坡直抵浑河，并可见丰准铁路；东侧为早期发育的冲沟且直入浑河；西侧亦存有一小型冲沟；南侧为土丘向上的台地，下部较为平坦。从遗址中部有一条乡间小路直通往羊路渠村（彩版七八，1）。遗址所处坡地整体呈南高北低之势。其东部隔沟的东北坡上即为04-081号遗址，东部为04-079号遗址，遗址地表现辟为耕地。

遗址东西长约300米、南北宽约500米，总面积约15万平方米。遗物分布范围较广，地表散见陶片以泥质灰陶为主，少量泥质红陶。灰陶片多饰以斜向篮纹、绳纹等；红陶片多为彩绘陶，少量素面。

083：1，彩陶片，泥质灰陶。直口略侈，外壁饰黑彩弧线几何纹。残高5.2、壁厚0.6厘米（图五二，7）。

083：2，篮纹陶片，泥质灰陶。为一陶器折腹处残片，外壁饰篮纹。壁厚0.5厘米（图五二，20）。

083：3，折沿罐残片，夹砂灰陶。口部残，溜肩。壁厚0.8厘米（图五二，19）。

083：4，鬲口沿，夹砂灰陶。外叠唇，连口，口部上压印斜线纹。残高3.1、壁厚0.7厘米（图五二，14）。

083：5，彩陶片，泥质红陶。外壁饰黑彩弧线纹。壁厚0.5厘米（图五二，6）。

083：6，侈口盆口沿，泥质灰陶。口部略残，外壁饰黑彩弧线鱼鳞状纹。残高4.5、壁厚0.5厘米（图五二，4）。

### 04-084　羊路渠遗址-2

遗址编号：QYY-2

文化属性：鲁家坡一期遗存、庙子沟文化、阿善三期文化、朱开沟文化、战国

行政归属：清水河县窑沟乡羊路渠村

GPS 坐 标：遗址中部偏西处东经111°27′49.9″、北纬39°56′12.9″

海拔高度：1058±10米

初查时间：2004年5月8日

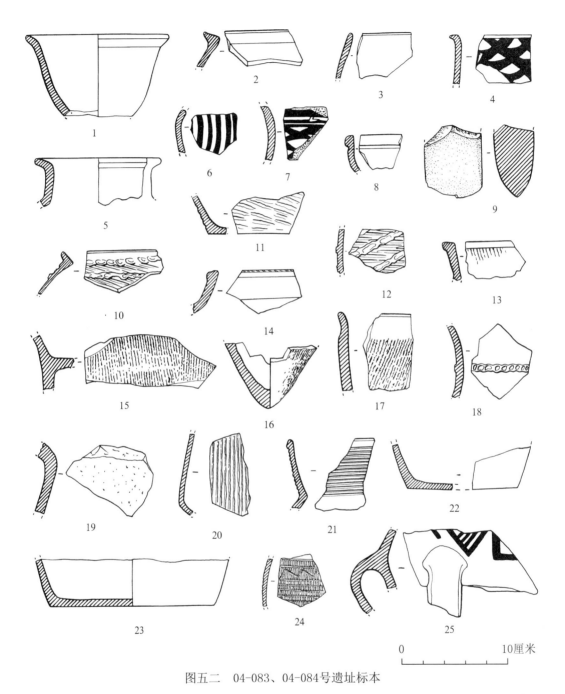

图五二　04-083、04-084号遗址标本

1、4、17.侈口盆口沿（084∶11，083∶6，084∶12）　2、10.折沿罐口沿（084∶5，084∶8）　3.敛口钵口沿（084∶15）　5.折沿高领罐口沿（084∶10）　6、7.彩陶片（083∶5，083∶1）　8.卷沿盆口沿（084∶18）　9.残石斧（084∶1）　11.窄沿罐底（084∶7）　12.篮纹陶片（084∶6）　13、14.鬲口沿（084∶13，083∶4）　15.甑腰（084∶9）　16.鬲足（084∶14）　18.尖底瓶残片（084∶17）　19.折沿罐残片（083∶3）　20.篮纹陶片（083∶2）　21.高领壶口沿（084∶2）　22、23.盆底（084∶3，084∶16）　24.刻划水波纹陶片（084∶4）　25.小口双耳罐残片（084∶19）（1～4、6～8、18、25为庙子沟文化，5、9～12为阿善三期文化，14、19、20为永兴店文化，13、15～17为朱开沟文化，余为战国）

遗址位于紧邻浑河南岸的一土丘之上，土丘的南坡为羊路渠村。遗址分布于土丘顶部台地及四周坡地之上。北坡直抵浑河河槽，向北可见丰准铁路；南坡为向下的一小冲沟，南坡东北处略有隆起；东南坡上为04-083号遗址所在的土丘；东侧漫坡向下连接一土丘及平地；西侧坡底为羊路渠村场面，西南坡中部之上为该村落村民的聚集区。遗址两侧存有杏树，地表现辟为环形梯田（彩版七八，1）。

遗址东西长约260米、南北宽约200米，总面积约5.2万平方米。遗址耕土之下为黑垆土，地表遗物以庙子沟文化和朱开沟文化遗存最为多见，分布较广。战国及鲁家坡一期遗存的遗物则集中于遗址东部。

084：1，残石斧，黑灰色砂岩磨制而成。仅存刃部一块，可见为直刃。残长7.3、最厚约4厘米（图五二，9）。

084：2，高领壶口沿，泥质灰陶。口部残存较少，喇叭口，外壁饰数道凸弦纹。残高7.3、壁厚0.5厘米（图五二，21）。

084：3，盆底，泥质灰陶。斜直腹，平底，素面。残高4.2、壁厚0.5厘米（图五二，22）。

084：4，刻划水波纹陶片，泥质灰陶。外壁饰抹断绳纹及水波状划纹。壁厚0.3厘米（图五二，24）。

084：5，折沿罐口沿，泥质灰陶。小折沿，溜肩，素面。残高2.5、壁厚0.5厘米（图五二，2）。

084：6，篮纹陶片，泥质灰白陶。外壁饰篮纹及斜向的附加堆纹。壁厚0.4厘米（图五二，12）。

084：7，窄沿罐底，泥质灰陶。平底，外壁饰斜向篮纹。残高3.7、壁厚0.5厘米（图五二，11）。

084：8，折沿罐口沿，泥质灰白陶。小折沿，溜肩。沿下饰附加泥点纹，外壁饰斜向篮纹及附加泥条堆纹。残高4.1、壁厚0.3厘米（图五二，10）。

084：9，甗腰，泥质灰陶。存有腰隔，外壁饰竖向细绳纹。壁厚0.7厘米（图五二，15）。

084：10，折沿高领罐口沿，泥质灰陶。折沿，直弧腹。残高4.3、壁厚0.7厘米（图五二，5）。

084：11，侈口盆口沿，泥质灰陶。内壁呈红褐色。侈口，直弧腹。残高7.7、壁厚0.8厘米（图五二，1）。

084：12，侈口盆口沿，泥质灰白陶。侈口，直腹微弧，外壁饰竖向绳纹。残高7.2、壁厚0.3～1厘米（图五二，17）。

084：13，鬲口沿，夹砂红褐陶。小折沿，溜肩，外壁饰竖向绳纹。残高3.5、壁厚0.5厘米（图五二，13）。

084：14，鬲足，泥质灰陶。锥状空心足，外壁饰竖向细绳纹。残高7、壁厚0.7厘米（图五二，16）。

084：15，敛口钵口沿，泥质磨光灰陶。直口，直弧腹。残高4.5、壁厚0.5厘米（图五二，3）。

084：16，盆底，泥质灰陶。平底，素面。底径15.6、壁厚0.5厘米（图五二，23）。

084：17，尖底瓶残片，泥质红陶。为尖底瓶颈部残片，外壁饰附加泥条堆纹。壁厚0.6厘米（图五二，18）。

084：18，卷沿盆口沿，夹砂红褐陶。外叠唇，敛口。残高3.5、壁厚0.4厘米（图五二，8）。

084：19，小口双耳罐残片，泥质红陶。残存腹部器耳，外壁饰黑彩几何纹。壁厚0.4～0.6厘米（图五二，25）。

### 04-085　南梁遗址-1

遗址编号：QYN-1

文化属性：阿善三期文化、汉代

行政归属：清水河县窑沟乡南梁村

GPS坐标：遗址中部东经111°26′40.3″、北纬39°55′31.2″

海拔高度：1035±4米

初查时间：2004年5月8日

遗址位于黄河东岸、浑河北岸一座石山之上，乃浑河与黄河交汇处，对岸为岔河口村及岔河口遗址。从遗址向西可见黄河、沿河公路及横穿浑河的跨河桥，向北可见岔河口火车站，西北可见丰准铁路及横跨黄河的铁路大桥。石山北、西坡较陡，北侧存有一采石场；东坡较缓，有一小冲沟直入浑河；南侧亦为一冲沟直入黄河。遗址地表土壤堆积较厚，局部裸露岩石层。

遗址分布范围较小，东西长约100米、南北宽约80米，总面积约0.8万平方米。地表散见遗物多为泥质灰陶残片，素面居多，少量饰以篮纹或绳纹；少量夹砂陶残片，饰绳纹。

085：1，窄沿罐底，泥质灰白陶。平底，外壁饰篮纹。残高3.5、壁厚0.5厘米（图五三，5）。

085：2，绳纹陶片，泥质灰陶。外壁饰抹断绳纹。壁厚0.5厘米（图五三，8）。

085：3，直口钵口沿，泥质磨光灰陶。直口微侈，直弧腹。残高4、壁厚0.4厘米（图五三，2）。

085：4，窄沿罐口沿，夹砂灰褐陶。小折沿，溜肩，肩部饰篮纹。残高3、壁厚

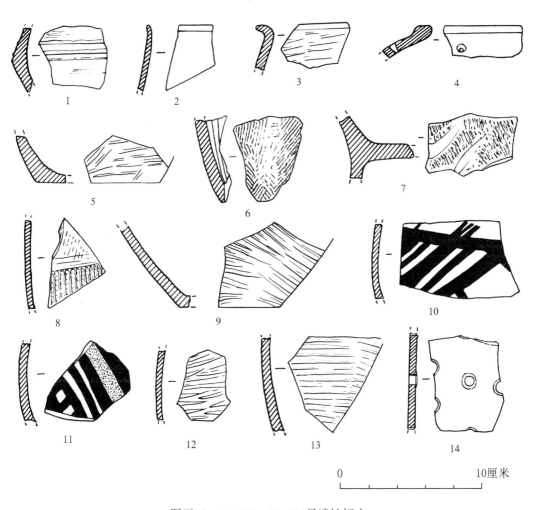

图五三　04-085、04-086号遗址标本

1.弦纹陶片（085：5）　2.直口钵口沿（085：3）　3.窄沿罐口沿（085：4）　4.三足瓮口沿（086：5）　5、9.窄沿罐底（085：1，085：8）　6.鬲足（086：1）　7.甗腰（086：2）　8.绳纹陶片（085：2）　10、11.彩陶片（086：4，086：3）　12、13.篮纹陶片（086：6，085：6）　14.甑残片（085：7）（10、11为庙子沟文化，2、3、5、9、12、13为阿善三期文化，4、6、7为朱开沟文化，余为汉代）

0.5厘米（图五三，3）。

085：5，弦纹陶片，泥质灰陶。外壁饰凸弦纹。壁厚0.7厘米（图五三，1）。

085：6，篮纹陶片，泥质灰白陶。外壁饰横向篮纹。残高6.3、壁厚0.6厘米（图五三，13）。

085：7，甑残片，泥质灰陶。残留甑孔。孔径0.8、壁厚0.5厘米（图五三，14）。

085：8，窄沿罐底，泥质灰陶。斜直腹，平底。外壁饰错乱的篮纹。残高7、壁厚0.5厘米（图五三，9）。

**04-086　铁驼墕遗址-1**

遗址编号：QYT-1

文化属性：庙子沟文化、阿善三期文化、朱开沟文化

行政归属：清水河县窑沟乡铁驼墕村

GPS 坐标：遗址中部偏南处东经111° 27′ 22.4″、北纬39° 54′ 31.6″

海拔高度：1142±6米

初查时间：2004年5月9日

遗址位于铁驼墕村西部的坡地之上，坡势东高西低。向西为缓坡下方，底端为早期发育的大型冲沟，南、北两侧为西部大型冲沟的分叉小沟。向西与城咀遗址群相望，远望可见黄河西岸的陡壁，西北方可见丰准铁路及黄河大桥。遗址内现辟为梯田（图五四；参见图六六）。

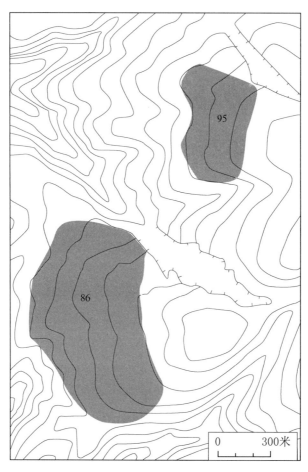

图五四　04-086、04-095号遗址地形图

遗址分布范围较广，东西长约400米、南北宽约400米，总面积约16万平方米。地表遗物多为泥质陶片，以灰陶居多，少量素面红陶。多饰以绳纹，少量饰弦纹或附加堆纹等。

086：1，鬲足，泥质红褐陶。空心锥状足，外壁饰竖向绳纹。残高5、壁厚1厘米（图五三，6）。

086：2，甗腰，泥质红褐陶。存有腰隔，外壁饰竖向绳纹。壁厚0.8厘米（图五三，7）。

086：3，彩陶片，泥质灰陶。外壁饰黑彩弧线几何纹。壁厚0.5厘米（图五三，11）。

086：4，彩陶片，泥质红陶。外壁饰黑彩几何纹。壁厚0.5厘米（图五三，10）。

086：5，三足瓮口沿，泥质灰陶。外叠唇，敛口，广肩。肩部存有穿孔。残高2.2、壁厚0.5厘米（图五三，4）。

086：6，篮纹陶片，泥质灰白陶。外壁饰横向篮纹。壁厚0.5厘米（图五三，12）。

## 04-087 万家寨遗址-1

遗址编号：QYW-1

文化属性：汉代

行政归属：清水河县窑沟乡万家寨村

GPS 坐 标：遗址中部东经111°29′39.8″、北纬39°54′27.5″

海拔高度：1224±5米

初查时间：2004年5月10日

遗址位于万家寨村所在土丘的东南坡之上，制高点海拔高度1218米，坡地呈北高南低之势，东西方向存有缓坡。遗址东侧为一冲沟，坡势较陡且与南侧冲沟相连；西侧漫坡较长，向下为冲沟；北坡为向上的漫坡直达土丘顶部，漫坡中部有一条东西向冲沟。遗址中部存有一条南北向经过的乡间公路，将遗址分为东西两部分，东部现辟为耕地，西部地势较为平缓，现植有柠条。

遗址分布较广，东西长约700米、南北宽约300米，总面积约21万平方米。地表散见遗物皆为泥质灰陶片，均为素面。可辨器形有宽折沿盆、缸等。

## 04-088 小缸房遗址-1

遗址编号：QYX-1

文化属性：鲁家坡一期遗存、阿善三期文化、朱开沟文化、战国

行政归属：清水河县窑沟乡小缸房村

GPS 坐 标：遗址中部东经111°26′33.0″、北纬39°53′24.6″

海拔高度：1146±6米

初查时间：2004年5月12日

　　遗址位于小缸房村西部偏南土坡的西北脊之上，南侧与主坡体之间隔一洼地。遗址东部为高出遗址的平台，东南部邻有冲沟，西部向下的冲沟西侧为黄河东岸及沿河公路。站在遗址中部向西可见黄河一扇形部分，北部可见乡间公路（图五五；彩版七八，2）。地表现辟为耕地。

　　遗址东西长约200米、南北宽约150米，总面积约3万平方米。地表散见遗物以朱开沟文化和战国为主，少量鲁家坡一期遗存的泥质陶片及彩陶片等。

　　088：1，敞口钵口沿，泥质红陶。外壁饰黑彩带纹，为宽彩带钵口部残片。壁厚0.5厘米（图五六，11）。

　　088：2，敞口钵口沿，泥质红陶。敞口，直弧腹，外壁饰黑彩带纹。残高3.6、壁厚0.6厘米（图五六，16）。

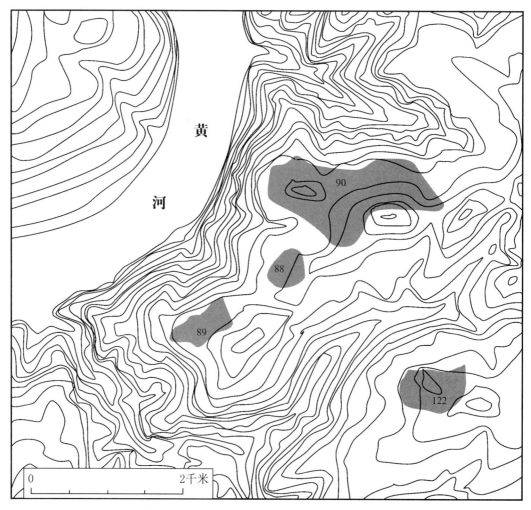

图五五　04-088～04-090、04-122号遗址地形图

088：3，篮纹陶片，夹砂灰白陶。外壁饰篮纹。壁厚0.5厘米（图五六，9）。

088：4，篮纹陶片，砂质灰白陶。外壁饰篮纹。壁厚0.6厘米（图五六，8）。

088：5，矮领罐口沿，泥质灰陶。矮领外侈，溜肩。肩部以下饰竖向绳纹。残高5.2、壁厚0.6厘米（图五六，1）。

088：6，矮领罐口沿，泥质红陶。矮领外侈，溜肩。外壁饰竖向绳纹。残高6.5、壁厚0.6厘米（图五六，2）。

088：7，侈口盆口沿，泥质红陶。侈口，直弧腹。外壁饰竖向绳纹。残高7、壁厚1厘米（图五六，3）。

088：8，绳纹陶片，泥质红陶。外壁饰竖向规整的绳纹。壁厚0.4厘米（图五六，7）。

088：9，折沿盆口沿残片，泥质灰陶。口部残，外壁饰抹绳纹。壁厚0.7厘米（图五六，10）。

## 04—089　小缸房遗址-2

遗址编号：QYX-2

文化属性：战国

行政归属：清水河县窑沟乡小缸房村

GPS 坐 标：遗址中部东经111°26′22.1″、北纬39°53′20.8″

海拔高度：1128±4米

初查时间：2004年5月12日

遗址位于小缸房村西部偏南一土丘的主坡之上，东北部隔洼地与04-088号遗址相连，其他三面皆邻冲沟。遗址上存有通向该村的乡间小路，现辟为环形梯田。遗址向西可见黄河，东北可见小缸房村，南部坡体上现辟为成排的育林坑，种植有大量榆树（图五五；彩版七八，2）。

遗址东西长约200米、南北宽约50米，总面积约1万平方米。地表遗物均属战国时期，以泥质灰陶片为主。主要分布于坡北部，南部及顶部台地较少见。

089：1，绳纹陶片，泥质灰陶。为陶器腹部残片，外壁饰抹断绳纹及交错绳纹。壁厚0.6厘米（图五六，14）。

089：2，矮领罐口沿，泥质灰陶，胎体厚重。内斜唇，直领微侈。口径32、残高5.7、壁厚1厘米（图五六，15）。

089：3，矮领罐口沿，砂质灰陶。直领，溜肩，肩部饰粗绳纹。口径18、残高5.5、壁厚0.8厘米（图五六，13）。

089：4，矮领罐口沿，泥质灰陶。矮领外侈，领外壁饰数道细小弦纹。口径20、残高5.2、壁厚0.6厘米（图五六，12）。

089：5，高领壶口沿，泥质灰陶。高领外侈，外壁饰数道细小弦纹。残高5、壁厚0.7厘米（图五六，4）。

089：6，折沿盆口沿，泥质灰陶。折沿，直弧腹，外壁饰竖向绳纹。残高6.5、壁厚0.7厘米（图五六，6）。

089：7，平折沿盆口沿，泥质灰陶。平折沿，直弧腹，外壁饰竖向绳纹。残高5.3、壁厚0.7厘米（图五六，17）。

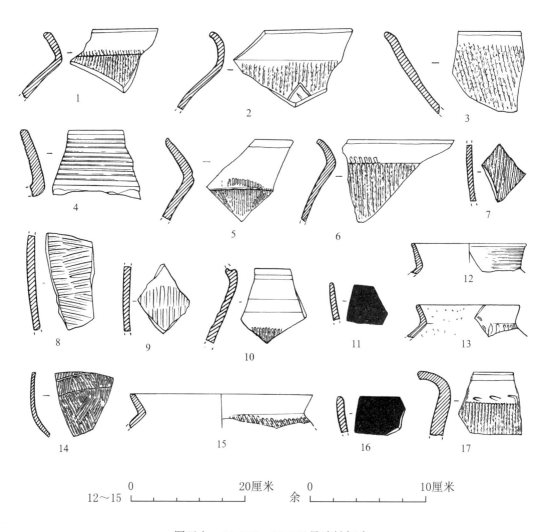

图五六 04-088、04-089号遗址标本

1、2.矮领罐口沿（088：5，088：6） 3.侈口盆口沿（088：7） 4.高领壶口沿（089：5） 5、6.折沿盆口沿（089：8，089：6） 7、14.绳纹陶片（088：8，089：1） 8、9.篮纹陶片（088：4，088：3） 10.折沿盆口沿残片（088：9） 11、16.敞口钵口沿（088：1，088：2） 12、13、15.矮领罐口沿（089：4，089：3，089：2） 17.平折沿盆口沿（089：7）（11、16为鲁家坡一期遗存，8、9为阿善三期文化，1～3为朱开沟文化，余为战国）

089：8，折沿盆口沿，泥质灰陶。折沿，斜弧腹，外壁饰竖向绳纹。残高5.2、壁厚0.7厘米（图五六，5）。

### 04-090　小缸房遗址-3

遗址编号：QYX-3

文化属性：庙子沟文化、阿善三期文化、永兴店文化、朱开沟文化、战国

行政归属：清水河县窑沟乡小缸房村

GPS 坐标：遗址西部东经111°26′29.1″、北纬39°53′34.9″

海拔高度：1119±10米

初查时间：2004年5月12日

遗址位于紧邻黄河东岸的两片坡体北侧。西坡较为漫长，北坡较陡，南坡较缓，与小缸房村落所在坡体的南坡东部相连。遗址所在的两片坡体之间有一条通往该村的乡间公路，且将遗址隔开。遗址靠下端的公路下存有一排废弃的砖砌窑洞。站在遗址上，向西可见丰准铁路、黄河大桥及岔河口村。黄河沿遗址所在土丘东北—西南向转弯流过。土丘西坡底部为沿黄公路（图五五；彩版五三；彩版七八，2）。

遗址所在土丘顶部散见大量石块，根据石墙残存部分可见，石墙北部保存较好，东、西两侧石墙向南部坡下延伸，保存较差，东部石墙部分被小冲沟所破坏。结合石墙的形制及相关遗物可判断，此石城应为阿善三期文化石城（图五七；彩版二八）。

遗址东西长约500米、南北宽约250米，总面积约12.5万平方米。遗物分布范围极广，时代延续较长，以战国时期为主，其次为永兴店文化、阿善三期文化，朱开沟文化和庙子沟文化的较少。

2006年对其进行了小规模试掘。

090：1，陶塑，泥质灰陶。残断，仅存头部及颈部，形似马，刻画形象、生动。残高7、壁厚1.8厘米（图五八，13）。

090：2，高领罐口沿，泥质灰陶。高领。残高5.5、壁厚0.4厘米（图五八，16）。

090：3，平折沿盆口沿，泥质灰陶。平折沿，直弧腹。腹壁饰规整的弦断绳纹。残高5.1、壁厚0.5厘米（图五八，21）。

090：4，卷沿瓮口沿，泥质灰陶。卷沿，直弧腹。腹壁饰绳纹。残高4.6、壁厚0.5厘米（图五八，20）。

090：5，侈沿罐口沿，夹砂红褐陶。侈领，颈部饰一周附加堆纹。残高3.7、壁厚0.6厘米（图五八，19）。

090：6，窄沿罐底，泥质灰陶。斜直腹，平底。腹壁饰篮纹。残高3.5、壁厚0.6厘米（图五八，10）。

090：7，石刀，红褐色板岩磨制而成，整体基本呈长方形，中部存有钻孔，残

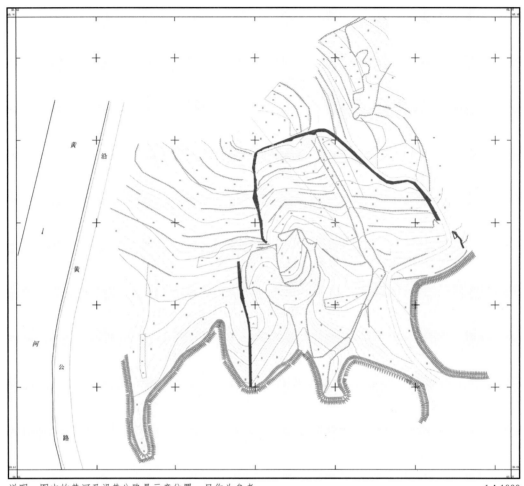

说明：图中的黄河及沿黄公路是示意位置，只作为参考。　　　　　　　　　　　　　1∶1000

图五七　04-090号遗址地形图

半。刃部较薄。残长7.3、宽5.2、壁厚1厘米（图五八，11）。

　　090∶8，附加堆纹陶片，砂质灰陶。外壁饰附加堆纹及竖向绳纹。壁厚0.4厘米
（图五八，4）。

　　090∶9，绳纹罐底，夹砂灰褐陶。斜直腹，平底。外壁饰斜向绳纹。残高3.5、壁
厚0.5厘米（图五八，8）。

　　090∶10，刻划纹陶片，泥质灰陶。外壁饰刻划纹。壁厚0.7厘米（图五八，22）。

　　090∶11，窄沿罐底，泥质灰陶。斜弧腹，平底。外壁饰右斜向篮纹。残高3.5、
壁厚0.4厘米（图五八，14）。

　　090∶12，窄沿罐口沿，砂质灰陶。小窄沿，溜肩。肩部上部饰三道附加堆纹，以
下饰横向篮纹。残高6、壁厚0.6厘米（图五八，1）。

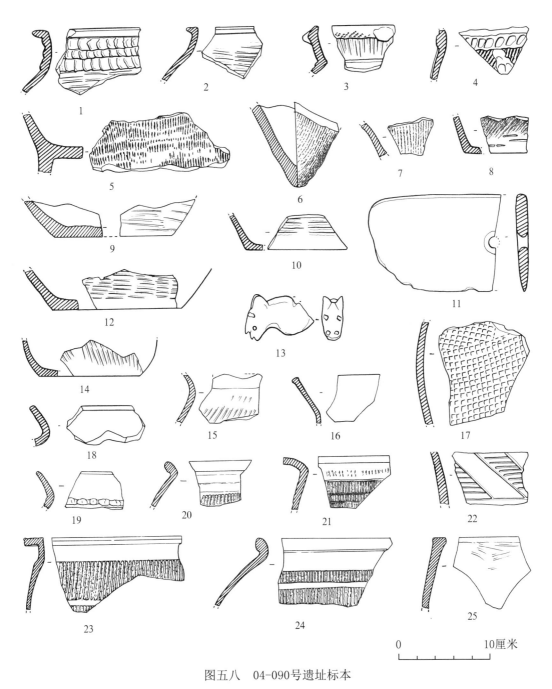

图五八　04-090号遗址标本

1、2.窄沿罐口沿（090：12，090：13）　3.蛇纹鬲口沿（090：21）　4.附加堆纹陶片（090：8）　5.瓿腰（090：18）　6.鬲足（090：20）　7.绳纹陶片（090：23）　8.绳纹罐底（090：9）　9、10、12、14.窄沿罐底（090：16，090：6，090：15，090：11）　11.石刀（090：7）　13.陶塑（090：1）　15.侈沿罐口沿（090：14）　16.高领罐口沿（090：2）　17.方格纹陶片（090：17）　18.折沿罐口沿（090：19）　19.侈沿罐口沿（090：5）　20、24.卷沿瓮口沿（090：4，090：24）　21、23.平折沿盆口沿（090：3，090：25）　22.刻划纹陶片（090：10）　25.三足瓮口沿（090：22）（19为庙子沟文化，1、2、15为阿善三期文化，4、9～12、14、22为永兴店文化，3、5～7、18、25为朱开沟文化，余为战国）

090：13，窄沿罐口沿，泥质灰白陶。小窄沿，溜肩。肩部饰横向篮纹。残高4.6、壁厚0.5厘米（图五八，2）。

090：14，侈沿罐口沿，泥质灰陶。侈口，矮领。肩部饰篮纹。残高5、壁厚0.5厘米（图五八，15）。

090：15，窄沿罐底，泥质红褐陶。斜弧腹，平底。外壁饰横向篮纹。残高4.1、壁厚0.7厘米（图五八，12）。

090：16，窄沿罐底，泥质灰陶。斜直腹，平底。外壁饰横向篮纹。残高4.5、壁厚0.8厘米（图五八，9）。

090：17，方格纹陶片，泥质红褐陶。胎质疏松。外壁拍印方格纹。壁厚1厘米（图五八，17）。

090：18，甗腰，泥质灰陶。存有腰隔，外壁饰竖向绳纹。腰隔宽约3.5、壁厚0.8厘米（图五八，5）。

090：19，折沿罐口沿，泥质灰白陶。侈领。残高5、壁厚0.8厘米（图五八，18）。

090：20，鬲足，泥质灰陶。锥状空心足，外壁饰竖向绳纹。残高8.5、壁厚0.8厘米（图五八，6）。

090：21，蛇纹鬲口沿，泥质灰陶。外斜唇，高领，唇部饰一周细泥条纹，并存有一凸纽。领部饰竖向绳纹。残高5、壁厚0.8厘米（图五八，3）。

090：22，三足瓮口沿，砂质灰褐陶。平口，直弧腹。残高7.5、壁厚0.8厘米（图五八，25）。

090：23，绳纹陶片，泥质红褐陶。为陶器领部残片，外壁饰竖向绳纹。壁厚0.7厘米（图五八，7）。

090：24，卷沿瓮口沿，泥质灰陶。卷沿，溜肩，鼓腹。外壁饰抹断绳纹。残高7.8、壁厚0.6厘米（图五八，24）。

090：25，平折沿盆口沿，泥质灰陶。方唇，折沿，直弧腹。外壁饰抹断绳纹。残高7.7、壁厚0.5厘米（图五八，23）。

## 04—091　新营峁遗址-3

遗址编号：QYX-3

文化属性：鲁家坡一期遗存、战国

行政归属：清水河县窑沟乡新营峁村

GPS 坐 标：遗址中部偏南部东经111°29′32.3″、北纬39°55′06.1″

海拔高度：1186±7米

初查时间：2004年5月8日

遗址位于新营峁村西部一制高点海拔高度1213米的山体南部缓坡之上，向北可见桑林坡村，南邻石井沟，与东北部04-068号遗址点相隔一条大沟，相距约为300米。遗址西南坡被一条小型冲沟分割，所在土丘顶部平缓，西南坡长而缓，邻沟处较陡。地表现辟为耕地，一条乡村小路从遗址的东部穿过（彩版七九，1）。

遗址东西长约200米、南北宽约200米，总面积约4万平方米。地表散见陶片以素面灰陶为主，其次为绳纹陶片。主要分布于遗址南部，西部较少。

091：1，石刀，白色板岩磨制而成，仅残存一块。应为长方形，刃部较薄，中部钻孔残。残长3.7、宽4、厚0.4厘米（图五九，6）。

091：2，平折沿盆口沿，泥质灰陶。平折沿，直弧腹，外壁饰数道弦纹。残高4.7、壁厚0.5厘米（图五九，4）。

091：3，卷沿瓮口沿，泥质灰陶。卷沿，溜肩，肩部以下饰竖向绳纹。残高4.5、壁厚0.5厘米（图五九，1）。

091：4，窄沿罐口沿，泥质红陶。窄沿，溜肩，素面。残高8.6、壁厚0.4厘米（图五九，11）。

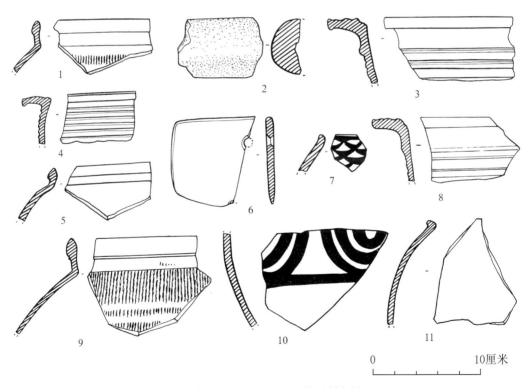

图五九　04-091、04-092号遗址标本

1、5、9.卷沿瓮口沿（091：3，091：5，091：6）　2.石杵（092：1）　3、4、8.平折沿盆口沿（091：8，091：2，091：7）　6.石刀（091：1）　7.小口双耳罐口沿（092：2）　10.彩陶片（092：3）　11.窄沿罐口沿（091：4）（6、11为鲁家坡一期遗存，2、7、10为庙子沟文化，余为战国）

091：5，卷沿瓮口沿，泥质灰陶。卷圆唇，矮领，溜肩，肩部以下饰竖向绳纹。残高5、壁厚0.5厘米（图五九，5）。

091：6，卷沿瓮口沿，泥质灰陶。矮领，微卷沿，溜肩，肩部以下饰抹断绳纹。残高8.5、壁厚0.5厘米（图五九，9）。

091：7，平折沿盆口沿，泥质灰陶。平折沿，沿上边缘存有凹槽，斜弧腹，外壁饰数道弦纹。残高5.5、壁厚0.5厘米（图五九，8）。

091：8，平折沿盆口沿，泥质灰陶。平折沿，斜弧腹，外壁饰数道弦纹。残高5.6、壁厚0.6厘米（图五九，3）。

### 04-092　南梁遗址-2

遗址编号：QYN-2

文化属性：庙子沟文化

行政归属：清水河县窑沟乡南梁村

GPS 坐 标：遗址制高点东经111°27′42.4″、北纬39°55′45.5″

海拔高度：1157±5米

初查时间：2004年5月8日

遗址位于南梁村东北部制高点海拔高度1154米的圆形台地之上。西部可远望到黄河，北部与羊路渠村隔沟相望，西北部可远望到丰准铁路的跨河大桥，西南可见04-094号遗址点。台地西南坡坡体较长，邻沟处地表沙化严重，种植有柠条。西北坡坡体长且缓，一条乡村公路从遗址的中心穿过，现辟为耕地（彩版七九，2）。

遗址东西长约300米、南北宽500米，总面积约15万平方米。地表可见遗物主要为泥质红陶片，彩陶片次之。大多分布于山体的东南坡处，顶部较少见。

092：1，石杵，灰色砂岩磨制而成，残。表面打磨光滑。残长7.3、宽5.5厘米（图五九，2）。

092：2，小口双耳罐口沿，泥质红陶。侈口，溜肩，外壁饰黑彩鱼鳞状几何纹。壁厚0.5厘米（图五九，7）。

092：3，彩陶片，泥质红陶。外壁饰黑彩弧线几何纹。壁厚0.6厘米（图五九，10）。

### 04-093　小河畔遗址-1

遗址编号：QYX-1

文化属性：战国

行政归属：清水河县窑沟乡小河畔村

GPS 坐 标：遗址中部东经111°27′05.6″、北纬39°56′07.4″

海拔高度：1033±6米

初查时间：2004年5月8日

遗址位于小河畔村东部的平台之上，北部紧邻浑河，西部距黄河约1公里。遗址西南可望见黄河与浑河交汇处及丰准铁路的跨河大桥，西侧紧贴村庄，东部为一条旱沟，南部存有一乡间小路，小路相隔处存有几间废弃的窑洞。遗址所在的平台南部有一处低洼地与向上的漫坡相连，北部较陡，近浑河处较为平缓，为浑河河槽。北部坡地种植有数排杨树。遗址向东可见羊路渠村及04-084号遗址（参见图三四）。

遗址东西长约80米、南北宽约40米，总面积约0.32万平方米。地表可见皆为战国时期的陶片，以弦纹与绳纹组合纹为多，少量素面。可辨认器形有盆、罐等。

093：1，平折沿盆口沿，泥质灰陶。平折沿，直弧腹。残高6.3、壁厚0.5厘米（图六〇，1）。

093：2，绳纹陶片，泥质灰陶。外壁饰竖向绳纹。壁厚0.6厘米（图六〇，7）。

### 04-094　南梁遗址-3

遗址编号：QYN-3

文化属性：庙子沟文化

行政归属：清水河县窑沟乡南梁村

GPS坐标：遗址中心偏北处东经111°27′01.6″、北纬39°55′53.1″

海拔高度：1071±6米

初查时间：2004年5月8日

遗址位于与南梁村西北部相距约800米的坡地之上，北邻小河畔村；西部为浑河和黄河的交汇处，且可见04-085号遗址；遗址向北隔浑河与对岸的岔河口村及岔河口遗址相望；东距04-092号遗址约600米。遗址所在坡地东、西、北三面环沟，南面为与梁相接的长形坡地。南部已暴露出岩石层，北部为耕地，部分为荒草覆盖。

遗址东西长约80米、南北宽约150米，总面积约1.2万平方米。地表散见陶片主要为庙子沟文化，可见有小口尖底瓶及夹砂罐残片等，主要分布于遗址北坡。在遗址东部断崖处发现一被破坏的同时期的房址。

094：1，石刀，青灰色板岩磨制而成，平面呈长方形，残。刃部打磨较薄。残长6.5、宽4.8、厚0.6厘米（图六〇，9）。

094：2，篮纹陶片，泥质红褐陶。外壁饰篮纹。壁厚0.4厘米（图六〇，4）。

094：3，尖底瓶口沿，泥质红陶。喇叭口，素面。残高4.2、壁厚0.5厘米（图六〇，2）。

094：4，平口罐口沿，夹砂灰陶。直口，外壁饰竖向绳纹。残高5、壁厚1～1.8厘米（图六〇，3）。

094：5，直口钵口沿，泥质红陶。直口，弧腹，外壁饰黑彩几何纹。残高3.6、壁

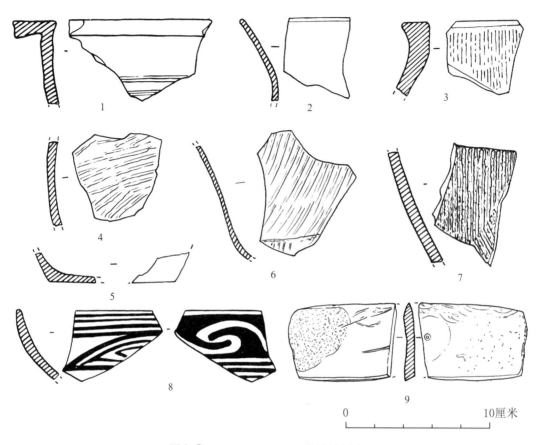

图六〇　04-093、04-094号遗址标本

1.平折沿盆口沿（093：1）　2.尖底瓶口沿（094：3）　3.平口罐口沿（094：4）　4、6.篮纹陶片（094：2、094：7）　5.侈沿罐底（094：6）　7.绳纹陶片（093：2）　8.直口钵口沿（094：5）　9.石刀（094：1）（2～6、8、9为庙子沟文化，余为战国）

厚0.5厘米（图六〇，8）。

　　094：6，侈沿罐底，砂质灰陶。平底，素面。残高1.8、壁厚0.5厘米（图六〇，5）。

　　094：7，篮纹陶片，泥质红陶。外壁饰篮纹。壁厚0.3厘米（图六〇，6）。

## 04-095　铁驼墕遗址-2

遗址编号：QYT-2

文化属性：庙子沟文化、朱开沟文化、战国

行政归属：清水河县窑沟乡铁驼墕村

GPS 坐 标：遗址中部东经111°27′32.0″、北纬39°54′45.9″

海拔高度：1170±10米

初查时间：2004年5月9日

遗址位于铁驼塄村北部偏西坡体的顶部偏向西南的缓坡之上，地势呈东高西低，南北两侧均为低洼地，较远处则为连绵起伏的山坡。遗址西南与04-086号遗址相隔一小型冲沟，西部为两沟尾的交汇处，部分地段已经暴露出基岩。地表现辟为耕地，耕土多呈红褐色，夹杂有料礓石。南部耕地内存有几座现代墓葬（参见图五四）。

遗址东西长约400米、南北宽约200米，总面积约8万平方米。遗址地表散见主要为朱开沟文化遗物，可辨认器形有盆、鬲等。庙子沟文化遗物较少，可见有夹砂罐等陶器残片。朱开沟文化所占面积较小，但遗物较多，主要分布于遗址下部，庙子沟文化遗物则分布于上部。

095：1，绳纹陶片，泥质灰陶。外壁饰弦断绳纹。壁厚0.5厘米（图六一，23）。

095：2，戳刺纹陶片，泥质灰陶。外壁饰戳刺纹。壁厚0.6厘米（图六一，16）。

095：3，彩陶片，泥质灰陶。外壁饰黑彩弧线几何纹。壁厚0.6厘米（图六一，28）。

095：4，彩陶片，泥质红陶。外壁饰黑彩弧线几何纹。壁厚0.7厘米（图六一，26）。

095：5，彩陶片，泥质红陶。外壁饰黑彩弧线几何纹。壁厚0.6厘米（图六一，27）。

095：6，绳纹陶片，泥质红陶。外壁饰竖向绳纹。壁厚0.7厘米（图六一，21）。

095：7，甗腰，泥质灰陶，胎体厚重。盆部腹壁斜直，断面可见腰隔与甗盆为分别制作后接而成，外壁饰竖向绳纹。残高11.7、壁厚0.6、腰隔宽约2厘米（图六一，11）。

## 04-096　铁驼塄遗址-3

遗址编号：QYT-3

文化属性：庙子沟文化、阿善三期文化、朱开沟文化、战国

行政归属：清水河县窑沟乡铁驼塄村

GPS坐标：遗址中部东经111°27′12.9″、北纬39°55′00.7″

海拔高度：1105±5米

初查时间：2004年5月9日

遗址位于黄河东岸的台地之上，平面呈东西长、南北宽的半岛状。半岛东端隆起；南侧为老牛湾村；西侧为深沟大壑，蜿蜒曲折；西端暴露出基岩，濒临黄河。遗址即在此台地的中部，东西两端部分退耕还林、部分裸露出岩石层。西部杂草丛生，育林坑交错分布，东侧为深沟，均暴露出铁矿石层，覆盖的土壤层早已破坏，生态遭到严重破坏。

遗址东西长约400米、南北宽约100米，总面积约4万平方米。遗址文化层保存尚可，断崖剖面处可见灰坑等遗迹现象。地表散见遗物以战国时期为主，可辨有鬲、盆、罐等器物残片。庙子沟文化遗物较少，有石凿、石斧及陶罐等器物残片，多分布

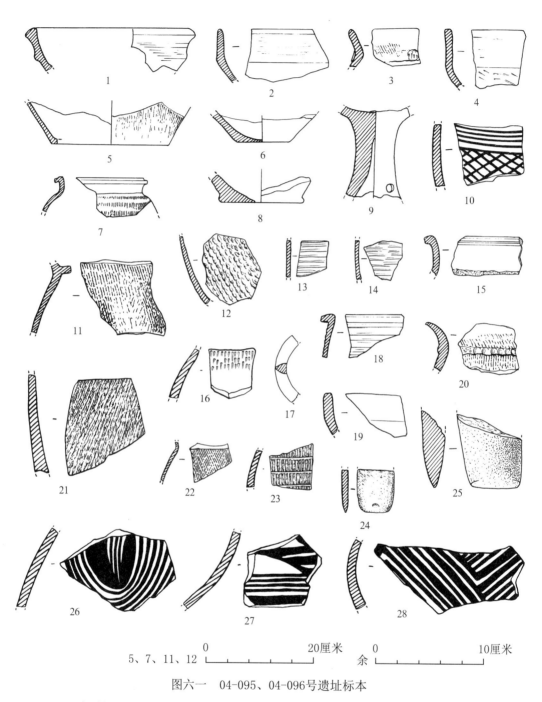

图六一　04-095、04-096号遗址标本

1、2、4、19.碗口沿（096：15，096：17，096：11，096：12）　3、20.侈沿罐口沿（096：10，096：14）　5.罐底（096：18）　6、8.碗底（096：20，096：4）　7.矮领瓮口沿（096：21）　9.豆柄（096：3）　10、26～28.彩陶片（096：6，095：4，095：5，095：3）　11.瓿腰（095：7）　12、21～23.绳纹陶片（096：5，095：6，096：19，095：1）　13、14.篮纹陶片（096：9，096：8）　15、18.平折沿盆口沿（096：16，096：13）　16.戳刺纹陶片（095：2）　17.陶环（096：7）　24.石刀（096：1）　25.石斧（096：2）　（3、10、20、24～28为庙子沟文化，13、14、17为阿善三期文化，5、11、21为朱开沟文化，余为战国）

于遗址东部。

096：1，石刀，白色泥岩磨制而成，上端残。整体呈长方形，刃部较薄。残长4、宽3.3、厚0.6厘米（图六一，24）。

096：2，石斧，灰褐色泥岩磨制而成，上端残。整体呈梯形，下端略窄，直刃。残长6.5、刃部宽5厘米（图六一，25）。

096：3，豆柄，泥质灰陶。盘部及底部均残，豆柄空心。残高7.8、豆柄径2.1厘米（图六一，9）。

096：4，碗底，泥质灰陶。假圈足。残高2.8、壁厚0.7厘米（图六一，8）。

096：5，绳纹陶片，夹砂灰褐陶。外壁饰粗绳纹。壁厚1厘米（图六一，12）。

096：6，彩陶片，泥质红陶。外壁饰黑彩弧线网状几何纹。壁厚0.4～0.7厘米（图六一，10）。

096：7，陶环，泥质灰陶。截面楔形。壁厚0.8厘米（图六一，17）。

096：8，篮纹陶片，泥质灰陶。外壁饰篮纹。壁厚0.4厘米（图六一，14）。

096：9，篮纹陶片，泥质灰陶。外壁饰横向篮纹。壁厚0.4厘米（图六一，13）。

096：10，侈沿罐口沿，夹砂红褐陶。高领微侈，领部饰泥饼纹。残高3.1、壁厚0.5厘米（图六一，3）。

096：11，碗口沿，泥质灰陶。敞口，折腹，下腹壁斜内收，素面。残高5.2、壁厚0.5厘米（图六一，4）。

096：12，碗口沿，泥质灰陶。直口，折腹，腹壁下部斜内收。残高3.7、壁厚1厘米（图六一，19）。

096：13，平折沿盆口沿，泥质灰陶。小平沿，直弧腹，外壁饰数道凸弦纹。残高4、壁厚0.5厘米（图六一，18）。

096：14，侈沿罐口沿，夹砂红陶。侈领，颈部饰一周附加堆纹，领部及以下饰竖向绳纹。残高4、壁厚0.7厘米（图六一，20）。

096：15，碗口沿，泥质灰陶。直口，口部外侧起凸棱，折腹，腹壁下部斜直内收，折腹处起凸棱。口径15、残高4、壁厚0.5厘米（图六一，1）。

096：16，平折沿盆口沿，泥质灰陶。平折沿，沿以下饰弦纹。残高3.5、壁厚0.5厘米（图六一，15）。

096：17，碗口沿，泥质灰陶。直口，折腹，下腹壁斜直内收。残高4.5、壁厚0.5厘米（图六一，2）。

096：18，罐底，泥质红陶。外壁饰竖向绳纹。底径22、壁厚0.5～0.7厘米（图六一，5）。

096：19，绳纹陶片，泥质灰陶。口部残，外壁饰竖向绳纹。壁厚0.3厘米（图六一，22）。

096：20，碗底，泥质灰陶。小平底，素面。残高2.7、壁厚0.5厘米（图六一，6）。

096：21，矮领瓮口沿，泥质灰陶。矮领，以下内凹，直弧腹，外壁饰弦断绳纹。口径36、残高6.7、壁厚0.5厘米（图六一，7）。

### 04-097　万家寨遗址-2

遗址编号：QYW-2

文化属性：汉代

行政归属：清水河县窑沟乡万家寨村

GPS坐标：遗址中部东经111°28′48.1″、北纬39°54′43.1″

海拔高度：1215±9米

初查时间：2004年5月9日

万家寨村位于一浑圆形山体北部，山丘北部为一缓长的漫坡，坡底与注入浑河的南北向石井沟相邻。遗址北部地势较高，两侧被石井沟分出的小叉沟所阻隔；其北部地势较低平，被晚期发育的几条小冲沟分解得支离破碎。地表现辟为耕地，并植有柠条及苜蓿草等。东北部沙化严重（彩版八〇，1）。

遗址东西长约700米、南北宽约200米，总面积约14万平方米。遗址地表分布有大量素面泥质灰陶残片，少量弦断绳纹陶片。

097：1，罐口沿，泥质灰陶。卷方沿，内壁存有凹槽，素面。口径19.2、残高3、壁厚0.4厘米（图六二，2）。

097：2，绳纹陶片，泥质灰陶。外壁饰抹断绳纹。壁厚0.5厘米（图六二，7）。

097：3，绳纹陶片，泥质灰陶。外壁饰戳刺纹。壁厚0.4厘米（图六二，13）。

097：4，平折沿盆口沿，泥质灰陶。平折沿，斜弧腹，素面。口径36、残高2.5、壁厚0.6厘米（图六二，15）。

097：5，平折沿盆口沿，泥质灰陶。平折沿，斜弧腹。外壁饰数道弦纹。口径32、残高3.8、壁厚0.6厘米（图六二，12）。

097：6，平折沿盆口沿，泥质灰陶。平折沿，斜弧腹，外壁饰抹断绳纹。口径34、残高6.8、壁厚0.6厘米（图六二，6）。

097：7，平折沿盆口沿，泥质灰陶。胎壁厚重。折沿，溜肩，素面。口径32、残高8.5、壁厚1厘米（图六二，14）。

### 04-098　新营峁遗址-4

遗址编号：QYX-4

文化属性：庙子沟文化、汉代

行政归属：清水河县窑沟乡新营峁村

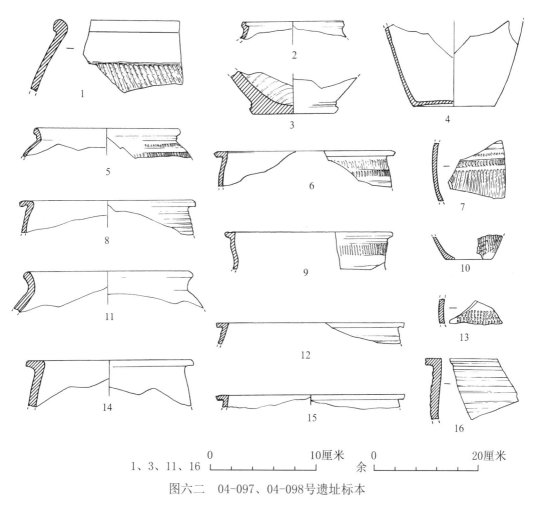

图六二　04-097、04-098号遗址标本

1、5、11.卷沿瓮口沿（098：1，098：6，098：4）　2.罐口沿（097：1）　3.碗底（098：2）　4.罐底（098：9）　6、8、12、14～16.平折沿盆口沿（097：6，098：7，097：5，097：7，097：4，098：8）　7、13.绳纹陶片（097：2，097：3）　9.高领罐口沿（098：5）　10.侈沿罐底（098：3）（10为庙子沟文化，余为汉代）

GPS坐标：遗址中部偏东部东经111°30′01.2″、北纬39°54′46.7″

海拔高度：1176±4米

初查时间：2004年5月9日

遗址位于石井沟沟尾的台地上，南面为起伏的山丘，其余三面为石井沟的分支所环绕。遗址地势南高北低，中心略隆起，周围略有起伏，东部有两条南北向晚期发育的冲沟，注入石井沟。遗址隔沟西可望见万家寨村，北可遥望新营峁村。两村附近各有一战国遗址，三个遗址隔石井沟相望，可能为一大型战国遗址群。遗址西南部，石井沟南侧另见几处龙山遗物（与04-068、04-097号遗址同属一遗址群）。遗址地表现辟为耕地。

遗址东西长约300米、南北宽约150米，总面积约4.5万平方米。地表散见皆为泥质灰陶残片，可辨认器形有宽沿盆、矮领罐等。汉代遗物丰富，分布集中。

098：1，卷沿瓮口沿，泥质灰陶。敛口，卷沿，圆鼓腹，外壁饰绳纹。残高6.6、壁厚0.5厘米（图六二，1）。

098：2，碗底，泥质灰陶。假圈足，平底。残高3.5、壁厚1厘米（图六二，3）。

098：3，侈沿罐底，砂质灰陶。斜直腹，平底。外壁饰竖向绳纹。口径32、残高4.4、壁厚0.6厘米（图六二，10）。

098：4，卷沿瓮口沿，泥质灰陶。卷沿，溜肩，素面。残高3.6、壁厚0.6厘米（图六二，11）。

098：5，高领罐口沿，泥质灰陶。高领，直弧腹，外壁饰抹断绳纹。残高6.7、壁厚0.7厘米（图六二，9）。

098：6，卷沿瓮口沿，泥质灰陶。卷圆沿，溜肩，外壁饰弦断绳纹。口径27.6、残高5、壁厚0.4厘米（图六二，5）。

098：7，平折沿盆口沿，泥质灰陶。平折沿，直弧腹，外壁饰数道弦纹。口径33.8、残高6.5、壁厚0.5厘米（图六二，8）。

098：8，平折沿盆口沿，泥质灰陶。平折沿，直弧腹，外壁数道弦纹。残高5.6、壁厚0.5厘米（图六二，16）。

098：9，罐底，泥质灰陶。斜直腹，平底，素面。残高6.2、壁厚0.5厘米（图六二，4）。

### 04-099　黑草咀遗址-1

遗址编号：QYH-1

文化属性：汉代

行政归属：清水河县窑沟乡黑草咀村

GPS 坐 标：遗址中部偏南东经111°28′49.7″、北纬39°53′38.8″

海拔高度：1203±5米

初查时间：2004年5月10日

遗址位于黑草咀村北部土丘的南坡之上，山丘顶部平坦，制高点为海拔高度1266米。地势南高北低，东西两侧为缓坡，南邻龙泉沟的分支，东部隔沟可望见下刁家梁村，地表现辟为耕地（图六三；彩版八〇，2）。

遗址东西长约200米、南北宽约100米，面积约2万平方米。南部梯田断面处有较薄的文化层，可见有红烧土及炭屑颗粒等，顶部分布较多。地表散见陶片多以素面灰陶为主，主要为汉代遗物。可辨器形有盆、瓮等。

099：1，卷沿瓮口沿，泥质灰陶。卷圆沿，圆鼓腹，素面。残高3、壁厚0.3厘米

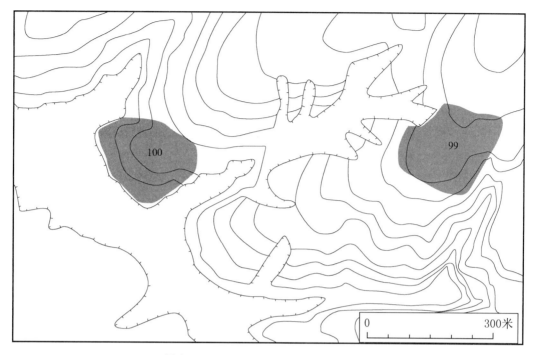

图六三　04-099、04-100号遗址地形图

（图六四，12）。

099：2，盆底，泥质灰陶。斜直腹，平底，素面。残高6、壁厚0.5厘米（图六四，20）。

099：3，卷沿瓮口沿，泥质灰陶。卷沿，素面。残高4、壁厚0.7厘米（图六四，10）。

099：4，折沿盆口沿，泥质灰陶。斜折沿，斜弧腹，内壁可见磨光暗条纹。口径28、残高6、壁厚0.5厘米（图六四，22）。

## 04-100　黑草咀遗址-2

遗址编号：QYH-2

文化属性：永兴店文化、战国

行政归属：清水河县窑沟乡黑草咀村

GPS坐标：遗址中部东经111°28′14.2″、北纬39°53′32.2″

海拔高度：1107±5米

初查时间：2004年5月10日

遗址位于黑草咀村西北一山坡之上，西、北部邻沟，北部隔沟可遥望见桑林坡村。遗址所在坡体由东向西延伸，邻沟处略陡。现地表辟为耕地，被一条小冲沟隔开成南北两部分，遗址北坡有一现代墓葬。地表为黑褐色土壤夹杂料礓石，南坡沙化严重，部分种植有柠条以减缓沙化（参见图六三；彩版八〇，2）。

遗址东西长约150米、南北宽约50米，总面积约0.75万平方米。分布范围较小，遗物分布较为分散。地表散见遗物以战国时期为主，可辨器形有宽沿盆、罐等。

100：1，绳纹陶片，泥质灰陶。外壁饰弦断绳纹。壁厚0.5厘米（图六四，11）。

100：2，碗口沿，泥质灰陶。直口外起凸棱，折腹，下腹壁斜直内收，折腹处存有凸棱。残高4、壁厚0.5厘米（图六四，7）。

100：3，平折沿盆口沿，泥质灰陶。平折沿，斜弧腹，外壁上部饰弦纹，下端饰抹断斜向绳纹。残高10、壁厚0.5厘米（图六四，1）。

100：4，高领罐口沿，泥质灰陶。高领外侈，素面。残高4.8、壁厚0.4厘米（图六四，4）。

### 04-101　城咀遗址-1

遗址编号：QYC-1

文化属性：阿善三期文化、永兴店文化、朱开沟文化、战国

行政归属：清水河县窑沟乡城咀村

GPS坐标：遗址东南角东经111°26′23.8″、北纬39°54′22.7″

海拔高度：1075±5米

初查时间：2004年5月12日

遗址位于黄河东岸陡崖上部的台地之上，东部坡顶即为城咀村，西部坡体向下即为黄河，南北两侧为注入黄河的东西向冲沟，两沟沟尾交汇的东部坡体上方即为城咀村所在。遗址东、南、北三侧可见隆起的夯土城墙，土城呈南北长、东西略窄的狭长形。城址平面形状不甚规则，依据山势而建，东部城墙较为明显，南、北部的城墙依据冲沟的走势蜿蜒向西直至黄河岸边。城内地势东高西低，中部为一浑圆的土丘，向南略低趋于平缓。此城所据地势险要，北城墙所建地势即为较高的坡岗，向北趋低处形成半岛状平台（图六五；图六六；彩版一五，2；彩版一六；彩版二九）。城内现已辟为梯田，部分挖有育林坑。遗址隔河可望见黄河西岸的寨子上、白草塔等遗址（彩版五四；彩版八一，1）。

遗址东西长约250～500米、南北宽约1000米，总面积约40万平方米。地表遗物主要为战国时期和永兴店文化遗存，遗址中部有少量朱开沟文化陶片。

20世纪90年代进行过考古发掘，并对其战国时期遗存进行了专门讨论。

101：1，卷沿瓮口沿，泥质灰陶。卷圆唇，折沿，束颈，素面。残高4.6、壁厚0.7厘米（图六四，21）。

101：2，篮纹罐底，泥质灰陶。斜弧腹，平底，外壁可见斜篮纹。残高6.7、壁厚0.4厘米（图六四，16）。

图六四　04-099～04-101号遗址标本

1、2.平折沿盆口沿（100：3，101：3）　3.折腹罐残片（101：12）　4、8.高领罐口沿（100：4，101：13）　5、9.敞口盆口沿（101：7，101：10）　6.篮纹陶片（101：11）　7.碗口沿（100：2）　10、12、21.卷沿瓮口沿（099：3，099：1，101：1）　11、17.绳纹陶片（100：1，101：6）　13、23.矮领瓮口沿（101：8，101：4）　14、18.平口瓮口沿（101：15，101：14）　15.折沿罐口沿（101：5）　16.篮纹罐底（101：2）　19.铁轨式口沿罐（101：9）　20.盆底（099：2）　22.折沿盆口沿（099：4）（1、2、7、11为战国，3、4、6、8、9、14、16、18为永兴店文化，5、17为朱开沟文化，15为阿善三期文化，19鲁家坡一期遗存，余为汉代）

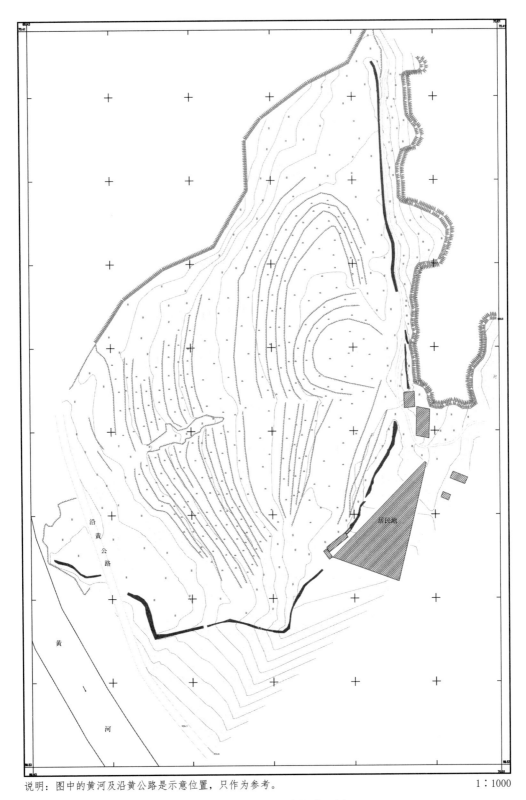

图六五　04-101号遗址地形图

图六六　04-101～04-104号遗址地形图

101：3，平折沿盆口沿，泥质灰陶。平折沿，沿上存有凹槽，直弧腹，外壁饰抹断绳纹。残高7.9、壁厚0.5厘米（图六四，2）。

101：4，矮领瓮口沿，泥质磨光灰陶。卷圆唇，矮领，口下饰有数道凸弦纹，素面。残高4.2、壁厚0.5厘米（图六四，23）。

101：5，折沿罐口沿，砂质灰陶，胎质疏松。直口，平沿，沿部压印坑点状花纹，以下饰附加堆纹。口径21、残高5、壁厚0.8厘米（图六四，15）。

101：6，绳纹陶片，泥质灰褐陶。外壁饰竖向绳纹。壁厚0.8厘米（图六四，17）。

101：7，敞口盆口沿，泥质灰褐陶。敞口，内部存有折棱，斜直腹。腹部饰有竖向绳纹。残高5.3、壁厚0.7厘米（图六四，5）。

101：8，矮领瓮口沿，泥质磨光灰陶。卷圆唇，矮领，口下饰有数道凸弦纹，素面。残高6.7、壁厚2.7厘米（图六四，13）。

101：9，铁轨式口沿罐，泥质灰白陶。敛口，唇上压印几道凹槽，溜肩，圆鼓腹，外壁饰竖向绳纹。残高5、壁厚0.8厘米（图六四，19）。

101：10，敞口盆口沿，泥质灰陶。外叠圆唇，喇叭形口，外壁饰篮纹。残高3.6、壁厚0.4厘米（图六四，9）。

101：11，篮纹陶片，泥质灰陶。口部残，溜肩，外壁饰篮纹。壁厚0.4厘米（图六四，6）。

101：12，折腹罐残片，泥质灰陶。为陶器折腹处残片，外壁饰右斜向篮纹。壁厚0.5～0.8厘米（图六四，3）。

101：13，高领罐口沿，泥质灰陶。卷圆唇，侈领，口部压印一周坑点状花纹。残高6.5、壁厚0.5厘米（图六四，8）。

101：14，平口瓮口沿，泥质灰白陶。厚平唇，直口，直腹。口下饰两道附加堆纹，以下饰竖向绳纹及"之"字形附加堆纹。残高8、壁厚0.5～1.5厘米（图六四，18）。

101：15，平口瓮口沿，泥质灰陶。厚平唇，直口，口部下饰数道附加堆纹。残高6.7、壁厚0.8～1.8厘米（图六四，14）。

### 04-102　城咀遗址-2

遗址编号：QYC-2

文化属性：官地一期遗存、永兴店文化、战国

行政归属：清水河县窑沟乡城咀村

GPS 坐标：遗址中心偏南处东经111°26′47.3″、北纬39°54′23.2″

海拔高度：1109±8米

初查时间：2004年5月12日

遗址位于城咀村东部浑圆形的山丘之上，山丘东北坡较短，存一现代墓葬；西坡缓长，为进入城咀村战国城址的必经之路。东北濒临冲沟，此沟由东南向西北注入黄河；南邻低洼地，复而隆起即为城咀103号石城址，两遗址之间有乡村小路穿过。土丘顶部平缓，周围辟为环形梯田（参见图六六；彩版八一，1）。

遗址东西长约300米、南北宽约200米，总面积约6万平方米。遗址地表散见遗物以官地一期遗存为主，永兴店文化的遗物较少。可辨器形有钵、盆、罐等。

102：1，绳纹陶片，泥质灰陶。外壁饰竖向规整的绳纹。壁厚0.8厘米（图六七，1）。

102：2，绳纹陶片，砂质灰陶。外壁饰粗绳纹。壁厚0.5厘米（图六七，6）。

102：3，篮纹陶片，泥质灰陶。外壁饰横向篮纹。壁厚0.4厘米（图六七，5）。

102：4，线纹陶片，泥质灰陶。外壁饰整齐的细线纹。壁厚0.4厘米（图六七，

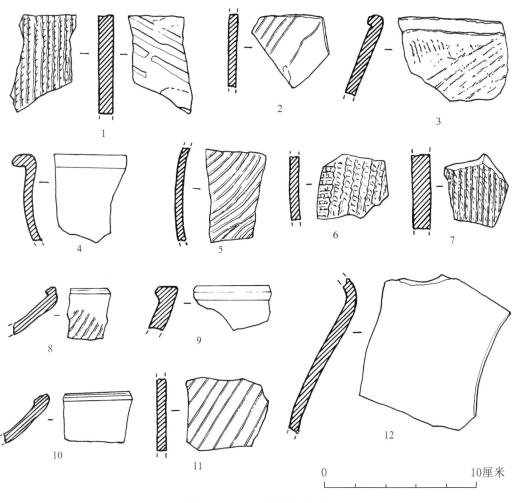

图六七　04-102号遗址标本

1、6、7.绳纹陶片（102∶1，102∶2，102∶5）　2、11.线纹陶片（102∶10，102∶4）　3、9.窄沿罐口沿
（102∶11，102∶9）　4.窄沿盆口沿（102∶7）　5.篮纹陶片（102∶3）　8、10.铁轨式口沿罐口沿（102∶6，
102∶8）　12.罐肩陶片（102∶12）（2～4、8～12为官地一期遗存，5为永兴店文化，1、6、7为战国）

11）。

　　102∶5，绳纹陶片，泥质红褐陶。外壁饰竖向绳纹。壁厚1厘米（图六七，7）。

　　102∶6，铁轨式口沿罐口沿，夹砂红陶。窄沿，溜肩。外壁饰竖向绳纹。残高
3.7、壁厚0.5厘米（图六七，8）。

　　102∶7，窄沿盆口沿，泥质红陶。小折沿，直弧腹。残高4.7、壁厚0.8厘米（图
六七，4）。

　　102∶8，铁轨式口沿罐口沿，泥质红陶。外叠唇，侈口，唇上压有两道凹槽，直
弧腹。残高3.6、壁厚0.6厘米（图六七，10）。

102：9，窄沿罐口沿，夹砂红褐陶。窄沿，溜肩。外壁饰竖向绳纹。残高2.5、壁厚0.7厘米（图六七，9）。

102：10，线纹陶片，泥质灰陶。外壁饰细线纹。壁厚0.4厘米（图六七，2）。

102：11，窄沿罐口沿，夹砂红褐陶。外叠唇，敛口，弧腹。外壁饰横向绳纹。残高5.2、壁厚0.6厘米（图六七，3）。

102：12，罐肩陶片，泥质红陶。口部残，为陶罐肩部残片。壁厚0.7厘米（图六七，12）。

### 04-103　城咀遗址-3

遗址编号：QYC-3

文化属性：官地一期遗存、永兴店文化、战国

行政归属：清水河县窑沟乡城咀村

GPS坐标：遗址中心偏北处东经111°26′50.7″、北纬39°54′06.5″

海拔高度：1156±5米

初查时间：2004年5月12日

遗址位于城咀村东南部制高点海拔高度1153米的山体之上，制高点向西为三个起伏的小型台地，地势略为平缓。在此山丘南坡发现石城址，城址平面呈簸箕状。石城址以西墙保存为最好，东部遭到破坏，另有一段露出完整的墙体，现残存约1.2米。北面为圆弧状依山势而建，因坡之势至中段形成折角向外扩张。冲沟的分支及注入黄河的冲沟在城址南部被一块狭长的缓坡而阻断，未能交汇，此为进入城址的必经之地（参见图六六；图六八；图七二；彩版一七；彩版三〇）。城址内地表红胶泥土已经暴露出来，且有较小的纵向冲沟，文化层已不复存在。

城北部存有一大型土台，岩石遍布，应为城址内制高点。西城墙南面存有一方形石砌建筑。此遗址大部分已辟为梯田，靠近黄河的石埠上已经退耕还林（彩版五五；彩版八一，1）。

遗址东西长500米、南北宽约400米，总面积约20万平方米。遗址内发现有官地一期、永兴店文化、战国三个阶段的文化遗存。其中永兴店文化遗物分布于石城址以内及以东地段；官地一期遗存分布于山丘制高点，最为集中，其范围应为山丘制高点周围及石城址部分地段；战国遗址主要分布于石城址内及以西地区，以西地区最为集中。

2006年对其进行了小规模的试掘。

103：1，石斧，灰色砂岩磨制而成，平面呈上窄下宽的梯形，两侧斜直，直刃，截面圆角方形。长13、宽5～6.7、厚4.3厘米（图六九，3）。

103：2，平折沿盆口沿，泥质灰陶。平折沿，沿微下凹，弧腹，腹部饰有弦纹。口径33、残高6.8、壁厚0.6厘米（图六九，9）。

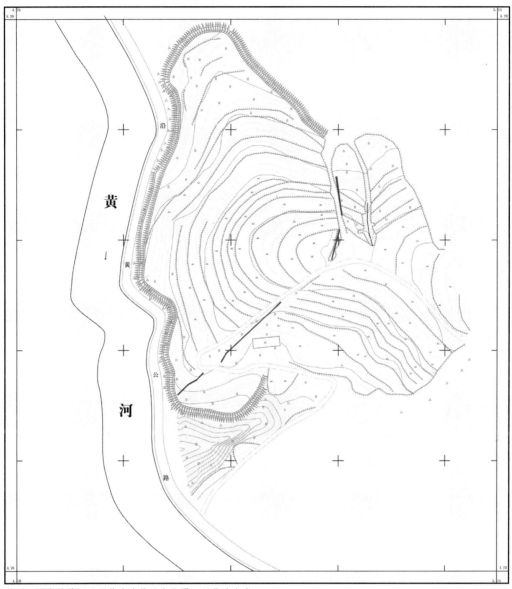

说明：图中的黄河及沿黄公路是示意位置，只作为参考。　　　　　　　　　1∶1000

图六八　04-103号遗址地形图

103∶3，绳纹陶片，夹砂红褐陶。底残，腹部饰左斜向绳纹。壁厚0.8～1.2厘米（图六九，4）。

103∶4，平口瓮口沿，泥质灰陶。直口，胎体厚重，口下饰附加堆纹，以下为绳纹。残高6.5、壁厚1～2.2厘米（图六九，7）。

103∶5，筒瓦残片，泥质灰陶。瓦头处胎体较薄，瓦身装饰有抹断绳纹。残长10.7、壁厚0.7～1.5厘米（图六九，5）。

103：6，矮领罐口沿，泥质灰陶。直领，微卷沿，溜肩。口径22、残高4、壁厚0.5厘米（图六九，8）。

103：7，篮纹陶片，泥质灰褐陶。外壁饰横向篮纹。壁厚0.5厘米（图六九，11）。

103：8，侈沿盆口沿，泥质灰陶。侈沿，肩部微凸，直弧腹。腹部饰竖向绳纹。残高16.7、壁厚1.5厘米（图六九，12）。

103：9，铁轨式口沿瓮口沿，砂质红褐陶。窄沿，沿内凹，直弧腹。外壁饰弦纹。口径15.3、残高3.3、壁厚0.7厘米（图六九，1）。

103：10，矮领罐口沿，泥质红陶。侈沿，溜肩。肩部饰竖向绳纹。口径32、残高6.6、壁厚0.5厘米（图六九，10）。

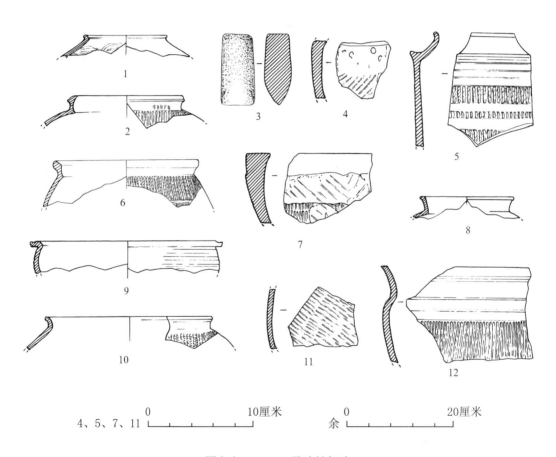

图六九　04-103号遗址标本

1.铁轨式口沿瓮口沿（103：9）　2、6、8、10.矮领罐口沿（103：12，103：11，103：6，103：10）　3.石斧（103：1）　4.绳纹陶片（103：3）　5.筒瓦残片（103：5）　7.平口瓮口沿（103：4）　9.平折沿盆口沿（103：2）　11.篮纹陶片（103：7）　12.侈沿盆口沿（103：8）（1、4为官地一期遗存，3、7、11为永兴店文化，余为战国）

103：11，矮领罐口沿，泥质灰陶。卷沿，溜肩。肩部以下饰竖向绳纹。口径28、残高9.2、壁厚0.5厘米（图六九，6）。

103：12，矮领罐口沿，泥质灰陶。卷沿，溜肩。肩部以下饰竖向绳纹。口径22、残高8、壁厚0.3～0.5厘米（图六九，2）。

### 04-104　胶泥圪老遗址-1

遗址编号：QYJ-1

文化属性：庙子沟文化、朱开沟文化、战国

行政归属：清水河县窑沟乡胶泥圪老村

GPS坐标：遗址东部东经111°27′08.6″、北纬39°53′45.2″

海拔高度：1154±7米

初查时间：2004年5月12日

遗址位于黄河东岸的台地之上，南距胶泥圪老村约200米；西部濒临黄河；东邻城沟沟掌；北部与04-103号遗址相接。遗址东部为两个相连的土丘；西部趋于平缓，延伸至黄河岸边；北部地势低平，略有起伏；南邻一东西向冲沟向西与黄河相接。地表现辟为耕地，西部邻黄河处退耕还林，遍布有规整的育林坑（参见图六六）。

遗址东西长约500米、南北宽约350米，总面积约17.5万平方米。遗址南部山丘周围多见朱开沟文化陶片，分布范围东西长约200米、南北宽约150米。其余地段多见战国陶片，战国遗存遍布整个遗址。

104：1，甗腰，泥质灰陶。断面呈现红褐色，存有腰隔，外壁饰竖向绳纹。壁厚0.8厘米（图七〇，7）。

104：2，绳纹陶片，泥质灰陶。外壁饰竖向绳纹。壁厚0.6厘米（图七〇，11）。

104：3，绳纹陶片，泥质灰陶。外壁饰交错绳纹。壁厚0.5厘米（图七〇，6）。

104：4，鬲口沿，夹砂灰褐陶。微叠唇，直口，口部压印斜线纹，溜肩，外壁饰竖向绳纹。残高5.1、壁厚0.3～0.7厘米（图七〇，13）。

104：5，敛口盆口沿，泥质红褐陶。敛口，斜直腹，外壁饰竖向绳纹。残高6.5、壁厚0.4～0.7厘米（图七〇，8）。

### 04-105　胶泥圪老遗址-2

遗址编号：QYJ-2

文化属性：战国、汉代

行政归属：清水河县窑沟乡胶泥圪老村

GPS坐标：遗址中部东经111°27′19.3″、北纬39°53′35.7″

海拔高度：1184±6米

初查时间：2004年5月12日

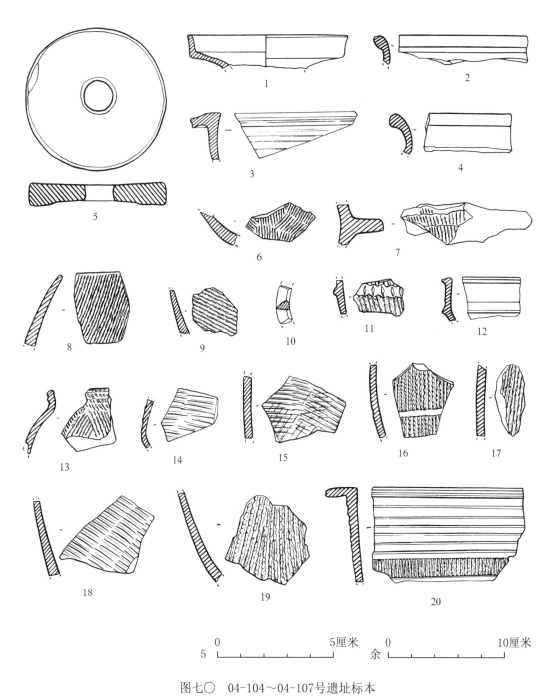

图七〇　04-104～04-107号遗址标本

1.豆盘口沿（105∶5）　2、4.侈沿盆口沿（105∶2，105∶7）　3、20.平折沿盆口沿（105∶8，105∶9）　5.陶纺轮（105∶1）　6、9、11、16、17、19.绳纹陶片（104∶3，106∶1，104∶2，105∶6，107∶3，105∶3）　7.甗腰（104∶1）　8.敛口盆口沿（104∶5）　10.陶环（107∶1）　12.碗口沿（105∶4）　13.鬲口沿（104∶4）　14、15、18.篮纹陶片（107∶2，106∶2，106∶3）（1、5、6、12、16、19、20为战国，7、11、13为朱开沟文化，10为庙子沟文化，14为阿善三期文化，9、15、18为永兴店文化，余为汉代）

遗址位于胶泥圪老村东部山坡之上。此山坡南靠隆起的山丘，东邻城沟的分支，西北接平缓的山岗。地势南高北低，地表现辟为耕地。

整个遗址分布范围较小，东西长约100米、南北宽约150米，总面积约1.5万平方米。地表散见大量战国时期及汉代遗物。

105：1，陶纺轮，泥质灰陶。圆形饼状，周边及表面打磨光滑，中心为圆形钻孔。直径6.1、壁厚1、孔径1.2厘米（图七〇，5）。

105：2，侈沿盆口沿，泥质灰陶。卷沿，素面。残高2.3、壁厚0.5厘米（图七〇，2）。

105：3，绳纹陶片，夹砂灰陶。外壁饰竖向绳纹。壁厚0.6～0.8厘米（图七〇，19）。

105：4，碗口沿，泥质灰陶。直口，口外侧起凸棱，折腹，上腹壁较直，折腹处起凸棱，素面。残高3.5、壁厚0.4厘米（图七〇，12）。

105：5，豆盘口沿，泥质灰陶。直口，折腹，上腹壁竖直，腹壁下方斜直内收，浅盘，素面。残高1.5、壁厚0.5～0.7厘米（图七〇，1）。

105：6，绳纹陶片，泥质灰陶。外壁饰规整的抹断细绳纹。壁厚0.5厘米（图七〇，16）。

105：7，侈沿盆口沿，泥质灰陶。侈沿，微外卷，素面。残高3.5、壁厚0.5厘米（图七〇，4）。

105：8，平折沿盆口沿，泥质灰陶。平沿，斜弧腹，外壁饰数道弦纹。残高4.3、壁厚0.7厘米（图七〇，3）。

105：9，平折沿盆口沿，泥质灰陶。平折沿，斜弧腹。外壁上部饰数道弦纹，以下饰抹断绳纹。残高8.3、壁厚0.8厘米（图七〇，20）。

## 04-106　刁家梁遗址-1

遗址编号：QYD-1

文化属性：永兴店文化

行政归属：清水河县窑沟乡刁家梁村

GPS 坐标：遗址南部东经111°29′50.3″、北纬39°53′59.8″

海拔高度：1227±5米

初查时间：2004年5月12日

遗址位于两沟交汇处山丘北坡的台地之上，西南距刁家梁村约1000米。地势南高北低，南部向上为海拔高度1236米的制高点所在，向上东西两侧连接连绵的山脊；北面为缓长的山坡，遗址位于此山坡的中段。北部相邻的冲沟为城沟的分支，蜿蜒西去注入黄河。地表现辟为耕地，较为平整（图七一）。

遗址东西长约80米、南北宽约80米，总面积约0.64万平方米。文化层已遭到破

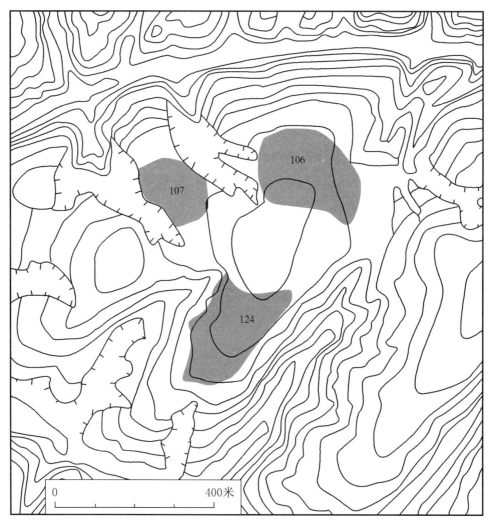

图七一　04-106、04-107、04-124号遗址地形图

坏，地表可见多为泥质篮纹陶片，较集中在遗址中部。

　　106∶1，绳纹陶片，夹砂灰陶。外壁饰竖向绳纹。壁厚0.5厘米（图七〇，9）。

　　106∶2，篮纹陶片，泥质灰陶。外壁饰篮纹。壁厚0.6厘米（图七〇，15）。

　　106∶3，篮纹陶片，泥质灰陶。外壁饰横向篮纹。壁厚0.6～1厘米（图七〇，18）。

## 04-107　刁家梁遗址-2

　　遗址编号：QYD-2

　　文化属性：庙子沟文化、阿善三期文化、汉代

　　行政归属：清水河县窑沟乡刁家梁村

　　GPS坐标：遗址东南部东经111°29′38.7″、北纬39°53′58.7″

海拔高度：1208±6米

初查时间：2004年5月13日

遗址位于刁家梁村西北约2公里处的山坡之上，背部靠山梁。北邻城沟的分支，东西两侧相邻晚期发育的冲沟。地势南高北低，遗址位于坡地偏下部区域内。东部可见04-106号遗址（参见图七一）。

遗址东西长约60米、南北宽约50米，总面积约0.3万平方米。遗址地表散见遗物少，有庙子沟文化和少量阿善三期文化陶片，战国仅见数片。

107：1，陶环，泥质灰陶。截面楔形。壁厚0.7厘米（图七〇，10）。

107：2，篮纹陶片，泥质灰陶。外壁饰篮纹。壁厚0.4厘米（图七〇，14）。

107：3，绳纹陶片，夹砂灰陶。外壁饰竖向绳纹。壁厚0.5厘米（图七〇，17）。

### 04-108　黑草咀遗址-4

遗址编号：QYH-4

文化属性：汉代

行政归属：清水河县窑沟乡黑草咀村

GPS坐标：遗址中部偏西处东经111°29′40.5″、北纬39°53′15.5″

海拔高度：1240±5米

初查时间：2004年5月13日

遗址位于两个土丘之间的凹地里，西北距黑草咀村约1.5公里。遗址南北均邻冲沟，东西为起伏的山丘，向上为两个土丘的顶部平台。地表现辟为耕地，较为平缓。南部存有乡间公路通往村落（图七二；彩版八一，2）。

遗址东西长约80米、南北宽约80米，总面积约0.64万平方米。遗址文化层遭到破坏，分布范围较小，地表遗物分布较为集中，遗物较少，以素面泥质灰陶片为主，可辨器形有瓮、盆、罐等。

### 04-109　贺家峁遗址-1

遗址编号：QXH-1

文化属性：汉代

行政归属：清水河县小庙乡贺家峁村

GPS坐标：遗址中部东经111°34′40.0″、北纬39°53′36.8″

海拔高度：1324±6米

初查时间：2004年5月20日

遗址位于贺家山东北部的贺家峁，为一个相对独立的山丘，村子居于此山丘的东南部。土丘除南部为继而隆起的山岗外，余皆为冲沟所围绕。地势南高北低，上部辟为耕地，下部水土流失严重，风蚀作用留下的土台随处可见，为防风固沙故植有柠条

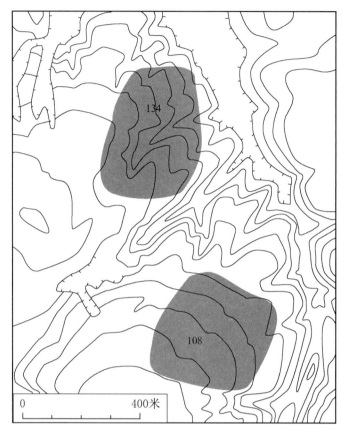

图七二    04-108、04-134号遗址地形图

（参见图一三）。

遗址东西长约200米、南北宽约300米，总面积约6万平方米。遗址地表散见遗物基本属于汉代时期，分布零散，多为泥质灰陶残片，素面居多，个别可见压印纹。

### 04-110    王落咀遗址-1

遗址编号：QYW-1

文化属性：战国、汉代

行政归属：清水河县窑沟乡王落咀村

GPS坐标：遗址东南部东经111°30′53.5″、北纬39°53′25.5″

海拔高度：1238±12米

初查时间：2004年5月17日

遗址位于王落咀村北部，制高点海拔高度为1262米的土丘西北部缓坡之上。坡体北邻一条较大的冲沟，南邻一条小型冲沟，东部存隆起的数座土丘，西部为东北-

西南向的绵延向前的土梁，一条乡村小路从遗址中心穿过并可到达村落。遗址地表现辟为耕地。

遗址东西长约400米、南北宽约650米，总面积约26万平方米。遗址地表散见汉代陶片，多为泥质素面灰陶，也可见少量绳纹陶片。

110：1，矮领罐口沿，泥质灰陶。卷方唇，小口，短颈，溜肩，素面。肩部可见穿孔。口径10、残高8.6、壁厚0.6厘米（图七三，4）。

110：2，斜折沿盆口沿，泥质灰陶。卷方唇，折沿，斜弧腹，内壁可见磨光暗条纹。残高7、壁厚0.5厘米（图七三，3）。

110：3，矮领罐口沿，泥质灰陶。卷唇，矮领，溜肩，肩部饰竖向绳纹。残高4.5、壁厚0.5厘米（图七三，2）。

110：4，附加堆纹陶片，泥质灰陶。外壁饰一道压印附加泥条堆纹，器表可见磨光暗纹。壁厚0.5厘米（图七三，9）。

110：5，高领壶口沿，泥质灰陶。卷方唇，小口，束颈，颈部可见磨光暗纹。口径11.4、残高4、壁厚0.4厘米（图七三，1）。

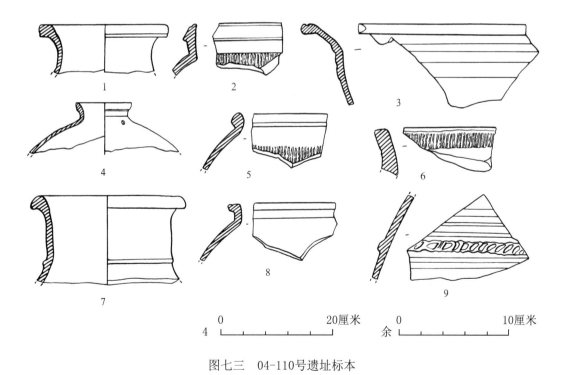

图七三　04-110号遗址标本

1、7.高领壶口沿（110：5，110：9）　2、8.矮领罐口沿（110：3，110：8）　3.斜折沿盆口沿（110：2）　4.矮领罐口沿（110：1）　5.卷沿瓮口沿（110：7）　6.罐口沿（110：6）　9.附加堆纹陶片（110：4）（2、5、6为战国，余为汉代）

110：6，罐口沿，泥质灰陶。侈口，直弧腹。外壁饰竖向绳纹。残高4、壁厚1厘米（图七三，6）。

110：7，卷沿瓮口沿，泥质灰陶。卷沿，广肩，素面。残高6、壁厚0.5厘米（图七三，5）。

110：8，矮领罐口沿，泥质灰陶。小折沿，溜肩，素面。残高4.6、壁厚0.3～0.5厘米（图七三，8）。

110：9，高领壶口沿，泥质灰陶。卷方唇，小口，长颈，溜肩，素面。颈肩部存有凸棱。口径13.6、残高7.3、壁厚0.5厘米（图七三，7）。

### 04--111　刁家梁遗址-3

遗址编号：QYD-3

文化属性：汉代

行政归属：清水河县窑沟乡刁家梁村

GPS坐标：遗址西部东经111°30′26.0″、北纬39°53′43.9″

海拔高度：1266±6米

初查时间：2004年5月17日

遗址位于上刁家梁村东部低洼之处，西北部的土丘即为制高点海拔高度为1272米的山体。西侧邻龙渠沟，西南部为绵延较长的土梁。土丘东北部为较大的缓坡，隔沟可望见新庄窝村。遗址地表现辟为耕地，东部邻沟处沙化严重，已暴露出料礓石。一条乡村小路从遗址南侧经过（彩版八二，1）。

遗址东西长约100米、南北宽约80米，总面积约0.8万平方米。遗址地表散见均为泥质灰陶片，大多为素面。可辨认器形有罐、盆。

111：1，高领壶口沿，泥质灰陶。高领，卷方沿，溜肩。外壁可见磨光暗条纹。残高4、壁厚0.4厘米（图七四，8）。

111：2，折腹碗口沿，泥质灰陶。直口微侈，折腹。残高3.5、壁厚0.4厘米（图七四，4）。

111：3，卷沿盆口沿，泥质灰陶。卷方唇，沿下内凹，溜肩。残高5.5、壁厚0.4厘米（图七四，1）。

111：4，折沿盆口沿，泥质灰陶。卷方唇，内斜折沿，直弧腹。残高7.5、壁厚0.5厘米（图七四，3）。

111：5，折沿盆口沿，泥质灰陶。平折沿，斜弧腹。外壁凹凸不平。残高8.5、壁厚0.5厘米（图七四，2）。

### 04--112　朝天壕遗址-1

遗址编号：QYC-1

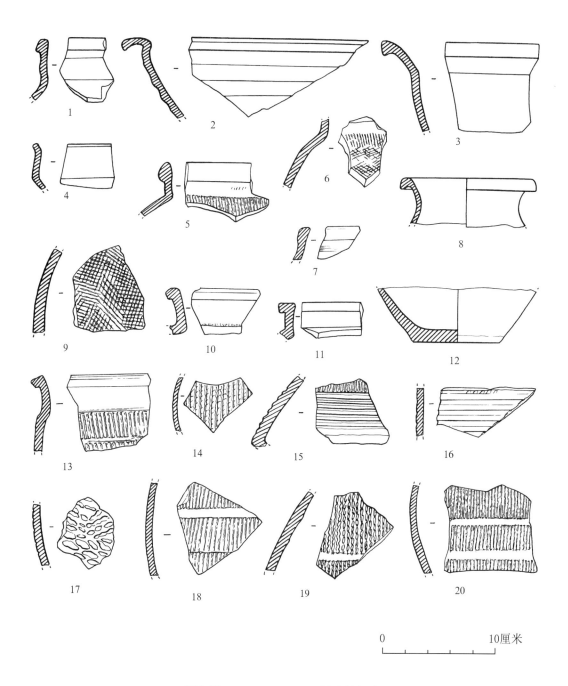

0　　　　　　　　　　　　10厘米

**图七四　04-111～04-113号遗址标本**

1、13.卷沿盆口沿（111：3，113：3）　2、3.折沿盆口沿（111：5，111：4）　4.折腹碗口沿（111：2）　5、10、11.矮领罐口沿（112：6，113：5，112：8）　6.罐口残片（112：7）　7.器口沿（113：4）　8.高领壶口沿（111：1）　9、14.绳纹陶片（112：1，113：1）　12.器底（112：9）　15、16.弦纹陶片（112：5，113：6）　17.粗绳纹陶片（112：3）　18～20.抹断绳纹陶片（113：2，112：4，112：2）（1～4、8为汉代，余为战国）

文化属性：战国

行政归属：清水河县窑沟乡朝天壕村

GPS坐标：遗址中部偏东处东经111°32′52.5″、北纬39°53′12.4″

海拔高度：1296±11米

初查时间：2004年5月17日

遗址位于朝天壕村南部一平缓的坡地之上，东北邻黑贵井沟沟掌。南部向上为海拔高度1332米的山体制高点，姑栋路从遗址中心穿过，西部为当地村民称之为"下村门沟"的大型冲沟，北部为一条西北—东南向的绵延隆起的山丘。地表现辟为耕地。

遗址东西长约200米、南北宽约300米，总面积约6万平方米。遗址地表可见皆为战国时期陶片，饰以弦断绳纹、绳纹等。可辨认器形有宽沿盆，高领罐等。

112：1，绳纹陶片，夹砂灰褐陶。外壁饰竖向绳纹。壁厚0.7厘米（图七四，9）。

112：2，抹断绳纹陶片，泥质灰陶。外壁饰抹断绳纹。壁厚0.5厘米（图七四，20）。

112：3，粗绳纹陶片，泥质灰陶。外壁饰粗绳纹。壁厚0.5厘米（图七四，17）。

112：4，抹断绳纹陶片，泥质灰褐陶。外壁饰抹断粗绳纹。壁厚0.6厘米（图七四，19）。

112：5，弦纹陶片，泥质灰陶。外壁上部饰数道弦纹，下部饰绳纹。壁厚0.7厘米（图七四，15）。

112：6，矮领罐口沿，泥质灰陶。外卷圆唇，矮领，溜肩。肩部饰绳纹。残高4.7、壁厚0.5厘米（图七四，5）。

112：7，罐口残片，泥质灰褐陶。折沿略残，溜肩。外壁饰错乱绳纹。残高6、壁厚0.9厘米（图七四，6）。

112：8，矮领罐口沿，泥质灰陶。卷方唇，矮领。残高2.8、壁厚0.6厘米（图七四，11）。

112：9，器底，泥质灰陶。斜直腹，小平底，从腹部至底部渐厚。残高4、底径8、壁厚0.6～1厘米（图七四，12）。

## 04-113　沟西遗址-1

遗址编号：QYJ-1

文化属性：战国

行政归属：清水河县窑沟乡沟西村

GPS坐标：遗址南部东经111°32′20.8″、北纬39°53′51.5″

海拔高度：1272±7米

初查时间：2004年5月18日

遗址位于沟西村东北部一狭长的舌形缓坡之上，三面环沟，仅西南部向上为制高点海拔高度1304米的山体，东北隔一条大型冲沟可见海子沟村，东南为复而隆起的山丘。遗址地表现辟为耕地。

遗址东西长约60米、南北宽约250米，总面积约1.5万平方米。遗址地表可见遗物主要为战国时期，分布范围较小且较少。

113：1，绳纹陶片，泥质灰陶。外壁饰竖向绳纹。壁厚0.3厘米（图七四，14）。

113：2，抹断绳纹陶片，泥质灰陶。外壁饰抹断绳纹。壁厚0.5厘米（图七四，18）。

113：3，卷沿盆口沿，泥质灰陶。卷方沿，直弧腹。腹壁饰抹断绳纹。残高6、壁厚0.6厘米（图七四，13）。

113：4，器口沿，泥质灰陶。卷唇，直口，素面。残高2.8、壁厚0.6厘米（图七四，7）。

113：5，矮领罐口沿，泥质灰陶。矮领，卷方沿。残高4.3、壁厚0.6厘米（图七四，10）。

113：6，弦纹陶片，泥质灰陶。外壁饰凸弦纹及绳纹。壁厚0.6厘米（图七四，16）。

### 04-114　朝天壕遗址-3

遗址编号：QYC-3

文化属性：战国、汉代

行政归属：清水河县窑沟乡朝天壕村

GPS 坐标：遗址东南部东经111°33′07.5″、北纬39°53′22.9″

海拔高度：1311±5米

初查时间：2004年5月18日

遗址位于朝天壕村北部一隆起的坡岗之上。东邻黑贵井沟，西、北为下村门沟隔断，遗址东南部地势较高，向西北经缓长的山坡渐次降低，南面地势平坦，向南可见04-112号遗址。中部为姑栋路经过，四周环绕起伏连绵的山丘。遗址中部及东南部存有两个直径5～10米的土丘，疑为汉代墓葬封土堆。遗址地表现辟为耕地，东北部沙化严重，部分地段种植柠条（彩版八二，2）。

遗址分布范围较大，东西长约300米、南北宽约700米，总面积约21万平方米。文化层堆积较薄，遗物分布较为分散，以汉代时期陶片为主。

114：1，甑残片，泥质灰陶。残存有甑孔。壁厚0.5厘米（图七五，17）。

114：2，卷沿瓮口沿，泥质灰陶。卷圆唇，广肩，器壁可见磨光暗纹。残高6、壁厚0.6厘米（图七五，15）。

114：3，盆底，泥质灰陶。斜直腹，平底。残高5.2、壁厚0.7厘米（图七五，18）。

114：4，折沿盆口沿，泥质灰陶。卷圆唇，平折沿，斜弧腹，器内壁可见磨光暗

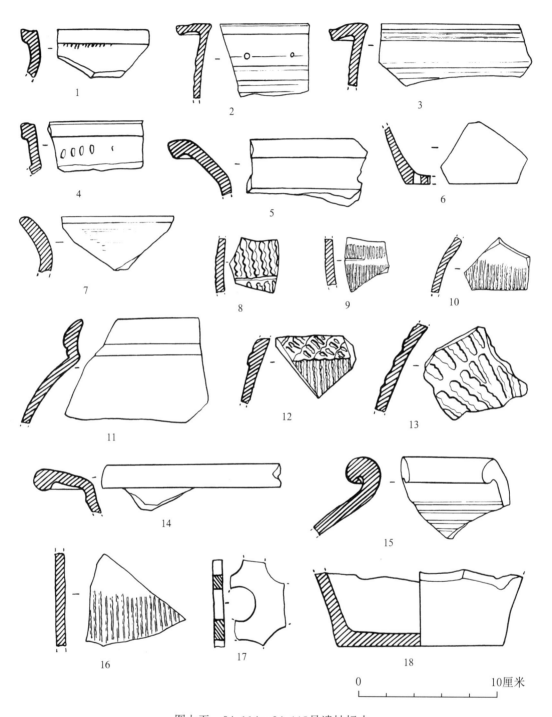

图七五　04-114～04-118号遗址标本

1、4.矮领罐口沿（114：8，115：1）　2、3.平折沿盆口沿（116：1，116：2）　5、14.折沿盆口沿（114：5，114：4）　6、18.盆底（116：4，114：3）　7.高领罐口沿（116：3）　8～10、12、13、16.绳纹陶片（118：2，118：1，115：2，114：7，114：6，117：1）　11、15.卷沿瓮口沿（114：9，114：2）　17.甑残片（114：1）（1、4、8～10、12、13为战国，16为庙子沟文化，余为汉代）

纹。残高3、壁厚0.6厘米（图七五，14）。

114：5，折沿盆口沿，泥质灰陶。卷方唇，平折沿，器内壁可见磨光暗纹。壁厚0.7厘米（图七五，5）。

114：6，绳纹陶片，砂质灰陶。外壁饰粗绳纹。壁厚0.4厘米（图七五，13）。

114：7，绳纹陶片，泥质灰陶。外壁饰压印泥条纹和绳纹。壁厚0.4厘米（图七五，12）。

114：8，矮领罐口沿，泥质灰陶。外叠方唇，矮领较直。残高3.6、壁厚0.5厘米（图七五，1）。

114：9，卷沿瓮口沿，泥质灰陶。外叠圆唇，矮领，溜肩，素面。残高8、壁厚1厘米（图七五，11）。

### 04—115　马次梁遗址-1

遗址编号：QYM-1

文化属性：战国

行政归属：清水河县窑沟乡马次梁村

GPS 坐标：遗址中部东经111°33′28.4″、北纬39°53′57.6″

海拔高度：1266±5米

初查时间：2004年5月18日

遗址位于马次梁村东部的坡地之上，南邻黑贵井沟，背靠山丘，俗称"马次梁"。东西两侧视野开阔，西侧为略隆起的坡岗，东侧较为平坦，遗址上存一晚期发育的冲沟向东注入黑贵井沟。遗址地表现辟为耕地，东部有乡间小路穿过。

遗址东西长约100米、南北宽约80米，总面积约0.8万平方米。遗址文化层较薄，遗物分布较少，分布范围较小。

115：1，矮领罐口沿，泥质灰陶。外叠方唇，矮领。残高3.5、壁厚0.5厘米（图七五，4）。

115：2，绳纹陶片，泥质灰陶。外壁饰绳纹。壁厚0.5厘米（图七五，10）。

### 04—116　马次梁遗址-2

遗址编号：QYM-2

文化属性：汉代

行政归属：清水河县窑沟乡马次梁村

GPS 坐标：遗址南部东经111°33′42.7″、北纬39°54′24.5″

海拔高度：1261±5米

初查时间：2004年5月18日

遗址位于马次梁村的东北坡地之上，东部濒临黑贵井沟，北侧向下的缓坡亦为黑贵井沟环绕，西南部向上为土丘的顶部平台，制高点海拔高度为1293米。遗址地势西北高东南低，东部水土流失严重，被多条黑贵井沟的支叉分割得支离破碎，地表留有多处风蚀土台。偏北区域地表现种植柠条、苜蓿等，育林坑种植有沙棘果树；偏南区域则辟为梯田（彩版八三，1）。

遗址东西长约200米、南北宽约300米，总面积约6万平方米。文化层堆积已不复存在，分布范围较小。遗物则集中分布于遗址北部，可见遗物主要为泥质灰陶残片，多为素面，少量装饰有弦断绳纹等。

116∶1，平折沿盆口沿，泥质灰陶。平折沿，斜弧腹。外壁饰数道弦纹。残高4.9、壁厚0.6厘米（图七五，2）。

116∶2，平折沿盆口沿，泥质灰陶。平折沿，斜弧腹。残高4.6、壁厚0.9厘米（图七五，3）。

116∶3，高领罐口沿，泥质灰陶。侈领较高。残高3.5、壁厚0.8厘米（图七五，7）。

116∶4，盆底，泥质灰陶。斜直腹，平底。残高4.4、壁厚0.5厘米（图七五，6）。

### 04-117　海子沟遗址-1

遗址编号：QXH-1

文化属性：庙子沟文化

行政归属：清水河县小庙乡海子沟村

GPS坐标：遗址中部偏西处东经111°32′47.7″、北纬39°54′32.1″

海拔高度：1245±5米

初查时间：2004年5月19日

遗址位于海子沟村北部一平缓的台地之上，台地被北、东、西三面环绕的冲沟及支叉分离成多个小块台地。遗址主要位于台地北部偏东的一块小型台地之上，南部为向上的漫坡，顶部平台为海拔高度1262米制高点所在，北部和东部紧邻冲沟，西部为缓坡，向北遥望可见小偏头村。遗址地表现辟为耕地。

遗址东西长约200米、南北宽约150米，总面积约3万平方米。地表散见少量庙子沟文化陶片，可辨认器形有钵等器物。文化层较薄，破坏严重。

117∶1，绳纹陶片，泥质灰陶。外壁饰竖向绳纹。壁厚0.6厘米（图七五，16）。

### 04-118　海子沟遗址-2

遗址编号：QXH-2

文化属性：战国

行政归属：清水河县小庙乡海子沟村

GPS坐标：遗址中部东经111°33′09.3″、北纬39°54′18.6″

海拔高度：1270±6米

初查时间：2004年5月19日

遗址位于海子沟村东南部的坡体之上，东邻冲沟沟掌，北部向上为连绵起伏的土丘，西部为较长的缓坡，南部隔沟可见马次梁村，西北可见海子沟村几户村民房屋。一条通往海子沟村的乡间小路从遗址北部穿过。遗址主要分布于坡体北侧，地表现辟为耕地（彩版八三，2）。

遗址东西长约110米、南北宽约70米，总面积约0.77万平方米。遗址地表散落主要以战国时期遗物为主，分布范围不大，遗物较少。

118：1，绳纹陶片，泥质灰陶。外壁饰抹断绳纹。壁厚0.4厘米（图七五，9）。

118：2，绳纹陶片，泥质灰陶。外壁饰粗绳纹。壁厚0.5厘米（图七五，8）。

### 04-119 下蒙家梁遗址-2

遗址编号：QXX-2

文化属性：庙子沟文化、战国

行政归属：清水河县小庙乡下蒙家梁村

GPS坐标：遗址北部东经111°34′31.2″、北纬39°55′16.1″

海拔高度：1221±7米

初查时间：2004年5月19日

遗址位于清水河西岸，与下蒙家梁村落所在台地相距约1公里，主体分布于台地东部坡体之上，此台地南北两侧为两条向东注入清水河的冲沟，遗址即在两条冲沟之间的黄土塬中部。东部经缓长的坡岗渐次降低亦达清水河岸边，西面为又复隆起的连绵山丘，南北两侧濒临深达几十米的冲沟。遗址中部为下蒙家梁村的部分住户，南部坡下为04-140号遗址，北部海拔较低处为04-132号遗址。站在遗址上可见东北部凸现的一个顶部浑圆的山丘，即为八龙湾小学旧址，亦为04-133号遗址所在。遗址地势西高东低，似可分为两个独立的山丘。遗址地表现辟为耕地（彩版八四，1）。

遗址东西长约300米，南北宽约200米，总面积约6万平方米。遗址未见文化层，其他区域陶片分布较为稀疏，除遗址中部略为密集外，地表遗物以庙子沟文化最为丰富，少量战国遗物。

119：1，小口双耳罐器耳，泥质红陶。为小口双耳罐腹部器耳残片，外壁饰黑彩几何纹。壁厚0.5～0.7厘米（图七六，4）。

119：2，绳纹陶片，夹砂灰陶。外壁饰交错绳纹。壁厚0.5厘米（图七六，6）。

### 04-120 胶泥圪老遗址-3

遗址编号：QXH-3

文化属性：庙子沟文化、永兴店文化、朱开沟文化、战国

行政归属：清水河县窑沟乡胶泥圪老村

图七六　04-119、04-120、04-122、04-123号遗址标本

1.小口双耳罐口沿（120∶12）　2、16.彩陶片（120∶8，120∶7）　3.平口罐口沿（120∶4）　4、21.小口双耳罐器耳（119∶1，122∶4）　5、6、9、13、14、19.绳纹陶片（120∶9，119∶2，120∶10，120∶6，120∶5，122∶3）　7.直口钵口沿（120∶11）　8、10.侈沿罐口沿（120∶3，120∶2）　11、20.篮纹陶片（123∶2，123∶1）　12.盆底（123∶3）　15.器耳（120∶1）　17.侈沿罐口沿（122∶2）　18.陶纺轮（122∶1）（1、3、4、7～10、15～17、19、21为庙子沟文化，11、20为阿善三期文化，13、14为朱开沟文化，2、5、6为战国，余为汉代）

GPS 坐 标：遗址中部偏西处东经111°27′13.5″、北纬39°53′32.3″

海拔高度：1183±7米

初查时间：2004年5月12日

遗址位于胶泥圪老村东南部一浑圆形土丘的顶部及西坡之上。西坡较陡，西坡之下有几户胶泥圪老村民居，南北两侧邻有冲沟，东北部向上为土丘顶部台地，地势宽阔平坦，东坡较为缓长。从遗址中心向西可见黄河，西南可见小缸房村所在的土丘，向西可见04-090号遗址和04-088号遗址，东部向上为04-105号遗址。遗址两侧冲沟内种植树木，南侧冲沟与坡前东西向冲沟相连。遗址地表现辟为耕地（彩版八四，2）。

遗址分布范围较小，东西长约100米、南北宽约200米，总面积约2万平方米。遗址地表散见陶片多为泥质灰陶，大量饰以绳纹，少许素面；少量素面泥制红陶。

120：1，器耳，泥质灰陶。为小口双耳罐器体耳部残片。从耳部断面可见为贴附上去的。壁厚0.6厘米（图七六，15）。

120：2，侈沿罐口沿，夹砂灰陶。口沿残，外壁饰竖向绳纹。壁厚0.4厘米（图七六，10）。

120：3，侈沿罐口沿，泥质灰陶。侈领，外壁饰竖向绳纹。残高3.5、壁厚0.5厘米（图七六，8）。

120：4，平口罐口沿，泥质灰陶。平口，直弧腹。口部有压印斜线纹，外壁饰附加堆纹，以下饰竖向绳纹。残高4.8、壁厚0.7～1.2厘米（图七六，3）。

120：5，绳纹陶片，夹砂灰陶。外壁饰竖向绳纹。壁厚0.6厘米（图七六，14）。

120：6，绳纹陶片，泥质灰褐陶。外壁饰竖向绳纹。壁厚0.7～1厘米（图七六，13）。

120：7，彩陶片，泥质红陶。外壁饰黑彩和紫彩弧线几何纹。壁厚0.6厘米（图七六，16）。

120：8，彩陶片，泥质红陶。外壁饰黑彩、紫彩几何纹。壁厚0.7厘米（图七六，2）。

120：9，绳纹陶片，泥质灰陶。外壁饰竖向绳纹。壁厚0.4厘米（图七六，5）。

120：10，绳纹陶片，泥质灰陶。外壁饰竖向绳纹。壁厚0.5厘米（图七六，9）。

120：11，直口钵口沿，泥质磨光灰陶。直口，直弧腹。残高4.5、壁厚0.3～0.7厘米（图七六，7）。

120：12，小口双耳罐口沿，泥质红陶。侈沿，溜肩。肩部存有一钻孔。口径14、残高5.1、壁厚0.6厘米（图七六，1）。

## 04-121　唐子峁遗址-1

遗址编号：QYT-1

文化属性：汉代

行政归属：清水河县窑沟乡唐子峁村

GPS坐标：遗址中部偏东处东经111°27′54.0″、北纬39°53′11.0″

海拔高度：1211±6米

初查时间：2004年5月12日

遗址位于唐子峁村东南部一浑圆形土丘的东坡之上，坡度较缓，坡较长，遗址主要位于东坡的中上部。遗址东侧为坡势较缓的漫坡直至冲沟，南侧亦为冲沟，两沟相连。遗址西侧为土丘顶部台地，制高点海拔高度1204米，有一乡间土路通往唐子峁村。遗址地表现辟为耕地，东端种植大量柠条、树木，部分土地已经沙化（彩版八五，1）。

遗址东西长约200米、南北宽约50米，总面积约1万平方米。地表散见陶片均为泥质灰陶，素面较多，少量饰以弦纹。

### 04—122　唐子峁遗址-2

遗址编号：QYT-2

文化属性：庙子沟文化、汉代

行政归属：清水河县窑沟乡唐子峁村

GPS坐标：遗址中部偏西处东经111°26′57.8″、北纬39°53′14.1″

海拔高度：1172±5米

初查时间：2004年5月12日

遗址位于唐子峁村西南方向一缓坡的中下部，东北可见胶泥圪老村，西北可见小缸房村，北邻大型冲沟与唐子峁村隔沟相望，缓坡顶部存有通往该村的乡间公路。遗址主要分布于坡体的西北部，南部向上为坡体顶部，中部为一条晚期发育的冲沟将遗址分割开，小冲沟与北部冲沟相连，向东可见04-123号遗址（图五五；彩版八五，1）。

遗址东西长约100米、南北宽约50米，总面积约0.5万平方米。遗址地表散见有泥质红陶、灰陶和彩陶片等。遗物分布范围较小，且不集中。

122：1，陶纺轮，泥质灰陶。残半。周边打磨光滑，中间钻孔残。直径5.7、壁厚0.7厘米（图七六，18）。

122：2，侈沿罐口沿，夹砂灰陶。侈沿，溜肩。口部外侧饰一周附加堆纹，外壁饰竖向绳纹。残高3.2、壁厚0.6厘米（图七六，17）。

122：3，绳纹陶片，夹砂灰褐陶。外壁饰竖向绳纹。壁厚0.7～1厘米（图七六，19）。

122：4，小口双耳罐器耳，泥质红陶。为器耳残片，外壁饰黑彩几何纹。壁厚0.4

厘米（图七六，21）。

### 04-123　唐子峁遗址-3

遗址编号：QYT-3

文化属性：阿善三期文化、汉代

行政归属：清水河县窑沟乡唐子峁村

GPS坐标：遗址顶部制高点处东经111°27′19.0″、北纬39°53′12.0″

海拔高度：1198±6米

初查时间：2004年5月12日

遗址位于唐子峁村西南方向一漫坡之上，漫坡东南部为一环绕遗址的乡间公路，西北部可见胶泥圪老村及小缸房村，北邻的冲沟将遗址与村落所在土丘分隔，向西可见04-122号遗址，西部较远处可见黄河南流而去。遗址南部为土丘顶部台地且紧挨通往该村的东西向乡间公路，西北坡较陡，向下直抵沟底，顶部台地辟为耕地，台地向下的陡坡种植大量苜蓿及其他杂草以防风固沙（彩版八五，1）。

遗址东西长约50米、南北宽约50米，总面积约0.25万平方米。地表散见陶片均为泥质灰陶，素面较多。遗物分布范围不大，且较为稀疏。

123∶1，篮纹陶片，泥质灰陶。外壁饰篮纹。壁厚0.5厘米（图七六，20）。

123∶2，篮纹陶片，泥质灰陶。外壁饰篮纹。壁厚0.4厘米（图七六，11）。

123∶3，盆底，泥质灰陶。平底。内壁可见磨光暗纹。残高3.6、壁厚0.5厘米（图七六，12）。

### 04-124　刁家梁遗址-4

遗址编号：QYD-4

文化属性：庙子沟文化、战国

行政归属：清水河县窑沟乡刁家梁村

GPS坐标：遗址中部偏西处东经111°29′42.1″、北纬39°53′45.6″

海拔高度：1213±4米

初查时间：2004年5月13日

遗址位于上刁家梁村西北部的浑圆形土丘南坡的偏西部处，主要在坡地中部，该坡下半部分被一东西向的冲沟分为两部分。从遗址中心向东可见该土丘制高点海拔高度1236米的平台；向南则为一条较大的冲沟，环绕至坡地西侧与坡间小沟相通；北侧为一条可到上刁家梁村乡间小路。遗址所在土丘坡地较长，下部渐陡，上部中间则存有凸起的小土丘，上部现辟为环形梯田（参见图七一；彩版八五，2）。

遗址东西长约150米、南北宽约200米，总面积约3万平方米。遗址地表散见陶片多为泥质红陶，彩陶多见，有少量素面。泥质灰陶片少见，多饰以绳纹。

124：1，绳纹陶片，泥质灰陶。外壁饰竖向细绳纹。壁厚0.5厘米（图七七，9）。

124：2，彩陶片，泥质红陶。外壁饰黑彩弧线纹。壁厚0.6厘米（图七七，1）。

124：3，侈沿罐口沿，夹砂红陶。矮领微侈，溜肩，肩部以下饰竖向绳纹。口径20、残高5.7、壁厚0.7厘米（图七七，11）。

124：4，彩陶片，泥质红陶。小口双耳罐腹部残片，外壁饰黑彩和紫彩弧线组成的折线、复线三角几何纹。壁厚0.7厘米（图七七，4）。

124：5，碗口沿，夹砂红褐陶。直领。残高2.6、壁厚0.5厘米（图七七，10）。

124：6，彩陶片，泥质红陶。外壁饰黑彩几何线条纹。壁厚0.6厘米（图七七，7）。

124：7，小口双耳罐口沿，泥质红陶。侈沿，溜肩。外壁饰黑彩三角形几何纹。壁厚0.7厘米（图七七，6）。

124：8，小口双耳罐口沿，泥质红陶。小侈沿，长溜肩。外壁饰黑彩弧线三角几何纹。残高6.7、壁厚0.6厘米（图七七，2）。

### 04-125　阳畔遗址-1（阳畔墓地）

遗址编号：QXY-1

文化属性：战国、汉代

行政归属：清水河县小庙乡阳畔村

GPS坐标：遗址中部东经111°39′03.9″、北纬39°56′29.3″

海拔高度：1308±5米

初查时间：2004年5月15日

遗址位于阳畔村北部一浑圆形土丘的东坡之上。从遗址中部向东可见209国道；东南可见阳畔村；土丘北侧存有一晚期发育的冲沟与南侧冲沟相连，环绕土丘东、南、北三面；东侧沟底直抵209国道路基之下。遗址土丘东坡地势较陡，向西北为向上漫坡，其上存有一圆形土台。遗址内现种植大量树木，杂草丛生（图七八；彩版一八，1；彩版三一）。

遗址东西长约200米、南北宽约200米，总面积约4万平方米。地表未采集到遗物，早年因被盗得知为一战国时期墓地。2002年内蒙古自治区文物考古研究所曾对其进行了钻探和发掘，清理墓葬6座。2006年又对该遗址进行了系统的钻探，发现2座墓葬并进行了发掘。详细资料见试掘报告。

125：1，盆底，泥质灰陶。斜直腹，平底，素面。底径28.8、残高7.2、壁厚0.6~0.8厘米（图七七，15）。

125：2，卷沿罐口沿，泥质灰陶。卷圆唇，溜肩，素面。残高3.6、壁厚0.6厘米（图七七，5）。

125：3，折沿瓮口沿，泥质灰陶。卷方唇，广肩，素面。残高4.5、壁厚0.6厘米

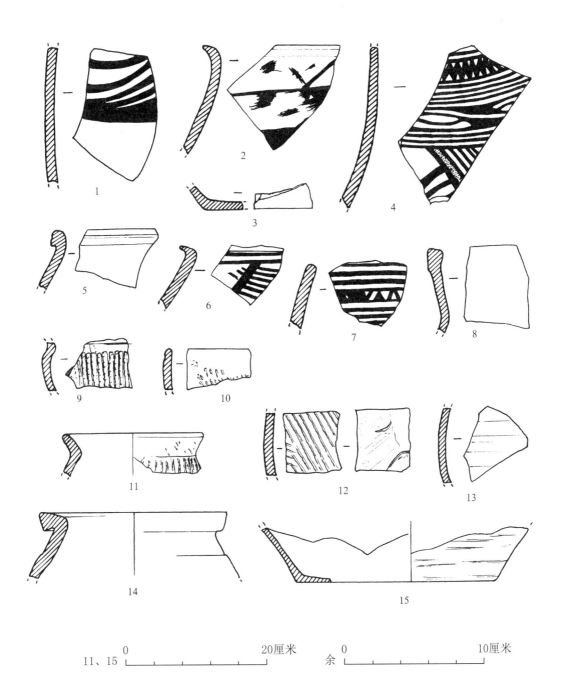

图七七　04-124、04-125、04-128号遗址标本

1、4、7.彩陶片（124：2，124：4，124：6）　2、6.小口双耳罐口沿（124：8，124：7）　3、15.盆底
（128：2，125：1）　5.卷沿罐口沿（125：2）　8.高领罐口沿（125：4）　9.绳纹陶片（124：1）　10.碗
口沿（124：5）　11.侈沿罐口沿（124：3）　12.篮纹陶片（128：1）　13.陶片（128：3）　14.折沿瓮口沿
（125：3）（1、2、4、6、7、11为庙子沟文化，12为永兴店文化，9、10为战国，余为汉代）

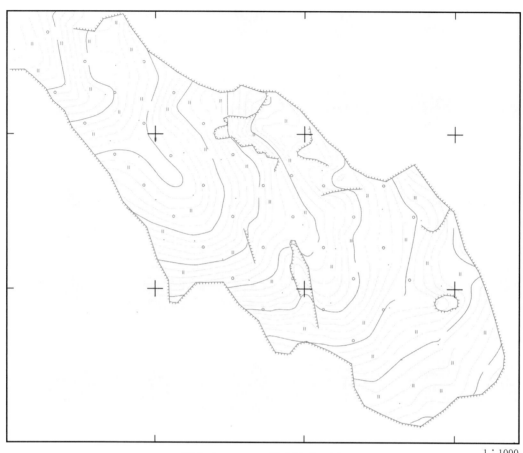

1：1000

图七八　04-125号遗址地形图

（图七七，14）。

　　125：4，高领罐口沿，泥质灰陶。外叠唇，高领，小口，素面。残高5.2、壁厚0.6厘米（图七七，8）。

## 04-126　刘四窑子遗址-1

　　遗址编号：QXL-1

　　文化属性：汉代

　　行政归属：清水河县小庙乡刘四窑子村

　　GPS坐标：遗址中部偏西处东经111°38′47.2″、北纬39°57′47.1″

　　海拔高度：1219±5米

　　初查时间：2004年5月14日

　　遗址位于刘四窑子村西北侧的漫坡下部，中间有东南—西北向的冲沟将遗址与村落相隔，冲沟环绕漫坡的北部，西北向直至浑河而去。遗址所在漫坡极为狭长，地势平坦，东南高，西北低，遗址主要位于漫坡中下部，接近土丘尽头。西部相邻的冲沟与土丘中部的冲沟几乎平行，在缓坡的西北部交汇而直入浑河。遗址向东可见刘四窑子村，距209国道约1公里，东侧存有一乡间土路通往该村并可到达209国道。地表现辟为耕地（参见图一三）。

遗址东西长300米，南北宽约50米，总面积约1.5万平方米。地表遗物较集中在中部，散见陶片均为泥质灰陶，素面较多，少许饰以弦纹。

### 04-127 走马塌遗址-3

遗址编号：QXZ-3

文化属性：战国

行政归属：清水河县小庙乡走马塌村

GPS坐标：遗址中部偏西处东经111°37′50.3″、北纬39°56′10.8″

海拔高度：1302±4米

初查时间：2004年5月16日

遗址位于走马塌村东南部一向南蔓延、海拔高度1302米的土丘顶部台地及西坡之上。土丘东南濒临一条早期发育的大型冲沟；西北正对东南—西北延伸的大型冲沟的沟掌；南邻清水河，并存有条带状的冲沟；西侧为复而隆起的向北蔓延的土丘；一条乡间公路从遗址的南面通过。地表现已退耕还林，杂草丛生，育林坑遍布，西南坡植有柠条。

遗址东西长约80米、南北宽约150米，总面积约1.2万平方米。地表散见遗物主要为战国时期，多见于山体的西坡及顶部台地之上。可辨认的器形有宽沿盆、罐等。

### 04-128 阳畔遗址-2

遗址编号：QXY-2

文化属性：永兴店文化、汉代

行政归属：清水河县小庙乡阳畔村

GPS坐标：遗址中部东经111°38′44.0″、北纬39°55′51.4″

海拔高度：1250±5米

初查时间：2004年5月16日

遗址位于清水河县城北部，先锋电厂西部一制高点为海拔高度1266米的台地西坡之上。台地南坡较缓，漫坡之下与通往县城的公路路基相连；向东南可见清水河县城。遗址北坡坡度较陡，其下为冲沟；东西两侧存有晚期发育形成的小冲沟；东侧为一乡间土路；东南侧为村民民居（彩版八六，1）。

遗址范围东西长约90米、南北宽约130米，总面积约1.17万平方米。地表散见陶片多为泥质灰陶，泥质红陶及夹砂陶较少见，多为素面。

128：1，篮纹陶片，泥质灰白陶。外壁饰篮纹。壁厚0.5厘米（图七七，12）。

128：2，盆底，泥质灰陶。平底。素面。残高1.2、壁厚0.5厘米（图七七，3）。

128：3，陶片，泥质灰陶。素面。壁厚0.5厘米（图七七，13）。

### 04—129 朝天壕遗址-2

遗址编号：QYC-2

文化属性：永兴店文化

行政归属：清水河县窑沟乡朝天壕村

GPS 坐标：遗址中部东经111°32′43.0″、北纬39°53′19.6″

海拔高度：1305±5米

初查时间：2004年5月18日

遗址位于朝天壕村北部一小型平台之上，平台中间被一南北向小冲沟切割为两部分。遗址南部紧挨朝天壕村，遗址台地之上即为该村一场面。一条大型冲沟从遗址南部及村落前经过，这条冲沟在遗址所在土丘洼地处冲出一条较短的南北向冲沟，将遗址分开。沟西坡地及沟边可见少量遗物（彩版八六，2）。

遗址东西长约50米、南北宽约100米，总面积约0.5万平方米。遗址文化层堆积较薄，地表散落遗物极少，仅在河西坡地及沟边采集到极少量陶片，在沟北部台地剖面处发现灰坑并进行了清理。出土遗物均为永兴店文化的泥质灰陶残片，可辨器形有高领罐、折肩罐、小口瓶等典型遗物，多饰以篮纹。

129：1，豆盘口沿，泥质灰陶。外叠唇，敞口，斜直腹，素面。残高2.9、壁厚0.3厘米（图七九，3）。

129H1：1，篮纹陶片，泥质灰陶，胎质较粗，烧制火候不均，断面呈现红褐色。外壁饰篮纹。壁厚0.4厘米（图七九，1）。

129H1：2，篮纹陶片，泥质灰陶，胎质较粗，烧制火候不均，断面呈现红褐色。外壁饰篮纹。壁厚0.4厘米（图七九，2）。

129H1：3，绳纹陶片，泥质灰褐陶，陶质疏松。外壁饰竖向绳纹，为一器物肩部残片。壁厚0.4厘米（图七九，5）。

129H1：4，鬲口沿，夹细砂灰陶。直口，口径较小，口部有压印的坑点纹。残高2、壁厚0.5厘米（图七九，7）。

129H1：5，篮纹陶片，泥质灰陶，陶质疏松。外壁饰右斜向篮纹，为一折腹器的腹部。壁厚0.5厘米（图七九，20）。

129H1：6，鬲口沿，泥质灰陶，陶质疏松，胎体较薄。高领外侈，口部有压印坑点状花纹。残高5、壁厚0.5厘米（图七九，18）。

129H1：7，窄沿罐底，泥质灰白陶，胎质较厚。斜直腹，外壁饰右斜向篮纹，平底。壁厚0.7厘米（图七九，4）。

129H1：8，豆盘口沿，泥质黑褐陶，烧制火候不均，断面呈现红褐色。外叠圆唇，敞口，斜直腹，素面。残高3.5、壁厚0.5厘米（图七九，16）。

### 04-130　朝天壕遗址-4

遗址编号：QYC-4

文化属性：朱开沟文化

行政归属：清水河县窑沟乡朝天壕村

GPS坐标：遗址南部东经111°32′48.6″、北纬39°53′45.7″

海拔高度：1287±6米

初查时间：2004年5月18日

遗址位于朝天壕村北部约1公里、制高点为海拔高度1307米的山坡向西北延伸的三级平台坡脊处。东南距04-114号遗址约200米，西部邻冲沟，西北邻山体四级平台，遗址北部为一旱沟，东面为蔓延的坡体，东北部隔大型冲沟与马次梁村相望，西南处遗址内部已辟为耕地，地势较为平整，南部小平台中间被一小冲沟分开（彩版八六，2）。

遗址东西长约100米、南北宽约50米，总面积约0.5万平方米。遗址内零星可见朱开沟文化绳纹陶片，主要分布于南部，邻沟沟畔处多见。

130：1，绳纹陶片，泥质灰陶。外壁饰模糊绳纹。壁厚0.8～1厘米（图七九，19）。

130：2，侈口盆口沿，泥质灰陶。侈沿，斜弧腹，口部以下饰竖向绳纹。残高7.5、壁厚0.6厘米（图七九，21）。

130：3，侈口盆口沿，泥质灰陶。直口微侈。残高2.8、厚0.5厘米（图七九，11）。

### 04-131　海子沟遗址-3

遗址编号：QXC-3

文化属性：庙子沟文化

行政归属：清水河县小庙乡海子沟村

GPS坐标：遗址中部东经111°32′35.8″、北纬39°54′29.3″

海拔高度：1235±4米

初查时间：2004年5月19日

遗址位于海子沟村北部一浑圆形土丘顶部及西坡之上。向南与海子沟村所在土丘相望，地势低于该村所在土丘，遗址中心向西隔一冲沟可见高家背村。南北均存有晚期发育的东西向冲沟，并与西侧冲沟相连，使遗址所在土丘呈半岛状。遗址中部凸

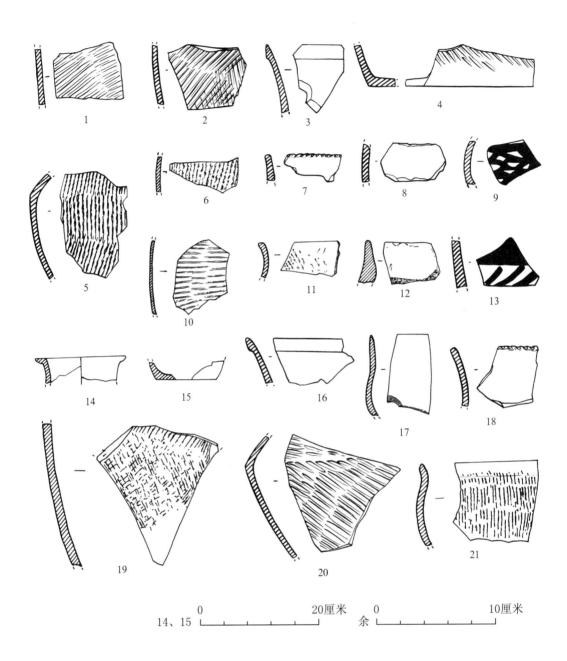

0　　　　　　20厘米　0　　　　　　10厘米

14、15 ┠──┴──┴──┴──┤　　余 ┠──┴──┴──┴──┤

图七九　04-129～04-132号遗址标本

1、2、10、20.篮纹陶片（129H1：1，129H1：2，132：2，129H1：5）　3、16.豆盘口沿（129：1，129H1：8）　4.窄沿罐底（129H1：7）　5、6、19.绳纹陶片（129H1：3，132：1，130：1）　7、18.鬲口沿（129H1：4，129H1：6）　8.陶片（131：1）　9、13.彩陶片（131：2，131：3）　11、21.侈口盆口沿（130：3，130：2）　12.侈沿罐口沿（132：6）　14.折沿罐口沿（132：4）　15.盆底（132：3）　17.直口钵口沿（132：5）（8～10、12、13、17为庙子沟文化，1～5、7、16、18、20为永兴店文化，6、11、15、19、21为朱开沟文化，余为汉代）

起，西南侧为一凸起圆形土台，向东为向上的漫坡并存有一条乡间小路。

遗址东西长约120米，南北宽约100米，总面积约1.2万平方米。地表散见遗物较少，皆为庙子沟文化陶片。可见有泥制灰陶、红陶及少量彩陶片。分布极为稀疏，仅在台地周边沟畔处可零星见到。

131：1，陶片，泥质红褐陶。器壁较为粗糙。壁厚0.4厘米（图七九，8）。

131：2，彩陶片，泥质红褐陶。外壁饰黑彩几何纹。壁厚0.6厘米（图七九，9）。

131：3，彩陶片，泥质红陶。外壁饰黑彩弧线几何纹。壁厚0.6厘米（图七九，13）。

### 04-132　下蒙家梁遗址-1

遗址编号：QXX-1

文化属性：庙子沟文化、阿善三期文化、朱开沟文化、汉代

行政归属：清水河县小庙乡下蒙家梁村

GPS坐标：遗址中部偏北处东经111°34′25.8″、北纬39°55′28.0″

海拔高度：1194±6米

初查时间：2004年5月19日

遗址位于下蒙家梁村所在土丘顶部平台及东、北坡之上，该村则坐落于土丘西、南坡。遗址中部向北为向下的漫坡并与八龙湾村西侧土丘的南坡相邻。遗址西侧为漫坡，往下为冲沟，现已辟为耕地；东侧亦为台地，向下存有废弃的窑洞及数条晚期发育的冲沟。遗址主要分布的北坡存有两条晚期发育的冲沟将北坡分割为几部分，北侧冲沟与西侧冲沟相连。站在遗址中部向北可见八龙湾村的丘陵间平地，南部为04-119号遗址，东可见下蒙家梁村及清水河河岸。

遗址东西长约700米、南北宽约300米，总面积约21万平方米。遗物分布较少，地表散见陶片多为泥质灰陶，少见红陶及彩陶。多饰以绳纹、弦纹等。

132：1，绳纹陶片，泥质红陶。外壁饰绳纹。壁厚0.3厘米（图七九，6）。

132：2，篮纹陶片，泥质红陶。外壁饰篮纹。壁厚0.3厘米（图七九，10）。

132：3，盆底，泥质灰陶。斜直腹，平底。残高3.3、壁厚0.7厘米（图七九，15）。

132：4，折沿罐口沿，泥质灰陶。圆唇，平折沿，斜腹，素面。残高3.2、壁厚0.5厘米（图七九，14）。

132：5，直口钵口沿，泥质磨光灰陶。圆唇，直口，上腹较直，中部外折，下腹斜内收。残高6.5、壁厚0.5厘米（图七九，17）。

132：6，侈沿罐口沿，夹砂红褐陶。侈口。残高3.3、壁厚0.3～1.2厘米（图七九，12）。

**04–133　八龙湾遗址–6**

遗址编号：QXB-6

文化属性：庙子沟文化、战国

行政归属：清水河县小庙乡八龙湾村

GPS 坐标：遗址中部偏西处东经111°34′51.9″、北纬39°55′28.1″

海拔高度：1164±4米

初查时间：2004年5月19日

遗址位于下蒙家梁村所在土丘的西侧与八龙湾村南侧相接的一小型浑圆形土丘顶部。遗址向西与下蒙家梁村所在土丘的东坡相连，向北可见八龙湾村及八龙湾小学，南侧冲沟直入清水河，并在南坡存有晚期发育的冲沟。地表现已辟为耕地（彩版八七，1）。

遗址东西长约100米、南北宽约60米，总面积约0.6万平方米。地表遗物总体较少，散见陶片多为泥质陶，少量夹砂陶，其中灰陶较多，少量为红陶。多饰以绳纹，夹砂灰陶片多饰以附加堆纹，有极少量弦纹。

133：1，绳纹陶片，泥质灰陶。外壁饰竖向绳纹，有抹痕。壁厚0.5厘米（图八〇，22）。

133：2，平口罐口沿，夹砂灰褐陶。厚方唇，平口，外壁饰泥饼状附加堆纹及竖向绳纹。残高5.2、壁厚0.5～1.7厘米（图八〇，1）。

133：3，绳纹罐口沿，夹砂红褐陶。直口，外壁饰斜向细绳纹。残高3.3、壁厚0.5厘米（图八〇，6）。

133：4，侈沿罐口沿，夹砂红褐陶。侈口，颈部饰一周附加堆纹。上段存有斜向细绳纹。残高5.4、壁厚0.7厘米（图八〇，3）。

133：5，平口罐口沿，夹砂灰褐陶。外叠方唇，直口，叠唇至腹部饰竖向绳纹。壁厚0.7厘米（图八〇，2）。

133：6，石环，灰白色泥岩磨制而成。残，截面呈内厚外薄的楔形。截面厚1厘米（图八〇，16）。

**04–134　杜家沟遗址–1**

遗址编号：QXD-1

文化属性：战国、汉代

行政归属：清水河县小庙乡杜家沟村

GPS 坐标：遗址中部东经111°34′31.0″、北纬39°53′47.7″

海拔高度：1302±4米

初查时间：2004年5月20日

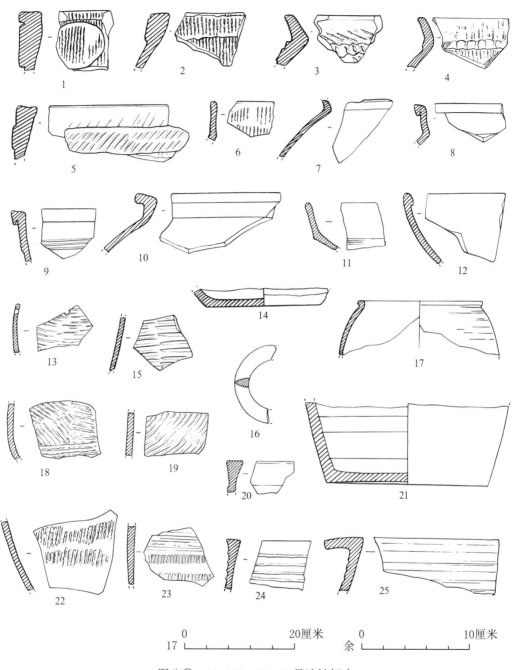

图八〇　04-133～04-138号遗址标本

1、2、5.平口罐口沿（133：2，133：5，137：4）　3、4.侈沿罐口沿（133：4，138：1）　6.绳纹罐口沿
（133：3）　7.小口双耳罐口沿（137：2）　8、10.矮领罐口沿（134：5，134：3）　9、25.平折沿盆口沿
（134：2，135：3）　11.敞口折腹钵口沿（135：1）　12.敞口盘口沿（134：4）　13、15、19.篮纹陶片
（138：2，137：1，136：3）　14.侈沿罐底（137：3）　16.石环（133：6）　17.卷沿瓮口沿（135：4）　18、
22、23.绳纹陶片（136：2，133：1，135：2）　20.直口瓮口沿（136：1）　21.盆底（134：1）　24.直口弦纹
盆口沿（134：6）（1～7、13～16为庙子沟文化，18～20为永兴店文化，22～25为战国，余为汉代）

遗址位于杜家沟村制高点海拔高度1331米的土丘东北部，东北部坡体的中部风蚀、沙化严重，形成若干条小冲沟及风蚀土台。一条乡间小路从遗址西部南北向穿过，遗址即位于小路的东部两土丘间洼地处。东南部为向上的缓坡，北部为一大型冲沟与遗址中部小冲沟相连。遗址南北皆辟为耕地，中部沙化、风蚀处种植有柠条、苜蓿及杂草。沙化风蚀的地表上散落下许多遗物，但文化层遗迹已难见到（参见图七二）。

遗址分布范围较大，东西长约300米、南北宽约500米，总面积约15万平方米。遗址地表散见较多泥质灰陶残片，可辨器形有罐、盆、碗等。

134：1，盆底，泥质灰陶。胎体较为厚重，斜直腹微内收，平底，素面。底径15、残高7.3、壁厚0.9厘米（图八〇，21）。

134：2，平折沿盆口沿，泥质灰陶。方唇，平折沿，斜弧腹，素面。残高4.5、壁厚0.5厘米（图八〇，9）。

134：3，矮领罐口沿，泥质灰陶。圆唇，侈口，短颈，溜肩，素面。残高5.5、壁厚0.6厘米（图八〇，10）。

134：4，敞口盘口沿，泥质灰陶。内卷圆唇，敞口，腹部斜弧内收，盘体较浅，素面。残高6、壁厚0.5厘米（图八〇，12）。

134：5，矮领罐口沿，泥质灰陶。卷方唇，矮颈，素面。残高3.1、壁厚0.4厘米（图八〇，8）。

134：6，直口弦纹盆口沿，泥质灰陶。直口略出沿，斜直腹外可见凸弦纹。残高4.8、壁厚0.4～0.6厘米（图八〇，24）。

### 04-135 上蒙家梁遗址-1

遗址编号：QXS-1

文化属性：战国、汉代

行政归属：清水河县小庙乡上蒙家梁村

GPS坐标：遗址中部东经111°34′01.2″、北纬39°54′35.0″

海拔高度：1261±5米

初查时间：2004年5月20日

遗址位于上蒙家梁村南部浑圆形土丘的南坡之上，该村占据了土丘西北坡及顶部的平坦台地，地势平缓，已辟为环形梯田。南坡被晚期发育的小冲沟分为三个独立的部分。遗址西侧为南高北低的漫坡，东部冲沟与南侧冲沟相连环绕至西坡，北侧则为该土丘的台地，向北隔一冲沟与另一土丘陡峭的南坡相望。地表沙化严重，种植有柠条，西侧冲沟内植有树木（彩版八七，2）。

遗址东西长约200米、南北宽约150米，面积约3万平方米。地表散见遗物多为泥质灰陶残片，素面居多，少量饰以绳纹及弦纹，分布较少。

135：1，敞口折腹钵口沿，泥质灰陶。圆唇，敞口，折腹处起凸棱。残高4.8、壁厚0.5厘米（图八〇，11）。

135：2，绳纹陶片，泥质灰陶。外壁饰有弦纹和抹断绳纹。壁厚0.5厘米（图八〇，23）。

135：3，平折沿盆口沿，泥质灰陶。方唇，平折沿，沿下饰有数道凸弦纹，直弧腹。残高4.9、壁厚1厘米（图八〇，25）。

135：4，卷沿瓮口沿，泥质灰陶。卷圆唇，敛口，圆鼓腹，素面。外壁可见有轮修痕迹。残高10.2、壁厚0.7厘米（图八〇，17）。

## 04-136 西马厂遗址-1

遗址编号：QXX-1

文化属性：永兴店文化

行政归属：清水河县小庙乡西马厂村

GPS 坐 标：遗址中部东经111°33′31.8″、北纬39°55′10.4″

海拔高度：1350±4米

初查时间：2004年5月20日

遗址位于西马厂村所在土丘北部的长条形土台之上，主要分布于南部及其坡地之上。从遗址中心隔一洼地向东可见位于土丘南端的马厂村住户，遗址所在土丘南侧亦可见民居，南侧临近冲沟，且环绕至土丘西侧。遗址东北侧为一缓长的漫坡，并可望见一村落。从遗址向东可见109国道，遗址南侧与西马厂相隔的洼地之内存有一乡间小路。地表现辟为耕地。

遗址东西长约50米、南北宽约60米，总面积约0.3万平方米。遗物分布较少，地表散见遗物多为泥质灰陶残片，少见夹砂及红陶残片。灰陶残片多饰以绳纹，少见素面。

136：1，直口瓮口沿，泥质灰陶。方唇，直口。残高2.9、壁厚0.4～1厘米（图八〇，20）。

136：2，绳纹陶片，泥质灰陶，陶质疏松，内壁呈红褐色。外壁饰有零乱的粗绳纹。壁厚0.6厘米（图八〇，18）。

136：3，篮纹陶片，泥质黑灰陶。表面饰有规整的篮纹。壁厚0.5厘米（图八〇，19）。

## 04-137 姑姑庵遗址-2

遗址编号：QXG-2

文化属性：庙子沟文化

行政归属：清水河县小庙乡姑姑庵村

GPS坐标：遗址中部东经111°35′05.7″、北纬39°54′30.9″

海拔高度：1238±5米

初查时间：2004年5月21日

遗址位于姑姑庵村所在土丘坡地南坡的中下部，地势平缓。遗址中心偏西部为109国道；北侧存有晚期发育的南北向冲沟，向下与东西向大冲沟相连，蜿蜒前行直至清水河；西侧亦为冲沟，西北方向可见清水河。地势总体呈南高北低之势，其间有乡间小路通过。

遗址东西长约100米、南北宽约50米，总面积约0.5万平方米。遗物分布较少，地表散见遗物基本为泥质红陶残片，素面居多。

137：1，篮纹陶片，泥质红陶。外壁饰有横向篮纹，胎体较薄，应为尖底瓶残片。壁厚0.3厘米（图八〇，15）。

137：2，小口双耳罐口沿，泥质红陶。尖圆唇，窄沿，斜肩，胎体较薄。壁厚0.3厘米（图八〇，7）。

137：3，侈沿罐底，泥质红褐陶。平底，素面。残高1.5、底径11、壁厚0.6厘米（图八〇，14）。

137：4，平口罐口沿，泥质夹细砂灰陶。器壁外表可见有平口与腹部的贴附痕，口以下饰有斜向粗绳纹，胎体较厚。残高5、壁厚1.6厘米（图八〇，5）。

### 04—138　姑姑庵遗址-7

遗址编号：QXG-7

文化属性：庙子沟文化

行政归属：清水河县小庙乡姑姑庵村

GPS坐标：遗址中部东经111°34′57.7″、北纬39°54′39.7″

海拔高度：1249±5米

初查时间：2004年5月21日

遗址位于姑姑庵村南部的山坡上，大体分布于山体西南坡，东侧为109国道，北部为渐次降低的坡岗，及至尽头即为清水河河槽。遗址西侧坡势较缓，经低洼处又见一隆起山丘，西邻冲沟向北注入清水河；南侧视野开阔，为连绵起伏的山丘。遗址地表现辟为耕地（彩版八八，1）。

遗址东西长约150米、南北宽约200米，总面积约3万平方米。地表散见大量庙子沟文化遗物，多为灰陶残片，可见饰有篮纹、绳纹，少见彩陶片。

138：1，侈沿罐口沿，夹砂灰陶。方唇，直口外侈，口部外侧饰有竖向细绳纹，颈部饰有一周附加堆纹，以下装饰为绳纹。残高4.5、壁厚0.5厘米（图八〇，4）。

138：2，篮纹陶片，泥质红陶。外壁侧饰有横向篮纹。壁厚0.5厘米（图八〇，13）。

## 04-139 姑姑庵遗址-8

遗址编号：QXG-8

文化属性：庙子沟文化

行政归属：清水河县小庙乡姑姑庵村

GPS坐标：遗址中部东经111°35′06.8″、北纬39°55′14.4″

海拔高度：1159±5米

初查时间：2004年5月21日

遗址位于姑姑庵村所在土丘东北坡尽端，由于严重的水土流失等自然灾害将遗址所处地貌冲刷形成一独立的圆形土丘。遗址几乎四面环沟，北侧存有山间间隙，西北部即为清水河，从间隙可望见清水河河槽，其余三面的周围均存有大型土丘，南侧为姑姑庵村落所在土丘，南坡尽端存有数条晚期发育的冲沟。从遗址向北可见八龙湾村，向东南可远望见109国道。东南部高台地上为04-148号大型庙子沟文化、朱开沟文化遗址及战国墓地。遗址现辟为耕地，四壁陡直。

遗址东西长约200米、南北宽约300米，总面积约6万平方米。遗址所在土丘的断崖剖面上发现一庙子沟文化房址，地表分布有泥质灰陶片，可辨器形有尖底瓶、高领罐、平口罐等。还有少量红陶片，饰有线纹、绳纹等。

## 04-140 下蒙家梁遗址-3

遗址编号：QXX-3

文化属性：庙子沟文化、朱开沟文化、战国

行政归属：清水河县小庙乡下蒙家梁村

GPS坐标：遗址北部东经111°34′44.1″、北纬39°55′11.3″

海拔高度：1188±6米

初查时间：2004年5月19日

遗址位于下蒙家梁村东南部的坡地之上，北部隔沟可望见04-133号遗址所在土丘，再向北则为清水河干涸的河道。遗址东邻南北向冲沟，冲沟蜿蜒前行并入清水河，西北部山丘顶端为04-119号遗址，南部为平缓的山坡。遗址地势东高西低，中部一条东西向深沟将遗址一分为二。地表水土流失严重，风蚀的土台在遗址中部随处可见，可推断原地表的高度。遗址地表现植有防风固沙的柠条。

遗址东西长约150米、南北宽约450米，总面积约6.75万平方米。遗址地表散见遗物多属庙子沟文化及朱开沟文化时期，庙子沟文化的遗物覆盖了整个遗址，朱开沟文化的遗物分布略偏下，约占遗址一半左右。另外，部分区域分布有战国遗物。遗址地表风蚀严重，风蚀后的土台四周可见有暴露出的一些遗迹现象。

140：1，石斧，青灰色板岩打制而成。整体呈长条形，上端较为平直，两侧平直，至刃部圆弧呈舌形刃。周身皆可见清晰的打制痕迹。长9.4、宽3.8、厚约1.5厘米（图八一，1）。

140：2，绳纹陶片，泥质红陶。外壁饰竖向绳纹。壁厚0.3厘米（图八一，6）。

140：3，花边鬲口沿，夹砂红褐陶，直口，口部外侧饰一周较细的附加堆纹，以下饰竖向细绳纹。残高5、壁厚0.5厘米（图八一，14）。

140：4，花边鬲口沿，夹砂红褐陶。直口，口部外侧饰一周蛇纹，以下饰竖向细绳纹。残高3.5、壁厚0.6厘米（图八一，19）。

140：5，折沿盆口沿，泥质灰陶。尖圆唇，折沿，斜弧腹。内壁从沿部至腹部饰有黑彩线条组成的几何纹。残高2.9、壁厚0.5厘米（图八一，16）。

140：6，高领壶口沿，泥质灰陶。高领微侈，领部外侧可见数道细小弦纹。残高4.7、壁厚0.5厘米（图八一，21）。

140：7，盆底，泥质红陶。胎体厚重，斜直腹，平底。残高3.2、壁厚0.8厘米（图八一，22）。

140：8，小口双耳罐口沿，泥质灰陶。尖圆唇，小折沿，溜肩。沿上饰黑彩对错三角纹，外壁肩部以下饰黑彩弧线三角纹。残高3.1、壁厚0.5厘米（图八一，3）。

140：9，叠唇深腹盆口沿，泥质灰陶。外叠唇，直口，直弧腹。外壁从叠唇至腹部均有黑彩弧线组成的三角形几何纹。残高5.8、壁厚1厘米（图八一，13）。

140：10，彩陶片，泥质红陶。外壁饰有黑彩弧线组成的漩涡状几何纹。壁厚0.6厘米（图八一，12）。

140：11，彩陶片，泥质红陶。外壁饰有黑彩弧线组成的鱼鳞状几何纹。壁厚0.7厘米（图八一，2）。

140：12，彩陶片，泥质褐陶。外壁饰有黑彩弧线组成的鱼鳞状和连续三角形几何纹。壁厚0.6厘米（图八一，23）。

140：13，彩陶片，泥质红陶。外壁饰有黑彩太阳纹及各种线条组成的几何纹。壁厚0.6厘米（图八一，5）。

140：14，折沿盆口沿，泥质红陶。尖圆唇，小折沿，斜弧腹。内壁饰黑彩弧线纹，外壁饰有紫彩弧线几何纹。残高2.5、壁厚0.5厘米（图八一，10）。

140：15，直口深腹钵口沿，泥质褐陶。直口，直弧腹。内壁饰紫彩弧线几何纹，外壁饰有紫彩较为规整的对错三角形几何纹。残高5.2、壁厚0.6厘米（图八一，4）。

140：16，侈口鼓腹盆口沿，泥质红陶。圆唇，侈口，圆鼓腹。腹部饰有黑彩几何纹，彩绘因脱落而斑驳不堪。残高7.5、壁厚0.7厘米（图八一，24）。

140：17，筒形罐口沿，砂质红褐陶。外叠唇，直口，直腹略弧。外壁饰交错细绳

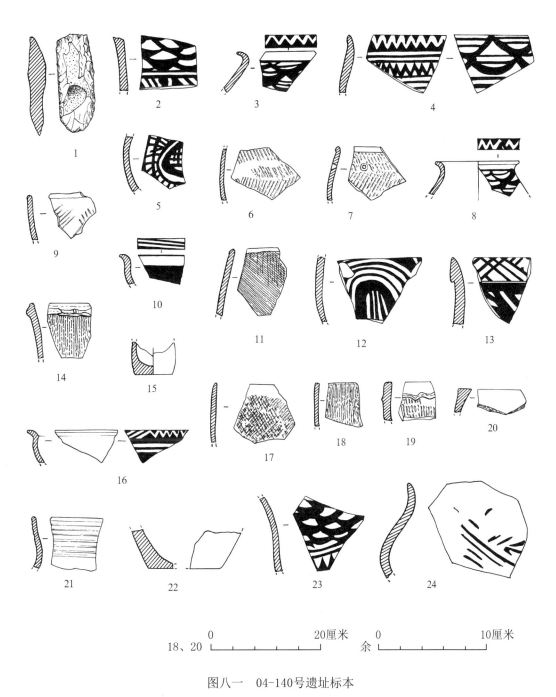

**图八一　04-140号遗址标本**

1.石斧（140∶1）　2、5、12、23.彩陶片（140∶11，140∶13，140∶10，140∶12）　3、8.小口双耳罐口沿（140∶8，140∶24）　4.直口深腹钵口沿（140∶15）　6、18.绳纹陶片（140∶2，140∶20）　7、9、11、17.筒形罐口沿（140∶21，140∶22，140∶17，140∶18）　10、16.折沿盆口沿（140∶14，140∶5）　13.叠唇深腹盆口沿（140∶9）　14、19.花边鬲口沿（140∶3，140∶4）　15.杯底（140∶23）　20.三足瓮口沿（140∶19）　21.高领壶口沿（140∶6）　22.盆底（140∶7）　24.侈口鼓腹盆口沿（140∶16）（14、18～20、22为朱开沟文化，21为战国，余为庙子沟文化）

纹。残高6、壁厚0.5厘米（图八一，11）。

140：18，筒形罐口沿，砂质灰褐陶。直口，直腹略弧。外壁饰交错细线纹。残高5.5、壁厚0.4厘米（图八一，17）。

140：19，三足瓮口沿，泥质磨光灰陶。平口，胎体厚重，素面。残高4.6、壁厚1.2～2厘米（图八一，20）。

140：20，绳纹陶片，砂质灰褐陶。外壁饰细绳纹。壁厚0.7厘米（图八一，18）。

140：21，筒形罐口沿，砂质灰白陶。外叠圆唇，直口，直腹。外壁饰交错细线纹，口下存有一穿孔。残高4.8、壁厚0.3厘米（图八一，7）。

140：22，筒形罐口沿，砂质灰褐陶。微叠唇，直口，直腹。外壁饰交错细绳纹。残高4、壁厚0.3厘米（图八一，9）。

140：23，杯底，砂质灰褐陶。斜直腹，平底。底径3.8、残高3.2、壁厚0.3～0.8厘米（图八一，15）。

140：24，小口双耳罐口沿，泥质红陶。尖圆唇，小折沿，溜肩。沿内饰黑彩连续对三角纹，外壁肩部以下饰鱼鳞状纹。残高3.2、壁厚0.5厘米（图八一，8）。

## 04-141　下蒙家梁遗址-4

遗址编号：QXX-4

文化属性：战国、汉代

行政归属：清水河县小庙乡下蒙家梁村

GPS坐标：遗址中部东经111°34′10.2″、北纬39°55′11.5″

海拔高度：1238±5米

初查时间：2004年5月19日

遗址位于下蒙家梁村的南部、04-119号遗址的西南部，制高点海拔高度为1241米的土丘顶部偏北的缓坡之上。西南为缓长的山坡，濒临早期发育的大型冲沟，东部坡体下方为04-140号遗址。遗址地表地势平坦，现已辟为耕地（彩版八八，2）。

遗址东西长约80米、南北宽约80米，总面积约0.64万平方米。遗址地表散见主要为战国时期遗物，分布较少，分布范围较小。

141：1，绳纹陶片，泥质灰陶。外壁饰抹断绳纹。壁厚0.6厘米（图八二，3）。

141：2，绳纹陶片，泥质灰陶。外壁饰抹断绳纹。壁厚0.5厘米（图八二，1）。

141：3，罐口残片，泥质灰陶。口部残，素面。壁厚0.7厘米（图八二，7）。

141：4，绳纹陶片，泥质灰陶。外壁饰绳纹。壁厚0.5厘米（图八二，21）。

## 04-142　杜家沟遗址-2

遗址编号：QXD-2

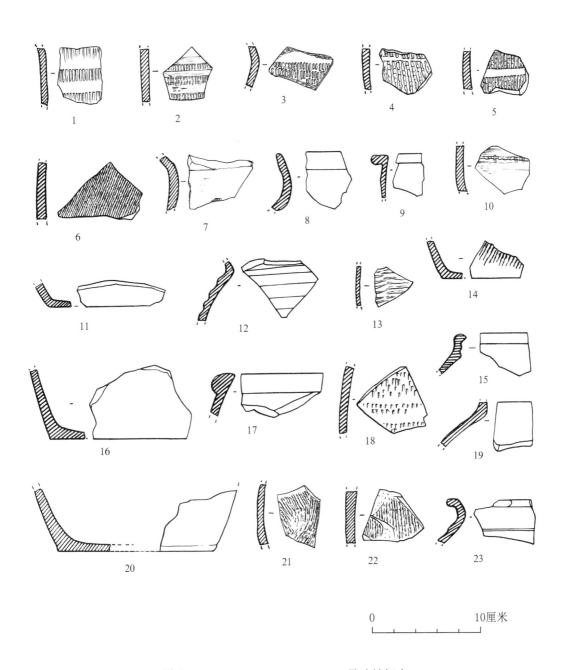

图八二 04-141、04-143～04-145号遗址标本

1～6、21、22.绳纹陶片（141：2，145：2，141：1，144：1，145：6，145：3，141：4，145：5） 7.罐口残片（141：3） 8.高领罐口沿（144：6） 9.平折沿盆口沿（144：3） 10.附加堆纹陶片（145：7） 11.盆底（145：8） 12.罐口残片（143：2） 13.篮纹陶片（144：2） 14.绳纹罐底（144：5） 15.卷沿瓮口沿（145：1） 16、20.罐底（144：8，144：7） 17.叠唇罐口沿（145：4） 18.戳刺纹陶片（144：9） 19.罐口残片（144：4） 23.折沿矮领瓮口沿（143：1）（17为官地一期遗存，8为永兴店文化，1～6、14、21、22为战国，余为汉代）

文化属性：辽金

行政归属：清水河县小庙乡杜家沟村

GPS坐标：遗址北部东经111°33′55.7″、北纬39°53′54.1″

海拔高度：1295±5米

初查时间：2004年5月20日

遗址位于杜家沟村北部偏西的坡地之上，东部为向上延伸隆起的山丘；西部向下濒临黑贵井沟，隔沟可眺望04-118号遗址（海子沟二号遗址）；南北两侧地势平坦。

遗址东西长约100米、南北宽约200米，总面积约2万平方米。遗址文化层较薄，遗物集中于遗址偏东部的低洼处。可见遗物以辽金时期陶、瓷片为主。遗物较少。

### 04-143　上蒙家梁遗址-2

遗址编号：QXS-2

文化属性：汉代

行政归属：清水河县小庙乡上蒙家梁村

GPS坐标：遗址西南部东经111°34′17.2″、北纬39°54′25.6″

海拔高度：1235±18米

初查时间：2004年5月20日

遗址位于上蒙家梁村西南部制高点海拔高度1261米的山体东南部缓坡之上，向北可眺望下蒙家梁村，东部濒临一冲沟，隔沟东北部可见姑姑庵村落及遗址群。遗址被一条东西向大旱沟分割为南北两部分。地势西高东低，上部辟为耕地，下部水土流失严重，风蚀过的地表沟壑交纵，故植有柠条防风固沙。

遗址东西长约100米、南北宽约80米，总面积约0.8万平方米。遗址地表散见少量汉代时期遗物。

143：1，折沿矮领瓷口沿，泥质灰陶。折沿略残，溜肩。残高3.3、壁厚0.6厘米（图八二，23）。

143：2，罐口残片，泥质灰陶。口残，溜肩，外壁饰有数道凸起弦纹。残高4.2、壁厚0.5厘米（图八二，12）。

### 04-144　二道咀遗址-1

遗址编号：QXE-1

文化属性：永兴店文化、战国、汉代

行政归属：清水河县小庙乡二道咀村

GPS坐标：遗址中部东经111°35′15.3″、北纬39°53′36.5″

海拔高度：1276±5米

初查时间：2004年5月20日

遗址位于109国道东侧、西南—东北向的漫坡中部偏下处，坡体略显南高北低之势。遗址主要位于坡体东、北端之上，略显坡度。遗址东部濒临厂子沟，与二道咀村相望；南北两侧皆被厂子沟的支叉冲沟所环绕；北侧隔冲沟为一较狭长的缓坡，与泉子坡村相对；西侧向上为漫坡及土丘台地，与109国道相隔一晚期发育的小冲沟；西南部尽端与109国道的土基重合。现大面积种植有柠条及杂草植被。

遗址东西长约100米、南北宽约250米，总面积约2.5万平方米。地表散见少量遗物，主要为战国时期遗物，少量永兴店文化遗物，分布较少，分布范围较小。

144：1，绳纹陶片，夹砂灰陶。外壁饰有粗而规整的绳纹。壁厚0.4厘米（图八二，4）。

144：2，篮纹陶片，泥质灰陶。外壁饰有篮纹。壁厚0.3厘米（图八二，13）。

144：3，平折沿盆口沿，泥质灰陶。圆唇，平沿，直弧腹，素面。残高3.5、壁厚0.4厘米（图八二，9）。

144：4，罐口残片，泥质灰陶。口残，溜肩，素面。残高3.3、壁厚0.6厘米（图八二，19）。

144：5，绳纹罐底，夹砂灰褐陶。外壁饰有斜向粗绳纹，平底。残高2.7、壁厚0.4厘米（图八二，14）。

144：6，高领罐口沿，夹砂灰陶。高领外侈，素面。残高4.8、壁厚0.2～0.6厘米（图八二，8）。

144：7，罐底，泥质灰陶。斜直腹，平底，素面。残高6、壁厚1厘米（图八二，20）。

144：8，罐底，泥质灰陶。内壁可见抹痕，直弧腹，平底。残高8.5、壁厚0.6厘米（图八二，16）。

144：9，戳刺纹陶片，泥质灰陶。外壁饰有压印戳刺纹。壁厚0.4厘米（图八二，18）。

## 04—145　庙梁遗址—1

遗址编号：QXM-1

文化属性：官地一期遗存、战国、汉代

行政归属：清水河县小庙乡庙梁村

GPS坐标：遗址中部东经111°35′01.2″、北纬39°54′02.7″

海拔高度：1276±5米

初查时间：2004年5月21日

遗址位于109国道西侧一缓坡的东坡及东北坡之上，地势狭长，西高东低，坡度较小。从遗址中部向北偏西处可见庙梁村，南侧与109国道路基相连；北部为109国道向东拐弯处；东侧存有一较大冲沟，隔沟存有一土坡，可远望到泉子坡村；西侧亦有冲沟，东侧冲沟延至遗址北侧并与西侧的冲沟相连接。遗址中部有电线杆等输电网，地表现种植大量柠条及杂草等植被。

遗址东西长约200米、南北宽约100米，总面积约2万平方米。地表可见少量陶片，多为素面及绳纹。整个遗址陶片较少。

145：1，卷沿瓮口沿，泥质灰陶。外卷圆唇，矮领，溜肩。残高3.7、壁厚0.4厘米（图八二，15）。

145：2，绳纹陶片，泥质灰陶。外壁饰抹断绳纹。壁厚0.6厘米（图八二，2）。

145：3，绳纹陶片，泥质灰陶。外壁饰规整的细绳纹。壁厚0.7厘米（图八二，6）。

145：4，叠唇罐口沿，泥质红陶。敛口、叠唇。残高3.5、壁厚0.6厘米（图八二，17）。

145：5，绳纹陶片，泥质灰陶。外壁饰细密的绳纹。壁厚0.7厘米（图八二，22）。

145：6，绳纹陶片，泥质灰陶。外壁饰抹断绳纹。壁厚0.5厘米（图八二，5）。

145：7，附加堆纹陶片，泥质灰陶。外壁饰附加堆纹。壁厚0.5厘米（图八二，10）。

145：8，盆底，泥质灰陶。平底，素面。残高2、壁厚0.5厘米（图八二，11）。

## 04-146　姑姑庵遗址-1

遗址编号：QXG-1

文化属性：庙子沟文化、阿善三期文化

行政归属：清水河县小庙乡姑姑庵村

GPS 坐 标：遗址中部偏东处东经111°35′22.8″、北纬39°54′38.1″

海拔高度：1218±6米

初查时间：2004年5月21日

遗址位于姑姑庵村东南部制高点海拔高度1242米山体的东坡。东南濒临厂子沟，西北与姑姑庵村隔一条小冲沟相望，西侧为隆起的土丘。109国道从遗址所在的土丘顶部经过，并从遗址北部冲沟上方向西蜿蜒而去。遗址所在地表现已退耕还林，挖有大量育林坑。种植有苜蓿及沙棘等（彩版八九，1）。

遗址分布范围较小，东西长约150米、南北宽约200米，总面积约3万平方米。地表散见遗物有庙子沟文化、阿善三期文化泥质红陶、灰陶残片等。

146：1，侈沿罐口沿残片，夹砂红褐陶。侈口，颈部饰一周附加堆纹，上下均饰竖向细绳纹。残高2.5、壁厚0.7厘米（图八三，4）。

146：2，器口残片，泥质灰陶。口残，应为罐一类器物的口至肩部。壁厚0.5厘米（图八三，10）。

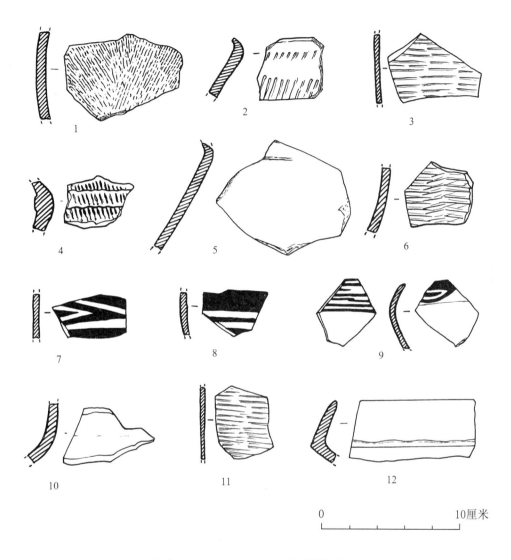

图八三　04-146、04-147号遗址标本

1.绳纹陶片（147：1）　2.侈沿罐口沿（147：2）　3、6、11.篮纹陶片（147：3，146：3，147：9）　4.侈沿罐口沿残片（146：1）　5.小口双耳罐口沿（147：7）　7、8.彩陶片（147：6，147：5）　9.敛口弧腹钵口沿（147：4）　10.器口残片（146：2）　12.敛口折腹钵口沿（147：8）（10为阿善三期文化，余为庙子沟文化）

146：3，篮纹陶片，泥质红褐陶。外壁饰横向篮纹。壁厚0.7厘米（图八三，6）。

## 04-147　姑姑庵遗址-3

遗址编号：QXG-3

文化属性：庙子沟文化

行政归属：清水河县小庙乡姑姑庵村

GPS坐标：遗址北部东经111°35′21.6″、北纬39°55′14.1″

海拔高度：1178±7米

初查时间：2004年5月21日

遗址位于姑姑庵村东、清水河南岸的山丘之上。西侧濒临由南至北注入清水河的早期发育的冲沟，东部濒临另一冲沟的沟尾；东北隔一洼地与04-148号遗址（姑姑庵四号遗址）相连；西面为又复隆起的坡顶（坡岗），坡岗顶部即为姑姑庵村；南部为109国道向西而去。遗址中心及山丘的顶部地势平坦，东西两侧坡较短，而北部延伸出缓长的山坡。地表现已辟为耕地，北部种植有苜蓿（彩版八九，2）。

遗址东西长约200米、南北宽约300米，总面积约6万平方米。遗址文化层无存，但地表见有灰土圈及耕地翻出来的红烧土块。遗物较少，均为庙子沟文化。

147：1，绳纹陶片，夹砂灰褐陶。外壁饰竖向绳纹。壁厚0.6厘米（图八三，1）。

147：2，侈沿罐口沿，夹砂灰褐陶。侈口，溜肩。外壁饰竖向绳纹。残高4.1、壁厚0.6厘米（图八三，2）。

147：3，篮纹陶片，泥质红褐陶。外壁饰横向篮纹。壁厚0.4厘米（图八三，3）。

147：4，敛口弧腹钵口沿，泥质红陶。敛口，弧腹。内外壁均施黑彩几何纹。残高4.3、壁厚0.5厘米（图八三，9）。

147：5，彩陶片，泥质红陶。外壁饰黑彩线纹。壁厚0.5厘米（图八三，8）。

147：6，彩陶片，泥质灰陶。外壁饰黑彩弧线三角纹。壁厚0.5厘米（图八三，7）。

147：7，小口双耳罐口沿，泥质红褐陶。为小口双耳罐肩部，隐约可见施有黑彩。壁厚0.7厘米（图八三，5）。

147：8，敛口折腹钵口沿，泥质灰陶。敛口，折腹，下腹壁斜直内收，素面。残高4.3、壁厚0.5厘米（图八三，12）。

147：9，篮纹陶片，泥质红陶。外壁饰横向篮纹。壁厚0.3厘米（图八三，11）。

## 04-148　姑姑庵遗址-4

遗址编号：QXG-4

文化属性：官地一期遗存、鲁家坡一期遗存、庙子沟文化、朱开沟文化、战国

行政归属：清水河县小庙乡姑姑庵村

GPS坐标：遗址东南部东经111°35′34.9″、北纬39°55′16.9″

海拔高度：1179±5米

初查时间：2004年5月21日

遗址位于清水河南岸、姑姑庵村东北部制高点海拔高度1183米的山丘之上，当地村民称为"东峁"。山丘北部紧邻清水河崖壁，东西两侧为冲沟所夹，唯西南面狭窄的地带与04-147号遗址相连，折向东南可通往姑姑庵村。山丘顶部平坦，四周渐低，

以山顶为中心，向四周辐射出数条晚期发育的小型冲沟。西面接缓长的山坡可抵达清水河岸边，此坡上曾发现有战国墓葬，即为04-149号遗址。北面断崖处可见残墓，沟底见有暴露出的人骨和兽骨。由山丘顶部眺望，东西为蜿蜒的清水河河道、河道中的平坦的耕地及污染严重的工厂（图八四；彩版三二；彩版八九，2）。

遗址东西长约200米、南北宽约300米，总面积约6万平方米。地表多见灰土圈，个别断面可见挂有多个灰坑及房屋遗迹。遗址中部遗物分布较为密集，庙子沟文化、朱开沟文化遗存覆盖整个遗址。沟内因水土流失发现有人骨及动物骨骼，对断崖上发现的人骨进行了清理，未发现有随葬品。

清水河

1：2000

图八四　04-148号遗址地形图

2006年对遗址进行了试掘，发现各文化阶段文化遗存，并发现有月牙形錾手一类遗存。墓葬发现有铜器、陶器等。

148：1，铁轨式口沿罐口沿，夹砂红褐陶。外叠唇，敛口，唇部压有两道凹槽，溜肩。外壁饰左斜向绳纹。残高5.1、壁厚0.5厘米（图八五，3）。

148：2，铁轨式口沿罐口沿，夹砂灰褐陶。外叠唇，敛口，溜肩。外壁饰左斜向绳纹。残高3、壁厚0.5厘米（图八五，8）。

148：3，铁轨式口沿罐口沿，夹砂灰褐陶。外叠唇，敛口，唇部压有两道凹槽，弧腹。外壁饰横向弦纹。残高5.5、壁厚0.5厘米（图八五，4）。

148：4，铁轨式口沿罐口沿，夹砂黑褐陶。外叠唇，敛口，圆鼓腹。外壁饰左斜向绳纹。残高4.7、壁厚0.7厘米（图八五，1）。

148：5，铁轨式口沿罐口沿，夹砂灰褐陶。外叠唇，敛口，唇部压有两道凹槽，溜肩。外壁饰横向弦纹。残高3.5、壁厚0.5厘米（图八五，10）。

148：6，铁轨式口沿罐口沿，夹砂红褐陶。敛口，溜肩。外壁饰左斜向绳纹。残高4.6、壁厚0.6厘米（图八五，7）。

148：7，铁轨式口沿罐口沿，夹砂灰褐陶。外叠唇，直口，圆弧腹。外壁饰左斜向细绳纹。残高7.5、壁厚0.5厘米（图八五，14）。

148：8，直口弧腹钵口沿，泥质红陶。直口微敛，直弧腹，素面。残高4.3、壁厚0.5厘米（图八五，9）。

148：9，敛口弧腹钵口沿，泥质红陶。敛口，直弧腹，素面。残高4.3、壁厚0.6厘米（图八五，12）。

148：10，铁轨式口沿罐口沿，夹砂灰白陶。外叠唇，敛口，唇部压有两道凹槽，溜肩。外壁饰横向弦纹。残高4.6、壁厚0.4厘米（图八五，2）。

148：11，铁轨式口沿罐口沿，夹砂红陶。小窄沿，溜肩。外壁饰左斜向绳纹。残高4.2、壁厚0.4厘米（图八五，5）。

148：12，敞口叠唇盆口沿，泥质红陶。外叠圆唇，敞口，斜弧腹，素面。残高5.5、壁厚0.6厘米（图八五，18）。

148：13，铁轨式口沿罐底，夹砂灰褐陶。斜直腹，平底。外壁饰左斜向绳纹。残高6.2、壁厚0.5厘米（图八五，15）。

148：14，侈沿罐底，夹砂红褐陶。斜直腹，平底。外壁饰错乱的绳纹。残高6.5、壁厚0.5厘米（图八五，19）。

148：15，小口尖底瓶口沿，泥质红陶。重唇，小口，素面。残高2.5、壁厚0.6厘米（图八五，11）。

148：16，高领罐口沿，泥质灰陶。外叠唇，直领，素面。残高4.5、壁厚0.5厘米

图八五　04-148号遗址标本（一）

1～5、7、8、10、14、16.铁轨式口沿罐口沿（148：4，148：10，148：1，148：3，148：11，148：6，148：2，148：5，148：7，148：21）　6、12.敛口弧腹钵口沿（148：17，148：9）　9、20.直口弧腹钵口沿（148：8，148：18）　11.小口尖底瓶口沿（148：15）　13、15、17.铁轨式口沿罐底（148：19，148：13，148：20）　18.敞口叠唇盆口沿（148：12）　19.侈沿罐底（148：14）（11、20为鲁家坡一期遗存，4、6、14、19为庙子沟文化，余为官地一期遗存）

（图八六，15）。

148：17，敛口弧腹钵口沿，泥质红陶。敛口，直弧腹，外壁饰黑彩宽带纹。残高5.2、壁厚0.5厘米（图八五，6）。

148：18，直口弧腹钵口沿，泥质灰陶。直口微敛，直弧腹，素面。残高7.1、壁厚0.6厘米（图八五，20）。

148：19，铁轨式口沿罐底，夹砂红褐陶，内壁为灰褐色。斜直腹，平底，外壁饰左斜向线纹。残高3.3、壁厚1厘米（图八五，13）。

148：20，铁轨式口沿罐底，夹砂红褐陶，内壁为灰褐色。斜直腹，平底，外壁饰左斜向绳纹。残高4.8、壁厚1厘米（图八五，17）。

148：21，铁轨式口沿罐口沿，泥质红陶。小折沿，沿上存有两道凹槽，溜肩，肩部饰凹弦纹。残高4.1、壁厚0.6厘米（图八五，16）。

148：22，侈沿罐口沿，泥质红陶。折沿，溜肩，素面。口径16、残高5.2、壁厚0.6厘米（图八六，9）。

148：23，侈沿罐口沿，砂质灰陶。侈领，颈部饰附加泥饼纹。残高3.5、壁厚0.7厘米（图八六，8）。

148：24，敛口弧腹钵口沿，泥质灰陶。敛口，斜弧腹，素面。残高3.2、壁厚0.5厘米（图八六，2）。

148：25，彩陶片，泥质灰陶。外壁饰黑彩弧线几何纹。壁厚0.6厘米（图八六，14）。

148：26，折沿盆口沿，泥质红陶。折沿，直弧腹，素面。残高3.5、壁厚0.5厘米（图八六，3）。

148：27，罐底，夹砂灰褐陶，胎质疏松。斜直腹，平底。外壁饰左斜向线纹。残高4.5、壁厚0.6厘米（图八六，12）。

148：28，敛口瓮口沿，泥质红陶。外叠唇，敛口，溜肩，鼓腹，素面。残高3.1、壁厚0.7厘米（图八六，10）。

148：29，石镰，黄褐色砂岩磨制而成。上端平直，两侧斜直，宽弧刃。长7.8~11.3、宽6.4、厚1厘米（图八六，13）。

148：30，残玉环，青碧色玉磨制而成。截面楔形，上面存有一个钻孔。厚0.4厘米（图八六，6）。

148：31，敛口瓮口沿，泥质红陶。平敛口，溜肩，素面。残高5.5、壁厚0.9厘米（图八六，5）。

148：32，蛇纹陶片，夹砂红陶。外壁饰竖向细绳纹及细蛇纹。壁厚0.6厘米（图八六，7）。

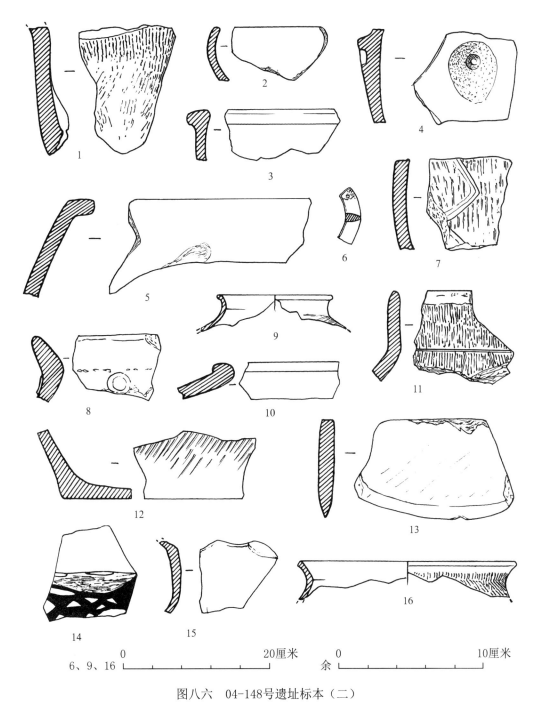

图八六 04-148号遗址标本（二）

1.瓮足（148：36） 2.敛口弧腹钵口沿（148：24） 3.折沿盆口沿（148：26） 4.器耳（148：33） 5.敛口瓮口沿（148：31） 6.残玉环（148：30） 7.蛇纹陶片（148：32） 8、9.侈沿罐口沿（148：23，148：22） 10.敛口瓮口沿（148：28） 11.高领鬲口沿（148：35） 12.罐底（148：27） 13.石镰（148：29） 14.彩陶片（148：25） 15.高领罐口沿（148：16） 16.折沿罐口沿（148：34）（2、3、6、8、10、13为官地一期遗存，12为鲁家坡一期遗存，14、15为庙子沟文化，1、5、7、9、11为朱开沟文化，4、16战国）

148：33，器耳，泥质灰陶。表面残存器耳，素面。壁厚0.6厘米（图八六，4）。

148：34，折沿罐口沿，泥质灰陶。折沿，溜肩，外壁饰细密规整的绳纹。口径30.4、残高5、壁厚0.5厘米（图八六，16）。

148：35，高领鬲口沿，夹砂红褐陶。高领外侈，溜肩，外壁饰竖向绳纹。残高6.2、壁厚0.7厘米（图八六，11）。

148：36，瓮足，泥质灰褐陶。空心，外壁饰竖向绳纹。残高7.5、壁厚0.8厘米（图八六，1）。

### 04—149　姑姑庵遗址-5

遗址编号：QXG-5

文化属性：庙子沟文化、战国

行政归属：清水河县小庙乡姑姑庵村

GPS坐标：遗址中部东经111°35′14.7″、北纬39°55′21.3″

海拔高度：1153±9米

初查时间：2004年5月21日

遗址位于姑姑庵村东北、04-147号遗址（姑姑庵三号遗址）东北坡地尽端的台地之上，与04-148号遗址相邻，东北为清水河环绕。此台地东面为又复隆起的坡岗，坡岗的顶部即一庙子沟文化遗址，西北部可俯瞰清水河河槽。遗址现已退耕还林，地表杂草茂密（彩版八九，2）。

遗址东西长约80米、南北宽约100米，总面积约0.8万平方米。遗址文化层无存，可见有庙子沟文化及极少量战国时期遗物。

149：1，侈沿罐底，夹砂红褐陶。外壁饰左斜向绳纹。残高3、壁厚0.5厘米（图八七，10）。

149：2，彩陶片，泥质红陶。外壁饰黑彩带纹。壁厚0.6厘米（图八七，8）。

149：3，篮纹陶片，泥质红陶。外壁饰横向篮纹。壁厚0.6厘米（图八七，17）。

### 04—150　姑姑庵遗址-6

遗址编号：QXG-6

文化属性：官地一期遗存、鲁家坡一期遗存、庙子沟文化

行政归属：清水河县小庙乡姑姑庵村

GPS坐标：遗址东部东经111°35′35.4″、北纬39°55′01.0″

海拔高度：1198±9米

初查时间：2004年5月21日

遗址位于清水河南岸、姑姑庵村东部制高点海拔高度1209米的山丘之上，向北即为04-148号和04-149号遗址，西部为04-147号遗址，共同构成姑姑庵遗址群。109国道

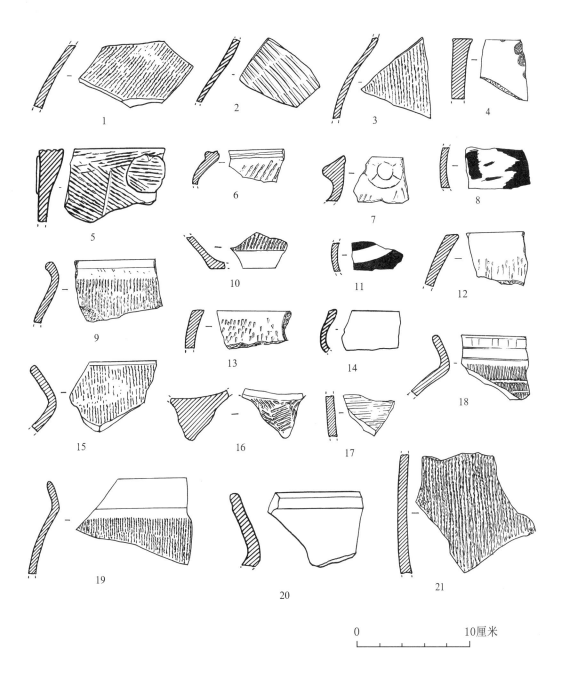

图八七　04-149～04-152号遗址标本

1、3、21.绳纹陶片（151∶3，151∶4，152∶1）　2、17.篮纹陶片（151∶5，149∶3）　4、12、13.三足瓮口沿（152∶3，152∶2，152∶4）　5.平口罐口沿（151∶6）　6.铁轨式口沿罐口沿（150∶2）　7.带纽鬲口沿（152∶5）　8、11.彩陶片（149∶2，150∶1）　9、15、19.侈口盆口沿（152∶6，151∶7，151∶9）　10.侈沿罐底（149∶1）　14.敛口曲腹钵口沿（151∶2）　16.鬲足根（151∶1）　18.矮领罐口沿（151∶10）　20.高领罐口沿（151∶8）（6为鲁家坡一期遗存，2、5、8、10、11、14、17为庙子沟文化，1、3、4、7、9、12、13、15、19、21为朱开沟文化，余为战国）

从遗址东南部穿过，东北部为一缓长的山坡，坡下为饮羊沟与清水河交汇处。地表现辟为耕地（彩版八九，2）。

遗址东西长约250米、南北宽约200米，总面积约5万平方米。遗址文化层不存，遗物分布零散，鲜见官地一期、鲁家坡一期及庙子沟文化时期物。

150：1，彩陶片，泥质红陶。外壁饰黑彩几何纹。壁厚0.3厘米（图八七，11）。

150：2，铁轨式口沿罐口沿，夹砂灰褐陶。敛口，口上存有铁轨式凹槽，外壁饰左斜向绳纹。残高2.4、壁厚0.5厘米（图八七，6）。

### 04—151　只几塌遗址-1

遗址编号：QXZ-1

文化属性：庙子沟文化、朱开沟文化、战国

行政归属：清水河县小庙乡只几塌村

GPS 坐 标：遗址东部东经111°35′59.3″、北纬39°55′08.0″

海拔高度：1179±11米

初查时间：2004年5月21日

遗址位于清水河与饮羊沟交汇的山坡上，山顶为只几塌村所在，109国道从遗址顶部平台西部蜿蜒南行。遗址东邻南北向无名冲沟，西为饮羊沟，北部濒临清水河，可俯瞰清水河北岸的石崖。遗址范围较大，由高及低的缓长山坡为遗址分布的主要范围。地势南高北低，直至南部坡下断崖。地表现已辟为耕地（彩版九〇，1）。

遗址东西长约350米、南北宽约400米，总面积约14万平方米。地表可见少量灰土圈，文化层较为浅薄。以庙子沟文化期及朱开沟文化遗物为主，朱开沟文化遗物在整体山坡皆有覆盖，而西部坡下较为集中，庙子沟文化遗物分布的位置偏上，战国遗物较少。

151：1，鬲足根，夹砂灰陶。小锥状实足根，外壁饰交错绳纹。残高4、壁厚0.7厘米（图八七，16）。

151：2，敛口曲腹钵口沿，泥质红陶。敛口，曲腹，素面。残高3.2、壁厚0.5厘米（图八七，14）。

151：3，绳纹陶片，泥质红陶。外壁饰竖向绳纹。壁厚0.4厘米（图八七，1）。

151：4，绳纹陶片，泥质红陶。外壁饰竖向绳纹。壁厚0.6厘米（图八七，3）。

151：5，篮纹陶片，泥质红陶。外壁饰篮纹。壁厚0.5厘米（图八七，2）。

151：6，平口罐口沿，夹砂灰陶。外壁饰斜向绳纹及附加泥饼纹。残高6.5、壁厚0.8～1.8厘米（图八七，5）。

151：7，侈口盆口沿，泥质灰陶。侈口，弧腹，外壁饰竖向绳纹。残高5、壁厚0.7厘米（图八七，15）。

151：8，高领罐口沿，泥质灰陶。高领外侈，素面。残高5.8、壁厚0.8厘米（图八七，20）。

151：9，侈口盆口沿，泥质灰陶。侈口，弧腹，外壁饰竖向绳纹。残高7.8、壁厚0.6厘米（图八七，19）。

151：10，矮领罐口沿，泥质灰陶。高领，肩部饰抹断绳纹。残高5.3、壁厚0.5厘米（图八七，18）。

### 04-152  只几墕遗址-2

遗址编号：QXZ-2

文化属性：朱开沟文化

行政归属：清水河县小庙乡只几墕村

GPS坐标：遗址南部东经111°36′21.3″、北纬39°55′11.3″

海拔高度：1183±7米

初查时间：2004年5月21日

遗址位于只几墕村的东北的坡地之上，北部濒临清水河，东西两侧为延伸至清水河的南北向冲沟，南部为平坦的山丘顶部，向西与04-151号遗址隔沟相望。地势南高北低，向南为一又复隆起的延至只几墕村及109国道的土丘（彩版九〇，1）。

遗址范围较小，东西长约150米、南北宽约200米，总面积约3万平方米。遗址文化层较浅，遗物单纯，皆为朱开沟文化遗物。

152：1，绳纹陶片，泥质灰陶。外壁饰竖向绳纹。壁厚0.8厘米（图八七，21）。

152：2，三足瓮口沿，泥质红陶。外壁饰竖向模糊的绳纹。残高5.4、壁厚1厘米（图八七，12）。

152：3，三足瓮口沿，砂质灰褐陶。外斜唇，素面。残高5.3、壁厚0.8厘米（图八七，4）。

152：4，三足瓮口沿，泥质红陶。外壁饰戳点纹。残高2.7、壁厚0.8厘米（图八七，13）。

152：5，带纽鬲口沿，泥质红陶。直领，领部存有一凸纽。残高4、壁厚0.5厘米（图八七，7）。

152：6，侈口盆口沿，泥质灰陶。侈口，直弧腹，外壁饰竖向绳纹。残高5、壁厚0.6厘米（图八七，9）。

### 04-153  只几墕遗址-3

遗址编号：QXZ-3

文化属性：庙子沟文化、阿善三期文化、朱开沟文化、战国

行政归属：清水河县小庙乡只几墕村

GPS坐标：遗址中部东经111°36′24.8″、北纬39°54′58.2″

海拔高度：1202±5米

初查时间：2004年5月21日

遗址位于只几垛村东南方向的平台之上，与该村在同一土丘。村落位于土丘顶部平台的西北部，南侧为通往该村的乡间公路，可抵达109国道。遗址北部坡略向下即为东西向109国道，东可直抵清水河县城。东部为早期发育的陡峭冲沟，地势平坦，现辟为耕地（彩版九○，1）。

遗址东西长约250米、南北宽约200米，总面积约5万平方米。顶部平台及坡下皆有陶片，分布较少。正值春耕时节，可能因耕地地表遗物被翻埋于地下，发现较少。可见较多为素面灰陶片，有少量庙子沟文化遗物。

153∶1，石刀，红褐色板岩磨制而成。仅残存一块，应为长方形石刀的残片，直刃。厚0.8厘米（图八八，5）。

153∶2，篮纹陶片，泥质灰陶。外壁饰篮纹。壁厚0.4厘米（图八八，10）。

153∶3，绳纹陶片，泥质红陶。外壁饰竖向抹断绳纹。壁厚0.4厘米（图八八，19）。

153∶4，篮纹陶片，泥质灰陶。外壁饰篮纹。壁厚0.5厘米（图八八，6）。

153∶5，平口罐口沿，泥质红陶。外壁饰竖向绳纹，绳纹抹去。残高3.6、壁厚0.7厘米（图八八，9）。

153∶6，绳纹陶片，夹砂灰陶。外壁饰竖向绳纹。壁厚0.5厘米（图八八，8）。

153∶7，压印方格纹陶片，泥质灰陶。外壁饰压印方格纹，不甚规整。壁厚0.5厘米（图八八，14）。

153∶8，绳纹陶片，泥质红陶。外壁饰竖向绳纹。壁厚0.8～1.5厘米（图八八，27）。

153∶9，平口罐口沿，泥质红陶。敛口、直弧腹，素面。残高3.5、壁厚0.6厘米。（图八八，13）

## 04-154　王三窑子遗址-2

遗址编号：QXW-2

文化属性：庙子沟文化、战国

行政归属：清水河县小庙乡王三窑子村

GPS坐标：遗址中部东经111°37′47.2″、北纬39°55′15.1″

海拔高度：1143±5米

初查时间：2004年5月22日

遗址位于王三窑子村东南、清水河南岸的台地上。台地顶部平缓，地势南高北

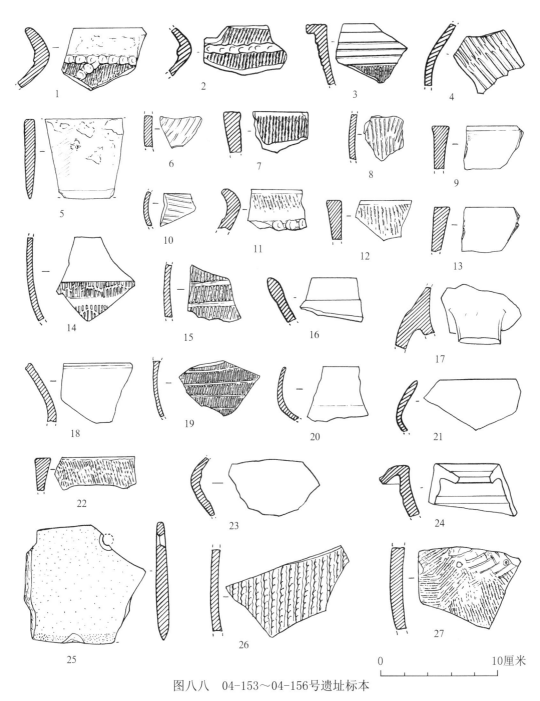

图八八 04-153～04-156号遗址标本

1、2、11.侈沿罐口沿（156：3，156：2，156：1） 3、24.平折沿盆口沿（154：5，154：4） 4、6、10.篮纹陶片（156：7，153：4，153：2） 5、25.石刀（153：1，155：1） 7、9、12、13、22.平口罐口沿（155：3，153：5，155：4，153：9，156：8） 8、15、19、26、27.绳纹陶片（153：6，154：2，153：3，154：1，153：8） 14.压印方格纹陶片（153：7） 16.敞口盆口沿（154：3） 17.器耳（154：6） 18.尖底瓶口沿（156：4） 20.敛口弧腹钵口沿（156：5） 21、23.敛口曲腹钵口沿（156：6，155：2）（1、2、4、5、7、9、11～13、17、18、20～23、25为庙子沟文化，6、10为阿善三期文化，27为朱开沟文化，余为战国）

低，北邻清水河，东北、西南两侧被两条冲沟阻断，且均通往清水河。西南部为向上延伸的缓长山坡，坡顶部即为04-155号遗址。遗址所在地势较低，隔沟向西北可望见04-170号遗址。东部原为打磨湾村，现因整体搬迁而废弃。地表现辟为耕地，南部种植有苜蓿。

遗址东西长约60米、南北宽约100米，总面积约0.6万平方米。遗址文化层已经不明显，陶片较少，以战国时期遗物为主，分布范围较小。

154：1，绳纹陶片，泥质灰褐陶。外壁饰竖向绳纹。壁厚0.5厘米（图八八，26）。

154：2，绳纹陶片，泥质灰褐陶。外壁饰抹断绳纹。壁厚0.5厘米（图八八，15）。

154：3，敞口盆口沿，泥质灰陶。外叠圆唇，矮领。残高3.1、壁厚0.5厘米（图八八，16）。

154：4，平折沿盆口沿，泥质灰陶。平折沿，直弧腹，外壁饰数道弦纹。残高5、壁厚1厘米（图八八，24）。

154：5，平折沿盆口沿，泥质灰陶。平折沿，斜弧腹，外壁饰弦纹及抹断绳纹。壁厚0.7厘米（图八八，3）。

154：6，器耳，泥质灰陶。为一陶器器耳部分残片。壁厚0.5厘米（图八八，17）。

## 04-155　王三窑子遗址-3

遗址编号：QXW-3

文化属性：庙子沟文化、汉代

行政归属：清水河县小庙乡王三窑子村

GPS 坐标：遗址中部东经111°37′31.5″、北纬39°55′04.8″

海拔高度：1188±5米

初查时间：2004年5月22日

遗址位于王三窑子村南部的坡岗的北坡之上，地势南高北低。南面为浑圆的土丘顶部，坡顶部可见王三窑子村落及04-170号遗址；西侧与平坦的山坡相连；北面坡下为两条南北向冲沟，北去注入清水河；东部坡下为04-154号遗址。遗址地势较为平坦，已辟为耕地（彩版九○，2）。

遗址东西长约100米、南北宽约80米，总面积约0.8万平方米。遗址内无文化层堆积，陶片稀疏。以庙子沟文化时期陶片居多，鲜见汉代遗物，且多为素面灰陶片。

155：1，石刀，红褐色板岩磨制而成。直刃。残长10.4、宽10、厚1厘米（图八八，25）。

155：2，敛口曲腹钵口沿，泥质灰陶。敛口，曲腹。残高4.5、壁厚0.5厘米（图八八，23）。

155：3，平口罐口沿，泥质灰褐陶。外壁饰竖向绳纹。残高3.7、壁厚0.8～1.2厘米（图八八，7）。

155：4，平口罐口沿，泥质灰褐陶。外壁饰竖向绳纹。残高3.5、壁厚0.7～1.4厘米（图八八，12）。

### 04—156　五眼井遗址-1

遗址编号：QXW-1

文化属性：庙子沟文化

行政归属：清水河县小庙乡五眼井村

GPS 坐 标：遗址中部东经111°36′35.4″、北纬39°54′45.2″

海拔高度：1186±6米

初查时间：2004年5月23日

遗址位于五眼井村北部约1公里、制高点海拔高度1281米的山体北部连绵土丘之上。东侧邻前大沟沟掌，西侧为一较大冲沟。土丘向北部偏东方向延伸，直至西部冲沟。遗址所在土丘平面呈圆形，地表现已退耕还林，种植有苜蓿、沙棘等。一条小路从遗址中心穿过可到达村落。

遗址东西长约80米、南北宽约200米，总面积约1.6万平方米。地表所见遗物均为庙子沟文化，山丘顶部最为集中，呈辐射式向四周扩散，分布较为稀疏。

156：1，侈沿罐口沿，夹砂灰褐陶。侈沿，溜肩，领部及肩部均饰竖向绳纹。领下可见附加堆纹。残高3.5、壁厚0.8厘米（图八八，11）。

156：2，侈沿罐口沿，夹砂灰褐陶。侈口，溜肩，颈部饰一周附加堆纹，领部及肩部均饰竖向绳纹。残高3.7、壁厚0.5厘米（图八八，2）。

156：3，侈沿罐口沿，夹砂灰褐陶。侈领，溜肩，颈部饰一周附加堆纹，肩部饰竖向绳纹。残高5、壁厚0.5厘米（图八八，1）。

156：4，尖底瓶口沿，泥质灰褐陶。方唇，喇叭口。残高4.6、壁厚0.7厘米（图八八，18）。

156：5，敛口弧腹钵口沿，泥质灰陶。敛口，弧腹，素面。残高4、壁厚0.3厘米（图八八，20）。

156：6，敛口曲腹钵口沿，泥质红陶。敛口，曲腹。残高4.5、壁厚0.5厘米（图八八，21）。

156：7，篮纹陶片，泥质红陶。外壁饰篮纹。壁厚0.5厘米（图八八，4）。

156：8，平口罐口沿，泥质灰陶。外壁饰竖向细绳纹。残高2.6、壁厚0.6厘米（图八八，22）。

### 04—157　五道峁遗址-2

遗址编号：QXW-2

文化属性：战国

行政归属：清水河县小庙乡五道峁村

GPS坐标：遗址中部东经111°37′35.9″、北纬39°54′28.9″

海拔高度：1248±5米

初查时间：2004年5月24日

遗址位于五道峁村北部约1300米、制高点海拔高度1254米的土丘东部。土丘东西两侧各邻一条较大冲沟，西部为前大沟，北部为又复隆起的土丘，东北可俯瞰清水河县城，一条乡间小路从土丘西侧顶部平台穿过。两条南北向的高架输电网通过土丘顶部。遗址北部存现代墓。地表现已退耕还林，杂草丛生。

遗址东西长约80米、南北宽约100米，总面积约0.8万平方米。遗址未发现文化层，遗物较少，多分布在土丘东部，均为战国遗物。

### 04-158　王三窑子遗址-4

遗址编号：QXW-4

文化属性：鲁家坡一期遗存、庙子沟文化、战国

行政归属：清水河县小庙乡王三窑子村

GPS坐标：遗址中部东经111°37′25.8″、北纬39°54′51.5″

海拔高度：1221±5米

初查时间：2004年5月24日

遗址位于王三窑子村南部、制高点海拔高度1242米的土丘南坡之上，地势南高北低，东西向坡度较为平缓。从遗址中心向北可望见04-154号、04-155号及04-170号遗

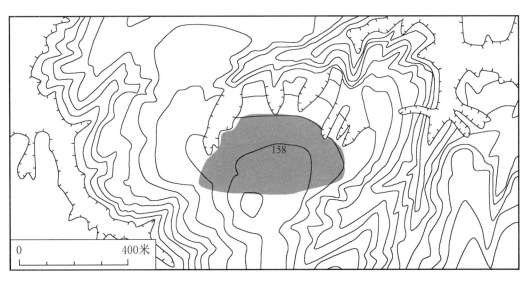

图八九　04-158号遗址地形图

址群，向东北可见小庙子乡，东侧向下为平缓坡地，濒临冲沟。西侧为一晚期发育的冲沟，南侧为向上的漫坡至该土丘的顶部台地。遗址南坡偏上部为一现代墓地，遗址北坡向下直抵清水河河道，内已辟为耕地，种植有成排的杨树等，还可望见河道旁冒着浓烟的工厂（彩版九〇，2）。遗址内现辟为耕地。

遗址东西长约400米、南北宽约150米，总面积约6万平方米。地表遗物较少，文化层保存尚好。可见多为庙子沟文化遗存，少量为战国时期遗物。

158：1，压印方格纹陶片，泥质灰陶。外壁饰压印方格纹。壁厚0.4厘米（图九〇，5）。

158：2，敞口盆口沿，泥质灰陶。外卷圆唇，矮领。残高2.9、壁厚0.5厘米（图九〇，14）。

158：3，器耳，泥质红陶。为陶器器耳部分残片。壁厚0.6厘米（图九〇，17）。

158：4，小口双耳罐口沿，泥质灰陶。窄沿，溜肩。残高3.1、壁厚0.5厘米（图九〇，11）。

158：5，直口钵口沿，泥质灰陶。直口微侈，直弧腹，外壁饰黑彩弧线几何纹。残高4.3、壁厚0.5厘米（图九〇，10）。

158：6，侈口弧腹盆口沿，泥质红陶。小窄沿，斜弧腹，素面。残高3.7、壁厚0.5厘米（图九〇，7）。

158：7，彩陶片，泥质红陶。外壁饰黑彩折线纹。壁厚0.5厘米（图九〇，13）。

158：8，彩陶片，泥质红陶。外壁饰黑彩鱼鳞状纹，为小口双耳罐肩部残片。壁厚0.5厘米（图九〇，6）。

## 04-159　五七大学遗址-2

遗址编号：QWW-2

文化属性：庙子沟文化、朱开沟文化、战国、汉代

行政归属：清水河县五良太乡五七大学村

GPS坐标：遗址中部东经111°38′42.1″、北纬39°59′41.8″

海拔高度：1124±7米

初查时间：2004年5月31日

遗址位于厂汉沟村南坡地及两丘间的台地之上。遗址地势平坦开阔，仅在南端两丘间及土丘北坡略显坡度。遗址北侧坡度较缓，下为冲沟，并可见沟内的厂汉沟村；东侧北端存有一直入厂汉沟村的小冲沟；南侧为向上漫坡，其下有冲沟并入北侧与209国道傍行的早期发育的大型冲沟；西侧可见小冲沟，并可见采石场。遗址西南可见五七大学村，向西远眺可见浑河及河边采石场。地表已辟为耕地，中部存有一东西狭长的柠条地。

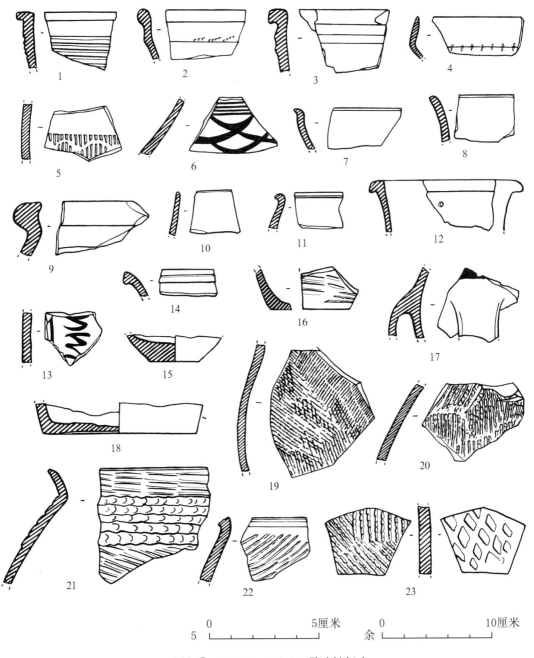

图九〇　04-158～04-160号遗址标本

1、3、12.平折沿盆口沿（159：4，159：2，159：6）　2.碗口沿（159：7）　4.敛口折腹体口沿（160：6）　5.压印方格纹陶片（158：1）　6、13.彩陶片（158：8，158：7）　7.侈口弧腹盆口沿（158：6）　8、14.敞口盆口沿（159：8，158：2）　9.卷沿瓮口沿（159：1）　10.直口钵口沿（158：5）　11.小口双耳罐口沿（158：4）　15.绳纹罐底（160：2）　16.窄沿罐底（160：5）　17.器耳（158：3）　18.盆底（159：9）　19、20、23.绳纹陶片（159：5，160：1，159：3）　21.窄沿罐口沿（160：3）　22.铁轨式口沿罐口沿（160：4）（7、15、20、22为鲁家坡一期遗存，6、10、11、13、17为庙子沟文化，4、16、21为阿善三期文化，19为朱开沟文化，5、14为战国，余为汉代）

遗址分布范围较大，东西长约800米、南北宽约800米，总面积达64万平方米。遗址地表散见遗物较多，以战国、汉代为众，属庙子沟文化及朱开沟文化遗物较少，且多残破不堪。

159：1，卷沿瓮口沿，泥质灰陶。厚圆唇，矮领。残高4、壁厚0.8厘米（图九〇，9）。

159：2，平折沿盆口沿，泥质灰陶。平折沿，直弧腹。残高4.6、壁厚0.8厘米（图九〇，3）。

159：3，绳纹陶片，泥质灰陶。外壁饰粗绳纹，内壁饰方格纹。壁厚0.8厘米（图九〇，23）。

159：4，平折沿盆口沿，泥质灰陶。平折沿略残，直弧腹。外壁饰数道弦纹。残高5、壁厚0.7厘米（图九〇，1）。

159：5，绳纹陶片，夹砂灰褐陶。外壁饰交错绳纹。壁厚0.8厘米（图九〇，19）。

159：6，平折沿盆口沿，泥质灰陶。卷圆唇，高领，溜肩。残高4.8、壁厚0.4厘米（图九〇，12）。

159：7，碗口沿，泥质灰陶。敞口，斜弧腹。残高4、壁厚0.6厘米（图九〇，2）。

159：8，敞口盆口沿，泥质灰陶。敞口。残高3.7、壁厚0.5厘米（图九〇，8）。

159：9，盆底，泥质灰陶。平底，素面。残高2、壁厚0.5～1厘米（图九〇，18）。

## 04—160　祁家沟遗址-2

遗址编号：QCQ-2

文化属性：鲁家坡一期遗存、阿善三期文化

行政归属：清水河县城关镇祁家沟村

GPS坐标：遗址中部东经111°39′58.1″、北纬39°54′17.4″

海拔高度：1271±5米

初查时间：2004年5月26日

遗址位于祁家沟村所在的浑圆形土丘之上，制高点海拔高度1289米。向北俯瞰可见清水河县城，109国道由土丘下部通过；南部为又复隆起的海拔较高的台地；东西各邻一条由南向北且注入清水河的冲沟。村落位于土丘的东南部，遗址则位于土丘西部，地表现已辟为环形梯田，落差0.5～3米（彩版九一，1）。

遗址范围较小，东西长约150米、南北宽约200米，面积约3万平方米。遗址无文化层堆积，陶片分布零散。

160：1，绳纹陶片，夹砂红褐陶。外壁饰竖向绳纹。壁厚0.7厘米（图九〇，20）。

160：2，绳纹罐底，夹砂灰褐陶。小平底。残高2.2、底径4.3、壁厚0.5厘米（图九〇，15）。

160：3，窄沿罐口沿，泥质灰陶。窄沿，溜肩，外壁沿下饰五道附加堆纹，以下饰右斜向篮纹。残高10、壁厚1厘米（图九〇，21）。

160：4，铁轨式口沿罐口沿，夹砂灰褐陶。外叠唇，敛口，唇上压印有两道凹槽，外壁饰左斜向粗绳纹。残高5.2、壁厚0.6厘米（图九〇，22）。

160：5，窄沿罐底，夹砂灰褐陶。平底。残高3.5、壁厚0.6厘米（图九〇，16）。

160：6，敛口折腹钵口沿，泥质灰陶。敛口，折腹，腹壁下部斜直内收，折腹处饰有坑点纹。残高3.1、壁厚0.2厘米（图九〇，4）。

### 04—161　畔峁子遗址–1

遗址编号：QXP–1

文化属性：庙子沟文化、朱开沟文化、汉代

行政归属：清水河县城关镇畔峁子村

GPS坐标：遗址中部偏西处东经111° 38′ 18.9″、北纬39° 54′ 43.6″

海拔高度：1221±6米

初查时间：2004年5月26日

遗址位于清水河南岸、畔峁子村西南的坡岗之上。此坡岗顶部平坦开阔，南面为连绵起伏的山丘，东西两侧为北向注入清水河的冲沟，向北可鸟瞰清水河、县城及水泥厂等。遗址位于此坡岗的北坡，地势南高北低，东部为该村落所在，北部存有三条晚期发育的冲沟，将遗址分割得支离破碎。遗址地表现已辟为耕地，唯北部水土流失严重，种植有零星的柠条。

遗址东西长约250米、南北宽约200米，总面积约5万平方米。遗址内梯田断面可见有红烧土，地表存有灰土圈痕迹。遗物较为集中分布于北部，以庙子沟文化为主，其次为朱开沟文化。

161：1，绳纹陶片，泥质灰褐陶。外壁饰交错绳纹。壁厚0.5厘米（图九一，10）。

161：2，绳纹罐底，泥质灰褐陶。斜直腹，平底。外壁饰竖向绳纹，器底亦可见拍印的绳纹。残高3.7、壁厚0.7厘米（图九一，12）。

161：3，绳纹陶片，泥质灰陶。外壁饰规整的抹断细绳纹。壁厚0.7厘米（图九一，1）。

161：4，小口双耳罐口沿，泥质灰陶。侈沿，广肩。残高4.5、壁厚0.5厘米（图九一，6）。

161：5，绳纹陶片，泥质灰陶。外壁饰竖向细绳纹。壁厚0.7厘米（图九一，3）。

161：6，绳纹陶片，泥质灰褐陶。外壁饰竖向细绳纹。壁厚0.5厘米（图九一，11）。

161：7，小口双耳罐口沿，泥质红陶。侈沿，长溜肩。残高6.5、壁厚0.5厘米（图九一，8）。

161：8，绳纹陶片，夹砂红褐陶。外壁饰粗绳纹。壁厚0.7厘米（图九一，9）。

161：9，平口罐口沿，夹砂红褐陶。颈部饰一周附加堆纹，外壁饰竖向绳纹。残高4.3、壁厚0.5～1.2厘米（图九一，2）。

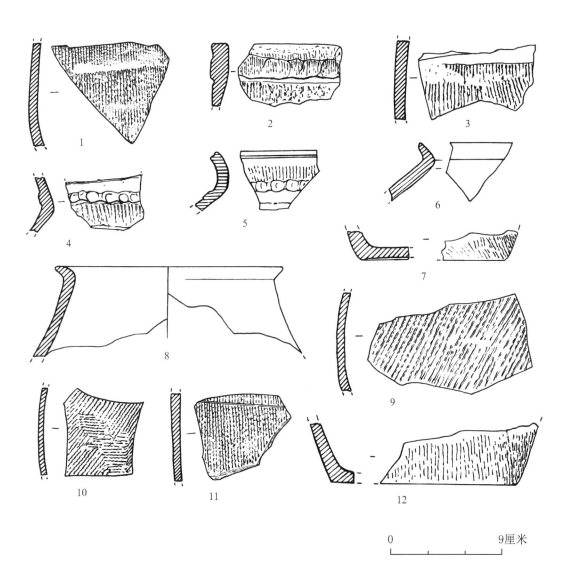

0　　　　　　　9厘米

图九一　04-161号遗址标本

1、3、9、10、11.绳纹陶片（161：3，161：5，161：8，161：1，161：6）　2.平口罐口沿（161：9）　4、5.侈沿罐口沿（161：11，161：12）　6、8.小口双耳罐口沿（161：4，161：7）　7.侈沿罐底（161：10）　12.绳纹罐底（161：2）（2、4～9为庙子沟文化，3、10～12为朱开沟文化，1为汉代）

161：10，侈沿罐底，夹砂红褐陶。平底略内凹。外壁饰右斜向绳纹。残高2.2、壁厚0.6厘米（图九一，7）。

161：11，侈沿罐口沿，夹砂红褐陶。侈口，颈部饰一周附加堆纹，领部及外壁均饰竖向绳纹。残高3.2、壁厚0.6厘米（图九一，4）。

161：12，侈沿罐口沿，夹砂灰褐陶。侈领，口部存有凹槽，溜肩。颈部饰一周附加堆纹，领部及以下饰竖向绳纹。残高4、壁厚0.5厘米（图九一，5）。

### 04-162　畔峁子遗址-2

遗址编号：QCP-2

文化属性：鲁家坡一期遗存、庙子沟文化、阿善三期文化、永兴店文化、朱开沟文化、战国

行政归属：清水河县城关镇畔峁子村

GPS坐标：遗址西南部东经111°38′37.0″、北纬39°54′53.4″

海拔高度：1194±6米

初查时间：2004年5月26日

遗址位于畔峁子村北部山丘上，南部为村庄。此山丘顶部平坦，地势南高北低，东南为一又复隆起的土丘；东坡坡势较缓且较短，濒临南北向冲沟断崖，一条南北向小路由此穿过；西南又濒临一条东西向冲沟，东西较短并接一地势较低的山丘；东北部邻近清水河，河的北岸即为清水河县政府所在地——城关镇。遗址西北及东北可俯瞰清水河、城关镇及土丘。

遗址东西长约200米、南北宽约100米，总面积约2万平方米。遗址断面处见有房址、灰坑等遗迹，遗物较多。以庙子沟文化、阿善三期文化、朱开沟文化遗存为主，另外还有少量战国时期遗存。

162：1，卷沿瓮口沿，泥质灰陶。卷沿，溜肩，素面。残高3、壁厚0.6厘米（图九二，8）。

162：2，绳纹陶片，泥质灰陶。外壁饰清晰的交错绳纹。壁厚0.3厘米（图九二，14）。

162：3，小口双耳罐底，泥质灰褐陶。平底略内凹，素面。残高1.8、壁厚0.4厘米（图九二，13）。

162：4，小口双耳罐底，泥质灰褐陶。平底，素面。底径10.6、残高1.8、壁厚0.7厘米（图九二，15）。

162：5，器耳，泥质灰褐陶。残耳。壁厚0.5厘米（图九二，12）。

162：6，折沿罐口沿，泥质灰陶。折沿，束颈，弧腹。残高5、壁厚0.5厘米（图九二，1）。

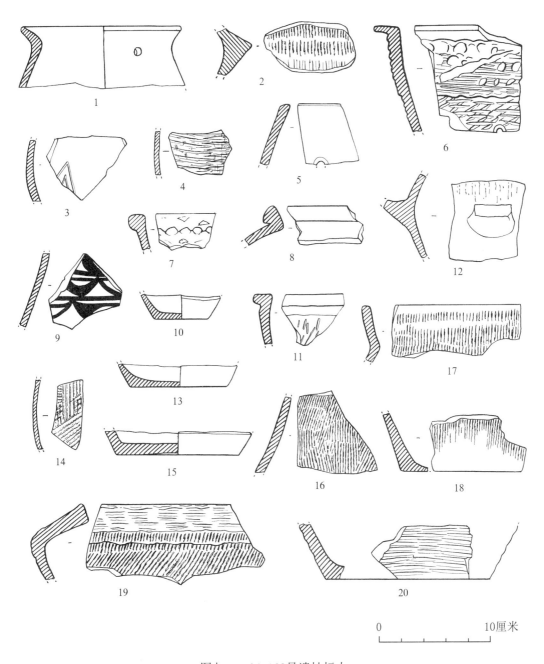

图九二 04-162号遗址标本

1.折沿罐口沿（162：6） 2.瓿腰（162：15） 3.刻划三角纹陶片（162：12） 4、14、16.绳纹陶片（162：10，162：2，162：14） 5.敛口罐口沿（162：11） 6.窄沿直壁瓮口沿（162：8） 7.短沿盆口沿（162：16） 8.卷沿瓮口沿（162：1） 9.彩陶片（162：20） 10.钵底（162：7） 11.窄沿盆口沿（162：19） 12.器耳（162：5） 13、15.小口双耳罐底（162：3，162：4） 17.直领罐口沿（162：17） 18.侈沿罐底（162：18） 19.敛口瓮口沿（162：13） 20.窄沿罐底（162：9）（7为鲁家坡一期遗存，4、5、9、10、11、13、15、18为庙子沟文化，1、6、12、20为阿善三期文化，19为永兴店文化，2、3、16、17为朱开沟文化，余为战国）

162：7，钵底，夹砂灰褐陶。小平底，素面。底径5、残高1.9、壁厚0.5厘米（图九二，10）。

162：8，窄沿直壁瓮口沿，泥质灰陶。窄沿，斜弧腹。沿下饰两道附加泥条堆纹，以下为粗绳纹。残高10、壁厚0.6厘米（图九二，6）。

162：9，窄沿罐底，泥质灰陶。斜直腹，平底。外壁饰横向篮纹。残高5.1、壁厚0.6～1厘米（图九二，20）。

162：10，绳纹陶片，夹砂灰褐陶。外壁饰绳纹。壁厚0.4厘米（图九二，4）。

162：11，敛口罐口沿，夹砂红褐陶。斜直腹，平底。外壁饰竖向绳纹。残高5、壁厚0.5厘米（图九二，5）。

162：12，刻划三角纹陶片，泥质红陶。器壁刻划三角形纹。壁厚0.6厘米（图九二，3）。

162：13，敛口瓮口沿，泥质灰陶。敛口，鼓肩，下腹斜内收。肩部上饰篮纹，以下饰竖向粗绳纹。残高6.6、壁厚0.7～1.5厘米（图九二，19）。

162：14，绳纹陶片，泥质红陶。外壁饰竖向细绳纹。壁厚0.5厘米（图九二，16）。

162：15，甗腰，夹砂红陶。外壁饰竖向绳纹。壁厚0.7厘米（图九二，2）。

162：16，短沿盆口沿，夹砂灰褐陶。外叠唇，直口。残高3.5、壁厚0.5厘米（图九二，7）。

162：17，直领罐口沿，夹砂灰褐陶。高领，领部及以下均饰竖向绳纹。残高4.9、壁厚1厘米（图九二，17）。

162：18，侈沿罐底，夹砂灰褐陶。斜直腹，平底。外壁饰竖向绳纹。残高5、壁厚0.7厘米（图九二，18）。

162：19，窄沿盆口沿，夹砂灰褐陶。窄沿，弧腹。残高4.5、壁厚0.5厘米（图九二，11）。

162：20，彩陶片，泥质红陶。外壁饰黑彩弧线三角纹。壁厚0.5厘米（图九二，9）。

## 04-163　畔峁子遗址-3

遗址编号：QCP-1

文化属性：鲁家坡一期遗存、庙子沟文化、阿善三期文化、朱开沟文化、战国

行政归属：清水河县城关镇畔峁子村

GPS 坐 标：遗址中部东经111°38′31.5″、北纬39°54′57.6″

海拔高度：1183±6米

初查时间：2004年5月26日

遗址位于清水河南岸，畔峁子村西北方向一浑圆形土丘之上。此山丘东南部接一隆起的山丘，即为04-162号遗址所在。南坡及西坡较短且坡势较陡，处于两个注入清水河冲沟的交汇处。北坡平缓一直延伸至清水河岸边，可俯瞰城关镇。新修的209国道由遗址中部穿过，西南面可与04-161号遗址点隔沟相望。山丘顶部已辟为梯田，邻沟处的沟畔上种植有大量苜蓿及柠条。

遗址东西长约150米、南北宽约200米，总面积约3万平方米。地表可见遗物以庙子沟文化、朱开沟文化为主，其次为阿善三期文化，永兴店文化和战国时期仅见少量。

163：1，绳纹陶片，泥质灰褐陶。外壁饰竖向绳纹。壁厚0.5厘米（图九三，10）。

163：2，绳纹陶片，泥质灰陶。外壁饰竖向绳纹，有抹痕。壁厚0.5～0.8厘米（图九三，6）。

163：3，附加堆纹陶片，泥质灰陶。外壁饰刻划附加堆纹。壁厚0.3厘米（图九三，7）。

163：4，窄沿罐口沿，泥质灰白陶。小折沿，溜肩。肩部饰两周附加堆纹，以下饰拍印右斜向篮纹。残高4.3、壁厚0.5厘米（图九三，13）。

163：5，器耳，泥质灰陶。环形器耳，残。壁厚0.5厘米（图九三，20）。

163：6，篮纹陶片，砂质灰褐陶。为陶器折腹部分的残片。外壁饰右斜向篮纹。壁厚0.5厘米（图九三，14）。

163：7，篮纹陶片，泥质灰褐陶。外壁饰横向篮纹。壁厚0.5厘米（图九三，16）。

163：8，敛口钵口沿，泥质红褐陶。直口微敛，直弧腹。残高3、壁厚0.5厘米（图九三，17）。

163：9，绳纹陶片，夹砂红褐陶。外壁饰竖向绳纹。壁厚0.6厘米（图九三，8）。

163：10，绳纹陶片，泥质红陶。外壁饰竖向绳纹。壁厚0.5厘米（图九三，4）。

163：11，三足瓮口沿，泥质红陶。平口，外壁饰竖向绳纹。残高4.3、壁厚0.5～1.2厘米（图九三，2）。

163：12，小口双耳罐口沿，泥质红褐陶。窄沿，溜肩。残高3.5、壁厚0.5厘米（图九三，12）。

163：13，侈沿罐口沿，泥质红褐陶。侈领，颈部饰一周附加堆纹，领部拍印竖向绳纹。残高4.8、壁厚0.8厘米（图九三，1）。

163：14，平折沿盆口沿，泥质灰陶。方唇，平沿，弧腹。外壁饰抹断绳纹。口径40、残高9、壁厚0.6厘米（图九三，3）。

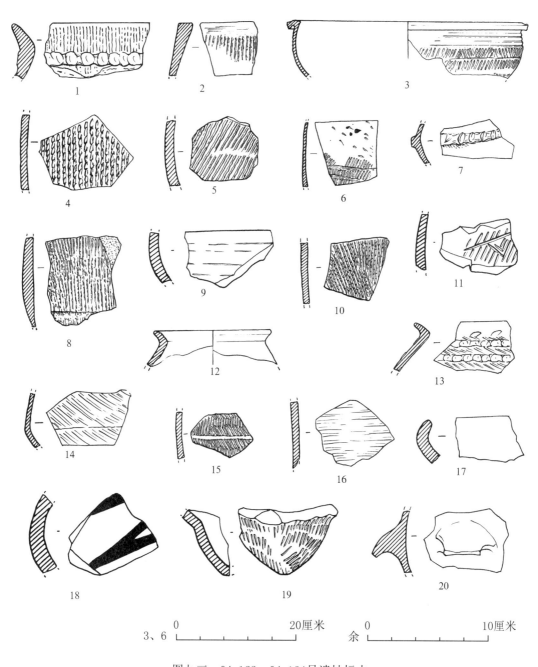

0　　　　　　　　　　　20厘米　　　　0　　　　　　　　　10厘米
3、6　　　　　　　　　　　　　　　　　　余

图九三　04-163、04-164号遗址标本

1.侈沿罐口沿（163：13）　2.三足瓮口沿（163：11）　3.平折沿盆口沿（163：14）　4、5、6、8、10、15.绳纹陶片（163：10，164：4，163：2，163：9，163：1，164：2）　7.附加堆纹陶片（163：3）　9.碗腹残片（164：1）　11、14、16.篮纹陶片（164：6，163：6，163：7）　12.小口双耳罐口沿（163：12）　13.窄沿罐口沿（163：4）　17.敛口钵口沿（163：8）　18.彩陶片（164：5）　19.瓮足（164：3）　20.器耳（163：5）（17为鲁家坡一期遗存，1、12、18、20为庙子沟文化，13、14、16为阿善三期文化，2、8、11、19为朱开沟文化，余为战国）

## 04-164　畔咀子遗址-4

遗址编号：QCP-4

文化属性：庙子沟文化、朱开沟文化、战国

行政归属：清水河县城关镇畔咀子村

GPS 坐标：遗址中部东经111°38′37.2″、北纬39°54′46.5″

海拔高度：1201±5米

初查时间：2004年5月26日

遗址位于畔咀子村中部一个独立的较为低矮的土丘之上。土丘东北部为农舍，再向东为冲沟沟畔，北部隔数户农舍接有一隆起的土丘，为04-162号遗址所在，两遗址之间有乡间小路连接。遗址南部地势较低，隔农舍接连绵起伏的山丘。东北及西北视野开阔，可俯瞰城关镇及清水河河滩地。土丘顶部现辟为耕地。

遗址东西长约100米、南北宽约100米，总面积约1万平方米。遗址内断崖处可见房址居住面及灰坑等遗迹现象，遗物以庙子沟文化及朱开沟文化为主，战国遗物则较为少见。

164：1，碗腹残片，泥质灰陶。器物腹部，素面。壁厚0.5厘米（图九三，9）。

164：2，绳纹陶片，泥质灰陶。外壁饰抹断竖向规整的细绳纹。壁厚0.5厘米（图九三，15）。

164：3，瓮足，泥质红陶。三足瓮乳状大袋足，外壁饰竖向绳纹，内壁可见捏制加工痕迹。残高7.8、壁厚0.8厘米（图九三，19）。

164：4，绳纹陶片，泥质灰陶，陶质疏松。外壁饰竖向粗绳纹。壁厚0.7厘米（九三，5）。

164：5，彩陶片，泥质红陶。外壁饰有黑彩线条。壁厚0.6厘米（图九三，18）。

164：6，篮纹陶片，泥质红陶。外壁饰篮纹。壁厚0.7厘米（图九三，11）。

## 04-165　罗头窑遗址-1

遗址编号：QCL-1

文化属性：庙子沟文化、朱开沟文化、战国

行政归属：清水河县城关镇罗头窑村

GPS 坐标：遗址中部东经111°39′18.7″、北纬39°54′40.2″

海拔高度：1185±5米

初查时间：2004年5月26日

遗址位于罗头窑村西北的坡岗之上，坡岗地势南高北低，西南部经一陡坡与险峻的山峰相连；东西两侧濒临冲沟断崖，直入清水河；东坡坡体较短，坡势较陡，明长城由此蜿蜒北去；向东为一农舍；西、北坡体缓长，可延伸至清水河南岸，西北坡的底部清水河与冲沟交汇处亦存一农舍。遗址地表已辟为耕地（彩版九一，2）。

遗址东西长约300米、南北宽约150米，总面积约4.5万平方米。地表散见遗物以朱开沟文化最为丰富，其次为战国遗存，庙子沟文化遗存最为少见。

### 04-166　新窑上遗址-1

遗址编号：QXX-1

文化属性：战国

行政归属：清水河县小庙乡新窑上村

GPS坐标：遗址西部东经111°39′36.0″、北纬39°57′53.9″

海拔高度：1256±5米

初查时间：2004年5月29日

遗址位于畔峁子村西南、新窑上村北部的一缓长的坡体之上，坡体南北两侧均近临晚期发育的冲沟。遗址所在缓坡地势平缓，上部辟为耕地，下部退耕还林，可见大量育林坑及风蚀而形成的土台，种植有防止水土流失及固沙的柠条林。

遗址东西长约100米、南北宽约200米，总面积约2万平方米。地表遗物较为分散，可见均为战国时期遗存，多为泥质灰陶片，饰以弦断绳纹，也有素面等。

166：1，压印绳纹陶片，泥质灰白陶。器物腹部，外壁饰规整的弦断绳纹，绳纹较短。壁厚0.5～0.7厘米（图九四，2）。

166：2，敛口罐口沿，泥质灰陶。斜方唇，直领外叠。残高4、壁厚0.5～1.2厘米（图九四，12）。

166：3，压印绳纹陶片，泥质灰白陶。器物腹部，外壁饰规整的抹断绳纹。壁厚0.5厘米（图九四，15）。

166：4，碗腹残片，泥质灰白陶。陶碗折腹处，存有一道凸棱，素面。壁厚0.5～0.8厘米（图九四，6）。

166：5，矮领瓮口沿，泥质灰陶。外叠尖圆唇，矮领，溜肩，素面。残高3.6、壁厚0.5厘米（图九四，16）。

166：6，卷沿罐口沿，泥质灰陶。卷圆唇，溜肩、鼓腹，肩部以下饰有规整的竖向细绳纹。残高7.5、壁厚0.5厘米（图九四，13）。

166：7，压印绳纹陶片，泥质灰陶。外壁饰规整的抹断绳纹及拍印的连续交错回纹。壁厚0.7厘米（图九四，1）。

166：8，弦纹陶片，泥质红褐陶。直口，外壁饰数道凸弦纹。残高4.6、壁厚0.5厘米（图九四，5）。

### 04-167　庄窝坪遗址-6

遗址编号：QXW-6

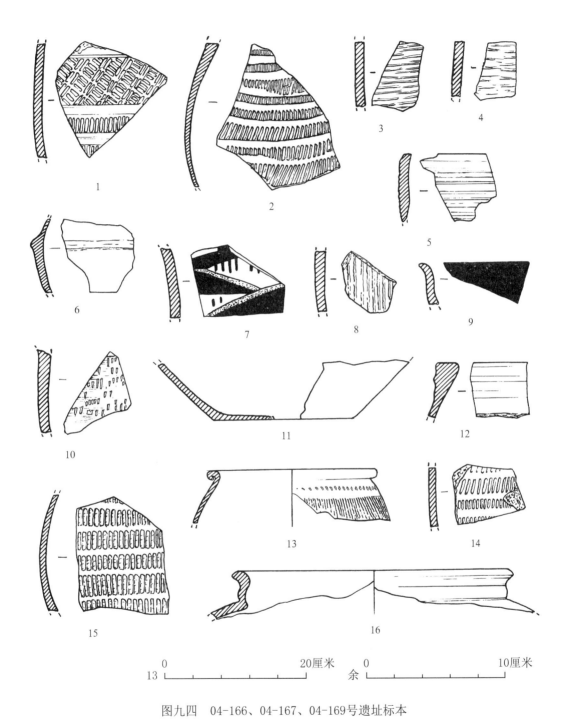

图九四　04-166、04-167、04-169号遗址标本

1、2、14、15.压印绳纹陶片（166：7，166：1，169：4，166：3）　3、4.篮纹陶片（167：3，167：1）　5.
弦纹陶片（166：8）　6.碗腹残片（166：4）　7.彩陶片（169：2）　8.绳纹陶片（167：2）　9.折沿盆口沿
（169：3）　10.压印方格纹陶片（169：5）　11.盆底（169：1）　12.敛口罐口沿（166：2）　13.卷沿罐口沿
（166：6）　16.矮领瓮口沿（166：5）（3、4、7、9、11为庙子沟文化，余为战国）

文化属性：庙子沟文化、战国

行政归属：清水河县小庙乡庄窝坪村

GPS坐标：遗址中部东经111°38′08.3″、北纬39°59′11.3″

海拔高度：1137±10米

初查时间：2004年5月29日

遗址位于庄窝坪村东部、制高点海拔高度1142米的土丘北坡上，南邻209国道，西部为从209国道通往五良太的一条公路。遗址西部紧邻一条西北向冲沟，且环绕遗址北侧，与东部的石湖沟相连，东北向直入浑河；南面为地势平缓的土丘。站在遗址上，向西可望见庄窝坪村，西北部可远望浑河。遗址地表现辟为耕地（参见图三；图九五）。

遗址东西长约150米、南北宽约200米，总面积约3万平方米。地表散见遗物较少，陶片稀疏。以庙子沟文化陶片居多，战国时期陶片极少。

167：1，篮纹陶片，泥制红褐陶。器表饰有篮纹。壁厚0.4厘米（图九四，4）。

167：2，绳纹陶片，泥制灰陶。器表饰有规整的绳纹。壁厚0.6厘米（图九四，8）。

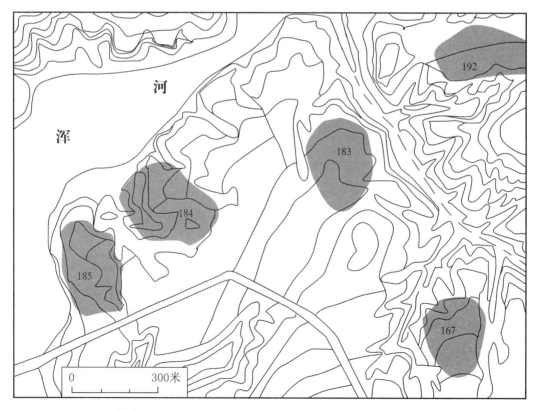

图九五　　04-167、04-183～04-185、04-192号遗址地形图

167：3，篮纹陶片，泥制灰白陶。器表饰有横向篮纹。壁厚0.4厘米（图九四，3）。

## 04—168　皮家沟遗址-4

遗址编号：QWP-4

文化属性：战国

行政归属：清水河县五良太乡皮家沟村

GPS 坐标：遗址中部东经111°39′19.9″、北纬39°58′47.0″

海拔高度：1163±5米

初查时间：2004年5月30日

遗址位于皮家沟村南部一坡地的西坡偏下端，与村落所在土丘隔一东西向冲沟，此冲沟是西南部的石湖沟不断向土丘东侧冲刷而形成的。遗址所在土丘漫长而连绵，距东部向上的土丘顶部台地约1400米，制高点海拔高度1280米。遗址西、南、北侧均紧邻冲沟，西南隔石湖沟与209国道相望。遗址整体地势东高西低，略显东宽西窄之势，地表植有大量柠条。

遗址东西长约150米、南北宽约200米，总面积约3万平方米。地表遗存较少，为单一的战国时期遗存。

## 04—169　皮家沟遗址-6

遗址编号：QWP-6

文化属性：庙子沟文化、战国、汉代

行政归属：清水河县五良太乡皮家沟村

GPS 坐标：遗址东部偏北处东经111°38′45.4″、北纬39°59′22.5″

海拔高度：1159±5米

初查时间：2004年5月30日

遗址位于皮家沟村西北部一浑圆形土丘之上，西南濒临石湖沟，北部向上为一较大的平缓地带，西北可遥见浑河，东南、东北两侧均近邻一条与石湖沟相通的小冲沟，并与一海拔略低的土丘相邻。西部为又复隆起的土丘，可见209国道及庄窝坪村。遗址地表现辟为耕地，水土流失现象严重，暴露出红土层可见大量料礓石。北部平缓地带种植柠条以固沙，南部邻沟处较陡（图九六）。

遗址东西长约100米、南北宽约80米，总面积约0.8万平方米。遗址无文化层，陶片稀疏、分散。东北部较为集中，以庙子沟文化陶片居多，少量汉代遗存。

169：1，盆底，泥质红陶。斜直腹，平底，素面。残高3.8、壁厚0.5～0.7厘米（图九四，11）。

169：2，彩陶片，泥质红褐陶。外壁饰黑彩弧线几何纹。壁厚0.7厘米（图九四，7）。

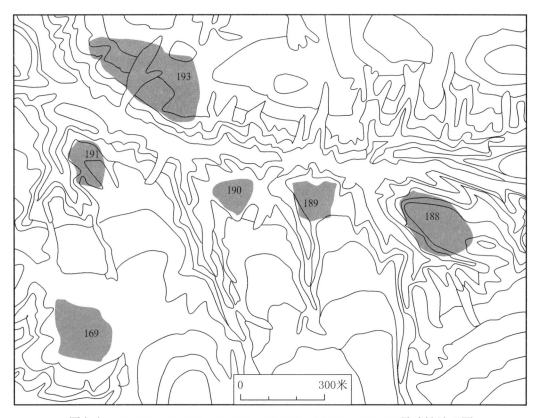

图九六　04-169、04-188、04-189、04-190、04-191、04-193号遗址地形图

169：3，折沿盆口沿，泥质红陶。侈沿，直弧腹，外壁饰黑彩几何纹。残高2.6、壁厚0.6厘米（图九四，9）。

169：4，压印绳纹陶片，泥质灰陶。外壁饰压印的规整绳纹，然后间隔抹断。壁厚0.5厘米（图九四，14）。

169：5，压印方格纹陶片，泥质灰陶。外壁饰压印方格纹。壁厚0.6厘米（图九四，10）。

### 04-170　王三窑子遗址-1

遗址编号：QXW-1

文化属性：官地一期遗存、鲁家坡一期遗存、庙子沟文化、朱开沟文化、战国

行政归属：清水河县小庙乡王三窑子村

GPS坐标：遗址中部东经111°37′30.9″、北纬39°55′18.9″

海拔高度：1172±5米

初查时间：2004年5月22日

遗址位于清水河南岸、王三窑子村东南制高点海拔高度1182米的浑圆形山丘上。山丘顶部平坦广阔，北、东侧皆为断崖，较陡。北部濒临清水河，南面经一低洼地为又一隆起的缓长坡岗。遗址东坡向下为南北向短冲沟直入清水河，北坡下端亦为三个南北向短冲沟阻隔，西坡偏下端为王三窑子村落占据。顶部东、西方向可眺望跨河大桥、清水河河槽内建立的工厂及清水河县城，向北可望见河道北部的109国道和对岸的崖壁（彩版九二，1）。

遗址东西长约300米、南北宽约200米，总面积约6万平方米。文化层堆积保存较好，地表散见遗物较为丰富，以鲁家坡一期、朱开沟文化遗存为主，少量官地一期遗存和战国时期遗物。

170：1，平折沿盆口沿，泥质红陶。折沿，沿下压印形成凸棱，弧腹。残高3.5、壁厚0.5厘米（图九七，20）。

170：2，豆柄，泥质灰陶。上部豆盘残，豆柄空心。残高5、豆柄径2.5、壁厚0.4厘米（图九七，12）。

170：3，豆盘口沿，泥质灰陶。直口，口下略内凹，腹壁斜直，浅盘。口径12、残高2、壁厚0.7厘米（图九七，14）。

170：4，折沿盆口沿，泥质灰陶。折沿，直弧腹，外壁饰抹断绳纹。残高6.9、壁厚0.6厘米（图九七，19）。

170：5，绳纹陶片，泥质灰陶。外壁饰抹断绳纹。壁厚0.6厘米（图九七，25）。

170：6，弦纹罐口沿，夹砂红褐陶。外叠唇，高领，唇上下压印形成一道凹槽，溜肩，外壁饰横线线纹。口径24、残高5.8、壁厚0.5厘米（图九七，13）。

170：7，甑残片，泥质灰陶。一面饰绳纹。壁厚0.7、孔径0.7～1厘米（图九七，9）。

170：8，绳纹罐底，泥质红陶。斜直腹，底部略内凹，外壁及底部饰绳纹。残高3、壁厚0.6厘米（图九七，23）。

170：9，小口双耳罐口沿，泥质红陶。折沿，溜肩，外壁饰黑彩连续三角纹。残高4.5、壁厚0.6厘米（图九七，15）。

170：10，瓮足，夹砂红褐陶。空心足，外壁饰竖向绳纹。残高6.7、壁厚0.6厘米（图九七，10）。

170：11，甗腰，夹砂灰褐陶。存有隔断，外壁饰附加堆纹及竖向绳纹。隔宽约3、壁厚0.6厘米（图九七，24）。

170：12，绳纹陶片，夹砂灰褐陶。为三足器之裆部残片，外壁饰绳纹。壁厚0.6厘米（图九七，26）。

170：13，三足瓮口沿，夹砂灰褐陶。高领。残高5、壁厚0.6厘米（图九七，

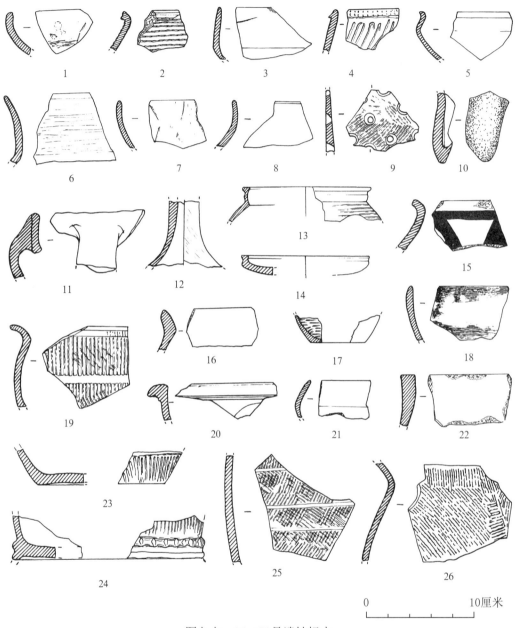

0　　　　　　　　10厘米

图九七　04-170号遗址标本

1、7、18.直口钵口沿（170：16，170：19，170：25）　2、4.铁轨式口沿罐口沿（170：20，170：22）　3.
直口折腹钵口沿（170：15）　5.窄沿盆口沿（170：24）　6.高领壶口沿（170：14）　8、16.侈沿罐口
沿（170：23，170：26）　9.甑残片（170：7）　10.瓮足（170：10）　11.器耳（170：17）　12.豆柄
（170：2）　13.弦纹罐口沿（170：6）　14.豆盘口沿（170：3）　15.小口双耳罐口沿（170：9）　17.罐底
（170：21）　19.折沿盆口沿（170：4）　20.平折沿盆口沿（170：1）　21.敛口折腹钵口沿（170：18）　22.
三足瓮口沿（170：13）　23.绳纹罐底（170：8）　24.甗腰（170：11）　25、26.绳纹陶片（170：5，
170：12）（2、4为官地一期遗存，1、7、13、18为鲁家坡一期遗存，3、5、6、8、11、15～17、21为庙子沟文
化，10、12、22～24、26为朱开沟文化，余为战国）

22）。

170：14，高领壶口沿，泥质灰陶。高领微侈。残高5.8、壁厚0.6厘米（图九七，6）。

170：15，直口折腹钵口沿，泥质磨光灰陶。直口，折腹，腹壁下部斜内收。残高4.8、壁厚0.4厘米（图九七，3）。

170：16，直口钵口沿，泥质灰陶。直口，弧腹。残高3.7、壁厚0.5厘米（图九七，1）。

170：17，器耳，泥质灰陶。为陶器器耳残片。壁厚0.5厘米（图九七，11）。

170：18，敛口折腹钵口沿，泥质灰陶。敛口，折腹，下腹壁斜直内收。残高3.5、壁厚0.3厘米（图九七，21）。

170：19，直口钵口沿，泥质红陶。直口，弧腹。残高4.5、壁厚0.4厘米（图九七，7）。

170：20，铁轨式口沿罐口沿，夹砂灰陶。小折沿，唇上存有两道凹槽，溜肩。外壁饰横向绳纹。残高3.5、壁厚0.6厘米（图九七，2）。

170：21，罐底，泥质红陶。斜弧腹，平底。残高4.7、壁厚0.7厘米（图九七，17）。

170：22，铁轨式口沿罐口沿，夹砂红褐陶。外叠唇，唇上存有两道凹槽，敛口，溜肩，外壁饰左斜向绳纹。残高3.5、壁厚0.5厘米（图九七，4）。

170：23，侈沿罐口沿，泥质红陶。侈沿，溜肩，素面。残高4.2、壁厚0.5厘米（图九七，8）。

170：24，窄沿盆口沿，泥质红褐陶。小窄沿，口下微鼓，下腹斜直内收。残高4.1、壁厚0.4厘米（图九七，5）。

170：25，直口钵口沿，泥质红陶。直口，直弧腹，外壁饰黑彩带纹。残高5、壁厚0.5厘米（图九七，18）。

170：26，侈沿罐口沿，夹砂红褐陶。侈领。残高3.8、壁厚0.6厘米（图九七，16）。

## 04–171　新庄窝遗址–1

遗址编号：QXX-1

文化属性：庙子沟文化、战国

行政归属：清水河县小庙乡新庄窝村

GPS坐标：遗址中部东经111°35′46.7″、北纬39°54′36.5″

海拔高度：1200±5米

初查时间：2004年5月21日

遗址位于新庄窝村所在土丘的北坡之上，该村主要占据南坡。北坡较为缓长，遗址大部分分布于北坡的中部偏下端，南部向上极长的漫坡上存有一农舍，东侧存有一条乡间小路，路东为一缓坡，沿路内侧存有晚期发育的小型冲沟。遗址西侧为该土丘坡地，北侧漫坡向下为冲沟，隔沟即为109国道，东北向可见109国道边侧的只几墕村。

遗址东西长约200米、南北宽约300米，总面积约6万平方米。遗址地表散落陶片均为灰陶，泥质居多，饰以绳纹、弦纹等，以庙子沟文化及战国时期遗物为主。

171∶1，矮领罐口沿，泥质灰陶。平折短沿，沿下饰有竖向规整的绳纹。残高4.1、壁厚0.6厘米（图九八，17）。

171∶2，抹断绳纹陶片，泥质灰陶。器表饰排列整齐的抹断绳纹。壁厚0.5厘米（图九八，5）。

171∶3，侈沿罐口沿，夹砂红褐陶。侈领，领上饰有抹断绳纹，颈部为附加堆纹，以下饰绳纹。残高4.5、壁厚0.6厘米（图九八，14）。

171∶4，器耳，泥质灰陶。耳呈鋬状。壁厚0.5厘米（图九八，19）。

171∶5，敛口钵口沿，泥质灰陶。敛口，弧腹，素面。残高4.6、壁厚0.6厘米（图九八，13）。

171∶6，彩陶片，泥质红陶。饰有黑彩弧线几何纹。壁厚0.8厘米（图九八，12）。

171∶7，侈沿罐底，泥质红褐陶。腹部饰有竖向绳纹，平底。残高2、壁厚0.6厘米（图九八，21）。

171∶8，侈沿罐口沿，夹砂红褐陶。侈口，口下饰有附加堆纹，以下为竖向绳纹。残高3.5、壁厚0.8厘米（图九八，10）。

171∶9，平口罐口沿，泥质红陶。平口，口外部饰有竖向绳纹，口上贴附一周附加泥饼纹，亦拍印有绳纹。残高5.2、壁厚0.8～1.2厘米（图九八，6）。

## 04-172　台子梁遗址-1

遗址编号：QXT-1

文化属性：鲁家坡一期遗存、庙子沟文化、战国、汉代

行政归属：清水河县小庙乡台子梁村

GPS坐标：遗址中部东经111°38′41.6″、北纬39°53′11.2″

海拔高度：1375±4米

初查时间：2004年5月24日

遗址位于台子梁村所在土丘顶部及西、北坡上端，该村则主要占据了土丘的南坡。遗址东部存有一条通往该村的小路，使该地段略显低洼。遗址北侧为漫坡，略显

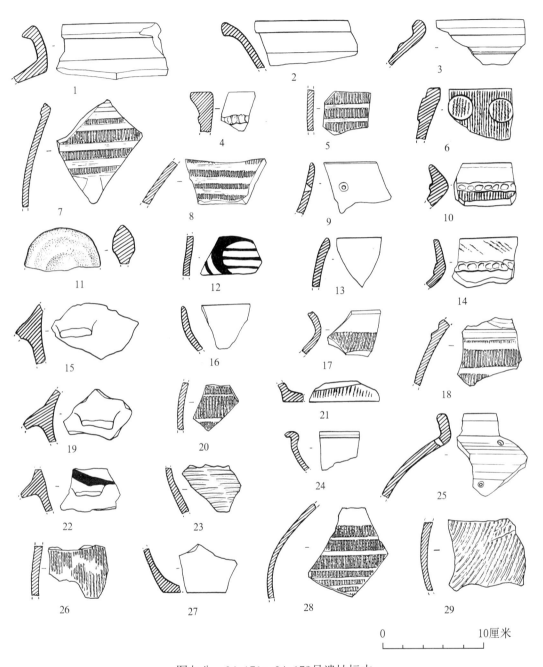

图九八 04-171～04-173号遗址标本

1、25.矮领瓮口沿（173：4，173：6） 2.敞口盆口沿（172：2） 3.卷沿瓮口沿（173：5） 4、6.平口罐口沿（172：4，171：9） 5、7、8、18、20、28.抹断绳纹陶片（171：2，173：3，173：1，173：8，172：1，173：2） 9.小口双耳罐口沿（173：10） 10、14.侈沿罐口沿（171：8，171：3） 11.圆形石器（173：7） 12.彩陶片（171：6） 13.敛口钵口沿（171：5） 15、19、22.器耳（172：8，171：4，172：7） 16.敞口钵口沿（172：5） 17.矮领罐口沿（171：1） 21.侈沿罐底（171：7） 23.篮纹陶片（172：3） 24.侈沿盆口沿（173：11） 26、29.绳纹陶片（172：6，173：9） 27.钵底（173：12）（16、24、27为鲁家坡一期，4、6、9～15、19、21～23、26、29为庙子沟文化，余为战国）

平坦，并可见209国道施工现场，有一汉代遗址，被209国道破坏严重；东侧为向上坡地，其上为土丘台地；西侧为平坦坡地，向下为冲沟；南面较陡，其下为冲沟。西坡存有数条晚期发育的东西向冲沟，使遗址支离破碎。西北可俯瞰清水河河道内工厂等。遗址现已辟为耕地（彩版九二，2）。

遗址东西长约200米、南北宽约150米，总面积约3万平方米。地表可见均为泥质陶片，灰陶居多，多饰以绳纹、附加堆纹等；红陶次之，多饰以绳纹、篮纹等；少量彩陶片。

172：1，抹断绳纹陶片，泥质灰陶。外壁饰抹断绳纹。壁厚0.5厘米（图九八，20）。

172：2，敞口盆口沿，泥质灰陶。叠唇，敞口，沿上可见磨光暗纹。壁厚0.8厘米（图九八，2）。

172：3，篮纹陶片，泥质灰陶。外壁饰篮纹。壁厚0.5厘米（图九八，23）。

172：4，平口罐口沿，夹砂红褐陶。厚方唇，平口，饰一周附加堆纹。残高3.5、壁厚1～1.7厘米（图九八，4）。

172：5，敞口钵口沿，泥质灰陶。敞口，斜弧腹，素面。残高4.2、壁厚0.5厘米（图九八，16）。

172：6，绳纹陶片，夹砂褐陶。外壁饰绳纹。壁厚0.6厘米（图九八，26）。

172：7，器耳，泥质红陶。为小口双耳罐的腹部残片，隐约可见黑色彩绘。壁厚0.5厘米（图九八，22）。

172：8，器耳，泥质红陶。为小口双耳罐的腹部残片。壁厚0.7厘米（图九八，15）。

### 04—173 五道峁遗址-1

遗址编号：QXW-1

文化属性：鲁家坡一期遗存、庙子沟文化、战国

行政归属：清水河县小庙乡五道峁村

GPS坐标：遗址中部东经111°38′27.9″、北纬39°53′36.1″

海拔高度：1374±4米

初查时间：2004年5月24日

遗址位于五道峁村东南部一浑圆形土丘顶部及土丘的下一阶台地内，制高点海拔高度1368米。土丘顶部台地中心为一明代修建的烽燧，烽燧为夯土层层垒砌而成，四周围夯土墙保存尚好，残高70～120厘米。中间烽火台呈方形，宽约10米，高约5米，整体建筑面积约40米×40米。在围绕烽燧建筑的顶部台地南侧、西侧坡地内可见较早时期的遗存。遗址东北部为新修209国道施工现场（破坏了遗址的整体性）；向西为陡

坡，并存有冲沟与五道峁村隔沟相望；南侧为一低洼地带向上为浑圆土丘；东南部亦为冲沟，与04-172号遗址相望（彩版九二，2）。

遗址东西长约200米、南北宽约200米，总面积约4万平方米。遗址内散见遗物分布接近顶部，较为稀疏。以战国时期遗物居多，少量为鲁家坡一期遗存和庙子沟文化遗物。

173：1，抹断绳纹陶片，泥质灰陶。外壁饰模糊的抹断细绳纹。壁厚0.8厘米（图九八，8）。

173：2，抹断绳纹陶片，泥质灰陶。外壁上端饰抹断粗绳纹，下端为弦断绳纹。壁厚0.5厘米（图九八，28）。

173：3，抹断绳纹陶片，泥质灰陶。为一器物口沿部分，口部残。外壁饰规整的抹断绳纹。壁厚0.5厘米（图九八，7）。

173：4，矮领瓮口沿，泥质灰陶。外斜唇，直领，溜肩，胎体厚重，素面。残高3.2、壁厚1厘米（图九八，1）。

173：5，卷沿瓮口沿，泥质灰陶。卷圆唇，溜肩，素面。残高4.7、壁厚0.7厘米（图九八，3）。

173：6，矮领瓮口沿，泥质灰陶。卷圆唇，短颈，溜肩，外壁清晰可见轮修痕迹。残高7.3、壁厚0.6厘米（图九八，25）。

173：7，圆形石器，粗砂岩磨制而成，边缘打磨规整光滑，中心两面均存有凹坑，残半。可能为纺轮的半成品。直径7.1、厚约1.2厘米（图九八，11）。

173：8，抹断绳纹陶片，泥质灰陶。为器物肩部残片，外壁饰附加堆纹和细绳纹。壁厚0.7厘米（图九八，18）。

173：9，绳纹陶片，砂质灰褐陶。陶质疏松。外壁饰粗绳纹并有一段附加泥条纹。壁厚0.5厘米（图九八，29）。

173：10，小口双耳罐口沿，泥质磨光灰陶。口微侈，直弧腹，存有一钻孔。残高4.8、壁厚0.4厘米（图九八，9）。

173：11，侈沿盆口沿，泥质红陶。侈沿，斜弧腹。残高4.3、壁厚0.5厘米（图九八，24）。

173：12，钵底，泥质红陶。斜直腹，平底。残高4.3、壁厚0.6厘米（图九八，27）。

## 04-174　祁家沟遗址-1

遗址编号：QCQ-1

文化属性：庙子沟文化

行政归属：清水河县城关镇祁家沟村

GPS 坐标：遗址中部东经111°39′37.6″、北纬39°53′48.2″

海拔高度：1280±6米

初查时间：2004年5月26日

遗址位于祁家沟村西南部土丘之上，土丘顶部平坦，四周为连绵起伏的山峰，东南部山峰南侧有一烽火台，其下为04-173号遗址所在。土丘东、西、南三面为大型冲沟所围绕，东、南坡缓而短，西坡向西延伸至冲沟断崖，长且平缓，北坡与南坡地形相类，与两个又复隆起的土丘相连，土丘东北可见祁家沟村，北部不远处为清水河县城关镇所在。地表现已辟为耕地，部分地段已退耕还林（彩版九三，1）。

遗址东西长约200米、南北宽约250米，总面积约5万平方米。遗址文化层遭到破坏，遗物稀少。多见泥质红陶片，饰以线纹、绳纹、附加堆纹等。

174∶1，篮纹陶片，泥质灰陶。外壁饰篮纹。壁厚0.5厘米（图九九，7）。

174∶2，侈沿罐口沿，夹砂灰褐陶。侈领，颈部饰附加堆纹，外壁饰绳纹。残高5、壁厚0.7厘米（图九九，2）。

174∶3，侈沿罐底，夹砂红褐陶。直弧腹，平底。外壁饰竖向绳纹。残高9、壁厚1厘米（图九九，9）。

### 04-175　窑子上遗址-1

遗址编号：QCY-1

文化属性：庙子沟文化、战国

行政归属：清水河县城关镇窑子上村

GPS 坐标：遗址中部东经111°39′28.2″、北纬39°54′05.0″

海拔高度：1232±6米

初查时间：2004年5月26日

遗址位于04-174号遗址所在土丘的西北坡，地势东南高、西北低。西北部至坡底濒临西部冲沟断崖；东南部为向上的坡地，较为平缓，可见04-174号遗址（祁家沟一号遗址）；东北部为一条通往清水河的小冲沟，北部仅存一狭窄的缓坡地带与东北部的另一隆起的坡地相连，该坡地上为04-176号遗址。遗址内地表现辟为耕地（彩版九三，1）。

遗址分布范围较小，东西长约200米、南北宽约100米，总面积约2万平方米。遗址地表有红烧土面等遗迹现象，遗物多为泥质素面灰陶片，红陶、彩陶片亦可见到。有少量夹砂陶片。

175∶1，附加堆纹陶片，泥质灰陶。外壁饰压印泥条纹。壁厚0.8厘米（图九九，8）。

175：2，绳纹陶片，泥质灰陶。外壁饰印痕较深的绳纹。壁厚0.7厘米（图九九，12）。

175：3，篮纹陶片，泥质灰褐陶。为尖底瓶肩部残片，外壁饰篮纹。残高4.5、壁厚0.5厘米（图九九，6）。

175：4，罐底，泥质灰褐陶。平底。残高2.5、壁厚0.7厘米（图九九，10）。

175：5，篮纹陶片，泥质红褐陶。外壁饰斜向篮纹。壁厚0.5厘米（图九九，15）。

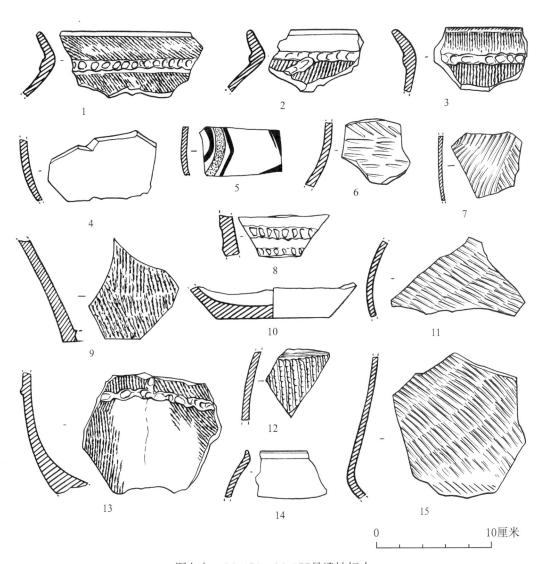

图九九 04-174、04-175号遗址标本

1～3. 侈沿罐口沿（175：12，174：2，175：11） 4. 钵残片（175：9） 5. 彩陶片（175：8） 6、7、11、15. 篮纹陶片（175：3，174：1，175：6，175：5） 8. 附加堆纹陶片（175：1） 9. 侈沿罐底（174：3） 10. 罐底（175：4） 12、13. 绳纹陶片（175：2，175：7） 14. 小口双耳罐口沿（175：10）（8、12为战国，余为庙子沟文化）

175：6，篮纹陶片，泥质红褐陶。外壁饰右斜向篮纹。壁厚0.4厘米（图九九，11）。

175：7，绳纹陶片，夹砂灰褐陶。裆部外饰附加堆纹及绳纹。壁厚0.7厘米（图九九，13）。

175：8，彩陶片，泥质红陶。外壁饰黑彩、紫彩弧线几何纹。壁厚0.5厘米（图九九，5）。

175：9，钵残片，泥质红陶。素面。壁厚0.5厘米（图九九，4）。

175：10，小口双耳罐口沿，泥质红陶。窄沿，素面。残高4、壁厚0.4厘米（图九九，14）。

175：11，侈沿罐口沿，夹砂灰陶。窄沿，颈部饰附加堆纹，领部饰竖向绳纹。残高5.7、壁厚0.6厘米（图九九，3）。

175：12，侈沿罐口沿，夹砂灰褐陶。侈领，颈部饰附加堆纹，外壁饰绳纹。残高5.2、壁厚0.7厘米（图九九，1）。

### 04－176　窑子上遗址－2

遗址编号：QCY-2

文化属性：朱开沟文化、战国

行政归属：清水河县城关镇窑子上村

GPS 坐标：遗址中部偏南处东经111°39′37.1″、北纬39°54′19.1″

海拔高度：1209±5米

初查时间：2004年5月26日

遗址位于清水河南岸，窑子上村东南的土丘之上，土丘东、西两侧濒临早期发育的巨大冲沟，冲沟大体呈南北向走势，北去注入清水河。南坡较短，邻一低洼地，又复隆起一山顶浑圆的土丘，04-174号、04-175号遗址即在此山丘顶部及西北坡；北坡较为缓长，可延伸至濒临清水河处，眺望清水河北侧可见清水河县城及城关镇；遗址东、西两侧坡地较缓，西北部又接一略隆起的土丘，窑子上村即在此土丘南坡。站在土丘顶部向四周眺望，均为连绵不断的山峰，西南方向仍可清晰看到04-173号遗址顶端的烽火台（彩版九三，1）。

遗址东西长约200米、南北宽约250米、总面积约5万平方米。遗址地表偶见灰坑等遗迹，遗物分布较为密集。以朱开沟文化遗存为主，北坡下发现极少战国时期陶片。

176：1，卷沿罐口沿，泥质灰陶。卷沿，沿外侧压印短线纹，溜肩。外壁饰绳纹。口径20.4、残高5、壁厚0.5厘米（图一○○，14）。

176：2，绳纹陶片，泥质灰陶。外壁饰细绳纹。壁厚0.6厘米（图一○○，9）。

176：3，矮领罐口沿，夹砂红陶。直领，外壁饰绳纹。残高3、壁厚0.6厘米（图一〇〇，3）。

176：4，带纽罐口沿，泥质红褐陶。直领，外壁饰绳纹，存有一凸纽。残高5.6、壁厚1厘米（图一〇〇，1）。

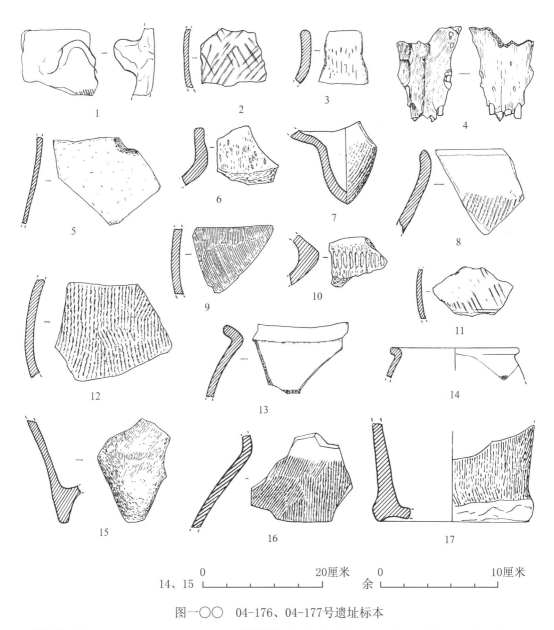

图一〇〇　04-176、04-177号遗址标本

1.带纽罐口沿（176：4）　2、9、11、12、16.绳纹陶片（177：7，176：2，177：8，177：1，177：5）　3、6.矮领罐口沿（176：3，177：4）　4.兽骨（177：2）　5.罐残片（177：6）　7.瓮足（176：6）　8.侈口盆口沿（176：5）　10.侈沿罐口沿（177：3）　13.侈沿盆口沿（176：9）　14.卷沿罐口沿（176：1）　15.鬲足（176：7）　17.瓿腰（176：8）（2、5、11为庙子沟文化，9、14为战国，余为朱开沟文化）

176：5，侈口盆口沿，泥质红褐陶。侈沿，直弧腹，外壁饰竖向绳纹。残高6.8、壁厚0.8厘米（图一〇〇，8）。

176：6，瓮足，泥质灰褐陶。乳状袋足，外壁饰竖向绳纹。残高7、壁厚0.8厘米（图一〇〇，7）。

176：7，鬲足，泥质灰陶。乳状大袋足，实心足跟，外壁饰绳纹。残高14.5、壁厚1厘米（图一〇〇，15）。

176：8，甗腰，泥质灰陶。存腰隔，外壁饰绳纹。壁厚0.8厘米（图一〇〇，17）。

176：9，侈沿盆口沿，泥质灰陶。卷沿，沿外侧压印短线纹，溜肩。外壁饰绳纹。残高5、壁厚0.5厘米（图一〇〇，13）。

### 04—177 窑子上遗址-3

遗址编号：QCY-3

文化属性：庙子沟文化、朱开沟文化

行政归属：清水河县城关镇窑子上村

GPS坐标：遗址中部东经111°39′32.3″、北纬39°54′26.6″

海拔高度：1202±6米

初查时间：2004年5月26日

遗址位于窑子上村所在土丘的北部南北向坡地之上，地势略显南高北低，坡地南端即为窑子上村，该村与04-176号遗址东南方向相望。遗址北侧存有较小冲沟，向上为一浑圆形土丘，其下即为清水河；东、西两侧亦为冲沟所环绕；从遗址中部向东北可望见清水河县城。地表现辟为耕地（彩版九三，1）。

遗址东西长约250米、南北宽约100米，总面积约2.5万平方米。遗址地表可见多为泥质灰陶残片，多饰以绳纹或素面。地表遗物稀疏，分布范围较小。

177：1，绳纹陶片，泥质灰褐陶。外壁饰竖向绳纹。壁厚0.7厘米（图一〇〇，12）。

177：2，兽骨，动物骨骼，为一羊的上颌骨（图一〇〇，4）。

177：3，侈沿罐口沿，夹砂灰褐陶。沿残，沿下饰有竖向绳纹。壁厚0.7厘米（图一〇〇，10）。

177：4，矮领罐口沿，泥质灰褐陶。矮领，溜肩，外壁饰竖向绳纹。壁厚1厘米（图一〇〇，6）。

177：5，绳纹陶片，泥质红陶。为一陶器肩部残片，口部残。外壁饰竖向绳纹。壁厚0.7厘米（图一〇〇，16）。

177：6，罐残片，泥质灰陶。胎体较薄，素面。壁厚0.4厘米（图一〇〇，5）。

177：7，绳纹陶片，夹砂灰褐陶。外壁饰交错线纹。壁厚0.4厘米（图一〇〇，2）。

177：8，绳纹陶片，夹砂红褐陶。外壁饰竖向绳纹。壁厚0.7厘米（图一〇〇，11）。

## 04—178 新窑上遗址-2

遗址编号：QXX-2

文化属性：庙子沟文化

行政归属：清水河县小庙乡新窑上村

GPS坐标：遗址中部东经111°38′00.7″、北纬39°54′27.1″

海拔高度：1264±5米

初查时间：2004年5月26日

遗址位于新窑上村北坡偏西的中段，地势略呈南高北低。遗址中部向南为向上的漫坡顶端，制高点海拔高度1291米。制高点东南侧即为新窑上村，从村落延伸有一条南北向乡间小路可到达遗址。遗址向北可俯瞰清水河河道，东北可望见清水河县城。遗址西侧存有直入清水河的冲沟，东侧为一晚期发育的冲沟，遗址北坡向下可直抵新修的209国道施工现场（彩版九三，2）。

遗址东西长约450米、南北宽约200米，总面积约9万平方米。遗址地表散见陶片较少，均属庙子沟文化。

178：1，陶环，泥质灰陶。截面楔形。截面厚0.7厘米（图一〇一，9）。

178：2，小口罐底，泥质红褐陶。斜直腹，平底，素面。残高4.7、壁厚0.8厘米（图一〇一，21）。

178：3，彩陶片，泥质灰陶。外壁饰黑彩弧线几何纹。壁厚0.7厘米（图一〇一，10）。

178：4，彩陶片，泥质红陶。外壁饰黑彩和紫彩弧线几何纹。壁厚0.6厘米（图一〇一，19）。

178：5，敛口钵口沿，泥质红陶。敛口，曲腹，素面。残高3.8、壁厚0.5厘米（图一〇一，12）。

178：6，彩陶片，泥质红褐陶。外壁饰黑彩和紫彩弧线、三角几何纹。壁厚0.5厘米（图一〇一，14）。

178：7，侈沿罐口沿，泥质红褐陶。矮领，溜肩，素面。残高3.3、壁厚0.5厘米（图一〇一，3）。

178：8，彩陶片，泥质红陶。外壁饰黑彩弧线三角纹。壁厚0.5厘米（图一〇一，4）。

图一〇一　04-178～04-180号遗址标本

1、2、4、7、10、14、19、20.彩陶片（179：5，178：9，178：8，180：6，178：3，178：6，178：4，178：10）　3.侈沿罐口沿（178：7）　5、13.小口双耳罐口沿（179：1，178：11）　6.篮纹陶片（180：2）　8.花边口沿罐口沿（180：1）　9.陶环（178：1）　11.窄沿罐底（179：4）　12.敛口钵口沿（178：5）　15.甗腰（179：2）　16～18.绳纹陶片（180：4，179：3，180：3）　21.小口罐底（178：2）　22.附加堆纹陶片（180：5）　23.直口弧腹钵口沿（180：7）（1～7、9～10、12～14、19～23为庙子沟文化，11为阿善三期文化，8、15～18为朱开沟文化）

178：9，彩陶片，泥质红陶。外壁饰黑彩和紫彩弧三角线纹及网格纹。壁厚0.4厘米（图一〇一，2）。

178：10，彩陶片，泥质红褐陶。外壁饰黑彩网格纹。壁厚0.5厘米（图一〇一，20）。

178：11，小口双耳罐口沿，泥质红褐陶。小窄沿，斜肩，外壁饰黑彩弧线几何纹。残高4、壁厚0.6厘米（图一〇一，13）。

### 04-179 打磨湾遗址-1

遗址编号：QCD-1

文化属性：庙子沟文化、阿善三期文化、朱开沟文化、战国

行政归属：清水河县城关镇打磨湾村

GPS坐标：遗址中部东经111°38′07.1″、北纬39°55′02.8″

海拔高度：1180±7米

初查时间：2004年5月26日

遗址位于打磨湾村东南部一浑圆形的独立土丘顶部，顶部地势平坦，四周坡势较陡。从遗址中部向东北可见清水河县水泥厂及县城。遗址北坡略向下为打磨湾村，再向下为清水河河槽，东坡向下为坡势较缓的漫坡，与04-180号遗址所在土丘相连。地表现已退耕还草。

遗址东西长约200米、南北宽约100米，总面积约2万平方米。地表散见遗物主要以仰韶文化遗存为多，少见朱开沟文化、战国遗存。遗物多为灰陶片，少见红陶片，少量夹砂陶片。多为素面，纹饰可见绳纹、篮纹。

179：1，小口双耳罐口沿，泥质灰陶。折沿，素面。残高3、壁厚0.4厘米（图一〇一，5）。

179：2，瓿腰，夹砂红陶。存有腰隔，外壁饰有附加堆纹，以外为绳纹。隔宽约5.2、壁厚0.7厘米（图一〇一，15）。

179：3，绳纹陶片，泥质红褐陶。外壁饰绳纹。壁厚0.7厘米（图一〇一，17）。

179：4，窄沿罐底，泥质灰褐陶。平底，外壁饰右斜向篮纹。残高4.1、壁厚0.5厘米（图一〇一，11）。

179：5，彩陶片，泥质灰陶。器表饰有黑彩弧线纹，器表存有一残耳。壁厚0.5厘米（图一〇一，1）。

### 04-180 打磨湾遗址-2

遗址编号：QCD-2

文化属性：庙子沟文化、朱开沟文化

行政归属：清水河县城关镇打磨湾村

GPS坐标：遗址中部东经111°38′13.2″、北纬39°54′57.4″

海拔高度：1183±5米

初查时间：2004年5月26日

遗址位于清水河南岸一浑圆形土丘的顶部，其北坡坡势较陡，东、西、南坡亦较为平缓。从遗址中部向北可见清水河，坡体直抵河槽，向东北可俯瞰清水河水泥厂及县城。遗址南侧存有小冲沟，向上为另一高大的土丘；东侧为新修的209国道；西侧隔一山间低洼地带与04-179号遗址所在山丘相连。新修的209国道从遗址中部穿过，破坏了遗址的整体性。

遗址东西长约100米、南北宽约200米，总面积约2万平方米。地表散落主要为朱开沟文化的绳纹陶片，少见庙子沟文化遗物，主要分布于土丘顶部、东北坡。遗物多为泥质陶残片，饰以绳纹、附加堆纹等。

180：1，花边口沿罐口沿，夹砂灰褐陶。侈口，颈部饰一周附加堆纹，以下为竖向绳纹。残高2.3、壁厚0.5厘米（图一〇一，8）。

180：2，篮纹陶片，泥质红褐陶。外壁饰篮纹。壁厚0.6厘米（图一〇一，6）。

180：3，绳纹陶片，泥质红陶。外壁饰竖向细绳纹。壁厚0.7厘米（图一〇一，18）。

180：4，绳纹陶片，泥质红陶。外壁饰竖向细绳纹。壁厚0.6厘米（图一〇一，16）。

180：5，附加堆纹陶片，夹砂红褐陶。外壁饰竖圆窝状附加堆纹及绳纹。壁厚0.9厘米（图一〇一，22）。

180：6，彩陶片，泥质红陶。外壁饰黑彩弧线几何纹。壁厚0.5厘米（图一〇一，7）。

180：7，直口弧腹钵口沿，泥质红陶。外壁口部施一周宽彩带纹。壁厚0.6厘米（图一〇一，23）。

## 04-181　小庙子遗址-1

遗址编号：QXX-1

文化属性：辽金、明代

行政归属：清水河县小庙乡小庙子村

GPS坐标：遗址中部东经111°40′00.8″、北纬39°55′30.4″

海拔高度：1315±4米

初查时间：2004年5月28日

遗址位于小庙乡东北部制高点海拔高度1316米的山丘之上，遗址所在土丘顶部为一明代烽燧建筑。遗址东南部为向下的陡坡；西部坡体较缓，直抵小庙乡；北部亦为陡坡，向下为冲沟。山体已暴露出岩石层，地表荒草丛生，遍布育林坑。烽燧四周可见残存的墙体，仅在东部及北部保留断断续续的夯土墙，残存高度30～70厘米。中间烽火台夯层明显，宽约10米、高约5米。西北部夯土墙破坏严重，修筑有防治水土流失的现代石砌围栏（彩版九四，1）。

遗址东西长约100米、南北宽约100米，总面积约1万平方米。遗址地表风化严重，岩石层已开始剥落。散见遗物较少，可见少量陶片，及较晚的明清瓷片等（未采集）。

### 04-182 小庙子遗址-2

遗址编号：QXX-2

文化属性：官地一期遗存、鲁家坡一期遗存、庙子沟文化、阿善三期文化、永兴店文化、战国

行政归属：清水河县小庙乡小庙子村

GPS坐标：遗址中部东经111°39′28.2″、北纬39°55′22.9″

海拔高度：1214±5米

初查时间：2004年5月28日

遗址位于清水河县城北部、小庙乡东北部一浑圆形土丘之上。土丘顶部台地地势平坦，东西两侧均濒临冲沟，西侧邻冲沟可见清水河县城电力公司仓库，东部可望见土丘顶部的烽燧建筑，西南可俯瞰清水河县城。遗址北部一排高压输电线经过土丘顶部烽燧一直向东而去，中部为一通往山下小庙乡的乡村公路，东部可见04-181号遗址（彩版九四，1）。

遗址东西长约200米、南北宽约150米，总面积约3万平方米。遗址延续时间较长，以庙子沟文化为众，地表散见遗物较多，顶部较为集中。遗物多为泥质红陶片和彩陶片，灰陶残片亦较多。红陶残片中以宽彩带钵最为多见，泥质陶片多饰以线纹、绳纹等。

182：1，绳纹陶片，泥质灰陶。外壁饰竖向线纹。壁厚0.5厘米（图一〇二，25）。

182：2，器腹残片，泥质红陶。素面。壁厚0.4厘米（图一〇二，11）。

182：3，绳纹陶片，泥质灰陶。外壁饰横向线纹。壁厚0.6厘米（图一〇二，2）。

182：4，折沿盆口沿，夹砂红褐陶。折沿，直弧腹，口部饰竖向线纹。壁厚0.6厘米（图一〇二，8）。

182：5，器耳，泥质灰陶。外壁饰线纹，残存凸纽。壁厚0.6厘米（图一〇二，3）。

182：6，叠唇敛口罐口沿，泥质红陶。外叠唇，敛口，溜肩。残高3.5、壁厚0.7厘米（图一〇二，7）。

182：7，敛口弧腹钵口沿，泥质灰陶。敛口，弧腹，外壁饰黑彩宽带纹。残高4.7、壁厚0.4厘米（图一〇二，15）。

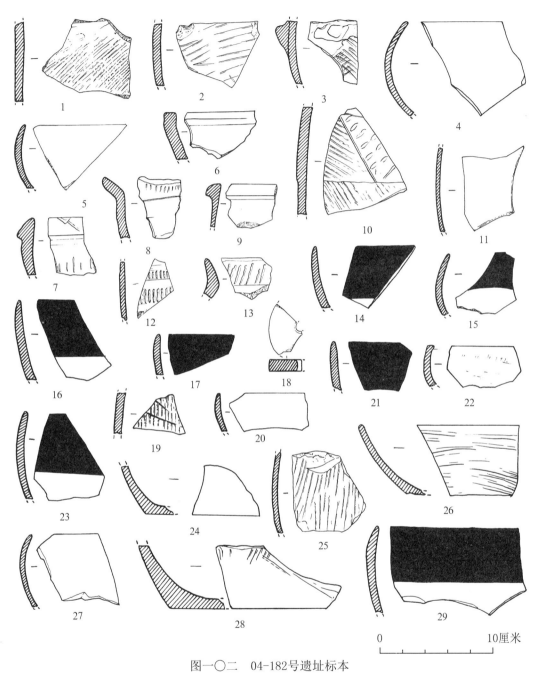

图一〇二　04-182号遗址标本

1、2、10、12、19、25.绳纹陶片（182：8，182：3，182：19，182：15，182：14，182：1）　3.器耳（182：5）　4、5、15、22、23、27.敛口弧腹钵口沿（182：27，182：24，182：7，182：21，182：26，182：28）　6.敞口碗口沿（182：22）　7、9.叠唇敛口罐口沿（182：6，182：9）　8.折沿盆口沿（182：4）　11.器腹残片（182：2）　13.侈沿罐口沿（182：13）　14、16、17、20、21、29.直口深腹钵口沿（182：12，182：29，182：11，182：16，182：10，182：25）　18.陶纺轮（182：20）　24.钵底（182：17）　26.敞口盆口沿（182：23）　28.铁轨式口沿罐底（182：18）（1为官地一期遗存，13、14、25为庙子沟文化，10为阿善三期文化，26为永兴店文化，11、12、19为战国，余为鲁家坡一期遗存）

182：8，绳纹陶片，夹砂红陶，外壁饰斜向细绳纹。壁厚0.5厘米（图一〇二，1）。

182：9，叠唇敛口罐口沿，泥质红陶。外叠唇，敛口，溜肩。残高3.5、壁厚0.5厘米（图一〇二，9）。

182：10，直口深腹钵口沿，泥质红陶。直口，弧腹，外壁饰黑彩宽带纹。残高4.1、壁厚0.6厘米（图一〇二，21）。

182：11，直口深腹钵口沿，泥质红陶。直口，弧腹，外壁饰黑彩宽带纹。残高3.3、壁厚0.5厘米（图一〇二，17）。

182：12，直口深腹钵口沿，泥质红陶。直口，弧腹，外壁饰宽约4.5厘米的黑彩带纹。残高4.7、壁厚0.4厘米（图一〇二，14）。

182：13，侈沿罐口沿，夹砂红褐陶。侈领，领部饰竖向绳纹。残高3.5、壁厚0.7厘米（图一〇二，13）。

182：14，绳纹陶片，泥质灰陶。外壁饰绳纹，纹饰不甚规整。壁厚0.7厘米（图一〇二，19）。

182：15，绳纹陶片，泥质灰陶。外壁饰弦断绳纹。壁厚0.4厘米（图一〇二，12）。

182：16，直口深腹钵口沿，泥质红褐陶。直口，弧腹。残高3、壁厚0.3厘米（图一〇二，20）。

182：17，钵底，泥质红陶。斜直腹，平底。残高4.8、壁厚0.5厘米（图一〇二，24）。

182：18，铁轨式口沿罐底，夹砂红褐陶。器壁饰粗疏的绳纹，平底。残高5.4、壁厚0.6厘米（图一〇二，28）。

182：19，绳纹陶片，砂质灰陶。外壁饰绳纹及坑点纹带。壁厚1厘米（图一〇二，10）。

182：20，陶纺轮，泥质灰陶。圆形饼状，残。壁厚1厘米（图一〇二，18）。

182：21，敛口弧腹钵口沿，夹砂灰陶。敛口，弧腹。残高3、壁厚0.5厘米（图一〇二，22）。

182：22，敞口碗口沿，泥质灰陶。敞口，斜弧腹，素面。残高4、壁厚0.6厘米（图一〇二，6）。

182：23，敞口盆口沿，泥质灰陶。斜直腹，器壁较为粗糙，素面。残高6、壁厚0.4厘米（图一〇二，26）。

182：24，敛口弧腹钵口沿，泥质红陶。敛口，斜弧腹。残高5.5、壁厚0.5厘米（图一〇二，5）。

182：25，直口深腹钵口沿，泥质红陶。敛口，弧腹，外壁饰宽约4.5厘米的黑彩带纹。残高7、壁厚0.4～0.7厘米（图一〇二，29）。

182：26，敛口弧腹钵口沿，泥质红陶。敛口，弧腹，外壁饰宽约5厘米的黑彩带纹。残高7.5、壁厚0.5～0.7厘米（图一〇二，23）。

182：27，敛口弧腹钵口沿，泥质红陶。敛口，弧腹。残高8、壁厚0.4厘米（图一〇二，4）。

182：28，敛口弧腹钵口沿，泥质红陶。敛口，弧腹，素面。残高6.5、壁厚0.4～0.6厘米（图一〇二，27）。

182：29，直口深腹钵口沿，泥质红陶。敛口，弧腹，外壁饰宽约5.2厘米的黑彩带纹。残高7、壁厚0.4～0.7厘米（图一〇二，16）。

### 04-183　庄窝峁遗址-1

遗址编号：QXZ-1

文化属性：战国、汉代

行政归属：清水河县小庙乡庄窝峁村

GPS坐标：遗址北部东经111°37′45.2″、北纬39°59′33.9″

海拔高度：1103±5米

初查时间：2004年5月28日

遗址位于209国道东北部、紧邻庄窝坪—五良台公路东侧一平缓狭长的台地之上。遗址中部被一晚期发育的、南北向小冲沟分成东、西两部分，其中西部遗物分布较为集中，东部散落较少。遗址东北部为一采石场，东北部为向上的缓坡；顶部为一粮站。土坡西部底端为丰准铁路，西南可望见当阳桥水库（参见图九五；彩版九四，2）。

遗址东西长约150米、南北宽约200米，总面积约3万平方米。遗址地表散见遗物主要为战国、汉代。

### 04-184　庄窝坪遗址-7

遗址编号：QXZ-7

文化属性：战国

行政归属：清水河县小庙乡庄窝坪村

GPS坐标：遗址中部东经111°37′30.1″、北纬39°59′27.4″

海拔高度：1102±6米

初查时间：2004年5月28日

遗址位于209国道北侧、庄窝坪村住户西北侧坡地之上，遗址面积较大，地势略显东高西低。遗址中部向东南可见庄窝坪村；南、北两侧均存有冲沟注入当阳桥水库，将遗址和04-185号遗址分隔；西侧中部为丰准铁路，西侧坡地边缘可达当阳桥水库边缘；东侧为一略缓的坡地，并存有一土路，向东可见庄窝坪——五良太公路。遗址上现辟为耕地（参见图九五；彩版九四，2）。

遗址东西长约200米、南北宽约300米，总面积约6万平方米。地表散见主要以战国时期遗存为多。遗物多为泥质灰陶残片，素面居多，饰以绳纹、弦纹等。另外可见少量夹砂陶片。

184：1，绳纹陶片，泥质灰陶。饰有整齐规整的竖向细绳纹。壁厚0.3厘米（图一〇三，3）。

184：2，卷方唇罐口沿，泥质灰陶。矮领，外叠方唇。残高4.3、壁厚0.5厘米（图一〇三，4）。

184：3，碗口沿，泥质灰陶。敞口，折腹处起凸棱，素面。残高6.2、壁厚0.7厘米（图一〇三，1）。

184：4，碗口沿，泥质灰陶。卷方唇，弧腹，素面。残高4.3、壁厚0.6厘米（图一〇三，6）。

184：5，绳纹陶片，泥质灰陶。胎体厚重，外壁饰粗绳纹。壁厚1厘米（图一〇三，17）。

## 04-185　庄窝坪遗址-8

遗址编号：QXZ-8

文化属性：鲁家坡一期遗存、庙子沟文化、阿善三期文化、朱开沟文化

行政归属：清水河县小庙乡庄窝坪村

GPS 坐 标：遗址中部东经111°37′21.1″、北纬39°59′18.0″

海拔高度：1099±5米

初查时间：2004年5月28日

遗址位于209国道北侧、庄窝坪村北侧略显平缓的坡地之上，遗址面积较大，地势平坦。南侧紧贴国道，西侧土坡下紧邻当阳桥水库，北侧为冲沟将遗址和04-184号（庄窝坪五号遗址）遗址分隔，东侧紧贴庄窝坪村的农居，并可见庄窝坪小学。在遗址东南、国道南侧存一排窑洞，遗址西侧、水库东侧之间为丰准铁路（参见图九五；彩版九四，2）。

遗址东西长约200米、南北宽约300米，总面积约6万平方米。遗址地表散见主要以鲁家坡一期遗存为主，遗物多为泥质灰、红陶残片，多素面；夹砂陶片多饰以绳纹、线纹等；彩陶片极少见。

185：1，窄沿罐底，泥质灰白陶。斜弧腹，外壁饰横向绳纹。残高4.5、壁厚0.6厘米（图一〇三，13）。

185：2，绳纹陶片，泥质红褐陶。外壁饰竖向绳纹。壁厚0.5厘米（图一〇三，11）。

185：3，器足，泥质灰陶。锥状空心袋足，内壁可见制作痕迹，外壁饰竖向绳

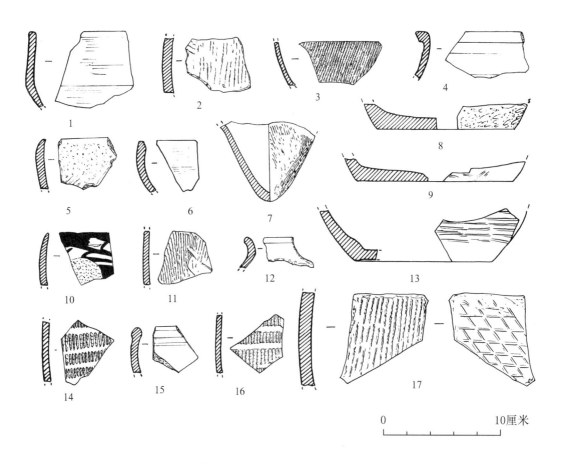

图一〇三　04-184～04-186号遗址标本

1、6.碗口沿（184∶3，184∶4）　2、3、11、14、16、17.绳纹陶片（185∶9，184∶1，185∶2，186∶1，186∶2，184∶5）　4.卷方唇罐口沿（184∶2）　5、10.敛口弧腹钵口沿（185∶5，185∶6）　7.器足（185∶3）　8、9.夹砂绳纹罐底（185∶4，185∶8）　12.矮领罐口沿（186∶3）　13.窄沿罐底（185∶1）　15.敛口叠唇盆口沿（185∶7）（2、5、8～10、15为鲁家坡一期遗存，13为阿善三期文化，7、11为朱开沟文化，余为战国）

纹。残高7.5、壁厚0.5厘米（图一〇三，7）。

　　185∶4，夹砂绳纹罐底，夹砂灰褐陶。斜直腹，平底。残高2.5、壁厚0.9厘米（图一〇三，8）。

　　185∶5，敛口弧腹钵口沿，泥质红陶。敛口，直弧腹。残高4.5、壁厚0.6厘米（图一〇三，5）。

　　185∶6，敛口弧腹钵口沿，泥质红陶。敛口，直弧腹，外壁饰黑彩带纹。残高4.5、壁厚0.5厘米（图一〇三，10）。

　　185∶7，敛口叠唇盆口沿，泥质红陶。外叠唇，敛口，直弧腹。残高4、壁厚0.5厘米（图一〇三，15）。

185∶8，夹砂绳纹罐底，泥质红陶。平底。残高2.3、壁厚0.8厘米（图一〇三，9）。

185∶9，绳纹陶片，泥质红陶。外壁饰竖向线纹。残高4.5、壁厚0.6厘米（图一〇三，2）。

### 04-186　郭三窑子遗址-1

遗址编号：QXG-1

文化属性：战国

行政归属：清水河县小庙乡郭三窑子村

GPS 坐标：遗址南部东经111°39′27.6″、北纬39°55′54.7″

海拔高度：1270±6米

初查时间：2004年5月29日

遗址位于郭三窑子村东北方向一制高点海拔高度1236米的浑圆形土丘之上，新修的209国道将遗址与村落隔开。遗址东侧邻近旧209砂石国道，西部新修的209柏油国道与东侧旧209砂石国道在遗址南侧坡下相交。遗址南部不远处为清水河县城，东南部隔沟即原209国道，并可远望烽燧及04-181、04-182号遗址所在的土丘。土丘顶部台地平缓，顶部及西坡辟为耕地，南坡植被较厚，杂草丛生，坡势较陡。

遗址东西长约100米、南北宽约150米，总面积约1.5万平方米。遗址地表散见遗物较少，主要以战国时期为多，均为泥质灰陶残片，多饰以绳纹、弦纹等。

186∶1，绳纹陶片，泥质灰陶。外壁饰抹断粗绳纹。壁厚1厘米（图一〇三，14）。

186∶2，绳纹陶片，泥质灰陶。外壁饰抹断绳纹。壁厚0.5厘米（图一〇三，16）。

186∶3，矮领罐口沿，泥质灰陶。矮领，溜肩。残高2.6、壁厚0.3厘米（图一〇三，12）。

### 04-187　郭三窑子遗址-2

遗址编号：QXZ-2

文化属性：战国

行政归属：清水河县小庙乡郭三窑子村

GPS 坐标：遗址中部东经111°39′38.8″、北纬39°56′00.7″

海拔高度：1288±5米

初查时间：2004年5月29日

遗址位于土丘坡地南坡中部，土丘顶部平缓并存有现代墓地。遗址东侧近邻冲沟，南侧为坡间洼地存有若干条较小的冲沟并汇入东侧冲沟，西侧为旧209国道，地势北高南低。遗址下部存有较多因水土流失、风蚀而形成的土台。从遗址向东隔沟可见04-181号遗址顶部的烽火台，向南隔一土丘可见小庙乡及清水河水泥厂。遗址所在土丘现已退耕还林，地表植被较厚。

遗址东西长约100米、南北宽约80米，总面积约0.8万平方米。遗址地表散见均为泥质灰陶残片，多为素面，少量饰以绳纹、弦纹等。

187：1，绳纹陶片，泥质灰陶。外壁饰抹断绳纹。壁厚0.4厘米（图一〇四，18）。

187：2，绳纹陶片，泥质灰陶。外壁饰抹断绳纹。壁厚0.5厘米（图一〇四，12）。

187：3，细绳纹陶片，泥质灰陶。外壁饰斜向细绳纹，纹饰不甚清晰。壁厚0.6厘米（图一〇四，19）。

### 04-188 皮家沟遗址-1

遗址编号：QWP-1

文化属性：战国

行政归属：清水河县五良太乡皮家沟村

GPS 坐 标：遗址中部偏西处东经111°40′06.6″、北纬39°59′19.4″

海拔高度：1170±5米

初查时间：2004年5月29日

遗址位于皮家沟村东北一狭长土丘的顶部平台之上，制高点海拔高度1168米。土丘地势平缓，四周坡势较陡，北、西、南三面为冲沟环绕，呈一孤岛状存在，仅东南方向存狭窄缓坡与土丘北坡相连。土丘西部南侧存有废弃的窑洞，遗址西侧与04-189号遗址相望。北侧隔沟与另一土丘相对，东南与上端坡体相连处较窄，向上渐宽。遗址地表西部为荒地，其余辟为耕地（参见图九六）。

遗址东西长约200米、南北宽约100米，总面积约2万平方米。遗址地表遗物主要以战国为多。多见泥质灰陶残片，素面为主，部分饰以绳纹、弦纹等。

188：1，敞口盆口沿，泥质灰陶。外叠圆唇，敞口，直弧腹。残高3、壁厚0.4厘米（图一〇四，3）。

188：2，压印绳纹陶片，泥质灰陶。外壁饰有抹断绳纹，绳纹间距较短。壁厚0.5厘米（图一〇四，11）。

188：3，平折沿盆口沿，泥质灰陶。平折沿，直弧腹。沿上可见磨光暗纹，沿下饰有数道凸弦纹。残高5.5、壁厚0.5厘米（图一〇四，6）。

188：4，绳纹陶片，泥质灰陶。外壁上端饰数道凸弦纹，下端饰有绳纹。壁厚0.6厘米（图一〇四，7）。

188：5，绳纹陶片，夹粗砂灰陶。外壁饰粗绳纹，印痕较深。壁厚0.7厘米（图一〇四，23）。

188：6，绳纹陶片，泥质灰陶。外壁饰规整的竖向绳纹。壁厚0.6厘米（图一〇四，8）。

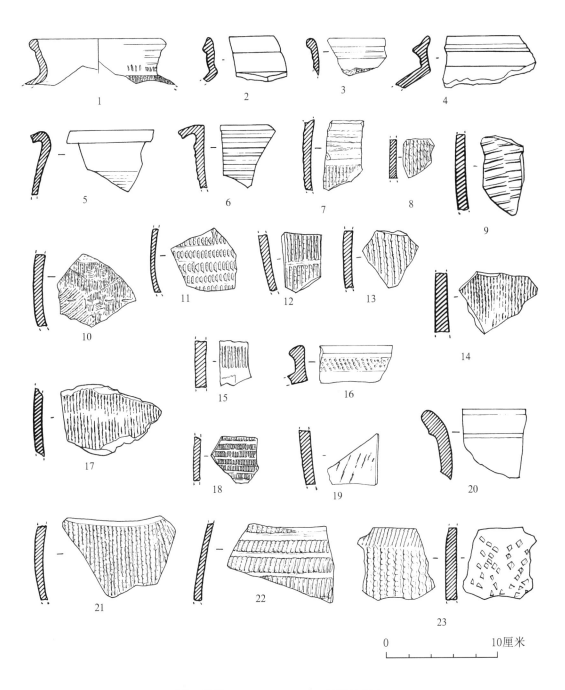

图一〇四 04-187～04-191号遗址标本

1、2.矮领罐口沿（189：5，190：2） 3、20.敞口盆口沿（188：1，189：3） 4、16.矮领瓮口沿（190：1，189：4） 5、6.平折沿盆口沿（189：2，188：3） 7、8、10、12、13、14、15、17、18、21、23.绳纹陶片（188：4，188：6，190：3，187：2，190：4，191：2，191：3，191：1，187：1，189：1，188：5） 9.篮纹陶片（191：4） 11、22.压印绳纹陶片（188：2，188：7） 19.细绳纹陶片（187：3）（10、15为永兴店文化，14、17为朱开沟文化，余为战国）

188：7，压印绳纹陶片，泥质灰陶。外壁饰有抹断左斜向绳纹。壁厚0.7厘米（图一〇四，22）。

### 04-189　皮家沟遗址-2

遗址编号：QWP-2

文化属性：战国

行政归属：清水河县五良太乡皮家沟村

GPS坐标：遗址中部东经111°39′38.5″、北纬39°59′24.5

海拔高度：1165±5米

初查时间：2004年5月29日

遗址位于皮家沟村北部偏东制高点海拔高度1172米的台地之上，北部为早期发育的大型冲沟，在北坡冲出一道南北向小冲沟将北坡分为两部分，遗址主要位于东侧坡地之北段，地势较为平缓。遗址向北隔一条大沟可见对面土丘的南坡，向东隔一冲沟可与04-188号遗址相望，西侧即为将遗址分割开来小型冲沟，南侧为向上漫坡及土丘顶部台地。遗址东侧边缘为一可到达村落的乡间小路。地表现已退耕还林（参见图九六）。

遗址分布范围较小，东西长约150米、南北宽约100米，总面积约1.5万平方米。地表遗物零星分布，属战国时期，均为泥质灰陶残片，多饰以绳纹、弦断绳纹等。

189：1，绳纹陶片，泥质灰褐陶。器壁饰有规整的绳纹。壁厚0.7厘米（图一〇四，21）。

189：2，平折沿盆口沿，泥质灰陶。短平沿，弧腹。残高5.3、壁厚0.6厘米（图一〇四，5）。

189：3，敞口盆口沿，泥质灰陶。卷厚圆唇，斜弧腹。残高5.1、壁厚1厘米（图一〇四，20）。

189：4，矮领瓮口沿，泥质灰陶。外叠尖圆唇，直领，溜肩。残高3.3、壁厚0.8厘米（图一〇四，16）。

189：5，矮领罐口沿，泥质灰陶。外叠圆唇，直领，领部存有数道弦纹，肩部饰有抹断绳纹。残高4.1、壁厚0.5厘米（图一〇四，1）。

### 04-190　皮家沟遗址-3

遗址编号：QWP-3

文化属性：战国

行政归属：清水河县五良太乡皮家沟村

GPS坐标：遗址中部东经111°39′29.5″、北纬39°59′26.5″

海拔高度：1160±5米

初查时间：2004年5月29日

遗址位于皮家沟村北部一被冲沟分开的漫坡西坡的北端，与04-189号遗址皆位于制高点海拔高度1172米的漫坡向北延伸的缓坡之上，与04-189号遗址隔沟相望。本遗址集中在缓坡向西北延伸的部分，坡尾端为两片紧邻沟底的坡地。遗址南侧为向上漫坡直抵土丘顶部台地，现已辟为耕地（参见图九六）。

遗址东西长约100米、南北宽约100米，总面积约1万平方米。遗址为一战国时期遗存，陶片较少，仅零星可见，坡地向上亦有少量发现，可能因耕地而翻藏于地下。遗物皆为泥质灰陶残片，多饰以绳纹、弦纹等。

190：1，矮领瓮口沿，泥质灰陶。矮领，外卷尖唇，溜肩。内壁可见磨光暗条纹。残高4、壁厚1厘米（图一〇四，4）。

190：2，矮领罐口沿，泥质灰陶。直领，外卷圆唇。残高3.5、壁厚0.5厘米（图一〇四，2）。

190：3，绳纹陶片，泥质灰陶。外壁饰竖向绳纹。壁厚0.6厘米（图一〇四，10）。

190：4，绳纹陶片，泥质灰陶。外壁饰竖向粗绳纹。壁厚0.5厘米（图一〇四，13）。

### 04-191　皮家沟遗址-5

遗址编号：QWP-5

文化属性：永兴店文化、朱开沟文化

行政归属：清水河县五良太乡皮家沟村

GPS坐标：遗址中部东经111°39′01.9″、北纬39°59′30.8″

海拔高度：1130±5米

初查时间：2004年5月29日

遗址位于皮家沟村所在坡地向西北延伸的缓坡西端，缓坡中部一条小型冲沟将坡体分为两部分，遗址则主要分布于西部台地之上。遗址北侧冲沟与04-188、04-189号遗址北侧冲沟为同一条大型冲沟，东侧为一较长的冲沟，从南部向上的缓坡中上部发源，向上为制高点海拔高度1179米的较长缓坡，东部隔沟可与04-190号遗址相望，北部隔沟可望见对面的04-193号遗址，西侧为一晚期发育的冲沟，向北汇入北部大型冲沟内。遗址所在地势较缓，南高北低，中部平坦，东西坡下为断崖直壁。地表现辟为耕地（参见图九六）。

遗址东西长约50米、南北宽约100米，总面积约0.5万平方米。地表采集到的遗物主要以朱开沟文化遗存为主，永兴店文化遗存次之。遗物分布较为集中，断面处可见灰土层，文化层保存较好。

皮家沟村落周围有04-188、04-189、04-190、04-191号遗址，皆为面积较小、临近沟底的战国时期遗址，且之间皆为冲沟分隔，在皮家沟北部一字排开，构成皮家沟战国时期遗址群。

191：1，绳纹陶片，泥质灰白陶。饰有模糊的竖向细绳纹。壁厚0.8厘米（图一○四，17）。

191：2，绳纹陶片，泥质红褐陶。饰有模糊的竖向细绳纹。壁厚1.3厘米（图一○四，14）。

191：3，绳纹陶片，泥质灰陶。饰有竖向细绳纹。壁厚1厘米（图一○四，15）。

191：4，篮纹陶片，砂质灰陶。饰有模糊的篮纹。壁厚0.6厘米（图一○四，9）。

**04-192　五七大学遗址-1**

遗址编号：QWW-1

文化属性：庙子沟文化、战国

行政归属：清水河县五良太乡五七大学村

GPS 坐标：遗址中部偏西处东经111°38′11.8″、北纬39°59′45.6″

海拔高度：1135±5米

初查时间：2004年5月30日

遗址位于五七大学村南制高点海拔高度1135米的土丘西北坡之上，地势南高北低。遗址西部邻近浑河的当阳桥水库，西北部可望见浑河河槽，从遗址中部向东北可见厂汉沟村。遗址北侧有一电石厂，对遗址有所破坏；东侧为漫坡向下直至冲沟；南侧为坡体顶部台地；西南存有一采石场；西侧近浑河处急转直下，其下地势平缓；西南部濒临石湖沟；西北直入浑河。从庄窝坪至五良太的公路从遗址西侧经过，北侧为一通往皮家沟村的乡间小路。地表现已辟为耕地（参见图九五）。

遗址东西长约300米、南北宽约100米，总面积约3万平方米。地表散见遗物较少，且较分散，主要以庙子沟文化为主，战国时期较少。

192：1，绳纹陶片，泥质灰陶。外壁饰规整的戳刺楔形纹。壁厚0.5厘米（图一○五，17）。

192：2，盆腹残片，泥质灰陶。素面。壁厚0.5厘米（图一○五，12）。

192：3，彩陶片，泥质红陶。外壁饰黑彩几何纹。壁厚0.5厘米（图一○五，5）。

192：4，折沿罐口沿，泥质灰陶。侈领，溜肩。残高3.3、壁厚0.6厘米（图一○五，7）。

192：5，敛口曲腹钵口沿，泥质灰陶。敛口，曲腹。残高3.5、壁厚0.3厘米（图一○五，11）。

**04-193　新窑上遗址-3**

遗址编号：QXX-3

文化属性：庙子沟文化、朱开沟文化、战国、汉代

行政归属：清水河县小庙乡新窑上村

GPS 坐标：遗址中部东经111°39′19.3″、北纬39°59′40.3″

海拔高度：1145±5米

初查时间：2004年5月31日

遗址位于新窑上村西南部坡体尽端的台地之上。台地南部紧邻冲沟东部为绵延向上的土梁，西北为又复隆起的缓坡，南部冲沟向西北而去，直入浑河。遗址南部坡地上存有数条发端于南部大型冲沟的小冲沟，隔沟为对面的04-191号遗址和皮家沟战国时期遗址群。遗址地势总体呈东北高西南低，南侧较陡，北侧平缓。地表现辟为耕地（参见图九六；彩版九五，1）。

遗址分布范围大体呈不规则梯形，东西长约300米、南北宽约50～150米，总面积约3万平方米。遗址文化层保存较差，遗存以朱开沟文化为主，主要集中在南坡上部；庙子沟文化、战国、汉代等其他时期遗物分布较为零散且破损严重。

193：1，平折沿盆口沿，泥质灰陶。内卷圆唇，平沿，斜弧腹。沿上及内壁可见磨光暗纹，沿下有数道凹弦纹。残高5.2、壁厚0.6厘米（图一〇五，9）。

193：2，平折沿盆口沿，泥质灰陶。平折沿，斜弧腹，沿下有数道凹弦纹。残高5.1、壁厚0.8厘米（图一〇五，14）。

193：3，高领壶口沿，泥质灰陶。高领微侈，领外壁存有轮修形成的数道凸弦纹。残高4.8、壁厚0.4厘米（图一〇五，10）。

193：4，绳纹陶片，泥质灰陶。外壁饰抹断绳纹。壁厚0.5厘米（图一〇五，18）。

193：5，碗口沿，泥质灰白陶。外叠尖圆唇，敞口，折腹，素面。残高5.6、壁厚0.5厘米（图一〇五，1）。

193：6，三足瓮口沿，泥质灰陶。胎体厚重。残高6.1、壁厚1.4厘米（图一〇五，3）。

193：7，瓮足，泥质灰陶。三足瓮空心袋足。残高7.9厘米（图一〇五，23）。

193：8，绳纹陶片，泥质灰陶。外壁饰细绳纹。壁厚0.6厘米（图一〇五，21）。

## 04-194 郭三窑子遗址-3

遗址编号：QXG-3

文化属性：朱开沟文化

行政归属：清水河县小庙乡郭三窑子村

GPS 坐标：遗址中部东经111°38′40.9″、北纬39°59′25.7″

海拔高度：1177±5米

初查时间：2004年6月1日

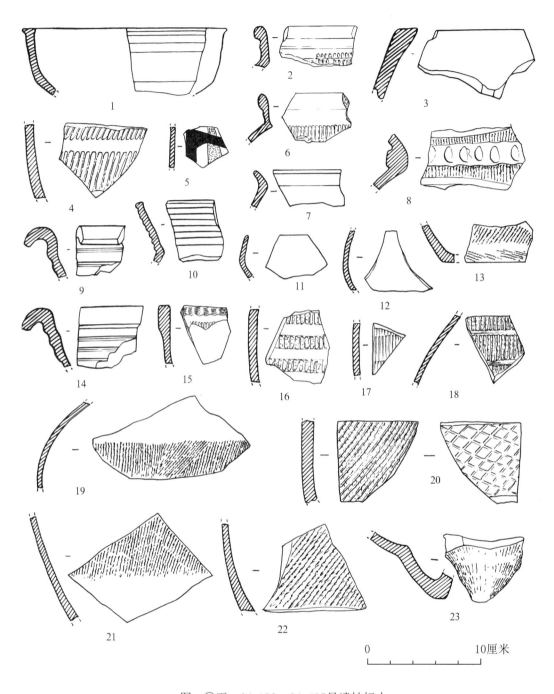

0            10厘米

图一〇五　04-192～04-195号遗址标本

1.碗口沿（193：5）　2、6.矮领瓮口沿（195：6，195：4）　3.三足瓮口沿（193：6）　4、16、17～22.绳纹陶片（195：2，195：1，192：1，193：4，194：2，195：3，193：8，194：1）　5.彩陶片（192：3）　7.折沿罐口沿（192：4）　8.瓢腰（194：4）　9、14.平折沿盆口沿（193：1，193：2）　10.高领壶口沿（193：3）　11.敛口曲腹钵口沿（192：5）　12.盆腹残片（192：2）　13.盆底（194：3）　15.附加堆纹陶片（195：5）　23.瓮足（193：7）（5、11为庙子沟文化，3、8、13、19、21～23为朱开沟文化，余为战国）

遗址位于郭三窑子村西南部一缓坡之上，东部向上为山体制高点海拔高度1266米所在，南部可俯瞰清水河县城，西部可远望贾家湾村和清水河县的先锋电厂。遗址所在坡体与郭三窑子村隔一条小冲沟，东南可见一变电站。遗址地势北高南低，东南部为一较大的平缓地带，紧挨209国道；西北部地层较薄，已经暴露出岩石层。地表现已退耕还林，遍布育林坑。

遗址东西长约100米、南北宽约80米，总面积约0.8万平方米。遗址文化层较薄，为一处单一的朱开沟文化时期遗存，遗物分布零散。

194：1，绳纹陶片，泥质灰白陶。胎质较厚，外壁饰竖向绳纹。壁厚0.8厘米（图一〇五，22）。

194：2，绳纹陶片，泥质灰白陶。胎质较厚，外壁饰左斜向细绳纹，上部素面，应为瓮或罐一类器物的上端。壁厚0.7厘米（图一〇五，19）。

194：3，盆底，泥质红陶。外壁饰竖向细绳纹，平底。壁厚0.8厘米（图一〇五，13）。

194：4，甗腰，泥制灰白陶。腰部可见饰有一周圆窝状附加堆纹，内壁可见捏制的修整痕迹。壁厚0.6厘米（图一〇五，8）。

## 04-195　贾家湾遗址-1

遗址编号：QXJ-1

文化属性：战国

行政归属：清水河县小庙乡贾家湾村

GPS坐标：遗址中部东经111°38′29.5″、北纬39°55′26.7″

海拔高度：1142±6米

初查时间：2004年6月1日

遗址位于贾家湾村东南部、清水河变电站西部相交的平台之上。遗址南部为清水河及109国道，北部为一石山，东北部可见04-194号朱开沟文化时期遗址。遗址被两条晚期发育的冲沟分割成三部分，从冲沟断面可以看到曾经水位所在的淤泥层，距现在地表3~10米，可确定当时的地势为北高南低。地表现为耕地。

遗址分布范围较大，东西长约400米、南北宽约150米，总面积约6万平方米。遗址未发现文化层堆积，可见遗物以战国时期为主，陶片较为分散，西部略为集中。

195：1，绳纹陶片，泥质灰白陶。外壁饰有规整的抹断绳纹。壁厚0.6厘米（图一〇五，16）。

195：2，绳纹陶片，泥质灰白陶。外壁饰有规整的抹断绳纹，抹断绳纹略长。壁厚0.8厘米（图一〇五，4）。

195：3，绳纹陶片，泥质灰白陶。胎体厚重，外壁饰有规整的粗绳纹。壁厚0.9厘米（图一〇五，20）。

195：4，矮领瓮口沿，泥质灰陶。外叠圆唇，矮领，溜肩，肩部以下饰有规整的竖向绳纹。残高4.5、壁厚0.5厘米（图一〇五，6）。

195：5，附加堆纹陶片，泥质灰陶。外壁饰有压印的附加堆纹。壁厚0.7厘米（图一〇五，15）。

195：6，矮领瓮口沿，泥质灰陶。外叠圆唇，矮领，溜肩，肩部以下饰有规整的抹断绳纹。残高3.8、壁厚0.6厘米（图一〇五，2）。

### 04—196　八龙湾遗址-7

遗址编号：QXB-7

文化属性：庙子沟文化

行政归属：清水河县小庙乡八龙湾村

GPS 坐标：遗址中部东经111°34′27.4″、北纬39°55′44.6″

海拔高度：1153±5米

初查时间：2004年6月1日

遗址位于八龙湾村西坡的南端，地表呈北高南低之势，东、南、西三面环沟，仅北侧为向上的坡地。遗址南侧冲沟较大，一直绕至村落南部，南坡中部存有一条发端于南侧的大型冲沟，东西方向的小冲沟将遗址分为两部分。从遗址中部向西北可见八龙湾村，有一条乡间小路可直达该村，东南可见八龙湾小学及04-197号遗址所在坡地，并可远眺清水河。遗址地表现已辟为耕地。

遗址东西长约180米、南北宽约250米，总面积约4.5万平方米。地表散见遗物均为庙子沟文化，分布较为分散。

196：1，侈沿罐口沿，夹砂灰褐陶。侈口，颈部饰一周附加堆纹，口部及颈部以下饰有竖向细绳纹。残高3.1、壁厚0.5厘米（图一〇六，7）。

196：2，侈沿罐口沿，夹砂红褐陶。侈口，颈部饰一周附加堆纹，口部及颈部以下饰有竖向细绳纹，口部处绳纹有抹痕。残高3.3、壁厚0.6厘米（图一〇六，4）。

### 04—197　八龙湾遗址-8

遗址编号：QXB-8

文化属性：战国

行政归属：清水河县小庙乡八龙湾村

GPS 坐标：遗址中部东经111°34′46.8″、北纬39°55′44.5″

海拔高度：1120±5米

初查时间：2004年6月1日

遗址位于八龙湾村南坡之上，地势南高北低。遗址南部与04-196号遗址南部邻同一条冲沟，东侧漫坡向下有八龙湾村落的几户农舍，西侧为向下缓坡，可到达清水河沿岸，北侧坡地向下直抵八龙湾一村居的房基。遗址北部存有一条土路贯穿整个山体，在路基剖面上可见南北向墓葬，西南可见清水河。

　　遗址东西长约100米、南北宽约50米，总面积约0.5万平方米。遗址文化层保存较差，遗存以战国时期为主，主要集中在南坡上部，并发现南北向的战国时期墓葬。

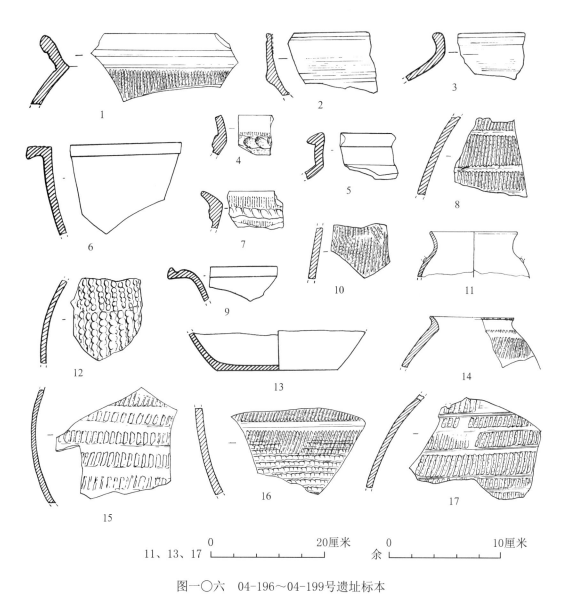

图一〇六　04-196～04-199号遗址标本

1、3、5.矮领瓮口沿（198∶3，198∶1，199∶3）　2.碗口沿（198∶2）　4、7.侈沿罐口沿（196∶2，196∶1）　6、9.平折沿盆口沿（199∶5，199∶1）　8、10、12、15～17.绳纹陶片（197∶1，199∶2，197∶2，197∶4，198∶5，197∶3）　11.素面双耳罐口沿（198∶4）　13.罐底（199∶4）　14.折沿罐口沿（197∶5）（4、7为庙子沟文化，余为战国）

197：1，绳纹陶片，泥质灰陶。外壁饰有抹断绳纹，绳纹较细，规整。壁厚0.7厘米（图一〇六，8）。

197：2，绳纹陶片，夹砂黑褐陶。胎质疏松，外壁饰竖向粗绳纹。应为釜一类炊器。壁厚0.4厘米（图一〇六，12）。

197：3，绳纹陶片，泥质灰白陶。外壁饰有抹断绳纹，绳纹规整，印纹较深。壁厚0.6厘米（图一〇六，17）。

197：4，绳纹陶片，砂质灰陶。外壁饰有抹断绳纹。壁厚0.4厘米（图一〇六，15）。

197：5，折沿罐口沿，泥质灰陶。胎体厚重。折沿，溜肩，肩部饰左斜向绳纹。残高5.2、壁厚0.7厘米（图一〇六，14）。

### 04—198　八龙湾遗址－9

遗址编号：QXB-9

文化属性：战国

行政归属：清水河县小庙乡八龙湾村

GPS坐标：遗址中部偏南处东经111°35′16.3″、北纬39°55′39.9″

海拔高度：1110±5米

初查时间：2004年6月1日

遗址位于八龙湾村东北、清水河东岸北侧山丘的南坡之上，地势略显南高北低，中部略显突出，向南为姑姑庵村所在坡体。遗址西侧为河槽有乡间公路通往该村；北侧为向上的直陡坡地；南侧存有巨大的河槽凹地，植有大量杨树；东侧河槽间为山丘间凹地间隙；向西可见河岸对面的04-196号遗址。遗址上端为土丘，但大部分已暴露出岩石层。遗址四周辟为耕地，所处大部分为荒地。

遗址东西长约80米、南北宽约120米，总面积约0.96万平方米。遗址地表遗物以战国时期为主，并发现有石砌墓葬，破坏较为严重。

198：1，矮领瓮口沿，泥制黑灰陶。圆唇，矮领，溜肩，素面。残高5.5、壁厚0.7厘米（图一〇六，3）。

198：2，碗口沿，泥制灰陶。微叠唇，敞口，折腹处起凸棱。残高4.9、壁厚0.5厘米（图一〇六，2）。

198：3，矮领瓮口沿，泥制灰白陶。外叠圆唇，侈领，溜肩，肩部以下饰有竖向细绳纹。残高6.6、壁厚0.7厘米（图一〇六，1）。

198：4，素面双耳罐口沿，砂质灰褐陶。外叠圆唇，侈领，短肩，肩部处有残存鋬耳痕迹，素面。残高8.2、壁厚0.5厘米（图一〇六，11）。

198：5，绳纹陶片，泥制灰陶。外壁饰有抹断竖绳纹，底部为较粗的横向绳纹。

壁厚0.5厘米（图一〇六，16）。

### 04-199 王三窑子遗址-4

遗址编号：QXB-4

文化属性：战国

行政归属：清水河县小庙乡王三窑子村

GPS 坐 标：遗址西部东经111°36′40.0″、北纬39°55′26.8″

海拔高度：1121±5米

初查时间：2004年6月9日

遗址位于王三窑子村西南部、依清水河河槽开辟而成的耕地之上。遗址向东可见清水河县城及不远处的一化工厂，北侧为向上的陡坡，并暴露出岩石层。清水河流经遗址南侧，过清水河为向上坡地，即04-151、04-152号遗址所在坡地。遗址所处河槽平地，接近现代水位线。遗址内存一条沿河小路向东北可与109国道相连，并可直通清水河县城（彩版九五，2）。

遗址东西长约500米、南北宽约200米，总面积约10万平方米。地表散见遗物多分布于遗址北侧较高一阶的台地内。

199：1，平折沿盆口沿，泥制灰陶。平折沿，沿上存有凹槽。壁厚0.5厘米（图一〇六，9）。

199：2，绳纹陶片，泥制灰陶。外壁饰规整的竖向细绳纹。壁厚0.6厘米（图一〇六，10）。

199：3，矮领瓮口沿，泥制灰陶。外叠尖圆唇，矮领，素面。残高3、壁厚0.5厘米（图一〇六，5）。

199：4，罐底，泥制灰陶。斜弧腹，平底，素面。残高6.8、壁厚0.9厘米（图一〇六，13）。

199：5，平折沿盆口沿，泥制灰陶。方唇，平折沿，斜弧腹，素面。残高7.8、壁厚0.7厘米（图一〇六，6）。

### 04-200 西咀遗址-1

遗址编号：QXX-1

文化属性：战国

行政归属：清水河县小庙乡西咀村

GPS 坐 标：遗址西部东经111°35′27.5″、北纬39°56′07.1″

海拔高度：1175±9米

初查时间：2004年6月9日

遗址位于西咀村所在坡地之上，村落主要占据了坡地上端平台及面向清水河的西

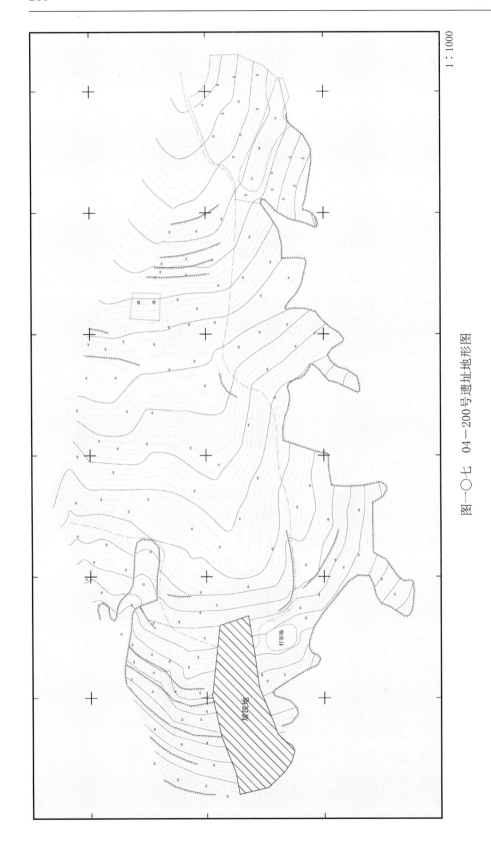

图一〇七　04—200号遗址地形图

1：1000

坡，遗址则分布于南坡。遗址所在坡地地势较缓，南侧存有一大型冲沟直入清水河，西侧亦为大型冲沟并环绕村子西侧和南侧，东北部为向上的较长缓坡。遗址所在坡地下端有已经废弃的近代修建的窑洞，遗址从遗址中部向西南可见八龙湾村和八龙湾村南的环山盆地及八龙湾遗址群（图一〇七；彩版三三；彩版五六；彩版九六，1）。

遗址东西长约100米、南北宽约60米，总面积约0.6万平方米。遗址地表散见战国陶片，在坡地下方临近冲沟处清理了三座东西向的墓葬，出土有带扣、针筒、项饰等。详细情况可见试掘报告。

# 第二节　黄河西岸遗址点及遗物介绍

黄河西岸的调查范围最小，主要为南流黄河中段西岸的较小区域，行政归属皆属于准格尔旗的窑沟乡。本区域由于限定于河流岸边区域内，地势较为陡峭，缓坡沙化较为严重。共发现遗址点31处，遗址点集中分布在河流岸边的台地和坡地之上（彩版一；彩版二），保存较差。

## 05-201　大路圪坦遗址-1

遗址编号：ZYD-1

文化属性：庙子沟文化、阿善三期文化、永兴店文化、朱开沟文化

行政归属：准格尔旗窑沟乡大路圪坦村

GPS 坐 标：遗址中部东经111°24′47.0″、北纬39°58′18.4″

海拔高度：1066±7米

初查时间：2005年4月11日

遗址位于大路圪坦村西北方向的坡地之上，该坡地内沟汊较多，地势由中部向四周逐级下降。遗址主要分布在临西部陡崖上部的平坦坡地之上，总体呈南北长、东西窄，遗址东部坡向下即为临黄河的断崖，南部边缘处遭受破坏，形成一处较大的冲沟断崖，北部邻大型冲沟，冲沟直通黄河。遗址向南隔冲沟与05-202号遗址相邻，东部隔黄河与05-349、05-348号遗址相望（彩版九六，2）。

遗址内现存石城一座，其中，石城墙南部和西部两侧墙体清晰可见，石片层层叠砌，比较规整。西侧石城墙近中部存有一空缺，可能为城门。此外，在石城墙南、北两侧外围均有冲沟。遗址中部现有一乡间小路，逶迤可到石城内（图一〇八；图一〇九；彩版三四；彩版五七）。现遗址所在基本为耕地。

遗址东西长约200米、南北宽约500米，总面积约10万平方米。遗物多集中在临河

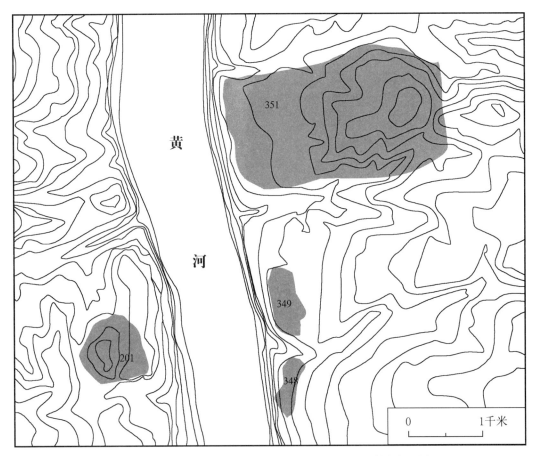

图一〇八　05-201、05-348、05-349、05-351号遗址地形图

的东坡之上，分布较为密集，以阿善三期文化的陶片为多。

201：1，敛口罐口沿，泥质灰陶。尖圆唇，敛口，弧腹，腹部残存一鋬手，素面。残高6.7、壁厚0.2～0.9厘米（图一一〇，4）。

201：2，侈沿罐口沿，夹砂红陶。方唇，口外侈，口沿饰压印纹，口部下方饰一周附加泥条，通体饰粗绳纹。壁厚0.5厘米（图一一〇，5）。

201：3，窄沿罐口沿，泥质灰陶。尖圆唇，侈口，沿下饰一周锥刺纹，以下为篮纹。壁厚0.5厘米（图一一〇，3）。

201：4，窄沿罐口沿，泥质灰陶。侈口，沿下抹光，以下为篮纹。壁厚0.6厘米（图一一〇，7）。

201：5，窄沿罐口沿，泥质灰陶。尖圆唇，微侈口，领部饰一周压印附加堆纹，余为横篮纹。残高5、壁厚0.5厘米（图一一〇，6）。

201：6，敛口瓮口沿，泥质灰陶。厚方唇，敛口，鼓肩，肩部饰横篮纹，其下饰粗绳纹。残高10、壁厚0.4～1.1厘米（图一一〇，9）。

201：7，平口瓮口沿，夹砂灰陶。厚圆唇，口部饰一周压印泥条附加堆纹，以下饰粗绳纹。残高8、壁厚0.8～1.5厘米（图一一〇，2）。

201：8，高领鬲口沿，夹砂灰陶。方圆唇，口微侈，高领，器表饰绳纹。残高5.5、壁厚0.5厘米（图一一〇，8）。

201：9，高领鬲口沿，夹砂灰陶。圆唇，外侈口，高领，口部饰一凸纽。器表饰竖向绳纹。残高10、壁厚0.4厘米（图一一〇，1）。

说明：图中的黄河是示意位置，只作为参考。　　　　　　　　　　　　　　　　1∶1000

图一〇九　05-201号遗址地形图

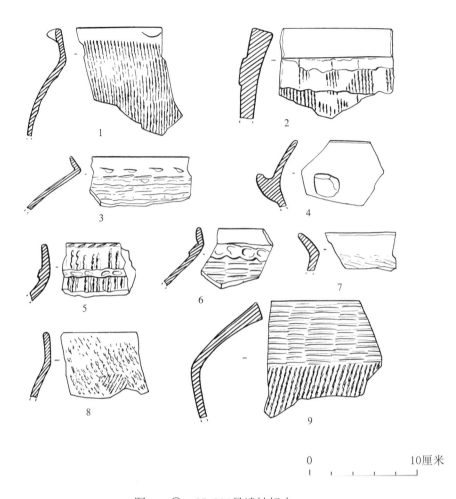

图一一〇　05-201号遗址标本

1、8.高领鬲口沿（201：9，201：8）　2.平口瓮口沿（201：7）　3、6、7.窄沿罐口沿（201：3，201：5，201：4）　4.敛口罐口沿（201：1）　5.侈沿罐口沿（201：2）　9.敛口瓮口沿（201：6）（5为庙子沟文化，3、4、6、7为阿善三期文化，2、9为永兴店文化，1、8为朱开沟文化）

## 05-202　大路圪坦遗址-2

遗址编号：ZYD-2

文化属性：庙子沟文化、永兴店文化、战国

行政归属：准格尔旗窑沟乡大路圪坦村

GPS 坐标：遗址中部东经111°24′31.0″、北纬39°58′00.0″

海拔高度：1083±5米

初查时间：2005年4月11日

遗址位于大路圪坦村北的坡地之上，该坡地总体地形相对平坦，地势西北部较东南部略高。其中，东坡呈较长的平缓坡地，可一直延伸至黄河河畔地段。遗址主要分布于坡地的东部缓坡之上，遗址北部隔冲沟与05-201号遗址相邻，南部隔沟与遗址05-203号遗址相邻，东隔黄河与遗址05-308、05-344号遗址相望。遗址内地表沙化严重，中部种植大量柠条，而向上、向下缓坡处已然少见柠条。

遗址东西长约250米、南北宽约350米，总面积约8.75万平方米。地表由于沙化，只有部分地段可见遗散在沙地之上的零散陶片。

202：1，侈沿罐底，夹砂红褐陶。内壁有刮抹残痕，平底，底以上饰绳纹。壁厚1～1.2厘米（图一一一，15）。

202：2，敛口罐口沿，夹砂黄陶。方唇，小口，口部抹光，以下饰两排三角纹，呈一倒一顺交叉分布，三角线条为刻划，三角内填篦点纹。厚0.5厘米（图一一一，8）。

202：3，敛口瓮口沿，夹砂灰陶。方唇，直口，微内敛，素面。壁厚1.1厘米（图一一一，17）。

202：4，碗底，泥质灰陶。假圈足较矮，平底，底内壁下弦一周宽凹槽，中心形成一小突，素面，器壁留有轮制痕迹。底径6.4、残高4、壁厚0.7～1.3厘米（图一一一，7）。

202：5，矮领罐口沿，泥质灰陶。圆唇，小口，窄沿近直，鼓肩，素面抹光。壁厚0.8厘米（图一一一，4）。

202：6，矮领罐口沿，泥质灰陶。侈口，器表呈豆青色，方唇，短沿外卷，鼓肩，素面抹光。壁厚0.8厘米（图一一一，21）。

## 05-203 小窑上遗址-1

遗址编号：ZYX-1

文化属性：战国

行政归属：准格尔旗窑沟乡小窑上村

GPS坐标：遗址中部东经111°24′47.1″、北纬39°57′43.4″

海拔高度：1067±5米

初查时间：2005年4月11日

遗址位于小窑上村东南一处小坡地之上，该坡地东西窄长，南、北临沟，东达黄河岸边，坡地植被极少，地表风化严重之处均已为碎石遍地。遗址主要分布于坡地由东向西渐升的一缓坡上，总体为西北向东南分布。遗址北隔冲沟与05-202号遗址相邻；西南漫坡与05-204号遗址相邻，且两遗址在地理单元上应属同一级黄河台地，203号遗址位置接近黄河，地势较204号遗址偏低；遗址东隔黄河与05-344、05-345号遗址相望。

遗址东西长约200米、南北宽约250米，总面积约5万平方米。在近黄河的坡岸处有零星陶片，向上渐少。多为泥质灰陶残片，有素面、绳纹或弦纹。

203：1，平折沿盆口沿，泥质灰陶。方唇，短沿，腹斜直，沿以下饰弦断绳纹。壁厚0.9厘米（图一一一，1）。

203：2，平折沿盆口沿，泥质灰陶。沿残，沿下腹部近直，沿以下器表饰刮抹的凹纹，以下饰绳纹。厚0.8厘米（图一一一，5）。

203：3，矮领罐口沿，夹砂灰褐陶。圆唇，束颈，素面。壁厚0.6厘米（图一一一，9）。

203：4，绳纹陶片，泥质灰陶。器表饰绳纹。厚0.3厘米（图一一一，20）。

203：5，矮领罐口沿，夹砂灰陶。方唇，短沿外卷，矮领，鼓肩，素面。壁厚0.8厘米（图一一一，6）。

## 05-204　小窑上遗址-2

遗址编号：ZYX-2

文化属性：庙子沟文化、永兴店文化、朱开沟文化、战国

行政归属：准格尔旗窑沟乡小窑上村

GPS坐标：遗址中部东经111°24′41.0″、北纬39°57′40.5″

海拔高度：1076±5米

初查时间：2005年4月11日

遗址位于小窑上村东部偏南的一处制高点海拔高度1085米的圆形坡台地之上，该坡台地东面近临黄河，北、南两侧均存有大型早期冲击而成的深沟，并直通黄河。坡地总体呈圆形，上部地势平缓，形成一处较大的平台，平台之上有一座废弃的石砌庙，废墟上现残存铁铸钟一件，上书"龙王庙，张四公"等文字。遗址主要分布于坡台地中上部，遗址西北部漫坡向下与05-203号遗址相邻，两遗址所在坡地地理单元相同，05-204号遗址所在坡地较05-203号遗址所在坡地的位置要高；遗址南部隔冲沟分别与05-205、05-206号遗址相邻；向西可望见新窑上和槽牛窑子村；东部缓坡而下为黄河。整个坡地现为农耕之地。

遗址东西长约300米、南北宽约350米，总面积约10.5万平方米。遗物散见于地表，以战国时期遗物为多见。

204：1，平口罐口沿，夹砂红褐陶。厚方唇略内侈，口部外侧加固一周宽带泥条附加堆纹，通体（包括唇部及附加堆纹）饰竖向绳纹，印痕较浅而乱。残高3、壁厚1.4厘米（图一一一，3）。

204：2，蛇纹鬲口沿，夹砂灰陶。方唇，口微侈，口沿外侧饰水波状细泥条附加堆纹。颈部饰泥条附加堆纹，上施戳刺箅点纹。领部饰竖向细绳纹。厚0.9厘米（图一一一，2）。

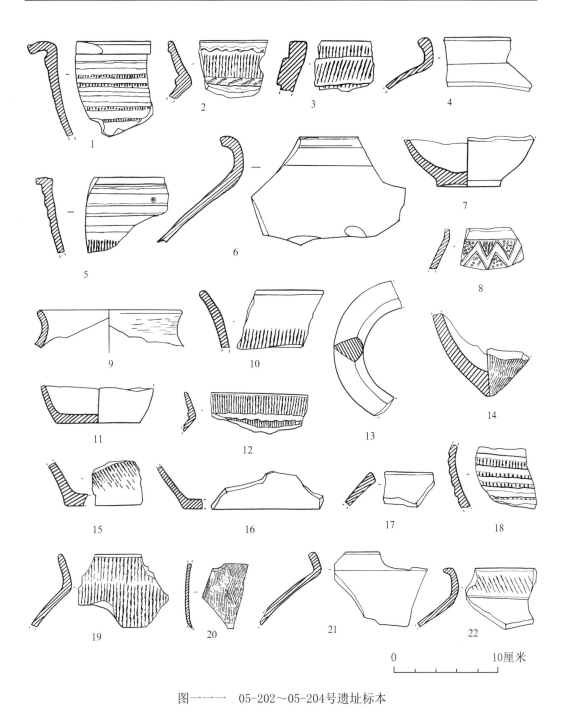

图一一一 05-202～05-204号遗址标本

1、5.平折沿盆口沿（203：1，203：2） 2.蛇纹鬲口沿（204：2） 3.平口罐口沿（204：1） 4、6、9、19、21、22.矮领罐口沿（202：5，203：5，203：3，204：8，202：6，204：10） 7.碗底（202：4） 8.敛口罐口沿（202：2） 10.敞口盆口沿（204：7） 11、16.钵底（204：3，204：6） 12.侈沿罐口沿（204：4） 13.石环（204：5） 14.鬲足（204：9） 15.侈沿罐底（202：1） 17.敛口瓮口沿（202：3） 18、20.绳纹陶片（204：11，203：4）（3、11～13、15为庙子沟文化，16、21为永兴店文化，2、10、11、14、19为朱开沟文化，余为战国）

204：3，钵底，夹砂褐陶。小平底，底饰绳纹并经压抹，器底以上素面。壁厚0.6～0.8厘米（图一一一，11）。

204：4，侈沿罐口沿，夹砂褐陶。尖唇，敛口，口沿部饰竖向细绳纹，窄沿略侈，颈部饰泥条附加堆纹，上施指窝压印纹。壁厚0.7厘米（图一一一，12）。

204：5，石环，残，青色，精细磨制而成，截面呈三角形。内缘厚，外缘尖凸，内缘呈斜面状，使内径呈一侧大，一侧小（图一一一，13）。

204：6，钵底，泥质灰陶。平底，素面。内壁刮抹不平，器表饰篮纹并经刮抹。壁厚0.6～1厘米（图一一一，16）。

204：7，敞口盆口沿，夹砂红褐陶，胎内略夹细砂。圆唇，敞口，斜弧腹，以下饰竖向绳纹。壁厚0.8厘米（图一一一，10）。

204：8，矮领罐口沿，泥质灰陶，器表呈深褐色。圆唇，矮领，领部抹光，以下饰浅绳纹。壁厚0.7厘米（图一一一，19）。

204：9，鬲足，夹砂灰陶。手制，空足根，器表饰乱绳纹。壁厚1.2厘米（图一一一，14）。

204：10，矮领罐口沿，泥质灰陶。侈口，尖唇外凸，宽沿，颈部施一周凹弦纹，通体素面。壁厚0.8厘米（图一一一，22）。

204：11，绳纹陶片，泥质灰陶。器表施数周凹弦纹，凸起部分上饰绳纹。厚0.7厘米（图一一一，18）。

## 05-205　槽牛营子遗址-1

遗址编号：ZYC-1

文化属性：庙子沟文化、阿善三期文化、朱开沟文化

行政归属：准格尔旗窑沟乡槽牛营子村

GPS 坐 标：遗址中部东经111°24′42.8″、北纬39°57′19.4″

海拔高度：1092±5米

初查时间：2005年4月11日

遗址位于槽牛营子村东部缓坡之上，所在坡地为一处不大的台地。该坡地东临近黄河，南、北两侧临界为冲沟，向西延伸为渐次增高的大型台地，西北可见槽牛营子村落。遗址基本占据整个台地，遗址北部隔冲沟为05-204号遗址，西部为平缓坡地与05-206号遗址相连，东部邻近黄河，隔黄河见05-342号遗址（图一一二）。

遗址东西长约300米、南北宽约200米，总面积约6万平方米。遗址内大部分地表杂草丛生，只有一小部分地段地表风化较为严重。遗物主要分布于台地四周，台地中心少见。遗址向黄河岸边过渡的地段现存有数处突起的小包，亦分布有少量陶片。

205：1，鬲足，夹砂灰陶。足部较尖，实足根较矮，素面。足根残高3.8厘米（图

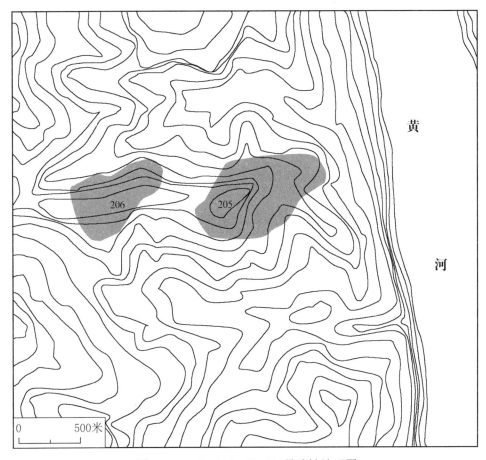

图一一二　　05-205、05-206号遗址地形图

一一三，9）。

205：2，窄沿盆口沿，泥质黄白陶。尖唇，小侈沿，圆腹，沿以下施回旋纹，赭彩。残高3.4、壁厚0.7厘米（图一一三，14）。

205：3，侈沿罐口沿，夹砂灰陶。方唇，口微侈，唇面上饰花边，领部饰泥条附加堆纹，通体饰绳纹。壁厚0.6厘米（图一一三，11）。

205：4，彩陶片，泥质黄陶。上施三角纹与六条平行窄带纹，黑彩。壁厚0.7厘米（图一一三，6）。

205：5，敛口折腹钵口沿，泥质红陶。尖唇，敛口，折腹偏上，斜直腹，素面。残高8.2、壁厚0.6厘米（图一一三，17）。

205：6，矮领罐口沿，泥质灰陶。尖唇，侈沿，素面。壁厚0.7厘米（图一一三，4）。

205：7，矮领罐口沿，泥质灰陶。尖圆唇，侈口，斜折沿，广肩，素面。壁厚0.6

厘米（图一一三，5）。

205：8，鬲足残片，夹砂灰陶。器表饰绳纹。壁厚1厘米（图一一三，16）。

### 05-206　槽牛营子遗址-2

遗址编号：ZYC-2

文化属性：阿善三期文化

行政归属：准格尔旗窑沟乡槽牛营子村

GPS坐标：遗址中部东经111°24′32.5″、北纬39°57′19.3″

海拔高度：1093±6米

初查时间：2005年4月11日

遗址位于槽牛营子村所在台地的东坡，该坡地基本平缓，南北西三面邻冲沟，东部邻黄河。遗址主要分布在坡地中部偏下，遗址向东的坡下为低洼地势，低洼地后有一高出的台地，为05-205号遗址所在地。遗址东南临冲沟、西北亦存有冲沟，西南为洼地与村所在的南部缓坡相连（参见图一一二）。遗址所在坡地中部杂草丛生，四周现辟为耕地。

遗址东西长约250米、南北宽约150米，总面积约3.75万平方米。遗物多分布在坡地四周。

206：1，器底，夹砂灰陶。小平底，器身饰斜篮纹，身底分制，然后对接而成，相接处有捏塑痕迹。底径8.8、壁厚0.6厘米（图一一三，18）。

206：2，窄沿罐口沿，泥质灰陶。尖唇，敛口，窄沿，沿斜上折，鼓肩，颈部施戳刺纹，以下先拍印篮纹，其上又施竖向几道泥条附加堆纹。厚0.6厘米（图一一三，10）。

206：3，矮领罐口沿，泥质灰陶。器壁呈灰白色，宽沿外侈，尖唇，素面，沿内外壁残留轮制痕迹。壁厚0.7厘米（图一一三，8）。

206：4，侈沿盆口沿，夹砂灰陶。尖唇，侈口，直弧腹，素面。壁厚0.6厘米（图一一三，13）。

206：5，高领罐口沿，泥质灰陶。方唇，侈口，高领，广肩，素面抹光。口径11.6、壁厚0.9厘米（图一一三，1）。

206：6，矮领罐口沿，泥质灰陶。尖唇，侈口，平肩，直领，素面，内外壁抹光。厚0.7厘米（图一一三，2）。

### 05-207　九号窑子遗址-1

遗址编号：ZYJ-1

文化属性：庙子沟文化、朱开沟文化

行政归属：准格尔旗窑沟乡九号窑子村

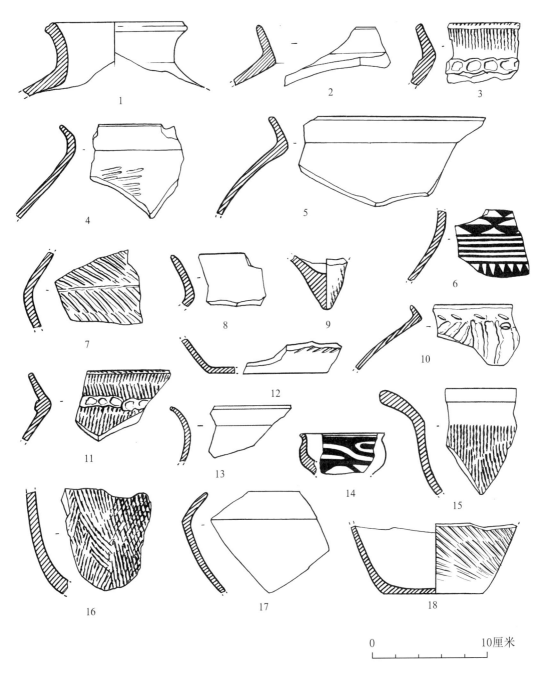

图一一三　05-205、05-206、05-208号遗址标本

1.高领罐口沿（206：5）　2、4、5、8.矮领罐口沿（206：6，205：6，205：7，206：3）　3、11.侈沿罐口沿（208：1，205：3）　6.彩陶片（205：4）　7.篮纹陶片（208：2）　9.鬲足（205：1）　10.窄沿罐口沿（206：2）　12、18.器底（208：3，206：1）　13、15.侈沿盆口沿（206：4，208：4）　14.窄沿盆口沿（205：2）　16.鬲足残片（205：8）　17.敛口折腹钵口沿（205：5）（3、6、11、14、17为庙子沟文化，1、2、4、5、8、10、13、18为阿善三期文化，7、12为永兴店文化，9、15、16为朱开沟文化）

GPS 坐标：遗址中部东经111°24′45.3″、北纬39°56′48.4″

海拔高度：1109±5米

初查时间：2005年4月11日

遗址位于九号窑子村（村已搬迁）所居坡地东南延伸至黄河岸边的一级台地之上。台地南、北临冲沟，东接黄河断崖，只有西部可与九号村相通。遗址主要分布在台地东侧的坡地上，遗址西南为坡地顶部，南部隔冲沟与05-209号遗址相邻，东部隔黄河可见沿河公路及05-335号遗址，北部为渐次升高的一处小平台。遗址现为荒地，遗址周边到处可见采矿留下的残迹。

遗址东西长约250米、南北宽约200米，总面积约5万平方米。遗物主要分布于坡地的东部，地表多见朱开沟文化时期遗物（图一一四）。

207：1，小口双耳罐口沿，泥质灰陶。尖唇，敛口，窄沿外侈，沿以下施黑彩带纹，纹饰不清。壁厚0.7厘米（图一一五，1）。

207：2，三足瓮口沿，泥质灰陶。方唇，敛口，口部抹光，以下饰竖向绳纹。厚0.4～1.5厘米（图一一五，3）。

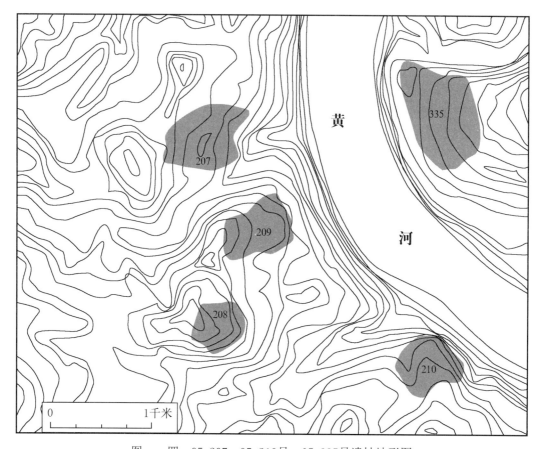

图一一四　　05-207～05-210号、05-335号遗址地形图

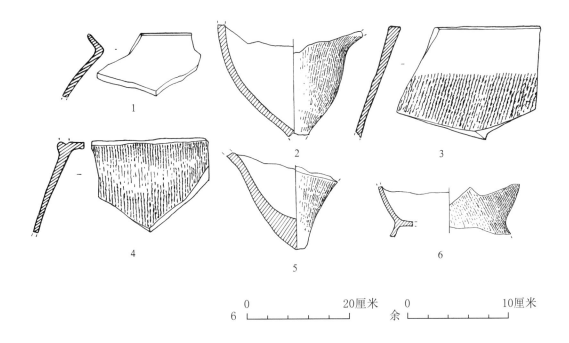

图一一五　05-207号遗址标本

1.小口双耳罐口沿（207：1）　2.瓮足（207：3）　3.三足瓮口沿（207：2）　4、6.鬲腰（207：4，207：6）　5.鬲足（207：5）（1为庙子沟文化，余为朱开沟文化）

207：3，瓮足，泥质灰陶。空足根，手制，内壁残留捏塑痕迹，器表饰绳纹。壁厚1.3厘米（图一一五，2）。

207：4，鬲腰，夹砂灰陶。短格，直腹，器表饰绳纹。壁厚0.9厘米（图一一五，4）。

207：5，鬲足，泥质灰陶。锥形实足根，内壁残留填充泥巴并经刮抹的痕迹，器表饰绳纹。壁厚1厘米（图一一五，5）。

207：6，鬲腰，夹砂灰陶。短格，弧腹，器表饰细绳纹。壁厚0.9厘米（图一一五，6）。

## 05-208　畔梁遗址-1

遗址编号：ZYJ-1

文化属性：庙子沟文化、永兴店文化、朱开沟文化

行政归属：准格尔旗窑沟乡畔梁村

GPS 坐 标：遗址中部东经111°24′56.0″、北纬39°56′32.9″

海拔高度：1107±5米

初查时间：2005年4月11日

遗址位于畔梁村东北部的坡地上，该坡地南、北邻冲沟，东部临黄河，西部为逐级升高的坡地。遗址主要分布在坡地东部偏南平缓处，遗址东北为漫坡与05-209号遗址相连，东南隔冲沟与05-210、05-211号遗址相邻（参见图一一四）。一条通往畔梁村的乡间公路从遗址南部穿过，坡地的坡顶残存一石砌的小庙。站在遗址东坡上远望，可见沿黄河公路上的加油站，同时，坡地东坡向下延伸处，随处可见由于挖矿而被破坏的痕迹。遗址内地势较平缓，现为梯田，但部分田地已荒芜。

遗址东西长约150米、南北宽约150米，总面积约2.25万平方米。遗物分布较广，多见于东部。

208：1，侈沿罐口沿，夹砂灰陶。方唇，卷沿，唇部压印绳纹，沿下饰泥条附加堆纹，其上饰绳纹。壁厚0.7～0.9厘米（图一一三，3）。

208：2，篮纹陶片，泥质黄陶。器表饰斜篮纹。厚0.7厘米（图一一三，7）。

208：3，器底，泥质灰陶。底与身同厚，内壁抹光，器底与器身夹角甚张，素面。壁厚0.6厘米（图一一三，12）。

208：4，侈沿盆口沿，泥质灰陶。方圆唇，侈沿，口部抹光，以下饰浅绳纹。壁厚0.9厘米（图一一三，15）。

### 05-209　畔梁遗址-2

遗址编号：ZYP-2

文化属性：永兴店文化、朱开沟文化

行政归属：准格尔旗窑沟乡畔梁村

GPS坐标：遗址中部东经111°24′58.3″、北纬39°56′42.2″

海拔高度：1105±6米

初查时间：2005年4月11日

遗址位于畔梁村东北临近黄河的坡地之上，该坡地是村落所居坡地东北至黄河的延伸部分，总体地势西高东低，呈渐次下降至黄河岸边。遗址主要分布在坡地东北角下方，东部紧邻陡崖，下为黄河，南部为缓坡与05-208号遗址相邻，北部隔冲沟与05-207号遗址相邻（参见图一一四），中部有通往畔梁村的公路。遗址内现辟为耕地。此外，在坡地东部、近黄河处有一微微隆起的小台地，地表遍布杂草，从遗址分布地形看其应属于该遗址的一部分，但不见遗物。

遗址东西长约150米、南北宽约200米，总面积约3万平方米。地表零星可见永兴店文化石板墓及陶片等遗物。

209：1，石斧，呈白色，磨制。平面呈上窄下宽圆角梯形，截面呈扁圆形，直背，正锋，中部偏上对穿孔一个。长8.8、宽3.6～5、中部厚1.2厘米（图一一六，4）。

209：2，侈沿盆口沿，夹砂灰陶。方唇，侈沿外卷，唇面饰绳索状纹，器表饰绳纹，较乱。壁厚0.8厘米（图一一六，6）。

209：3，敛口瓮口沿，夹砂灰陶。方唇，口部抹光，口部以下饰竖绳纹。厚1厘米（图一一六，17）。

209：4，敛口罐口沿，夹砂灰陶。斜方唇，唇沿较厚，饰斜篮纹。壁厚0.8～1.8厘米（图一一六，8）。

209：5，绳纹陶片，夹砂灰陶。器表饰粗绳纹，纹饰较深。壁厚1.1厘米（图一一六，2）。

209：6，绳纹陶片，夹砂灰陶。陶色呈黄灰色，器表饰绳纹，纹饰不规整。厚1厘米（图一一六，1）。

209：7，绳纹陶片，夹砂灰陶。砂质细小，器表饰绳纹。壁厚0.9厘米（图一一六，3）。

### 05-210　牛龙湾遗址-1

遗址编号：ZYJ-1

文化属性：阿善三期文化

行政归属：准格尔旗窑沟乡牛龙湾村

GPS坐标：遗址中部东经111°25′21.0″、北纬39°56′28.7″

海拔高度：1046±5米

初查时间：2005年4月12日

遗址位于牛龙湾村西北，与该村地处同一大型的由西南向东北倾斜的扇形坡地之上。该扇形坡地南、北邻大型冲沟，冲沟直通黄河；西部为渐次上升的坡地；东部环临黄河。遗址主要分布于该扇形坡地的西北角，遗址西南漫坡向上与05-211号遗址相邻；西北隔大型冲沟与05-208、05-209号遗址相望；东部为邻黄河的陡崖，并隔黄河与05-332号遗址相望；南部为平缓坡地与05-215号遗址相连，东南为陡坡与05-216号遗址相连（参见图一一四）。遗址东北部紧临黄河陡崖的坡地最高处为牛龙湾村的采石场，站在坡上，东向可见黄河及沿河公路，坡顶南部现存一条乡间土路，可能为采矿所修通往该村的道路。遗址内现辟为耕地。

遗址东西长约100米、南北宽150米，总面积约1.5万平方米。遗物零星见于地表。

210：1，窄沿罐口沿，夹砂灰陶。尖唇，窄沿外侈，上饰横向粗篮纹。壁厚0.7厘米（图一一六，14）。

210：2，篮纹陶片，泥质灰陶。为器身底部残片，器表泛白，饰横篮纹。厚1厘米（图一一六，16）。

210：3，绳纹陶片，泥质灰陶。器表饰紧密绳纹。壁厚0.9厘米（图一一六，12）。

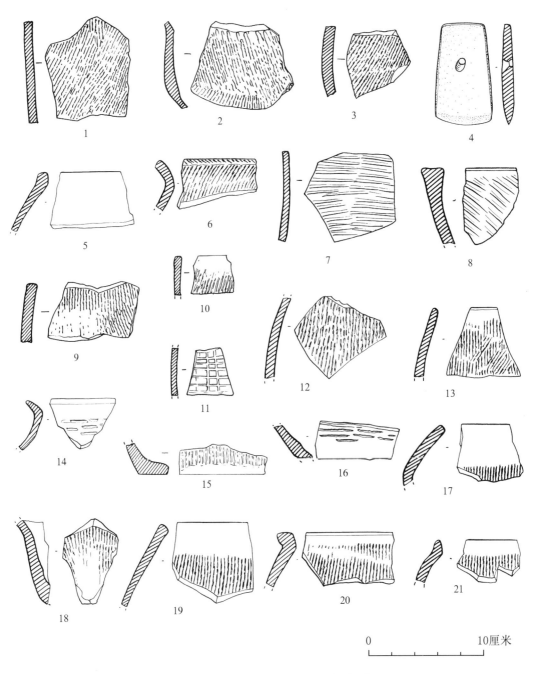

图一一六　05-209～05-212号遗址标本

1、2、3、9、12.绳纹陶片（209：6，209：5，209：7，211：5，210：3）　4.石斧（209：1）　5、10、13、
19.敛口瓮口沿（212：1，211：3，211：2，212：2）　6.侈沿盆口沿（209：2）　7、16.篮纹陶片（210：5，
210：2）　8.敛口罐口沿（209：4）　11.方格纹陶片（210：4）　14.窄沿罐口沿（210：1）　15.器底
（211：4）　17.敛口瓮口沿（209：3）　18.器足（212：4）　20、21.侈口罐口沿（211：1，212：3）（7、
11、12、14、16为阿善三期文化，2、4、8、17为永兴店文化，余为朱开沟文化）

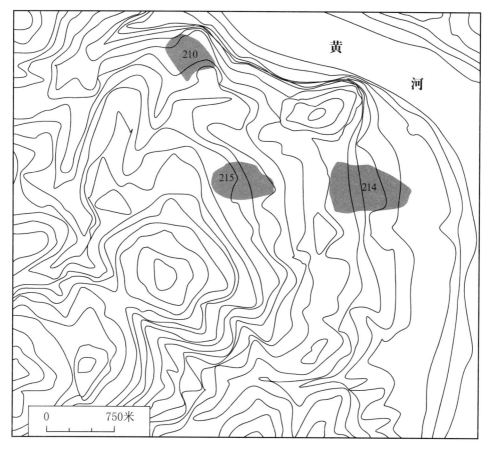

图一一七　05-214、05-215号遗址地形图

210：4，方格纹陶片，泥质灰陶。器表饰大网格纹。厚0.6厘米（图一一六，11）。

210：5，篮纹陶片，泥质灰陶。器表饰篮纹。壁厚0.8厘米（图一一六，7）。

## 05-211　牛龙湾遗址-2

遗址编号：ZYJ-2

文化属性：朱开沟文化

行政归属：准格尔旗窑沟乡牛龙湾村

GPS坐标：遗址中部东经111°25′10.2″、北纬39°56′23.0″

海拔高度：1090±5米

初查时间：2005年4月12日

遗址位于牛龙湾村西北，与该村所在地处同一大型的由西南向东北倾斜的扇形坡地之上。该扇形坡地南、北邻大型冲沟，冲沟直通黄河；西部为渐次上升的坡地；东部环临黄河。遗址主要分布于北部平缓坡地上，遗址东北为逐级下降的坡地延伸至05-

210号遗址；东南漫坡渐次下降至05-215号遗址与05-216号遗址相连；西北临大型冲沟，冲沟通往黄河，其中隔冲沟北向可见05-208号遗址；南部为逐级升高的坡地直达坡顶。遗址的东南部为耕地，站在坡上，东北可见黄河及沿河公路，南部现存一条乡间土路，可能为采矿所修通往该村的道路，西北部则为遍布碎石的荒地，荒地内杂草丛生。

遗址东西长约150米、南北宽约200米，总面积约3万平方米。遗物主要分布于东南部耕地之内。

211∶1，侈口罐口沿，夹砂红褐陶。方唇，窄沿外侈，沿以下饰绳纹。壁厚1.1厘米（图一一六，20）。

211∶2，敛口瓮口沿，夹细砂红褐陶。尖圆唇，直口，口部抹光，以下饰乱绳纹。厚0.8厘米（图一一六，13）。

211∶3，敛口瓮口沿，夹砂红陶。方唇，平沿，口沿部素面，以下饰竖向细密绳纹。壁厚0.7厘米（图一一六，10）。

211∶4，器底，夹砂灰陶。平底，内壁有刮痕，器身饰绳纹。厚0.9厘米（图一一六，15）。

211∶5，绳纹陶片，泥质灰陶。器表饰绳纹。壁厚1厘米（图一一六，9）。

## 05-212　柳树渠遗址-1

遗址编号：ZYL-1

文化属性：朱开沟文化

行政归属：准格尔旗窑沟乡柳树渠村

GPS坐标：遗址中部东经111°25′36.4″、北纬39°55′32.4″

海拔高度：1153±4米

初查时间：2005年4月12日

遗址位于柳树渠村北部的坡地之上。坡地上部较为平缓，东部邻黄河处陡直，北部和南部临大型冲沟，西部为平缓向上升高的坡地，南部现有一条通向坡下及该村的公路。遗址主要分布于坡地的北部，遗址内地形平缓，遗址四面为缓坡地，其中东面缓坡下方为邻黄河的陡崖，北部缓坡下方为大型冲沟，隔冲沟与05-213号遗址相对，南部缓坡下方偏东邻05-218号遗址，两遗址处于同一坡地的南北两侧。柳树渠村的一排高压输电线从遗址南部穿过。

遗址东西长约150米、南北宽约200米，总面积约3万平方米。遗物主要分布于遗址西北部，可见绳纹夹砂灰陶片，另有部分泥质红褐陶片和灰褐陶片等。

212∶1，敛口瓮口沿，泥质灰陶。方唇外斜，素面。壁厚0.8～1.3厘米（图一一六，5）。

212：2，敛口瓮口沿，泥质灰陶。平唇，口沿外侧抹光，以下饰竖向浅绳纹。厚0.9厘米（图一一六，19）。

212：3，侈口罐口沿，夹砂红褐陶。尖圆唇，口沿抹光，以下饰竖向绳纹。壁厚1厘米（图一一六，21）。

212：4，器足，夹砂灰陶。捏制，尖足根，器表饰绳纹。壁厚1厘米（图一一六，18）。

### 05-213　牛龙湾遗址-3

遗址编号：ZYJ-3

文化属性：庙子沟文化、阿善三期文化、汉代

行政归属：准格尔旗窑沟乡牛龙湾村

GPS 坐标：遗址中部东经111°25′51.6″、北纬39°55′51.2″

海拔高度：987±8米

初查时间：2005年4月13日

遗址位于牛龙湾村南部略偏西的坡地之上，与该村地处同一大型的由西南向东北倾斜的扇形坡地之上。该扇形坡地南、北邻大型冲沟，冲沟直通黄河，西部为渐次上升的坡地，东部环临黄河。遗址南部隔大型冲沟与05-212号遗址相对；北部环梯形坡地分别与处于同一坡地东部的05-214、05-215号遗址相邻；东部为渐次下降的缓坡延伸至黄河岸边，并隔黄河与05-367号遗址相望；东北可见黄河及沿河公路。遗址内现有少量树木，地表风化严重，大部裸露出基岩和碎石块。

遗址东西长约200米、南北宽约150米，总面积约3万平方米。遗物散见于地表。

213：1，平口罐口沿，夹砂灰陶，砂粒较大。方唇，唇面饰绳纹，口部饰附加堆纹，通体饰绳纹。壁厚1.3厘米（图一一八，6）。

213：2，敛口弧腹钵口沿，泥质灰陶。尖唇，素面抹光。壁厚0.5厘米（图一一八，19）。

213：3，侈沿罐口沿，夹砂灰陶。尖唇，口沿斜侈近折，器表泛黄，沿下贴附泥条附加堆纹，器表饰绳纹。壁厚0.4～1厘米（图一一八，10）。

213：4，篮纹陶片，泥质灰陶。饰横篮纹。壁厚0.6厘米（图一一八，17）。

213：5，篮纹陶片，泥质灰陶。饰横篮纹。壁厚0.6厘米（图一一八，7）。

213：6，平折沿盆口沿，泥质灰陶。方唇，宽沿平折，沿面上施三道凹弦纹，沿以下饰数周凹弦纹。壁厚0.6厘米（图一一八，1）。

213：7，附加堆纹陶片，泥质灰褐陶。器表施水波纹与一道掐印纹，其余部分素面，器表部分经刮抹留有抹痕。壁厚1.1厘米（图一一八，2）。

### 05-214　牛龙湾遗址-4

遗址编号：ZYJ-4

文化属性：庙子沟文化、朱开沟文化

行政归属：准格尔旗窑沟乡牛龙湾村

GPS 坐标：遗址中部东经111°25′47.8″、北纬39°56′06.6″

海拔高度：1103±5米

初查时间：2005年4月13日

　　遗址位于牛龙湾村北部，紧邻村落的西南向东北倾斜的扇形坡地之上。该扇形坡地南、北邻大型冲沟，冲沟直通黄河，西部为渐次上升的坡地，东部环临黄河，遗址主要分布于该大型坡地的东端。遗址南部为环形坡地，延伸至05-213号遗址；北部为逐级上升的坡地，分别与05-215、05-216号遗址相邻，并且属于同一坡地的不同部位；遗址东部为平滩地延伸至黄河，隔黄河与05-331号遗址相望（参见图一一七）。遗址向东北可见黄河及沿河公路，东南望可见岔河口黄河大桥。遗址内地势平坦，地表沙化较为严重，所以部分地段现种植有柠条以保持水土（彩版九七，1）。

　　遗址东西长约250米、南北宽约150米，总面积约3.75万平方米。遗物零星分布于地表。

　　214：1，绳纹陶片，夹砂灰陶。器表饰细绳纹。壁厚1.1厘米（图一一八，18）。

　　214：2，平口罐口沿，夹砂灰陶。平唇，直口，矮领，领部饰一周附加堆纹，以下残，通体饰绳纹。厚1.3厘米（图一一八，11）。

　　214：3，绳纹陶片，夹砂灰陶。器表饰浅绳纹。壁厚1.6厘米（图一一八，13）。

### 05-215　牛龙湾遗址-5

遗址编号：ZYJ-5

文化属性：庙子沟文化、朱开沟文化

行政归属：准格尔旗窑沟乡牛龙湾村

GPS 坐标：遗址中部东经111°25′37.8″、北纬39°56′12.7″

海拔高度：1041±5米

初查时间：2005年4月13日

　　遗址位于牛龙湾村西部，与该村同处一大型的扇形坡地之上。该扇形坡地南、北邻大型冲沟，冲沟直通黄河，西部为渐次上升的坡地，东部环临黄河。遗址地势大体呈由西南向东北倾斜，遗址南部为环形梯田与05-213号遗址相连，北部为缓坡地分别与05-210、05-211号遗址相连，东部为逐级下降的坡地分别与05-214、05-216号遗址相邻，并且各遗址处同一坡地的不同部位，西部为逐级上升的坡地漫延至坡顶（参见图一一七）。遗址东北可见黄河及沿河公路。遗址西北部现辟为耕地，南部覆盖有

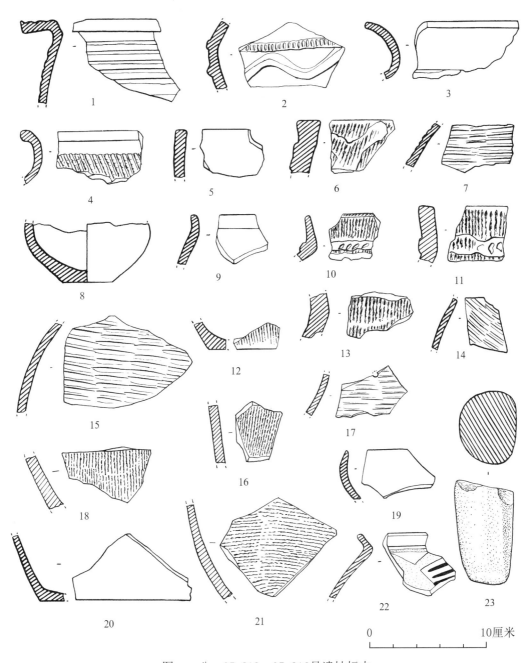

图一一八　05-213～05-216号遗址标本

1.平折沿盆口沿（213：6）　2.附加堆纹陶片（213：7）　3.卷沿罐口沿（216：8）　4.矮领罐口沿
（216：7）　5.三足瓮口沿（216：6）　6、11.平口罐口沿（213：1，214：2）　7、14、15、17.篮纹陶
片（213：5，215：5，216：3，213：4）　8.钵底（216：2）　9.侈口罐口沿（215：2）　10.侈沿罐口沿
（213：3）　12、20.盆底（215：4，216：1）　13、16、18、21.绳纹陶片（214：3，215：3，214：1，
216：5）　19.敛口弧腹钵口沿（213：2）　22.小口双耳罐口沿（215：1）　23.石磨棒（216：4）（6、9～11、
13、14、19、22为庙子沟文化，7、17为阿善三期文化，8、15、20、23为永兴店文化，5、12、16、18、21为朱开
沟文化，3、4为战国，余为汉代）

荒草，坡地北部有少量树木。

遗址东西长约200米、南北宽约100米，总面积约2万平方米。地表零星可见陶片。

215：1，小口双耳罐口沿，泥质黄陶。尖圆唇，窄沿平折，沿以下施宽带赭彩与线条黑彩相间纹饰。壁厚0.7厘米（图一一八，22）。

215：2，侈口罐口沿，泥质灰陶。口微侈，尖圆唇，素面。厚0.6厘米（图一一八，9）。

215：3，绳纹陶片，夹砂褐红陶。器表饰细密绳纹。壁厚0.9厘米（图一一八，16）。

215：4，盆底，泥质灰陶。器表饰细绳纹。壁厚0.8厘米（图一一八，12）。

215：5，篮纹陶片，泥质黄陶。器表饰篮纹。厚0.6厘米（图一一八，14）。

### 05-216　牛龙湾遗址-6

遗址编号：ZYJ-6

文化属性：永兴店文化、朱开沟文化、战国

行政归属：准格尔旗窑沟乡牛龙湾村

GPS坐标：遗址中部东经111°25′46.4″、北纬39°56′18.1″

海拔高度：1011±5米

初查时间：2005年4月14日

遗址位于牛龙湾村西部，与该村同处一大型的扇形坡地之上。该坡地南、北邻大型冲沟，冲沟直通黄河，西部为渐次上升的坡地，东部环临黄河。遗址主要分布于坡地的东部近黄河处，遗址内地势较平坦，南部为渐次升高的坡地与05-214、05-215号遗址相邻；西北部为平缓的坡地，与05-210、05-211号遗址相邻；东部为陡崖，陡崖下为黄河，隔黄河与05-332号遗址相望。遗址中部存有一条小型冲沟，使该坡形成单独的圆形台地，台地内遍布荒草，顶部存有一废弃的山神庙。遗址北部有一条通往该村的乡间小路，路北侧有数处小型坡地，也包括在该遗址范围之内（彩版九七，1）。

遗址东西长约250米、南北宽约100米，总面积约2.5万平方米。遗物散见于遗址各处。

216：1，盆底，泥质灰陶。平底，素面，底较器身薄。底厚0.6、壁厚0.7厘米（图一一八，20）。

216：2，钵底，泥质灰陶。小平底，底较器身厚，底内壁中部下凹，素面。底径4.4、壁厚0.9～1.5厘米（图一一八，8）。

216：3，篮纹陶片，泥质灰陶。器表饰粗篮纹。壁厚0.8厘米（图一一八，15）。

216：4，石磨棒，砂岩磨制，残，弧背，直磨面，由头向中部渐粗，截面呈椭圆形。残长8，直径5～6.3厘米（图一一八，23）。

216：5，绳纹陶片，泥质陶。胎呈褐色，器表呈灰色，饰绳纹。壁厚1.1厘米（图一一八，21）。

216：6，三足瓮口沿，砂质黑陶。平唇，口近直，素面。厚0.9厘米（图一一八，5）。

216：7，矮领罐口沿，泥质灰陶。方唇，短折沿，上饰斜向粗绳纹。壁厚0.8厘米（图一一八，4）。

216：8，卷沿罐口沿，泥质灰陶。方唇，敛口，宽卷沿，沿外侈，素面。厚0.9厘米（图一一八，3）。

### 05-217　柳树渠遗址-2

遗址编号：ZYL-2

文化属性：阿善三期文化、战国、汉代

行政归属：准格尔旗窑沟乡柳树渠村

GPS 坐 标：遗址中部东经111°25′51.8″、北纬39°55′16.7″

海拔高度：1093±6米

初查时间：2005年4月14日

遗址位于柳树渠村东南部的坡地之上。该坡地为一处西北向东南呈扇形分布的大型黄土坡塬，坡塬南、北均为大型古代冲沟，东面邻黄河，东部居中有大型冲沟，此大型坡塬伸向黄河处分布着较多遗址，05-217号遗址居于坡塬东部临黄河的陡坡处。遗址西部邻逐级上升的坡地，坡地上方为05-218号遗址，东邻小冲沟，隔冲沟为伸向黄河的一处小型台地，东南邻渐次下降的陡坡，坡下为05-219号遗址，正南邻环形梯田与05-220号遗址。遗址东向可见黄河及临河的圆形台地，北部可见黄河大桥，丰准铁路从遗址穿过，西部有一乡间小路（图一一九）。遗址地表被后期发育的小型冲沟分割为若干部分，坡顶水土流失严重，已经暴露出原始岩层。坡地沙化严重，植有大量柠条。

东西长约250米、南北宽约250米，总面积约6.25万平方米。遗址内零星可见碎陶片。

217：1，篮纹陶片，夹砂灰陶。陶片呈弧状，器表饰篮纹。壁厚0.5厘米（图一二〇，21）。

217：2，高领罐口沿，泥质灰陶。尖圆唇，小口，窄沿外侈，素面。厚0.6厘米（图一二〇，4）。

217：3，平折沿盆口沿，泥质灰陶。方唇，敛口，宽沿斜下折，沿部前端经刮抹变薄，上施两周凹弦纹，素面。壁厚0.8厘米（图一二〇，1）。

217：4，平折沿盆口沿，泥质灰陶。方唇，敛口，宽沿斜下折，素面。壁厚

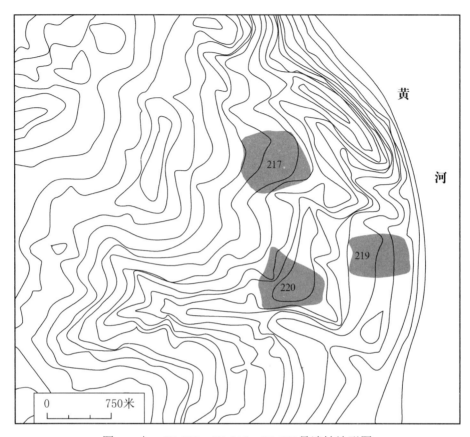

图一一九　05-217、05-219、05-220号遗址地形图

0.6～1厘米（图一二〇，2）。

　　217：5，折沿罐口沿，泥质灰陶。方唇，敞口，领部以上素面，以下饰抹断绳纹。壁厚0.7厘米（图一二〇，17）。

　　217：6，小口长颈壶口沿，泥质灰陶。方圆唇，短沿外侈凸，束颈，素面。口径7、壁厚0.9厘米（图一二〇，11）。

### 05-218　柳树渠遗址-3

遗址编号：ZYL-3

文化属性：官地一期遗存、阿善三期文化、朱开沟文化

行政归属：准格尔旗窑沟乡柳树渠村

GPS坐标：遗址中部东经111°25′39.8″、北纬39°55′19.2″

海拔高度：1150±5米

初查时间：2005年4月14日

遗址位于柳树渠村南部的坡地之上。该坡地为一扇形缓坡，坡塬南、北均为大型

古代冲沟，东面邻黄河，东部居中有大型冲沟，此大型坡塬伸向黄河处分布着较多遗址，遗址主要分布在坡地东部平缓之处，村落亦处于遗址范围之内。遗址四周基本为缓坡，其中西北远邻05-212号遗址，东部邻渐次下降的缓坡至05-217号遗址。遗址西部即顶部台地为该村一民居所在，南临小冲沟，内树木林立，沟边向北为一条通往该村的小路，向西的坡顶为一片荒草所覆盖，亦为遗址范围内。遗址所处坡地现辟为耕地。

遗址东西长约200米、南北宽约180米，总面积约3.6万平方米。遗物主要为阿善三期文化陶片，少见官地一期陶片。

218：1，铁轨式口沿罐口沿，夹砂灰陶，砂粒较大。双唇，内唇尖凸高出外唇，外唇贴附于器身，口沿素面，以下饰竖向线纹。壁0.8厘米（图一二〇，13）。

218：2，绳纹陶片，夹砂灰陶。可能属陶器足的中部残片，饰绳纹。壁厚1厘米（图一二〇，12）。

218：3，折沿罐口沿，泥质灰陶。圆唇，侈口，短沿，素面。壁厚0.8厘米（图一二〇，9）。

218：4，直壁瓮口沿，夹砂灰陶，砂粒较大。敞口，折沿，口下饰数道附加堆纹。壁厚1厘米（图一二〇，3）。

218：5，窄沿罐底，夹砂灰陶。平底，底与器身夹角较大，器身饰横篮纹。厚0.9厘米（图一二〇，14）。

218：6，敞口盆口沿，泥质灰陶。外叠唇，敞口，斜弧腹，素面。壁厚0.5厘米（图一二〇，24）。

218：7，侈沿盆口沿，夹砂灰褐陶。方唇，侈沿，弧腹，器表饰竖向绳纹。壁厚0.8厘米（图一二〇，22）。

## 05-219　柳树渠遗址-4

遗址编号：ZYL-4

文化属性：庙子沟文化、战国

行政归属：准格尔旗窑沟乡柳树渠村

GPS坐标：遗址中部东经111°26′16.6″、北纬39°55′06.6″

海拔高度：993±7米

初查时间：2005年4月14日

遗址位于柳树渠村东南部的坡地之上。该坡地为一扇形分布的大型黄土坡塬，坡塬南、北均为大型古代冲沟，东面邻黄河，东部居中有大型冲沟，此大型坡塬伸向黄河处分布着较多遗址，遗址主要分布在坡塬最东端近黄河岸边一小型坡地之上，地势相对平整。遗址北部邻小型冲沟；南部为平坦的坡地；西部为渐次增高的坡地，并与西北部的05-217号遗址相邻，西南部的05-220号遗址相邻；东部邻黄河（参见图

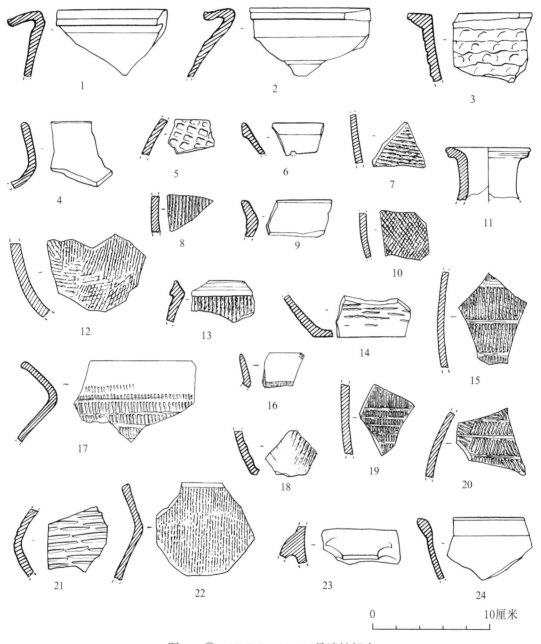

图一二〇 05-217～05-220号遗址标本

1、2.平折沿盆口沿（217：3，217：4） 3.直壁瓮口沿（218：4） 4.高领罐口沿（217：2） 5.方格纹陶片（220：3） 6、24.敞口盆口沿（220：1，218：6） 7、8、10、12、15、19、20.绳纹陶片（220：2，220：6，219：1，218：2，219：2，219：3，220：5） 9、16.折沿罐口沿（218：3，220：7） 11.小口长颈壶口沿（217：6） 13.铁轨式口沿罐口沿（218：1） 14.窄沿罐底（218：5） 17.折沿罐口沿（217：5） 18.鬲足（220：4） 21.篮纹陶片（217：1） 22.侈沿盆口沿（218：7） 23.器耳（220：8）（13为官地一期遗存，3、4、6、7、9、14、16、21、23、24为阿善三期文化，8、12、18、22为朱开沟文化，5、10、15、17、19、20为战国，余为汉代）

一一九）。遗址西北可远眺柳树渠村，北望可见黄河铁路大桥。遗址内地表沙化严重，杂草丛生。

遗址东西长约200米、南北宽约150米，总面积约3万平方米。遗物主要为战国时期陶片，仅见极少庙子沟文化陶片。

219：1，绳纹陶片，泥质灰褐陶。器表饰交叉细绳纹。壁厚0.5厘米（图一二〇，10）。

219：2，绳纹陶片，泥质灰褐陶。器表饰弦断绳纹。厚0.5厘米（图一二〇，15）。

219：3，绳纹陶片，泥质灰褐陶。器表饰弦断细绳纹。壁厚0.8厘米（图一二〇，19）。

## 05-220 柳树渠遗址-5

遗址编号：ZYL-5

文化属性：阿善三期文化、朱开沟文化、战国、汉代

行政归属：准格尔旗窑沟乡柳树渠村

GPS 坐标：遗址中部东经111°26′04.3″、北纬39°54′58.8″

海拔高度：1014±6米

初查时间：2005年4月14日

遗址位于柳树渠村东南部的坡地之上，临近中部冲沟。该坡地为一扇形分布的大型黄土坡塬，坡塬南、北均为大型古代冲沟，东面邻黄河，东部居中有大型冲沟，坡塬伸向黄河处分布着较多遗址，遗址主要分布在坡塬中部邻近冲沟的陡坡北侧。遗址东部为漫坡延伸至黄河；东北部缓坡与05-219号遗址相邻；北部为环形梯田与05-217号遗址相邻；南部邻大型冲沟，冲沟直通至黄河。遗址西侧为丰准铁路经过，其北部为铁路隧道（参见图一一九；图一二一）。遗址地势较陡，地表杂草丛生，种植有少量柠条。

遗址东西长约250米、南北宽约200米，总面积约5万平方米。遗物主要属阿善三期文化，朱开沟文化则不多见。

220：1，敞口盆口沿，泥质灰陶。尖唇，唇沿加厚，素面。壁厚0.6厘米（图一二〇，6）。

220：2，绳纹陶片，泥质灰陶。器表饰斜向绳纹。厚0.6厘米（图一二〇，7）。

220：3，方格纹陶片，泥质灰陶。器表饰方格纹。壁厚0.5厘米（图一二〇，5）。

220：4，鬲足，夹砂红褐陶。器表经刮抹而纹饰不清。从器形判断，可能为足部。壁厚0.8厘米（图一二〇，18）。

220：5，绳纹陶片，泥质灰陶。内壁不平，器表饰抹断绳纹。壁厚0.9厘米（图

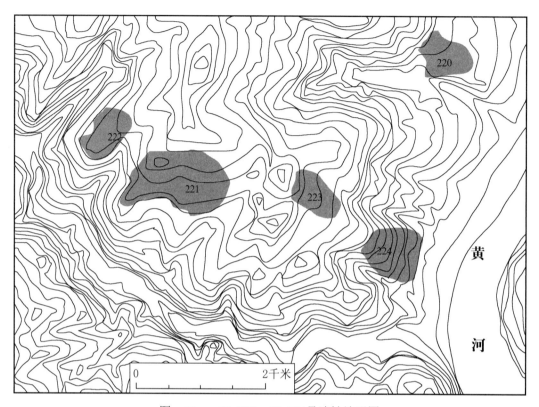

图一二一　05-220～05-224号遗址地形图

一二〇，20）。

　　220∶6，绳纹陶片，泥质灰陶。器表饰绳纹。壁厚0.7厘米（图一二〇，8）。

　　220∶7，折沿罐口沿，泥质白陶。尖唇，表面抹光。壁厚0.6厘米（图一二〇，16）。

　　220∶8，器耳，残，夹砂灰陶。桥状耳，素面。壁厚0.7厘米（图一二〇，23）。

## 05-221　贾家疙坦遗址-1

　　遗址编号：ZYJ-1

　　文化属性：庙子沟文化、阿善三期文化、朱开沟文化

　　行政归属：准格尔旗窑沟乡贾家疙坦村

　　GPS坐标：遗址中部东经111°25′16.2″、北纬39°54′48.0″

　　海拔高度：1164±5米

　　初查时间：2005年4月14日

　　遗址位于贾家疙坦村南部的大型缓塬向阳坡地之上，坡体南、北均为大型古代冲沟，东面邻黄河，东部居中有大型冲沟，此大型坡塬伸向黄河处分布着较多遗址。遗

址主要分布于坡塬南部缓坡的向阳坡上，遗址内地势总体平缓，西部隔冲沟与05-222号遗址相邻；东部隔环形宽阔平坦的梯田与05-223号遗址相邻；南部临大型冲沟，冲沟分支叉从东、西两侧夹于遗址南部；遗址北部为渐次升高至坡顶的坡地与村落居所（参见图一二一）。地表现辟为耕地。

遗址东西长约500米、南北宽约400米，总面积约20万平方米。地表可见较多庙子沟文化陶片，阿善三期文化和朱开沟文化陶片较少。

221：1，侈沿罐口沿，夹砂灰陶。尖圆唇，领部饰绳纹与压印附加堆纹。残高6、壁厚0.8厘米（图一二二，16）。

221：2，侈沿罐口沿，夹砂红陶。尖唇，领部饰一条压印附加堆纹，其他部分饰绳纹。残高4、壁厚0.5～0.7厘米（图一二二，10）。

221：3，敛口钵口沿，泥质黄陶。尖圆唇，口部饰黑彩带，腹饰条状红彩。残高3.4、壁厚0.4厘米（图一二二，13）。

221：4，三足瓮口沿，泥质灰陶。方唇，内折沿，素面。壁厚0.7～1.1厘米（图一二二，6）。

221：5，窄沿罐底，泥质灰陶。平底，素面。底厚1厘米（图一二二，8）。

221：6，敞口钵口沿，泥质灰陶。尖圆唇，素面。壁厚0.7厘米（图一二二，17）。

221：7，矮领罐口沿，夹砂灰陶。尖圆唇，侈口，领部素面，领以下饰绳纹。壁厚0.6厘米（图一二二，9）。

221：8，侈口盆口沿，夹砂灰陶。方圆唇，领下饰绳纹。壁厚0.8厘米（图一二二，3）。

221：9，平口罐口沿，夹砂红褐陶。厚方唇，平沿，沿以下饰一周窄泥条附加堆纹与一周绞索状泥条附加堆纹，以下饰竖向绳纹。残高8.6、壁厚0.7厘米（图一二二，1）。

## 05-222　贾家疙坦遗址-2

遗址编号：ZYJ-2

文化属性：阿善三期文化

行政归属：准格尔旗窑沟乡贾家疙坦村

GPS坐标：遗址中部东经111°24′54.0″、北纬39°54′51.5″

海拔高度：1143±4米

初查时间：2005年4月14日

遗址位于贾家疙坦村西南部的狭长缓坡之上，该坡地属于一处由西北向东南呈扇形分布的大型黄土坡塬的一部分，坡塬南、北均为大型古代冲沟，东面邻黄河，东部居中有大型冲沟。遗址主要分布于狭长缓坡地下方邻冲沟处，三面环沟，其中南部为大型冲沟，西北与东南为大型冲沟的支叉，东南隔冲沟与05-221号遗址相邻，东北为逐级升高的坡地并至平整的坡顶及贾家疙坦村居所（参见图一二一），中部有通往该村的乡间小路。遗址内现为耕地。

　　遗址东西长约150米、南北宽约250米，总面积约3.75万平方米。遗物分布零散而单一，为阿善三期文化的陶片。

　　222：1，窄沿罐底，夹砂灰陶。平底，器表饰篮纹。壁厚0.4～0.9厘米（图一二二，18）。

　　222：2，窄沿罐底，夹砂灰陶。平底，器表饰篮纹。壁厚0.5～0.9厘米（图一二二，20）。

　　222：3，折腹钵残片，夹砂灰陶。素面。壁厚0.4厘米（图一二二，15）。

　　222：4，器耳，夹砂灰陶。素面，桥状耳残。壁厚0.4厘米（图一二二，11）。

　　222：5，窄沿罐底，夹砂灰陶。平底，器表饰浅篮纹，不甚清晰。壁厚0.6厘米（图一二二，12）。

　　222：6，篮纹陶片，泥质灰陶。器表饰斜向篮纹，纹饰较宽。壁厚0.3厘米（图一二二，14）。

### 05-223　贾家疙坦遗址-3

遗址编号：ZYJ-3

文化属性：朱开沟文化

行政归属：准格尔旗窑沟乡贾家疙坦村

GPS坐标：遗址中部东经111°25′27.7″、北纬39°54′44.7″

海拔高度：1144±11米

初查时间：2005年4月14日

遗址位于贾家疙坦村东南部一由西北向东南呈扇形分布的大型黄土坡塬的东南部，坡塬南、北均为大型古代冲沟，东面邻黄河，东部居中有大型冲沟，此大型坡塬伸向黄河处分布着较多遗址。遗址主要分布在东南缓坡的一狭长的低洼地上，地势呈凹形，遗址北部、西部和南部为渐次升高的大型缓坡，其中西部隔隆起的坡地与05-221号遗址相邻，西北部隔隆起的坡地与村落相邻，东部为逐级下降的陡坡，其中东南隔陡坡与05-224号遗址相邻，并可见丰准铁路从坡下05-224号遗址通过（参见图一二一）。

　　遗址东西长约200米、南北宽约150米，总面积约3万平方米。遗物分布较为集中于坡体中部，上部及坡下杂草丛生，几乎不见遗物。

　　223：1，鬲口沿，夹砂灰陶。方唇，侈口，饰绳纹。残壁高4、厚1厘米（图一二二，19）。

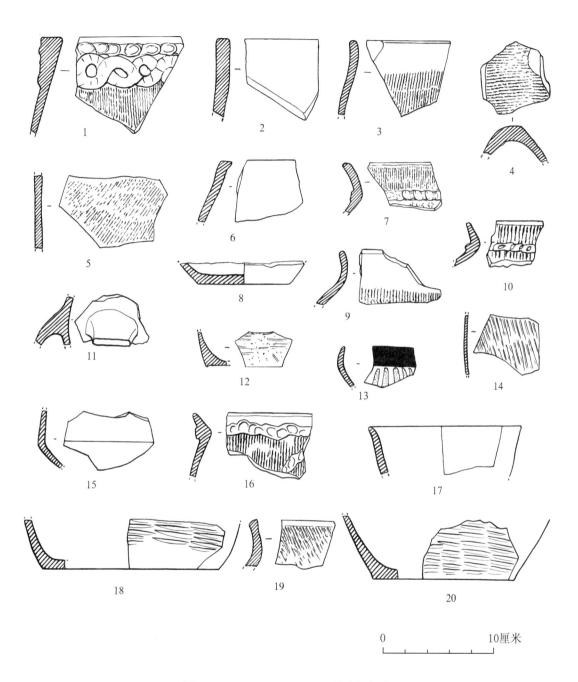

图一二二　　05-221～05-223号遗址标本

1. 平口罐口沿（221：9）　2、6. 三足瓮口沿（223：4，221：4）　3. 侈口盆口沿（221：8）　4. 鬲裆
（223：3）　5. 绳纹陶片（223：5）　7、19. 鬲口沿（223：2，223：1）　8、12、18、20. 窄沿罐底（221：5，
222：5，222：1，222：2）　9. 矮领罐口沿（221：7）　10、16. 侈沿罐口沿（221：2，221：1）　11. 器耳
（222：4）　13. 敛口钵口沿（221：3）　14. 篮纹陶片（222：6）　15. 折腹钵残片（222：3）　17. 敞口钵口沿
（221：6）（1、10、13、16为庙子沟文化，8、11、12、14、15、17、18、20为阿善三期文化，余为朱开沟文化）

223：2，鬲口沿，夹砂灰陶。方唇，侈口，直领，饰绳纹，领下饰一条压印附加堆纹。高3、壁厚0.8厘米（图一二二，7）。

223：3，鬲裆，夹砂灰陶。宽裆，饰绳纹。壁厚0.8～1.1厘米（图一二二，4）。

223：4，三足瓮口沿，泥质红陶。平唇，口部内侧饰有横绳纹，内壁不平，器表素面。壁厚1.6厘米（图一二二，2）。

223：5，绳纹陶片，夹砂红陶。器表饰浅绳纹。壁厚0.8厘米（图一二二，5）。

## 05-224　贾家疙坦遗址-4

遗址编号：ZYLJ-4

文化属性：鲁家坡一期遗存、阿善三期文化、朱开沟文化

行政归属：准格尔旗窑沟乡贾家疙坦村

GPS坐标：遗址中部东经111°25′55.4″、北纬39°54′41.1″

海拔高度：1017±5米

初查时间：2005年4月14日

遗址位于贾家疙坦村东南部近黄河的一处由西北向东南呈扇形分布的大型黄土坡塬的东南角，坡塬南、北均为大型古代冲沟，东面邻黄河，东部居中有大型冲沟，此大型坡塬伸向黄河处分布着较多遗址。遗址主要分布在临近黄河边上坡地形成的一小型圆形台地之上，台地上方为丰准铁路干线，遗址内地势平整，遗址南、北邻小型冲沟；西部为逐级升高的坡地，上升至缓坡处与05-223号遗址相邻；东部邻黄河沙滩平地，并隔黄河可见05-101号遗址；南部邻陡坡并隔大型冲沟与05-225号遗址相对（参见图一二一）。在遗址东面，清晰可见黄河对岸的沿河公路。遗址内地表种植大量柠条，杂草丛生，并见小型灌木零星分布。

遗址东西长约250米、南北宽约250米，总面积约6.25万平方米。地表散见遗物主要以鲁家坡一期遗存与阿善三期文化的陶片为主，鲜见朱开沟文化遗存。

224：1，铁轨式口沿罐口沿，夹砂黄褐陶。叠唇，侈口，唇沿饰一条细花边泥条，素面。高2.5，壁厚0.6厘米（图一二三，6）。

224：2，窄沿罐底，夹细砂灰陶。平底，器表磨蚀较重，器身残留有穿孔。壁厚0.5厘米（图一二三，15）。

224：3，侈口盆口沿，夹砂黄褐陶。器表磨蚀较重，方唇，直口微侈，口部饰细绳纹。壁厚0.5厘米（图一二三，14）。

224：4，绳纹陶片，泥质红陶，胎质不纯。器表饰细绳纹。壁厚0.6厘米（图一二三，11）。

224：5，矮领罐口沿，夹砂灰陶。圆唇，直口微侈，素面。壁厚0.6厘米（图一二三，7）。

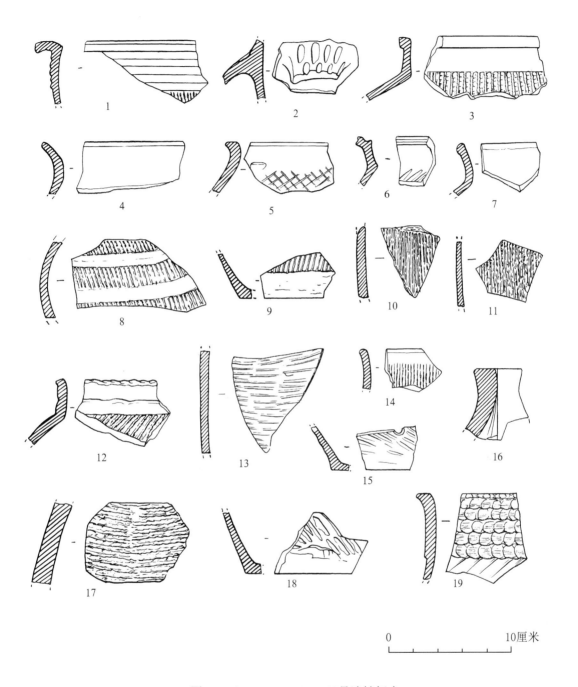

图一二三　05-224～05-226号遗址标本

1.平折沿盆口沿（226：6）　2.器鋬（226：2）　3、7.矮领罐口沿（226：5，224：5）　4.侈沿罐口沿（226：1）　5.窄沿罐口沿（225：2）　6.铁轨式口沿罐口沿（224：1）　8.抹断绳纹陶片（225：5）　9.绳纹罐底（225：4）　10、11、17.绳纹陶片（224：7，224：4，226：3）　12.鬲口沿（226：4）　13.篮纹陶片（224：6）　14.侈口盆口沿（224：3）　15、18.窄沿罐底（224：2，225：3）　16.器盖（225：6）　19.直壁瓮口沿（225：1）（6为鲁家坡一期遗存，2、4、13、15、16、18为阿善三期遗存，5、9、12、17、19为永兴店文化，7、10、11、14为朱开沟文化，余为战国）

224：6，篮纹陶片，泥质灰陶，器表饰篮纹。壁厚0.6厘米（图一二三，13）。

224：7，绳纹陶片，泥质灰陶，器表饰细密绳纹。壁厚0.8厘米（图一二三，10）。

### 05-225　荒地遗址-1

遗址编号：ZYH-1

文化属性：阿善三期文化、永兴店文化、战国

行政归属：准格尔旗窑沟乡荒地村

GPS坐标：遗址中部东经111°25′57.0″、北纬39°54′09.7″

海拔高度：1083±5米

初查时间：2005年4月14日

遗址位于荒地村东北部的平台之上，该平台位于东邻黄河的一处东西走向的较

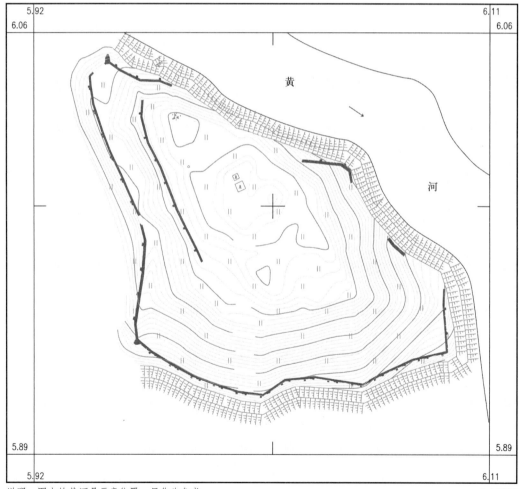

说明：图中的黄河是示意位置，只作为参考。　　　　　　　　　　　1∶1000

图一二四　05-225号遗址地形图

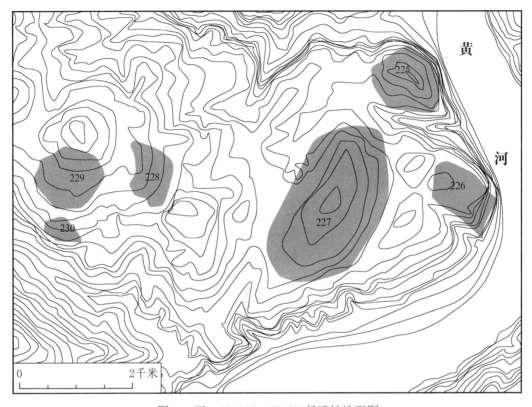

图一二五 05-225～05-230号遗址地形图

大型黄土坡塬的东部，坡塬呈狭长形分布，坡塬南、北均邻大型古代冲沟，东部邻黄河。遗址主要分布在坡塬东北角临近黄河岸边的圆形台地之上，地势平坦，北部邻通向黄河的大型冲沟，隔冲沟与05-224号遗址相对；南部邻小冲沟，隔冲沟分别与05-226、05-227号遗址相邻；东部邻黄河断崖；西部为升高的缓坡；西北断断续续可见石墙（图一二四；图一二五；彩版一八，2；彩版三五）。遗址所在台地下方为小鱼沟铁路隧道通过处，台地顶部现存一山神庙。台地风化严重，碎石遍布，地表杂草丛生（彩版五八）。

遗址东西长约250米、南北宽约300米，总面积约7.5万平方米。地表散见遗物主要为阿善三期文化和永兴店文化的陶片，战国时期陶片少见。

225：1，直壁瓮口沿，夹砂灰陶。方唇，微侈口，唇沿外凸，唇部压印花边，口部饰五周压印附加堆纹，以下饰斜篮纹。壁厚0.8厘米（图一二三，19）。

225：2，窄沿罐口沿，夹砂黄褐陶。方唇，饰斜向绳纹组成的方格纹。壁厚0.9厘米（图一二三，5）。

225：3，窄沿罐底，夹砂灰陶。斜直腹，平底，腹壁饰斜向篮纹。高5.3、壁厚

0.6厘米（图一二三，18）。

225∶4，绳纹罐底，夹砂灰陶。平底，上饰竖篮纹。壁厚0.5～0.8厘米（图一二三，9）。

225∶5，抹断绳纹陶片，夹砂灰陶。抹断绳纹。壁厚0.6厘米（图一二三，8）。

225∶6，器盖，泥质灰陶。素面磨光，圆形，向下外撇。残高6.1、直径5厘米（图一二三，16）。

### 05-226　荒地遗址-2

遗址编号：ZYH-2

文化属性：阿善三期文化、永兴店文化、战国

行政归属：准格尔旗窑沟乡荒地村

GPS坐标：遗址中部东经111°26′01.2″、北纬39°53′55.4″

海拔高度：1048±5米

初查时间：2005年4月15日

遗址位于荒地村东部近邻黄河的一东西走向的大型黄土坡塬的最东部，坡塬呈狭长形分布，坡塬南、北均邻大型古代冲沟，东部邻黄河。遗址主要分布在坡塬临黄河西岸的缓坡上，遗址内地势较为平坦，北部邻冲沟，隔冲沟与05-225号遗址相对；西部邻平坦的坡地，坡地上方为05-227号遗址；南部临小冲沟；东部临黄河。丰准铁路从遗址中部穿过（参见图一二五）。遗址内沙化比较严重，碎石矿屑遍布其中，遗址东部种植有柠条，杂草丛生。在靠近黄河的东北陡崖边可见有石城墙及石护坡，墙体保存较差。

遗址西北至东南长约350米、东北至西南宽约250米，总面积约8.75万平方米。遗物主要分布于东部临河处。20世纪90年代，内蒙古自治区文物考古研究所曾对此遗址进行过发掘。

226∶1，侈沿罐口沿，泥质灰陶。尖圆唇，素面。残高3.5、壁厚0.6厘米（图一二三，4）。

226∶2，器鋬，夹砂灰陶。桥状鋬，上饰两排掐印纹，器体饰篮纹。壁厚0.5厘米（图一二三，2）。

226∶3，绳纹陶片，夹砂灰陶。饰较粗深横篮纹。壁厚1厘米（图一二三，17）。

226∶4，鬲口沿，夹砂灰陶。直领，唇部饰花边，领部抹光，以下饰绳纹。残高3.5、壁厚0.5～0.9厘米（图一二三，12）。

226∶5，矮领罐口沿，夹细砂灰陶。厚方唇，矮领，领部抹光，下饰竖向绳纹。高4、壁厚0.5厘米（图一二三，3）。

226∶6，平折沿盆口沿，泥质灰褐陶。方唇，沿下饰数道弦纹，之下为绳纹。高

5.5、壁厚0.6厘米（图一二三，1）。

### 05-227　荒地遗址-3

遗址编号：ZYH-3

文化属性：官地一期遗存、阿善三期文化、朱开沟文化、战国

行政归属：准格尔旗窑沟乡荒地村

GPS坐标：遗址中部东经111°25′43.0″、北纬39°53′55.2″

海拔高度：1091±5米

初查时间：2005年4月15日

遗址位于荒地村东部一东西走向的较大型黄土坡塬的东部，坡塬呈狭长形分布，坡塬南、北均邻大型古代冲沟，东部邻黄河。遗址主要分布于荒地村东部坡地的平缓处，遗址北部邻小型冲沟，隔小冲沟与05-225号遗址相对；东部邻平坦的坡地，坡地下方为05-226号遗址；南部邻丰准铁路；西部为广阔的平地，并与村落所在的直顶相连；中部有一条直接通往荒地村的乡间小路，将遗址分为南北两部分。遗址东坡较平坦，沙化严重，现有少量树木。其下方存一片较为平缓的缓坡洼地，遗址东北方向可望见05-225号遗址西北城墙，西南可望见荒地村（参见图一二五）。

遗址东西长约350米、南北宽约650米，总面积约22.75万平方米。遗物主要分布于向阳的南部，以官地一期遗存和阿善三期文化的陶片为主。

227：1，弦纹陶片，夹砂红陶。器表饰弦纹。壁厚0.5厘米（图一二六，13）。

227：2，叠唇盆口沿，泥质红陶。叠唇外侈，内壁饰赭彩，外壁由于器表脱落露胎，情况不明。壁厚0.9厘米（图一二六，14）。

227：3，矮领罐口沿，夹砂黄褐陶。圆唇，侈口，窄沿，沿部抹光，沿以下饰绳纹。壁厚0.7厘米（图一二六，4）。

227：4，尖底瓶底，夹砂灰陶。手制，夹角为钝角。足尖矮短呈一乳突，素面。壁厚0.9厘米（图一二六，5）。

227：5，彩陶片，泥质红陶。器表施赭彩为底，上绘黑彩带纹。壁厚0.6厘米（图一二六，10）。

227：6，折沿罐口沿，泥质灰陶。尖唇，侈沿，矮领，素面。壁厚0.8厘米（图一二六，11）。

227：7，篮纹陶片，砂质灰陶。饰篮纹，上施一泥条附加堆纹。壁厚0.6厘米（图一二六，9）。

227：8，篮纹陶片，夹砂灰陶。器表饰篮纹。壁厚0.8厘米（图一二六，19）。

227：9，绳纹陶片，夹砂灰陶。器表饰交叉粗绳纹。壁厚0.9厘米（图一二六，8）。

0　　　　　　　　　　10厘米

图一二六　05-227～05-229号遗址标本

1.敛口鼓腹罐口沿（228：2）　2.铁轨式口沿罐口沿（228：3）　3、8、12、15、20、22、23.绳纹陶片（227：13、227：9、227：12、229：5、229：3、227：10、229：4）　4.矮领罐口沿（227：3）　5.尖底瓶底（227：4）　6.敛口弧腹钵体口沿（228：4）　7、18.筒形罐口沿（229：2、229：1）　9、19.篮纹陶片（227：7、227：8）　10.彩陶片（227：5）　11.折沿罐口沿（227：6）　13.弦纹陶片（227：1）　14.叠唇盆口沿（227：2）　16、21.铁轨式口沿罐底（228：5、228：1）　17.档部残片（227：11）（10、13、14为官地一期遗存、1、2、6、16、21为鲁家坡一期遗存、7、18为庙子沟文化、5、8、9、11、12、19为阿善三期文化、4、17、20、22、23为朱开沟文化、余为战国）

227：10，绳纹陶片，夹砂灰陶。器表饰浅乱细绳纹。壁厚1厘米（图一二六，22）。

227：11，裆部残片，砂质灰陶。器表饰绳纹。壁厚0.7厘米（图一二六，17）。

227：12，绳纹陶片，夹砂灰陶。器表饰粗绳纹。壁厚0.7厘米（图一二六，12）。

227：13，绳纹陶片，夹砂绳纹。器表饰粗大绳纹。壁厚0.8厘米（图一二六，3）。

## 05-228　荒地遗址-4

遗址编号：ZYH-4

文化属性：鲁家坡一期遗存、阿善三期文化、朱开沟文化

行政归属：准格尔旗窑沟乡荒地村

GPS 坐 标：遗址中部东经111°25′0.75″、北纬39°53′51.1″

海拔高度：1120±5米

初查时间：2005年4月15日

遗址位于荒地村北部一东西走向的较大型黄土坡塬的中部，坡塬呈狭长形分布，坡塬南、北均邻大型古代冲沟，东部邻黄河。遗址东南可望见黄河南流而去，东南部有乡间公路穿过并通向村落民居所在地（参见图一二五）。遗址主要分布在坡地的坡顶台地西部坡上，地势较平缓，遗址西部隔环形梯田与05-229、05-230号遗址相邻，东部隔坡顶平台临近05-227号遗址，南、北为逐级下降的陡坡。遗址内现辟为耕地。

遗址东西长约200米、南北宽约250米，总面积约5万平方米。遗物零星散见于地表，以鲁家坡一期遗存的陶片为主，鲜见阿善三期及朱开沟文化时期遗物。

228：1，铁轨式口沿罐底，夹砂黄褐陶，砂粒较大，器表呈红、黄不均的颜色。平底，器表饰斜向绳纹。壁厚0.9～1.7厘米（图一二六，21）。

228：2，敛口鼓腹罐口沿，夹砂灰陶，砂粒较大。方唇，唇沿施一凹槽，口部下方饰一泥条附加堆纹，以下饰斜向绳纹。厚0.8厘米（图一二六，1）。

228：3，铁轨式口沿罐口沿，夹砂红陶，砂粒较大，内壁呈黑褐色。方唇，唇面有两周凹槽，窄沿外折几乎贴附于器表，以下饰绳纹。壁厚0.9厘米（图一二六，2）。

228：4，敛口弧腹钵口沿，泥质灰陶。尖唇，敛口，直弧腹，器表素面抹光。残高4、壁厚0.7厘米（图一二六，6）。

228：5，铁轨式口沿罐底，夹砂灰陶。底较薄，近底部戳刺坑，平底，器表饰篮纹。底厚0.6、壁厚1.1厘米（图一二六，16）。

## 05-229　荒地遗址-5

遗址编号：ZYH-5

文化属性：庙子沟文化、朱开沟文化、战国

行政归属：准格尔旗窑沟乡荒地村

GPS 坐 标：遗址中部东经111°24′46.4″、北纬39°54′03.1″

海拔高度：1164±5米

初查时间：2005年4月14日

遗址位于荒地村西部一东西走向的较大型黄土坡塬的东部，坡塬呈狭长形分布，坡塬南、北均邻大型古代冲沟，东部邻黄河。遗址主要分布在坡塬西部平台坡地的南部缓坡上，遗址东部隔环形梯田与05-228号遗址相邻；南部坡下为05-230号遗址；北部为坡地顶部平台，平台之上有座山神庙，平台地与村落所在坡地之间有05-228号遗址相隔，乡间公路从遗址北部坡顶穿过，并与05-228号遗址以及05-227号遗址连接，输电网从遗址中部穿过（参见图一二五）。遗址内现辟为耕地。

遗址东西长约300米、南北宽约300米，总面积约9万平方米。遗物零星散见于地表，属朱开沟文化，少见战国时期陶片。

229：1，筒形罐口沿，夹砂灰陶，砂质略少。圆唇，微敛口，唇下经抹拭成一浅凹，器身纹饰不清。残高3.2、壁厚0.8厘米（图一二六，18）。

229：2，筒形罐口沿，夹砂红褐陶。尖唇，敛口，口部饰泥条附加堆纹，上施坑点纹，以下饰浅细绳纹。残高4、厚0.6厘米（图一二六，7）。

229：3，绳纹陶片，泥质灰陶。内胎呈红褐色，器表饰绳纹。壁厚0.7厘米（图一二六，20）。

229：4，绳纹陶片，夹砂红褐陶。器表饰乱绳纹，从陶片判断，可能为三足瓮近足部残片。壁厚0.9厘米（图一二六，23）。

229：5，绳纹陶片，泥质灰陶。上部饰绳纹，下部素面。壁厚0.5厘米（图一二六，15）。

## 05-230　荒地遗址-6

遗址编号：ZYH-6

文化属性：庙子沟文化、朱开沟文化、战国

行政归属：准格尔旗窑沟乡荒地村

GPS 坐 标：遗址中部东经111°24′46.2″、北纬39°53′53.3″

海拔高度：1134±8米

初查时间：2005年4月15日

遗址位于荒地村西部的平台坡地一东西走向的较大型黄土坡塬的下方，坡塬呈狭长形分布，坡塬南、北均邻大型古代冲沟，东部邻黄河。遗址主要分布在坡塬中部平台坡地的南侧临冲沟处，呈东西向窄条状分布，范围较小。北邻渐次升高的缓坡，缓坡上方为05-229号遗址；东北隔环形梯田与05-228号遗址相邻；西部邻梯田；南部邻大型冲沟（参见图一二五）。遗址北部有一条通向村落的乡间公路。向东可见丰准铁路及黄河。遗址内现为耕地。

遗址东西长约150米、南北宽约80米，总面积约1.2万平方米。地表零星可见陶片。

230：1，侈口盆口沿，泥质灰陶。方唇，口微侈，通体饰绳纹。残高6、壁厚0.9厘米（图一二七，1）。

230：2，侈沿罐底，泥质红陶。平底，底饰绳纹。厚0.9厘米（图一二七，6）。

230：3，绳纹陶片，泥质灰陶。器表饰绳纹。壁厚1.1厘米（图一二七，8）。

230：4，鬲足，夹砂灰陶。空足，手制，器表饰绳纹。壁厚0.9厘米（图一二七，12）。

230：5，弦断绳纹陶片，泥质灰陶。器表饰弦断绳纹。壁厚0.9厘米（图一二七，4）。

### 05-231　马家疙坦遗址-1

遗址编号：ZYM-1

文化属性：永兴店文化

行政归属：准格尔旗窑沟乡马家疙坦村

GPS 坐 标：遗址中部东经111°24′58.6″、北纬39°53′14.7″

海拔高度：1063±5米

初查时间：2005年4月15日

遗址位于马家疙坦村东部、近邻黄河的坡地之上，坡地南北两侧近临大型冲沟，东部邻黄河。遗址总体地势较为平缓，一条通往马家疙坦村的乡间公路将遗址分开，丰准铁路从遗址中部南北向通过。遗址东南部的坡下种植有大量树木，遗址内现残存的石城墙依稀可见，但大部分已遭破坏。20世纪90年代，内蒙古自治区文物考古研究所对该遗址进行了发掘。

遗址东西长约250米、南北宽约300米，总面积约7.5万平方米。

231：1，弦纹陶片，泥质黄褐陶。饰数道划纹。壁厚0.5厘米（图一二七，5）。

231：2，器把，泥质黄褐陶。素面，空心，断面为圆形。内径3.4、外径4厘米，残高3.5、壁厚0.5厘米（图一二七，11）。

231：3，绳纹罐底，夹砂灰陶。平底，器身饰绳纹。壁厚0.6厘米（图一二七，10）。

231：4，敛口瓮口沿，泥质灰陶。方唇，饰篮纹。壁厚0.9~1.1厘米（图一二七，9）。

231：5，窄沿罐底，夹砂灰陶。平底，饰斜篮纹，近底部有抹痕。高2.7、壁厚0.6~1厘米（图一二七，7）。

231：6，敞口盆口沿，泥质灰陶。尖唇，侈口，素面，上饰刻划菱纹。厚0.6厘米

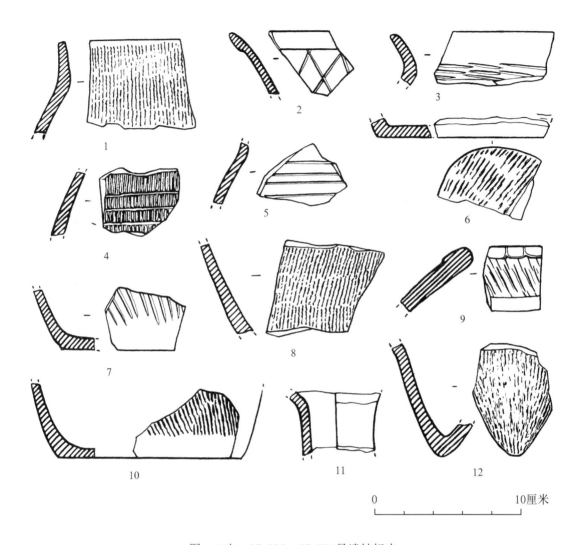

图一二七　05-230、05-231号遗址标本

1.侈沿盆口沿（230：1）　2.敞口盆口沿（231：6）　3.窄沿罐口沿（231：7）　4.弦断绳纹陶片（230：5）　5.弦纹陶片（231：1）　6.侈沿罐底（230：2）　7.窄沿罐底（231：5）　8.绳纹陶片（230：3）　9.敛口瓮口沿（231：4）　10.绳纹罐底（231：3）　11.器把（231：2）　12.鬲足（230：4）（5为鲁家坡一期遗存，6、11为庙子沟文化，2、3、7、9、10为永兴店文化，1、6、8、12为朱开沟文化，4为战国）

（图一二七，2）。

　　231：7，窄沿罐口沿，泥质灰陶。尖唇，侈口，斜直领，领以下饰篮纹。壁厚0.5厘米（图一二七，3）。

# 第三节 浑河北岸遗址点及遗物介绍

浑河北岸包括清水河王桂窑子乡。共发现遗址点139处，主要分布在浑河、清水河两岸的台地、坡地之上，远离河流的坡顶的遗址时代多较晚。多为丘陵地带，个别区域为沙化严重的沙丘，面积较南部小（彩版一、二）。

## 04-071 高茂泉窑遗址-1

遗址编号：QWG-1

文化属性：鲁家坡一期遗存、庙子沟文化

行政归属：清水河县王桂窑子乡高茂泉窑村

GPS 坐 标：遗址中部东经111°35′19.8″、北纬39°56′57.5″

海拔高度：1224±4米

初查时间：2004年5月4日

遗址位于浑河北岸，高茂泉窑子村西北部一制高点海拔高度1225米的浑圆形土丘的台地之上，集中分布在以制高点为中心的周边区域内，地势平整，开阔。从遗址中心向南可见浑河及浑河南岸的村落，并可遥见丰准铁路。遗址东侧为漫坡；西侧亦为向下漫坡，辟为环形梯田；北侧为遗址所在台地的平地，向北存有缓坡。遗址现辟为耕地，有一条通往高茂泉窑村的乡间公路从遗址中部南北向穿过。

遗址东西长约200米、南北宽约200米，总面积约4万平方米。遗址地表散见陶片以泥质灰陶为主，少见红陶及夹砂陶片，多为素面，少量饰以绳纹、弦纹或篦纹，部分存有绳纹加弦纹及附加堆纹装饰。战国时期陶片较少。

071：1，直口钵口沿，泥质红陶。圆唇，直口，弧腹。器表存有一条凸起棱纹。残高6.2、壁厚0.5厘米（图一二八，4）。

071：2，敞口盆口沿，泥质红陶。圆唇，直口略敞，直弧腹。残高4.8、壁厚0.6厘米（图一二八，3）。

## 04-074 五娃圪旦遗址-1

遗址编号：QWW-1

文化属性：庙子沟文化、阿善三期文化、战国

行政归属：清水河县王桂窑子乡五娃圪旦村

GPS 坐 标：遗址中部东经111°34′51.0″、北纬39°58′03.1″

海拔高度：1124±5米

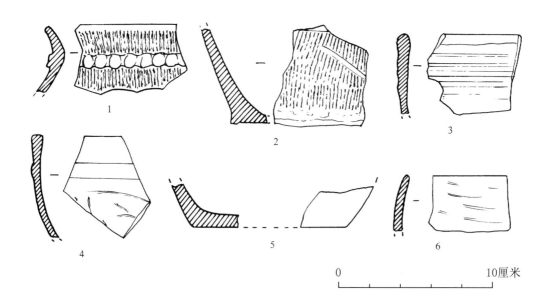

图一二八　04-071、04-075号遗址标本

1.侈沿罐口沿（075：2）　2.侈沿罐底（075：1）　3.敞口盆口沿（071：2）　4.直口钵口沿（071：1）　5.钵底（075：3）　6.敛口钵口沿（075：4）（4为鲁家坡一期遗存，1、2、3、5、6为庙子沟文化）

初查时间：2004年5月5日

遗址位于浑河北岸的一浑圆形土丘之上，土丘南坡下端为五娃圪旦村。土丘的东坡及北坡比较陡峭，下为冲沟；南坡比较平缓，可延伸至浑河河床。从土丘顶部向南可见浑河及丰准铁路东西向经过。遗址东部偏北处可望见田报湾及高茂泉窑村（彩版一四，2；彩版七六，2）。

遗址东西长约300米、南北宽约400米，总面积约12万平方米。地表散见遗物多为庙子沟文化和阿善三期文化，大多饰以篮纹，少量可见附加堆纹、线纹，仅见几片素面。夹砂灰陶片较少，饰以细绳纹，另外还可见到彩陶片。

074：1，侈沿罐口沿，夹砂灰陶。高领外侈。残高4.6、壁厚0.8厘米（图一二九，2）。

074：2，窄沿罐口沿，泥质灰陶。窄沿较薄，沿下饰有横向篮纹。残高2.9、壁厚0.5厘米（图一二九，10）。

074：3，窄沿罐口沿，泥质灰陶。窄沿较薄，溜肩，素面。残高4.4、壁厚0.4厘米（图一二九，6）。

074：4，直口钵口沿，泥质红陶。尖圆唇，小侈口，直弧腹。外壁饰黑彩弧线几何纹。残高3.5、壁厚0.3厘米（图一二九，7）。

074：5，窄沿罐口沿，泥质灰陶。圆唇，折沿外斜，沿下饰有一周附加堆纹，以下饰有篮纹。残高3.1、壁厚0.6厘米（图一二九，3）。

074：6，彩陶片，折腹器残片，泥质灰陶。表面磨光，器壁饰弧线纹。壁厚0.5厘米（图一二九，8）。

074：7，小口双耳罐口沿，泥质红褐陶。圆唇，小窄沿，溜肩较长，外壁饰有黑彩弧线几何纹。残高6.7、壁厚0.6厘米（图一二九，5）。

074：8，窄沿罐底，泥质灰陶。平底，外壁饰有左斜向篮纹，器壁至底部渐厚。残高4.6、壁厚0.3～0.6厘米（图一二九，11）。

074：9，罐口残片，泥质灰陶。口部残，溜肩，素面磨光。壁厚0.6厘米（图一二九，13）。

074：10，窄沿罐口沿，泥质灰陶。口部略残，口下饰有四道附加堆纹，以下饰有右斜向篮纹。壁厚0.8厘米（图一二九，4）。

074：11，平口罐口沿，泥质红陶。方唇，平口，唇下为较细的绳纹，且饰有一周附加堆纹，以下为右斜向线纹。残高6.6、壁厚0.6～1.8厘米（图一二九，1）。

074：12，窄沿罐口沿，泥质灰陶。圆唇，窄沿外斜，短颈。沿下饰有一周附加堆纹，以下饰有左斜向篮纹并间隔饰有附加堆纹。残高8.1、壁厚0.5厘米（图一二九，9）。

074：13，窄沿罐口沿，泥质灰陶。圆唇，折沿，沿下饰有两周附加堆纹，以下素面磨光。残高4.7、壁厚0.7厘米（图一二九，12）。

## 04-075　田报湾遗址-1

遗址编号：QWT-1

文化属性：庙子沟文化

行政归属：清水河县王桂窑子乡田报湾村

GPS 坐 标：遗址中部东经111°35′08.7″、北纬39°57′50.6″

海拔高度：1077±5米

初查时间：2004年5月5日

遗址位于浑河北岸，田报湾村西南的一长圆形土丘之上，集中分布于土丘顶部台地的偏西处，地势较为平坦。从遗址中心向南可见丰准铁路东西向经过。遗址东部存有一圆形土台，其上有一废弃的村内山神庙，向东为缓坡，存有通往村落的乡间小路。西北为一缓坡，田报湾村即在其上。从遗址向北望，可见西北部高台之上的04-074号遗址（彩版七六，2）。遗址现辟为耕地，环形梯田缓缓延伸，直至浑河岸边。

遗址分布较小，东西长约100米、南北宽约50米，总面积约0.5万平方米。地表散见遗物均为庙子沟时期，陶片饰以绳纹或间隔以弦纹。

075：1，侈沿罐底，夹砂红褐陶。斜直腹，平底。外壁饰竖向绳纹。残高5.8、壁厚0.7厘米（图一二八，2）。

075∶2，侈沿罐口沿，夹砂灰褐陶。侈口，颈部饰一周附加堆纹，外壁饰竖向绳纹。残高4.4、壁厚0.5厘米（图一二八，1）。

075∶3，钵底，泥质磨光灰陶。斜直腹，平底。残高2.2、壁厚0.5厘米（图一二八，5）。

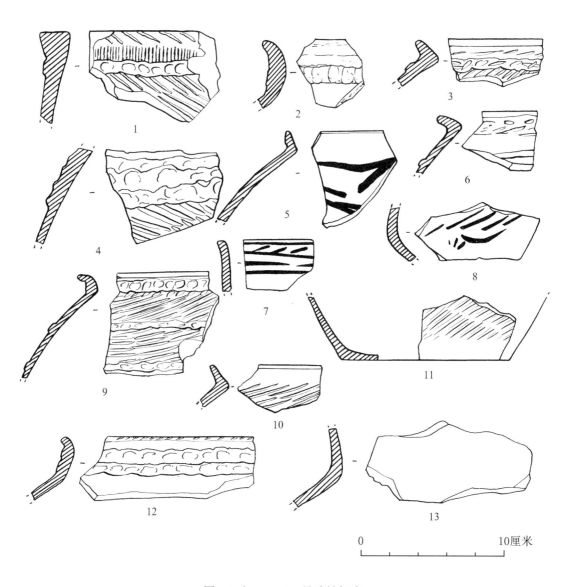

0　　　　　　　　　10厘米

图一二九　04-074号遗址标本

1.平口罐口沿（074∶11）　2.侈沿罐口沿（074∶1）　3、4、6、9、10、12.窄沿罐口沿（074∶5，074∶10，074∶3，074∶12，074∶2，074∶13）　5.小口双耳罐口沿（074∶7）　7.直口钵口沿（074∶4）　8.彩陶片（074∶6）　11.窄沿罐底（074∶8）　13.罐口残片（074∶9）（2、5、7、8、13为庙子沟文化，余为阿善三期文化）

075：4，敛口钵口沿，砂质灰陶。敛口，弧腹，素面。残高3.5、壁厚0.5厘米（图一二八，6）。

### 05-232　石壁桥遗址-1

遗址编号：QWS-1

文化属性：鲁家坡一期遗存、庙子沟文化、永兴店文化、朱开沟文化、汉代

行政归属：清水河县王桂窑子乡石壁桥村

GPS坐标：遗址中部东经111°36′47.3″、北纬39°59′46.6″

海拔高度：1153±6米

初查时间：2005年4月16日

遗址位于王桂窑子乡南3公里处，209国道东部临近浑河的坡地之上，该坡地位于大型黄土台地东部。台地范围极广，西部为大型古代冲沟，近冲沟的坡地分布有较多遗址；东部与南部面向浑河，其中东部坡地分布有一定数量的遗址，而南部坡地多陡峭并有较多小型冲沟，遗址极少。

遗址主要分布在坡地北部之缓坡上，地势平坦，遗址东部隔平台地可见05-233号遗址，东南隔逐级下降的陡坡邻05-234号遗址，南部隔冲沟与05-235号遗址相邻，西南坡上邻05-236号遗址，西部为平坦坡地（图一三○）。在遗址内西南部有一处洼地，209国道从遗址的西部通过。遗址地表沙化严重，现种植大量柠条用以固沙。

遗址东西长约700米、南北宽约450米，总面积约31.5万平方米。遗物分布较有规律，其中庙子沟文化主要分布于坡上，鲁家坡一期的陶片主要分布于坡下。

232：1，直口钵口沿，口部残片，泥质黄陶。外叠唇，敛口，口以下饰窄条带黑

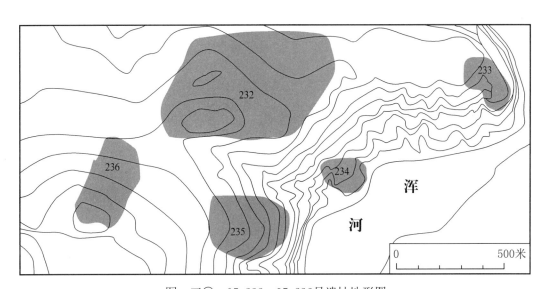

图一三○　05-232～05-236号遗址地形图

彩纹。壁厚0.7厘米（图一三一，9）。

232：2，小口双耳罐口沿，口沿部残片，泥质黄陶。尖圆唇，敛口，窄沿平折，溜肩，沿以下饰黑彩彩绘三角纹。壁厚0.5厘米（图一三一，12）。

232：3，小口双耳罐口沿，口沿部残片，泥质黄陶。敛口、侈沿，沿部施赭彩，

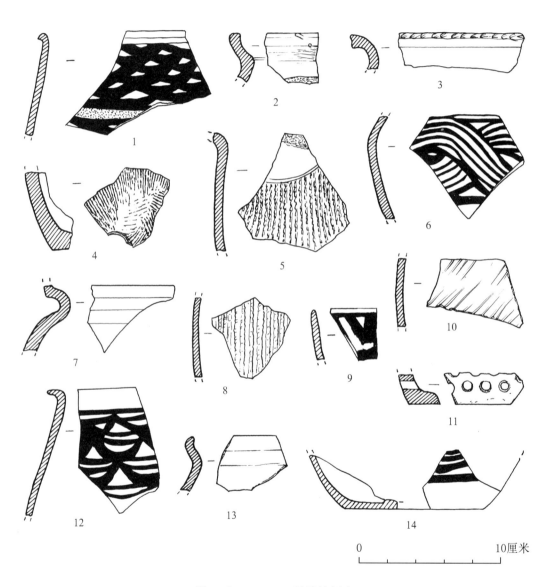

图一三一　05-232号遗址标本

1、12.小口双耳罐口沿（232：3，232：2）　2、13.曲沿罐口沿（232：14，232：13）　3.折沿盆口沿（232：10）　4.高足（232：9）　5.侈口盆口沿（232：6）　6.彩陶片（232：5）　7.折沿罐口沿（232：11）　8.绳纹陶片（232：7）　9.直口钵口沿（232：1）　10.篮纹陶片（232：8）　11.甑底（232：12）　14.彩陶盆底（232：4）（1、6、9、12、14为庙子沟文化，10为永兴店文化，4、5为朱开沟文化，余为汉代）

沿以下饰网纹，黑彩。壁厚0.6厘米（图一三一，1）。

232：4，彩陶盆底，泥质黄陶。平底，底部以上施条带状黑彩。壁厚0.5~0.7厘米（图一三一，14）。

232：5，彩陶片，泥质黄陶。器表饰线形弧线纹，黑彩。为小口双耳罐器腹残片。壁厚0.5厘米（图一三一，6）。

232：6，侈口盆口沿，泥质灰陶。侈口，直弧腹，外壁饰较粗的绳纹。壁厚0.6厘米（图一三一，5）。

232：7，绳纹陶片，泥质灰陶。粗绳纹。壁厚0.6厘米（图一三一，8）。

232：8，篮纹陶片，泥质灰陶。篮纹。壁厚0.6厘米（图一三一，10）。

232：9，鬲足，夹砂灰褐陶。外壁饰交错细密的绳纹。壁厚0.6厘米（图一三一，4）。

232：10，折沿盆口沿，泥质灰陶。方唇，沿外卷，唇上饰一周凸起的花边，素面。壁厚0.7厘米（图一三一，3）。

232：11，折沿罐口沿，泥质灰陶。折沿，溜肩，素面。壁厚0.8厘米（图一三一，7）。

232：12，甑底，泥质灰褐陶。上残留三个完整的甑孔，素面。壁厚1.1厘米（图一三一，11）。

232：13，曲沿罐口沿，泥质灰褐陶。方唇，口内曲，素面。壁厚0.7厘米（图一三一，13）。

232：14，曲沿罐口沿，泥质灰褐陶。方唇，沿外卷较甚，素面。壁厚0.9厘米（图一三一，2）。

## 05-233　石壁桥遗址-2

遗址编号：QWS-2

文化属性：官地一期遗存、阿善三期文化、永兴店文化

行政归属：清水河县王桂窑子乡石壁桥村

GPS 坐标：遗址中部东经111°37′32.7″、北纬39°59′54.1″

海拔高度：1141±4米

初查时间：2005年4月17日

遗址位于王桂窑子乡南部，209国道东部、临浑河西岸平缓坡地的最东端，该坡地位于临河一大型黄土台地东部，坡地西侧为大型古代冲沟，近冲沟的坡地上分布有较多遗物；坡地东部与南部面向浑河，其中东部坡地分布有一定数量的遗物，而南部坡地多陡峭山崖和较多小型冲沟，遗物极少。

遗址主要分布于缓坡地东端临浑河的沙坡上，遗址西部隔平坦坡地可见05-232号

遗址，西南隔环形梯田邻05-234号遗址（参见图一三〇），东部下方为临浑河的陡峭山崖，南部邻逐级下降的梯田。浑河环遗址东部与南部呈曲尺形流过遗址内，东部地势较陡，其他三面相对较平坦，丰准铁路从遗址西部经过，站在遗址上向南，隔浑河可清晰望见通往五良太的柏油公路。

遗址内东部陡崖上方现存有石城墙，其中东北方位石城墙保存较好，并有保存较好的护坡，现城墙残高70～80厘米。同时，在坡地上向东南亦可见三四段连续的护坡，相互间有晚期小冲沟相隔，护坡总体走向为沿着浑河流向至南部拐弯处为止（图一三二；彩版三六）。遗址内缓坡地段种植有大量柠条，而坡下部分地表沙化严重，碎石遍地（彩版五九；彩版九七，2）。

遗址东西长约150米、南北宽约250米，总面积约3.75万平方米。遗物主要以阿善三期文化陶片为主，少见官地一期的陶片。

233：1，敛口瓮口沿，泥质黄褐陶。方唇，饰篮纹。壁厚1厘米（图一三三，21）。

233：2，盆底，夹砂黄褐陶。素面，平底。壁厚0.8厘米（图一三三，22）。

233：3，石斧，磨制，直刃，平面为长方形，截面呈近圆形。直径3、残长7厘米（图一三三，24）。

233：4，石斧，磨制，弧刃，平面呈长方形，截面呈椭圆形。长8.5厘米（图一三三，25）。

233：5，石凿，残，磨制，平面呈长方形。残长3.7厘米（图一三三，19）。

233：6，篮纹陶片，夹砂灰陶。饰篮纹。厚0.6厘米（图一三三，12）。

233：7，篮纹陶片，泥质灰陶。饰篮纹。厚0.5厘米（图一三三，16）。

233：8，篮纹陶片，夹砂灰陶。饰篮纹。厚0.8厘米（图一三三，15）。

### 05-234　石壁桥遗址-3

遗址编号：QWS-3

文化属性：官地一期遗存、庙子沟文化、战国

行政归属：清水河县王桂窑子乡石壁桥村

GPS坐标：遗址中部东经111°37′01.5″、北纬39°59′39.3″

海拔高度：1082±5米

初查时间：2005年4月17日

遗址位于王桂窑子乡南部，209国道东部临浑河西岸的一级平坡地之上。该坡地位于一大型黄土台地东部，台地西部为大型古代冲沟，近冲沟的坡地分布有较多遗物；东部与南部面向浑河。遗址主要分布于平坡地的中部地段，遗址西北部地势较陡，隔环形梯田状坡地邻05-232号遗址，西北部为逐级上升的坡地，坡地上方的平台为05-233号遗址；西南部隔冲沟邻05-235号遗址；东南部临浑河，为当阳桥蓄水库区范围

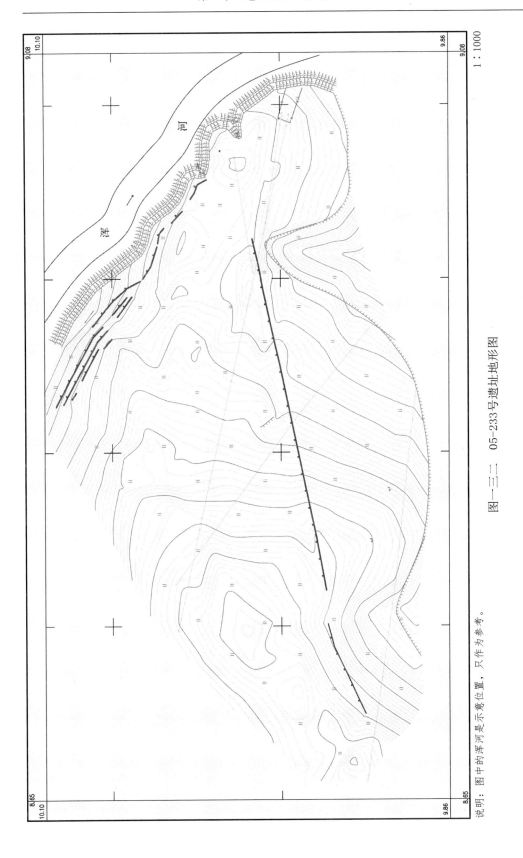

图一三三　05-233号遗址地形图

说明：图中的浑河是示意位置，只作为参考。

（参见图一三〇），由于近河地势变得平坦。

遗址东西长约150米、南北宽约200米，总面积约3万平方米。遗物分布范围较广，以庙子沟文化与战国陶片为主，少见官地一期遗存陶片。

234：1，绳纹陶片，砂质黄褐陶。饰绳纹。壁厚0.8厘米（图一三三，17）。

234：2，卷沿矮领罐口沿，口沿残片，夹砂灰陶。尖圆唇，素面。壁厚0.8厘米（图一三三，7）。

234：3，篮纹陶片，泥质灰陶。饰篮纹。壁厚0.5厘米（图一三三，8）。

234：4，绳纹陶片，夹细砂灰陶。饰绳纹。壁厚0.6厘米（图一三三，6）。

234：5，绳纹陶片，泥质灰陶。饰抹断绳纹。壁厚0.5厘米（图一三三，5）。

### 05-235　石壁桥遗址-4

遗址编号：QWS-4

文化属性：庙子沟文化、阿善三期文化、永兴店文化、朱开沟文化、汉代

行政归属：清水河县王桂窑子乡石壁桥村

GPS 坐标：遗址中部东经111°36′31.0″、北纬39°59′31.0″

海拔高度：1187±7米

初查时间：2005年4月17日

遗址位于王桂窑子乡南部，209国道东部临浑河西岸坡地的东南部地区。该坡地位于一大型黄土台地东部区，台地西部为大型古代冲沟；东部与南部面向浑河，其中东部坡地遗址分布有一定数量的遗址，而南部坡地多陡峭并有较多小型冲沟，遗址极少。

遗址主要分布于坡地东南部临浑河的向阳陡坡上，遗址东北隔冲沟邻05-234号遗址；北部隔冲沟邻05-232号遗址；西部为逐级上升的坡地，坡地顶部为05-236号遗址；南部为小型旱沟与梯田；东部隔数级下降的陡坡临浑河（参见图一三〇）。遗址内地势相对平缓，站在遗址上向西可见209国道南北向经过。遗址地表沙化严重，并种植有大量柠条。

遗址东西长约250米、南北宽约350米，总面积约8.75万平方米。遗物分布较多，多见庙子沟文化、阿善三期文化和朱开沟文化的遗物。

235：1，尖底瓶颈部残片，泥质黄褐陶。颈部饰一周压印泥条，其下饰横向篮纹。壁厚0.5厘米（图一三三，9）。

235：2，彩陶片，泥质黄陶。桥状鋬耳，器身饰有条带状黑彩，由于侵蚀严重，纹饰不清。宽约0.2、壁厚0.7厘米（图一三三，4）。

235：3，侈口罐口残片，夹砂黄陶。泛碱较大，表面呈灰白色。领部饰一周压印附加堆纹，其下饰斜绳纹。壁厚1厘米（图一三三，10）。

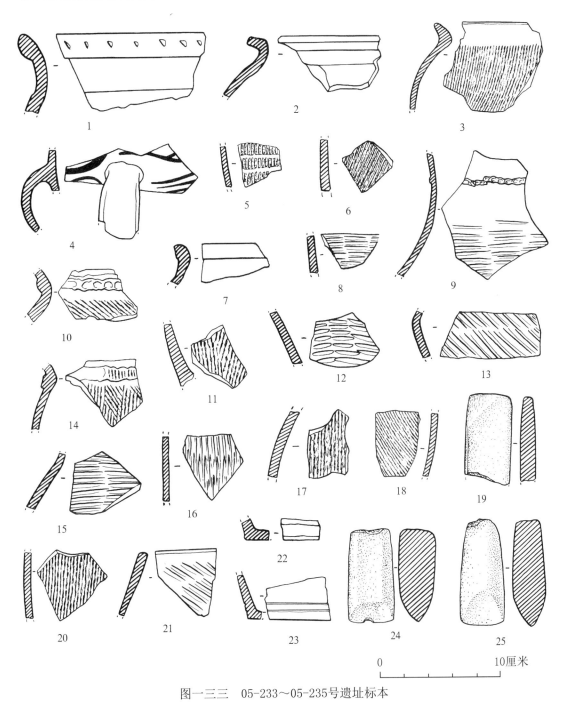

图一三三 05-233～05-235号遗址标本

1、7.卷沿矮领罐口沿（235：4，234：2） 2.折沿罐口沿（235：12） 3.折沿鼓腹罐口沿（235：9） 4.彩陶片（235：2） 5、6、11、17、18、20.绳纹陶片（234：5，234：4，235：8，234：1，235：10，235：6）8、12、13、15、16.篮纹陶片（234：3，233：6，235：5，233：8，233：7） 9.尖底瓶颈部残片（235：1） 10.侈口罐口残片（235：3） 14.鬲口沿（235：7） 19.石凿（233：5） 21.敛口瓮口沿（233：1） 22、23.盆底（233：2，235：11） 24、25.石斧（233：3，233：4）（17、22为官地一期遗存，1、4、8～10为庙子沟文化，12、13、21为阿善三期文化，11、14～16、19、20、24、25为永兴店文化，3、18为朱开沟文化，5～7为战国，余为汉代）

235：4，卷沿矮领罐口沿，口部残片，夹砂灰陶。厚缘唇外侈，束颈，素面。高6厘米，壁厚1～1.3厘米（图一三三，1）。

235：5，篮纹陶片，泥质灰陶。饰篮纹。厚0.6厘米（图一三三，13）。

235：6，绳纹陶片，夹砂灰陶。饰规整粗绳纹。厚0.8厘米（图一三三，20）。

235：7，鬲口沿，夹砂灰陶。领部饰一周附加堆纹并拍饰绳纹，以下饰乱绳纹。壁厚0.5厘米（图一三三，14）。

235：8，绳纹陶片，夹粗砂灰陶。饰粗绳纹。厚0.8～1.1厘米（图一三三，11）。

235：9，折沿鼓腹罐口沿，口部残片，夹砂灰褐陶。尖唇，鼓腹，领部以下饰细绳纹。残高12、壁厚0.3～0.6厘米（图一三三，3）。

235：10，绳纹陶片，泥质红陶。饰细绳纹。厚0.5厘米（图一三三，18）。

235：11，侈沿罐口残片，泥质灰陶。底部存有两道弦纹。厚0.5厘米（图一三三，23）。

235：12，折沿罐口沿，泥质灰陶。折沿近平，溜肩，素面。残高5、厚0.5厘米（图一三三，2）。

### 05-236　石壁桥遗址-5

遗址编号：QWS-5

文化属性：朱开沟文化、战国

行政归属：清水河县王桂窑子乡石壁桥村

GPS坐标：遗址中部东经111°36′14.8″、北纬39°59′33.6″

海拔高度：1213±5米

初查时间：2005年4月17日

遗址位于王桂窑子乡南部，209国道西部一平台沙地上。该平台位于一大型黄土台地东部地区，台地范围极广，台地西侧近临大型古代冲沟；东部与南部面向浑河，其中东部坡地分布各类遗存较多，而南部坡地则相对较少。

遗址主要分布于沙地平台顶部北侧，与209国道东一南的拐弯处相邻，东部为逐级下降的坡地，坡地下方可见05-235号遗址，东北隔低洼地与另一平台上的05-232号遗址相邻，西部、北部均邻平缓广阔的沙地（参见图一三〇；彩版一九，1）。遗址内地势总体呈南高北低，站在遗址上，东向可见209国道南北向经过，西北向可见移民新村。遗址内地表沙化严重，现种植有大量柠条。

遗址东西长约200米、南北宽约400米，总面积约8万平方米。遗物主体集中于坡顶部分，缓坡之上分布较少。遗物以战国时期为主。

236：1，弦断绳纹残片，夹砂红陶。饰弦断绳纹。壁厚1厘米（图一三四，10）。

236：2，罐底，夹砂灰陶。素面，平底。壁厚0.6厘米（图一三四，16）。

236：3，豆柄，泥质灰陶。素面，浅盘，圆柄，内中空。壁厚0.9厘米（图一三四，14）。

236：4，碗口沿，泥质灰陶。厚缘唇，敛口，折腹处起棱。素面。壁厚0.3～0.6厘米（图一三四，7）。

236：5，碗口沿，泥质灰陶。圆唇，弧腹。素面。壁厚0.5～0.9厘米（图一三四，4）。

236：6，矮领瓮口沿，泥质灰陶。方唇，斜直口，厚沿外侈。领以下饰粗绳纹。壁厚0.6厘米（图一三四，22）。

236：7，盆底，夹砂灰陶。平底。器壁饰竖向杂乱的细绳纹。残高3.8、壁厚0.6厘米（图一三四，24）。

## 05-237　沙鄢遗址-1

遗址编号：QWS-3

文化属性：汉代

行政归属：清水河县王桂窑子乡沙鄢村

GPS 坐标：遗址中部东经111°34′45.9″、北纬39°59′41.8″

海拔高度：1198±5米

初查时间：2005年4月18日

遗址位于沙鄢村（已搬迁）北部的缓坡之上。该缓坡位于一东、南临浑河的大型台地的西部，台地范围极广，西部为大型古代冲沟，近冲沟的坡地分布有较多遗址；东部与南部面向浑河，其中东部坡地分布有一定数量的遗址，而南部坡地多陡峭并有较多小型冲沟。

遗址主要分布于由西向东的缓坡隆起之地，遗址西南隔平缓的大坡与05-239号遗址相邻，南部为遗址所在坡地延伸部分，并见05-240号遗址被东西冲沟相夹，遗址四周均邻平缓的大沙地。遗址内地势平坦，一条乡间公路从遗址顶部向南部沙鄢村拐去，遗址东部有一大片杨树林，中间有晚期发育的冲沟，冲沟北部被野草覆盖，种植柠条，冲沟南部为耕地。

遗址东西长约450米、南北宽约200米，总面积约9万平方米。遗址内现辟为耕地，遗物主要分布在北部地区，南部较少，多见汉代陶片。

237：1，环形石器，灰砂层岩。残，抹光，断面呈椭圆形。直径2.6～7.6、厚0.4～1厘米（图一三四，15）。

237：2，折沿盆口沿，泥质灰陶。方唇，沿外卷，素面。厚0.5～1厘米（图一三四，8）。

图一三四　05-236～05-240号遗址标本

1.卷沿瓮口沿（239∶1）　2、3、8、12.折沿盆口沿（240∶1，240∶2，237∶2，238∶4）　4、7.碗口沿（236∶5，236∶4）　5、6、18.器腹残片（239∶4，238∶3，239∶3）　9.瓮腹残片（240∶3）　10.弦断绳纹残片（236∶1）　11.绳纹陶片（238∶1）　13.直口钵口沿（238∶2）　14.豆柄（236∶3）　15.环形石器（237∶1）　16、17、23.罐底（236∶2，238∶5，239∶2）　19.附加堆纹陶片（237∶4）　20～22.矮领瓮口沿（240∶4，237∶3，236∶6）　24.盆底（236∶7）　25.篮纹陶片（239∶5）（6、13为庙子沟文化，25为永兴店文化，11、24为朱开沟文化，4、7、10、14、16、22为战国，余为汉代）

237：3，矮领瓮口沿，泥质灰陶。口微侈，厚缘唇，素面抹光。壁厚0.5厘米（图一三四，21）。

237：4，附加堆纹陶片，泥质灰陶。素面，器表饰一条压印波纹。壁厚0.5厘米（图一三四，19）。

### 05-238　小什俱牛梁遗址-1

遗址编号：QWX-1

文化属性：庙子沟文化、朱开沟文化，汉代

行政归属：清水河县王桂窑子乡小什俱牛梁村

GPS 坐 标：遗址中部东经111°34′07.3″、北纬39°59′02.6″

海拔高度：1191±5米

初查时间：2005年4月18日

遗址位于小什俱牛梁村东北方向的平台之上，该平台位于一东、南临浑河的大型黄土台地的西部地区，台地范围极广，西部为大型古代冲沟，近冲沟的坡地分布有较多遗址；东部与南部面向浑河，其中东部坡地分布有一定数量的遗址，而南部坡地多陡峭并有较多小型冲沟，遗址极少。

遗址主要分布于平台东侧之上，也即该村所在坡地顶部的东侧，遗址西部隔乡村土路与冲沟邻近05-241号遗址，东北部隔冲沟与05-240号遗址相邻，沿着北部逐级上升至另一坡顶即为05-239号遗址所在地，遗址南部临冲沟，西部平台上可见一长约60米、宽约40米、高约2.5米的夯土筑成的牲口棚（图一三五；彩版九八，1）。

遗址内地势较为平坦，南部的下方被数条晚期发育的冲沟所割裂，顶部台地上存有一排东南-西北方向的输电网，中部有乡间公路与村连接。

遗址东西长约300米、南北宽约200米，总面积约6万平方米。遗物零星分布于地表，以庙子沟文化、汉代时期的陶片为主，少见永兴店文化陶片。

238：1，绳纹陶片，泥质黄褐陶。饰绳纹。壁厚0.7厘米（图一三四，11）。

238：2，直口钵口沿，泥质黄陶。口部饰黑彩带，尖唇，素面。高4厘米，壁厚0.8厘米（图一三四，13）。

238：3，器腹残片，泥质黄褐陶。素面。壁厚0.5厘米（图一三四，6）。

238：4，折沿盆口沿，夹砂灰陶。敞口，方唇，短沿，沿下饰凹弦纹。壁厚0.5厘米（图一三四，12）。

238：5，罐底，泥质灰褐陶。饰刺点纹，近底部素面，平底，底略薄于器身。壁厚1.1厘米（图一三四，17）。

### 05-239　沙鄢遗址-2

遗址编号：QWS-2

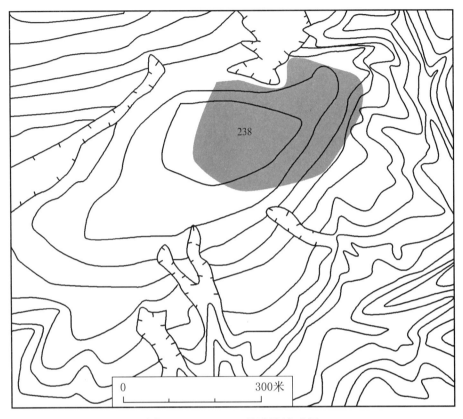

图一三五　　05-238号遗址地形图

文化属性：永兴店文化、汉代

行政归属：清水河县王桂窑子乡沙鄢村

GPS坐标：遗址中部东经111°34′13.0″、北纬39°59′32.2″

海拔高度：1245±5米

初查时间：2005年4月18日

遗址位于沙鄢村（已搬迁）西北部一平缓坡地之上。该缓坡位于一东、南临浑河的大型黄土台地的西部，台地范围极广，西侧为大型古代冲沟，近冲沟的坡地分布有较多遗址；东部与南部面向浑河，其中东部坡地分布有一定数量的遗址，而南部坡地多陡峭并有较多小型冲沟，遗址极少。

遗址主要分布于南、北两处隆起的圆形小坡台之间的洼地上，遗址西部为缓坡地，隔东西向冲沟沟端远邻05-243号遗址；南部为逐级下降的坡地，坡地下方邻05-238号遗址；东南部隔冲沟沟端远邻05-240号遗址；东北隔平缓下降的坡地与05-237号遗址相邻；北部与南部为坡顶平台；有一条东西向的土路从遗址中部经过。遗址内地势平坦，地表现辟为耕地。

遗址东西长约150米、南北宽约150米，总面积约2.25万平方米。遗物主要分布于东部，北部极少，主要为永兴店文化的陶片。

239：1，卷沿瓮口沿，夹砂灰陶。厚圆唇，敛口，留有内卷痕迹，素面。高2.5、壁厚0.6厘米（图一三四，1）。

239：2，罐底，泥质灰陶。器表有划痕，平底，内部有修制痕迹，素面。壁厚0.4～1厘米（图一三四，23）。

239：3，器腹残片，泥质灰陶。素面。壁厚0.3厘米（图一三四，18）。

239：4，器腹残片，泥质灰陶。上部存一周刺点纹，余素面。壁厚0.6厘米（图一三四，5）。

239：5，篮纹陶片，泥质灰陶。器表饰篮纹。壁厚0.6厘米（图一三四，25）。

## 05-240　小什俱牛梁遗址-2

遗址编号：QWX-2

文化属性：汉代

行政归属：清水河县王桂窑子乡小什俱牛梁村

GPS 坐 标：遗址中部东经111°34′31.5″、北纬39°59′12.5″

海拔高度：1181±5米

初查时间：2005年4月18日

遗址位于小什俱牛梁村东北方向东、西、南三面环沟的狭长坡地上。该坡地位于一东、南临浑河的大型黄土台地的西部地区，台地范围极广，西部为大型古代冲沟，近冲沟的坡地分布有较多遗址；东部与南部面向浑河，其中东部坡地分布有一定数量的遗址，而南部坡地多陡峭并有较多小型冲沟，遗址极少。

遗址主要分布在狭长坡地中部，遗址西北隔逐级上升的坡地可见05-239号遗址，北部同样隔缓坡与05-237号遗址相邻，西南隔冲沟邻05-238号遗址，东部与西部邻冲沟，南部邻坡下较大冲沟。

遗址东西长约250米、南北宽约300米，总面积约7.5万平方米。遗物零星散见各处，以汉代的陶片为主。

240：1，折沿盆口沿，泥质灰褐陶。唇部压一周凹弦纹，器表抹光。高4、壁厚0.7～1.3厘米（图一三四，2）。

240：2，折沿盆口沿，泥质灰陶。方平唇，敛口，沿部有轮制痕迹，素面抹光。壁厚0.6厘米（图一三四，3）。

240：3，瓮腹陶片，泥质灰陶。饰一条压印纹。壁厚1厘米（图一三四，9）。

240：4，矮领瓮口沿，泥质灰陶。圆唇，束颈，沿面起一凸棱，器表有轮制痕迹，素面。壁厚0.7厘米（图一三四，20）。

### 05-241　小什俱牛梁遗址-3

遗址编号：QWX-3

文化属性：战国、汉代

行政归属：清水河县王桂窑子乡小什俱牛梁村

GPS 坐 标：遗址中部东经111°33′41.3″、北纬39°59′07.0″

海拔高度：1183±5米

初查时间：2005年4月18日

遗址位于小什俱牛梁村西北方向的缓坡上，坡与村隔一条旱沟，该缓坡位于一东、南临浑河的大型黄土台地的西部地区，台地范围极广，西部为大型古代冲沟，近冲沟的坡地分布有较多遗址；东部与南部面向浑河，其中东部坡地分布有一定数量的遗址，而南部坡地多陡峭并有较多小型冲沟，遗址极少。

遗址主要分布在坡地下方临沟的平缓之处，遗址东邻旱沟并隔沟邻05-238号遗址，两遗址间有乡间公路；遗址西北部邻坡地冲沟，并隔冲沟与05-242号遗址相邻；遗址沿着东北渐次升高的坡地至坡顶与05-239号遗址相邻；遗址南部邻大型冲沟；西部邻逐级下降的陡坡（图一三六；彩版九八，2）。遗址内地势较缓，地表现辟为耕地。

遗址东西长约250米、南北宽约300米，总面积约7.5万平方米。零星可见战国、汉代陶片。

241：1，绳纹陶片，泥质灰陶。饰绳纹。壁厚0.7厘米（图一三七，20）。

241：2，绳纹陶片，泥质灰陶。饰绳纹。壁厚0.6厘米（图一三七，19）。

### 05-242　青草鄂遗址-1

遗址编号：QWQ-1

文化属性：鲁家坡一期遗存、庙子沟文化、永兴店文化、朱开沟文化

行政归属：清水河县王桂窑子乡青草鄂村

GPS 坐 标：遗址中部东经111°33′35.0″、北纬39°59′22.1″

海拔高度：1220±7米

初查时间：2005年4月18日

遗址位于小什俱牛梁村西北方向近临青草鄂村的一条狭长的三面邻沟的坡地上。该狭长坡地位于一东、南临浑河的大型黄土台地的西部地区，台地范围极广，西部为大型古代冲沟，近冲沟的坡地分布有较多遗址；东部与南部面向浑河，南部坡地多陡峭并有较多小型冲沟，遗址极少（图一三八；彩版一九，2）。

遗址所在的狭长坡地呈东北向西南延伸的条状坡地，除东北与黄土台塬相连为逐

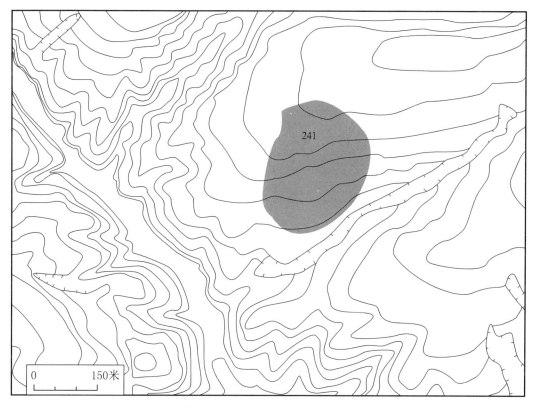

图一三六　05-241号遗址地形图

渐向上的缓坡外，其他方向均邻冲沟。遗址主要分布在坡地邻近冲沟处的坡上，东部隔冲沟与05-241号遗址相邻，北部沿着北上坡顶即为05-239号遗址。遗址内地势不平整，坡势狭长。地表现荒草丛生（彩版九八，2）。

遗址东西长约300米、南北宽约250米，总面积约7.5万平方米。遗物以鲁家坡一期遗存为主，其次为永兴店文化陶片。

242：1，筒形罐口沿，细砂质黄陶。圆唇，器表饰交叉划纹。壁厚0.8厘米（图一三七，17）。

242：2，直口钵口沿，泥质红陶。圆唇，口部饰宽带黑彩纹，内壁饰赭色陶衣。壁厚0.7厘米（图一三七，10）。

242：3，彩陶片，泥质黄陶。器表施弧线黑彩纹。壁厚0.7厘米（图一三七，26）。

242：4，折沿盆口沿，泥质黄灰陶，胎质不纯。尖圆唇，口略直，折沿，素面抹光。壁厚0.5厘米（图一三七，21）。

242：5，敛口折腹钵口沿，泥质灰陶。尖唇，敛口，素面。残高3.2、壁厚0.4厘

图一三七　05-241～05-244号遗址标本

1、6.交叉线纹陶片（243∶3，243∶5）　2.折沿罐口沿（243∶1）　3、7、8、18～20、22、28.绳纹陶片
（242∶8，243∶2，244∶10，242∶9，241∶2，241∶1，244∶8，244∶1）　4、10、12.直口钵口沿（244∶3，
242∶2，244∶2）　5、16、25.篮纹陶片（244∶9，244∶6，244∶7）　9.篮纹罐底（242∶6）　11.小口
双耳罐口沿（244∶4）　13.直口深腹盆口沿（242∶7）　14.彩陶盆底（244∶11）　15.敛口折腹钵口沿
（242∶5）　17.筒形罐口沿（242∶1）　21.折沿盆口沿（242∶4）　23.尖底瓶底（244∶5）　24、27.卷沿瓮
口沿（244∶12，243∶6）　26.彩陶片（242∶3）　29.小口壶口沿（243∶4）（1、4、6、10、12、14、17、
23、28为鲁家坡一期遗存，11、21、26为庙子沟文化，5、16、25为阿善三期文化，9、13、15为永兴店文化，3、
18、22为朱开沟文化，余为战国）

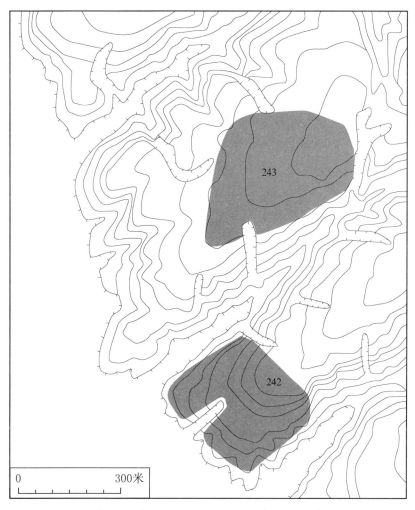

图一三八　05-242、05-243号遗址地形图

米（图一三七，15）。

242:6，篮纹罐底，夹砂灰陶。底上部饰斜篮纹，平底，底腹相接处增厚。壁厚0.5～1.1厘米（图一三七，9）。

242:7，直口深腹盆口沿，泥质灰陶。尖唇，素面。壁厚0.4厘米（图一三七，13）。

242:8，绳纹陶片，夹砂灰陶。器表饰浅细绳纹。壁厚0.7厘米（图一三七，3）。

242:9，绳纹陶片，夹砂灰褐陶。器表饰浅绳纹。壁厚0.8厘米（图一三七，18）。

## 05-243　青草鄂遗址-2

遗址编号：QWQ-3

文化属性：鲁家坡一期遗存、战国

行政归属：清水河县王桂窑子乡青草鄢村

GPS坐标：遗址中部东经111°33′27.8″、北纬39°59′37.8″

海拔高度：1227±8米

初查时间：2005年4月18日

遗址位于青草鄢村（已搬迁）西部较大型长条状坡地之上，该长条状坡地位于一东、南临浑河的大型黄土台地的西北部地区，台地范围极广，西部为大型古代冲沟，近冲沟的坡地分布有较多遗址；东部与南部面向浑河，其中东部坡地分布有一定数量的遗址，而南部坡地多陡峭并有较多小型冲沟，遗址极少。

遗址主要分布在长条状坡地中部平坦的坡顶，遗址西北隔冲沟与05-241号遗址相望；南部隔冲沟与05-242号遗址相望；沿着东部沟端向上的另一处坡顶即为05-239号遗址；西部为逐级下降的缓坡地，坡地下方为大型冲沟（参见图一三八；彩版二〇，1）。遗址内东部总体地形较平缓，其他部位地势较陡，遗址中部有乡间公路穿过。遗址内地表现覆盖有大量荒草（彩版九八，2）。

遗址东西长约400米、南北宽约300米，总面积约12万平方米。遗物主要为永兴店文化陶片与战国时期陶片，两者数量相当。

243：1，折沿罐口沿，夹砂灰陶。方唇，敛口，折沿，素面。壁厚0.6厘米（图一三七，2）。

243：2，绳纹陶片，泥质灰陶。饰抹断绳纹。壁厚0.7厘米（图一三七，7）。

243：3，交叉线纹陶片，泥质灰褐陶。抹印交叉纹，有两个穿孔。壁厚0.6厘米（图一三七，1）。

243：4，小口壶口沿，泥质灰陶。尖唇，口微侈，近口部抹塑成一周凸脊，高颈，素面。残高5、壁厚0.7厘米（图一三七，29）。

243：5，交叉线纹陶片，泥质灰褐陶。抹印交叉纹。壁厚0.6厘米（图一三七，6）。

243：6，卷沿瓮口沿，泥质灰陶。方唇，敛口，器表饰抹断细绳纹。高4.9、壁厚0.7厘米（图一三七，27）。

## 05-244　解放遗址-1

遗址编号：QWJ-1

文化属性：鲁家坡一期、庙子沟文化、阿善三期文化、朱开沟文化、战国

行政归属：清水河县王桂窑子乡解放村

GPS坐标：遗址中部东经111°33′14.3″、北纬39°59′56.4″

海拔高度：1234±5米

初查时间：2005年4月18日

遗址位于解放村东部隔冲沟相望的缓坡之上。该缓坡位于一东、南临浑河的大型黄土台地的西部地区，台地范围极广，西部为大型古代冲沟，近冲沟的坡地分布有较多遗址；东部与南部面向浑河，其中东部坡地分布有一定数量的遗址，而南部坡地多陡峭并有较多小型冲沟（图一三九）。

遗址主要分布在缓坡下方平坦之处。遗址西向隔冲沟与05-249号遗址相望，南部隔冲沟与05-243号遗址相邻；东北向上为漫坡；西部下方为陡坡，陡坡下为大型冲沟。遗址内向南的坡下为乡间土路，近旁为小冲沟，该冲沟与经过解放村的小河相连，坡上可见建于河上的小石桥。遗址中部有乡间土路穿过，且坡西部为乡间公路通向解放村（彩版九八，2）。遗址地势相对平缓，地表现辟为耕地。

遗址东西长约300米、南北宽约250米，总面积约7.5万平方米。遗物以鲁家坡一期文化陶片为主。

244：1，绳纹陶片，夹砂红陶。绳纹。壁厚0.7厘米（图一三七，28）。

244：2，直口钵口沿，泥质红陶。尖圆唇，直口，口部饰宽带黑彩纹，素面。壁厚0.7厘米（图一三七，12）。

244：3，直口钵口沿，口部残片，泥质黄陶。尖圆唇，口部饰宽带黑彩纹，素面。壁厚0.8厘米（图一三七，4）。

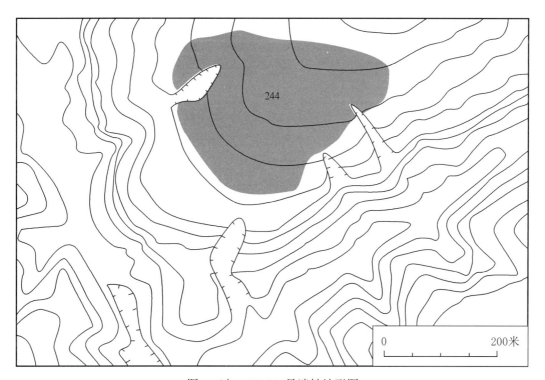

图一三九　05-244号遗址地形图

244：4，小口双耳罐口沿，夹细砂质灰陶。尖唇，敛口，窄沿，沿下施波纹黑彩，其下饰数条细黑彩条带纹。壁厚0.5～0.7厘米（图一三七，11）。

244：5，尖底瓶底，橙黄色泥质陶。泥条盘筑，素面。残高4.4、壁厚0.9厘米（图一三七，23）。

244：6，篮纹陶片，泥质灰陶。弧肩，肩部饰横篮纹，其下素面。壁厚0.7厘米（图一三七，16）。

244：7，篮纹陶片，夹砂灰陶。篮纹。残高8、壁厚0.8厘米（图一三七，25）。

244：8，绳纹陶片，夹砂灰陶。浅绳纹。壁厚0.9厘米（图一三七，22）。

244：9，篮纹陶片，泥质灰褐陶。外壁饰横向篮纹。壁厚0.6厘米（图一三七，5）。

244：10，绳纹陶片，泥质灰褐陶。抹断绳纹。壁厚0.6厘米（图一三七，8）。

244：11，彩陶盆底，泥质灰褐陶。可能是盆底部，平底，素面。壁厚0.6厘米（图一三七，14）。

244：12，卷沿瓮口沿，泥质灰陶。方唇，敛口，器表饰抹断细绳纹。高3、壁厚0.7厘米（图一三七，24）。

### 05-245　常家河遗址-1

遗址编号：QWC-1

文化属性：辽金

行政归属：清水河县王桂窑子乡常家河村

GPS坐标：遗址中部东经111°31′33.5″、北纬39°59′51.5″

海拔高度：1243±6米

初查时间：2005年4月19日

遗址位于常家河村东北部缓坡之上，坡地向西漫至解放村。该坡地以大石沿村为制高点（海拔高度1283米），位于一南北走向的山梁北部。山梁总体地势呈中部高，四周低，坡地东、西两面近临早期形成的大型冲沟，南临浑河，北为开阔的梁地。山梁梁部存较多冲沟，地形复杂，其上分布众多古代遗址，且大部分遗址都分布在沿冲沟部位与近浑河岸边。

遗址主要分布在一处平台的东部，遗址西部近邻05-285号遗址，南部隔一处平地与05-248号遗址相邻，东南邻05-246号遗址，正东隔一级低坡与05-247号遗址相邻，该遗址应是此次浑河流域调查中最北部的遗址之一。遗址中部有数条晚期发育的小冲沟，一排高压输电网从遗址顶部由南向北经过，东部有通往岔河口村的乡间公路。遗址内地势平整，地表现杂草丛生，并种植有少量树木。

遗址东西长约350米、南北宽约300米，总面积约10.5万平方米。遗物主要集中于遗址北部。

## 05-246 常家河遗址-2

遗址编号：QWC-2

文化属性：庙子沟文化、永兴店文化、战国、汉代

行政归属：清水河县王桂窑子乡常家河村

GPS坐标：遗址中部东经111°31′49.1″、北纬39°59′41.8″

海拔高度：1236±6米

初查时间：2005年4月19日

遗址位于常家河村东南部坡地之上。该坡地以大石沿村为制高点（海拔高度1283米），位于基本呈南北向分布的独立的山梁北部，山梁东、西两面近临早期大型冲沟，南临浑河，北为平梁，遗址除在山梁北部平坦部位分布较密集外，在冲沟与浑河岸边亦有分布。

遗址主要分布于一缓坡处，属此次浑河流域调查的北部地区，遗址西邻05-248号遗址，东南邻05-251号遗址，东远邻05-250号遗址，北邻05-247号遗址，向南为平梁地漫延至冲沟。遗址内有小型冲沟伸入东部，西部与北部有乡间土路通过。在遗址上可见其所处坡地有一条大型防洪堤坝，遗址内有一草粉厂。遗址地表风化严重，部分地段种植有大量柠条。

遗址东西长约450米、南北宽约250米，总面积约11.25万平方米。遗物较多，以汉代陶片为主。

246：1，石刀，残，磨制。长方形，直背直刃，近背部穿孔，正锋，暗黄色。残长9.5、宽9、厚1.2厘米（图一四〇，14）。

246：2，石铲，残，磨制。薄体，近扇形，青色，刃部渐薄，正锋。残长7.6、厚1厘米（图一四〇，15）。

246：3，敞口盆口沿，泥质灰陶。外叠唇，敞口，素面。壁厚0.6厘米（图一四〇，7）。

246：4，篮纹陶片，泥质灰陶。外壁饰横向篮纹。壁厚0.4厘米（图一四〇，12）。

246：5，绳纹陶片，砂质灰陶。粗绳纹，器表经烘烤呈黑色。壁厚0.6厘米（图一四〇，3）。

246：6，抹断绳纹陶片，泥质灰陶。外壁饰抹断绳纹。壁厚0.6厘米（图一四〇，8）。

246：7，窄沿罐底，夹砂灰陶。小平底，素面，厚底。壁厚0.6～1厘米（图一四〇，2）。

246：8，碗口沿，泥质灰陶。方唇，沿内曲，腹部起凸棱，素面。壁厚0.4厘米

（图一四〇，1）。

### 05-247　常家河遗址-3

遗址编号：QWC-3

文化属性：阿善三期文化、朱开沟文化、汉代

行政归属：清水河县王桂窑子乡常家河村

GPS 坐 标：遗址中部东经111°31′48.5″、北纬39°59′52.7″

海拔高度：1229±5米

初查时间：2005年4月19日

遗址位于常家河村东北部狭长缓坡下方。该坡地以大石沿村为制高点（海拔高度1283米），大体呈南北走向。遗址东、西两面近临早期冲沟，南临浑河，北为平梁。地势总体呈中部高，四周低，地形复杂，遗物多集中在山梁平缓的北部地带和近冲沟地带与浑河岸边。

遗址主要分布于一狭长缓坡之上，遗址西部隔一级坡地邻05-245号遗址，南部邻05-246号遗址，东部为一条不长的东西向冲沟端口，隔冲沟的东坡下方为05-249号遗址。本遗址与05-245、246号遗址点处于同一缓坡，也是此次浑河流域调查的较靠北的遗址。遗址内南部与东部均有小冲沟，地表种植大量柠条。

遗址东西长约400米、南北宽约250米，总面积约10万平方米。遗物分布较广，以战国时期为主，并见庙子沟文化、阿善三期文化和朱开沟文化时期的陶片。

247：1，石刀，磨制，黄褐色，平面呈长方形，正面平直，背面微突，直背弧刃，刀身上部有一穿孔。壁厚0.3厘米（图一四〇，16）。

247：2，侈沿罐口沿，泥质灰陶。方圆唇，敛口，器形较小，素面。壁厚0.3厘米（图一四〇，5）。

247：3，绳纹陶片，夹砂灰陶。器表饰绳纹。壁厚0.7厘米（图一四〇，9）。

247：4，绳纹陶片，夹砂灰陶。器表饰细绳纹。壁厚0.7厘米（图一四〇，4）。

247：5，鬲足，夹砂灰陶。饰绳纹，内壁有捏塑痕迹，足较尖。厚0.6厘米（图一四〇，6）。

247：6，盆底，泥质灰褐陶。素面，轮制。壁厚0.7厘米（图一四〇，10）。

247：7，折沿残片，泥质灰褐陶。宽沿略下折，素面。壁厚0.6～0.9厘米（图一四〇，13）。

247：8，甑底残片，泥质褐陶。底部有数个甑孔，素面。壁厚1.1厘米（图一四〇，11）。

### 05-248　常家河遗址-4

遗址编号：QWC-4

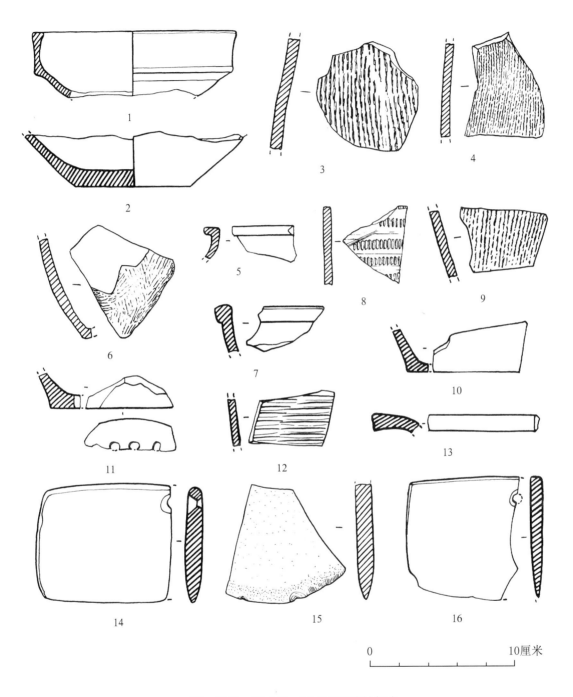

图一四〇　05-246、05-247号遗址标本

1.碗口沿（246∶8）　2.窄沿罐底（246∶7）　3、4、9.绳纹陶片（246∶5，247∶4，247∶3）　5.侈沿罐口沿（247∶2）　6.鬲足（247∶5）　7.敞口盆口沿（246∶3）　8.抹断绳纹陶片（246∶6）　10.盆底（247∶6）　11.甑底残片（247∶8）　12.篮纹陶片（246∶4）　13.折沿残片（247∶7）　14、16.石刀（246∶1，247∶1）　15.石铲（246∶2）（12、14、15为庙子沟文化，5、11为阿善三期文化，2、3为永兴店文化，4、6、9为朱开沟文化，1、8为战国，余为汉代）

文化属性：鲁家坡一期遗存、朱开沟文化、战国

行政归属：清水河县王桂窑子乡常家河村

GPS坐标：遗址中部东经111°31′35.7″、北纬39°59′31.8″

海拔高度：1273±5米

初查时间：2005年4月19日

遗址位于常家河村北一处较高的平台之上，平台向西北漫至村中。遗址所在的坡地平台以大石沿村为制高点（海拔高度1283米），呈南北走向。总体地势呈中部高，四周低，东、西两面临早期大型冲沟，南临浑河，北为平梁，其中山梁南面有较多的大小冲沟，地形复杂，遗存多集中分布在山梁北部平坦地带和临近大型冲沟坡地与浑河岸边。

遗址主要分布在常家河村通往岔河口村乡间公路东部一大型缓坡顶部平台上的西侧，其制高点为海拔高度1265米的圆形平台，南邻常家河村居地。遗址内有一条南北向通往解放村的乡间土路，南可遥见公路旁的常家河小学，遗址东邻05-245号遗址。地表大部分被辟为耕地，向东坡地覆盖大量荒草，并种植大量柠条。

遗址东西长约250米、南北宽约500米，总面积约12.5万平方米。东向的缓坡之下可见遗物，以庙子沟文化及朱开沟文化陶片为主。

248：1，绳纹陶片，夹砂黄褐陶。饰绳纹。壁厚0.7厘米（图一四一，9）。

248：2，尖底瓶底，泥质黄陶。捏制，夹角呈锐角，素面。壁厚0.6厘米（图一四一，18）。

248：3，三足瓮足，夹砂灰陶。空足，手制，夹角呈锐角，绳纹。壁厚0.8～1.3厘米（图一四一，19）。

248：4，三足瓮足，夹砂灰褐陶。手制，足与腹成钝角，绳纹。壁厚0.9厘米（图一四一，17）。

248：5，盆底，夹砂灰黄陶。器底部，绳纹。壁厚0.9厘米（图一四一，10）。

248：6，绳纹陶片，泥质灰陶。内壁平滑，外饰抹断绳纹。壁厚0.5厘米（图一四一，2）。

248：7，绳纹陶片，泥质灰陶。内壁平滑，外饰抹断绳纹，纹饰较深。壁厚0.5厘米（图一四一，16）。

248：8，碗口沿，尖圆唇，直口，腹部起凸棱，素面。壁厚0.5厘米（图一四一，6）。

## 05-249　解放遗址-3

遗址编号：QWJ-3

文化属性：庙子沟文化、永兴店文化、朱开沟文化、战国

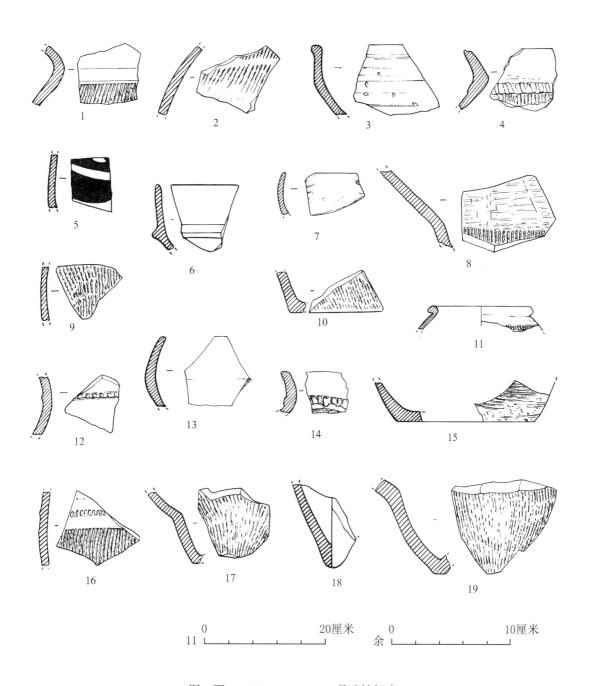

图一四一　05-248、05-249号遗址标本

1、2、8、9、16.绳纹陶片（249：11，248：6，249：7，248：1，248：7）　3.侈口弧腹盆口沿（249：10）
4.侈沿罐口沿（249：3）　5.彩陶片（249：1）　6.碗口沿（248：8）　7、13.敛口弧腹钵口沿（249：2，
249：5）　10.盆底（248：5）　11.卷沿罐口沿（249：9）　12.尖底瓶颈部残片（249：4）　14.鬲口沿
（249：8）　15.篮纹罐底（249：6）　17、19.三足瓮足（248：4，248：3）　18.尖底瓮底（248：2）（18
为鲁家坡一期遗存，4、5、7、12为庙子沟文化，13、15为永兴店文化，9、10、14、17、19为朱开沟文化，余
为战国）

行政归属：清水河县王桂窑子乡解放村

GPS 坐标：遗址中部东经111°32′29.3″、北纬39°59′42.4″

海拔高度：1185±5米

初查时间：2005年4月19日

遗址位于解放村西部。遗址所在坡地以大石沿村为制高点（海拔高度1283米），大体呈南北走向分布。总体地势中部高，四周低，山梁东、西两面近临早期大型冲沟，南临浑河，北为平梁，其中南面有较多的大小冲沟，地形复杂，中部东、西两条较大的冲沟伸入内部，遗存多集中分布于山梁北部平缓地带及临近冲沟的坡地与浑河岸边。

遗址主要分布在解放村所在坡地的一圆形平台地之处，遗址西面隔冲沟与05-247号遗址远邻，南隔冲沟邻05-250号遗址，东隔冲沟与05-244号遗址相邻，西南为缓平坡可见05-246号遗址，该遗址是此次浑河流域调查的最北部区域。遗址内北坡处种植有少量柠条，南部有一条通往解放村的土路，南、北两面有小型冲沟，东部临近大型冲沟，遗址内地表现辟为梯田（彩版二〇，2）。

遗址东西长约500米、南北宽约250米，总面积约12.5万平方米。遗物较为丰富，以庙子沟文化与朱开沟文化陶片为主。

249：1，彩陶片，泥质黄褐陶。器表饰黑带彩，形似菱纹。壁厚0.6厘米（图一四一，5）。

249：2，敛口弧腹钵口沿，泥质红褐陶。尖圆唇，素面。残高3、壁厚0.5厘米（图一四一，7）。

249：3，侈沿罐口沿，夹砂黄褐陶。尖圆唇，领下饰一周附加堆纹，其下为绳纹。壁厚0.3～1.1厘米（图一四一，4）。

249：4，尖底瓶颈部残片，泥质黄陶。颈部饰一周泥条纹，素面。壁厚0.8厘米（图一四一，12）。

249：5，敛口弧腹钵口沿，泥质灰陶。尖圆唇，敛口，素面。残高5、壁厚0.5～0.9厘米（图一四一，13）。

249：6，篮纹罐底，夹砂灰陶。小平底，近底部饰横篮纹，有人工修整痕迹。残高3、壁厚0.8厘米（图一四一，15）。

249：7，绳纹陶片，泥质灰陶。外壁饰竖向绳纹。壁厚0.8厘米（图一四一，8）。

249：8，鬲口沿，夹砂灰陶。方唇，侈口，矮领，领部饰一周压印附加堆纹，器表饰绳纹。壁厚0.6厘米（图一四一，14）。

249：9，卷沿罐口沿，泥质灰褐陶。厚缘唇，口部与领部抹光，器身饰绳纹。口径22、壁厚0.5厘米（图一四一，11）。

249：10，侈口弧腹盆口沿，夹细砂灰陶。圆唇，腹部起棱，素面。残高9、壁厚0.8厘米（图一四一，3）。

249：11，绳纹陶片，夹细砂灰陶。沿残缺，领部抹光，以下饰细绳纹。壁厚0.8厘米（图一四一，1）。

### 05-250 解放遗址-4

遗址编号：QWJ-4

文化属性：庙子沟文化、阿善三期文化、朱开沟文化、战国、汉代

行政归属：清水河县王桂窑子乡解放村

GPS坐标：遗址中部东经111°32′34.9″、北纬39°59′38.1″

海拔高度：1229±6米

初查时间：2005年4月19日

遗址位于解放村西南部平坡之地，隔冲沟与村相望。遗址所在的平坡地以大石沿村为制高点（海拔高度1283米），位于呈南北走向的山梁北部偏东临沟地区。该山梁总体地势呈中部高，四周低，山梁东、西两面近临早期形成的大型冲沟，南临浑河，北为平梁。其中南面地表存较多大小冲沟，地形复杂，遗址多集中分布在山梁北部及临近冲沟的坡地与浑河岸边。

遗址主要分布在大平坡东部邻冲沟的缓坡上，坡体平坦广阔，遗址东、南、北三面均为起伏不平的坡地及冲沟，北部隔冲沟与05-249号遗址相对，南部隔冲沟邻05-254号遗址，东部隔大型冲沟可见05-243号遗址。遗址西部隔坡顶部见05-246号遗址，西南远邻05-251号遗址。遗址内小部分地表现辟为耕地，大部分地表现沙化严重，现多种植有柠条。

遗址东西长约450米、南北宽约500米，总面积约22.5万平方米。地表遗物较多，遗物主要分布于东坡之上，坡上部多为朱开沟文化及少量庙子沟文化遗物，坡体下部多为汉代遗物，并有少量阿善三期文化遗物。

250：1，筒形罐口沿，泥质灰陶。尖圆唇，敛口，微折沿，溜肩，素面。壁厚0.5厘米（图一四二，4）。

250：2，高领壶口沿，泥质灰陶。方唇，敞口，束颈，颈部饰两周刺点纹，广肩，素面。壁厚0.5厘米（图一四二，2）。

250：3，窄沿罐口沿，砂质灰陶。尖圆唇，小敛口，沿下饰若干锥刺纹，其下为素面。壁厚0.7厘米（图一四二，11）。

250：4，小口双耳罐口沿，泥质黄陶。尖唇，敛口，窄沿，器表施条带黑彩。壁厚0.6厘米（图一四二，6）。

250：5，窄沿罐口沿，夹砂灰陶。尖唇，敛口，窄沿，素面。壁厚0.7厘米（图

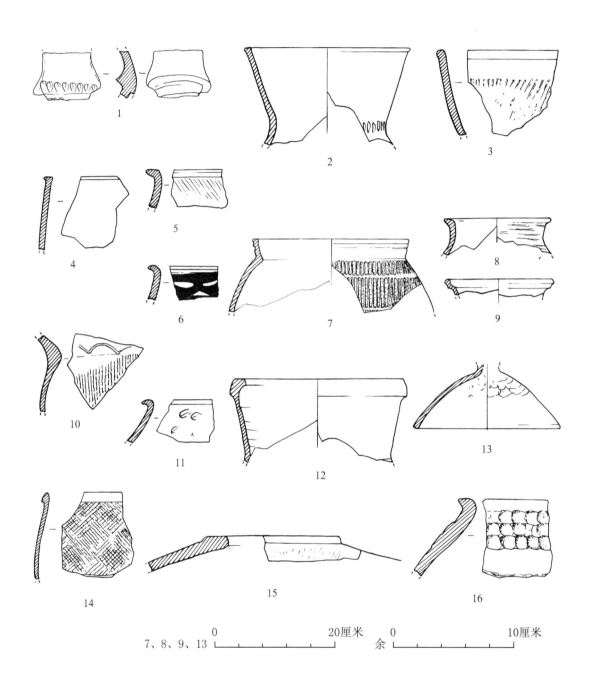

图一四二　05-250号遗址标本

1.器耳（250：6）　2、12.高领壶口沿（250：2，250：14）　3.敞口盆口沿（250：13）　4、14.筒形罐口沿（250：1，250：15）　5、8、11、16.窄沿罐口沿（250：5，250：7，250：3，250：9）　6.小口双耳罐口沿（250：4）　7.矮领罐口沿（250：16）　9.曲领罐口沿（250：11）　10.蛇纹鬲残片（250：12）　13.器盖（250：8）　15.敛口瓮口沿（250：10）（4、6、14为庙子沟文化，1、2、5、8、11、13、16为阿善三期文化，3、10、15为朱开沟文化，余为战国）

一四二，5）。

250∶6，器耳，夹砂灰陶。桥状耳，残断，平面呈倒梯形，上饰一排指甲纹，余为篮纹，贴附器身接口处有伸入器内的突纽。壁厚0.6厘米（图一四二，1）。

250∶7，窄沿罐口沿，夹砂灰陶。方唇，敛口，短折沿，溜肩，器表饰横篮纹。壁厚0.6厘米（图一四二，8）。

250∶8，器盖，泥质灰陶。纽残，器壁斜弧，内外壁不平整，留有坑洼不平的捏制痕迹，素面。壁厚0.5厘米（图一四二，13）。

250∶9，窄沿罐口沿，夹粗砂灰陶。方唇，内折沿，沿下饰三周压印附加堆纹，以下为素面。壁厚0.9厘米（图一四二，16）。

250∶10，敛口瓮口沿，夹砂黄褐陶。方唇，小口，广肩，口部压抹一周凹槽，以下饰抹平的绳纹。壁厚0.9厘米（图一四二，15）。

250∶11，曲领罐口沿，泥质灰陶。圆唇，侈口，素面。壁厚0.8厘米（图一四二，9）。

250∶12，蛇纹鬲残片，细砂灰陶。饰绳纹。壁厚0.5厘米（图一四二，10）。

250∶13，敞口盆口沿，夹砂灰陶。圆唇，直口略外侈，口部抹光，其下饰浅绳纹。壁厚0.8厘米（图一四二，3）。

250∶14，高领壶口沿，泥质灰陶。方唇，敛口，厚沿外凸，领以下残，素面。壁厚0.4厘米（图一四二，12）。

250∶15，筒形罐口沿，夹砂灰陶。外叠唇，敛口，溜肩，器表饰交叉纹。壁厚0.3厘米（图一四二，14）。

250∶16，矮领罐口沿，泥质灰陶。方唇，直口，厚沿，矮领，溜肩，领部抹光，以下饰弦断绳纹。壁厚0.7厘米（图一四二，7）。

### 05-251　常家河遗址-5

遗址编号：QWC-2

文化属性：永兴店文化、汉代

行政归属：清水河县王桂窑子乡常家河村

GPS坐标：遗址中部东经111°32′07.2″、北纬39°59′25.6″

海拔高度：1232±4米

初查时间：2005年4月19日

遗址位于常家河村东南部平缓的坡地下方。遗址所在的坡地以大石沿村为制高点（海拔高度1283米），位于呈南北走向的一处大型山梁的北部偏南地带临冲沟处。山梁总体地势中部高，四周低，山梁东、西两面为早期形成的大型冲沟，南临界浑河，北为平梁。其中南面有较多的大小冲沟，地形复杂，中部东、西两条较大的冲沟伸入内部，遗址多集中分布在山梁北部及临近冲沟坡地与浑河岸边。05-251号遗址内东、南均存有小冲沟，西北有一条乡间土路，该路与05-250号遗址边的乡间土路相连，一直延伸到村落。

05-251号遗址主要分布在缓坡的沙坡地之上，地势较为平缓，遗址西北邻05-246号遗址，南邻较大冲沟，东北隔大型平缓坡地远邻05-249、05-250号遗址，东部临逐级下降的平缓沙坡，西部临沙坡顶部平台。遗址地表现覆盖有大量杂草。

遗址东西长约350米、南北宽约350米，总面积约12.25万平方米。遗物以汉代陶片为主，少见永兴店文化。

251：1，绳纹陶片，夹砂灰陶。口沿残，外壁饰较粗的绳纹。壁厚0.4厘米（图一四三，2）。

251：2，平折沿盆口沿，泥质灰陶。平折沿，斜弧腹，素面。残高4.2、壁厚0.5厘米（图一四三，4）。

251：3，平折沿盆口沿，泥质灰陶。平折沿，斜直腹，外壁饰弦纹。残高6.4、壁厚0.7厘米（图一四三，7）。

### 05-252　把兔沟遗址-1

遗址编号：QWB-1

文化属性：鲁家坡一期遗存、庙子沟文化、汉代

行政归属：清水河县王桂窑子乡把兔沟村

GPS坐标：遗址中部东经111°32′25.7″、北纬39°59′00.9″

海拔高度：1230±5米

初查时间：2005年4月20日

遗址位于把兔沟村西部以大石沿村为制高点（海拔高度1283米）的缓坡之上。缓坡大体呈南北走向，地势总体中部高，四周低，东、西两面近临早期冲沟，南临浑河，北为平梁。其中南面有较多的大小冲沟，地形复杂，遗存多集中分布在缓坡北部及临近冲沟坡地与浑河岸边。

05-252号遗址主要分布在缓坡临近东北冲沟的一级坡地之上，遗址范围较小，遗址东北隔冲沟与05-254号遗址相望，北部隔冲沟与05-251号遗址相对，南部坡下邻05-256号遗址，西南临渐次向上的漫坡直至大石鄂村，南部有一条小旱沟和一条通往该村的东西向乡间土路。遗址内地势较为平缓，地表种植大量柠条，遗址的坡上部现辟为耕地。

遗址东西长约200米、南北宽约200米，总面积约4万平方米。遗物多分布在耕地内，以庙子沟文化陶片为主，零星可见汉代陶片。

252：1，素面陶片，夹砂红陶。器身有一定弧度，器表有折棱，素面。壁厚0.5厘

米（图一四三，5）。

252：2，绳纹陶片，夹粗砂灰陶。外壁饰粗绳纹。壁厚0.8厘米（图一四三，3）。

252：3，器底，泥质黄陶。胎内略夹细砂，平底，内外壁都经风蚀而表面露胎。壁厚0.7厘米（图一四三，9）。

252：4，绳纹陶片，夹砂黄褐陶。内壁不平，器表饰绳纹。壁厚0.9厘米（图一四三，8）。

252：5，素面陶片，泥质灰褐陶。内壁不平，器表素面。壁厚0.7厘米（图一四三，6）。

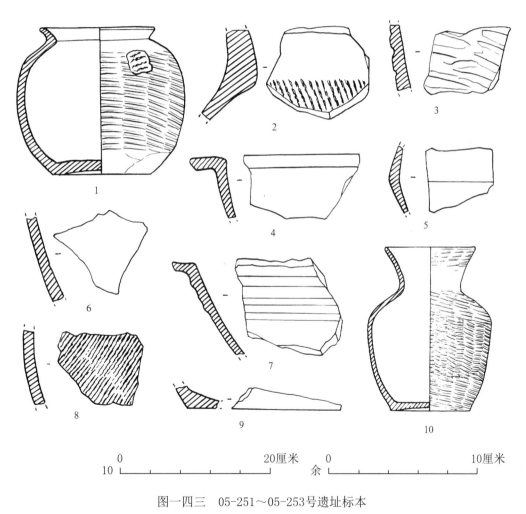

图一四三　　05-251～05-253号遗址标本

1.窄沿罐（253H1：2）　2、3、8.绳纹陶片（251：1、252：2、252：4）　4、7.平折沿盆口沿（251：2、251：3）　5、6.素面陶片（252：1、252：5）　9.器底（252：3）　10.高领罐（253H1：1）（5、8、9为庙子沟文化，1、2、10为永兴店文化，余为汉代）

### 05-253　把兔沟遗址-2

遗址编号：QWB-2

文化属性：官地一期遗存、鲁家坡一期遗存、庙子沟文化、阿善三期文化、朱开沟文化

行政归属：清水河县王桂窑子乡把兔沟村

GPS坐标：遗址中部东经111°33′02.3″、北纬39°59′07.7″

海拔高度：1195±6米

初查时间：2005年4月20日

遗址位于把兔沟村东部，临冲沟的坡地下方。遗址所在的坡地以大石沿村为制高点（海拔高度1283米），呈南北走向，缓坡东、西两面近临早期冲沟，南临浑河，北为平梁。其中南面有较多的大小冲沟，地形复杂，坡体总体地势呈中部高，四周低，遗存多集中在缓坡北部平坡地或临近冲沟的坡地与浑河岸边。

05-253号遗址主要位于所在坡地东部较缓坡地上方，下方为陡坡并临大型冲沟，遗址西北隔缓坡邻05-254号遗址，北部近邻05-255号遗址，东向坡下为早期大型冲沟，隔此冲沟与小什俱牛梁村05-242号遗址相对。遗址南部临晚期发育的冲沟，向西渐次上升的漫坡为把兔沟村村落居所，东南部有一条土路经过并通往村落。地表现辟为耕地，从遗址内沟部看，无明显文化层（彩版九九，1）。

遗址东西长约300米、南北宽约250米，总面积约7.5万平方米。地表遗物以鲁家坡一期遗存陶片为主，少见永兴店文化、朱开沟文化时期陶片，在遗址内冲沟处清理灰坑一个，内出土陶罐两件。

253H1：1，高领罐，夹砂灰陶。喇叭口，束颈，软折肩，瘦腹，底部略凹，通体饰篮纹。高21、口径11.6、底径10.6厘米（图一四三，10）。

253H1：2，窄沿罐，夹砂灰褐陶。尖唇，侈口，软折肩，肩部抹光，直腹，腹下斜与底相接，平底，底部内凹，器表饰浅篮纹。高9、口径7.3、底径6.6厘米（图一四三，1）。

253：1，铁轨式口沿罐口沿，夹粗砂黄陶，砂粒较大。方唇，敛口，侈沿，唇面施一凹槽，沿以下饰竖向绳纹。壁厚0.6～1厘米（图一四四，11）。

253：2，铁轨式口沿罐底，粗砂质灰陶。平底，器身饰绳纹。厚1.3厘米（图一四四，10）。

253：3，铁轨式口沿罐口沿，夹粗砂灰陶。方唇，敛口，窄沿平折，沿内侧施一凹槽，口部以下饰左斜绳纹。壁厚0.7～1厘米（图一四四，5）。

253：4，铁轨式口沿罐口沿，粗砂质灰陶。圆唇外凸，敛口，短沿斜折，唇面施一凹槽，口部抹光，以下饰绳纹。壁厚0.7厘米（图一四四，1）。

图一四四　05-253号遗址标本

1、2、5、9、11、13、14.铁轨式口沿罐口沿（253：4，253：9，253：3，253：5，253：1，253：7，253：6）
3.绳纹陶片（253：18）　　4、15.小口双耳罐口沿（253：13，253：14）　6.侈沿罐口沿（253：12）　7.石刀
（253：17）　8.窄沿罐底（253：15）　10.铁轨式口沿罐底（253：2）　12.器耳（253：16）　16.直口钵口沿
（253：11）　17.钵底（253：8）　18.敛口钵口沿（253：10）　19.平口罐口沿（253：19）　（5、7、9～11、
13、14为官地一期遗存，1、2、16为鲁家坡一期遗存，4、6、15、17～19为庙子沟文化，8、12为阿善三期文化，
3为朱开沟文化）

253：5，铁轨式口沿罐口沿，夹粗砂黄陶。敛口，唇面上施一凹槽，窄沿外侈，沿以下饰绳纹。壁厚0.7厘米（图一四四，9）。

253：6，铁轨式口沿罐口沿，夹粗砂黄陶。外叠唇，器身施竖向绳纹。壁厚0.7厘米（图一四四，14）。

253：7，铁轨式口沿罐口沿，夹粗砂黄陶。窄沿外侈，唇面施两周凹槽，器身饰竖向细绳纹。壁厚0.5~1厘米（图一四四，13）。

253：8，钵底，泥质橙黄陶。平底，素面。壁厚1厘米（图一四四，17）。

253：9，铁轨式口沿罐口沿，夹细砂黄陶。方唇，敛口，窄沿斜折近平，沿面抹光，器表饰绳纹。厚0.8厘米（图一四四，2）。

253：10，敛口钵口沿，泥质黄陶。圆唇，弧腹，素面。壁厚0.8厘米（图一四四，18）。

253：11，直口钵口沿，泥质红褐陶。直口，口部饰三角纹与斜平行线组合的宽带纹图案，黑彩。厚0.7厘米（图一四四，16）。

253：12，侈沿罐口沿，夹砂灰黄陶。方唇，敛口，窄沿斜直，颈部饰附加堆纹，通体饰绳纹。壁厚0.8~1.2厘米（图一四四，6）。

253：13，小口双耳罐口沿，泥质红陶。尖唇，敛口，短侈沿，溜肩，肩部施网纹，黑彩。壁厚1.1厘米（图一四四，4）。

253：14，小口双耳罐口沿，泥质灰陶。尖唇，敛口，窄沿外侈，唇沿施黑彩，以下施斜向平行三角纹，黑彩。壁厚0.8厘米（图一四四，15）。

253：15，窄沿罐底，夹砂灰陶。内胎呈红色，器表施篮纹后进行抹平。壁厚0.6厘米（图一四四，8）。

253：16，器耳，泥质灰陶。桥状耳，与器身榫卯相接，器内壁残留榫接的捏痕，耳饰篮纹。壁厚0.7厘米（图一四四，12）。

253：17，石刀，残，呈褐色，磨制。正锋，直背，直刃，平面呈长方形。残长4~6、宽5.3、厚1厘米（图一四四，7）。

253：18，绳纹陶片，泥质灰陶。器表饰紧密绳纹。壁厚0.5厘米（图一四四，3）。

253：19，平口罐口沿，夹砂灰陶。平唇，唇沿内侈，唇沿与器身同饰绳纹。壁厚0.9~1.5厘米（图一四四，19）。

## 05-254　把兔沟遗址-3

遗址编号：QWB-3

文化属性：辽金

行政归属：清水河县王桂窑子乡把兔沟村

GPS 坐 标：遗址中部东经111°32′41.8″、北纬39°59′19.4″

海拔高度：1200±6米

初查时间：2005年4月20日

遗址位于把兔沟村北部，临东西向冲沟的平坡地上。遗址所在的坡地以大石沿村为制高点（海拔高度1283米），呈南北走向，坡体东、西两面近临早期冲沟，南临浑河，北为平梁。其中南面有较多的大小冲沟，地形复杂，中部东、西两条较大的冲沟伸入内部。坡体总体地势呈中部高，四周低。遗存多集中在缓坡北部平坡地或临近冲沟的坡地与浑河岸边。

05-254号遗址主要分布在平坡地东、西、北三面环冲沟的坡地处，遗址西部隔小冲沟与05-252号遗址相对，东部近邻05-253、05-255号遗址，且与05-255号遗址几乎相连。遗址与05-253号遗址属同一坡地，05-254号遗址靠近坡体西部而05-253号遗址靠近坡体东部。遗址北部隔冲沟与05-250号遗址相对，西北隔冲沟与05-251号遗址相望，南部为平坡地与把兔沟村相连。遗址地表现辟为耕地。

遗址东西长约500米、南北宽约250米，总面积约12.5万平方米。遗物以辽金时期为主，少见其他时期遗物。

### 05-255　把兔沟遗址-4

遗址编号：QWB-4

文化属性：阿善三期文化、永兴店文化，朱开沟文化

行政归属：清水河县王桂窑子乡把兔沟村

GPS坐标：遗址中部东经111°32′04.7″、北纬39°59′15.4″

海拔高度：1174±6米

初查时间：2005年4月20日

遗址位于把兔沟村东北部，临近大型冲沟的坡地上。遗址所在的坡地是以大石沿村为制高点（海拔高度1283米），呈南北走向，坡体总体地势呈中部高，四周低，缓坡东、西两面近临早期冲沟，南临浑河，北为平梁。其中南面有较多的大小冲沟，地形复杂，中部东、西两条较大的冲沟伸入内部，形成较多沟壑，遗存多集中在缓坡北部平坡地带或临近冲沟的坡地与浑河岸边。

05-255号遗址主要分布在临冲沟的东坡最下部的小型坡地之上，范围较小，遗址西部近邻05-254号遗址，南部近邻05-253号遗址，东隔大型冲沟与05-242号遗址相对，北部隔大型冲沟与05-250号遗址相望。遗址内东面和北面的坡下为冲沟，南面和西面为缓坡，地表现辟为耕地。

遗址东西长约150米、南北宽约150米，总面积约2.25万平方米。遗物较为集中，多为阿善三期文化篮纹陶片，少见朱开沟文化的陶片。

255：1，窄沿罐口沿，泥质灰陶。尖唇，敛口，窄沿略外侈，沿以下先饰附加堆

纹，然后拍印横篮纹。壁厚0.9厘米（图一四五，9）。

255∶2，窄沿罐口沿，夹细砂灰陶。尖圆唇，敛口，唇面掐压花边，窄沿外侈近折，沿以下拍印篮纹。厚0.8厘米（图一四五，5）。

255∶3，直壁瓮口沿，夹砂灰陶。短折沿，唇沿饰掐印纹，唇面及内壁抹光，器表饰三周附加堆纹，以下残。壁厚1.2厘米（图一四五，3）。

255∶4，窄沿罐口沿，夹砂灰陶。尖唇，窄沿平折，溜肩，沿以下饰篮纹。壁厚0.6厘米（图一四五，2）。

255∶5，窄沿罐口沿，夹砂灰陶。尖唇，小口，短卷沿近平，饰横篮纹，口沿以下有三竖行戳点纹。厚0.4厘米（图一四五，4）。

255∶6，窄沿罐口沿，夹砂灰陶，砂粒较大。尖唇，窄沿斜折，器表饰篮纹。壁厚0.7厘米（图一四五，7）。

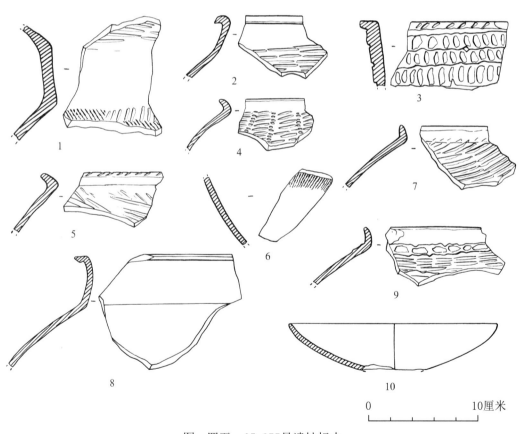

图一四五　　05-255号遗址标本

1.宽档鬲档部（255∶8）　2、4、5、7、9.窄沿罐口沿（255∶4，255∶5，255∶2，255∶6，255∶1）　3.直壁瓮口沿（255∶3）　6.绳纹陶片（255∶10）　8.高领折沿罐口沿（255∶7）　10.豆盘（255∶9）（2～5、7～10为阿善三期文化，1为永兴店文化，6为朱开沟文化）

255：7，高领折沿罐口沿，口沿部残片，泥质灰陶。尖唇，短折沿，领部较高，广肩，素面。壁厚0.7厘米（图一四五，8）。

255：8，宽裆鬲裆部，夹砂灰陶。宽平裆，裆部经刮抹，器表饰粗绳纹。宽4.4、厚1.3厘米（图一四五，1）。

255：9，豆盘，泥质灰陶。浅盘状，素面抹光。壁厚0.6厘米（图一四五，10）。

255：10，绳纹陶片，泥质灰陶。器表饰细绳纹，部分抹平。壁厚0.8厘米（图一四五，6）。

## 05-256　把兔沟遗址-5

遗址编号：QWB-5

文化属性：鲁家坡一期遗存、汉代

行政归属：清水河县王桂窑子乡把兔沟村

GPS 坐 标：遗址北部东经111°32′38.7″、北纬39°58′50.2″

海拔高度：1219±5米

初查时间：2005年4月20日

遗址位于把兔沟村南部，大型坡地之上。该遗址所在的坡地以大石沿村为制高点（海拔高度1283米），呈南北走向。坡体总体地势呈中部高，四周低，东、西两面近临早期大型冲沟，南临浑河，北为平梁。其中南面有较多的大小冲沟，地形复杂，中部东、西两条较大的冲沟伸入内部，形成较多沟壑，遗存多集中在缓坡北部平坡地带或临近冲沟的坡地与浑河岸边。

05-256号遗址主要分布在大坡地的中部偏下平缓处，遗址四周均为平坦的沙坡地，其中西北远邻05-252号遗址，南部邻近05-259号遗址，北部隔冲沟与把兔沟村相对。遗址中部有一条乡间土路经过并通向村落，西部种植柠条，南部为耕地。

遗址东西长约400米、南北宽约400米，总面积约16万平方米。遗物以汉代陶片为主，陶片散见于地表，其中西北部分布较多。

256：1，罐底，泥质黄陶。素面。壁厚0.9厘米（图一四六，14）。

256：2，敞口盆口沿，泥质黄陶。敞口，斜直腹，素面。厚0.7厘米（图一四六，13）。

256：3，高领壶口沿，泥质灰陶。厚圆唇外翻，侈口，高领，素面。壁厚0.7厘米（图一四六，2）。

256：4，平折沿盆口沿，泥质灰陶。圆方唇下凸，微敞口，宽沿平折，素面。壁厚0.5～0.8厘米（图一四六，3）。

256：5，平折沿盆口沿，口沿部残片，泥质灰陶。圆方唇下凸，口近直，宽沿平折，素面。壁厚0.5～1厘米（图一四六，1）。

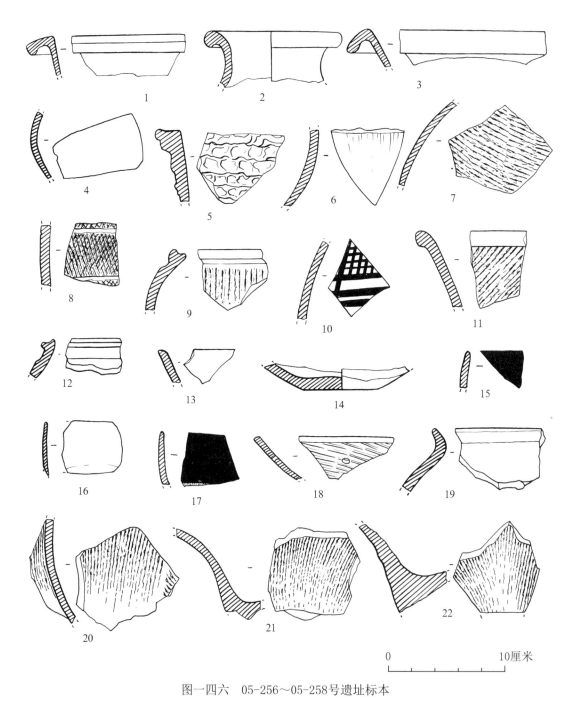

图一四六　05-256～05-258号遗址标本

1、3.平折沿盆口沿（256：5，256：4）　2.高领壶口沿（256：3）　4.钵残片（258：6）　5.直壁瓮口沿（257：2）　6.尖底瓶颈部残片（258：5）　7、8、20.绳纹陶片（258：2，258：9，257：3）　9、12.铁轨式口沿罐口沿（258：3，258：1）　10.彩陶片（257：1）　11.敞口盆口沿（258：4）　13、18.敞口盆口沿（256：2，258：8）　14.罐底（256：1）　15、17.直口钵口沿（258：11，258：12）　16.陶刀（258：10）　19.窄沿罐口沿（258：7）　21、22.三足瓮足（257：4，257：5）（4、7、9、11～17为鲁家坡一期遗存，10为庙子沟文化，5、6、18、19为阿善三期文化，20～22为朱开沟文化，8为战国，1～3为汉代）

## 05-257 南崞遗址-1

遗址编号：QWN-1

文化属性：庙子沟文化、阿善三期文化、朱开沟文化

行政归属：清水河县王桂窑子乡南崞村

GPS 坐标：遗址北部东经111°33′45.0″、北纬39°58′20.4″

海拔高度：1143±5米

初查时间：2005年4月21日

遗址位于南崞子村东北部，临近冲沟的坡地。遗址所在的坡地以大石沿村为制高点（海拔高度1283米），呈南北走向，坡体总体地势呈中部高、四周低，东、西两面近临早期冲沟，南临浑河，北为平梁。其中南面有较多的大小冲沟，地形复杂，中部东、西两条较大的冲沟伸入内部，形成较多沟壑，遗存多集中在缓坡北部平坡地带或临近冲沟的坡地与浑河岸边。

05-257号遗址主要分布在东部近沟底的大型沙地之上的圆形台地，范围较小，遗址西南部隔冲沟与05-258号遗址相对，东部临大型冲沟；该大型冲沟为直通浑河的主沟；南、北亦临冲沟，此冲沟为东部大型冲沟的分支；西部为逐级上升至坡顶的高坡地，坡顶为05-259号遗址所在地（图一四七）。遗址内西部地势较平缓，而东、南、北三面因为冲沟环绕，临沟处坡势较陡，地表现沙化严重（彩版九九，2）。

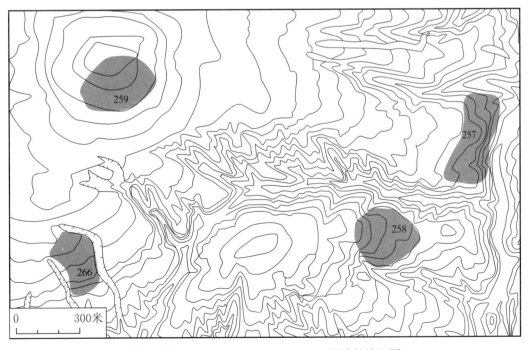

图一四七 05-257～05-259、05-266号遗址地形图

遗址东西长约150米、南北宽约400米，总面积约6万平方米。遗物以朱开沟文化为主，陶片零星散见于地表。

257：1，彩陶片，泥质灰红陶。内壁凹凸不平，器表饰彩带纹与网格纹组合图案，黑彩。壁厚0.7厘米（图一四六，10）。

257：2，直壁瓮口沿，夹砂灰陶。口部残片，方唇外尖侈，砂粒较大，唇面掐饰花边，口部饰四条指压泥条附加堆纹。壁厚1.2厘米（图一四六，5）。

257：3，绳纹陶片，夹砂灰陶。器表饰细绳纹。壁厚0.7厘米（图一四六，20）。

257：4，三足瓮足，夹砂灰陶。足部残片，足根残断，内填泥块，足身呈弧状，饰绳纹。壁厚0.8厘米（图一四六，21）。

257：5，三足瓮足，夹砂灰陶。足部残片，足内填泥块，器表饰绳纹。壁厚0.8厘米（图一四六，22）。

## 05-258　南崞遗址-2

遗址编号：QWN-2

文化属性：鲁家坡一期遗存、庙子沟文化、阿善三期文化、战国

行政归属：清水河县王桂窑子乡南崞村

GPS坐标：遗址中部东经111°33′31.0″、北纬39°58′04.9″

海拔高度：1149±5米

初查时间：2005年4月21日

遗址位于南崞村所在坡地东北部。遗址所在的坡地以大石沿村为制高点（海拔高度1283米），位于呈南北走向的一较大山梁的中部偏东，山梁总体地势呈中部高，四周低，东、西两面近临早期冲沟，南临浑河，北为平梁。其中南面有较多的大小冲沟，地形复杂，中部东、西两条较大的冲沟伸入内部，形成较多沟壑，遗存多集中在山梁北部平坡地带或临近冲沟的坡地与浑河岸边。

05-258号遗址主要分布在坡地东部的近圆形小平台上，范围较小，遗址东北隔冲沟与05-257号遗址相对，其西部为逐级上升的坡地直到村落所在顶部，东部临逐级下降的坡地，坡势较缓，南部临小型旱沟，北部临东西向冲沟，该冲沟为南北向直通浑河的大型冲沟伸入坡地的支叉（参见图一四七；彩版九九，2）。遗址南部为一片柠条地。

遗址东西长约250米、南北宽约250米，总面积约6.25万平方米。地表散见较少的陶片，坡地近沟边陶片较为多见，中部向上渐少，多见夹砂红陶片，极少泥质灰陶片。

258：1，铁轨式口沿罐口沿，夹粗砂红陶。方唇，短沿外侈，唇面压印一凹槽，沿以下素面。壁厚1厘米（图一四六，12）。

258：2，绳纹陶片，泥质红陶。器表折印绳纹，纹饰较细，间距较宽。厚0.7厘米（图一四六，7）。

258：3，铁轨式口沿罐口沿，夹砂红陶。唇缘外凸，唇面压印一凹槽。饰绳纹，由于磨损纹饰不清。壁厚0.9厘米（图一四六，9）。

258：4，敞口盆口沿，夹砂红陶。厚圆唇，侈沿，饰左斜绳纹，纹饰较细，间距较宽。壁厚0.9厘米（图一四六，11）。

258：5，尖底瓶颈部残片，泥质灰陶。唇沿残，敛口，束颈，颈部较高。厚0.7厘米（图一四六，6）。

258：6，钵残片，泥质橘黄陶。素面，器身弧形，器壁薄厚不一，素面。壁厚0.4～0.7厘米（图一四六，4）。

258：7，窄沿罐口沿，夹砂灰陶。尖唇，窄沿，溜肩，素面。壁厚0.9厘米（图一四六，19）。

258：8，敞口盆口沿，泥质灰陶。圆唇，直口，口部下方有一穿孔通体饰右斜篮纹。厚0.7厘米（图一四六，18）。

258：9，绳纹陶片，泥质灰陶。器表饰弦断绳纹。壁厚0.5厘米（图一四七，8）。

258：10，陶刀，残，泥质黄陶磨制而成，直背侧刃，平面近方形，弧角，素面。宽4.5、残长5、壁厚0.5厘米（图一四六，16）。

258：11，直口钵口沿，泥质黄陶。尖唇，口部施黑彩。厚0.7厘米（图一四六，15）。

258：12，直口钵口沿，泥质红陶。尖唇，口部饰宽黑带彩纹。壁厚0.6厘米（图一四六，17）。

### 05-259 大石沿遗址-1

遗址编号：QWD-1

文化属性：战国、汉代

行政归属：清水河县王桂窑子乡大石沿村

GPS 坐标：遗址顶部平台之上东经111°32′37.4″、北纬39°58′28.5″

海拔高度：1264±6米

初查时间：2005年4月22日

遗址位于大石沿村东南部一个较大的圆形土丘之上，该圆形地丘所在的坡地以大石沿村为制高点（海拔高度1283米），位于呈南北走向的一处较大山梁中部地段。山梁总体地势呈中部高，四周低，山梁东、西两面近临早期冲沟，南临浑河，北为平梁。其中南面有较多的大小冲沟，地形复杂，中部东、西两条较大的冲沟伸入内部，形成较多沟壑，遗址多集中在山梁北部平坡地带及临近冲沟的坡地与浑河岸边。

遗址主要分布在土丘顶部偏北部位，四周邻渐次下降的坡地，遗址北部即为坡顶，其下坡地的平缓处为05-256号遗址，南部坡下邻05-266号遗址，东、西两面为渐次下降的开阔平坡地。遗址东部有一条乡间土路通向把兔沟村落，从大石沿村延伸出的乡间公路从遗址西南经过。遗址东部坡体向下有数条小冲沟将坡体分裂（参见图一四七），遗址内地表植被较好。

遗址东西长约300米、南北宽约200米，总面积约6万平方米。遗物主要分布在遗址的东坡处，西部少见，散见大量战国、汉代时期遗物，以泥质灰陶片为主，有素面、粗绳纹、弦断绳纹陶片等。

259：1，碗底，泥质灰陶。小平底，假圈足，素面。底径6.3、壁厚0.7厘米（图一四八，13）。

259：2，折沿罐口沿，泥质灰陶。敛口，沿残，沿以下饰弦断绳纹。壁厚0.7厘米（图一四八，20）。

259：3，盆底，泥质灰褐陶。胎质坚硬，平底，器身壁厚于器底，素面。壁厚0.6～0.7厘米（图一四八，15）。

259：4，碗腹残片，泥质灰陶。胎质坚硬，器身上起一凸脊，器表有弦纹，素面。壁厚0.7厘米（图一四八，16）。

### 05－260　后石畔遗址－1

遗址编号：QWH-1

文化属性：鲁家坡一期遗存、阿善三期文化、战国

行政归属：清水河县王桂窑子乡后石畔村

GPS 坐标：遗址顶部平台东经111°33′30.6″、北纬39°57′27.1″

海拔高度：1085±5米

初查时间：2005年4月22日

遗址位于后石畔村的南部，临近浑河的平缓坡地，该坡地是以大石沿村为制高点（海拔高度1283米），位于呈南北走向的一处较大的山梁南部偏东地段。山梁总体地势中部高，四周低，山梁东、西两面为早期形成的大型冲沟，南临界浑河，北为平梁。其中南面有较多的大小冲沟，地形复杂，中部东、西两条较大的冲沟伸入内部，形成较多沟壑，遗址多集中在山梁北部平坡地带及临近冲沟的坡地与浑河岸边。

05-260号遗址主要分布在坡地邻浑河的平缓地上，遗址西部隔冲沟邻05-263号遗址，东部、南部邻浑河，东隔浑河见04-39号遗址，南隔浑河见04-27号遗址及丰准铁路，北部临逐级上升的陡坡（图一四九）。遗址南、西、北均有小型旱沟，从村落延伸的乡间土路从遗址北部经过。遗址地势向浑河倾斜，较为平缓，现为耕地。

遗址东西长约250米、南北宽约450米，总面积约11.25万平方米。地表少见遗物，主要为战国时期陶片。

260：1，折沿器口，砂质灰褐陶。方唇，侈沿，素面。壁厚0.8厘米（图

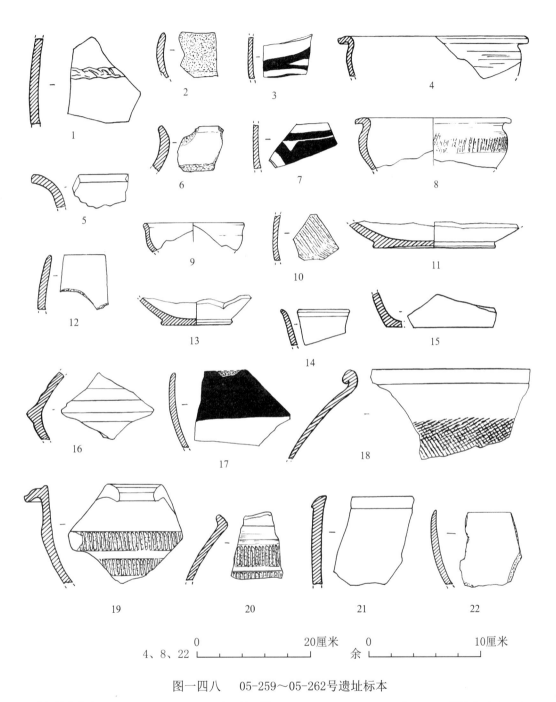

图一四八　05-259～05-262号遗址标本

1.附加堆纹陶片（261：4）　2、17、22.直口钵口沿（261：6，262：2，262：3）　3、7.彩陶片（261：5，261：1）　4、8、19.折沿盆口沿（262：6，262：5，260：3）　5.折沿器口（260：1）　6.侈沿罐口沿（261：2）　9.侈口盆口沿（262：7）　10.绳纹陶片（261：3）　11、13.碗底（260：4，259：1）　12.敛口钵口沿（262：4）　14.敞口盆口沿（261：7）　15.盆底（259：3）　16.碗腹残片（259：4）　18.卷沿瓮口沿（260：2）　20.折沿罐口沿（259：2）　21.筒形罐口沿（262：1）（17、21为鲁家坡一期遗存，1、2、3、6、7、10、12、14、22为庙子沟文化，16为汉代，余为战国）

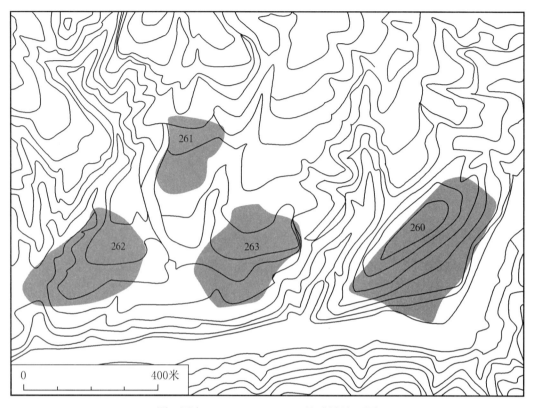

图一四九　05-260～05-263号遗址地形图

一四八，5）。

260：2，卷沿瓮口沿，泥质灰陶。敛口，沿外卷贴于器壁，其下部分素面后饰交叉绳纹。厚0.7厘米（图一四八，18）。

260：3，折沿盆口沿，口沿部残片，泥质灰褐陶。方唇，微敛口，近口部起一凸脊，沿中部隆起，沿以下上部抹光，内壁刮抹呈暗纹，器表下部饰弦断绳纹。壁厚1厘米（图一四八，19）。

260：4，碗底，泥质灰陶。假圈足，平底，素面。壁厚0.8厘米（图一四八，11）。

**05-261　后石畔遗址-2**

遗址编号：QWH-2

文化属性：鲁家坡一期遗存、庙子沟文化

行政归属：清水河县王桂窑子乡后石畔村

GPS坐标：遗址顶部平台东经111°33′01.6″、北纬39°57′38.4″

海拔高度：1125±5米

初查时间：2005年4月22日

遗址位于后石畔村西南部的坡地。该坡地以大石沿村为制高点（海拔高度1283米），位于呈南北走向的一处较大的山梁南部近浑河处。山梁总体地势中部高，四周低，山梁东、西两面为早期形成的大型冲沟，南临界浑河，北为平梁。其中南面有较多的大小冲沟，地形复杂，中部东、西两条较大的冲沟伸入内部，形成较多沟壑，遗存多集中在山梁北部平坡地带及临近冲沟的坡地与浑河岸边。

05-261号遗址主要分布在极为狭长的缓坡之上，遗址南部坡下邻05-262、05-263号遗址。坡地趋向浑河的南面较宽；东北为逐级上升的缓坡；趋向西面的坡地均被小冲沟分割，并有乡间土路经过；东面为较缓的坡地（参见图一四九）。遗址上可望见浑河南岸的丰准铁路，以及河对岸放牛沟村落。遗址内坡上的东北部为柠条及荒地，其他部分现均为耕地。

遗址东西长约150米、南北宽约250米，总面积约3.75万平方米。遗址南部地表可见有泥质红陶、彩陶和夹砂陶片。

261：1，彩陶片，泥质黄陶。内壁不平，器表饰条带状纹，黑彩。壁厚0.4厘米（图一四八，7）。

261：2，侈沿罐口沿，夹砂红褐陶。砂质较大，尖圆唇，沿下应饰有泥条附加堆纹，已脱落。壁厚1厘米（图一四八，6）。

261：3，绳纹陶片，夹砂灰陶。器表饰粗而深的绳纹。壁厚0.5厘米（图一四八，10）。

261：4，附加堆纹陶片，泥质灰陶。器表抹光，上饰一泥条附加堆纹。壁厚0.9厘米（图一四八，1）。

261：5，彩陶片，泥质黄陶。器表饰黑窄弧条带纹。壁厚0.3厘米（图一四八，3）。

261：6，直口钵口沿，泥质橙黄陶。质地较软，上饰黑彩纹，由于磨蚀已完全不清。壁厚0.7厘米（图一四八，2）。

261：7，敞口盆口沿，泥质红陶。敞口，斜弧腹，素面。壁厚0.4厘米（图一四八，14）。

## 05-262　后石畔遗址-3

遗址编号：QWH-3

文化属性：鲁家坡一期遗存、庙子沟文化、战国

行政归属：清水河县王桂窑子乡后石畔村

GPS坐标：遗址中部东经111°32′51.4″、北纬39°57′25.4″

海拔高度：1089±6米

初查时间：2005年4月22日

遗址位于言正子村东北方向的缓坡上，与言正子村隔小型冲沟。遗址所在的坡地以大石沿村为制高点（海拔高度1283米），位于呈南北走向的一处较大的山梁南部陡坡下方，地势较为平缓，并临近浑河。山梁总体地势呈中部高，四周低，山梁东、西两面近临早期大型冲沟，南临浑河，北为平梁。其中南面有较多的大小冲沟，地形复杂，近浑河处相对变得平缓，中部东、西两条较大的冲沟伸入内部，形成较多沟壑，遗存多集中在山梁北部平坡地带及临近冲沟的坡地与浑河岸边（参见图一四九）。

05-262号遗址主要分布在坡地下方延伸至浑河的台地上，遗址东北与05-261号遗址相邻，东部邻05-263号遗址，正南为浑河，西部及北部临陡坡和冲沟。遗址南部有通往言正子村的乡间土路经过，在遗址上南向隔浑河可见丰准铁路架桥处。遗址内杂草丛生，并挖有大量育林坑。

遗址东西长约300米、南北宽约200米，总面积约6万平方米。地表散见陶片较多，遗物分布较有规律，其中以庙子沟文化陶片多见，有夹砂的红、灰、褐陶，泥质的红、灰素面陶及饰彩带纹钵、尖底瓶等。而位于坡地近水的下部多为战国遗物，其中以战国泥质灰陶绳纹罐、甑底残片以及大量弦断绳纹陶片常见。

262：1，筒形罐口沿，泥质橙黄陶。外叠唇，敛口，溜肩，素面。高8、壁厚0.7厘米（图一四八，21）。

262：2，直口钵口沿，泥质红陶。尖圆唇，口部饰宽带黑彩纹，内外表面均施赭彩。壁厚0.5～0.7厘米（图一四八，17）。

262：3，直口钵口沿，泥质橙黄陶。尖圆唇，素面。壁厚0.5厘米（图一四八，22）。

262：4，敛口钵口沿，泥质黄陶。尖圆唇，素面。壁厚0.8厘米（图一四八，12）。

262：5，折沿盆口沿，泥质灰褐陶。圆唇，口微敛，宽沿，鼓肩，斜腹，肩部饰绳纹，其下刮抹成素面，形成肩部胎厚实，腹部胎薄。高9.6、厚0.6～1.6厘米（图一四八，8）。

262：6，折沿盆口沿，泥质褐陶。方唇，口微敛，斜腹，腹上有快轮修成的弦纹，素面。壁厚0.7厘米（图一四八，4）。

262：7，侈口盆口沿，夹砂灰陶。圆唇，腹略鼓，素面。高4.8、壁厚0.6厘米（图一四八，9）。

## 05-263　后石畔遗址-4

遗址编号：QWH-4

文化属性：鲁家坡一期遗存、永兴店文化、战国

行政归属：清水河县王桂窑子乡后石畔村

GPS坐标：遗址缓坡中部东经111°33′07.9″、北纬39°57′25.9″

海拔高度：1086±6米

初查时间：2005年4月22日

遗址位于后石畔村的西南方向，言正子村东北方向较小的缓坡之上，缓坡向东北延即与后石畔村所在的坡地相连。遗址所在的坡地以大石沿村为制高点（海拔高度1283米），位于呈南北走向的一处较大的山梁南部陡坡下方，地势较为平缓，并临近浑河。山梁总体地势中部高，四周低，山梁东、西两面为早期形成的大型冲沟，南临界浑河，北为平梁。其中南面有较多的大小冲沟，地形复杂，近浑河处相对变得平缓，中部东、西两条较大的冲沟伸入内部，形成较多沟壑，遗物多散落于山梁北部平坡地带及临近冲沟的坡地与浑河岸边。

05-263号遗址主要分布在坡地下方延伸至浑河的台地上，遗址东面隔冲沟与05-260号遗址相邻，西部邻05-262号遗址，北部邻05-261号遗址，南面为浑河（参见图一四九）。遗址西南部有小的旱沟，南望可见丰准铁路从浑河对岸处经过，遗址内地表现辟为耕地。

遗址东西长约200米、南北宽约300米，总面积约6万平方米。地表散落的陶片主要为战国遗物，多以泥质灰陶为主，其中也存在少量鲁家坡一期和永兴店文化陶片。

263：1，绳纹陶片，夹砂灰陶。砂粒较大呈颗粒状，器表饰绳纹。壁厚0.6厘米（图一五〇，10）。

263：2，直口钵口部，泥质橙黄陶。尖唇，直口，素面。壁厚0.3～0.5厘米（图一五〇，15）。

263：3，碗口沿，泥质灰陶。厚圆唇，直口，下施数周浅凹弦纹，微曲腹，腹部微起凸棱，素面，有轮制痕迹，近底残。残高6.6厘米，壁厚0.6～0.8厘米（图一五〇，4）。

263：4，折沿罐口沿，泥质灰陶。侈口，平折沿，沿面残，其下为竖向粗绳纹。壁厚0.6厘米（图一五〇，1）。

263：5，直口钵口沿，泥质红陶。尖唇，口近直，口沿施黑彩，由于器表磨损，已不清。壁厚0.7厘米（图一五〇，14）。

263：6，篮纹陶片，泥质灰陶。上饰横向浅篮纹。壁厚0.8厘米（图一五〇，9）。

263：7，折沿罐口沿，泥质灰陶。折沿，沿上饰方格纹。壁厚0.4厘米（图一五〇，8）。

263：8，绳纹陶片，泥质灰陶。器表饰绳纹，部分交叉。壁厚0.6厘米（图一五〇，3）。

## 05-264 言正子遗址-1

遗址编号：QWY-1

文化属性：鲁家坡一期遗存、庙子沟文化、永兴店文化、朱开沟文化、战国、汉代

行政归属：清水河县王桂窑子乡言正子村

GPS 坐 标：遗址顶部平台东经111°32′22.4″、北纬39°57′16.0″

海拔高度：1087±5米

初查时间：2005年4月22日

遗址位于言正子村中部及南部的圆形平台之上，与言正子村处于同一坡地。遗址所在的坡地平台以大石沿村为制高点（海拔高度1283米），位于呈南北走向的一处较大的山梁南部陡坡下方，地势较为平缓，并临近浑河。山梁总体地势中部高，四周低，山梁东、西两面为早期形成的大型冲沟，南临界浑河，北为平梁。其中南面有较多的大小冲沟，地形复杂，近浑河处相对变得平缓，中部东、西两条较大的冲沟伸入内部，形成较多沟壑，遗物多散落于山梁北部平坡地带及临近冲沟的坡地与浑河岸边。

05-264号遗址主要分布于圆形台地向阳近水的东南坡之上，包括村落所在地。遗址东北隔缓坡与05-262号遗址相邻，西部近临05-265号遗址，南面与东面临浑河，东面隔浑河与04-51号遗址相临，北部临一处平台地和小冲沟，西北向上为漫坡，中间为冲沟所隔开。遗址北部有通往言正子村的乡间土路经过，遗址中部有晚期发育的冲沟将遗址分为东、西两部分，沟内植有树木，丰准铁路从遗址东西向经过，将遗址一分为二，其中丰准铁路南部近河处的地表为耕地，北部为荒草覆盖（彩版一〇〇，1）。

遗址东西长约300米、南北宽约550米，总面积约16.5万平方米。地表零星散见庙子沟文化、永兴店文化遗物，其中以泥质红、灰陶为主，素面居多，遗址偏南部多为汉代遗物。

264：1，小口罐口沿，泥质黄陶。尖唇，平折沿，溜肩，器表饰黑彩纹，由于器表碱化，纹饰不清。壁厚0.9厘米（图一五〇，20）。

264：2，小口双耳罐口沿，泥质白黄陶。尖唇，平折沿，唇沿均施黑彩与赭彩带纹，沿以下施波折纹，以下为窄带纹，黑彩。壁厚0.7厘米（图一五〇，16）。

264：3，敛口瓮口沿，泥质黄陶。平唇，素面。壁厚1.4厘米（图一五〇，17）。

264：4，鬲档残片，砂质灰陶。宽平档，素面。壁厚0.8～1.8厘米（图一五〇，12）。

264：5，矮领罐口沿，泥质灰陶。圆唇，平沿外凸，直领，领部素面，以下饰绳纹。壁厚0.7厘米（图一五〇，2）。

264：6，平折沿盆口沿，泥质灰褐陶，圆唇，敛口，沿以下饰交叉绳纹。壁厚0.8厘米（图一五〇，5）。

264：7，附加堆纹陶片，泥质灰陶。素面抹光，上饰一周压印花边状泥条附加堆纹与弧带泥条附加堆纹。壁厚0.8厘米（图一五〇，6）。

264：8，彩陶片，泥质白陶。器表施黑彩。壁厚0.6厘米（图一五〇，13）。

264：9，直口钵口沿，泥质灰陶。口沿残片，微敛口，口沿部饰宽带黑彩。壁厚0.7厘米（图一五〇，11）。

264：10，折沿罐口沿，夹砂灰陶。尖唇，口沿部残片，砂质细小，窄沿外侈，沿部素面，以下饰绳纹。壁厚0.6厘米（图一五〇，19）。

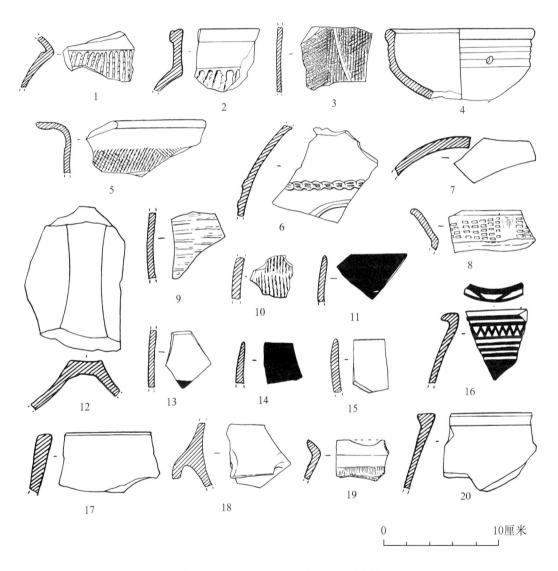

图一五〇　05-263、05-264号遗址标本

1、8、19.折沿罐口沿（263：4，263：7，264：10）　2.矮领罐口沿（264：5）　3、10.绳纹陶片（263：8，263：1）　4.碗口沿（263：3）　5.平折沿盆口沿（264：6）　6.附加堆纹陶片（264：7）　7.敛口罐口沿（264：11）　9.篮纹陶片（263：6）　11、14、15.直口钵口沿（264：9，263：5，263：2）　12.鬲档残片（264：4）　13.彩陶片（264：8）　16.小口双耳罐口沿（264：2）　17.敛口瓮口沿（264：3）　18.器耳（264：12）　20.小口罐口沿（264：1）（14、15为鲁家坡一期遗存，11、13、16、17、20为庙子沟文化，7～9、12、18为永兴店文化，1～5、10为战国，6为汉代）

264：11，敛口罐口沿，夹砂黄陶。方唇，口部残片，器表呈灰黄色，口内敛，素面。壁厚0.9厘米（图一五〇，7）。

264：12，器耳，泥质灰陶。桥状耳，耳身一体，器内壁残留有捏制的窝坑，器表素面抹光。壁厚0.7厘米（图一五〇，18）。

### 05-265　言正子遗址-2

遗址编号：QWY-2

文化属性：永兴店文化、朱开沟文化、战国

行政归属：清水河县王桂窑子乡言正子村

GPS坐标：遗址顶部平台东经111°32′11.9″、北纬39°57′12.0″

海拔高度：1073±11米

初查时间：2005年4月22日

遗址位于言正子村西部一单独小型的平台地之上。遗址所在的平台地以大石沿村为制高点（海拔高度1283米），位于呈南北走向的一处较大的山梁南部陡坡下方，地势平缓，临近浑河。山梁总体地势呈中部高，四周低，山梁东、西两面为早期形成的大型冲沟，南临浑河，北为平梁。其中南面有较多的大小冲沟，地形复杂，近浑河处相对变得平缓，中部东、西两条较大的冲沟伸入内部，形成较多沟壑，遗址多集中在山梁北部平坡地带及临近冲沟的坡地与浑河岸边。

05-265号遗址主要分布在台地之上，遗址东面隔小沟与05-264号遗址相邻，西南部隔缓坡邻05-270号遗址，南向坡地延伸至浑河，南可清晰望见浑河，西部及北部临陡坡和冲沟，丰准铁路从遗址中南部经过。该台地坡势平缓，连绵起伏，遗址内现种植有大量树木，并形成一片近河的小树林。

遗址东西长约200米、南北宽约300米，总面积约6万平方米。遗物以战国时期居多，朱开沟文化次之，永兴店文化遗物极少。

265：1，篮纹陶片，泥质黄陶。上饰篮纹。内壁有刮痕。壁厚0.5厘米（图一五一，14）。

265：2，矮领折沿瓮口沿，泥质灰褐陶。方唇，窄沿外折，矮直领，领部抹光，鼓腹，器表饰竖向粗绳纹。残高6、壁厚0.8厘米（图一五一，1）。

265：3，绳纹陶片，泥质灰陶。器表饰细绳纹。壁厚0.3厘米（图一五一，22）。

265：4，绳纹陶片，泥质灰陶。器表饰细绳纹，从器身观察，可能是器物口部或底部。残高3.7、壁厚1.4厘米（图一五一，13）。

265：5，绳纹陶片，泥质灰陶。器表饰绳纹。壁厚0.6厘米（图一五一，3）。

265：6，绳纹陶片，泥质灰褐陶。器表饰弦纹与竖向绳纹。壁厚0.8厘米（图一五一，2）。

图一五一　05-265、05-267～05-269号遗址标本

1.矮领折沿瓮口沿（265：2）　2、3、13、22.绳纹陶片（265：6，265：5，265：4，265：3）　4.侈沿罐口沿（268：1）　5、9.直口钵口沿（268：4，268：3）　6、10、15、16.彩陶片（269：6，269：4，269：2，267：2）　7.钵底（267：1）　8、11、12.器耳（268：5，269：7，267：4）　14.篮纹陶片（265：1）　17.矮领罐口沿（269：1）　18、19.小口双耳罐口沿（269：5，269：3）　20.夹砂罐底（269：8）　21.敞口钵口沿（267：3）　23.敛口瓮口沿（268：2）　（11、14、20为永兴店文化，13、17、22为朱开沟文化，1～3为战国，余为庙子沟文化）

### 05-266　胶泥峁遗址-1

遗址编号：QWJ-1

文化属性：辽金

行政归属：清水河县王桂窑子乡胶泥峁村

GPS 坐 标：遗址中部东经111°32′28.0″、北纬39°58′02.4″

海拔高度：1226±7米

初查时间：2005年4月23日

遗址位于胶泥峁村东北部的缓坡之上。遗址所在的坡地以大石沿村为制高点（海拔高度1283米），位于呈南北走向的一处较大的山梁南部近陡坡处，地势较为平缓。山梁总体地势呈中部高，四周低，山梁东、西两面为早期形成的大型冲沟，南临浑河，北为平梁。其中南面有较多的大小冲沟，地形复杂，近浑河处相对变得平缓，中部东、西两条较大的冲沟伸入内部，形成较多沟壑，遗存多集中在山梁北部平坡地带及临近冲沟的坡地与浑河岸边。

05-266号遗址主要分布在缓坡南部，四周为缓坡地，遗址向北为渐次上升的大缓坡，并漫延至坡顶部的05-259号遗址所在地；南面为逐级下降并向浑河延伸的陡坡；西面缓坡下方邻伸入浑河的大型南北向冲沟；东部为环形梯田状缓坡。遗址西面有一条南北向乡间土路经过，从西南坡向下直至胶泥峁村（参见图一四七）。遗址内地表杂草丛生，育林坑整齐排列。

遗址东西长约150米、南北宽约250米，总面积约3.75万平方米。地表遗物较为集中，多见泥质灰陶罐及盆等辽金时期陶器残片。

### 05-267　胶泥峁遗址-2

遗址编号：QWJ-2

文化属性：庙子沟文化

行政归属：清水河县王桂窑子乡胶泥峁村

GPS 坐 标：遗址中部东经111°32′04.6″、北纬39°57′30.6″

海拔高度：1166±6米

初查时间：2005年4月23日

遗址位于胶泥峁村南部坡地之上，坡地顶部平台为零落的村民居所。遗址所在的坡地以大石沿村为制高点（海拔高度1283米），位于呈南北走向的一处较大的山梁南部陡坡之处。山梁总体地势中部高，四周低，东、西两面为早期形成的大型冲沟，南临界浑河，北为平梁。其中南面有较多的大小冲沟，地形复杂，近浑河处相对变得平缓，中部东、西两条较大的冲沟伸入内部，形成较多沟壑，遗存多集中在山梁北部平坡地带及临近冲沟的坡地与浑河岸边。

05-267号遗址主要分布在平台下方南坡上，遗址南部隔逐级下降的陡坡邻05-265号遗址，西部近05-269号遗址，西南隔相对平缓的下降坡地与05-268号遗址远邻，北部为坡顶部，东部邻数条小型冲沟，冲沟直通至坡底。遗址内西部有一条土路，向南延伸至坡底05-268号遗址，向北进入村落。站在遗址上可清晰望到东南方向浑河北岸的言正子村，并见坡底的丰准铁路。遗址内现辟为耕地，层层修砌成梯田状。

遗址东西长约250米、南北宽约250米，总面积约6.25万平方米。地表零星可见陶片，均为细碎的泥质红、灰陶，多为素面。

267：1，钵底，泥质橙黄陶。平底，器底与身夹角成钝角，素面。壁厚0.7厘米（图一五一，7）。

267：2，彩陶片，泥质红陶。器表饰条带纹，黑彩。壁厚0.6厘米（图一五一，16）。

267：3，敞口钵口沿，泥质灰陶。尖唇，敞口，素面，器表抹光。壁厚0.7厘米（图一五一，21）。

267：4，器耳，泥质灰陶。桥状耳，耳与器身卯接，素面，器表抹光。壁厚0.7厘米（图一五一，12）。

### 05-268　胶泥峁遗址-3

遗址编号：QWJ-3

文化属性：鲁家坡一期遗存、庙子沟文化

行政归属：清水河县王桂窑子乡胶泥峁村

GPS坐标：遗址中部东经111°31′55.5″、北纬39°57′18.4″

海拔高度：1150±6米

初查时间：2005年4月23日

遗址位于胶泥峁村南部，临近浑河的坡地之上。遗址所在的坡地以大石沿村为制高点（海拔高度1283米），位于呈南北走向的一处较大的山梁南部陡坡下方。山梁总体地势呈中部高，四周低，东、西两面为早期形成的大型冲沟，南临浑河，北为平梁。其中南面有较多的大小冲沟，地形复杂，近浑河处相对变得平缓，中部东、西两条较大的冲沟伸入内部，形成较多沟壑，遗存多集中在山梁北部平坡地带及临近冲沟的坡地与浑河岸边。

05-268号遗址主要分布在坡地南部的平缓处，遗址南部近临丰准铁路，隔铁路偏东邻05-270号遗址，西部隔陡坡下方与05-275号遗址相邻，东部隔逐级下降的陡坡与05-265号遗址相邻，北部漫坡向上分别邻近05-267、05-269号遗址。遗址内总体地势较平，其中北向有一较为平整的台地，为一所废弃的学校校址，一条乡间土路从遗址东部经过。遗址内地表杂草丛生，育林坑遍布。

遗址东西长约250米、南北宽约500米，总面积约12.5万平方米。地表散见少量陶片。

268：1，侈沿罐口沿，夹砂黄褐陶。尖唇，微侈口，折沿处内凸而厚实，素面。

壁厚0.9～1.2厘米（图一五一，4）。

268：2，敛口瓮口沿部，夹砂红陶。方唇外尖凸，口部下饰两周附加堆纹，已脱落只残留附贴痕迹，其下饰竖向不均的细绳纹，纹饰较深而清晰。残高10、壁厚0.5～1.1厘米（图一五一，23）。

268：3，直口钵口沿，泥质红陶。圆唇，直口，施黑宽带彩。壁厚0.4厘米（图一五一，9）。

268：4，直口钵口沿，泥质黄陶。圆唇，直口，施黑宽带彩。壁厚0.4厘米（图一五一，5）。

268：5，器耳，泥质红陶。桥状耳，器耳与器壁为榫卯制作，器耳素面，并有刮抹痕迹，器表隐隐约约有黑彩。壁厚0.7厘米（图一五一，8）。

### 05-269　胶泥峁遗址-4

遗址编号：QWJ-4

文化属性：庙子沟文化、永兴店文化、朱开沟文化

行政归属：清水河县王桂窑子乡胶泥峁村

GPS坐标：遗址顶部平台东经111°31′56.0″、北纬39°57′36.1″

海拔高度：1194±6米

初查时间：2005年4月23日

遗址位于胶泥峁村所在坡地西南方的一处平台之上。遗址所在的坡地以大石沿村为制高点（海拔高度1283米），位于呈南北走向的一处较大的山梁南部陡坡下方。山梁总体地势中部高，四周低，东、西两面为早期形成的大型冲沟，南临界浑河，北为平梁。其中南面有较多的大小冲沟，地形复杂，近浑河处相对变得平缓，中部东、西两条较大的冲沟伸入内部，形成较多沟壑，遗存多集中在山梁北部平坡地带及临近冲沟的坡地与浑河岸边。

05-269号遗址主要分布在平台地的西北部，遗址东近临05-267号遗址，南部临05-268号遗址，西部临冲沟，东北坡上即为胶泥峁村落民居，遗址东部有一条乡间土路。内现辟为耕地，并多数地段修成梯田。

遗址东西长约250米、南北宽约250米，总面积约6.25万平方米。地表散落遗物较少，可见庙子沟文化泥质灰、红及彩陶片等，可辨器形有钵、尖底瓶等；少量夹砂灰褐陶，纹饰多为细绳纹。

269：1，矮领罐口沿，夹砂灰陶。尖圆唇，小口，外侈沿，沿部抹光，鼓肩，肩部施竖向细绳纹，器表有烟熏痕迹。残高4.5、壁厚0.5厘米（图一五一，17）。

269：2，彩陶片，泥质橙黄陶。上饰若干三角形黑彩纹样。残高5、壁厚0.75厘米（图一五一，15）。

269：3，小口双耳罐口沿，泥质红陶。尖圆唇，侈沿，沿下饰黑彩，纹饰不清。壁厚0.4~0.8厘米（图一五一，19）。

269：4，彩陶片，泥质黄陶。上施黑彩窄带纹。壁厚0.6厘米（图一五一，10）。

269：5，小口双耳罐口沿，泥质灰陶。尖唇，平折沿，素面。壁厚0.5厘米（图一五一，18）。

269：6，彩陶片，泥质黄白陶。上施黑彩窄带与黑彩条纹。壁厚0.6厘米（图一五一，6）。

269：7，器耳，夹砂灰陶。桥状耳，呈榫卯状，素面。壁厚0.7厘米（图一五一，11）。

269：8，夹砂罐底，夹砂灰陶。平底，素面，器内壁残留有坑状刮痕。壁厚1厘米（图一五一，20）。

### 05-270 胶泥峁遗址-5

遗址编号：QWJ-5

文化属性：战国

行政归属：清水河县王桂窑子乡胶泥峁村

GPS 坐 标：遗址中部东经111°31′52.9″、北纬39°56′58.3″

海拔高度：1037±5米

初查时间：2005年4月23日

遗址位于胶泥峁村南部，临浑河的缓坡之上。遗址所在的坡地以大石沿村为制高点（海拔高度1283米），位于呈南北走向的一处较大的山梁南部陡坡最下方临浑河处。山梁总体地势中部高，四周低，山梁东、西两面为早期形成的大型冲沟，南临界浑河，北为平梁。其中南面有较多的大小冲沟，地形复杂，近浑河处相对变得平缓，中部东、西两条较大的冲沟伸入内部，形成较多沟壑，遗存多集中在山梁北部平坡地带及临近冲沟的坡地与浑河岸边（图一五二）。

05-270号遗址主要分布于缓坡临浑河的平台之上，遗址北部邻逐级上升的陡坡地，隔铁路西北见05-268号遗址，东北见05-265号遗址，南部与东部以浑河为界，隔浑河南向见04-043号遗址，丰准铁路从遗址北部经过。遗址总体地势平缓，现为耕地。

遗址东西长约200米、南北宽约350米，总面积约7万平方米。地表散见战国时期陶片。

270：1，平折沿盆口沿，泥质灰陶。厚方唇，唇沿外凸出一棱，宽折沿，沿面微隆，沿下饰数周弦纹，弧腹，腹饰竖向抹断绳纹。残高10、壁厚0.85厘米（图一五三，1）。

270：2，平折沿盆口沿，泥质灰陶。圆唇，厚沿外折近平，素面，器表残留抹制痕迹。残高10、壁厚1厘米（图一五三，2）。

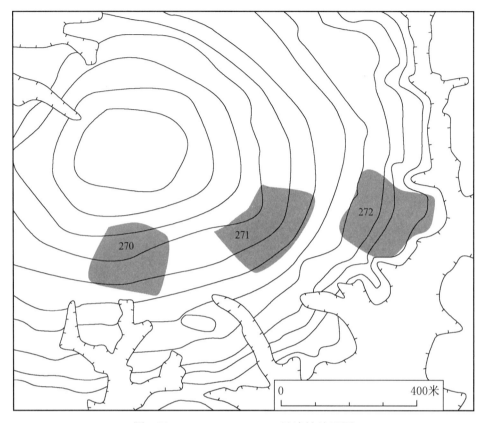

图一五二　05-270～05-272号遗址地形图

270：3，斜折沿盆口沿，泥质灰褐陶。方唇，折沿，沿下抹光，以下饰抹断绳纹。壁厚0.76厘米（图一五三，3）。

## 05-271　大石沿遗址-2

遗址编号：QWD-2

文化属性：辽金

行政归属：清水河县王桂窑子乡大石沿村

GPS坐标：遗址顶部平台东经111°31′34.6″、北纬39°57′58.1″

海拔高度：1244±5米

初查时间：2005年4月24日

遗址位于大石沿村南部一圆形台地之坡上，与大石沿村所在的圆形台地为邻。遗址所在圆形台地以大石沿村为制高点（海拔高度1283米），位于呈南北走向的一处大型山梁的南部。台地总体地势中部高，四周低，东、西两面为早期形成的大型冲沟，南部为陡坡地临界浑河，并有较多的大小冲沟，地形复杂。

遗址主要分布在台地东南坡上的柠条地和部分耕地内，遗址东邻05-272号遗址，西邻05-276号遗址，南部隔一小平台与05-273号遗址相邻，北部为台地顶部（参见图一五二）。

从大石沿村向南的乡间公路从遗址西部柠条地中间穿过，站在遗址上东南可见胶泥峁村落所在，并与胶泥峁村隔沟相望。遗址内遍植柠条。

遗址东西长约100米、南北宽约250米，总面积约2.5万平方米。遗址内部分地表风化、沙化严重，地表零星可见碎陶片，主要散落于耕地之内，可见泥质灰陶片，可辨器形有卷沿瓮、罐等，以及粗白瓷圈足碗、粗瓷大缸等。

## 05-272 大石沿遗址-3

遗址编号：QWD-3

文化属性：阿善三期文化、永兴店文化、战国

行政归属：清水河县王桂窑子乡大石沿村

GPS坐标：遗址中部东经111°31′44.0″、北纬39°58′00.2″

海拔高度：1234±6米

初查时间：2005年4月24日

遗址位于大石沿村南部一圆形台地之上，该台地与大石沿村所居台地之间有乡间土路及平坦洼地相连。台地以大石沿村为制高点（海拔高度1283米），位于呈南北走向的一处大型山梁的南部。台地总体地势中部高，四周低，东、西两面为早期形成的大型冲沟，南部为陡坡地临界浑河，并有较多的大小冲沟，地形复杂。

遗址主要分布在台地东部临大型冲沟处，遗址西部与05-271号遗址相邻，西南部隔数道小冲沟与05-273号遗址相望，东部隔较大冲沟与05-266号遗址相望，北部为渐次上升的坡地。从大石沿村伸出的乡间土路从遗址东北部经过，遗址东南部与胶泥峁村隔大型冲沟相望（参见图一五二）。遗址内南部与北部有晚期发育小冲沟，西部为较平缓坡地，种植有大量柠条。地表杂草丛生。

遗址东西长约250米、南北宽约250米，总面积约6.25万平方米。地表遗物以阿善三期及战国时期为主，散见少量永兴店文化的夹砂或泥质绳纹陶片。

272：1，绳纹陶片，夹砂黄褐陶。器表饰粗深绳纹。壁厚0.65厘米（图一五三，13）。

272：2，篮纹陶片，泥质灰陶。器表饰粗深宽篮纹。壁厚1.2厘米（图一五三，15）。

272：3，窄沿罐底，夹砂灰陶。平底，素面，器表残留刮抹痕迹，内壁不平。壁厚0.7厘米（图一五三，16）。

272：4，绳纹陶片，夹砂黄褐陶。器表饰绳纹，残片为陶罐口沿下部处。壁厚0.6厘米（图一五三，7）。

272：5，篮纹陶片，泥质灰陶。内胎呈红色，器表饰粗宽篮纹。壁厚1.1厘米（图一五三，14）。

## 05-273　胶泥圪佬遗址-1

遗址编号：QWJ-1

文化属性：阿善三期文化、永兴店文化、朱开沟文化

行政归属：清水河县王桂窑子乡胶泥圪佬村

GPS坐标：遗址顶部东经111°31′26.8″、北纬39°57′37.2″

海拔高度：1210±6米

初查时间：2005年4月24日

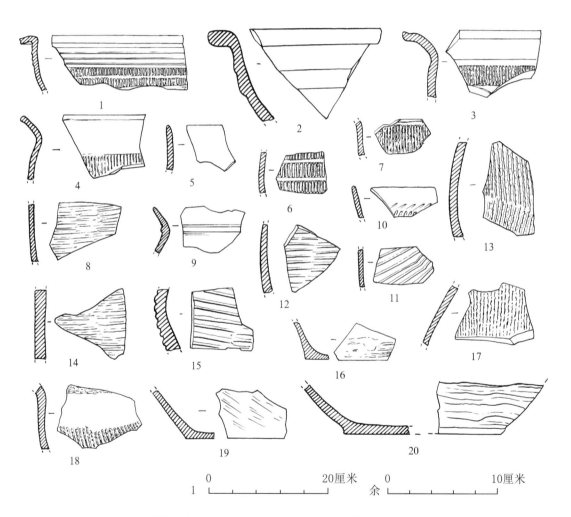

图一五三　05-270、05-272～05-274号遗址标本

1、2.平折沿盆口沿（270∶1，270∶2）　3、4.斜折沿盆口沿（270∶3，274∶2）　5.直口钵口沿（274∶6）　6、7、13、17、18.绳纹陶片（274∶3，272∶4，272∶1，273∶2，273∶5）　8、10、12、14、15.篮纹陶片（274∶4，273∶1，273∶4，272∶5，272∶2）　9.侈沿罐口沿（273∶3）　11.敞口盆口沿（274∶5）　16、19、20.窄沿罐底（272∶3，274∶7，274∶1）（5、8、10、11、13～16、19、20为阿善三期文化，9、12为永兴店文化，17、18为朱开沟文化，余为战国）

遗址位于胶泥圪佬村北部的陡坡顶部平台之上。台地总体地势呈北高南低之势，东、西两侧临冲沟，南部为逐级下降的陡坡，陡坡下方临界浑河，北为平梁，并有东西向两条较大的冲沟伸入内部，形成较多沟壑。

遗址主要分布在平台上，遗址北部隔冲沟邻05-271号遗址，东部坡下隔冲沟与05-269号遗址相望，南部为逐级下降的陡坡，陡坡下方隔胶泥圪佬村与05-275号相望（彩版一〇〇，2）。遗址中间有乡间土路经过，土路延伸至南部胶泥圪佬村，南部有一条小型冲沟，沟内植有杨树、枣树等，一排输电线网从遗址顶部东西向经过。遗址内地表辟为耕地。

遗址东西长约300米、南北宽约250米，总面积约7.5万平方米。地表散见零星陶片，有少量永兴店文化、阿善三期文化和朱开沟文化的遗物。

273：1，篮纹陶片，泥质灰陶。器表饰宽松篮纹。厚0.3厘米（图一五三，10）。

273：2，绳纹陶片，泥质略夹杂细砂深红陶。器表饰浅细绳纹。壁厚0.7厘米（图一五三，17）。

273：3，侈沿罐口沿，泥质灰陶。尖唇，沿下部饰两周弦纹，其他素面。厚0.9厘米（图一五三，9）。

273：4，篮纹陶片，泥质灰陶。器表饰篮纹。壁厚0.5厘米（图一五三，12）。

273：5，绳纹陶片，夹砂灰陶。器表上部素面，以下饰竖绳纹。可能为陶罐近口沿部分。壁厚0.7厘米（图一五三，18）。

## 05-274　胶泥圪佬遗址-2

遗址编号：QWJ-2

文化属性：阿善三期文化、战国

行政归属：清水河县王桂窑子乡胶泥圪佬村

GPS坐标：遗址顶部东经111°31′09.5″、北纬39°57′12.4″

海拔高度：1112±5米

初查时间：2005年4月24日

遗址位于胶泥圪佬村西南一条极为狭长的陡坡上。陡坡西部有一条大型冲沟通向浑河，东部有较短的深冲沟延伸至浑河，南部延伸至浑河河床部为较陡的石棱坡，北部为逐级上升的陡坡。

遗址主要分布在狭窄坡地的中部，范围极小。遗址北部陡坡坡顶即为05-273号遗址，东部隔冲沟与05-275号遗址相邻，西部隔冲沟与05-258号遗址相邻，南部陡坡下方为浑河，隔浑河与04-60号遗址相对。丰准铁路隧道东西向从遗址的中部穿过，一排高压输电线呈南北向从遗址所居漫坡经过。遗址北坡杂草丛生，南坡底部有大量育林坑。

遗址东西长约70米、南北宽约150米，总面积约1.05万平方米。地表遗物较为集中，可见阿善三期文化的篮纹陶片、绳纹陶片及战国时期陶片。

274：1，窄沿罐底，夹砂灰陶。平底，底部微曲，素面，器表残留刮抹痕迹，内壁较为平整。壁厚1厘米（图一五三，20）。

274：2，斜折沿盆口沿，泥质灰陶。方圆唇，折沿，沿下抹光，其下饰竖向绳纹。壁厚0.6厘米（图一五三，4）。

274：3，绳纹陶片，夹砂黄褐陶。器表饰纵向抹断绳纹，纹饰齐整且清晰。壁厚0.5厘米（图一五三，6）。

274：4，篮纹陶片，泥质灰陶。器表饰横向篮纹，纹饰不甚规整。壁厚0.4厘米（图一五三，8）。

274：5，敞口盆口沿，泥质灰褐陶。器表饰斜向弦纹。壁厚0.4厘米（图一五三，11）。

274：6，直口钵口沿，泥质红褐陶。尖唇，直口，素面。壁厚0.4厘米（图一五三，5）。

274：7，窄沿罐底，夹砂灰褐陶。平底，素面，器表残存刮抹痕迹，内壁平整。壁厚0.7厘米（图一五三，19）。

### 05-275　胶泥圪佬遗址-3

遗址编号：QWJ-3

文化属性：鲁家坡一期遗存、阿善三期文化、永兴店文化、朱开沟文化、战国

行政归属：清水河县王桂窑子乡胶泥圪佬村

GPS坐标：遗址中部东经111°31′31.0″、北纬39°57′14.8″

海拔高度：1136±5米

初查时间：2005年4月24日

遗址位于胶泥圪佬村南部临浑河的漫坡之上，坡东、西两面为早期形成的大型冲沟，南临浑河，北为逐级上升的陡坡。

遗址几乎覆盖整个漫坡地，漫坡直插至浑河河底部，范围较大，遗址北部邻近村落，并隔陡坡向上遥见05-273号遗址，东部隔冲沟与05-268号遗址相邻，西部隔冲沟与05-274号相邻，南部邻逐级下降的陡坡，陡坡下为浑河。遗址内地表起伏不平，丰准铁路隧道从遗址中部经过，残留有数处胶泥圪佬村落民居以及当年修建丰准铁路的指挥中心房屋。遗址北部辟为耕地，南部杂草丛生，遍布大量育林坑。

遗址东西长约200米、南北宽约400米，总面积约8万平方米。地表遗物较少，主要为战国和朱开沟文化陶片，可见有三足瓮、战国弦纹罐等，少量为阿善三期文化陶片。

275：1，石刀，呈灰白色，磨制。一侧不平整，直背弧刃，正锋，近刃部有一对穿孔，平面呈近长方形。宽5.1、长9.6厘米（图一五四，5）。

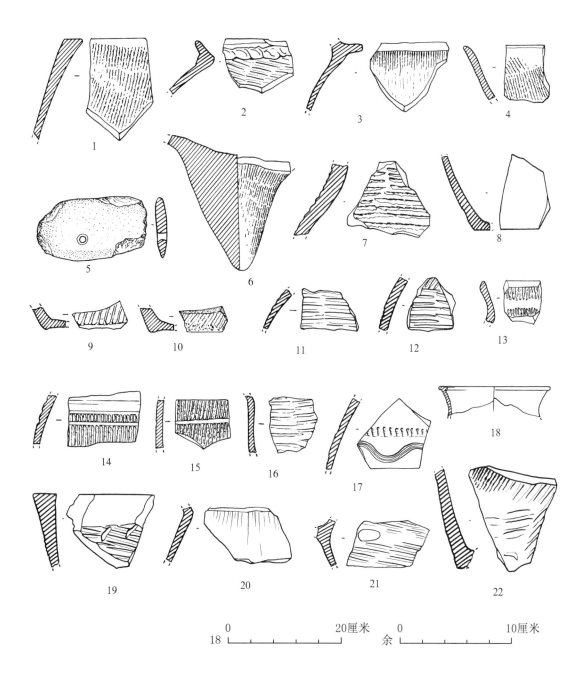

0　　　　　　　　20厘米　　0　　　　　　　10厘米

18　　　　　　　　　　　　　余

图一五四　05-275～05-277号遗址标本

1. 三足瓮口沿（275：8）　2. 窄沿罐口沿（275：5）　3. 甗腰（275：9）　4. 敞口盆口沿（275：7）　5. 石刀（275：1）　6、22. 器足（275：10，275：4）　7. 绳纹陶片（276：1）　8. 盆底（276：2）　9、10. 篮纹罐底（276：4，276：5）　11、12、16、21. 篮纹陶片（277：1，277：2，276：3，275：3）　13. 矮领罐口沿（275：12）　14、15. 弦断绳纹陶片（277：4，275：11）　17. 水波纹陶片（277：3）　18. 高领罐口沿（276：6）　19. 直口瓮口沿（275：6）　20. 小口罐口部残片（275：2）　（20为鲁家坡一期遗存，2、5、21为阿善三期文化，7、9～12、16、19、22为永兴店文化，1、3、4、6为朱开沟文化，13、14、15为战国，余为汉代）

275：2，小口罐口部残片，泥质红陶。方唇，微敛口，斜直领，素面。厚0.6厘米（图一五四，20）。

275：3，篮纹陶片，夹细泥砂黄褐陶。器表饰篮纹，纹饰较浅而宽。上有一残纽或器耳根部，残片呈弧折，从器形看应是带耳罐肩部。壁厚0.5厘米（图一五四，21）。

275：4，器足，砂质灰陶。空袋足，足尖略外侈，足身上部饰绳纹，下部抹平。壁厚1.4厘米（图一五四，22）。

275：5，窄沿罐口沿，夹砂灰陶。尖圆唇，敛口，窄沿平折，沿下贴附指压泥条，以下饰斜篮纹。壁厚0.7厘米（图一五四，2）。

275：6，直口瓮口沿，泥质灰陶。厚方唇，唇沿内侧加厚，口部抹光，器表饰篮纹。壁厚0.7～1.7厘米（图一五四，19）。

275：7，敞口盆口沿，夹砂灰陶。尖圆唇，口微侈，口部抹平，以下饰浅绳纹。壁厚0.6厘米（图一五四，4）。

275：8，三足瓮口沿，夹砂橘黄色陶。方唇，唇沿内侈凸，器表饰绳纹。壁厚0.8～1.5厘米（图一五四，1）。

275：9，鬲腰，夹砂灰陶。短格，器表饰浅绳纹。壁厚0.7厘米（图一五四，3）。

275：10，器足，夹砂红褐陶。器表呈灰色，锥状实足根，饰绳纹。足高9～11厘米（图一五四，6）。

275：11，弦断绳纹陶片，泥质灰褐陶。器表饰弦断绳纹。壁厚0.6厘米（图一五四，15）。

275：12，矮领罐口沿，泥质灰褐陶。圆唇，沿饰绳纹后抹平。壁厚0.8厘米（图一五四，13）。

## 05-276　胶泥圪佬遗址-4

遗址编号：QWJ-4

文化属性：永兴店文化、汉代

行政归属：清水河县王桂窑子乡胶泥圪佬村

GPS坐标：东经111°31′21.7″、北纬39°57′59.8″

海拔高度：1257±6米

初查时间：2005年4月24日

遗址位于胶泥圪佬村北部大石沿村南部一圆形台地之上，该台地与大石沿村所在台地之间有乡间土路及平坦洼地相连。遗址所在的台地以大石沿村为制高点（海拔高度1283米），位于呈南北走向的一处大型的山梁南部。台地总体地势中部高，四周低，东、西两面为早期形成的大型冲沟，南部为陡坡地临界浑河，并有较多的大小冲沟，地形复杂。

遗址主要分布在平台坡地的南坡临陡坡与冲沟处。遗址东邻05-271号遗址，东南部隔数道小冲沟与05-273号遗址相邻，西南隔冲沟与05-279号遗址相邻，北部邻大型台地顶部，西部与东部为平坡地，南部为众多小冲沟。遗址内地势平坦，通往胶泥圪佬村与大石村的乡间土路从遗址东部经过，遗址北部辟为耕地，南部为柠条地。

遗址东西长约200米、南北宽约150米，总面积约3万平方米。地表散见少量遗物，以汉代陶片为多，鲜见永兴店文化时期的陶片。

276：1，绳纹陶片，夹砂灰褐陶，砂粒较大。器表饰粗绳纹，纹饰较深。壁厚0.9厘米（图一五四，7）。

276：2，盆底，细砂深灰陶。素面，内壁不平，外壁有刮抹痕迹，为器底部。壁厚0.8厘米（图一五四，8）。

276：3，篮纹陶片，夹砂灰褐陶，砂粒较大，质地坚硬。器表饰篮纹，纹饰较宽。壁厚0.7厘米（图一五四，16）。

276：4，篮纹罐底，夹砂褐陶，砂粒较大，质地坚硬。器表饰斜向篮纹，纹饰较深。壁厚1.1厘米（图一五四，9）。

276：5，篮纹罐底，底部残片，夹砂灰陶，砂粒较大。平底，器表饰篮纹。壁厚1.2厘米（图一五四，10）。

276：6，高领罐口沿，泥质灰陶。圆唇，侈口，外侈沿近折。内壁残留快轮旋痕，器表素面并经抹光。壁厚0.7厘米（图一五四，18）。

### 05-277 后城咀遗址-1

遗址编号：QWH-1

文化属性：永兴店文化、战国、汉代

行政归属：清水河县王桂窑子乡后城咀村

GPS 坐 标：遗址顶部东经111°30′41.7″、北纬39°56′50.2″

海拔高度：1049±7米

初查时间：2005年4月25日

遗址位于后城咀村所在坡地南部近浑河较为独立的洼地上。遗址所在洼地东、西、南三面基本邻浑河，北部为逐级上升的坡地。

遗址主要分布在洼地的中部，洼地顶部为碎石堆筑呈平台之势，下方均辟为梯田。遗址北近邻05-278号大型遗址，南部邻缓坡，缓坡下方浑河流过，东部为洼地与向上漫坡相连，西部为冲沟，延伸至浑河，北部为长高的坡地。遗址地表现为耕地。

遗址东西长约200米、南北宽约200米，总面积约4万平方米。遗物较为集中，主要分布于靠近浑河的东南部，可见陶片以泥质灰陶为主，饰有弦断绳纹、水波状划纹等，并见少量永兴店文化的篮纹陶片。

277：1，篮纹陶片，泥质灰陶。器表饰篮纹。壁厚0.6厘米（图一五四，11）。

277：2，篮纹陶片，夹砂灰陶。器表饰篮纹。壁厚0.8厘米（图一五四，12）。

277：3，水波纹陶片，泥质灰陶。器表饰水波纹与锥刺纹。壁厚0.8厘米（图一五四，17）。

277：4，弦断绳纹陶片，泥质灰陶。器表饰凹弦纹与弦断绳纹。壁厚0.8厘米（图一五四，14）。

### 05-278　后城咀遗址-2

遗址编号：QWH-2

文化属性：庙子沟文化、永兴店文化

行政归属：清水河县王桂窑子乡后城咀村

GPS坐标：遗址顶部东经111°30′47.1″、北纬39°57′26.4″

海拔高度：1191±7米

初查时间：2005年4月25日

遗址位于后城咀村落及周围地区，属于一处大型的独立台地。台地以东北为制高点，向四周渐次下降，其中台地西部、东部及北部三面基本为冲沟环抱，南部邻浑河，整个台地只有北部存有与外界相连的通道。台地内沟壑较多，西部相对平缓，东北部较为崎岖。

遗址基本占据台地主体位置。遗址北部有两条东西向冲沟相对，冲沟之间存不宽的通道，隔冲沟与05-279号及05-280号遗址相邻；东部邻冲沟，其中东南角隔冲沟与05-274号遗址相邻；西部临大型冲沟，坡势较平缓；南部延伸的冲沟下方与05-277号遗址相邻，其他部位临浑河，遗址内现多辟为耕地（图一五五；彩版一〇一，1）。

遗址主要为一座石城址，城址的墙体依地势兴建，城墙宽2～3米，截面呈梯形，依冲沟的墙体不规正。保存较好的墙体主要为北城墙和东城墙，其次为西城墙，其中东城墙现被该村修筑成通往浑河边的乡间土路，西城墙断断续续可见三段墙址，北城墙有城门，且可见马面（图一五六）。石城内北部现为村落居所，其他地方多为耕地（彩版二一；彩版三七；彩版三八）。东、西城墙破坏严重，靠近村落的地方石块基本搬空。东北的瓮城保存较好，可见分布均匀的马面（彩版六〇、六一）。

遗址东西长约1200米、南北宽约1150米，总面积约138万平方米。地表可见遗物以永兴店文化时期陶片为主，并见少量庙子沟文化的陶片。

278：1，石纺轮，残，磨制。呈青色，圆饼状，中部有一单穿孔。内径1.1、厚1厘米（图一五七，9）。

278：2，彩陶片，泥质橙黄陶。器表饰竖向弧带状黑彩纹，其下施横带状黑彩，两带状之间填赭彩。壁厚0.8厘米（图一五七，18）。

278：3，鬲口沿，夹砂灰陶。厚缘唇，口近直，唇内侧施一周凹弦纹，唇面上饰锯齿状花边，直领，领部抹光，器表饰绳纹。壁厚0.8厘米（图一五七，20）。

278：4，鬲口沿，夹砂灰陶。尖圆唇，直口，矮直领，领部抹光，唇面施锯齿状花边，器身饰绳纹。壁厚0.7厘米（图一五七，17）。

278：5，平口瓮口沿，夹砂灰褐陶。方唇，口部外叠唇，加厚的部位略靠下，形成榫口状，并经抹光，其下饰泥条压印附加堆纹，以下为粗深绳纹。壁厚1.3～1.5厘米（图一五七，15）。

278：6，高领罐口沿，泥质灰陶。尖唇，微侈口，窄沿外折，直领，领部饰竖向宽篮纹，其下残。壁厚0.8厘米（图一五七，2）。

278：7，敛口鼓腹瓮口沿，泥质灰陶。厚方唇，折肩，肩部施四周凹弦纹，以下

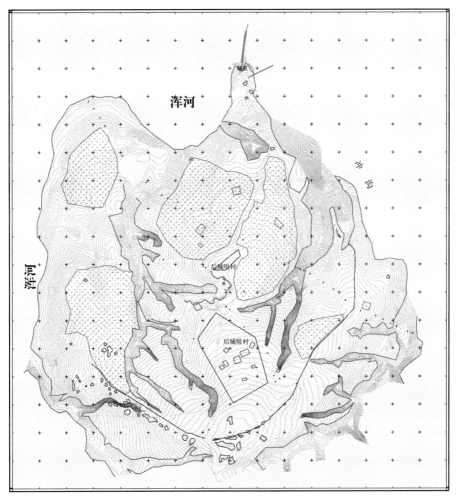

图一五五　　05-278号遗址地形图

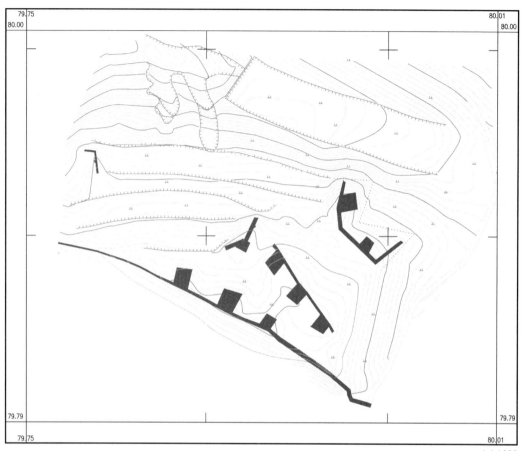

图一五六　05-278号遗址瓮城地形图

1 : 1000

饰粗绳纹。壁厚1厘米（图一五七，12）。

　　278：8，砺石，呈黄褐色，磨制，平面呈圆角长方形，扁平状。长5.7、宽2.8、厚0.9厘米（图一五七，10）。

　　278：9，侈口盉口沿，泥质灰陶。方唇，敛口，侈沿，短流，流位于肩部，折肩，素面。流长1.1、壁厚0.8厘米（图一五七，4）。

## 05-279　小火盘遗址-1

　　遗址编号：QWX-1

　　文化属性：永兴店文化

　　行政归属：清水河县王桂窑子乡小火盘村

　　GPS 坐标：遗址偏上部东经111°30′55.2″、北纬39°57′49.4″

　　海拔高度：1229±6米

　　初查时间：2005年4月25日

遗址位于小火盘村北部，近临冲沟的坡地之上。该坡地较为狭长平缓，北部、西部及南部的一部分邻冲沟，东部为平梁坡地。

遗址主要分布在西部缓坡带。遗址东北隔冲沟与05-276号遗址相邻，东部隔坡顶部与05-273号遗址相邻，西南部隔冲沟与05-280号遗址相邻，南部隔小火盘村与05-278号遗址相对。遗址内大部分辟为耕地，耕地呈层层阶梯状，南部杂草丛生，有大量育林坑分布至坡地底部（彩版一〇一，2）。

遗址东西长约300米、南北宽约150米，总面积约4.5万平方米。地表散见遗物均为永兴店文化陶片，器形有鬲、罐、盆等，纹饰以篮纹为主。

279：1，平口瓮口沿，夹砂灰陶。方唇内敛，口部抹光，其下压印一周附加堆纹。壁厚1.7厘米（图一五七，3）。

279：2，敛口鼓腹瓮口沿，泥质灰陶。方唇，敛口较甚，折肩，口部饰篮纹后经过抹饰，以下饰竖向深绳纹。厚0.6厘米（图一五七，19）。

279：3，鬲口沿，夹砂灰陶。直口，外叠唇，矮领，唇面上压印锯齿状花边，领部抹光，以下饰绳纹，鸡冠状鋬手，上饰五个戳印坑，鋬手部分残。壁厚1.1厘米（图一五七，7）。

279：4，鬲口沿，夹砂灰陶。外叠唇，斜直领，唇面上压印锯齿状花边，唇内沿施一周凹饰，领部素面，以下饰竖向绳纹。壁厚1.2厘米（图一五七，1）。

279：5，敞口深腹盆口沿，泥质灰陶。外叠唇，唇尖，近直口，领部抹光，以下饰两道横弦纹。壁厚0.3厘米（图一五七，11）。

279：6，敞口浅腹盆口沿，泥质黑陶。尖唇，微侈口，直领，器表抹光。壁厚0.7厘米（图一五七，14）。

## 05-280　小火盘遗址-2

遗址编号：QWX-2

文化属性：永兴店文化

行政归属：清水河县王桂窑子乡小火盘村

GPS坐标：遗址中部东经111°30′46.7″、北纬39°57′43.9″

海拔高度：1226±8米

初查时间：2005年4月25日

遗址位于小火盘村所在台地的西部，遗址偏东部为村庄。该台地总体地势中部高四周低，东、西两面为早期形成的大型冲沟，南、北两侧为晚期形成的冲沟，并有通道与南北相邻的坡地相连。

遗址主要分布在台地西部坡地及坡顶一部分，遗址东北隔冲沟邻05-271号遗址，南部隔冲沟与05-278号遗址相邻，西部缓坡下方为大型冲沟，东部紧邻村落及坡顶平

图一五七　05-278～05-280号遗址标本

1、7、17、20.鬲口沿（279：4，279：3，278：4，278：3）　2、13.高领罐口沿（278：6，280：1）　3、15.平口瓮口沿（279：1，278：5）　4、5.侈口盉口沿（278：9，280：2）　6.錾耳残片（280：4）　8.筒形罐口沿（280：5）　9.石纺轮（278：1）　10.砺石（278：8）　11.敞口深腹盆口沿（279：5）　12、19.敛口鼓腹瓮口沿（278：7，279：2）　14.敞口浅腹盆口沿（279：6）　16.矮领罐口沿（280：3）　18.彩陶片（278：2）（18为庙子沟文化，余为永兴店文化）

台（彩版一〇一，2）。遗址现辟为梯田，从断面观察，文化层堆积较薄。

遗址东西长约300米、南北宽约200米，总面积约6万平方米。遗物分布趋势较明显，主要分布在北面坡地二、三阶梯田之上，陶片等遗物分布较为零散，上部分布略为密集。

280：1，高领罐口沿，夹砂灰褐陶。方唇，侈口，窄沿，斜直领，唇沿上施绳纹，领部抹光，以下饰竖向规整绳纹。领高4.7、壁厚0.7~0.9厘米（图一五七，13）。

280：2，侈口盉口沿，泥质灰褐陶。方唇外侈，敛口，折肩，折肩处胎壁明显增厚，残流位于折肩处，与器身一体制成，素面抹光。壁厚0.5~1厘米（图一五七，5）。

280：3，矮领罐口沿，夹砂灰陶。方唇，直口，领部抹光，以下饰粗绳纹。领高3、壁厚0.9厘米（图一五七，16）。

280：4，鋬耳残片，夹砂灰陶。桥状耳，一面接器物口部，上饰绳纹。壁厚1厘米（图一五七，6）。

280：5，筒形罐口沿，细泥灰陶。尖唇，直口，外壁饰竖向绳纹。壁厚0.5厘米（图一五七，8）。

## 05-281　大石沿遗址-4

遗址编号：QWD-4

文化属性：汉代

行政归属：清水河县王桂窑子乡大石沿村

GPS坐标：遗址顶部东经111°30′46.1″、北纬39°58′20.3″

海拔高度：1197±6米

初查时间：2005年4月25日

遗址位于大石沿村西南部的坡地之上。该坡地是以大石沿村为制高点（海拔高度1283米），位于呈南北走向的一处较大的山梁西部地段。山梁总体地势中部高四周低，东、西两面为早期形成的大型冲沟，南临界浑河，北为平梁。其中南面有较多的大小冲沟，地形复杂，近浑河处相对变得平缓，中部东、西两条较大的冲沟伸入内部，形成较多沟壑，遗物多散落于山梁北部平坡地带及临近冲沟的坡地与浑河岸边。

遗址主要分布在坡地的南部，与其他各点遗址相距较远。遗址东部与北部邻平梁坡地，南部邻冲沟，西部为逐级下降的陡坡。遗址内现主要为荒地，部分地区沙化严重。

遗址东西长约300米、南北宽约250米，总面积约7.5万平方米。从遗址临冲沟的断面观察，未见明显地层关系，遗物分布密集度较低，较为集中分布于三个地点，一处位于坡中部，另两处则分别位于南坡下方。陶片均为泥质灰陶，素面居多。

281：1，矮领罐口沿，泥质灰陶。圆方唇，平沿外凸，素面。壁厚0.7厘米（图一五八，25）。

281：2，矮领瓮口沿，泥质灰陶。尖圆唇，敛口，窄沿外卷近平，素面。厚0.6厘米（图一五八，20）。

281：3，折沿器口，泥质灰陶。圆唇，唇沿划一槽，素面。壁厚0.8厘米（图一五八，6）。

### 05-282　大石沿遗址-5

遗址编号：QWD-5

文化属性：辽金

行政归属：清水河县王桂窑子乡大石沿村

GPS坐标：遗址顶部东经111°31′23.2″、北纬39°59′08.4″

海拔高度：1256±5米

初查时间：2005年4月25日

遗址位于大石沿村西北部，南北临冲沟的窄坡上。该坡地为东西向大型冲沟沟端分叉处，西部为沟端，东部为渐次平缓上升的平梁坡地。遗址主要分布在窄坡近沟处，遗址所在坡地总体略现东高西低之势，隔沟向南与大石沿所在台地相望，北隔冲沟与05-283号遗址相邻，东北为平坡地，南、北、西三面邻冲沟。遗址南、北两侧现辟为耕地（彩版一〇二，1）。

遗址东西长约200米、南北宽约100米，总面积约2万平方米。遗物零星可见，均为泥质灰陶片，以素面为主。

### 05-283　柴家岭遗址-1

遗址编号：QWC-1

文化属性：辽金

行政归属：清水河县王桂窑子乡柴家岭村

GPS坐标：遗址中部东经111°31′18.0″、北纬39°59′21.5″

海拔高度：1254±5米

初查时间：2005年4月27日

遗址位于柴家岭村东北部，村落所在坡地的坡顶南侧。该坡地总体地势较为平缓，中部略高，四周略低，坡地西部邻早期形成的大型冲沟，南、北两侧为西部大型冲沟伸入坡地内部的支叉，东部为平坦的沙梁地。

遗址主要分布在坡顶南坡临冲沟端处，遗址东部、西部和北部邻平缓的坡地，南部邻大型冲沟的支叉。东北可见坡下另一处平台上的05-248号遗址，南部隔冲沟与05-282号遗址相邻，西北隔坡顶部与05-284号遗址相对。遗址内地势相对平坦，多种植有柠条，其中部分地段已沙化。

遗址东西长约300米、南北宽约200米，总面积约6万平方米。地表零星散见辽金时

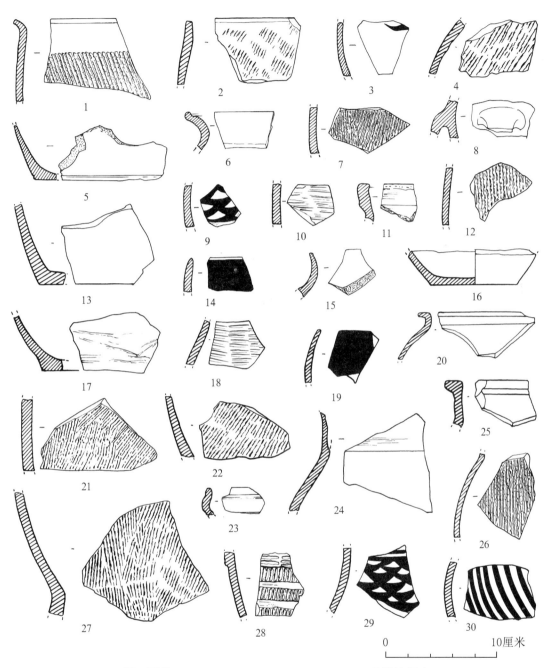

图一五八　05-281、05-284～05-288、05-291号遗址标本

1.折沿盆口沿（285：5）　2.三足瓮口沿（285：2）　3、9、29、30.彩陶片（286：3，286：5，286：2，286：1）　4、7、12、21、22、26～28.绳纹陶片（291：2，288：6，287：1，285：4，285：1，288：2，285：3，287：2）　5、13.盆底（284：2，284：1）　6.折沿器口（281：3）　8.器耳（286：4）　10、18.篮纹陶片（288：4，288：1）　11、25.矮领罐口沿（288：8，281：1）　14、19.敛口钵口沿（291：3，291：1）　15.矮领罐口沿（285：6）　16、17.罐底（288：3，288：5）　20.矮领瓮口沿（281：2）　23.尖底瓶口沿（291：4）　24.罐口残片（288：7）　（4、14、19、23为鲁家坡一期遗存，3、8、9、29、30为庙子沟文化，10、12、16～18为永兴店文化，1、2、15、21、22、27为朱开沟文化，7、11、24、26、28为战国，余为汉代）

期陶片，主要分布于遗址的中部。

### 05-284　柴家岭遗址-2

遗址编号：QWC-2

文化属性：汉代

行政归属：清水河县王桂窑子乡柴家岭村

GPS 坐 标：遗址中部偏北东经111°30′48.5″、北纬39°59′14.0″

海拔高度：1265±5米

初查时间：2005年4月27日

遗址位于柴家岭村东北部，村落所在坡地坡顶北侧的一处洼地上，该洼地为柴家岭村所居山坡的偏北部，呈东西两坡相夹之地势。坡地总体地势较为平缓，中部略高四周略低，坡地西部临早期形成的大型冲沟，南、北两侧为西部大型冲沟伸入坡地内部的支叉，东部为平坦的沙梁地。

遗址主要分布在洼地的中部偏上，整个遗址呈条带状向北延伸，遗址四周均邻平坦的沙坡地。其中东南隔坡顶邻05-283号遗址，东北与另一处坡地顶部平台的05-248号遗址相见，西北部邻乡间公路，北部可见常家河村。遗址内南部为山坡坡脊，并见田间小道穿过，东部为柠条地，西部为耕地（彩版一〇二，1）。遗址内有零星可见的榆树坑，地表裸露沙土。

遗址东西长约150米、南北宽约250米，总面积约3.75万平方米。地表零星散见汉代陶片。

284：1，盆底，泥质灰陶。平底，器壁较厚重，素面。壁厚1.1～1.3厘米（图一五八，13）。

284：2，盆底，泥质灰陶。平底，素面。壁厚1厘米（图一五八，5）。

### 05-285　常家河遗址-1

遗址编号：QWC-1

文化属性：朱开沟文化

行政归属：清水河县王桂窑子乡常家河村

GPS 坐 标：遗址中部东经111°31′12.3″、北纬39°59′58.0″

海拔高度：1252±7米

初查时间：2005年4月27日

遗址位于常家河村北，该村所居坡地的顶部平台之上。该平台以大石沿村为制高点（海拔高度1283米），位于呈南北走向的一处较大的山梁最北部略西。山梁总体地势中部高，四周低，山梁东、西两面为早期形成的大型冲沟，南临界浑河，北为平梁。其中南面有较多的大小冲沟，地形复杂，近浑河处相对变得平缓，中部东、西两条较大的冲沟伸入内部，形成较多沟壑，遗存多集中在山梁北部平坡地带及临近冲沟的坡地与浑河岸边（彩版一〇二，1）。

遗址主要分布在坡顶平台的西部。遗址东南邻05-245号遗址，北部与西部邻冲沟，南部隔村可见05-284号遗址。遗址内地势较平坦，现辟为耕地。

遗址东西长约300米、南北宽约250米，总面积约7.5万平方米。地表零星散见朱开沟文化时期陶片，以泥质灰陶为众，多见绳纹。

285：1，绳纹陶片，夹砂橙黄陶。器表饰浅绳纹。壁厚0.7厘米（图一五八，22）。

285：2，三足瓮口沿，夹砂灰陶。方唇，侈口，斜直腹，饰浅绳纹。厚1厘米（图一五八，2）。

285：3，绳纹陶片，泥质灰陶。通体饰绳纹。壁厚1.2厘米（图一五八，27）。

285：4，绳纹陶片，泥质灰陶，质地较坚硬。器表饰浅绳纹。壁厚1厘米（图一五八，21）。

285：5，折沿盆口沿，泥质灰陶。小方唇，近直口，窄沿外侈，沿下抹光，以下饰竖绳纹。壁厚0.8厘米（图一五八，1）。

285：6，矮领罐口沿，泥质灰陶。方圆唇，通体素面。壁厚0.6厘米（图一五八，15）。

### 05-286　庄堂梁遗址-1

遗址编号：QWZ-1

文化属性：庙子沟文化

行政归属：清水河县王桂窑子乡庄堂梁村

GPS坐标：东经111°29′05.8″、北纬39°59′59.5″

海拔高度：1270±4米

初查时间：2005年4月27日

遗址位于距庄堂梁村西南方约300米处的坡地上。该坡地地形总体地势由北向南倾斜，东、西两面为早期形成的大型冲沟，其中东面为一条南北走向大冲沟直通浑河，西面为一条东西走向大冲沟直通黄河，南部与另一个高坡地相邻。

遗址主要分布在坡顶的西侧坡地，地势呈东高西低之势，遗址西部邻逐级下降的陡坡，陡坡下为冲沟，东部邻坡地顶部平台地，南、北为连绵的山坡。遗址内地势较为平坦，除中部被一条东西向小冲沟分割外，地形总体较为完整，遗址内均辟为耕地。

遗址东西长约150米、南北宽约200米，总面积约3万平方米。文化堆积较薄，地表可见庙子沟文化遗物。

286：1，彩陶片，泥质黄陶。上饰窄带弧竖向平行线纹，黑彩，从陶片形态观察，可能为罐的腹部。壁厚0.7厘米（图一五八，30）。

286：2，彩陶片，泥质黄陶。器表饰鱼鳞纹，从陶器形状看，应为小口壶颈部。厚0.7厘米（图一五八，29）。

286：3，彩陶片，泥质黄陶。上施黑彩。壁厚0.6厘米（图一五八，3）。

286：4，器耳，残片，泥质黄陶。桥状耳，与器身榫卯接，素面。厚0.9厘米（图一五八，8）。

286：5，彩陶片，泥质黄陶。上施鱼鳞纹，黑彩。壁厚0.9厘米（图一五八，9）。

## 05-287　井路咀遗址-1

遗址编号：QWJ-1

文化属性：永兴店文化、战国

行政归属：清水河县王桂窑子乡井路咀村

GPS坐标：东经111°28′55.9″、北纬39°59′03.8″

海拔高度：1260±6米

初查时间：2005年4月29日

遗址位于井路咀村东南部，该村落所在坡地的坡顶部位。该坡地是一处大型的山塬，总体地势由北向南倾斜，山塬东、西两面为早期形成的大型冲沟，其中东面为一条南北向大冲沟直通浑河，西面为两条东西向大冲沟直通黄河，并将该山塬临沟处分割得支离破碎。

遗址主要分布在山塬的北部坡顶东侧坡地的上部，地势西高东低。遗址东侧邻渐次向下延伸的漫坡，漫坡尽头为大型冲沟，西侧邻坡顶部平台地，上有乡间公路通过，南侧亦属于坡地横向缓丘，北侧则存在一近代形成规模不大的冲沟。遗址内现为荒地，大部分种植有柠条以及杂草，小部分地带沙化。

遗址东西长约250米、南北宽约250米，总面积约6.25万平方米。地表可见永兴店文化碎陶片，并集中分布于遗址的上部。陶片以灰陶为主，灰陶中以泥质为多，纹饰有绳纹、篮纹、网络纹等，并有少量素面陶片。下部以战国时期陶片为主。

287：1，绳纹陶片，夹砂灰陶。饰绳纹，纹饰较深。壁厚0.6厘米（图一五八，12）。

287：2，绳纹陶片，泥质灰陶。器表饰附加泥条与弦断绳纹。厚0.6厘米（图一五八，28）。

## 05-288　新火盘遗址-1

遗址编号：QWX-1

文化属性：永兴店文化、战国

行政归属：清水河县王桂窑子乡新火盘村

GPS坐标：东经111°28′36.1″、北纬39°59′43.5″

海拔高度：1274±5米

初查时间：2005年4月30日

遗址位于新火盘村（已搬迁）东部的土坡之上。该坡地呈条状分布，南、北、西三面邻大型冲沟，东面有一条南北向旱沟，其中西面为东西走向大冲沟直通黄河，南北冲沟为该大冲沟的支叉，总体看除有较窄的两处地段可与东坡地相沟通外，几乎呈一孤岛状。

遗址主要分布在坡地东部，邻近坡顶部位。遗址西邻05-289号遗址，北部和南部为冲沟，东侧邻平缓坡顶。遗址内有东西走向小冲沟，地势较平整，现多辟为耕地。

遗址东西长约250米、南北宽约250米，总面积约6.25万平方米。遗物主要为永兴店文化、战国时期的陶片。

288：1，篮纹陶片，泥质灰陶。器表饰篮纹。壁厚0.7厘米（图一五八，18）。

288：2，绳纹陶片，泥质灰陶。器表饰浅细绳纹。厚0.6厘米（图一五八，26）。

288：3，罐底，泥质灰陶。小平底，素面。壁厚0.7厘米（图一五八，16）。

288：4，篮纹陶片，泥质灰陶，陶色较深，质地坚硬。器表饰宽篮纹。壁厚0.9厘米（图一五八，10）。

288：5，罐底，泥质灰陶。内壁不平，外壁有坑窝，素面，壁厚0.7厘米（图一五八，17）。

288：6，绳纹陶片，泥质灰陶。器表饰浅绳纹。壁厚0.7厘米（图一五八，7）。

288：7，罐口残片，泥质灰陶。微溜肩，有领，领部残，领与肩相接处残留有轮制的弦纹，器表素面。壁厚0.9厘米（图一五八，24）。

288：8，矮领罐口沿，泥质灰陶，陶色较深，质地坚硬。宽沿，沿部较厚，平唇，器表素面。口沿厚1.2、壁厚0.9厘米（图一五八，11）。

## 05-289　新火盘遗址-2

遗址编号：QWX-2

文化属性：鲁家坡一期遗存、庙子沟文化，阿善三期文化、永兴店文化

行政归属：清水河县王桂窑子乡新火盘村

GPS坐标：东经111°28′19.1″、北纬39°59′44.3″

海拔高度：1253±4米

初查时间：2005年4月30日

遗址位于新火盘村（已搬迁）东北部的坡上。该坡地呈条状分布，南、北、西三面邻大型冲沟，东面有一条南北向旱沟，其中西面为东西走向大冲沟直通黄河，南北冲沟为该大冲沟的支叉，总体看除有较窄的两处地段可与东坡地相沟通外，几乎呈一孤岛状。

　　遗址主要分布在坡地的北部临冲沟处。遗址东部与05-288号遗址相邻，并有乡间土路与两遗址沟通，西部为逐级下降的陡坡，陡坡下为大型冲沟，东部为渐次上升的缓坡，南部邻近村落所在地，北部临冲沟。遗址内地势平坦，现为耕地。

　　遗址东西长约180米、南北宽约150米，总面积约2.7万平方米。遗址东部阿善三期文化、永兴店文化陶片分布较多，南部以庙子沟文化陶片为多。

　　289：1，敛口瓮口沿，夹砂灰陶，砂质较大。敛口，沿以下饰细绳纹。壁厚1.1厘米（图一五九，22）。

　　289：2，彩陶片，泥质红陶。内壁凹凸不平，器表饰平行黑彩窄带纹，赭色宽带纹。壁厚0.7厘米（图一五九，21）。

　　289：3，窄沿罐口沿，夹砂灰陶。方唇，窄沿，沿下饰一周附加堆纹，外壁饰篮纹。厚0.8厘米（图一五九，1）。

　　289：4，敞口盆口沿，泥质灰陶。外叠唇，敞口，沿以下饰篮纹。壁厚0.7厘米（图一五九，10）。

　　289：5，裆部残片，夹砂灰陶。裆部有乳突，饰绳纹。厚1.1厘米（图一五九，8）。

　　289：6，交叉线纹陶片，细泥灰陶。器表饰交叉线纹。壁厚0.5厘米（图一五九，11）。

　　289：7，直口钵口沿，泥质红陶。尖圆唇，口沿上施黑彩。壁厚0.5厘米（图一五九，16）。

　　289：8，彩陶片，泥质红陶。素面抹光，上饰黑彩窄带纹。壁厚0.7厘米（图一五九，17）。

　　289：9，敛口钵口沿，泥质灰陶。尖圆唇，素面抹光。壁厚0.7厘米（图一五九，18）。

　　289：10，直口钵口沿，泥质灰陶。尖唇，微侈口，叠沿，素面。壁厚0.6厘米（图一五九，12）。

　　289：11，篮纹陶片，夹砂灰陶。器表饰篮纹。壁厚0.6厘米（图一五九，3）。

　　289：12，窄沿罐底，夹砂灰陶。平底，器表饰横篮纹。壁厚0.6厘米（图一五九，14）。

## 05-290　印牛咀遗址-1

遗址编号：QWY-1

文化属性：鲁家坡一期遗存、庙子沟文化，永兴店文化、朱开沟文化、汉代

行政归属：清水河县王桂窑子乡印牛咀村

GPS坐标：东经111°27′59.5″、北纬39°59′53.4″

海拔高度：1238±4米

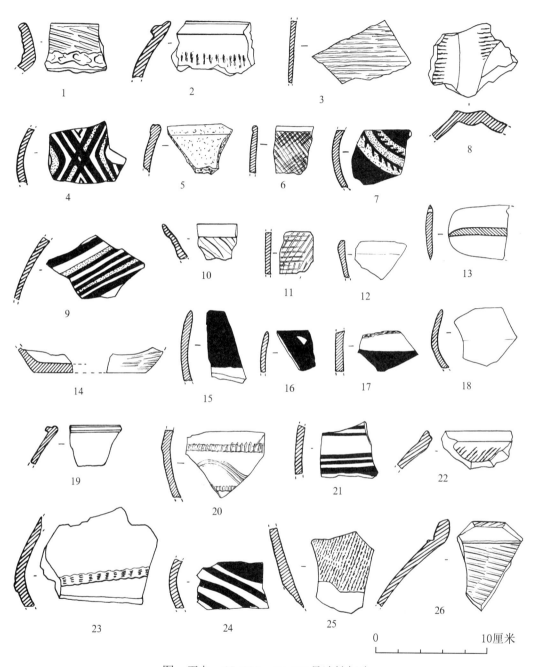

图一五九　05-289、05-290号遗址标本

1.窄沿罐口沿（289：3）　2、19.铁轨式口沿罐口沿（290：2，290：1）　3.篮纹陶片（289：11）　4、7、9、17、21、24.彩陶片（290：5，290：11，290：3，289：8，289：2，290：4）　5.敛口钵口沿（290：9）　6.筒形罐口沿（290：10）　8.裆部残片（289：5）　10.敞口盆口沿（289：4）　11.交叉线纹陶片（289：6）　12、15、16.直口钵口沿（289：10，290：12，289：7）　13.陶刀（290：13）　14.窄沿罐底（289：12）　18.敛口钵口沿（289：9）　20、23.附加堆纹陶片（290：14，290：8）　22.敛口瓮口沿（289：1）　25.绳纹陶片（290：7）　26.篮纹瓮口沿（290：6）（2、5、13、15～17、19为鲁家坡一期遗存，4、6、7、9、11、12、21、24为庙子沟文化，1、3、14、18为阿善三期文化，8、10、22、26为永兴店文化，25为朱开沟文化，余为汉代）

初查时间：2005年4月30日

遗址位于印牛咀村北部坡地上。该坡地制高点海拔高度1248米，呈东北—西南条状走向，山坡总体地势由北向南倾斜，东南为早期形成的大型冲沟，北部为缓坡。

遗址主要分布在坡地的东北部，包括村庄南部一部分。遗址南部邻陡坡，陡坡下为大型冲沟，隔冲沟与05-292号遗址相对，东南隔冲沟与05-289号遗址相望，西南隔冲沟邻壕气焉村，北部为平缓向上的漫坡，西部邻小土坡，土坡东段一部分在遗址内。遗址内现为耕地，中部有乡村土路穿过。

遗址东西长约450米、南北宽约250米，总面积约11.25万平方米。遗物大部分为庙子沟文化陶片，少量鲁家坡一期遗存和阿善三期文化陶片，并见有汉代陶片。

290：1，铁轨式口沿罐口沿，夹砂红陶，砂质较大。圆唇，口沿内曲，口沿外侧饰一凸棱，与口沿形成类似双唇口沿，素面。壁厚0.8厘米（图一五九，19）。

290：2，铁轨式口沿罐口沿，夹砂红褐陶，砂质较大。方唇，微侈口，窄沿外侈，唇沿饰一周凹槽，沿以下饰绳纹。壁厚1.1厘米（图一五九，2）。

290：3，彩陶片，泥质黄陶。内壁凹凸不平，器表饰三条窄带黑彩纹与一条赭彩纹组成的图案。壁厚0.8厘米（图一五九，9）。

290：4，彩陶片，泥质黄陶。内壁凹凸不平，器表饰条带黑彩纹。壁厚0.8厘米（图一五九，24）。

290：5，彩陶片，泥质黄陶。器表饰两条窄带黑彩纹，之间夹一条赭彩纹交叉相交，以及两条折角窄带黑彩纹之间夹一条赭彩纹共同组成的图案。壁厚0.8厘米（图一五九，4）。

290：6，篮纹瓮口沿，泥质灰陶。方唇，厚沿斜外侈，斜直腹，沿以下饰篮纹。沿厚1.4、壁厚0.9厘米（图一五九，26）。

290：7，绳纹陶片，泥质灰陶。器表饰绳纹。厚0.9厘米（图一五九，25）。

290：8，附加堆纹陶片，泥质灰陶。器表贴附一周附加堆纹，上施压印弦断线纹，素面。壁厚1.1厘米（图一五九，23）。

290：9，敛口钵口沿，夹砂红陶。方圆唇，厚沿内侈，素面。壁厚0.7厘米（图一五九，5）。

290：10，筒形罐口沿，夹砂黄褐陶。平唇，器表饰交叉线纹。厚0.7厘米（图一五九，6）。

290：11，彩陶片，泥质红陶。器表饰叶纹与窄带纹，黑彩。壁厚0.7厘米（图一五九，7）。

290：12，直口钵口沿，泥质黄陶。尖圆唇，直口，口沿部饰黑宽彩带。壁厚0.8厘米（图一五九，15）。

290：13，陶刀，残，泥质黄陶。由黑宽彩带陶钵磨制而成，平面呈近长方形，正锋，直背弧刃，近背部残留有一孔。厚0.7厘米（图一五九，13）。

290：14，附加堆纹陶片，泥质灰陶。上饰波纹与两道掐印纹。壁厚0.8厘米（图一五九，20）。

### 05-291 井路咀遗址-1

遗址编号：QWJ-1

文化属性：鲁家坡一期遗存

行政归属：清水河县王桂窑子乡井路咀村

GPS坐标：东经111°28′23.3″、北纬39°59′25.5″

海拔高度：1270±5米

初查时间：2005年4月30日

遗址位于井路咀村北部坡地上。该坡地为东西走向的窄坡，地势东高西低，地形呈梯田状分布。坡地南、北、西三面邻大型冲沟，其中西面为一条东西向大冲沟直通黄河，南、北两冲沟为该大型冲沟的支叉，东部为渐次上升的坡地。

遗址主要分布在坡地东部。遗址北部隔冲沟可见05-289、05-288号遗址，西部坡下与05-292号遗址相邻，南部邻村落，东部为向上延伸的漫坡地（彩版一○二，2）。遗址内地势平缓，现为耕地。

遗址东西长约300米、南北宽约250米，总面积约7.5万平方米。遗物零星见于遗址中部，皆为鲁家坡一期陶片。

291：1，敛口钵口沿，泥质红陶。尖唇，敛口，口部施宽彩带纹，黑彩。壁厚0.6厘米（图一五八，19）。

291：2，绳纹陶片，夹砂黄褐陶，砂质较大。内壁呈黑色，器表饰线纹。厚0.8厘米（图一五八，4）。

291：3，敛口钵口沿，泥质红陶。尖唇，直口，口部饰宽彩带纹，黑彩。壁厚0.7厘米（图一五八，14）。

291：4，尖底瓶口沿，泥质黄陶。圆唇，环形口，素面。壁厚0.8厘米（图一五八，23）。

### 05-292 井路咀遗址-2

遗址编号：QWJ-2

文化属性：庙子沟文化、阿善三期文化、永兴店文化、朱开沟文化、战国

行政归属：清水河县王桂窑子乡井路咀村

GPS坐标：东经111°28′57.3″、北纬39°59′28.6″

海拔高度：1219±5米

初查时间：2005年4月30日

遗址位于井路咀村西部的一处独立土塬之上。土塬四周环冲沟，只有一条小路经沟底与土塬沟通。土塬呈近圆形，下部多被雨水冲刷成沟壑，呈条带状分布于四周。

遗址主要分布在土塬南坡及顶部。遗址北部隔大型冲沟可见印牛咀村与05-290号遗址，西部隔大型冲沟与05-358号遗址相对，东部与05-291号遗址相邻，南部邻冲沟，隔冲沟与05-352、05-353号遗址相对（彩版二二，1）。遗址内地势较平缓，现全部为耕地。

遗址东西长约450米、南北宽约350米，总面积约15.75万平方米。遗址的文化层堆积较丰富，从断面处可见厚达60厘米左右的黑灰土层。遗物遍布整个遗址，较为密集，多见庙子沟文化、阿善三期文化、永兴店文化、朱开沟文化的陶片。

292：1，石斧，残，磨制。呈青色，直刃，正锋，截面呈圆角长方形。残长6、残宽5厘米（图一六〇，20）。

292：2，石刀，残。呈黄褐色，刀身打制，呈舌形，三面成锋，一侧刃部磨制，两侧打制，正锋，平面呈圆角长方形。宽4.8、残长6厘米（图一六〇，17）。

292：3，高领罐口沿，泥质黄陶。圆唇，敛口，侈沿，沿斜外软折，颈部微内收，溜肩，颈肩分界较为明显，器表及沿内壁饰红彩。壁厚0.5厘米（图一六〇，10）。

292：4，小口双耳罐口沿，泥质黄白陶。尖唇，敛口，窄沿外侈，溜肩，颈肩无分界，沿面与器身同饰黑彩带鳞纹。壁厚0.8厘米（图一六〇，11）。

292：5，平口罐口沿，夹砂灰陶。器表呈黄灰色，内壁呈红色。方唇，敛口，唇部内侈，口部贴附锯齿状附加堆纹，下方贴附小泥饼，饰浅绳纹。壁厚0.9～1.5厘米（图一六〇，19）。

292：6，窄沿罐口沿，细砂灰陶。斜方唇，敛口，宽沿斜上折，沿饰细绳纹，沿部以下饰三周附加堆纹，堆纹上拍篮纹。壁厚0.9～1.1厘米（图一六〇，7）。

292：7，直口瓮口沿，夹砂灰陶。厚方唇微内侈，直口，口部外侧抹光，靠下方贴附较宽的附加堆纹，上饰压抹的浅凹弦纹，器身饰绳纹。壁厚1～1.7厘米（图一六〇，1）。

292：8，高领罐口沿，泥质灰陶。由于烧制火候不均，器表内外呈红灰相间色。尖唇，窄沿外折，矮直领，素面，残留修饰时竖向刮痕。领高2.5、壁厚0.8厘米（图一六〇，3）。

292：9，甗腰，细砂质灰陶。器表呈橙黄色。格已残，器表饰细浅绳纹。壁厚0.7厘米（图一六〇，8）。

292：10，器足，泥质红褐陶。胎呈红色，器表呈灰色。足根部填充，足尖残，器表饰浅密细绳纹。壁厚1厘米（图一六〇，15）。

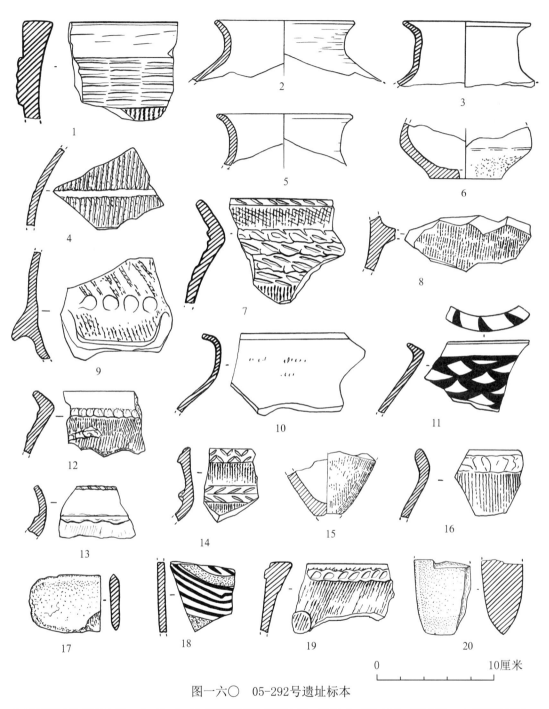

图一六〇　05-292号遗址标本

1.直口瓮口沿（292：7）　　2、3、5、10.高领罐口沿（292：15，292：8，292：14，292：3）　　4.弦断绳纹陶片（292：12）　　6.罐底（292：17）　　7、13.窄沿罐口沿（292：6，292：16）　　8.甗腰（292：9）　　9.器鋬（292：18）　　11.小口双耳罐口沿（292：4）　　12.侈沿罐口沿（292：19）　　14.卷口沿（292：11）　　15.器足（292：10）　　16.矮领罐口沿（292：20）　　17.石刀（292：2）　　18.彩陶片（292：13）　　19.平口罐口沿（292：5）　　20.石斧（292：1）（11、12、18、19为庙子沟文化，2、5～7、10为阿善三期文化，1、3、9、13、17、20为永兴店文化，8、14、15为朱开沟文化，4为战国）

292：11，高口沿，夹砂灰陶。外叠唇，小口，高领，唇沿上施两行锥刺波折纹，领部饰细绳纹，领下部饰一周花边状附加堆纹，器身为绳纹。领高4、壁厚0.8厘米（图一六〇，14）。

292：12，弦断绳纹陶片，泥质灰陶。器表饰弦断绳纹。壁厚0.7厘米（图一六〇，4）。

292：13，彩陶片，泥质黄陶。内壁不平，器表施黑窄带纹与红宽带彩纹，器表经磨光。壁厚0.7厘米（图一六〇，18）。

292：14，高领罐口沿，微夹砂灰陶。尖圆唇，敞口，高领，素面。壁厚0.7厘米（图一六〇，5）。

292：15，高领罐口沿，微夹砂灰陶。尖圆唇，敞口，束颈，高领，器内外壁磨光，素面。壁厚0.6厘米（图一六〇，2）。

292：16，窄沿罐口沿，夹砂灰陶，质地较坚硬。方唇，侈口，唇沿上饰掐印花边，领部素面，领下部饰附加堆纹，并经刮饰而纹饰不清，内壁抹光。壁厚0.8厘米（图一六〇，13）。

292：17，罐底，夹细砂灰陶。鼓腹，小平底，腹上部素面抹光，腹下部饰篮纹并残留有胎泥疤痕，内壁不平。壁厚1厘米（图一六〇，6）。

292：18，器鋬，夹砂灰陶。鋬手呈近长方形，贴塑于器身，内壁有制作时的压窝痕，鋬手上部饰四个指窝坑，通体饰绳纹。壁厚1厘米（图一六〇，9）。

292：19，侈沿罐口沿，夹砂灰陶。尖圆唇，敛口，侈沿近折，颈部饰一周附加堆纹，器表饰绳纹。壁厚1厘米（图一六〇，12）。

292：20，矮领罐口沿，夹砂灰陶。尖唇，沿部残留制作痕迹，器身饰绳纹。壁厚0.7厘米（图一六〇，16）。

### 05-293　井路咀遗址-3

遗址编号：QWJ-3

文化属性：庙子沟文化、永兴店文化、战国

行政归属：清水河县王桂窑子乡井路咀村

GPS坐标：东经111°29′16.5″、北纬39°58′52.0″

海拔高度：1229±7米

初查时间：2005年5月1日

遗址位于井路咀村东南部一处大型山塬的东坡地之上，距井路咀村较远。该大型山塬总体地势由北向南倾斜，山塬东、西两面为早期形成的大型冲沟，其中东面为一条南北向大冲沟直通浑河，西侧存两条东西向大冲沟直通黄河，并将该山塬临沟处分割得支离破碎。

遗址主要分布在东坡中部沙坡处，地势总体自西向东倾斜。遗址西部邻渐次上升的坡地，坡上可见05-287号遗址，东坡下方邻05-294、05-295号遗址，南部隔长坡地远邻05-298号遗址，北部邻平缓的坡地。遗址内地形平坦，现地表沙化严重，多种植有柠条。

遗址东西长约200米、南北宽约250米，总面积约5万平方米。地表可见永兴店文化和战国时期的陶片，鲜见庙子沟文化时期陶片。

293：1，钵腹残片，泥质黄陶。素面。壁厚0.7厘米（图一六一，9）。

293：2，篮纹罐底，泥质灰陶。饰篮纹。壁厚1厘米（图一六一，3）。

293：3，矮领瓮口沿，泥质灰陶。方唇，沿外折近卷，沿以下施数周凹弦纹。壁厚0.8厘米（图一六一，14）。

### 05-294　柴家岭遗址-1

遗址编号：QWC-1

文化属性：官地一期遗存、永兴店文化、战国

行政归属：清水河县王桂窑子柴家岭村

GPS坐标：东经111°29′35.9″、北纬39°58′42.7″

海拔高度：1202±6米

初查时间：2005年5月1日

遗址位于柴家岭村西南部，井路咀村东南部，与柴家岭村隔大型冲沟的一处山塬的东坡下端。该大型的山塬总体地势由北向南倾斜，山塬东、西两面为早期形成的大型冲沟，其中东面为一条南北向大冲沟直通浑河，西面为两条东西向大冲沟直通黄河，并将该山塬临沟处分割得支离破碎。

遗址西部邻渐次上升的坡地，坡上可见05-293号遗址，南部隔冲沟与05-295号遗址相对，东面邻大型冲沟，北部邻平缓坡地，有乡镇公路穿过。遗址内地表沙化较为严重，现多数地表种植树苗，并零星有柠条。

遗址东西长约400米、南北宽约300米，总面积约12万平方米。整个遗址基本被沙土覆盖，但文化层堆积较好，有的地段裸露有黑土层，从断崖看地层厚1米左右。遗物分布较有规律，在遗址西面为永兴店文化分布区，其下为战国文化区，东面为文化相杂区。

294：1，绳纹罐口沿，夹砂红陶。方唇，侈沿，溜肩，沿以下饰弦纹。口径10.2、残高6.4、壁厚0.7厘米（图一六一，1）。

294：2，器鋬，砂质灰陶。鸡冠状錾贴附腹部，上刻刺三条斜向凹槽，其他部位饰绳纹。壁厚1.1厘米（图一六一，19）。

294：3，鬲口沿，砂质灰陶。尖唇，微侈沿，矮领，领部素面，以下饰斜向粗绳

纹。壁厚1.2厘米（图一六一，21）。

294：4，鬲足，砂质灰陶。手制，空足，夹角呈锐角，饰绳纹。壁厚1.4厘米（图一六一，16）。

294：5，鬲裆，砂质灰陶。裆内有凹窝，裆外有乳突，素面。壁厚0.9厘米（图一六一，15）。

294：6，罐底，夹砂灰陶。矮假圈足，小平底，素面。底径7、壁厚0.8厘米（图一六一，13）。

294：7，碗口沿，泥质灰陶。厚方圆唇并内折，敛口，口部下方有一凸棱，素面。壁厚0.5厘米（图一六一，18）。

### 05-295　柴家岭遗址-2

遗址编号：QWC-2

文化属性：永兴店文化、朱开沟文化、战国

行政归属：清水河县王桂窑子柴家岭村

GPS坐标：东经111°29′23.5″、北纬39°58′34.4″

海拔高度：1219±5米

初查时间：2005年5月1日

遗址位于柴家岭的西南部，栅稍村东部的坡地下方。该坡地是一处大型的山塬，总体地势由北向南倾斜，山塬东、西两面为早期形成的大型冲沟，其中东面为一条南北向大冲沟直通浑河，西面为两条东西向大冲沟直通黄河，并将山塬临沟处分割得支离破碎。

遗址分布于整个窄条状东坡，地势呈西高东低倾斜延伸，地形、地势和地表情况基本与遗址05-294号遗址相似，多种植柠条。北隔冲沟与05-294号遗址相对，东南部与05-296号遗址相邻，南部邻小冲沟，东部邻大型冲沟，西部为渐次上升的坡地。

遗址东西长约750米、南北宽约200米，总面积约15万平方米。遗址内陶片主要见于裸露地层处，从整个裸露地表推断，陶片应遍布全遗址，南部相对更为集中。陶片以永兴店文化为主，其次为战国时期，偶见朱开沟文化的绳纹陶片。

295：1，石斧，窄首宽刃，弧刃，刃部一角残，偏锋，厚体，截面略呈半弧形，平面略呈梯形，平面侧视略呈半月形。长14.3厘米（图一六一，22）。

295：2，石铲，残，呈薄片状，一侧磨制，一侧打制。弧刃，正锋，窄首宽刃，平面呈扇形，握手处一侧残，一侧有半圆形穿孔，可能为了便于把握而特制，另一侧残。残长9、残刃宽10.4、壁厚1.2厘米（图一六一，4）。

295：3，石刀，残断，黄砂岩磨制而成。直背近弧刃，正锋，近刃部单穿一孔，平面呈圆角长方形。宽5、长5.2、壁厚0.6厘米（图一六一，11）。

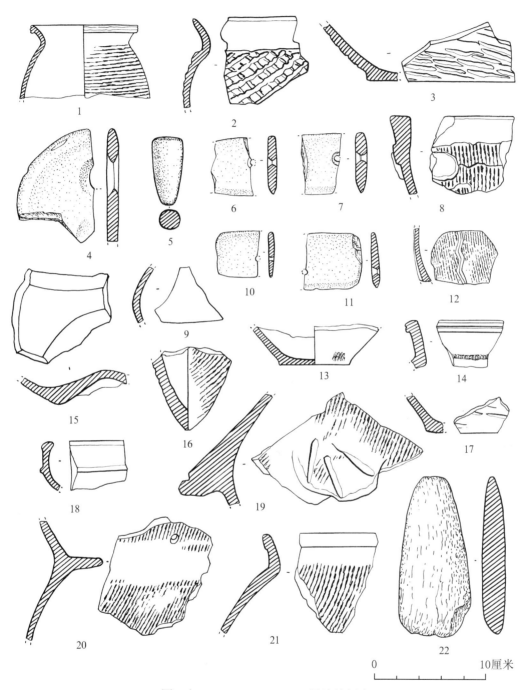

图一六一　05-293～05-295号遗址标本

1.绳纹罐口沿（294∶1）　2.侈沿罐口沿（295∶9）　3.篮纹罐底（293∶2）　4.石铲（295∶2）　5.石杵（295∶4）　6、7、10、11.石刀（295∶11，295∶12，295∶10，295∶3）　8.直口瓮口沿（295∶7）　9.钵腹残片（293∶1）　12.蛇纹鬲残片（295∶8）　13、17.罐底（294∶6，295∶5）　14.矮领瓮口沿（293∶3）　15.鬲裆（294∶5）　16.鬲足（294∶4）　18.碗口沿（294∶7）　19.器鋬（294∶2）　20.甗腰（295∶6）　21.鬲口沿（294∶3）　22.石斧（295∶1）（1为官地一期遗存，2～11、15、19、20、22为永兴店文化，12为朱开沟文化，余为战国）

295：4，石杵，磨制。截面为圆形，由杵头至顶端渐次变细，平杵头，头直径2.5、顶直径1.6、长6.4厘米（图一六一，5）。

295：5，罐底，夹砂黄褐陶。平底，素面。壁厚1厘米（图一六一，17）。

295：6，甗腰，夹砂褐陶。腰格略宽，腰部抹光，器身上部有一穿孔，器身饰绳纹。壁厚0.7厘米（图一六一，20）。

295：7，直口瓮口沿，夹砂灰陶。厚方唇，唇沿外侈，口部外侧素面，其下先饰一周附加堆纹，然后与器身同饰竖向绳纹，素面泥饼贴附于附加堆纹上。残高6.4、唇部厚1.7、壁厚0.7厘米（图一六一，8）。

295：8，蛇纹鬲残片，夹砂灰陶。器表饰细绳纹，其上饰蛇纹附加堆纹。壁厚0.47厘米（图一六一，12）。

295：9，侈沿罐口沿，夹砂灰陶。尖圆唇，敛口，沿外侈近折，素面，其下饰交叉粗宽绳纹，纹饰较深。竖绳纹。残高7.7、壁厚0.8厘米（图一六一，2）。

295：10，石刀，红色，残断，磨制。平面呈长方形，近直背直刃，正锋，刀身中部穿一孔，由于残去一半，孔不太清楚，一侧打击出缺口。残长3.5、宽4、壁厚0.4厘米（图一六一，10）。

295：11，石刀，残断，粗砂岩磨制而成。平面呈长方形。直背直刃，正锋，刀身近背部穿一孔，由于残去一半，孔不太清楚。残长3.5、宽5、壁厚0.8厘米（图一六一，6）。

295：12，石刀，残断，细砂岩磨制而成。平面呈长方形，近直背直刃，正锋，刀身近背部穿一孔。残长3.2、宽5、壁厚1厘米（图一六一，7）。

### 05-296　柴家岭遗址-3

遗址编号：QWC-3

文化属性：鲁家坡一期遗存、阿善三期文化、战国

行政归属：清水河县王桂窑子乡柴家岭村

GPS坐标：东经111°29′54.5″、北纬39°58′30.0″

海拔高度：1181±5米

初查时间：2005年5月1日

遗址位于栅稍村东部，大型山塬东侧缓坡下方邻冲沟处。山塬总体地势由北向南倾斜，东、西两面为早期形成的大型冲沟，其中东面为一条南北走向直通浑河的大冲沟，西面为两条东西向直通黄河的大冲沟，将山塬临沟处分割得支离破碎。

遗址主要分布在05-295号遗址所在坡地的东南角。遗址地势呈西北—东南倾斜，南部与东部邻冲沟，西部、北部为坡地。遗址内土地沙化严重，随处可见沙堆，部分沙地上长有青草，零星可见柠条。

遗址东西长约250米、南北宽约200米，总面积约5万平方米。遗址的文化堆积较好，地表可见战国、汉代陶片。从整个遗址覆沙情况可知，遗物遍布整个遗址。

296：1，铁轨式口沿罐口沿，泥质灰陶。厚方唇外凸，直领微侈，弧肩，领部抹光，以下饰交叉粗宽绳纹，纹饰较深。残高8.4、领高2.6、壁厚0.6厘米（图一六二，6）。

296：2，平折沿盆口沿，夹细砂泥质灰陶。方唇，沿外翻，斜腹，口内侧起一凸棱，沿中部隆起，沿下饰数周弦纹，腹饰竖向绳纹。残高8、壁厚0.7厘米（图一六二，3）。

296：3，平折沿盆口沿，泥质灰陶。方唇，沿面近平，沿内侧有一凸棱，斜腹，沿下饰数周弦纹，其下为紧密竖绳纹。残高8、壁厚0.7厘米（图一六二，1）。

296：4，矮领瓮口沿，泥质灰陶。方唇外尖凸，直领，鼓肩，领部抹光，领与肩相接处饰一周弦纹，饰粗宽绳纹，纹饰较深。残高7.5、领高4.8、壁厚0.8厘米（图一六二，8）。

296：5，陶刀，残断，系用泥质篮纹陶片改制。形体近弧形，平面呈梯形，刀身中部有一穿孔，直背直刃，刃部较锋利，有缺口。残高3、壁厚0.6厘米（图一六二，2）。

### 05-297　小偏头遗址-1

遗址编号：QWX-1

文化属性：永兴店文化

行政归属：清水河县王桂窑子乡小偏头村

GPS坐标：东经111°29′19.8″、北纬39°57′59.1″

海拔高度：1218±5米

初查时间：2005年5月2日

遗址位于小偏头村所在坡地的东北部，该坡地位于制高点海拔高度1258米的坡塬南侧。坡塬总体地势由北向南倾斜，相对较为平缓，东、西两面为早期形成的大型冲沟，其中东面为南北走向直通浑河的大型冲沟，西面为东西走向直通黄河的大冲沟，南部多冲沟与台形坡地。

遗址主要分布在南坡的东侧。遗址四周邻漫坡，北部邻05-298号遗址所在的坡顶，东南坡下邻05-299号遗址。南侧距遗址100米处存有一台地，东侧有一乡间小路穿过。遗址内总体地势略为平坦，现辟为耕地。

遗址东西长约350米、南北宽约150米，总面积约5.25万平方米。遗物分布较为分散，可见永兴店文化陶片。

### 05-298　小偏头遗址-2

遗址编号：QWX-2

文化属性：汉代

行政归属：清水河县王桂窑子乡小偏头村

GPS 坐 标：东经111°28′58.6″、北纬39°58′14.7″

海拔高度：1254±7米

初查时间：2005年5月2日

　　遗址分布于小偏头村所在坡地的北部一平台坡地之上，该平台位于制高点海拔高度1258米的坡塬顶部。坡塬总体地势由北向南倾斜，相对较为平缓，东、西两面为早期形成的大型冲沟，其中东面为南北走向直通浑河的大型冲沟，西面为东西走向直通黄河的大冲沟，南部多冲沟与台形坡地。

　　遗址主要分布在坡顶平台的东南部分。遗址东南侧向下漫坡处为05-297号遗址，东北部坡下隔冲沟与05-295号遗址相邻。遗址内地势平坦，现为耕地，西侧有道路过。

　　遗址东西长约500米、南北宽约350米，总面积约17.5万平方米。遗物主要分布于中部，四周略少。

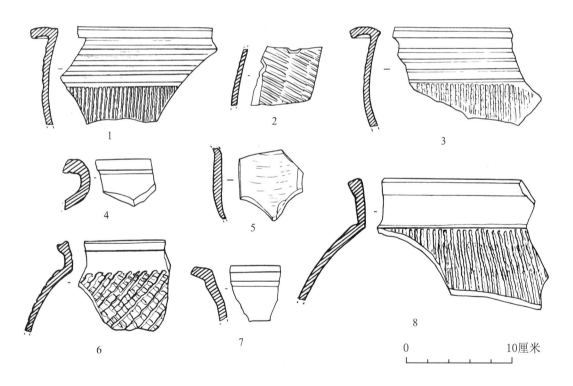

图一六二　　05-296、05-298号遗址标本

1、3.平折沿盆口沿（296：3，296：2）　2.陶刀（296：5）　4.卷沿罐口沿（298：1）　5.盆腹残片（298：3）　6.铁轨式口沿罐口沿（296：1）　7.平折沿盆口沿（298：2）　8.矮领瓮口沿（296：4）（6为鲁家坡一期遗存，2为阿善三期文化，1、3、8为战国，余为汉代）

298：1，卷沿罐口沿，泥质灰褐陶。方唇，卷沿，束颈，素面。壁厚0.8厘米（图一六二，4）。

298：2，平折沿盆口沿，泥质灰陶。圆方唇，短折沿，束颈，颈部较高，素面。厚0.8厘米（图一六二，7）。

298：3，盆腹残片，泥质陶。素面抹光。壁厚0.9厘米（图一六二，5）。

### 05-299　大峁梁遗址-1

遗址编号：QWD-1

文化属性：辽金

行政归属：清水河县王桂窑子乡大峁梁村

GPS 坐标：东经111°29′31.0″、北纬39°57′47.3″

海拔高度：1217±4米

初查时间：2005年5月2日

遗址位于大峁梁村所在台地东北坡之上，该台地位于制高点海拔高度1258米的坡塬东南侧。坡塬总体地势由北向南倾斜，相对较为平缓，东、西两面为早期形成的大型冲沟，其中东面为南北走向直通浑河的大型冲沟，西面为东西走向直通黄河的大冲沟，南部多冲沟与台形坡地。

遗址主要分布在台地的东侧平缓坡上。遗址总体地势西高东低，北侧为略平缓的高坡与北邻坡地之间形成一洼地，西北坡上邻05-297号遗址，南侧向下为漫坡，西南邻05-307号遗址，东侧向下为缓坡并延伸至冲沟，西侧为平台地。

遗址东西长约250米、南北宽约250米，总面积约6.25万平方米。遗址内现为梯田，未见地层，地表少见遗迹，遗物主要分布在第3～5阶梯田内，其中东部遗物分布不甚密集，陶片以素面灰陶为多，纹饰还有素面磨光弦纹等，少见弦纹、篦纹等。

### 05-300　大峁梁遗址-2

遗址编号：QWD-2

文化属性：官地一期遗存、鲁家坡一期遗存、庙子沟文化

行政归属：清水河县王桂窑子乡大峁梁村

GPS 坐标：大峁梁村中部；东经111°29′43.4″、北纬39°57′16.9″

海拔高度：1172±5米

初查时间：2005年5月2日

遗址位于大峁梁村东南一圆形土丘上，与大峁梁村所在台地间存一低洼地，并有现代冲沟相隔。土丘总体地势由北向南倾斜，南临浑河，东、西两面近临早期形成的南北向大型冲沟，并直通浑河，北面为两条冲沟的支叉，其中只有小部分地段与外界相连，遗存多集中在临近冲沟的坡地与浑河岸边。

遗址主要分布在土丘顶部平台上。遗址北部隔冲沟支叉与05-299号遗址相对，西部隔冲沟与05-309号遗址相邻，南部土丘平台下方坡地为05-301号遗址，北部为向上延伸的小漫坡，东、西两侧为该土丘之坡地，其中西侧下方为冲沟（彩版一〇三，1）。

遗址东西长约500米、南北宽约250米，总面积约12.5万平方米。遗址现为耕地，内未见明显地层堆积，陶片分布较为密集，多分布于土丘南部阳坡上，在土丘之上及其他部位的坡下较少。陶片可见为彩陶及绳纹灰陶，少见素面陶。

300：1，敛口罐口沿，夹砂灰陶，内壁呈红色。外叠唇，叠唇较窄，器表饰粗绳纹。壁厚0.7厘米（图一六三，3）。

300：2，敞口盆口沿，泥质红陶。外叠唇，叠唇较宽厚，微侈口，唇部饰赭彩，唇以下饰黑彩纹，由于器表碱化，纹饰不清。壁厚0.8厘米（图一六三，1）。

300：3，铁轨式口沿罐口沿，夹砂灰陶。方唇外翻，唇面上饰一周宽凹槽，唇沿以下饰粗绳纹。壁厚0.95厘米（图一六三，2）。

300：4，铁轨式口沿罐口沿，夹砂黄陶。唇缘外翻，唇上饰两周弦纹，器表饰绳纹。壁厚1厘米（图一六三，4）。

300：5，敛口罐口沿，夹砂灰陶。外叠唇，尖唇，器表饰绳纹。壁厚0.5厘米（图一六三，8）。

300：6，铁轨式口沿罐口沿，泥质深红陶。尖唇，沿外侧施一周凸棱，内侧饰黑宽带彩，以下素面。壁厚0.7厘米（图一六三，22）。

300：7，直口钵口沿，泥质深红陶。尖唇，直口，内壁磨光，外部饰黑宽带彩纹。壁厚0.7厘米（图一六三，10）。

300：8，直口钵口沿，泥质黄陶。尖唇，直口微侈，口沿部饰黑宽带彩。壁厚0.5厘米（图一六三，26）。

300：9，彩陶片，泥质黄陶。器表饰鱼鳞纹，黑彩。壁厚0.7厘米（图一六三，24）。

## 05-301　大峁梁遗址-3

遗址编号：QWD-3

文化属性：庙子沟文化、阿善三期文化

行政归属：清水河县王桂窑子乡大峁梁村

GPS坐标：东经111°29′38.6″、北纬39°57′06.1″

海拔高度：1149±5米

初查时间：2005年5月2日

遗址位于大峁梁村东南坡地上，与大峁梁村所在台地间存一低洼地，并有现代冲沟相隔。土丘总体地势由北向南倾斜，南临界浑河，东、西两面为早期形成的大型冲沟，两条大冲沟为南北走向并直通浑河，北面为两条冲沟的支叉，其中只有小部分地段与外界相连，遗存多集中在临近冲沟的坡地与浑河岸边。

遗址主要分布在坡地南侧向下漫坡上。遗址内地势北高南低，坡度较陡，南部有小的冲沟，东部以坡地为主，西部、北部较为平缓，站在遗址上向南可见浑河。遗址北部漫坡向上邻05-300号遗址，东部隔小型冲沟与05-305、05-306号遗址相邻，南部坡下邻05-302、05-303号遗址，西南角紧邻05-308号遗址。遗址现辟为耕地。

遗址东西长约350米、南北宽约270米，总面积约9.45万平方米。遗物以庙子沟文化及阿善三期文化为主，庙子沟文化陶片分布密度及数量高于阿善三期文化陶片，庙子沟文化陶片多为红褐陶，绳纹为多。阿善三期文化陶片多为泥质灰陶，篮纹为多。在调查当中清理一座庙子沟文化的灰坑，出土较多遗物。

301：1，篮纹陶片，泥质灰陶。器表饰篮纹。壁厚0.8厘米（图一六三，9）。

301：2，篮纹陶片，夹砂灰陶。器表饰一附加堆纹，以下饰横细篮纹。厚0.8厘米（图一六三，13）。

301H1：1，尖底瓶口沿，泥质红陶。方唇外翻，喇叭口，领部饰一周窄压印附加堆纹，素面。口径17、壁厚0.6厘米（图一六三，16）。

301H1：2，尖底瓶底，夹细泥砂红陶。尖底呈钝角，内壁贴附泥条，篮纹。高3.5、壁厚0.5厘米（图一六三，21）。

301H1：3，侈沿罐口沿，砂质灰陶。方唇，侈口，溜肩，饰绳纹。口径17、高9、壁厚0.5厘米（图一六三，6）。

301H1：4，侈沿罐口沿，砂质灰陶。方圆唇，侈口，颈部饰一周压印附加堆纹，肩部饰有类似蛇纹的附加堆纹，器表先饰竖绳纹，然后压印右斜篮纹。高11.7、壁厚0.7厘米（图一六三，11）。

301H1：5，侈沿罐口沿，砂质灰陶。方唇，唇沿压印一周绳纹，沿下饰竖绳纹。高7、壁厚0.6厘米（图一六三，27）。

## 05-302 大峁梁遗址-4

遗址编号：QWD-4

文化属性：鲁家坡一期遗存，庙子沟文化，阿善三期文化

行政归属：清水河县王桂窑子乡大峁梁村

GPS坐标：东经111°29′43.7″、北纬39°56′56.5″

海拔高度：1086±5米

初查时间：2005年5月10日

遗址位于大峁梁村南部一单独台地南侧缓坡之上，临近浑河，与大峁梁村所在台

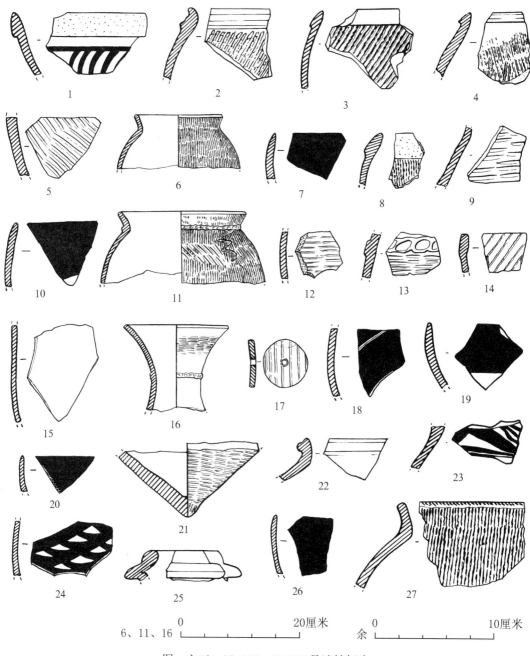

图一六三　　05-300～05-302号遗址标本

1.敞口盆口沿（300:2）　2、4、22.铁轨式口沿罐口沿（300:3,300:4,300:6）　3、8.敛口罐口沿（300:1,300:5）　5、9、13.篮纹陶片（302:11,301:1,301:2）　6、11、27.侈沿罐口沿（301H1:3,301H1:4,301H1:5）　7、10、19、20、26.直口钵口沿（302:8,300:7,302:1,302:7,300:8）　12、14.线纹陶片（302:5,302:4）　15.钵腹残片（302:9）　16.尖底瓶口沿（301H1:1）　17.陶纺轮（302:10）　18、23、24.彩陶片（302:6,302:3,300:9）　21.尖底瓶底（301H1:2）　25.尖底瓶口沿（302:2）（1～4、8、22为官地一期遗存，7、10、12、14、18～20、25、26为鲁家坡一期遗存，6、11、15～17、21、23、24、27为庙子沟文化，余为阿善三期文化）

地间存一低洼地，并有现代冲沟相隔。土丘总体地势由北向南倾斜，南临界浑河，东、西两面为早期形成的大型冲沟，两条大冲沟为南北走向并直通浑河，北面为两条冲沟的支叉，其中只有小部分地段与外界相连，遗存多集中在临近冲沟的坡地与浑河岸边。

遗址主要分布在台地南坡下方。遗址内地势较缓，中部有一条土路，东、西均邻小冲沟，冲沟直入浑河，西侧冲沟内及北侧崖岩下有现代人开采矿石痕迹。

遗址北部隔陡坡上方邻05-301号遗址，东部隔小冲沟临05-304、05-305号遗址，西部隔小冲沟邻05-303号遗址，南部坡下邻丰准铁路及浑河。

遗址东西长约150米、南北宽约180米，总面积约2.7万平方米。遗物以鲁家坡一期文化陶片为主，少见阿善三期文化陶片，在整个遗址上下均有分布，可见器形有尖底瓶、钵等。

302：1，直口钵口沿，泥质红陶。尖圆唇，内外壁抹光，口部饰宽彩带纹，黑彩。壁厚0.7厘米（图一六三，19）。

302：2，尖底瓶口沿，泥质红陶。重唇口，素面。唇厚1.2厘米（图一六三，25）。

302：3，彩陶片，泥质黄褐陶。内壁残留有平行线黑彩带，外壁饰三角弧线与平行线纹，黑彩。壁厚0.8厘米（图一六三，23）。

302：4，线纹陶片，泥质红陶。器表饰斜细线纹，纹饰较宽。壁厚0.7厘米（图一六三，14）。

302：5，线纹陶片，泥质红陶。胎质较硬，器表饰线纹。壁厚0.6厘米（图一六三，12）。

302：6，彩陶片，泥质红陶。器表施暗红彩。壁厚0.7厘米（图一六三，18）。

302：7，直口钵口沿，泥质红陶。尖圆唇，内壁抹光，器表施黑彩。壁厚0.5厘米（图一六三，20）。

302：8，直口钵口沿，泥质红陶。尖唇，内壁残留有暗红彩，器表施黑彩。壁厚0.7厘米（图一六三，7）。

302：9，钵腹残片，泥质黄陶。内壁不平，素面，为尖底瓶腹部。壁厚0.5厘米（图一六三，15）。

302：10，陶纺轮，泥质黄褐陶。篮纹陶，磨制，平面呈圆形，中部穿一孔。壁厚0.6厘米（图一六三，17）。

302：11，篮纹陶片，夹砂灰陶，砂质较大。器表饰篮纹。壁厚1厘米（图一六三，5）。

## 05-303　大峁梁遗址-5

遗址编号：QWD-5

文化属性：鲁家坡一期遗存、战国

行政归属：清水河县王桂窑子乡大峁梁村

GPS坐标：东经111°29′39.0″、北纬39°56′53.2″

海拔高度：1149±5米

初查时间：2005年5月3日

　　遗址位于大峁梁村南部邻近浑河处的一圆形土丘之上，与大峁梁村所在台地间存一低洼地，并有现代冲沟相隔。土丘总体地势由北向南倾斜，南临浑河，东、西两面为早期形成的大型冲沟，两条大冲沟为南北走向并直通浑河，北面为两条冲沟的支叉，其中只有小部分地段与外界相连，遗存多散布于临近冲沟的坡地与浑河岸边。

　　遗址主要分布在土丘南部临浑河的一处小平台上。遗址内地势较平整，东侧有冲沟，西侧有洼地，南侧与北侧为坡地，铁路从遗址中部穿过。遗址北部隔陡坡邻05-301号遗址，西部隔冲沟邻05-311号遗址，东北隔冲沟邻05-302号遗址，南部坡下为浑河（图一六四）。

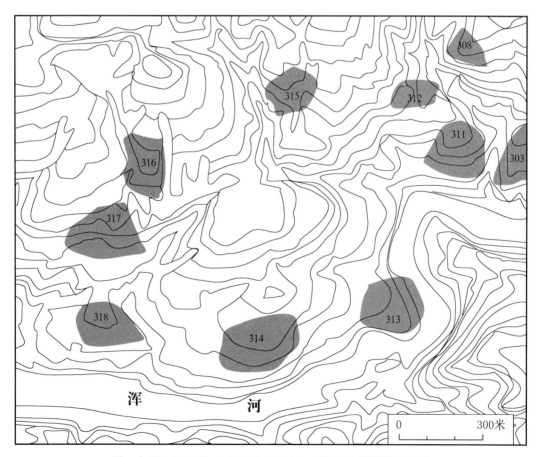

图一六四　05-303、05-308、05-311～05-318号遗址地形图

遗址东西长约150米、南北宽约200米，总面积约3万平方米。遗址内陶片分布较为密集，多见战国时期陶片，鲜见鲁家坡一期遗存的陶片。

303：1，直口钵口沿，泥质橘黄陶。尖圆唇，颈部饰宽带纹，黑彩，已部分脱落。壁厚0.7厘米（图一六五，24）。

303：2，绳纹陶片，泥质灰陶。器表饰弦断绳纹。壁厚0.8厘米（图一六五，22）。

303：3，平折沿盆口沿，泥质灰陶。方唇，敞口，平折沿，沿以下饰数周凹弦纹，弦纹以下饰竖向绳纹。壁厚0.9厘米（图一六五，1）。

303：4，弦纹陶片，泥质灰陶。残留一单穿孔，器表饰弦纹及绳纹。壁厚0.7厘米（图一六五，19）。

303：5，矮领罐口沿，泥质灰陶。方唇，口部近直，平折沿，短颈，素面。壁厚0.7厘米（图一六五，10）。

303：6，绳纹陶片，泥质灰陶。器表饰粗绳纹。壁厚1厘米（图一六五，12）。

303：7，碗口沿，泥质灰陶。圆唇，微敛口，唇沿下饰一线纹，腹部起凸棱，素面。壁厚0.7厘米（图一六五，2）。

## 05-304 大峁梁遗址-6

遗址编号：QWD-6

文化属性：鲁家坡一期遗存、庙子沟文化、阿善三期文化、朱开沟文化、战国

行政归属：清水河县王桂窑子乡大峁梁村

GPS 坐 标：东经111°29′55.9″、北纬39°56′51.3″

海拔高度：1075±5米

初查时间：2005年5月3日

遗址位于大峁梁村东南部近浑河台地之上。台地与大峁梁村所在台地间有冲沟相隔，总体地势由北向南倾斜，南临浑河，东、西两面为早期形成的大型冲沟，两条大冲沟为南北走向并直通浑河，北面为两条冲沟的支叉环抱，其中只有小部分地段与外界相连，遗存多集中在临近冲沟的坡地与浑河岸边。

遗址主要分布于台地南坡下方临浑河的平台之上。遗址西部隔小冲沟与05-302号遗址相邻，北部为坡地，近邻05-305号遗址，南侧邻伸入浑河的陡坡，有丰准铁路线通过，东侧临冲沟。遗址内地形较平，现为荒地。

遗址东西长约400米、南北宽约150米，总面积约6万平方米。地表可见陶片以战国时期为主，集中分布于遗址东部。西北部的坡地上发现一个被破坏的墓葬，经清理，出土陶器一件。

304：1，直口弧腹盆，夹砂灰陶。圆唇，微敛口，斜腹，腹略深，厚平底，通体

饰绳纹。口径16、高10、底厚1.5、壁厚0.8厘米（图一六五，25）。

304：2，绳纹陶片，泥质灰陶。器表饰弦断绳纹。壁厚0.7厘米（图一六五，15）。

304：3，敞口盆口沿，泥质灰陶。圆唇，敞口，矮领，素面。壁厚0.7厘米（图一六五，17）。

304：4，窄沿罐底，泥质灰陶。平底，底以上饰篮纹。厚0.7厘米（图一六五，23）。

### 05-305　大峁梁遗址-7

遗址编号：QWD-7

文化属性：庙子沟文化、阿善三期文化、朱开沟文化

行政归属：清水河县王桂窑子乡大峁梁村

GPS 坐 标：遗址中部东经111°30′00.1″、北纬39°57′56.5″

海拔高度：1080±11米

初查时间：2005年5月3日

遗址位于大峁梁村东南部临近东侧大型冲沟的坡地上。坡地与大峁梁村所在台地间以冲沟相隔，坡地总体地势由北向南倾斜，南临浑河，东、西两面为早期形成的大型冲沟，两条大冲沟为南北走向并直通浑河，北面为两条冲沟的支叉环抱，其中只有小部分地段与外界相连，遗存多集中在临近冲沟的坡地与浑河岸边。

遗址主要分布在以05-300号遗址为制高点的坡地东南部，南部近邻05-304号遗址，西部隔冲沟与05-301、05-302号遗址相邻，北部近邻05-306号遗址，东部邻陡崖，崖下为直通浑河的大型冲沟。遗址内南部较平缓，北部为向上抬升的坡地，西部有小旱沟，中部存一废弃小路，南向可见浑河及丰准铁路。

遗址东西长约200米、南北宽约150米，总面积约3万平方米。遗物以朱开沟文化陶片为主，少见庙子沟文化和阿善三期文化的陶片。

305：1，直口钵口沿，泥质灰陶。尖唇，素面抹光。壁厚0.6厘米（图一六五，13）。

305：2，带纽罐口沿，夹砂红陶。敛口，尖唇，纽贴附于唇沿部，上施锥刺坑点纹，以下为素面。壁厚0.8厘米（图一六五，21）。

305：3，器足，夹砂灰陶。袋足，呈三角状，上饰绳纹。壁厚0.5～0.8厘米（图一六五，20）。

305：4，鬲口沿，夹砂灰陶。方唇，敛口，领微弧，领部上下各饰一周花边状附加堆纹，中间饰竖向绳纹。领高5.3、壁厚0.8厘米（图一六五，4）。

305：5，篮纹陶片，泥质灰陶。器表饰篮纹。壁厚0.4厘米（图一六五，18）。

305：6，绳纹陶片，夹砂红褐陶。方圆唇，唇部施花边，器表饰绳纹。壁厚

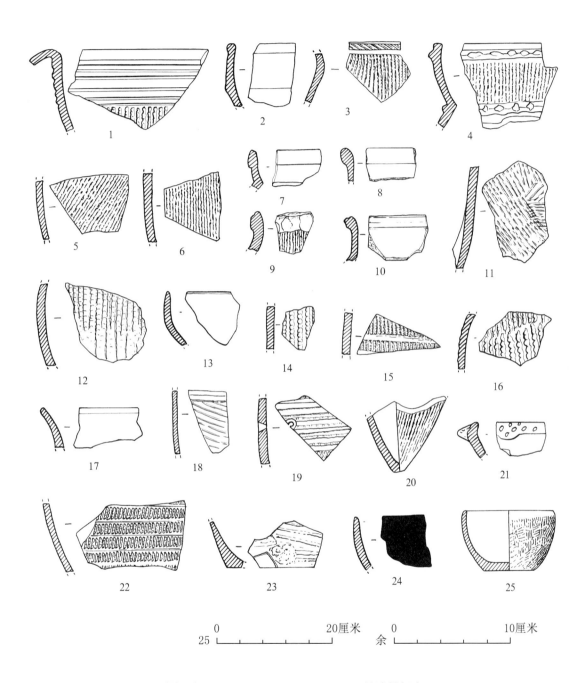

图一六五　05-303～05-306、05-308号遗址标本

1.平折沿盆口沿（303：3）　2.碗口沿（303：7）　3、5、6、11、12、14～16、22.绳纹陶片（305：6，308：1，308：2，308：3，303：6，306：4，304：2，306：2，302：2）　4.鬲口沿（305：4）　7、8、10.矮领罐口沿（306：1，306：3，303：5）　9.高领鬲口沿（305：7）　13、24.直口钵口沿（305：1，303：1）　17.敞口盆口沿（304：3）　18.篮纹陶片（305：5）　19.弦纹陶片（303：4）　20.器足（305：3）　21.带纽罐口沿（305：2）　23.窄沿罐底（304：4）　25.直口弧腹盆（304：1）（24为鲁家坡一期遗存，13为庙子沟文化，17、18、23为阿善三期文化，3～6、9、11、20、21、25为朱开沟文化，余为战国）

0.5～0.8厘米（图一六五，3）。

305：7，高领敛口沿，夹砂灰陶。尖圆唇，微侈口，领部饰一周花边状泥条附加堆纹，器表饰绳纹。壁厚0.8厘米（图一六五，9）。

### 05-306　大峁梁遗址-8

遗址编号：QWD-8

文化属性：战国

行政归属：清水河县王桂窑子乡大峁梁村

GPS坐标：遗址中部东经111°29′02.5″、北纬39°57′05.1″

海拔高度：1117±5米

初查时间：2005年5月3日

遗址位于大峁梁村东南部临近东侧大型冲沟的坡地上。坡地与大峁梁村所在台地间有冲沟相隔，总体地势由北向南倾斜，南临浑河，东、西两面为早期形成的为南北走向并直通浑河的大型冲沟，北面为两条冲沟的支叉环抱，其中只有小部分地段与外界相连，遗存多集中在临近冲沟的坡地与浑河岸边。

遗址主要分布在坡地东侧近冲沟的断崖上方缓坡的一角，面积较小。遗址南部近邻05-305号遗址，西北隔逐级上升的坡地与05-300号遗址相邻，西部隔小冲沟与05-301号遗址相对，东部邻近冲沟上方的断崖，隔冲沟与05-278号遗址相望。遗址内北部为较缓的坡地，南部渐陡，并可见浑河及丰准路，西侧有洼地与冲沟相间，中部有土路贯通遗址南北。

遗址东西长约150米、南北宽约200米，总面积约3万平方米。遗物主要见于缓坡之上，不见文化层堆积，陶片分布无明显规律。

306：1，矮领罐口沿，泥质灰陶。尖唇，直沿，素面。壁厚0.6厘米（图一六五，7）。

306：2，绳纹陶片，夹砂灰褐陶。饰粗绳纹。厚0.6厘米（图一六五，16）。

306：3，矮领罐口沿，泥质灰陶。圆唇，卷沿，沿贴于器身，素面，内壁呈褐色。壁厚0.6厘米（图一六五，8）。

306：4，绳纹陶片，夹砂灰褐陶。内壁饰浅绳纹，器表饰粗绳纹，纹饰较深。厚0.9厘米（图一六五，14）。

### 05-307　大峁梁遗址-9

遗址编号：QWD-9

文化属性：辽金

行政归属：清水河县王桂窑子乡大峁梁村

GPS坐标：东经111°29′22.3″、北纬39°57′36.3″

海拔高度：1215±5米

初查时间：2005年5月3日

遗址位于大峁梁村南坡之上，遗址距该村仅百余米，该坡地在制高点海拔高度1258米的坡塬南侧。坡塬总体地势由北向南倾斜，相对较为平缓，东、西两面为早期形成的大型冲沟，其中东面为南北走向直通浑河的大型冲沟，西面为东西走向直通黄河的大冲沟，南部多冲沟与台形坡地。

遗址主要分布在南向的缓坡地带，缓坡内沟壑纵横。遗址中部有一南北向冲沟将遗址分为东、西两部分。遗址东、西两侧均有冲沟，冲沟伸入浑河，南部为开阔坡地。其中东北邻05-299号遗址，西部隔冲沟与05-310号遗址相对，南部相邻05-309号遗址，北部为村落所在地（彩版一〇三，2）。遗址被现在的村落林地所占用。

遗址东西长约200米、南北宽约250米，总面积约5万平方米。地表散落辽金时期陶片。

### 05-308　大峁梁遗址-10

遗址编号：QWD-10

文化属性：阿善三期文化、朱开沟文化

行政归属：清水河县王桂窑子乡大峁梁村

GPS坐标：遗址中部东经111°29′29.4″、北纬39°57′05.1″

海拔高度：1109±7米

初查时间：2005年5月3日

遗址位于大峁梁村东南一圆形台地西南坡临冲沟处，坡地与大峁梁村所在台地间有冲沟相隔。坡地总体地势由北向南倾斜，南临界浑河，东、西两面为早期形成的大型冲沟，两条大冲沟为南北走向并直通浑河，北面为两条冲沟的支叉环抱，其中只有小部分地段与外界相连，遗存多散布于临近冲沟的坡地与浑河岸边。

遗址主要分布在台地西坡临冲沟缓坡的向阳处，地形呈波浪状。遗址北部邻渐次上升的漫坡，可远见05-300号遗址；东、西、南三面邻冲沟，其中东隔冲沟见05-301号遗址，西南隔冲沟与05-312号遗址相对，南隔冲沟与05-303、05-311号遗址相对（参见图一六四）。遗址内地势不平，中部存一小路，遗址现为荒地。

遗址东西长约100米、南北宽约100米，总面积约1万平方米。地表可见陶片较少，多为泥质灰陶。以朱开沟文化遗物为众，鲜见阿善三期文化遗物。

308：1，绳纹陶片，泥质红陶，胎质较硬。器表饰绳纹。壁厚0.6厘米（图一六五，5）。

308：2，绳纹陶片，泥质灰陶，胎质较硬。器表饰绳纹。壁厚0.8厘米（图一六五，6）。

308：3，绳纹陶片，夹砂灰陶。砂质较小，器表饰绳纹，为一鬲足部残片。壁厚

0.9厘米（图一六五，11）。

### 05-309　大峁梁遗址-11

遗址编号：QWD-11

文化属性：庙子沟文化

行政归属：清水河县王桂窑子乡大峁梁村

GPS坐标：遗址中部东经111°29′25.5″、北纬39°57′20.5″

海拔高度：1179±7米

初查时间：2005年5月3日

遗址位于大峁梁村南部一独立小山峁之上。山峁呈圆形，位于以村为制高点的坡塬南端东西冲沟的夹角处，地势相对较为平缓。遗址主要分布在山峁顶部。遗址北部为逐级上升的陡坡并邻05-307号遗址，东部邻冲沟与05-300号遗址相对，南面与西面均为冲沟环绕。遗址内现种植榆林，地表多裸露山体碎石。

遗址东西长约300米、南北宽约200米，总面积约6万平方米。文化层堆积较薄，主要分布在山峁顶的东部，西面未见陶片。遗物主要为庙子沟文化陶片，器形多见尖底瓶。

309∶1，侈沿罐口沿，夹砂黄陶。斜方唇，外侈沿近折，素面。壁厚0.9厘米（图一六六，5）。

309∶2，尖底瓶底部，泥质红陶。足内呈近似直角，素面。厚0.7～1厘米（图一六六，6）。

309∶3，侈沿罐口沿，夹砂黄陶。圆唇，外侈沿，沿部饰绳纹，沿下饰一周泥条附加堆纹。壁厚0.8厘米（图一六六，12）。

309∶4，彩陶片，泥质红陶。器表施赭色陶衣，上施条带纹，黑彩。厚0.8厘米（图一六六，13）。

309∶5，篮纹陶片，泥质黄陶。器表饰篮纹，纹饰较窄。壁厚0.4厘米（图一六六，4）。

### 05-310　大峁梁遗址-12

遗址编号：QWD-12

文化属性：辽金

行政归属：清水河县王桂窑子乡大峁梁村

GPS坐标：东经111°28′45.9″、北纬39°57′37.6″

海拔高度：1208±5米

初查时间：2005年5月5日

遗址位于与大峁梁村西部隔较大的冲沟相对的坡地上。坡地位于基本呈南北走

图一六六    05-309、05-311、05-312号遗址标本

1.石刀（312∶1）   2、4、7.篮纹陶片（312∶5，309∶5，311∶3）   3.筒形罐口沿（312∶9）   5.侈沿罐口沿
（309∶1）   6.尖底瓶底部（309∶2）   8、16.压印绳纹陶片（311∶6，311∶5）   9、11、13、14、19.彩陶片
（312∶8，312∶2，309∶4，312∶6，312∶4）   10.罐底（311∶1）   12.侈沿罐口沿（309∶3）   15.筒形罐口
沿（312∶3）   17.高领罐口沿（311∶2）   18.绳纹陶片（311∶4）   20.小口双耳罐口沿（312∶7）（7、10为
阿善三期文化，2为永兴店文化，17、18为朱开沟文化，8、16为战国，余为庙子沟文化）

向的一处较大山塬的东部，山塬总体地势由北向南倾斜，东、西两侧临冲沟，南临浑河，并有众多小平台地。

遗址主要分布在坡地东北部临冲沟的缓坡上。遗址呈条状分布，东部邻冲沟，隔冲沟与05-307号遗址相对，西北部坡上见05-321号遗址，西南、南部临冲沟。遗址中部存有一冲沟将遗址分为两部分，遗址东侧邻一条通往大峁梁村的小土路，该土路即为遗址东界。遗址现为荒地，地表荒草丛生，并种植有少量柠条。

遗址东西长约250米、南北宽约350米，总面积约8.75万平方米。地表散见少量陶片，以遗址东侧近临沟处略为密集，中部略少。

### 05-311  炭窑背遗址-1

遗址编号：QWT-1

文化属性：阿善三期文化、朱开沟文化、战国

行政归属：清水河县王桂窑子乡炭窑背村

GPS坐标：东经111°29′17.5″、北纬39°56′50.5″

海拔高度：1066±6米

初查时间：2005年5月5日

遗址位于炭窑背村东南部近浑河北岸浑圆土丘之上。土丘位于村落所在坡地东南向延伸至浑河的坡底部，坡地东、西两侧邻冲沟，南部邻浑河。遗址主要分布在土丘顶部。遗址东部隔冲沟邻05-303号遗址，北部近邻05-312号遗址，西侧邻冲沟，南部坡下为浑河（参见图一六四）。遗址中部有丰准铁路穿过，遗址现为荒地，地表沙化严重。

遗址东西长约200米、南北宽约200米，总面积约4万平方米。遗物以朱开沟文化时期陶片为主，其次少量为阿善三期文化、战国时期陶片。陶片分布相对密集，四周坡地陶片多于坡顶。

311：1，罐底，泥质橘黄陶。平底，素面。壁厚0.6厘米（图一六六，10）。

311：2，高领罐口沿，夹砂黄褐陶。圆唇，直领，广肩，唇沿饰一条掐印泥条附加堆纹，通体饰细绳纹，肩部饰两行竖向四段短泥条和一条竖向花边泥条附加堆纹。壁厚0.7厘米（图一六六，17）。

311：3，篮纹陶片，泥质灰陶。器表饰篮纹。壁厚0.5厘米（图一六六，7）。

311：4，绳纹陶片，夹砂灰陶。砂质较少而细，器表饰绳纹。壁厚1厘米（图一六六，18）。

311：5，压印绳纹陶片，夹砂灰褐陶，胎质坚硬。器表饰绳纹。壁厚0.9厘米（图一六六，16）。

311：6，压印绳纹陶片，泥质灰陶。器表饰弦断绳纹。壁厚0.5厘米（图一六六，8）。

## 05-312　炭窑背遗址-2

遗址编号：QWT-2

文化属性：庙子沟文化、永兴店文化

行政归属：清水河县王桂窑子乡炭窑背村

GPS 坐 标：炭窑背村中部；东经111°29′16.0″、北纬39°56′54.4″

海拔高度：1078±5米

初查时间：2005年5月5日

遗址位于炭窑背村东南部的坡地，向北可与炭窑村所在台地南坡相连，向南达坡底的丰准铁路与浑河。该坡地东西两侧邻冲沟，南部为浑河，北部为大坡地。遗址主要分布在坡地东南部临近东侧冲沟的缓坡上。遗址南近邻05-311号遗址，两遗址处于同一坡地不同部位，东北隔冲沟与05-308号遗址相对，北部缓坡向上至炭窑背村所在坡地的坡顶，西侧为坡地，东部临冲沟，冲沟直入浑河，偏南部的中间有一直入浑河的小冲沟，乡间土路从遗址的中部南北向穿过（参见图一六四）。遗址内地表沙化严重，部分地段种植有柠条。

遗址东西长约150米、南北宽约100米，总面积约1.5万平方米。遗物以庙子沟文化陶片为主，永兴店文化陶片少见。地表由于风蚀暴露房址一座，房址除灶存留，其余皆破坏无存，房址内出土大量庙子沟文化陶片，并见石刀一件。

312：1，石刀，呈黄色，磨制，平面呈弧角长方形，直背曲刃，正锋，器身中部近刃侧单穿一孔，刃部磨制一缺刃口，类似钩镰。长7.3、宽4.5、背厚0.5厘米（图一六六，1）。

312：2，彩陶片，泥质黄陶。器表饰黑彩带，由竖向平行线与横向平行线组合成纹饰。从器形判断，陶片为喇叭口尖底瓶的颈部。厚0.7厘米（图一六六，11）。

312：3，筒形罐口沿，砂质褐陶。尖圆唇，敛口，唇沿口抹光，器身饰交叉细绳纹。壁厚0.5厘米（图一六六，15）。

312：4，彩陶片，泥质黄陶。器表施赭彩，由交错线纹与弧线纹组成纹饰。壁厚0.7厘米（图一六六，19）。

312：5，篮纹陶片，泥质灰陶。器表饰拍压篮纹。壁厚0.6厘米（图一六六，2）。

312：6，彩陶片，泥质黄陶。器表磨光，上饰一交叉羽毛纹，黑彩。厚0.7厘米（图一六六，14）。

312：7，小口双耳罐口沿，泥质黄陶。尖唇，小沿外卷，沿以下施两周线纹，两线纹之间加竖向短而窄条带纹，黑彩。壁厚0.7厘米（图一六六，20）。

312：8，彩陶片，泥质黄陶。器表磨光，上施褐色宽带纹与黑色网格纹。厚0.8厘米（图一六六，9）。

312：9，筒形罐口沿，夹砂黄褐陶。尖圆唇，口微敛，内壁抹光，器身饰交叉绳纹，纹饰不规整。壁厚0.6厘米（图一六六，3）。

### 05-313　炭窑背遗址-3

遗址编号：QWT-3

文化属性：汉代

行政归属：清水河县王桂窑子乡炭窑背村

GPS坐标：遗址中部东经111°29′09.7″、北纬39°56′36.0″

海拔高度：1044±9米

初查时间：2005年5月5日

遗址位于炭窑背村东南邻浑河一处较大的突入浑河的平台坡地上，即丰准铁路南侧与浑河北岸的相间土坡之上，为较大的圆形平台地的东南角缓坡。平台东、西两侧为冲沟，北部漫坡向上为村落所在地。

遗址主要分布在坡下突入浑河处的坡地。遗址东、南两侧环绕浑河，北部为向上漫延的土坡并至坡顶平台，遗址北部隔丰准铁路与05-315号遗址相对，西部邻05-314号遗址，东北相隔弯曲的浑河与05-311号遗址相对（参见图一六四）。

遗址东西长约200米、南北宽约200米，总面积约4万平方米。遗物分布于整个坡地之上，主要为汉代陶片。

313：1，罐底，泥质灰陶。平底，底内侧呈凹底，器身与底连接处圆缓，接处明显增厚。壁厚0.6～1.2厘米（图一六七，22）。

313：2，矮领罐口沿，泥质灰陶。尖唇，敛口，窄沿外侈，弧肩，素面。厚0.7厘米（图一六七，24）。

313：3，平折沿盆口沿，泥质灰陶。口微敛，窄沿，沿斜下外折，沿面圆鼓，沿以下饰凹弦纹。壁厚0.8厘米（图一六七，4）。

### 05-314　后河遗址-1

遗址编号：QWH-1

文化属性：鲁家坡一期遗存、庙子沟文化、永兴店文化、朱开沟文化、战国

行政归属：清水河县王桂窑子乡后河村

GPS坐标：东经111°28′57.1″、北纬39°56′32.4″

海拔高度：1068±8米

初查时间：2005年5月5日

遗址位于后河村（已搬迁）北部圆形平台地的南坡上。台地南临浑河，北面为连绵的山丘并向上延伸至炭窑背村，东、西面为冲沟，地势总体呈北高南低状。遗址主要分部在台地南部坡下，临近浑河处。遗址东邻05-313号遗址，西邻05-318号遗址，

北部为向上渐次升高的漫坡，南部为漫坡向下并临浑河（参见图一六四）。遗址南部被后河村占据，且有丰准铁路穿过，遗址中部有进村的乡间小路连接至炭背窑村。遗址地表大部分辟为耕地，其中部分耕地已退耕。

遗址东西长约250米、南北宽约200米，总面积约5万平方米。遗址文化层堆积已风化残尽。地表陶片较为密集，但较细碎，陶片散见村后及西部，以朱开沟文化为主，阿善三期文化和永兴店文化陶片次之，庙子沟文化及战国时期陶片少见，战国陶片中有北方文化的因素。

314：1，交错绳纹陶片，夹砂红陶。器表饰交叉绳纹，胎体薄厚不均。壁厚0.8～1厘米（图一六七，8）。

314：2，彩陶片，泥质黄陶。器表饰黑彩纹，纹饰不清。壁厚0.8厘米（图一六七，13）。

314：3，篮纹罐底，泥质灰陶。平底，器表饰篮纹。壁厚0.6～0.9厘米（图一六七，21）。

314：4，绳纹陶片，夹砂灰陶。内壁坑坑洼洼不平，器表饰绳纹，器身有一定弧度，可能为足部残片。壁厚0.9厘米（图一六七，10）。

314：5，绳纹陶片，泥质灰褐陶。器表饰弦断绳纹。厚0.6厘米（图一六七，5）。

314：6，绳纹陶片，夹砂灰陶。器表饰粗乱绳纹。壁厚0.9厘米（图一六七，19）。

314：7，篮纹陶片，泥质杏黄陶。器表饰斜篮纹。厚0.7厘米（图一六七，7）。

314：8，绳纹陶片，泥质黄红陶。器表饰细绳纹。壁厚0.6厘米（图一六七，18）。

## 05-315 炭窑背遗址-4

遗址编号：QWT-4

文化属性：永兴店文化

行政归属：清水河县王桂窑子乡炭窑背村

GPS坐标：遗址中部东经111°29′01.2″、北纬39°56′54.7″

海拔高度：1110±4米

初查时间：2005年5月5日

遗址位于炭窑背村东南，该村北部一处向东南延伸至浑河的坡地上。坡地东、西两面邻冲沟，南面临浑河，西南方向为村落所在。遗址主要分布于坡地西部下方一处低洼之上，被南、北、东三面相对高出的土丘相环绕，西为冲沟，其中东部坡下为05-312号遗址。遗址向南的坡上现为柠条地（参见图一六四）。站在遗址上南向可见丰准铁路与浑河，遗址内地势较平坦，现种植榆林，地表杂草丛生。

遗址东西长约200米、南北宽约150米，总面积约3万平方米。遗址内文化层堆积一般，从断面坑土观察，地层较薄，遗物零星散见于地表，以永兴店文化陶片为主。

315：1，篮纹瓮底，夹砂灰陶。平底，下腹斜直，内壁有捏制痕迹，器表饰篮纹，胎体薄厚不均。壁厚0.7～1.2厘米（图一六七，26）。

315：2，篮纹陶片，夹砂灰陶，呈灰白色。器表饰篮纹。厚0.8厘米（图一六七，23）。

### 05-316　后河遗址-2

遗址编号：QWH-2

文化属性：阿善三期文化

行政归属：清水河县王桂窑子乡后河村

GPS坐标：东经111°28′41.5″、北纬39°56′44.4″

海拔高度：1091±6米

初查时间：2005年5月5日

遗址位于后河村（已搬迁）西北一处北高南低的缓坡之上。该缓坡是炭窑背村所处平台向南延伸的坡地，东、西两侧邻冲沟，南部邻浑河。遗址主要分布在坡地西侧临冲沟处。遗址南部邻05-317号遗址，东北隔冲沟与05-315号遗址相对。遗址所在坡地向北延伸即为炭窑背村，向南的缓坡可达一土丘台地之上，土丘之下即为丰准铁路与浑河。遗址东、西两面临沟，东、西两沟延伸至南部交汇，直入流浑河（参见图一六四）。

遗址东西长约100米、南北宽约200米，总面积约2万平方米。遗址内地表沙化严重，无明显文化层，裸露在地表的陶片略多，多属于阿善三期文化。

316：1，窄沿罐口沿，夹砂灰陶。尖唇，敛口，窄沿斜折，颈部饰一周泥条附加堆纹，以下饰斜篮纹与斜向泥条附加堆纹。壁厚0.8厘米（图一六七，1）。

316：2，窄沿罐口沿，夹砂灰陶。尖唇，敛口，窄沿斜折，颈部饰一周泥条附加堆纹。厚0.5厘米（图一六七，2）。

316：3，篮纹陶片，夹砂灰陶，呈灰白色，砂质较小，胎质坚硬。饰篮纹。壁0.7厘米（图一六七，17）。

316：4，篮纹陶片，夹砂灰陶，砂质细小，胎质较软。饰篮纹，纹饰较宽。壁厚0.6厘米（图一六七，11）。

316：5，篮纹陶片，夹砂灰陶，砂质呈均匀的细小砂土，胎质较硬。饰篮纹。壁厚0.5厘米（图一六七，12）。

### 05-317　后河遗址-3

遗址编号：QWH-3

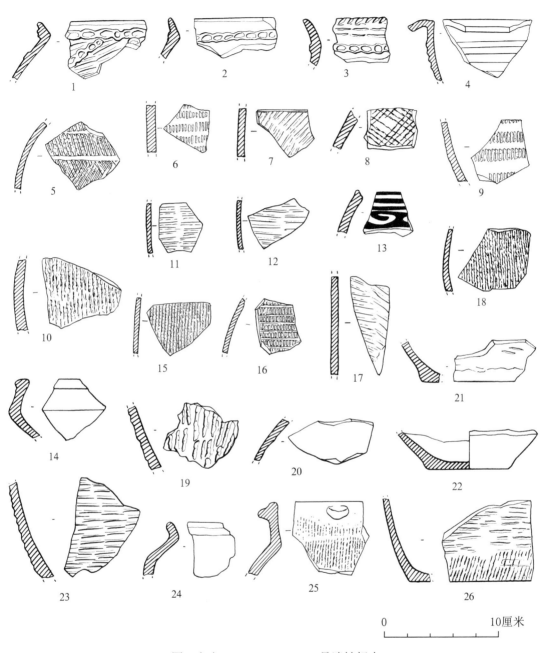

图一六七 05-313～05-318号遗址标本

1、2.窄沿罐口沿（316：1，316：2） 3.侈沿罐口沿（318：1） 4.平折沿盆口沿（313：3） 5、6、9、10、15、16、18、19.绳纹陶片（314：5，318：4，318：3，314：4，318：5，317：3，314：8，314：6） 7、11、12、17、23.篮纹陶片（314：7，316：4，316：5，316：3，315：2） 8.交错绳纹陶片（314：1） 13.彩陶片（314：2） 14.碗口沿（318：2） 20.罐肩残片（317：1） 21.篮纹罐底（314：3） 22.罐底（313：1） 24.矮领罐口沿（313：2） 25.带纽鬲口沿（317：2） 26.篮纹瓮底（315：1）（8、20为鲁家坡一期遗存，3、13为庙子沟文化，1、2、7、11、12、17为阿善三期文化，10、21、23、26为永兴店文化，18、25为朱开沟文化，4、22、24为汉代，余为战国）

文化属性：鲁家坡一期遗存、朱开沟文化、战国

行政归属：清水河县王桂窑子乡后河村

GPS 坐 标：遗址中部东经111°28′32.9″、北纬39°56′40.2″

海拔高度：1086±5米

初查时间：2005年5月5日

遗址位于后河村（已搬迁）与老牛湾车站之间、丰准铁路北侧的山坡之上，地势北高南低。该山坡是炭窑背村所处平台向南延伸的部分，东、西两侧邻冲沟，南部邻浑河。遗址主要分布于坡地西侧下方的缓坡处两个阶台地之上。遗址北邻05-316号遗址，南部邻05-318号遗址，东、西两侧均邻后期发育直入黄河的冲沟。从遗址中心向南可近见丰准铁路及浑河（参见图一六四）。遗址现为荒废耕地，地表杂草丛生，部分出现沙化现象。

遗址东西长约250米、南北宽约200米，总面积约5万平方米。遗物零星分布于遗址内，以朱开沟文化陶片为主。

317：1，罐肩残片，泥质红陶。素面。壁厚0.8厘米（图一六七，20）。

317：2，带纽鬲口沿，夹砂灰陶。圆唇，直口，矮领，口部有一凸纽，领以下饰绳纹。壁厚0.8厘米（图一六七，25）。

317：3，绳纹陶片，泥质灰陶。饰弦断绳纹。壁厚0.7厘米（图一六七，16）。

## 05-318　后河遗址-4

遗址编号：QWH-4

文化属性：庙子沟文化、战国

行政归属：清水河县王桂窑子乡后河村

GPS 坐 标：东经111°28′30.7″、北纬39°56′28.0″

海拔高度：1023±7米

初查时间：2005年5月5日

遗址地处浑河北岸与丰准铁路南侧的小区域内，丰准铁路向南伸向浑河的较缓平地之上。该缓坡是炭窑背村所处平台向南延伸至浑河的坡地，东、西两侧邻冲沟，南部邻浑河，总体呈东南向延伸。

遗址主要位于缓坡近浑河的平地之上。遗址北邻05-317号遗址，东邻05-314号遗址，西邻05-319号遗址，南部为平地并延伸至浑河，北部漫坡向上至05-317号遗址，东、西两侧为向河边延伸的缓坡（参见图一六四）。遗址内有零星小冲沟。丰准铁路从遗址的中部穿过。

遗址东西长约150米、南北宽约150米，总面积约2.25万平方米。遗址内地表沙化略严重，裸露的陶片也较多，分布密集，性质单一，均为泥质灰陶片。

318：1，侈沿罐口沿，夹砂灰陶，砂粒较大，内壁呈红色。尖唇，唇面饰一周锯齿状花边，沿下饰一周指压泥条附加堆纹，素面。壁厚0.7厘米（图一六七，3）。

318：2，碗口沿，泥质灰陶。厚圆唇，敛口，斜弧腹，近口部以下有一鼓凸，素面，从器形看，可能为钵或碗。壁厚0.7～1厘米（图一六七，14）。

318：3，绳纹陶片，泥质灰陶，内壁呈灰褐色。器表饰弦断绳纹。壁厚0.5厘米（图一六七，9）。

318：4，绳纹陶片，泥质灰褐陶。器表饰抹断绳纹，纹饰较宽。壁厚0.5厘米（图一六七，6）。

318：5，绳纹陶片，泥质灰褐陶。器表饰绳纹。壁厚0.5厘米（图一六七，15）。

## 05-319 老牛湾遗址-1

遗址编号：QWL-1

文化属性：阿善三期文化、战国

行政归属：清水河县王桂窑子乡老牛湾村

GPS 坐标：东经111° 28′ 05.5″、北纬39° 56′ 32.6″

海拔高度：1052±5米

初查时间：2005年5月5日

遗址位于老牛湾村南部临近浑河的缓坡上。缓坡位于村落所在坡地向南延伸至浑河的坡地南部。遗址主要分布在南坡的下方临浑河处。遗址东临05-318号遗址，西部隔一湖洼地与05-320号遗址相对，北部漫坡向上为老牛湾村所在地，南部为坡地并延伸至浑河。遗址北部有丰准铁路穿过，西南部隔浑河与羊路渠村及04-84号遗址相望，东北部为老牛湾车站。遗址所在坡地现为梯田，并已退耕还草还林，遗址内总体地势较为平坦。

遗址东西长约200米、南北宽约200米，总面积约4万平方米。遗址内未发现明显文化层堆积，遗物主要为战国时期碎陶片，多分布于坡地下方。

319：1，篮纹陶片，泥质灰陶，色纯正，略夹砂，质地坚硬，胎体薄厚不均。器表拍印浅篮纹。壁厚0.4～0.7厘米（图一六八，2）。

319：2，平折沿盆口沿，泥质灰褐陶。方唇，窄沿平折，素面，器表经修抹。壁厚0.7厘米（图一六八，11）。

319：3，绳纹陶片，泥质灰陶。内壁刮抹，器表饰绳纹，部分抹平。壁厚0.9厘米（图一六八，14）。

319：4，篮纹陶片，泥质灰陶。器表拍印浅篮纹。壁厚0.6厘米（图一六八，5）。

319：5，平折沿盆口沿，泥质灰褐陶。圆唇，短沿平折，矮领，领部素面，以下饰绳纹。壁厚0.9厘米（图一六八，15）。

319:6，绳纹陶片，泥质灰褐陶。内壁经刮抹，器表饰弦断绳纹。壁厚0.6厘米（图一六八，7）。

## 05-320 老牛湾遗址-2

遗址编号：QWL-2

文化属性：鲁家坡一期遗存、永兴店文化、汉代

行政归属：清水河县王桂窑子乡老牛湾村

GPS坐标：东经111°27′40.3″、北纬39°56′32.9″

海拔高度：1057±5米

初查时间：2005年5月5日

遗址位于老牛湾村西南部浑河北岸一圆形台地之上。该圆形台地东北邻湖洼地，西部邻冲沟，南部临浑河，北部为渐升的坡地。遗址主要分布在平台地的东侧及东坡的一部分，遗址东隔湖洼地与05-319号遗址相对，西侧为平台顶，南部为缓坡并延伸至浑河，北侧为向上延伸的缓坡。遗址南部为丰准铁路穿过，中部存有一条南、北走向施工道路，连接遗址北侧山坡及老牛湾车站。遗址地表现为荒地，种植有大量柠条。

遗址东西长约250米、南北宽约250米，总面积约6.25万平方米。文化层堆积较厚，地表陶片分布密集，尤其是有大型施工设备通过的地区可见陶片略多，陶片均大部分分布于圆形台地之上，以汉代时期略多，少见鲁家坡一期遗存和永兴店文化的陶片。

320:1，钵腹残片，泥质黄陶。素面。壁厚0.5厘米（图一六八，3）。

320:2，器耳，泥质灰陶。器表有突纽，饰篮纹。壁厚0.6厘米（图一六八，9）。

320:3，高领罐口沿，泥质褐陶。尖圆唇，高领，领部存竖向弦纹，其下饰斜格纹。高10、壁厚0.6厘米（图一六八，12）

## 05-321 火烧焉遗址-1

遗址编号：QWH-1

文化属性：阿善三期文化、汉代

行政归属：清水河县王桂窑子乡火烧焉村

GPS坐标：遗址中部东经111°28′10.1″、北纬39°57′36.5″

海拔高度：1222±5米

初查时间：2005年5月6日

遗址位于火烧焉村西北部，北高南低的坡地圆平台之上。圆形平台制高点海拔高度1258米，位于呈东北—西南走向的一处大型窄条状的山塬中部偏北部的一处平台上，该平台隔较大冲沟与小偏头村相望。遗址主要分布于平台地顶部东侧一部分。遗址东南邻05-310号遗址，西南邻05-322号遗址，东侧有一道冲沟伸入遗址内部，西

部、南部及北侧为台地，遗址北部有一条东西向小路，连接火烧焉村。遗址内南部为荒地，东部种植少量柠条，余皆为杂草。

遗址东西长约250米、南北宽约250米，总面积约6.25万平方米。遗址内地表分布陶片较少，以汉代为主，有少量阿善三期文化的陶片。

321：1，篮纹陶片，泥质黄褐陶。饰篮纹，壁厚0.7厘米（图一六八，8）。

321：2，矮领瓮口沿，泥质灰陶。方唇，素面。壁厚0.6厘米（图一六八，1）。

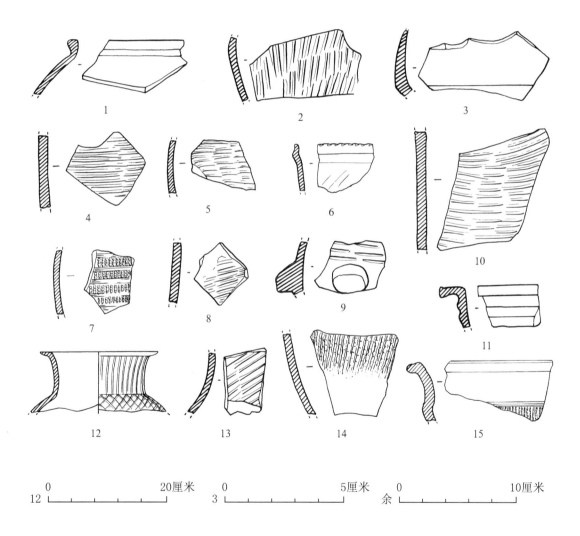

图一六八 05-319～05-322号遗址标本

1.矮领瓮口沿（321：2） 2、4、5、8、10、13.篮纹陶片（319：1，322：4，319：4，321：1，322：3，322：2） 3.钵腹残片（320：1） 6.侈口盆口沿（322：1） 7、14.绳纹陶片（319：6，319：3） 9.器耳（320：2） 11、15.平折沿盆口沿（319：2，319：5） 12.高领罐口沿（320：3）（3为鲁家坡一期遗存，2、5、8为阿善三期文化，4、6、9、10、13为永兴店文化，7、11、14、15为战国，余为汉代）

## 05-322 小偏头遗址-3

遗址编号：QWX-3

文化属性：永兴店文化

行政归属：清水河县王桂窑子乡小偏头村

GPS坐标：遗址中部东经111°28′26.8″、北纬39°57′50.4″

海拔高度：1072±7米

初查时间：2005年5月6日

遗址位于火烧焉村西部，该村所在坡地的东坡上部平缓之处。坡地西南与东南两侧均临冲沟，向南部渐宽并延伸至浑河，炭窑背村及老牛湾村也位于其上。遗址主要分布在东坡上方平整之地上。遗址东北邻05-321号遗址，东南、西南两侧均有冲沟，两冲沟蜿蜒前伸合于南端成一处冲沟直入浑河，近遗址的南部为向下延伸的较缓坡地，北部为台地，台地北部较为陡直。遗址东侧有一土路通至火烧焉村中。遗址内种植有大量柠条。

遗址东西长约250米、南北宽约200米，总面积约5万平方米。地表遗物分布不甚密集，以永兴店文化陶片为主。

322：1，侈口盆口沿，泥质灰陶。尖唇，微侈沿，唇面掐压一周花边，唇沿下方起一凸脊，素面。壁厚0.5厘米（图一六八，6）。

322：2，篮纹陶片，泥质灰陶。桥状耳，残断，内壁饰篮纹，器表素面。厚0.6厘米（图一六八，13）。

322：3，篮纹陶片，泥质灰陶，胎呈深红色。器表呈黄灰色，饰篮纹。壁厚0.8厘米（图一六八，10）。

322：4，篮纹陶片，泥质深灰陶，胎呈红褐色，胎质坚硬。内壁不平，器表微泛褐色，饰篮纹。厚1厘米（图一六八，4）。

## 05-323 火烧焉遗址-2

遗址编号：QWH-2

文化属性：阿善三期文化

行政归属：清水河县王桂窑子乡火烧焉村

GPS坐标：遗址中部东经111°27′24.7″、北纬39°57′37.1″

海拔高度：1092±7米

初查时间：2005年5月6日

遗址位于火烧焉村西部，与该村处于同一坡地平台地的西侧。平台较大，基本呈东西向长条状分布，平台北部邻一大型冲沟，冲沟向西直通黄河。遗址主要分布在平台西部的中端，遗址北部坡下为大型冲沟，西南部与冲沟相邻，西北部为平缓的坡地，延伸至村落，东部与南部为逐级下降的坡地，乡间公路从遗址东侧经过（彩版一○四，1）。遗址内地势平整，现辟为耕地。

遗址东西长约200米、南北宽约200米，总面积约4万平方米。地表可见陶片较少。

323∶1，绳纹陶片，夹砂灰褐陶。饰绳纹。壁厚0.7厘米（图一六九，7）。

323∶2，篮纹陶片，泥质灰陶。饰篮纹。壁厚0.6厘米（图一六九，6）。

### 05-324　窑子上遗址-1

遗址编号：QWY-1

文化属性：庙子沟文化、朱开沟文化

行政归属：清水河县王桂窑子乡窑子上村

GPS 坐 标：遗址中部东经111°27′17.3″、北纬39°56′31.1″

海拔高度：1052±5米

初查时间：2005年5月7日

遗址位于窑子上村东部，沙石焉村向南延伸的缓坡之上。该坡地临近浑河，坡地内沟壑众多。遗址主要分布在沟壑交叉的一处平地之上，范围较小。遗址东部隔冲沟与05-320号遗址相对，南部邻05-325、05-326号遗址，西部邻05-327号遗址，北部有一条由东向西而去的小路，东部与西部均有较大冲沟，南部为缓坡延伸至浑河，并有丰准铁路经过。遗址地表沙化严重，多种植柠条用以固沙。

遗址东西长约150米、南北宽约200米，总面积约3万平方米。地表零星可见陶片，未发现明显文化堆积。

324∶1，篮纹陶片，泥质红褐陶。器表饰篮纹。壁厚0.5厘米（图一六九，21）。

324∶2，侈口盆口沿，泥质灰褐陶。尖唇，侈口，沿部抹光，以下饰绳纹。壁厚1厘米（图一六九，20）。

### 05-325　窑子上遗址-2

遗址编号：QWY-2

文化属性：阿善三期文化、朱开沟文化、汉代

行政归属：清水河县王桂窑子乡窑子上村

GPS 坐 标：遗址中部偏西东经111°27′18.6″、北纬39°56′20.0″

海拔高度：1023±5米

初查时间：2005年5月7日

遗址位于窑子上村东部偏南，浑河北部一处曲尺形坡地上。该坡地是遗址05-320号遗址所在坡地向西南延伸至浑河的一处较陡的坡地。坡地西南与东南部邻浑河，西部有冲沟，东部为坡地。

遗址主要分布在坡地南部较为平缓之处，遗址东北漫坡向上为05-320号遗址，西

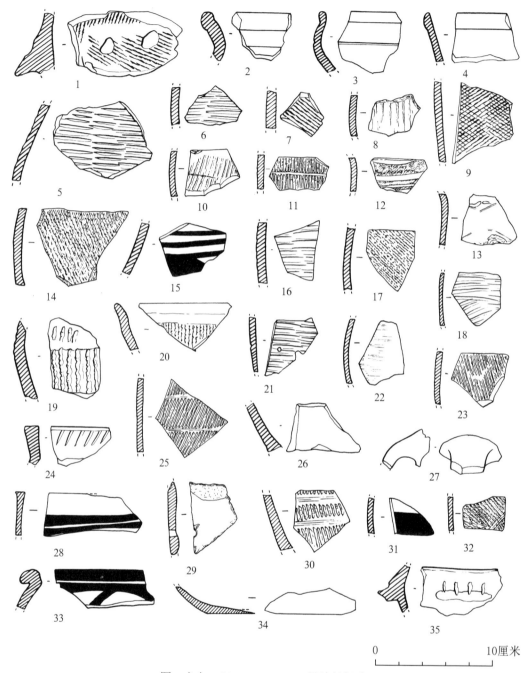

图一六九　　05-323～05-330号遗址标本

1、35.器鋬（328：2，325：2）　2.矮领罐口沿（328：4）　3.碗口沿（325：3）　4.敞口盆口沿（328：3）　5、
6、16、18、21.篮纹陶片（325：1，323：2，326：1，330：6，324：1）　7～12、14、17、23、25、30、32.绳纹陶片
（323：1，329：3，326：2，330：4，326：3，327：6，325：4，325：5，327：3，327：4，330：2，326：4）　13.
小口罐残片（330：3）　15、28、31.彩陶片（327：1，329：4，328：1）　20.侈口盆口沿（324：2）　22.盆腹残片
（327：5）　24.平口罐口沿（329：2）　26.盆底（330：1）　27.器耳（327：2）　29.穿孔陶片（330：5）　33.卷
沿罐口沿（329：1）　34.罐底（329：5）（8、28、31、33、34为鲁家坡一期遗存，13、15、21、26、27、29为庙子沟
文化，3、5～7、16、18、35为阿善三期文化，1、2、4为永兴店文化，14、17、20、24为朱开沟文化，余为战国）

部邻05-326号遗址，北部偏西邻05-324号遗址，南部为缓坡向下可达浑河，西部与北部有旱沟，东部为陡坡，丰准铁路从遗址北部坡地穿过，在遗址上向南、东南及西南方向可见浑河在其下方经过。遗址内现为荒地，杂草丛生。

遗址东西长约300米、南北宽约250米，总面积约7.5万平方米。遗址内有乡间道路，并有取土所遗留土圹，遗址破坏严重，从路基剖面可见地层积堆较厚。地表可见陶片极少，多为泥质灰陶，饰以篮纹。

325：1，篮纹陶片，泥质灰陶，胎泥不纯。器表饰篮纹。壁厚0.7厘米（图一六九，5）。

325：2，器鋬，泥质灰陶。鸡冠状鋬手，贴附于器身，前端残，鋬手上饰四个戳刺坑，素面（图一六九，35）。

325：3，碗口沿，泥质灰陶。圆唇，敛口，窄沿外侈，鼓腹，沿下与腹部饰一周凹槽，素面。残高4.8、壁厚0.7厘米（图一六九，3）。

325：4，绳纹陶片，夹砂深灰陶，砂质较小，胎质较硬。饰乱绳纹。壁厚0.7厘米（图一六九，14）。

325：5，绳纹陶片，夹砂灰陶。器表饰细密绳纹。壁厚0.8厘米（图一六九，17）。

## 05-326　窑子上遗址-3

遗址编号：QWY-3

文化属性：阿善三期文化、战国

行政归属：清水河县王桂窑子乡窑子上村

GPS坐标：遗址东南部东经111°27′10.9″、北纬39°56′20.7″

海拔高度：1015±5米

初查时间：2005年5月7日

遗址位于窑子上村东部的坡地下方近浑河处。坡地总体呈北高南低状长条形分布，邻河处坡体较陡，岩石暴露。遗址主要分布在陡坡下方邻浑河的一处平地上，属于浑河北岸的河床地，范围较小。遗址东邻05-325号遗址，北部邻05-324号遗址，西北向上坡顶邻05-327号遗址，南邻浑河，隔浑河见小河畔村及04-93号遗址。遗址北部坡上有丰准铁路穿过，可远见一被铁路分割的圆形台地，东部有旱沟存在，西北为陡坡（参见图三四）。遗址内地表被杂草覆盖，种植少量柠条以固沙。

遗址东西长约150米、南北宽约200米，总面积约3万平方米。遗址内未发现文化层，遗物多分散于遗址东南部，以战国时期碎陶片为主。

326：1，篮纹陶片，泥质灰陶。器表饰篮纹。壁厚0.8厘米（图一六九，16）。

326：2，绳纹陶片，泥质灰陶。器表饰交叉绳纹。壁厚0.6厘米（图一六九，9）。

326：3，绳纹陶片，泥质灰陶。器表饰弦断绳纹。壁厚0.5厘米（图一六九，11）。

326：4，绳纹陶片，泥质灰陶。器表饰交叉弦断绳纹。壁厚0.4厘米（图一六九，32）。

## 05-327　窑子上遗址-4

遗址编号：QWY-4

文化属性：庙子沟文化、战国

行政归属：清水河县王桂窑子乡窑子上村

GPS坐标：东经111°26′53.8″、北纬39°56′30.5″

海拔高度：1062±5米

初查时间：2005年5月7日

遗址位于窑子上村西部一处平缓的坡地上。该坡地被黄河与浑河东西相夹，极为平缓。坡地东西两侧近河处多为陡峭的山崖，南部为浑河注入黄河的河口，北部邻冲沟，只有东北部有坡地与外界联系。

遗址主要分布在坡地的东北部缓坡之上，张岔公路与丰准铁路之间，地势北高南低，遗址东邻05-324号遗址，东南隔丰准铁路与05-326号遗址相邻，西北部隔冲沟与05-328号遗址相邻，西南隔冲沟与05-330号遗址相邻。遗址西部漫坡下方为窑子上村落所在地，遗址北侧有张岔公路经过，南侧丰准铁路经过，东侧濒临直入浑河的南北向小旱沟。遗址中部有若干较小冲沟，多为南北走向，并有一条东西向施工道路将遗址分为南、北两部分（参见图三四）。

遗址东西长约400米、南北宽约300米，总面积约12万平方米。遗物分布较规律，北部以庙子沟文化陶片为主，南部以战国时期陶片为主。

327：1，彩陶片，泥质橘红陶。器表饰条带纹，黑彩。壁厚0.7厘米（图一六九，15）。

327：2，器耳，泥质红陶。桥状耳，隼卯制法，素面。耳宽3厘米（图一六九，27）。

327：3，绳纹陶片，砂质灰陶。器表饰粗绳纹。壁厚0.7厘米（图一六九，23）。

327：4，绳纹陶片，泥质灰陶。器表饰弦断绳纹。壁厚0.5厘米（图一六九，25）。

327：5，盆腹残片，泥质灰陶。器表素面。壁厚0.5厘米（图一六九，22）。

327：6，绳纹陶片，泥质灰陶，呈暗黄色。器表抹光。壁厚0.5厘米（图一六九，12）。

## 05-328　窑子上遗址-5

遗址编号：QWY-5

文化属性：鲁家坡一期遗存、永兴店文化

行政归属：清水河县王桂窑子乡窑子上村

GPS坐标：遗址中部偏东东经111°26′40.9″、北纬39°56′40.2″

海拔高度：1064±5米

初查时间：2005年5月7日

遗址位于窑子上村北部一处窄长的坡地上。该坡地被黄河与浑河东西相夹，极为平缓。坡地东西两侧近河处多为陡峭的山崖，南部为浑河注入黄河的河口，北部邻冲沟，只有东北部有坡地与外界联系。

遗址主要分布在坡地北部的偏上处。遗址南部隔冲沟与窑子上村及05-327号遗址相对，西部邻05-329号遗址，南、北两侧为较大冲沟，冲沟东西向伸入黄河，并与遗址西侧近黄河处的冲沟相连。遗址东侧为平整的坡地，有张岔公路穿过，西侧向下坡地可与伸入黄河的冲沟相接。遗址中部为荒地，南部辟为耕地。

遗址东西长约250米、南北宽约150米，总面积约3.75万平方米。遗物主要分布于遗址南部地区，以永兴店文化陶片为主，少见鲁家坡一期遗存的陶片。

328：1，彩陶片，泥质橙黄陶。上施黑彩带，壁厚0.44厘米（图一六九，31）。

328：2，器盉，夹砂灰陶。陶胎烧制火候较低，内为红色泥胎，外为灰色。鸡冠状，上有两个斜向窝坑，饰斜粗绳纹。残高5、壁厚1.1厘米（图一六九，1）。

328：3，敞口盆口沿，泥质灰陶。尖圆唇，敞口，斜直腹，沿面上有慢轮修整的刮痕，素面。壁厚0.7厘米（图一六九，4）。

328：4，矮领罐口沿，泥质灰陶。圆唇近方，矮领，其下抹光。壁厚1.1厘米（图一六九，2）。

## 05-329　窑子上遗址-6

遗址编号：QWY-6

文化属性：鲁家坡一期遗存、朱开沟文化

行政归属：清水河县王桂窑子乡窑子上村

GPS坐标：遗址中部东经111°26′24.9″、北纬39°56′41.3″

海拔高度：1048±6米

初查时间：2005年5月8日

遗址位于窑子上村北部，05-328号遗址所在坡地下方的缓坡处。该坡地被黄河与浑河东西相夹，极为平缓。坡地东西两侧近河处多为陡峭的山崖，南部为浑河注入黄河的河口，坡地北部邻冲沟，只有东北部有坡地与外界联系。

遗址主要分布于坡地下部、近冲沟处，东邻05-328号遗址，西南邻05-332号遗址。向西被直入黄河的冲沟断开。遗址南、北两侧为大型冲沟，两条冲沟于遗址西侧汇合伸入黄河，东部漫坡向上至05-328号遗址。遗址内现为荒地。

遗址东西长约150米、南北宽约100米，总面积约1.5万平方米。地表可见散落的碎陶片，多为鲁家坡一期遗存的陶片。

329：1，卷沿罐口沿，泥质红陶。圆唇，敛口，外卷沿，唇沿上施黑彩，沿下施黑彩弧线三角纹。沿厚1.2、壁厚0.7厘米（图一六九，33）。

329：2，平口罐口沿，砂质灰陶。方唇，直口，口外部饰斜向竖划纹，内壁抹光呈褐黄色。壁厚1厘米（图一六九，24）。

329：3，绳纹陶片，砂质黄陶，砂粒较大。内壁呈褐灰色，器表饰绳纹。壁厚0.7厘米（图一六九，8）。

329：4，彩陶片，泥质深红陶，胎质较硬。内外壁磨光，器表饰窄条带纹，黑彩。沿厚0.6、壁厚0.5厘米（图一六九，28）。

329：5，罐底，泥质红陶。平底，器身与器底几乎近弧平，只在外壁存一折棱可分开，素面。壁厚0.5厘米（图一六九，34）。

### 05-330　窑子上遗址-7

遗址编号：QWY-7

文化属性：庙子沟文化、阿善三期文化、战国

行政归属：清水河县王桂窑子乡窑子上村

GPS 坐 标：遗址中部东经111°26′38.6″、北纬39°56′16.1″

海拔高度：1072±4米

初查时间：2005年5月8日

遗址位于窑子上村南部一处平缓的坡地上，该坡地被黄河与浑河东西相夹，极为平缓。坡地东西两侧近河处多为陡峭的山崖，南部为浑河注入黄河的河口，坡地北部邻冲沟，只有东北部有坡地与外界联系。

遗址主要分布在坡地的东侧，张岔公路与丰准铁路相夹平地之上。遗址东北隔冲沟与05-327号遗址相对，西部为平地并邻05-331号遗址，西北部则为窑子上村所在台地。遗址东侧为丰准铁路，西侧为张岔公路，路边有一排石砌拱形建筑，南、北两侧邻冲沟，其中南部隔冲沟邻05-367号遗址（参见图三四）。南部存一浑圆土丘，地理位置突出。遗址现辟为耕地。

遗址东西长约350米、南北宽约300米，总面积约10.5万平方米。遗物以阿善三期文化陶片为主，少见战国时期陶片。

330：1，盆底，泥质橙黄陶。素面，薄厚不一，表面磨损。壁厚0.8～1.2厘米（图一六九，26）。

330：2，绳纹陶片，泥质灰陶。饰弦断绳纹。壁厚0.9厘米（图一六九，30）。

330：3，小口罐残片，泥质灰陶，胎质较硬。素面，应是罐的领部。壁厚0.6厘米（图一六九，13）。

330：4，绳纹陶片，泥质灰陶，胎质较粗。器表饰绳纹。壁厚0.6厘米（图一六九，10）。

330：5，穿孔陶片，泥质灰陶，呈灰白色，胎质坚硬。素面抹光，残存穿孔。壁厚0.7厘米（图一六九，29）。

330：6，篮纹陶片，泥质灰陶。器表饰篮纹。壁厚0.3厘米（图一六九，18）。

## 05-331 窑子上遗址-8

遗址编号：QWY-8

文化属性：辽金

行政归属：清水河县王桂窑子乡窑子上村

GPS坐标：遗址中部东经111°26′16.2″、北纬39°56′18.6″

海拔高度：1030±5米

初查时间：2005年5月8日

遗址位于窑子上村西南部近临黄河的坡地上。该坡地被黄河与浑河东西相夹，极为平缓。其中坡地东、西两侧近河处多为陡峭的山崖，坡地南部为浑河注入黄河的河口，坡地北部邻冲沟，只有东北部有坡地与外界联系。

遗址主要分布在坡地西部偏北方位，其下为黄河，遗址东部隔平坡地临05-330号遗址，西部邻陡崖，沿黄公路从遗址西部陡崖穿过，公路西侧为黄河，并隔黄河可见05-214号遗址，南、北部皆为缓坡地（参见图三四）。从遗址向西南方可见黄河大桥，向西北方可见沿黄河公路的加油站，遗址内一部分为耕地，近公路陡崖处为荒地，从路基剖面可见15～50厘米厚黄土堆积。

遗址东西长约200米、南北宽约250米，总面积约5万平方米。遗址内呈梯田状向东逐级上升，地表零星可见辽金时期陶片。

## 05-332 窑子上遗址-9

遗址编号：QWY-9

文化属性：朱开沟文化、战国、汉代

行政归属：清水河县王桂窑子乡窑子上村

GPS坐标：遗址中部东经111°26′07.9″、北纬39°56′34.4″

海拔高度：1031±9米

初查时间：2005年5月8日

遗址位于窑子上村西北一圆形土丘之上，是一相对较为独立的土丘，也是窑子上村所在平台向西北延伸至黄河地段的坡下部分。该平台坡地被黄河与浑河东西相夹，极为平缓。坡地东西两侧近河处多为陡峭的山崖，南部为浑河注入黄河的河口，坡地北部邻冲沟，只有东北部有坡地与外界联系。

遗址主要分布在坡地下方的土丘上，遗址南部隔冲沟可见05-331号遗址，西邻黄河及沿河公路，西南隔黄河可见05-216号遗址，东部为缓坡与复而隆起的平台地相接，并与05-329号遗址相邻，东坡现有几座现代墓葬，北部及南部均邻冲沟（参见图三四）。遗址向南可见岔河口村及黄河大桥。遗址中部有一条现代冲沟将遗址分割，两者之间仅有一条小路连接，遗址内现为耕地。

遗址东西长约250米、南北宽约200米，总面积约5万平方米。地表陶片较为密集，但未发现文化层。所采集的陶片以汉代为主，可辨别的器形有碗、罐等。

332：1，花边鬲口沿，夹砂褐陶。方圆唇，直口微敛，口部饰水波状附加堆纹，以下饰浅绳纹。壁厚1厘米（图一七一，11）。

332：2，卷沿瓮口沿，泥质灰陶。沿外卷贴于器身，形成厚缘唇，敛口，肩饰两周水波纹，以下饰绳纹。厚0.6厘米（图一七一，1）。

332：3，矮领瓮口沿，泥质灰陶。厚缘唇，口微侈，小直领，领部素面，以下饰规则绳纹。壁厚0.7厘米（图一七一，18）。

332：4，碗口沿，泥质灰陶。厚缘唇，敛口，腹部折棱明显。壁厚0.6～0.8厘米（图一七一，13）。

332：5，卷沿罐口沿，泥质灰陶。圆唇，口部以下饰弦纹，素面。壁厚0.7厘米（图一七一，15）。

332：6，绳纹陶片，泥质灰陶。器表饰粗绳纹。壁厚0.6厘米（图一七一，14）。

### 05-333 石畔遗址-1

遗址编号：QWX-1

文化属性：庙子沟文化、战国

行政归属：清水河县王桂窑子乡石畔村

GPS 坐 标：遗址中部东经111°25′40.5″、北纬39°56′52.8″

海拔高度：1031±10米

初查时间：2005年5月9日

遗址位于石畔村西部的土台坡地上，与村相距约300米。土台坡地总体呈圆形，西坡延伸至黄河，北部与南部为大型冲沟，东部为复而隆起的坡地。

遗址主要分布在土台坡的顶部，遗址东邻村落及05-336号遗址，东北部为渐次升高的坡地，西南为渐次下降的坡地，坡下为沿黄公路与黄河，隔黄河可见05-210号遗址，遗址西北部邻冲沟，南部为平缓的坡地（图一七〇）。从遗址上东南望，可见岔河口遗址。遗址内总体地势向东南倾斜，地形较平坦，遗址坡顶东北部近接遗址处有石头墙存在，墙体破坏较为严重，地表现多成排种植榆树。

遗址东西长约300米、南北宽约250米，总面积约7.5万平方米。遗物分布范围广，地表散见庙子沟文化和战国时期陶片，以庙子沟文化陶片为主。

333：1，筒形罐口沿，泥质灰陶。圆唇，唇部施黑彩，以下饰交叉细绳纹。壁厚

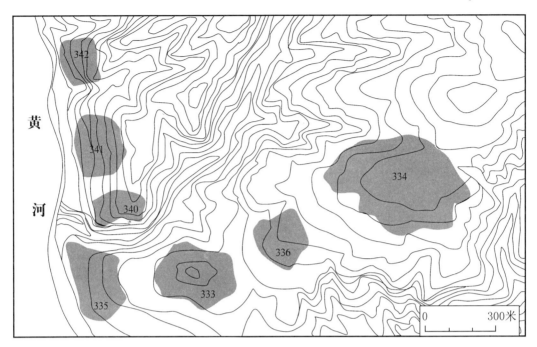

图一七〇　05-333～05-336、05-340～05-342号遗址地形图

0.6厘米（图一七一，10）。

333：2，直口钵口沿，泥质红陶。直口，斜弧腹，素面。壁厚0.7厘米（图一七一，5）。

333：3，小口双耳罐口沿，泥质灰陶，胎泥淘洗不纯。尖唇外侈近平折，器表饰鱼鳞纹，黑彩，部分彩纹已经磨损不清。壁厚0.8厘米（图一七一，6）。

333：4，平折沿盆口沿，泥质灰陶。直口，折腹，腹部存有凸弦纹。壁厚0.7厘米（图一七一，9）。

333：5，敞口盆口沿，泥质灰陶。口微侈，沿残，沿下饰凹弦纹，器表有轮制的弦纹痕迹。壁厚0.8厘米（图一七一，16）。

## 05-334　石畔遗址-2

遗址编号：QWX-2

文化属性：庙子沟文化、战国

行政归属：清水河县王桂窑子乡石畔村

GPS坐标：遗址中部东经111°26′21.3″、北纬39°57′06.6″

海拔高度：1043±6米

初查时间：2005年5月9日

遗址位于石畔村东北部的平缓坡地之上，近邻石畔村。该平缓处位于一东北—西南向延伸至黄河的大型坡地的中部，坡地西北、东南部邻大型冲沟，西南与东北部为坡地。

　　遗址主要分布在平缓坡地的北部，几乎占据了整个坡地最为平坦的部分。遗址西南坡下邻05-336号遗址，东邻冲沟，北接复而隆起的一山丘，南部为缓坡接石畔村，西邻大型冲沟。遗址总体从中部向四周呈梯田状下降，地表现辟为耕地（参见图一七〇；彩版一〇四，2）。

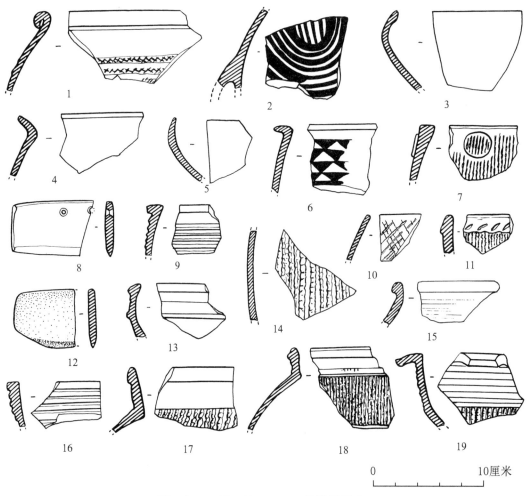

图一七一　05-332～05-334号遗址标本

1.卷沿瓮口沿（332：2）　2.彩陶片（334：6）　3.敛口曲腹钵口沿（334：4）　4.侈沿罐口沿（334：3）　5.直口钵口沿（333：2）　6.小口双耳罐口沿（333：3）　7.平口罐口沿（334：5）　8、12.石刀（334：2，334：1）　9、19.平折沿盆口沿（333：4，334：7）　10.筒形罐口沿（333：1）　11.花边鬲口沿（332：1）　13.碗口沿（332：4）　14.绳纹陶片（332：6）　15.卷沿罐口沿（332：5）　16.敞口盆口沿（333：5）　17、18.矮领瓮口沿（334：8，332：3）（2～8、10、12为庙子沟文化，11为朱开沟文化，1、15为汉代，余为战国）

遗址东西长约550米、南北宽约400米，总面积约22万平方米。从梯田断面观察文化层堆积较薄，可见庙子沟文化与战国时期陶片，还有残存的灶坑和灰坑遗迹。遗址内遗物主要以庙子沟文化为主；战国时期陶片较少，且仅分布于西北一隅之地（图一七〇）。

334：1，石刀，残，磨制。呈紫色，直背弧刃，正锋，平面呈不规则形。残长5.7、宽3～5厘米（图一七一，12）。

334：2，石刀，残，磨制。呈黄色，直背直刃，正锋，平面呈长方形。近背部有两个对穿孔，其中一残，残长7、宽4.7、厚0.6厘米（图一七一，8）。

334：3，侈沿罐口沿，泥质橙黄陶。尖圆唇，外侈沿，溜肩，素面。残高5.4、壁厚0.6厘米（图一七一，4）。

334：4，敛口曲腹钵口沿，泥质灰陶。尖唇，上腹微鼓，下腹斜直，素面。残高7.4、壁厚0.7厘米（图一七一，3）。

334：5，平口罐口沿，夹砂灰黄陶。斜方唇，口部饰泥饼，通体饰竖向绳纹。领高2.8、壁厚0.5厘米（图一七一，7）。

334：6，彩陶片，泥质黄褐陶。器表饰圆圈纹，内填平行线纹。壁厚0.8厘米（图一七一，2）。

334：7，平折沿盆口沿，泥质灰褐陶。平折沿，斜弧腹，外壁上部饰弦纹，以下饰竖向绳纹。残高6.3、壁厚0.8厘米（图一七一，19）。

334：8，矮领瓮口沿，泥质灰陶。圆唇，矮领，其下饰竖向绳纹。壁厚0.7厘米（图一七一，17）。

### 05-335　石畔遗址-3

遗址编号：QWX-3

文化属性：庙子沟文化、永兴店文化、战国、汉代

行政归属：清水河县王桂窑子乡石畔村

GPS坐标：遗址中部东经111°25′24.5″、北纬39°56′55.4″

海拔高度：1052±5米

初查时间：2005年5月9日

遗址位于石畔村西部，近临黄河东岸一圆形台地的西坡上。该台地东侧与石畔村所在台地隔05-333号遗址相连，也是一处东北—西南向延伸至黄河的大型坡地的西部地段，坡地西北、东南部邻大型冲沟，西南与东北部为坡地。

遗址主要分布在大型坡地最西临黄河的坡下部分，大体由落差2米的四阶台地组成，遗址主要位于坡地三、四阶台地之上。遗址北部隔冲沟与05-340号遗址相对，可见采石场，西部为陡崖，陡崖下方为沿黄公路及黄河，隔黄河与05-207号遗址相对，北部

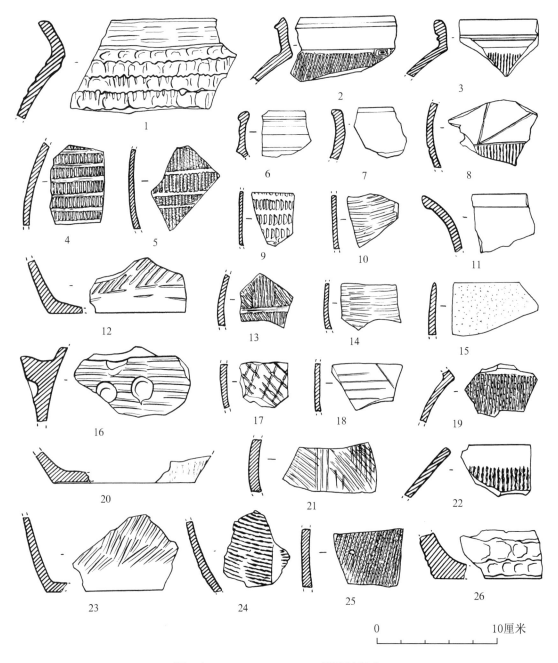

图一七二　05-335～05-340号遗址标本

1.侈沿罐口沿（338：1）　2、3.矮领罐口沿（336：3，339：3）　4、5.弦断绳纹陶片（336：2，336：5）　6.碗口沿（335：6）　7.小口罐口沿（337：1）　8、13、17、19、24、25.绳纹陶片（340：4，338：2，335：3，339：2，339：1，336：6）　9.压印坑点纹陶片（335：7）　10、14、21.篮纹陶片（338：3，338：5，336：4）　11.敞口盆口沿（335：1）　12.铁轨式口沿罐底（340：3）　15.直口钵口沿（335：4）　16.器鋬（340：2）　18.刻划纹陶片（335：5）　20.窄沿罐底（338：4）　22.敛口瓮口沿（335：2）　23.篮纹罐底（340：1）　26.夹砂绳纹罐底（336：1）（12、24为官地一期遗存，1、10、20、21、26为阿善三期文化，11、14、16、18、22、23为永兴店文化，7、8为朱开沟文化，余为战国）

邻大型冲沟入黄河的口部，东部和南部皆为缓坡地，其中向东的坡地接05-333号遗址（参见图一一四；参见图一七〇）。遗址内西部存现代人垒制石墙一段，石墙长10、宽1、残高1～2米。遗址现为荒地，中部有一炮台，据说为傅作义修建。

遗址东西长约200米、南北宽约300米，总面积约6万平方米。遗物以永兴店文化陶片为主，多分布于近河第四级台地之上。

335：1，敞口盆口沿，泥质灰陶，陶土淘洗不纯。叠唇，敞口，斜弧腹，素面。壁厚0.7厘米（图一七二，11）。

335：2，敛口瓮口沿，夹砂灰陶。方唇，敛口，颈部抹光，以下饰绳纹，纹饰较深。厚0.7厘米（图一七二，22）。

335：3，绳纹陶片，夹砂灰陶。饰绳纹，绳纹间距较宽。壁厚0.7厘米（图一七二，17）。

335：4，直口钵口沿，泥质灰陶。尖圆唇，素面。壁厚0.6厘米（图一七二，15）。

335：5，刻划纹陶片，泥质灰陶。上施数道平行线划纹。厚0.6厘米（图一七二，18）。

335：6，碗口沿，泥质灰陶。圆唇外尖突，口微敛，近沿下部起一凸棱，素面。壁厚0.6厘米（图一七二，6）。

335：7，压印坑点纹陶片，泥质灰陶。器表饰弦断绳纹。壁厚0.4厘米（图一七二，9）。

## 05-336　石畔遗址-4

遗址编号：QWX-4

文化属性：阿善三期文化、战国

行政归属：清水河县王桂窑子乡石畔村

GPS坐标：遗址中部东经111°25′59.2″、北纬39°56′58.5″

海拔高度：1098±5米

初查时间：2005年5月9日

遗址位于石畔村西北近临村落偏西的缓坡地带。该缓坡地带位于一处东北—西南向延伸至黄河的大型坡地的中部地段，坡地西北、东南部邻大型冲沟，西南与东北部为坡地。

遗址主要分布在坡地较窄的缓坡上。遗址总体地势呈北高南低状分布，西北与东南有冲沟伸入遗址，遗址东北漫坡至坡顶邻05-334号遗址，西南坡下邻05-333号遗址，西部为断沟，东部近接村落居所（参见图一七〇；彩版一〇四，2）。遗址内地表为低矮不平的梯田。

遗址东西长约200米、南北宽约250米，总面积约5万平方米。遗物以战国时期陶片为主，阿善三期文化少见。

336：1，夹砂绳纹罐底，夹砂灰陶。平沿内侈，口沿部饰两周压印附加堆纹。壁厚1.3厘米（图一七二，26）。

336：2，弦断绳纹陶片，泥质灰褐陶。器表饰规整的弦断绳纹。壁厚0.7厘米（图一七二，4）。

336：3，矮领罐口沿，泥质灰褐陶。方唇外侈，敛口，直领，领部以上素面，领部以下饰竖向规整绳纹。壁厚0.9厘米（图一七二，2）。

336：4，篮纹陶片，泥质灰陶。器表饰交叉篮纹。壁厚1厘米（图一七二，21）。

336：5，弦断绳纹陶片，泥质灰陶。器表饰压印规整的弦断绳纹。壁厚0.6厘米（图一七二，5）。

336：6，绳纹陶片，泥质灰陶。器表饰规整绳纹。壁厚0.8厘米（图一七二，25）。

### 05-337　卢子梁遗址-1

遗址编号：QWL-1

文化属性：朱开沟文化

行政归属：清水河县王桂窑子乡卢子梁村

GPS 坐标：遗址中部东经111°27′40.6″、北纬39°58′16.7″

海拔高度：1234±6米

初查时间：2005年5月10日

遗址位于卢子梁村东北部，栅稍焉村山梁向南延伸的坡地之上。该坡地为西北与东南两大型冲沟相夹的一处坡地，两处大型冲沟于西南部相汇直通黄河，坡地东北为开阔的平坦坡地。

遗址主要分布在坡地中部地段，四周均邻平坡地。其中北部坡下为冲沟，并有乡间土路经过，西部为缓坡之地延伸至卢子梁村，东为高出遗址的台坡地，南部缓坡下接大型冲沟。遗址内地势较缓，遗址内部分为耕地，其余为退耕的草地。

遗址东西长约350米、南北宽约300米，总面积约10.5万平方米。

337：1，小口罐口沿，砂质黄褐陶。方唇，外侈沿，素面。壁厚0.9厘米（图一七二，7）。

### 05-338　卢子梁遗址-2

遗址编号：QWL-2

文化属性：阿善三期文化、永兴店文化、战国

行政归属：清水河县王桂窑子乡卢子梁村

GPS 坐标：遗址中部东经111°26′33.2″、北纬39°58′01.1″

海拔高度：1160±4米

初查时间：2005年5月10日

遗址位于卢子梁村所西部，村落所在坡地向西南延伸近冲沟的一处较陡坡地之上，距该村1500米左右，从村落所处台地的制高点到遗址坡地共经过四阶落差较大台阶。

遗址主要分布在坡地中部偏上地段。遗址南、北两侧均为晚期发育的小冲沟，将遗址整体分割得支离破碎，类似这种较小冲沟在北坡亦存在较多。其中北部隔冲沟可见05-339号遗址，遗址东侧为向上逐级提升的坡地，西部漫坡向下为较大直入黄河的冲沟，并连接西部的酒铺焉村（彩版一〇五，1）。遗址除中部为耕地，余皆为荒地。

遗址东西长约250米、南北宽约200米，总面积约5万平方米。遗址内未见明显地层，遗物分布无规律，以阿善三期文化和永兴店文化陶片为主。

338∶1，侈沿罐口沿，砂质灰陶。斜方唇，窄沿外侈，沿以下贴附压印附加堆泥条四周。壁厚1.2厘米（图一七二，1）。

338∶2，绳纹陶片，泥质灰陶。器表饰弦断细绳纹。壁厚0.5厘米（图一七二，13）。

338∶3，篮纹陶片，夹砂灰陶。器表饰篮纹。壁厚0.5厘米（图一七二，10）。

338∶4，窄沿罐底，砂质灰陶。平底，器身饰篮纹。壁厚0.8厘米（图一七二，20）。

338∶5，篮纹陶片，夹砂灰陶。器表饰篮纹。壁厚0.5厘米（图一七二，14）。

## 05-339　酒铺焉遗址-1

遗址编号：QWJ-1

文化属性：官地一期遗存、战国

行政归属：清水河县王桂窑子乡酒铺焉村

GPS 坐标：遗址中部东经111°26′14.2″、北纬39°58′16.2″

海拔高度：1166±4米

初查时间：2005年5月10日

遗址位于酒铺焉村北部，一处临黄河的台地之上。该台地地势东高西低呈扇形向黄河倾斜分布，台地西临黄河，南、北邻大型冲沟，东部为大型冲沟的支叉分割侵入，从而形成三面环沟一面临河的扇形台地。

遗址主要分布于台地坡顶及四周。遗址东部有两条相对的冲沟将遗址与东部另一处坡地隔离，之间仅存窄的通道相互连接，其他三面均为漫坡地，其中南部坡下隔冲沟可见05-338号遗址，西部漫坡下方邻05-346与05-350号遗址，北部地势平整（彩版二二，2）。遗址现大部分辟为耕地。

遗址东西长约250米、南北宽约350米，总面积约8.75万平方米。内无明显地层堆积，遗物分布也无规律，可见遗物以汉代陶片为主。

339∶1，绳纹陶片，夹砂红陶，砂粒较大。饰粗绳纹。残高4.7、壁厚0.7厘米（图一七二，24）。

339：2，绳纹陶片，泥质灰陶。沿下部抹光，以下饰绳纹，纹饰清晰。残高4、壁厚0.6厘米（图一七二，19）。

339：3，矮领罐口部，泥质灰陶。圆唇，小口，直领，平肩，唇下施一周弦纹，其下抹光，器表饰绳纹。残高1、领厚8.6、壁厚6.4厘米（图一七二，3）。

### 05-340　酒铺焉遗址-2

遗址编号：QWJ-2

文化属性：官地一期遗存、永兴店文化、朱开沟文化

行政归属：清水河县王桂窑子乡酒铺焉村

GPS坐标：遗址中部东经111°25′31.2″、北纬39°57′08.6″

海拔高度：1092±6米

初查时间：2005年5月10日

遗址位于酒铺焉村南部偏西，黄河东岸一圆形土丘之上。该土丘西临沿黄公路及黄河，南邻大型冲沟入黄河处，东部为大型冲沟的支叉环绕，北部为逐级上升的陡坡。

遗址主要分布在土丘南部陡坡。遗址北部近邻05-341号遗址，南部隔冲沟与05-335号遗址相对，西侧坡下即为沿黄河公路，东侧为较深冲沟，环南部伸入黄河，北侧为连绵起伏的山峦，可远见酒铺焉村及通向该村的乡间土路，该路从遗址东侧而过，可到沿黄河公路（参见图一七〇）。

遗址内主要残存古代文化遗迹为石城墙，城墙东、南、北三面墙体清晰可见，尤其北墙最为完好，西墙被采石场破坏，而东墙似有两道城墙。西北角城墙被土丘西侧下方的采石场破坏，可见墙体剖面。残存的石墙宽约50厘米，西北侧残高10～20厘米外，其他均存于地表。

遗址东西长500米、南北宽约400米，总面积约20万平方米。城内未见陶片，但城墙下可见大量永兴店文化陶片，应为永兴店文化的石城（图一七三；图一七四；彩版三九）。

340：1，篮纹罐底，泥质灰陶。平底，身饰左斜篮纹，壁厚0.8厘米（图一七二，23）。

340：2，器錾，夹砂灰陶。体厚重，鸡冠状，上有三个指窝坑，坑之间连线成三角形，便于把握，饰横篮纹。长9.5、宽5、器壁厚0.6厘米（图一七二，16）。

340：3，铁轨式口沿罐底，夹砂灰陶。平底，接近器底处有抹捏痕迹，饰粗绳纹。壁厚0.8、底厚0.6厘米（图一七二，12）。

340：4，绳纹陶片，泥质红陶。素面部分上施划线三角纹与一周线纹组合，其他为绳纹。壁厚0.5厘米（图一七二，8）。

### 05-341　酒铺焉遗址-3

遗址编号：QWJ-3

文化属性：庙子沟文化、永兴店文化、朱开沟文化、战国

行政归属：清水河县王桂窑子乡酒铺焉村

GPS 坐 标：遗址中部东经111°25′20.3″、北纬39°57′16.0″

海拔高度：1029±4米

初查时间：2005年5月11日

遗址位于酒铺焉村南部、黄河东岸坡地之上。该坡地西临沿黄公路及黄河，南邻05-340号遗址，北部为冲沟，东部为逐级上升的陡坡。

遗址主要分布于坡顶与临黄河陡崖之间的西坡上，遗址南部近邻05-340号遗址，北部隔冲沟邻05-342号遗址，西部邻断崖，其下为沿黄河公路，东部为向上缓坡至坡顶部（参见图一七〇）。在遗址上向南望清晰可见05-340号遗址的北侧石墙。遗址内南、北均为平缓坡地，西侧存近代炮楼一个。遗址现为荒地。

遗址东西长约200米、南北宽约300米，总面积约6万平方米。地表散见庙子沟文化、朱开沟文化的陶片，其中遗址南侧坡地陶片分布密集。

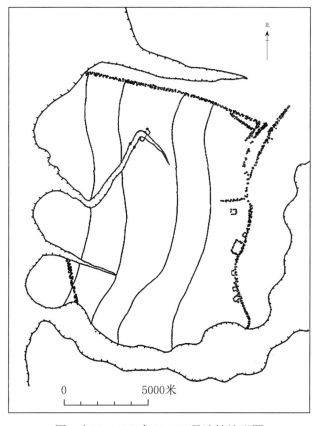

图一七三 1998年05-340号遗址地形图

摘自《清水河县酒铺鄢遗址调查简报》，1998年内蒙古自治区文物考古研究所绘制

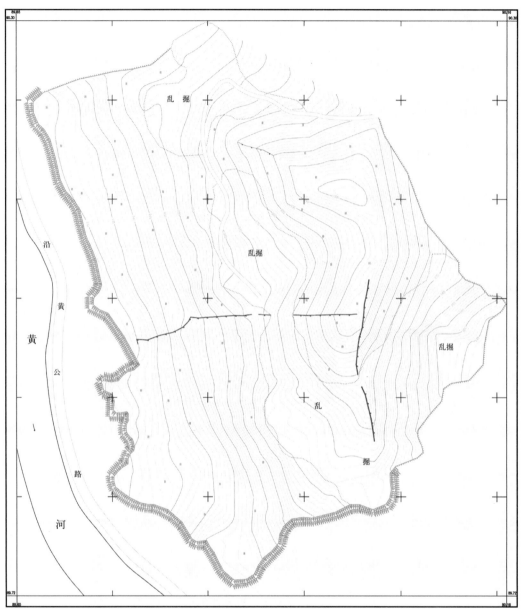

说明：图中的黄河及沿黄公路是示意位置，只作为参考。　　　　　　　　　　　　　　1：1000

图一七四　05-340号遗址地形图

341：1，彩陶片，泥质黄陶。器表施赭彩陶衣，上饰黑色条带纹。壁厚0.5厘米（图一七五，9）。

341：2，绳纹陶片，夹砂灰陶。器表饰粗绳纹。壁厚0.9厘米（图一七五，18）。

341：3，器底，泥质灰陶。底微凹，底部有轮制时残留底座的胎泥，素面。底厚1厘米（图一七五，17）。

341：4，篮纹陶片，夹砂灰陶。器表篮纹。壁厚0.4厘米（图一七五，15）。

341：5，刻划纹陶片，夹砂灰陶。器表呈暗黄色，饰划线纹与绳纹。壁厚0.7厘米（图一七五，12）。

341：6，绳纹陶片，似鬲足部残片，夹砂灰陶。足较小，器表饰绳纹。底厚0.6厘米（图一七五，11）。

341：7，瓮足，夹砂灰陶。器表呈暗黄色，唇部残，沿斜折，饰粗绳纹。壁厚0.9厘米（图一七五，14）。

### 05-342　酒铺焉遗址-4

遗址编号：QWJ-4

文化属性：鲁家坡一期遗存、庙子沟文化

行政归属：清水河县王桂窑子乡酒铺焉村

GPS坐标：遗址北部东经111°25′18.7″、北纬39°57′24.3″

海拔高度：1022±5米

初查时间：2005年5月12日

遗址位于酒铺焉村西南，黄河东岸的山地上。该山地西临沿黄公路及黄河，南、北邻冲沟口入黄河处，东部为逐级上升的缓坡，缓坡可延伸至酒铺焉村所在的坡地。

遗址主要分布在山地西南坡，遗址南面隔冲沟与05-341号遗址，西面邻沿黄公路与黄河，隔黄河与05-205号遗址相对，东部为陡坡至山顶，北部邻冲沟（参见图一七〇）。遗址内地势较平缓，其中遗址西部地表多暴露岩石，其他部分现已退耕还林，挖有众多的育林坑。

遗址东西长约200米、南北宽约200米，总面积约4万平方米。地表零星可见碎陶片。

342：1，敞口碗口沿，夹砂黄褐陶。方唇，敞口，斜腹，平底，饰绳纹。高8.8、壁厚0.6厘米（图一七五，10）。

342：2，侈口盆口沿，夹砂灰陶。唇部残，口沿外侈，素面。壁厚0.8厘米（图一七五，19）。

342：3，钵腹残片，泥质灰陶。内壁残留刮痕，素面。壁厚0.6厘米（图一七五，3）。

342：4，钵底，泥质灰陶。内壁有刮痕，平底，素面。壁厚0.7厘米（图一七五，6）。

### 05-343　酒铺焉遗址-5

遗址编号：QWJ-5

文化属性：鲁家坡一期遗存、庙子沟文化、战国

行政归属：清水河县王桂窑子乡酒铺焉村

GPS坐标：遗址中部偏西东经111°25′52.2″、北纬39°57′44.6″

海拔高度：1135±9米

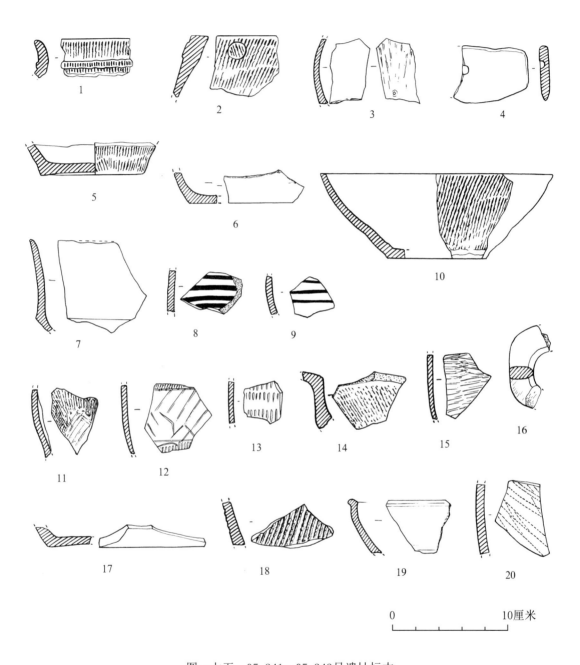

图一七五　　05-341～05-343号遗址标本

1.侈沿罐口沿（343：6）　2.平口罐口沿（343：5）　3.钵腹残片（342：3）　4.石刀（343：1）　5.侈沿罐底（343：4）　6.钵底（342：4）　7.敞口折腹钵口沿（343：9）　8、9.彩陶片（343：8，341：1）　10.敞口碗口沿（342：1）　11、18.绳纹陶片（341：6，341：2）　12.刻划纹陶片（341：5）　13.压印纹陶片（343：7）　14.瓮足（341：7）　15.篮纹陶片（341：4）　16.石环（343：2）　17.器底（341：3）　19.侈口盆口沿（342：2）　20.线纹陶片（343：3）（4、16、19、20为鲁家坡一期遗存，1～3、5～10为庙子沟文化，11、12、14、15为永兴店文化，余为战国）

初查时间：2005年5月11日

遗址位于酒铺焉村所在台地南侧一处南北狭长的坡地之上，地势北高南低。坡地东西两侧为冲沟，其中东部为一大型冲沟，西侧多为小型冲沟与连续相间的山地。

遗址主要分布于坡地南部，遗址东部邻大型冲沟，冲沟环东南部直入黄河，南部邻狭长坡地，北部邻开阔坡地，向北为该村落所在，北坡中部有一条通向河边的乡间土路，西部有多条冲沟伸入遗址。遗址上向西可见黄河对岸及黄河走势。遗址现辟为耕地，顶部尚存荒地（彩版二五，1）。

遗址东西长约350米、南北宽约400米，总面积约14万平方米。遗物主要分布于台地之上的路西，路东仅见一两片陶片，以庙子沟文化陶片为主。

343：1，石刀，残，呈黄色，磨制。直背弧刃，正锋，中部有一单穿孔，孔没有穿通，平面呈长方形。宽4.9、残长5.9厘米（图一七五，4）。

343：2，石环，残，呈青色，磨制。截面呈圆角长方形。外径6.6、内径3.2、厚1厘米（图一七五，16）。

343：3，线纹陶片，细泥砂砖红陶。器表饰线纹，纹饰较深而细，间距较大且不均。壁厚0.8厘米（图一七五，20）。

343：4，侈沿罐底，夹砂灰陶。小平底、略内凹，器身饰绳纹。壁厚0.8~1厘米（图一七五，5）。

343：5，平口罐口沿，夹砂灰陶。方唇，敛口，唇部内突，口部贴附小泥饼，器身壁薄厚不均，饰绳纹。壁厚0.5~1.5厘米（图一七五，2）。

343：6，侈沿罐口沿，夹砂红黄陶。尖圆唇，短沿外侈，口沿部饰一周附加堆纹，饰浅绳纹。壁厚0.8~1厘米（图一七五，1）。

343：7，压印纹陶片，细泥灰陶。饰压印纹。壁厚0.5厘米（图一七五，13）。

343：8，彩陶片，泥质灰陶。器表施白黄色陶衣，上饰黑窄带纹。壁厚0.7厘米（图一七五，8）。

343：9，敞口折腹钵口沿，夹砂灰陶，胎质坚硬。尖唇，敞口，上腹斜直，通体素面。壁厚0.7厘米（图一七五，7）。

## 05-344 酒铺焉遗址-6

遗址编号：QWJ-6

文化属性：庙子沟文化、阿善三期文化

行政归属：清水河县王桂窑子乡酒铺焉村

GPS坐标：遗址中部东经111°25′21.1″、北纬39°57′48.1″

海拔高度：1162±5米

初查时间：2005年5月12日

遗址位于酒铺焉村西部偏南山地上，该山地较宽且陡，属于村落所在西南向延伸至黄河的山坡地，山坡南、北邻小型冲沟，东为漫坡高地，西邻黄河，遗存多散落于邻河之处。

遗址主要分布在山地北部邻冲沟处。遗址南部坡下邻05-345号遗址，东部为逐级上升的主山坡地并远邻05-343号遗址，西部陡坡下为沿黄公路与黄河，北侧邻小型冲沟。遗址地表多被杂草所覆盖，个别地方暴露红色岩体。

遗址东西长约200米、南北宽约150米，总面积约3万平方米。遗址内文化层较薄，遗物分布较为分散，所采集遗物以阿善三期文化的陶片为主，并可见庙子沟文化碎陶片。

344：1，窄沿罐口沿，夹砂灰陶。圆唇，敛口，窄沿外卷，沿以下饰篮纹。壁厚0.8厘米（图一七六，20）。

344：2，折沿罐口沿，夹砂灰陶。敛口，窄沿外侈，方唇，沿以下饰篮纹。壁厚0.7厘米（图一七六，15）。

344：3，敛口钵口沿，泥质红陶。圆唇，上施黑彩。壁厚0.5厘米（图一七六，14）。

344：4，绳纹陶片，夹砂灰陶。器表饰绳纹。壁厚0.5厘米（图一七六，7）。

344：5，敛口钵口沿，夹炭灰陶。尖唇，敛口，素面。壁厚0.4厘米（图一七六，13）。

344：6，指甲纹陶片，泥质灰陶。器表磨光，上施一周戳刺纹。壁厚0.4厘米（图一七六，12）。

## 05-345　酒铺焉遗址-7

遗址编号：QWJ-7

文化属性：鲁家坡一期遗存、庙子沟文化、阿善三期文化

行政归属：清水河县王桂窑子乡酒铺焉村

GPS坐标：遗址中部东经111°25′15.3″、北纬39°57′41.2″

海拔高度：1136±6米

初查时间：2005年5月12日

遗址位于酒铺焉村西南，处于邻黄河的一平台坡地之上。该平台坡地属于村落所在西南向延伸至黄河的山坡地，山坡地较陡，山坡南、北邻小型冲沟，东为漫坡高地，西邻黄河，遗存多散落于邻河之处。

遗址主要分布在近黄河的缓坡上。遗址北部坡上邻05-344号遗址，南部隔较大坡地与05-342号遗址相邻，西部邻沿黄公路与黄河，并隔黄河见05-204号遗址，东部为逐级向上的主坡地。遗址地表被杂草所覆盖，未发现明显文化层堆积。

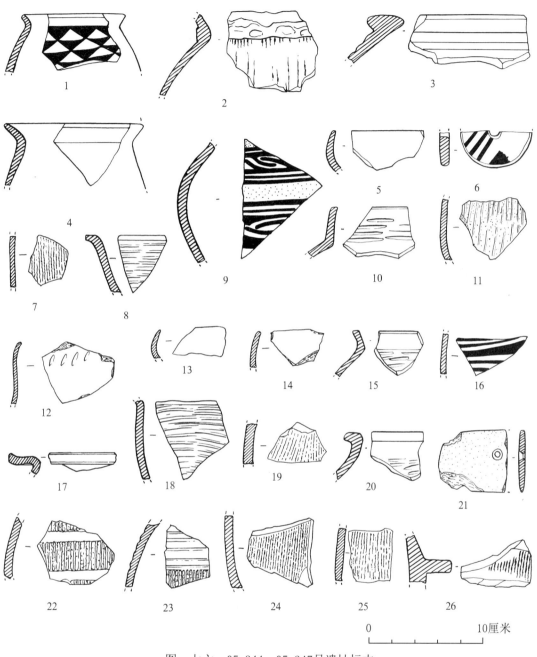

图一七六　05-344～05-347号遗址标本

1.小口双耳罐口沿（346:2）　2.侈沿罐口沿残片（347:1）　3.折沿罐口沿（345:2）　4.小口罐口沿（345:3）　5、13、14.敛口钵口沿（347:2，344:5，344:3）　6.陶纺轮（346:1）　7、11、19、22～25.绳纹陶片（344:4，345:5，346:7，346:4，347:5，347:4，346:6）　8.窄沿盆口沿（345:6）　9、16.彩陶片（346:3，346:5）　10.矮领罐口沿残片（345:4）　12.指甲纹陶片（344:6）　15.折沿罐口沿（344:2）　17.凹折沿盆口沿（346:8）　18.篮纹陶片（345:7）　20.窄沿罐口沿（344:1）　21.石刀（345:1）　26.瓿腰（347:3）（3、11为鲁家坡一期遗存，1、2、4～6、9、14、16为庙子沟文化，7、8、10、12、13、15、18、20、21为阿善三期文化，19、24～26为朱开沟文化，余为战国）

遗址东西长约150米、南北宽约150米，总面积约2.25万平方米。遗物分布于整个遗址，多为阿善三期文化的陶片。

345：1，石刀，残，呈白灰色，磨制，弧背弧刃，正锋，刃部较钝，中部偏上有一对穿孔，平面略呈扁平长椭圆形，截面近呈圭形。残长6、壁厚0.6厘米（图一七六，21）。

345：2，折沿罐口沿，夹砂灰陶，外壁呈深红色。外叠唇，敛口，唇沿厚实，尖圆唇，宽沿，沿下饰凹弦纹。沿宽2.8、壁厚0.8厘米（图一七六，3）。

345：3，小口罐口沿，泥质灰陶。尖唇，侈沿，素面。壁厚0.7厘米（图一七六，4）。

345：4，矮领罐口沿残片，泥质黄陶。方唇，小直口，直领，素面。壁厚0.6厘米（图一七六，10）。

345：5，绳纹陶片，夹砂灰陶，砂粒较大。器表饰绳纹。壁厚0.7厘米（图一七六，11）。

345：6，窄沿盆口沿，泥质灰陶，呈白灰色。尖唇，窄侈沿近折，斜直腹，以下饰横向篮纹。残高5、壁厚0.7厘米（图一七六，8）。

345：7，篮纹陶片，泥质灰陶。器表饰横篮纹。壁厚0.7厘米（图一七六，18）。

**05-346　酒铺焉遗址-8**

遗址编号：QWJ-8

文化属性：庙子沟文化、朱开沟文化、战国

行政归属：清水河县王桂窑子乡酒铺焉村

GPS坐标：遗址中部偏西东经111°25′36.8″、北纬39°57′07.4″

海拔高度：1178±6米

初查时间：2005年5月12日

遗址位于由于酒铺焉村西部，一处平缓地之上，该坡地属于村落所在西向延伸至黄河的山坡地。山坡地东部平整，西部极陡，南、北邻较短冲沟，东为漫坡高地延伸至村落，西邻黄河。遗址主要分布在山坡地上部，遗址南部隔冲沟与05-343号遗址相邻，北部隔冲沟与05-350号遗址相邻，西部坡下与05-347号遗址相邻，东部为缓坡上升的主山坡。遗址内地势较平坦，现为环形梯田。

遗址东西长约300米、南北宽约200米，总面积约6万平方米。遗址内文化层较薄，遗物散见于整个遗址，以庙子沟文化陶片为主，少见朱开沟文化和汉代时期陶片，所采集的陶片大部分为彩陶，可辨器形有罐、钵等。

346：1，陶纺轮，残，泥质灰陶磨制。圆饼状，中穿一孔，厚0.8、直径1厘米（图一七六，6）。

346：2，小口双耳罐口沿，泥质灰陶。尖唇，短沿外侈，沿以下饰鱼鳞纹。壁厚0.9厘米（图一七六，1）。

346：3，彩陶片，泥质黄陶。鼓肩，肩部黑窄条带纹与黑彩回旋勾连纹及宽带赭彩纹组合图案。厚0.9厘米（图一七六，9）。

346：4，绳纹陶片，泥质灰陶。器表饰弦断绳纹。壁厚0.8厘米（图一七六，22）。

346：5，彩陶片，泥质红陶，胎质坚硬。上饰窄条带弧线纹，黑彩，由于器身碱化，纹饰不清。壁厚0.6厘米（图一七六，16）。

346：6，绳纹陶片，夹砂灰陶，器表呈暗黄色。上饰绳纹，纹饰浅而不清。壁厚0.7厘米（图一七六，25）。

346：7，绳纹陶片，泥质灰陶，胎呈红色。内壁呈灰褐色，器表饰浅绳纹。厚0.9厘米（图一七六，19）。

346：8，凹折沿盆口沿，泥质灰褐陶。尖圆唇，凹折沿，沿呈横置的S形，素面。壁厚0.8厘米（图一七六，17）。

## 05-347　酒铺焉遗址-9

遗址编号：QWJ-9

文化属性：庙子沟文化、朱开沟文化、战国

行政归属：清水河县王桂窑子乡酒铺焉村

GPS坐标：遗址中部偏西东经111°25′25.5″、北纬39°57′04.9″

海拔高度：1103±5米

初查时间：2005年5月12日

遗址位于酒铺焉村西部，05-346号遗址所处山坡地之下方，该山坡地属于村落所在西向延伸至黄河的山坡地。山坡地东部平整，西部极陡，南、北邻较短冲沟，东为漫坡高地延伸至村落，西邻黄河。

遗址主要分布在山坡地中部较为平缓的坡脊上。遗址东部坡上邻05-346号遗址，西部坡下邻05-348号遗址，北部隔冲沟可见下塔村，南部为缓坡。遗址内地势东部平缓，西部较陡，其中东部现辟为环形梯田，而西部被杂草所覆盖。

遗址东西长约250米、南北宽约250米，总面积约6.25万平方米。遗址内文化层较薄，所采集遗物多为朱开沟文化时期的陶片，以泥质为主，夹砂陶次之。可见器形有罐、甗。

347：1，侈沿罐口沿残片，夹砂黄灰陶。尖唇，侈沿，颈部饰附加泥条，以下饰绳纹，都经抹饰而不清。壁厚0.7厘米（图一七六，2）。

347：2，敛口钵口沿，泥质灰陶。尖圆唇，素面。壁厚0.7厘米（图一七六，5）。

347：3，鬲腰，夹砂灰陶。格较宽，器表饰绳纹。格宽2.4、壁厚1厘米（图一七六，26）。

347：4，绳纹陶片，泥质红褐陶。器身饰浅细绳纹。壁厚0.8厘米（图一七六，24）。

347：5，绳纹陶片，泥质灰陶。饰弦纹与竖向绳纹。壁厚0.7厘米（图一七六，23）。

## 05-348　酒铺焉遗址-10

遗址编号：QWJ-10

文化属性：阿善三期文化、朱开沟文化、战国、汉代

行政归属：清水河县王桂窑子乡酒铺焉村

GPS 坐 标：遗址中部东经111°25′11.3″、北纬39°58′08.7″

海拔高度：1144±5米

初查时间：2005年5月12日

遗址位于酒铺焉村西部，邻黄河的山坡下方平台上，与05-346、05-347号处于同一坡地。该山坡地东部平整，西部极陡，南、北邻较短冲沟，东为漫坡高地延伸至村落，西邻黄河。

遗址主要分布在平台坡地的偏北部。遗址东部为渐次升高的坡地，坡上邻05-347号遗址，北部隔冲沟与05-349号遗址相邻，西部邻陡崖，崖下为沿黄公路与黄河，隔黄河与05-202号遗址相对，南部为平地（参见图一〇八）。遗址内地势平坦，在遗址西部向北可见一水泥厂，东北隔沟见下塔村，遗址地表现为耕地，个别地方暴露岩体（彩版一〇五，2）。

遗址东西长约70米、南北宽约250米，总面积约1.75万平方米。遗址内未发现明显文化层，所采集的陶片以阿善三期文化为主，朱开沟文化的次之，战国时期较少，可辨器形有罐等。

348：1，石环，残，白色砾岩，磨制，截面呈圆角梯形。宽2.1、厚1～1.4厘米（图一七七，11）。

348：2，石环，残，灰砂岩，磨制，截面呈椭圆形。宽1.8、厚0.7厘米（图一七七，12）。

348：3，窄沿罐口沿，泥质灰陶。敛口，窄沿外折，沿下部贴附两周附加堆纹，以下饰横篮纹。壁厚0.8厘米（图一七七，7）。

348：4，窄沿罐底，夹砂灰陶。平底，底以上饰横篮纹。器表内壁抹光，残留抹痕。壁厚0.7～1厘米（图一七七，4）。

348：5，绳纹陶片，夹砂灰陶。为罐的腹部，器表饰细绳纹。壁厚0.8厘米（图一七七，17）。

348：6，折沿盆口沿，泥质灰陶。方唇，敛口，斜平折沿，沿面略弧，素面。壁厚0.8厘米（图一七七，16）。

## 05-349　下塔遗址-1

遗址编号：QWX-1

文化属性：庙子沟文化、永兴店文化、战国

行政归属：清水河县王桂窑子乡下塔村

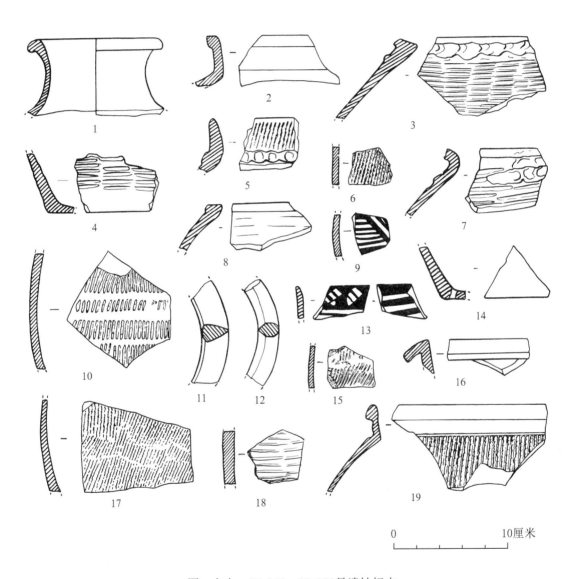

图一七七　05-348～05-350号遗址标本

1、2.小口长颈壶口沿（349：3，349：5）　3、7.窄沿罐口沿（349：2，348：3）　4.窄沿罐底（348：4）
5.侈口罐沿（349：1）　6、10、15、17.绳纹陶片（350：6，349：6，350：7，348：5）　8.敛口瓮口沿
（350：3）　9.彩陶片（350：4）　11、12.石环（348：1，348：2）　13.直口钵口沿（350：1）　14.甑底残片
（350：2）　16.折沿盆口沿（348：6）　18.篮纹陶片（350：5）　19.矮领瓮口沿（349：4）（5、6、9、13、
14为庙子沟文化，4、7、11、12、18为阿善三期文化，3为永兴店文化，17为朱开沟文化，余为战国）

GPS 坐标：遗址中部东经111°25′11.8″、北纬39°58′17.9″

海拔高度：1141±9米

初查时间：2005年5月12日

遗址位于下塔村的西南部，与下塔村处同一山坡地之上。该山坡呈东西向分布，东部较为平缓，西部极陡，并邻黄河，南、北邻较大冲沟。

遗址主要分布在坡地最西端邻黄河的平台上。遗址南部隔冲沟与05-348号遗址相邻，西部邻陡崖，部分地表暴露岩石，崖下邻黄河及沿黄公路，北部与东部为坡地（参见图一〇八）。遗址内地势平坦，在遗址西北可见水泥厂及下塔村，地表现辟为梯田（彩版一〇五，2）。

遗址东西长约200米、南北宽约300米，总面积约6万平方米。文化层较薄，遗物分布于整个遗址，所采集陶片以永兴店文化和战国时期为主，少见庙子沟文化陶片，可辨器形有罐、盆等。

349：1，侈口罐沿，夹砂黄陶。尖圆唇，斜直沿，束颈，颈部饰压印附加堆纹，通体饰绳纹。壁厚0.7～1.2厘米（图一七七，5）。

349：2，窄沿罐口沿，泥质灰陶。平唇外突，敛口，唇沿下施压印附加堆泥条，由于泥条脱落而残留一个个坑窝，以下饰横细篮纹。厚0.7～1.3厘米（图一七七，3）。

349：3，小口长颈壶口沿，泥质灰陶。圆唇，侈口，卷沿，领内弧，素面。领高5.3、壁厚0.6厘米（图一七七，1）。

349：4，矮领瓮口沿，泥质灰陶。圆唇，微侈口，卷沿，矮直领，领部抹光，器身饰竖向绳纹。壁厚0.5厘米（图一七七，19）。

349：5，小口长颈壶口沿，泥质灰褐陶。方唇，直口，短沿平折，领部素面，以下饰绳纹。领高2、壁厚0.8厘米（图一七七，2）。

349：6，绳纹陶片，泥质灰陶。器表饰弦断绳纹。壁厚0.7厘米（图一七七，10）。

## 05-350　下塔遗址-2

遗址编号：QWX-2

文化属性：庙子沟文化、阿善三期文化、战国、汉代

行政归属：清水河县王桂窑子乡下塔村

GPS 坐标：遗址中部东经111°25′43.1″、北纬39°58′32.0″

海拔高度：1105±5米

初查时间：2005年5月13日

遗址位于下塔村东部略高的台地之上，与下塔村处在同一山坡地。该山坡呈东西向分布，东部较为平缓，西部极陡，并邻黄河，南、北邻较大冲沟。

遗址主要分布在山坡地中部。遗址南、北两侧被两条冲沟相夹，东部为连绵向上

的山坡主体，西部漫坡向下为下塔村，其中南部隔冲沟与05-346号遗址相对，北部隔大型冲沟可见05-351号遗址，东部隔坡地远邻坡顶的05-339号遗址，西部隔坡地邻05-349号遗址。遗址内地势较为平缓，遗址地表现辟为环形耕田，个别地方暴露红色岩体（彩版一〇六，1）。

遗址东西长约300米、南北宽约200米，总面积约6万平方米。遗物散见于整个遗址，以战国时期陶片为主，少见庙子沟文化和阿善三期文化的陶片。

350：1，直口钵口沿，泥质黄陶。尖唇，直口，直弧腹，器身内外壁饰黑色与褐色组合的彩绘纹饰，内壁底彩为褐彩，上饰黑条带纹，外壁底色为褐彩，上饰黑彩带交叉纹。壁厚0.6厘米（图一七七，13）。

350：2，甑底残片，泥质灰陶。器身较器底厚，平底，底残留有孔一个，素面。底厚0.7、壁厚0.9～1.2厘米（图一七七，14）。

350：3，敛口瓮口沿，泥质灰陶。方唇外翻，素面。壁厚0.9厘米（图一七七，8）。

350：4，彩陶片，泥质黄陶。器表上饰圆弧形纹，内饰平行线纹，黑彩。壁厚0.7厘米（图一七七，9）。

350：5，篮纹陶片，夹砂灰陶。器表饰篮纹。壁厚1厘米（图一七七，18）。

350：6，绳纹陶片，泥质灰陶。器表饰绳纹。壁厚0.7厘米（图一七七，6）。

350：7，绳纹陶片，泥质灰陶。内壁经刮抹，器表饰绳纹。壁厚0.6厘米（图一七七，15）。

## 05-351　下塔遗址-3

遗址编号：QWX-3

文化属性：庙子沟文化、阿善三期文化、永兴店文化、战国

行政归属：清水河县王桂窑子乡下塔村

GPS坐标：遗址中部东经111°25′18.0″、北纬39°58′42.7″

海拔高度：1066±5米

初查时间：2005年5月13日

遗址位于下塔村北部黄河东侧山地之上，与下塔村隔较大冲沟。该山地呈东西向分布，东部坡顶较为平缓，西部临黄河处极陡，南、北邻较大而深的冲沟，中部有一条冲沟将山地分隔为南北两部分。

遗址基本分布于全部山地。遗址东部为坡顶缓坡，南、北侧均有冲沟直入黄河，西侧为陡崖，崖下邻沿黄公路与黄河。其中南部隔冲沟分别与05-349、05-350号遗址相对，北部隔冲沟与05-362、05-363号遗址相对（参见图一〇八）。

遗址内存有石城墙，东、南墙体保存较好，长约100米、宽约1.5米，两墙残高约80厘米，墙体均存于地表。南、北两侧部分墙体被冲沟打破，遗址东部存有两段平

行石墙，在两段石墙偏南部分均存有石城门（彩版二三；彩版二四）。遗址西南紧临水泥厂。在城内可见有大量永兴店文化陶片，遗址地形为梯田，现大部分为林地（图一七八；彩版四〇）。

遗址东西长约900米、南北宽约500米，总面积约45万平方米。遗物主要分布于遗址的中部及上部，以永兴店文化陶片为主，下部以战国时期陶片为主。2006、2007年内蒙古自治区文物考古研究所对遗址石城墙及部分地段进行了发掘（彩版六二；彩版一〇六，2）。

351：1，绳纹陶片，夹砂红陶。器表饰交叉绳纹。壁厚0.7～1厘米（图一七九，11）。

351：2，折沿盆口沿，夹砂灰陶，胎质较硬。尖圆唇，侈口，矮沿外侈，沿部素面，以下饰绳纹。壁厚1厘米（图一七九，17）。

351：3，鬲口沿，夹砂灰陶。方圆唇，外贴沿，矮领，领部素面，以下饰绳纹。壁厚1.1厘米（图一七九，5）。

351：4，器足，砂质灰陶。夹角呈锐角，手制，尖足根，拍印绳纹。壁厚1厘米（图一七九，12）。

351：5，高领罐口沿，泥质灰陶。尖唇，侈口，素面抹光。壁厚0.5厘米（图一七九，3）。

351：6，敛口盉口沿，夹砂灰陶。尖圆唇，敛口，短流，折肩，肩上饰两周凹弦纹，肩下饰一周凹槽，以下饰竖向绳纹。底径7、壁厚0.6厘米（图一七九，9）。

351：7，圈足碗底，泥质灰陶。平底，假圈足，足底有轮制旋痕，素面。壁厚1厘米（图一七九，15）。

351：8，平折沿盆口沿，泥质砂陶。方唇，敛口，沿斜下折，沿以下饰数周凹弦纹，以下饰绳纹。壁厚0.8厘米（图一七九，18）。

351：9，直壁瓮口沿，夹砂灰陶，砂质较少，颗粒略大，胎质坚硬。唇沿外侈，尖唇，唇沿以下饰三周压印泥条附加堆纹，器表饰篮纹。壁厚0.9厘米（图一七九，1）。

351：10，鬲口沿，夹砂灰陶，砂质较少，胎质较硬。方唇，沿外侈，矮领，沿内壁饰一周凹槽，使领部突出于沿外，唇沿上施掐压花边纹，领部拍印篮纹。壁厚1.2厘（图一七九，6）。

351：11，敛口瓮口沿，泥质灰陶。内壁不平，平唇内侈，领部饰横篮纹，以下饰竖向中绳纹。壁厚0.9厘米（图一七九，2）。

**05-352　栅稍焉遗址-1**

遗址编号：QWZ-1

文化属性：鲁家坡一期遗存、战国

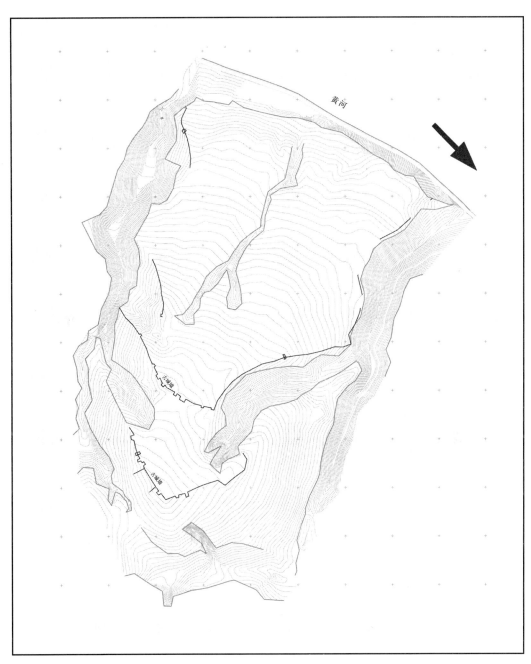

图一七八　05-351号遗址地形图

行政归属：清水河县王桂窑子乡栅稍焉村
GPS 坐 标：遗址中部东经111°27′52.0″、北纬39°59′12.5″
海拔高度：1229±5米

初查时间：2005年5月14日

遗址位于栅稍焉村西北方向的狭长形坡地之上，该狭长坡地被基本呈东西走向的大型冲沟及此冲沟伸入坡地的叉沟环绕。

遗址主要分布于坡地中部偏下，遗址东南为延伸向坡顶缓坡，并与该村所在台地相连，西部坡下为05-353号遗址，北部与南部均邻大型冲沟，冲沟均呈东西走向，两冲沟于西部汇入直通黄河的大型冲沟，其中北部隔冲沟与05-292号遗址相对。遗址内南、北两侧存在较大规模的近代冲沟，中部有乡间土路东西向穿过（彩版一〇七，1）。

遗址东西长约250米、南北宽约250米，总面积约6.25万平方米。遗物分布较为规律，上部坡地以鲁家坡一期遗存的陶片为主，南坡以战国时期陶片为主，东、西坡略少。

352：1，罐底，泥质红陶。上部施数周凹弦纹，下部施左斜向划纹，底与身连接处明显增厚。壁厚0.8厘米（图一七九，4）。

352：2，敞口盆口沿，泥质红陶。圆唇，宽折沿，唇沿部施黑彩，部分脱落。壁厚0.9厘米（图一七九，13）。

352：3，矮领瓮口沿，泥质灰褐陶。厚圆唇外突，领内敛，领部素面，鼓肩，饰竖向绳纹。领高2.8、壁厚0.5厘米（图一七九，10）。

352：4，平折沿盆口沿，泥质灰陶。方唇，折沿，沿下部素面，其下饰绳纹。沿宽2.3、壁厚0.83厘米（图一七九，7）。

352：5，绳纹陶片，泥质灰陶。器表饰绳纹。壁厚0.7厘米（图一七九，8）。

352：6，罐底，泥质黄陶。底近平，器底有一窝坑，素面。壁厚0.9厘米（图一七九，14）。

352：7，碗口沿，泥质灰陶。圆唇外突内敛，折腹，腹起突脊，素面。壁厚0.7厘米（图一七九，16）。

## 05-353　栅稍焉遗址-2

遗址编号：QWZ-2

文化属性：鲁家坡一期遗存、庙子沟文化、永兴店文化、战国

行政归属：清水河县王桂窑子乡栅稍焉村

GPS坐标：遗址中部东经111°27′40.3″、北纬39°59′13.5″

海拔高度：1210±5米

初查时间：2005年5月14日

遗址位于栅稍焉村西北，处于05-352号遗址所在狭长坡地的西部下方。该狭长坡地被基本呈东西走向的大型冲沟及此冲沟伸入坡地的叉沟环绕。

遗址主要分布在狭长坡地西部略显圆形的平台上。遗址北部、南部、西部三面均

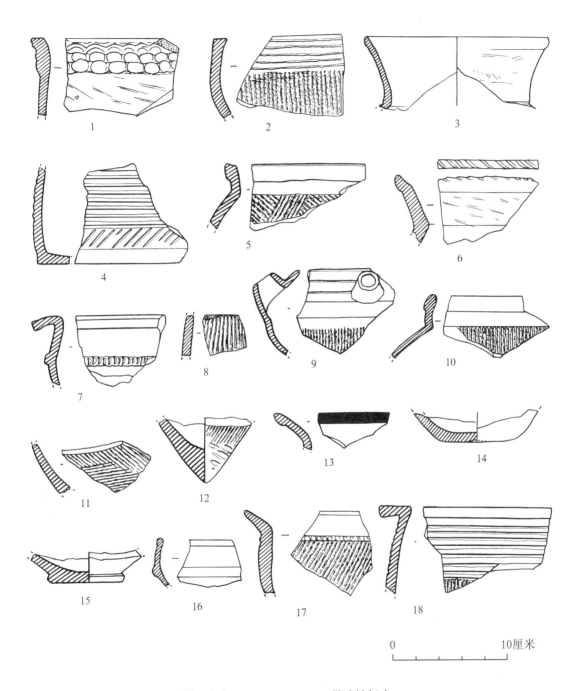

图一七九　05-351、05-352号遗址标本

1.直壁瓮口沿（351：9）　2.敛口瓮口沿（351：11）　3.高领罐口沿（351：5）　4.罐底（352：1）　5、6.鬲口沿（351：3，351：10）　7、18.平折沿盆口沿（352：4，351：8）　8、11.绳纹陶片（352：5，351：1）　9.敛口盃口沿（351：6）　10.矮领瓮口沿（352：3）　12.器足（351：4）　13.敞口盆口沿（352：2）　14.罐底（352：6）　15.圈足碗底（351：7）　16.碗口沿（352：7）　17.折沿盆口沿（351：2）（4、8、13、14为鲁家坡一期遗存，1为阿善三期文化，2、3、5、6、9、12、17为永兴店文化，余为战国）

邻冲沟，其中，南、北两侧冲沟也是05-352号遗址两侧之冲沟，冲沟直通黄河。遗址东部有几条小型冲沟，但总体以缓坡为主，有一小土路与05-352号遗址相连（彩版一〇七，1）。遗址现辟为耕地。

遗址东西长约300米、南北宽约250米，总面积约7.5万平方米。地表陶片较少，以战国时期陶片为主，庙子沟文化和朱开沟文化陶片少见，均无明显分布规律。

353：1，裆部残片，夹砂灰陶。窄裆，裆中部有突，纹饰由于碱化不清。壁厚1.2厘米（图一八〇，22）。

353：2，彩陶片，泥质红陶。外壁饰有黑彩的三角弧线几何纹。壁厚0.9厘米（图一八〇，3）。

353：3，绳纹陶片，泥质灰陶。饰绳纹。壁厚0.6厘米（图一八〇，23）。

353：4，绳纹陶片，夹砂红陶。饰粗而浅的绳纹。壁厚1厘米（图一八〇，1）。

353：5，绳纹陶片，泥质黄陶。饰细绳纹。壁厚0.6厘米（图一八〇，18）。

353：6，绳纹陶片，泥质灰陶。饰弦断绳纹。壁厚0.8厘米（图一八〇，12）。

## 05-354　栅稍焉遗址-3

遗址编号：QWZ-3

文化属性：庙子沟文化、阿善三期文化、永兴店文化

行政归属：清水河县王桂窑子乡栅稍焉村

GPS坐标：遗址中部偏北东经111°27′24.6″、北纬39°59′00.4″

海拔高度：1185±6米

初查时间：2005年5月14日

遗址位于栅稍焉村西部，该村所在坡地向西延伸的狭长坡地上。该狭长坡地被基本呈东西走向的大型冲沟及此冲沟伸入坡地的叉沟环绕。

遗址主要分布在狭长坡地的中部较缓处。遗址北部邻冲沟，隔冲沟可见05-352、05-353号遗址；东部为复而隆起波状小土丘，并延伸至村落所在地；南部为逐级下降的陡坡，陡坡东西两侧有小型旱沟；西部为渐次下降的坡地，漫延至05-355号遗址（彩版一〇七，2）。遗址地表现为环形梯田。

遗址东西长约400米、南北宽约250米，总面积约10万平方米。遗址内文化层堆积较薄，遗物分布较分散，见于整个遗址，所采集陶片以庙子沟文化为主，余属阿善三期文化，可辨器形有罐、钵、盆等。

354：1，敛口钵口沿，泥质红陶。尖唇，敛口，口沿内壁饰宽带状鳞纹，器外壁饰菱形纹与条带纹组合的图案，黑彩。壁厚0.5厘米（图一八〇，4）。

354：2，钵底，泥质黄陶。素面。厚0.6厘米（图一八〇，8）。

354：3，窄沿罐底，夹砂灰陶，砂质较少。平底，器身饰右斜向横篮纹。壁厚0.7

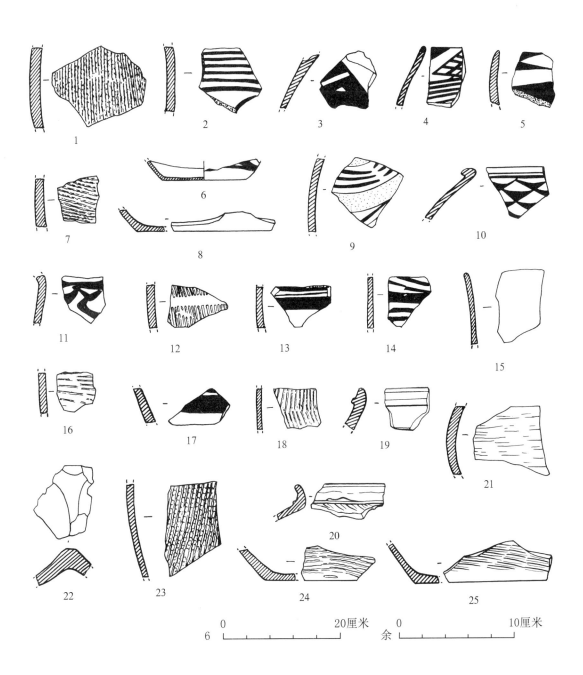

图一八〇　05-353～05-356号遗址标本

1、7、12、16、18、23.绳纹陶片（353：4，355：4，353：6，356：4，353：5，353：3）　2、3、9、11、13、14、17.彩陶片（354：7，353：2，355：1，356：3，355：3，356：5，355：2）　4.敛口钵口沿（354：1）　5、15.直口钵口沿（354：5，354：8）　6.小口双耳罐底（356：6）　8.钵底（354：2）　10.小口双耳罐口沿（356：2）　19.铁轨式口沿罐口沿（356：1）　20.窄沿罐口沿（354：4）　21.篮纹陶片（354：6）　22.档部残片（353：1）　24.篮纹罐底（354：9）　25.窄沿罐（354：3）（16、18、19为鲁家坡一期遗存，15、20、25为阿善三期文化，22、24为永兴店文化，12、23为战国，余为庙子沟文化）

厘米（图一八〇，25）。

354：4，窄沿罐口沿，夹砂灰陶。尖圆唇，侈沿外翻，沿下饰一周附加堆泥条，素面。壁厚0.5厘米（图一八〇，20）。

354：5，直口钵口沿，泥质红陶。圆唇，直口，内壁抹光，器表施黑彩。壁厚0.7厘米（图一八〇，5）。

354：6，篮纹陶片，泥质黄陶，胎质坚硬。器表呈黄白色，素面经刮抹而光滑，陶片呈一定弧度，应为器物的腹部。壁厚1厘米（图一八〇，21）。

354：7，彩陶片，泥质灰陶。器表施窄弧带纹，黑彩。壁厚0.8厘米（图一八〇，2）。

354：8，直口钵口沿，夹砂灰陶，砂质较小。尖唇，高直领，素面抹光。壁厚0.6厘米（图一八〇，15）。

354：9，篮纹罐底，夹砂灰陶，胎呈红色，器表呈灰色。平底，器身饰横篮纹。壁厚0.8厘米（图一八〇，24）。

### 05-355　栅稍焉遗址-4

遗址编号：QWZ-4

文化属性：庙子沟文化

行政归属：清水河县王桂窑子乡栅稍焉村

GPS坐标：遗址中部东经111°26′58.0″、北纬39°58′57.7″

海拔高度：1154±5米

初查时间：2005年5月14日

遗址位于栅稍焉村西部，与05-354号遗址处同一坡地，也是该村所在坡地向西延伸的狭长坡地的一部分。该狭长坡地被基本呈东西走向的大型冲沟及此冲沟伸入坡地的叉沟环绕。

遗址主要分布在狭长坡地的西部尽端处。遗址东部有较窄缓坡渐次上升与05-354号遗址相连，北部、西部、南部三面均邻冲沟（彩版一〇七，2）。遗址中部有土路穿过，并连接05-354号遗址及该村落，遗址内坡度较陡，大部分地表裸露红色岩石。

遗址东西长约250米、南北宽约150米，总面积约3.75万平方米。遗物以庙子沟文化的陶片为主，且较单纯。

355：1，彩陶片，泥质黄陶。器表饰条带纹，黑彩。壁厚0.8厘米（图一八〇，9）。

355：2，彩陶片，泥质黄陶。器表饰弧线纹，黑彩。壁厚0.8厘米（图一八〇，17）。

355：3，彩陶片，泥质灰陶。器表饰条带纹，黑彩。壁厚0.7厘米（图一八〇，13）。

355：4，绳纹陶片，夹砂灰黄陶。器表饰绳纹。壁厚1厘米（图一八〇，7）。

### 05-356　壕气焉遗址-1

遗址编号：QWH-1

文化属性：鲁家坡一期遗存、庙子沟文化

行政归属：清水河县王桂窑子乡壕气焉村

GPS坐标：遗址中部东经111°27′30.7″、北纬39°59′47.7″

海拔高度：1243±5米

初查时间：2005年5月15日

遗址位于壕气焉村西南部，一处西南向延伸的坡地平台上。该坡地西北与东南两侧邻冲沟。

遗址主要分布于坡地上部一处平台地北部及村南的部分地区。遗址北部为向上缓坡并延伸至该坡地的最高点，南部为渐次下降延伸的缓坡，坡下可见05-357、05-358号遗址，东、西两侧为较大冲沟，东部冲沟直通黄河（彩版一〇八，1）。遗址中心北侧近邻民居及草场，继续向北为该村大部分民居所在。遗址内地势平缓，现为耕地。

遗址东西长约350米、南北宽约200米，总面积约7万平方米。遗物以庙子沟文化陶片为主，主要分布于台地的南坡。

356：1，铁轨式口沿罐口沿，夹砂灰陶。方唇，侈沿，唇面饰一周凹槽，器身纹饰不清。壁厚1.1厘米（图一八〇，19）。

356：2，小口双耳罐口沿，泥质灰陶。尖唇，敛口，窄沿外卷，肩部饰鱼鳞纹，黑彩。壁厚0.7厘米（图一八〇，10）。

356：3，彩陶片，泥质灰陶。内壁不平，器表施窄带弧线纹，黑彩。壁厚0.8厘米（图一八〇，11）。

356：4，绳纹陶片，夹砂红陶，砂质较大。内壁呈灰色，器表饰绳纹。壁厚0.7厘米（图一八〇，16）。

356：5，彩陶片，泥质黄陶。上施彩条带纹，黑彩。厚0.6厘米（图一八〇，14）。

356：6，小口双耳罐底，泥质黄陶。平底，器身饰彩条带纹，黑彩。壁厚0.8厘米（图一八〇，6）。

## 05-357　壕气焉遗址-2

遗址编号：QWH-2

文化属性：庙子沟文化

行政归属：清水河县王桂窑子乡壕气焉村

GPS坐标：遗址中部偏北东经111°27′15.9″、北纬39°59′24.5″

海拔高度：1284±4米

初查时间：2005年5月15日

遗址位于壕气焉村西南，该村所在坡地向西南延伸的狭长坡地上。该坡地西北与东南两侧邻冲沟。

遗址主要分布在狭长坡地中部南坡向阳之处。遗址总体地势北高南低，南侧陡坡之下为大型冲沟，该冲沟直通黄河，东、西两侧各有冲沟，并于遗址南侧汇合。遗址北部为逐级上升的坡地，延伸至坡顶的05-356号遗址，南部隔大型冲沟与05-354号遗址相望。东部隔坡地与05-358号遗址相邻，西部隔坡地与05-359号遗址相邻。遗址中部存有南北向近代小冲沟，将其分为两部分，其中东侧遗址破坏严重，仅存一圆形土台建筑，直径5、高2.5米。从圆形台基四周剖面可见有地基，余皆沙化，清理房址一座，出土大量陶片，器形有罐等。

遗址东西长约200米、南北宽约200米，总面积约4万平方米。西部隔沟存有坡地，并见有少量陶片，遗物均为庙子沟文化的陶片。

357：1，交错绳纹陶片，夹砂红陶。器表饰绳纹。壁厚0.6厘米（图一八一，4）。

357：2，侈沿罐口沿，夹砂红陶。方唇，侈口，颈部饰一周压印附加堆纹，器表饰绳纹。壁厚0.5～0.9厘米（图一八一，5）。

357：3，夹砂绳纹罐口沿，夹砂灰褐陶。方唇，侈口，沿下饰两周压印附加堆纹，器表饰绳纹。高19、壁厚0.5～1.3厘米（图一八一，8）。

357：4，彩陶片，泥质黄陶。器表抹光，上施条带纹，黑彩。壁厚0.7厘米（图一八一，10）。

357：5，彩陶片，泥质红陶。器表抹光，上施条带纹，黑彩与赭彩相间。壁厚0.5厘米（图一八一，9）。

357：6，侈沿罐口沿，夹砂红陶。斜方唇，宽侈沿，颈部饰一周压印泥条附加堆纹，通体饰绳纹。壁厚0.8厘米（图一八一，2）。

357：7，侈沿罐口沿，夹砂灰陶。方唇，窄侈沿，颈部饰一周压印泥条附加堆纹，通体饰绳纹。壁厚0.8～1.5厘米（图一八一，1）。

## 05-358　壕气焉遗址-3

遗址编号：QWH-3

文化属性：庙子沟文化、战国

行政归属：清水河县王桂窑子乡壕气焉村

GPS坐标：遗址东北部东经111°27′30.6″、北纬39°59′32.8″

海拔高度：1210±4米

初查时间：2005年5月15日

遗址位于壕气焉村南部，村落所在狭长坡地中部地段。该坡地西北与东南两侧邻冲沟。

遗址主要分布于狭长坡地东部缓坡之上。遗址东部隔大型冲沟见05-292号遗址，西南隔坡地见05-357号遗址，西北缓坡向上至坡顶为05-356号遗址，南部隔冲沟见05-

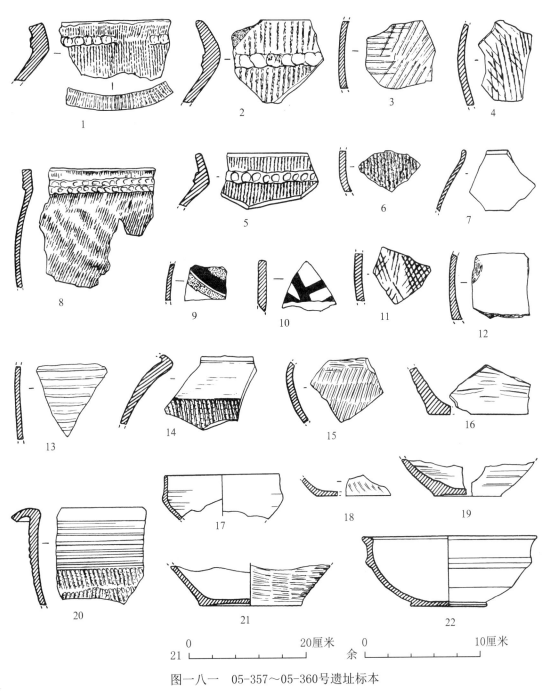

图一八一　05-357～05-360号遗址标本

1、2、5.侈沿罐口沿（357∶7，357∶6，357∶2）　3、4、11.交错绳纹陶片（359∶4，357∶1，358∶1）　6.
绳纹陶片（359∶3）　7.侈口罐口沿（359∶2）　8.夹砂绳纹罐口沿（357∶3）　9、10.彩陶片（357∶5，
357∶4）　12.盆腹残片（360∶3）　13.弦纹陶片（359∶5）　14.罐口残片（360∶2）　15.篮纹陶片
（360∶1）　16、21.窄沿罐底（359∶6，359∶1）　17.碗口沿（358∶5）　18.器底（360∶4）　19.罐底
（358∶4）　20.平折沿盆口沿（358∶2）　22.碗（358∶3）（1、2、4、5、8～11为庙子沟文化，3、6、7、
13、15、16、18、21为阿善三期文化，余为战国）

353号遗址。遗址北高南低，中部被两条小冲沟分隔，小冲沟与遗址南部主沟相交，直通黄河。遗址东部坡底暴露一片战国墓地。

遗址东西长约200米、南北宽约350米，总面积约7万平方米。遗物分布于整个遗址，南部略密集，以战国时期陶片为主，庙子沟文化陶片次之。

358：1，交错绳纹陶片，夹砂灰陶。器表饰绳纹。壁厚0.7厘米（图一八一，11）。

358：2，平折沿盆口沿，泥质深灰陶。窄沿斜下折，沿面呈弧状，斜方唇，沿以下饰数周凹弦纹，其下饰竖向绳纹。壁厚0.5～0.7厘米（图一八一，20）。

358：3，碗，泥质灰陶。方唇外侈，敞口，唇沿施一凹弦纹，浅弧腹，腹上部饰一周突脊，与唇之间形成一假口沿，小圈足，素面。高5.5、壁厚0.5厘米（图一八一，22）。

358：4，罐底，泥质灰陶。小平底、微内凹，内壁残留有轮制弦痕，器表素面。壁厚0.8厘米（图一八一，19）。

358：5，碗口沿，泥质灰陶。圆唇，微折腹，腹部突出，内壁有轮制的弦痕，器表素面。壁厚0.7厘米（图一八一，17）。

## 05-359　壕气焉遗址-4

遗址编号：QWH-4

文化属性：阿善三期文化

行政归属：清水河县王桂窑子乡壕气焉村

GPS坐标：遗址中部东经111°26′55.2″、北纬39°59′14.1″

海拔高度：1161±5米

初查时间：2005年5月15日

遗址位于壕气焉村西南，该村所居坡地的东西向主梁南侧。该坡地西北与东南两侧邻冲沟。遗址主要分布在临近冲沟陡坡上方，地势为北高南低。

遗址北部为平缓的坡地，东部隔坡地与05-357号遗址相邻，西南为缓坡延伸至05-360号遗址，南部陡坡向下处邻大型冲沟，隔冲沟与05-355号遗址相对。遗址东、西两侧均有小冲沟，并向南延伸汇聚于遗址南部的大型冲沟内。遗址沙化严重，部分尚未被沙化的小土台高出地面，余皆为荒草流沙。

遗址东西长约150米、南北宽约150米，总面积约2.25万平方米。遗物较少，均为阿善三期文化的陶片。

359：1，窄沿罐底，夹砂灰陶。平底、略内凹，器内壁经刮抹，器表饰横篮纹。底径17.8、壁厚0.8厘米（图一八一，21）。

359：2，侈口罐口沿，泥质灰陶。尖圆唇外侈，溜肩，素面。壁厚0.4厘米（图一八一，7）。

359：3，绳纹陶片，夹砂灰陶。器表饰绳纹。壁厚0.6厘米（图一八一，6）。

359：4，交错绳纹陶片，夹砂灰陶，砂质细小而少。器表饰交叉绳纹陶片。壁厚0.6厘米（图一八一，3）。

359：5，弦纹陶片，夹砂灰陶，砂质较小。器表饰弦纹。壁厚0.5厘米（图一八一，13）。

359：6，窄沿罐底，夹砂灰陶。平底，器内壁经刮抹，器表饰横篮纹。壁厚0.8厘米（图一八一，16）。

### 05-360　壕气焉遗址-5

遗址编号：QWH-5

文化属性：阿善三期文化、战国、汉代

行政归属：清水河县王桂窑子乡壕气焉村

GPS坐标：遗址中部东经111°26′15.1″、北纬39°59′12.8″

海拔高度：1139±5米

初查时间：2005年5月17日

遗址位于壕气焉村西南，二道塔村东向，一处由壕气焉村所在坡塬西南向延伸至黄河的狭长山地中部，该狭长山地西北与东南两侧邻冲沟。

遗址主要分布于狭长山地南侧向阳坡之上，远离村落。遗址南、北两侧均邻大型冲沟，东部邻逐级上升的坡地，坡地延伸至05-359号遗址，西南向为一处平整的土丘，西向为渐次下降的漫坡，并逐渐形成扇形山地延伸至黄河。遗址内地势较为平缓，地表现为荒地，杂草丛生。

遗址东西长约200米、南北宽约150米，总面积约3万平方米。地表遗物较少，可见少量阿善三期文化陶片。

360：1，篮纹陶片，夹砂灰陶。器表饰篮纹。壁厚0.6厘米（图一八一，15）。

360：2，罐口残片，泥质灰陶。沿以下素面，腹饰竖绳纹。壁厚0.7～1.1厘米（图一八一，14）。

360：3，盆腹残片，泥质灰陶。素面。壁厚0.6厘米（图一八一，12）。

360：4，器底，夹砂灰陶。器表饰篮纹，由于风蚀，纹饰不太清楚。壁厚0.5～0.7厘米（图一八一，18）。

### 05-361　壕气焉遗址-6

遗址编号：QWH-6

文化属性：战国、汉代

行政归属：清水河县王桂窑子乡壕气焉村

GPS坐标：遗址东部东经111°25′46.2″、北纬39°59′16.3″

海拔高度：1113±4米

初查时间：2005年5月17日

遗址位于二道塔村东南，一处西临黄河的山地上。山地为壕气焉村所居坡塬西南向延伸至黄河的扇形山地的一部分，该扇形山地被三条直通黄河的东西向冲沟割成南北成排并列的北、中、南三部分，遗址所在山地位于南部。

遗址主要分布在山地中部的东坡上。遗址东部邻较大的长条形分布的缓坡，缓坡向上有05-360号遗址，遗址西南部隔小冲沟与05-362号遗址相邻，南侧邻大型冲沟，冲沟直通黄河，北部为冲沟的始端及平缓坡地（图一八二）。遗址地表现为荒地，自然风化严重，部分地区暴露红色岩石。

遗址东西长约200米、南北宽约250米，总面积约5万平方米。遗物零星见于整个遗址，主要以汉代陶片为主。

361∶1，绳纹陶片，泥质灰褐陶。饰弦断绳纹。壁厚0.8厘米（图一八三，27）。

361∶2，戳刺纹陶片，泥质灰褐陶。饰两周压印成花边状戳刺纹，壁厚0.8厘米（图一八三，21）。

### 05-362　下塔遗址-4

遗址编号：QWX-4

文化属性：阿善三期文化、朱开沟文化、战国

行政归属：清水河县王桂窑子乡下塔村

GPS 坐标：遗址北部偏中东经111°25′19.7″、北纬39°58′59.7″

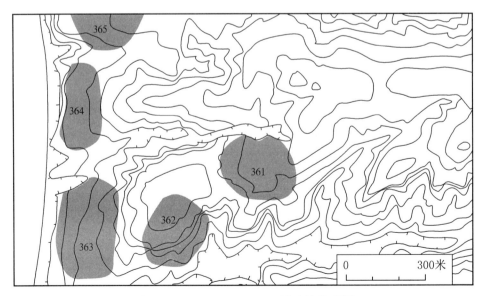

图一八二　05-361～05-365号遗址地形图

海拔高度：1092±5米

初查时间：2005年5月17日

遗址位于二道塔村南部，一处西临黄河的山地上。该山地为壕气焉村居坡塬西南向延伸至黄河的扇形山地的一部分，扇形山地被三条直通黄河的东西向冲沟侵割成南北成排并列的北、中、南三部分，遗址所在山地位于南部。

遗址主要分布在山地中部向阳的较平缓的坡上，南部邻大型冲沟，隔冲沟可见05-351号遗址的石城址，东侧为小冲沟阻断，过沟与05-361号遗址相邻，西面与05-363号遗址相邻，北面隔大型冲沟与05-365号遗址相望（参见图一八二）。遗址地势总体呈北高南低，南面存有几条较小的晚期冲沟，将遗址南部分割得支离破碎。遗址北部岩层裸露，南部原辟为耕地，今已退耕，但部分地表沙化严重，多种植柠条固沙。

遗址东西长约300米、南北宽约300米，总面积约9万平方米。遗址内大部分被杂草覆盖。所采集的遗物主要以朱开沟文化陶片为主，战国时期次之，阿善三期文化陶片少见。

362：1，篮纹陶片，泥质灰陶，内胎呈红色。饰篮纹。壁厚0.4厘米（图一八三，18）。

362：2，窄沿罐口沿，夹细砂灰陶。尖唇，窄沿外折，器表饰斜向篮纹。壁厚0.5厘米（图一八三，14）。

362：3，绳纹陶片，泥质红黄陶。手制，器表饰浅乱细绳纹。壁厚0.7厘米（图一八三，26）。

362：4，绳纹陶片，泥质灰陶。手制，内壁不平整，器表饰抹断细绳纹。壁厚0.5厘米（图一八三，30）。

362：5，矮领罐口沿，泥质灰褐陶。尖唇，直口，微侈沿，沿部素面，以下饰弦断绳纹。壁厚0.5厘米（图一八三，9）。

362：6，器足，夹砂灰陶。内壁不平，器表饰绳纹。壁厚0.8～1.2厘米（图一八三，32）。

362：7，绳纹陶片，泥质灰陶，质地坚硬。器表饰浅乱绳纹。壁厚0.5厘米（图一八三，19）。

362：8，绳纹陶片，泥质灰陶，略呈灰白色。器表饰弦断绳纹。壁厚0.7厘米（图一八三，28）。

362：9，绳纹陶片，泥质灰陶。内壁平滑，器表饰弦断细绳纹。壁厚0.5厘米（图一八三，16）。

## 05-363　下塔遗址-5

遗址编号：QWX-5

文化属性：鲁家坡一期遗存、阿善三期文化、朱开沟文化

行政归属：清水河县王桂窑子乡下塔村

GPS 坐标：遗址北中部偏东东经111°25′07.1″、北纬39°58′56.4″

海拔高度：1036±6米

初查时间：2005年5月17日

遗址位于二道塔村西南，一处西临黄河的山地上。该山地属于壕气焉村所居坡塬西南向延伸至黄河的扇形山地的一部分，扇形山地被三条直通黄河的东西向冲沟侵割成南北成排并列的三部分，其中该遗址所在山地位于南部。

遗址主要分布在山地邻黄河的坡地尽端，遗址东部邻逐级上升的坡地，隔坡地与05-362号遗址相邻，南部邻大型冲沟，隔冲沟与05-351号遗址相对，北侧邻小冲沟，过冲沟与05-364号遗址相邻，西侧邻陡崖，陡崖下为沿黄公路及黄河，遗址中部有南北走向的输电网（参见图一八二）。遗址内以往为梯田，现已退耕还林，地表杂草丛生。

遗址东西长约350米、南北宽约300米，总面积约10.5万平方米。所能采集到的遗物较少，基本见于树坑内。

363∶1，敞口盆口沿，夹砂灰陶，胎呈红色，质地较硬。尖圆唇，直沿，沿外突，沿内侧施一周凹弦纹，素面。壁厚0.9厘米（图一八三，2）。

363∶2，窄沿罐口沿，砂质灰陶。尖唇，窄沿，沿外侈，素面。壁厚0.6厘米（图一八三，20）。

363∶3，窄沿罐底，夹砂灰陶。平底，器身饰横篮纹。壁厚0.8厘米（图一八三，22）。

363∶4，绳纹陶片，夹砂红黄陶。饰细而浅绳纹。壁厚0.6厘米（图一八三，31）。

## 05-364　二道塔遗址-1

遗址编号：QWE-1

文化属性：战国、汉代

行政归属：清水河县王桂窑子乡二道塔村

GPS 坐标：东山峁中部东经111°25′10.5″、北纬39°59′14.3″

海拔高度：1053±7米

初查时间：2005年5月18日

遗址位于二道塔村南一处西临黄河的山地上。该山地属于壕气焉村所在大型坡塬西南向延伸至黄河的扇形山地的一部分，扇形山地被三条直通黄河的东西向冲沟侵割成南北成排并列的三部分，遗址所在的山地位于扇形山地中部。

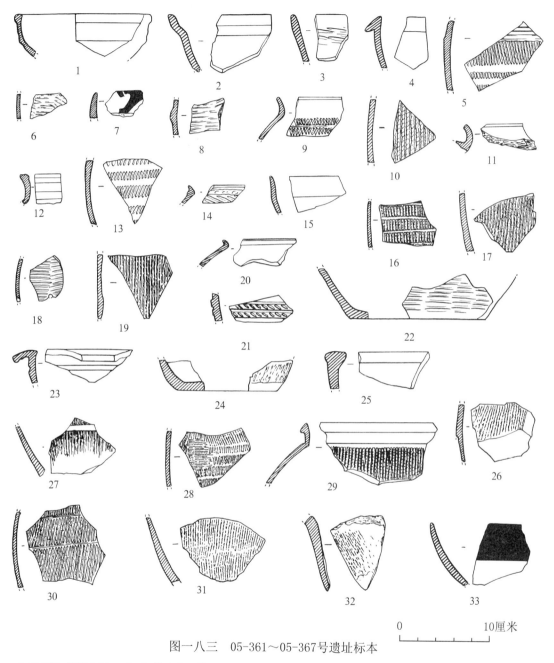

图一八三　05-361～05-367号遗址标本

1.碗口沿（366：1）　2、3.敞口盆口沿（363：1，367：4）　5、10、13、16、17、19、26、27、28、30、31.绳纹陶片（366：6，364：2，366：5，362：9，364：1，362：7，362：3，361：1，362：8，362：4，363：4）　6、8、18.篮纹陶片（365：3，365：4，362：1）　7.直口钵口沿（365：2）　9.矮领罐口沿（362：5）　11.双耳罐口沿（364：4）　12、29.矮领瓮口沿（364：3，366：2）　14、20.窄沿罐口沿（362：2，363：2）　15.直口钵口沿（367：3）　21.戳刺纹陶片（361：2）　22.窄沿罐底（363：3）　24.罐底（366：4）　25.平口罐口沿（367：2）　32.器足（362：6）　33.敞口钵口沿（365：1）（2、4、7、15、24、25为鲁家坡一期遗存，3、6、8、14、18、20、22为阿善三期文化，26、31、32为朱开沟文化，21为汉代，余为战国）

遗址主要分布在山地近临黄河的平台地上，西邻陡崖，陡崖下为沿黄公路及黄河，陡崖距黄河水面高约15米。东部邻渐次升高的山坡，山坡顶部为平缓的坡塬，南、北两侧邻冲沟。其中南侧隔冲沟与05-363号遗址相邻，北侧隔冲沟与05-365号遗址相邻。遗址内地势较平缓，南部平坦之处可见成排的树坑，多种植榆林树苗，零星点缀有大榆树。遗址内有几处小沟，但未将遗址分割破碎，其他部位地表沙化严重，多裸露岩石（参见图一八二）。

遗址东西长约200米、南北宽约300米，总面积约6万平方米。文化层堆积较薄，遗物多分布在较平坦的荒地内，陶片主要采自育林坑，以战国时期陶片为主。

364：1，绳纹陶片，泥质灰陶。饰绳纹。壁厚0.7厘米（图一八三，17）。

364：2，绳纹陶片，泥质灰陶。饰粗绳纹。壁厚0.7厘米（图一八三，10）。

364：3，矮领瓮口沿，泥质灰陶。圆唇，唇部外侈突，小领近直，素面。壁厚0.6厘米（图一八三，12）。

364：4，双耳罐口沿，泥质灰陶。圆唇，矮领，肩部残存有耳。壁厚0.8厘米（图一八三，11）。

## 05-365　二道塔遗址-2

遗址编号：QWE-2

文化属性：鲁家坡一期遗存、阿善三期文化

行政归属：清水河县王桂窑子乡二道塔村

GPS 坐 标：遗址南端中部东经111°25′04.0″、北纬39°59′23.5″

海拔高度：1024±12米

初查时间：2005年5月18日

遗址位于二道塔村西北一处延伸向黄河的小型山地上。山地西部为黄河，南、北、东三面几乎被冲沟环绕，形成相对较为独立的一处山地。从大的方位看，属于壕气焉村西南部坡地延伸向黄河的扇形山地的一支岔，扇形山地被三条直通黄河的东西向冲沟侵割成南北成排并列的三部分，遗址所在的山地位于北部。

遗址主要分布在山地西部临黄河的山前平缓坡地之上，地势呈东高西低状，遗址西部邻缓坡，并延伸至黄河边的断崖处，崖下为沿黄公路及黄河，东为渐次升高的山坡顶部，南、北邻冲沟。其中南部冲沟较小，隔冲沟与05-264号遗址相邻，北部为大型冲沟，隔冲沟与05-366号遗址相望。遗址05-263、05-264、05-265号遗址一字排开分布于黄河东岸山地之上，尽管之间为冲沟隔阻，但远见呈一线由南向北临黄河而居。遗址内被三条小旱沟冲割并形成三处不同地形，远望形似手掌分三排展开。现地表多为育林坑，草丛繁盛。

遗址东西长约300米、南北宽约250米，总面积7.5万平方米。地表难见陶片，育林坑边偶见碎陶片，多为鲁家坡一期的陶片。

365∶1，敞口钵口沿，泥质红陶。尖唇，口部饰宽带黑彩纹，其下素面。残高6.6、壁厚0.8厘米（图一八三，33）。

365∶2，直口钵口沿，泥质红陶。胎质较硬，胎体较厚。尖唇，口部饰黑彩。壁厚0.8厘米（图一八三，7）。

365∶3，篮纹陶片，泥质红陶。器表饰篮纹。壁厚0.5厘米（图一八三，6）。

365∶4，篮纹陶片，泥质灰陶。器表呈灰黄色，上饰篮纹。壁厚0.8厘米（图一八三，8）。

### 05-366　三道塔遗址-1

遗址编号：QWS-1

文化属性：鲁家坡一期遗存、战国

行政归属：清水河县王桂窑子乡三道塔村

GPS 坐 标：遗址中部东经111°25′17.7″、北纬39°59′41.6″

海拔高度：1070±5米

初查时间：2005年5月19日

遗址位于三道塔村东南一处延伸向黄河的山坡上。该山坡与三道塔村所在山坡相连，山坡总体呈长条形，东西走向，东部与外界山地相连，西部伸入黄河，南、北两侧邻较深冲沟，山顶较突出，坡度较陡，海拔较高。

遗址主要分布于山坡向阳的东南坡地，遗址西部邻逐级下降的缓坡，缓坡下方为沿黄公路与黄河，南部、北部邻大型冲沟，东部为逐级升高的坡地。遗址地势不平，以往为梯田，现退耕为荒地，地表部分已裸露红色岩土。

遗址东西长约300米、南北宽约150米，总面积约4.5万平方米。遗址文化层堆积较薄，遗物主要分布在上部及下部，中部少见，主要为战国时期陶片。

366∶1，碗口沿，泥质灰陶。圆唇外突，口微敛，腹部隆起一周凸棱，素面。残高4.8、壁厚0.6厘米（图一八三，1）。

366∶2，矮领瓮口沿，泥质灰陶。方唇外翻，敛口，宽沿外侈，鼓肩，沿部素面，以下饰竖向规整绳纹。残高6.4、壁厚0.6厘米（图一八三，29）。

366∶3，折沿盆口沿，泥质灰褐陶。方唇，敞口，折沿，弧腹，近沿部施一周凹弦纹，器表残留快轮修整的抹痕，素面。高2.4、壁厚0.7厘米（图一八三，23）。

366∶4，罐底，夹砂灰陶。平底，内壁不平，器身饰绳纹。壁厚1.2厘米（图一八三，24）。

366∶5，绳纹陶片，泥质灰陶。器表饰抹断绳纹。壁厚0.7厘米（图一八三，13）。

366：6，绳纹陶片，泥质灰陶。器表饰弦纹与抹断绳纹。壁厚0.7厘米（图一八三，5）。

### 05-367　岔河口遗址-1

遗址编号：QWC-1

文化属性：鲁家坡一期遗存、阿善三期文化

行政归属：清水河县王桂窑子乡岔河口村

GPS坐标：遗址中部东经111°26′27.3″、北纬39°55′55.5″

海拔高度：1058±6米

初查时间：2005年5月21日

遗址位于岔河口村北部一处平缓的坡地上。该坡地是一处被黄河与浑河东西相夹的较为平缓的坡地，坡地东、西两侧近河处多为陡峭的山崖，南部为浑河注入黄河的河口，坡地北部邻大型冲沟，只有东北部有坡地与外界联系（彩版一〇八，2）。

遗址主要分布在平坦的坡地顶部，遗址东部临陡崖，崖下为浑河，北部与西部为平地，南部邻村落所在地。其中北部平坡隔小旱沟连接05-330号遗址，西部平坡下较陡直，以下为沿黄公路与黄河。遗址内地势平坦，中部有张岔公路穿过，东侧有丰准铁路经过（参见图三四；彩版二五，2）。

遗址东西长约500米、南北宽约550米，总面积约27.5万平方米。遗物遍布整个遗址，多为早期文化的陶片。该遗址因修丰准铁路，部分地段曾被发掘。

20世纪90年代对其进行过考古发掘。

367：1，折沿盆口沿，泥质红陶。圆唇，折沿下斜，斜直腹，素面。残高5.4、壁厚0.9厘米（图一八三，4）。

367：2，平口罐口沿，泥质红陶。方唇，平口，素面。残高4、壁厚0.7厘米（图一八三，25）。

367：3，直口钵口沿，泥质红陶。尖唇，唇沿施赭彩，由于器表碱化，施彩不清，只有部分可隐约可见，素面。壁厚0.56厘米（图一八三，15）。

367：4，敞口盆口沿，夹细砂灰陶。尖圆唇，器表可约见施篮纹。残高4.9、壁厚0.9厘米（图一八三，3）。

# 浑河下游地区区域性考古调查报告

## （下册）

内蒙古自治区文物考古研究所　编著
内蒙古自治区文物保护中心

曹建恩　主　编

党　郁　孙金松　杨星宇　副主编

文物出版社

# 第三章 结 语

## 第一节 文化序列及内涵

自20世纪70年代始至21世纪初，历经数十年不同规模的考古调查和考古发掘，内蒙古中南部已建立起较为完整的先秦两汉时期的考古学文化序列，由早及晚可分为官地一期、鲁家坡一期、庙子沟、阿善三期、永兴店、大口二期、朱开沟、西岔、西麻青、毛庆沟、汉代等11个阶段的考古学文化遗存，而在浑河下游调查范围内，仅发现8个阶段的文化遗存。

第一段：以020、044号遗址为代表，属官地一期文化遗存，是内蒙古中南部南流黄河流域发现的最早的遗存，相当于后岗一期文化或半坡文化阶段。主要器类有饰绳纹、弦纹或二者皆饰的敛口罐、敛口瓮，饰弦纹或素面的窄沿盆，素面敞口或直口钵、红顶钵、折唇小口壶、矮领双耳壶和尖底罐等。

第二段：以001、002、003、253号遗址为代表，属鲁家坡一期遗存，相当于西阴文化阶段。典型器物有重环口尖底瓶、绳纹折沿罐、敛口瓮、盆、素面或口沿外饰黑彩带的微敛口或直口平底钵和火种炉等。

第三段：以030、140、182号遗址为代表，属庙子沟文化遗存，相当于西王村文化阶段。典型器形有小口双耳罐、侈口绳纹罐、直口筒形罐、喇叭口小口尖底瓶、直口或敞口折腹钵、敛口曲腹钵等，彩陶装饰多以三角形、圆圈纹、鳞纹、绞索纹、菱形纹、平行线纹等组成繁缛复杂的复合图案，内彩极为发达。

第四段：以010、019、001、002、021号遗址为代表，属阿善三期文化阶段，相当于庙底沟二期文化阶段。盛行横篮纹，偶见彩陶。典型器类有篮纹鼓肩或折肩罐、高领罐、小口壶、折腹盆、斜腹盆、敛口曲腹钵、豆，并有器颈部或口沿外箍多周附加堆纹的直壁缸、大口瓮、敛口瓮。依据采集品的差异，本阶段又可细分为早晚两段，早段以010、019号遗址为代表，以饰有彩带或素面的曲腹钵、小口双耳篮纹罐、敛口篮纹瓮、折腹钵等为组合，其中折腹钵折腹处存有一道凹槽、篮纹尖底瓶底部成为小乳突等特征较为典型；而阿善三期文化晚段典型遗址如001、002、021等，出土丰富的窄沿罐、高领篮纹罐、素面豆、盆等器物，而折腹钵处的凹槽演变成为折棱，尖底瓶底部的小乳突演变成为平底等特征也是晚段的重要特征。

第五段：以064、278、279、351号遗址为代表，属永兴店文化遗存，典型器类有双鋬鬲、高领罐、双耳罐、斝、单鋬鬲等。064号遗址的鬲裆呈M形、袋足略瘦，应属于此一阶段年代较早的遗存，而278、279、351号遗址的鬲为尖裆、袋足肥胖，属此一阶段晚期遗存的典型器物。

第六段：以140、223号遗址为代表，属朱开沟文化遗存，相当于商代早期阶段。流行厚背弯身的石刀，典型陶器有花边鬲、蛇纹鬲、三足瓮、盆形甑、小陶杯等。

第七段：以001、041、101、126、148号遗址或墓地为代表，相当于毛庆沟文化阶段，主要的流行年代为战国时期。此一阶段的文化内涵较为复杂，大体可分为三类遗存：001、041、101号遗址属于典型的战国时期中原文化遗存；126号遗址经试掘，发现东西向的竖穴土洞墓，殉牲有马、牛、羊等动物头骨，随葬品以短剑、带扣、镞、扣、管、针筒和骨马镳、骨弓弭等为主，属典型的北方早期游牧文化遗存；以148号姑姑庵遗址和墓地为代表的一类遗存，出土有月牙形銎手鬲、素面罐、箭镞等遗物，与126号遗址的文化内涵亦表现出较大的差异。

第八段：以045号八龙湾遗址为代表，相当于汉代，典型器类有泥质灰陶盆、罐、瓮、瓦等。从采集的遗物来看，以中原文化因素为主，个别陶器上施有刻划的水波纹或水波状的细附加堆纹，应与匈奴遗存存在诸多联系。

与内蒙古中南部相比较，浑河下游地区的考古学文化序列存在着明显的文化缺环。即相当于夏纪年的大口二期文化未见于调查范围内，其原因可能在于此类遗存主要分布于鄂尔多斯及陕北地区，未能跨越黄河天险到达南流黄河东岸；商代晚期至春秋初期在调查范围内亦存在文化空白的现象，这可能与西岔文化与西麻青一类遗存本身遗址数量稀少有关。此外，在第七段未能划分出春秋阶段以及在第八段未能划分西汉和东汉时期，皆因采集品过于破碎，缺乏可资比较的标准器。

## 第二节　聚落形态的分析

区域聚落形态的研究目前在国内还是一个比较新的研究领域，它需要建立在区域调查的基础之上，明确调查目标、覆盖面和强度。总体而言，调查的目标就是对资料的收集、观察和分辨；覆盖面指的是资料收集的空间范围，较大的、连续的空间范围方能反映聚落形态研究中的关联特征，如其垂直复合关系、水平复合关系、边界和互动等，从而提高研究结果的准确性；强度指的是单位覆盖区内观察的次数，也就是耗费的时间，这与研究者观察的时间、理论的运用相关。本次调查所做是在调查目标和覆盖面上的一次尝试，而在强度上还需要不断深入的进行。

# 一　遗址在时间分布上的变化

## 1．遗址数量在时间上的分布及变化

本次调查共发现各类遗址367处，其中官地一期遗存19处，占遗址总数的5.2%；鲁家坡一期遗存63处，占遗址总数的17.2%；庙子沟文化共168处，占遗址总数的45.8%；阿善三期文化遗址点共98处，占遗址总数的26.7%；永兴店文化遗址点共76处，占遗址总数的20.7%；朱开沟文化遗址点共112处，占遗址总数的30.5%；战国遗址点168处，占遗址总数的45.8%；汉代遗址点共101处，占遗址总数的27.5%（图一八四）。

从不同时间段内的遗址点数量变化图来看，官地一期－鲁家坡一期－庙子沟文化时期的遗址数量几乎呈直线上升趋势，各文化之间呈3～4倍的数量规模增长。而庙子沟文化之后，到阿善三期文化和永兴店文化的遗址点数量虽然没有呈直线下降趋势，但大

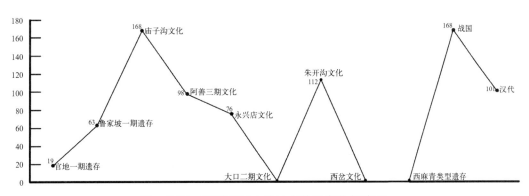

图一八四　不同时间内遗址点数量变化折线图

幅度减少的趋势也是很明显。永兴店文化－朱开沟文化时期遗址数量有所恢复，至商代晚期至春秋初期即西岔文化－西麻青遗存时期，遗址数量降至零点，至战国时期遗址数量猛增至庙子沟文化时期的水平，汉代又有所减少。

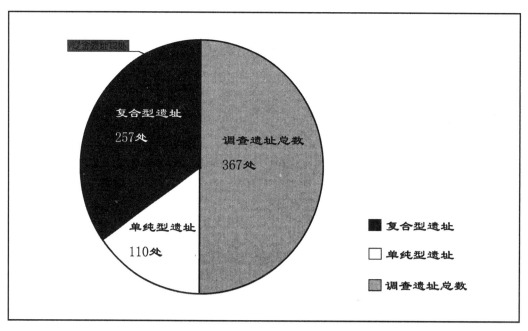

图一八五　遗址点类型数量分布图

## 2. 单个遗址在时代上的分布及变化

367处遗址中，单纯型遗址110处，复合型遗址257处（图一八五）。表明这一地区遗址点复合概率很高，较三分之二多的遗址都存在几种文化共同占据的情况。

110处单纯型遗址中，战国和汉代最多，分别占单纯型遗址总数的27.2%和24.5%；其次为庙子沟文化，占单纯型遗址总数的21.8%；阿善三期文化、永兴店文化和朱开沟文化数量相当，分别占单纯型遗址数量的11%、8.2%和7.3%（图一八六）。

257处复合型遗址中（12处晚期辽、金时期遗址不作统计），庙子沟文化和战国居多，分别占复合型遗址总数的53.9%和52%；其次为朱开沟文化、阿善三期文化、汉代、永兴店文化和鲁家坡一期遗存，分别占复合型遗址总数的39%、33.3%、27.7%、24.3%和23.6%；官地一期遗存占复合型遗址总数的6.7%（图一八七）。

## 3. 复合型遗址复合的情况

复合型遗址257处，除去晚期复合型遗址12处，仅两种文化复合的117处、三种文化复合的76处、四种文化复合的30处、五种文化复合的20处、六种文化复合的1处，七种文化复合的1处（表一）。

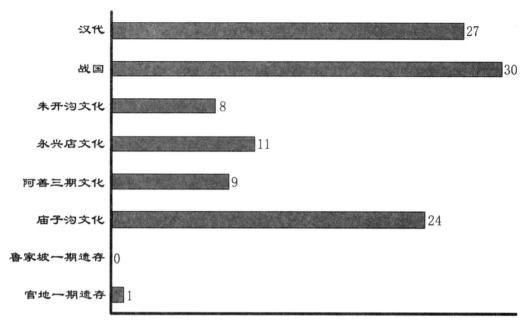

图一八六 单纯型遗址数量分布图

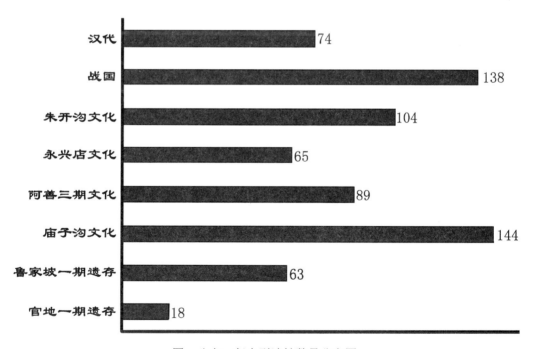

图一八七 复合型遗址数量分布图

### 表一　仅两种文化复合遗址点数量列表

| | 官地一期遗存 | 鲁家坡一期遗存 | 庙子沟文化 | 阿善三期文化 | 永兴店文化 | 朱开沟文化 | 战国 |
|---|---|---|---|---|---|---|---|
| 鲁家坡一期遗存 | 1 | | 6 | | | | |
| 庙子沟文化 | | 4 | 5 | | | | |
| 阿善三期文化 | | 3 | 8 | | | | |
| 永兴店文化 | | 1 | 22 | | | | |
| 朱开沟文化 | | 3 | 9 | 3 | 2 | | |
| 战国 | 1 | 3 | 6 | 6 | 3 | 7 | |
| 汉代 | | 2 | 5 | 5 | 6 | | 17 |

　　两种文化复合的机率最高，在仅两种文化复合的117处遗址点中，其组合类型有20种，平均每一种组合类型约6处。而位居前三的组合为庙子沟＋战国22处，战国＋汉代17处，庙子沟＋汉代9处和庙子沟＋朱开沟8处（表二）。

### 表二　含两种文化复合的遗址点数量列表

| | 官地一期遗存 | 鲁家坡一期遗存 | 庙子沟文化 | 阿善三期文化 | 永兴店文化 | 朱开沟文化 | 战国 |
|---|---|---|---|---|---|---|---|
| 鲁家坡一期遗存 | 5 | | | | | | |
| 庙子沟文化 | 7 | 36 | | | | | |
| 阿善三期文化 | 7 | 26 | 48 | | | | |
| 永兴店文化 | 6 | 16 | 36 | 20 | | | |
| 朱开沟文化 | 7 | 36 | 68 | 45 | 27 | | |
| 战国 | 10 | 28 | 7 | 41 | 33 | 52 | |
| 汉代 | 1 | 12 | 34 | 17 | 14 | 14 | 34 |

包含两种文化的复合型遗址中，庙子沟文化＋朱开沟遗址数量最多，其次为朱开沟＋战国52处，庙子沟文化和朱开沟文化的复合的最多，占据复合型遗址的26.5%，其次为庙子沟与战国的复合，占据复合型遗址的20.2%，表明庙子沟文化、朱开沟文化和战国相互复合的机率较大，也表明三者之间选址条件相近。

三种文化复合的76处，这种组合的类型有32种，平均每一种类型约2.4处。而位居前三位的组合为庙子沟＋朱开沟＋战国9处，庙子沟＋朱开沟＋汉代7处，庙子沟＋阿善三期＋朱开沟6处。也表明庙子沟、朱开沟、战国和汉代复合率较高，且朱开沟和阿善三期在某种程度上也具有相似性。

四种文化复合的30处，这种组合的类型有19种，平均每一种类型约1.6处。四种文化复合最多的有鲁家坡一期＋庙子沟＋阿善三期＋朱开沟4处，庙子沟＋阿善三期＋朱开沟＋战国3处。

五种文化复合的20处，这种组合的类型有10种，平均每一种类型约2处。超过平均数的组合有鲁家坡一期＋庙子沟＋阿善三期＋朱开沟＋战国4处，鲁家坡一期＋阿善三期＋永兴店＋朱开沟＋战国3处。

六种文化和七种文化复合的皆1处。

从仅含两种文化和包含两种文化的遗址复合情况来看，庙子沟、朱开沟、战国、汉代复合机率较高，表明这几个阶段除了遗址数量较多的原因外，亦表明两者对遗址的选择具有相近的趣向。从三种以上文化的遗址复合情况来看，除了可进一步印证庙子沟、朱开沟、战国和汉代复合率高外，阿善三期与朱开沟在某种程度上也具有相近的选址条件。

### 4. 复合遗址反映的覆盖率

遗址的覆盖是指晚期文化对早期文化选址点不止一次的利用，理论而言，该遗址的文化属性越多，其遗址的利用率越高，也就是说因为遗址的选址条件很好，才会被多次使用。

从官地一期遗存来看，共19处遗址点，18处皆被晚期文化覆盖。所以说官地一期遗存被覆盖率为94.7%，废弃率仅为5.3%。

鲁家坡一期遗存遗址点63处，除5处覆盖了官地一期遗址点外，被晚期利用的遗址点58处，可见鲁家坡一期遗存的覆盖率为7.9%，被覆盖率为92.1%，废弃率为0。

庙子沟文化遗址点168处，复合型144处，39处覆盖了官地一期遗存或鲁家坡一期遗存的遗址点，可见庙子沟文化的覆盖率为23.2%，被晚期覆盖的遗址点105处，被覆盖率为62.5%，废弃率14.3%。

阿善三期文化遗址点98处，复合型89处，63处为覆盖前期文化遗存，覆盖率为64.2%，被晚期沿用的遗址点26处，被覆盖率为26.5%，废弃率为9.2%。

永兴店文化遗址点76处，复合型65处，49处为覆盖了前期文化遗存，覆盖率为64.5％，被晚期利用的遗址点16处，被覆盖率为21.1％，废弃率为14.5％。

朱开沟文化遗址点112处，复合型104处，96处为沿用前期文化遗存，覆盖率为85.7％，被晚期利用的遗址点8处，被覆盖率为7.6％，废弃率为7.1％。

战国遗址点168处，复合型138处，121处覆盖了前期文化遗存，覆盖率为72％，被汉代沿用的遗址点17处，被覆盖率为12.3％，废弃率为17.9％。

汉代遗址点101处，复合型74处，因为汉代以后的遗址点不作讨论，所以74处遗址点皆为沿用前期文化遗存遗址点，其覆盖率为73.2％，废弃率为26.7％。

按照普遍规律来说，覆盖应呈递增趋势，即官地一期最早，没有覆盖其他的可能性，而越晚的覆盖前期的机率越高，被覆盖率应该是呈递减趋势，越早的被晚期覆盖的机率越高。然而事实是，朱开沟文化沿用前期文化遗存的遗址点机率最高，而被晚期覆盖的机率却也最低，从另一方面可能说明朱开沟文化选址的特殊性，即基本都沿用前期文化遗址点，而新开发的较少；而庙子沟文化覆盖前期机率较低的现象，可能与庙子沟文化遗址剧增，需要大量开发新的遗址有关。

## 二　遗址的空间分布及变化

### 1. 不同地理区域的空间分布及变化

官地一期遗存共发现19处，其在浑河南岸、北岸以及黄河西岸所占比例相差不大，分布相当；鲁家坡一期遗存共63处，其在浑河北岸所占比重明显较大，而在黄河西岸明显较少，浑河南岸接近平均值；庙子沟文化共168处，浑河南岸略显多，但总体而言，其在三地的分布比重基本相当；阿善三期文化遗址点共98处，在浑河北岸和黄河西岸比重较大，尤以西岸为重；永兴店文化遗址点共76处，在浑河北岸和黄河西岸比重较大，南岸较少；朱开沟文化遗址点共112处，在浑河南岸和北岸的比重相当，而在黄河西岸明显较多；战国时期遗址点共168处，其在浑河南岸和北岸的比重基本相当，黄河西岸明显较少；汉代遗址点共101处，其在浑河南岸和北岸的比重基本相当，黄河西岸明显较少（图一八八）。

浑河南岸遗址数量200处，北岸遗址数量136处，黄河西岸遗址数量31处。同一区域内不同文化的分布变化从图一八九来看，浑河南岸战国和庙子沟文化数量最多且相当，分布密度高达49.5％和49％；其次为汉代和朱开沟文化，分别为31.5％和26.5％；然后是阿善三期文化、鲁家坡一期遗存和永兴店文化，分别为19％、12.5％和12％。浑河北岸战国和庙子沟文化数量最多且相当，分布密度高达44.1％和42.6％；其次为阿善三期文化、永兴店文化和朱开沟文化，分布密度达33.1％、

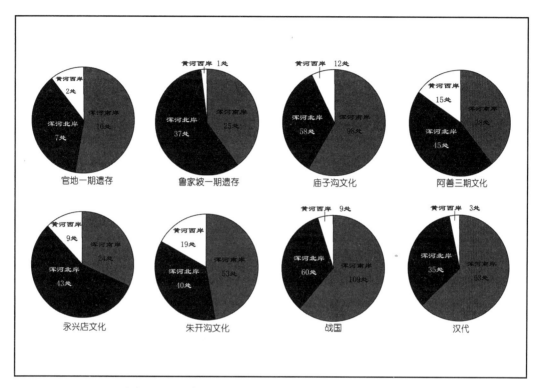

图一八八　各文化在不同区域内遗址数量分布变化图

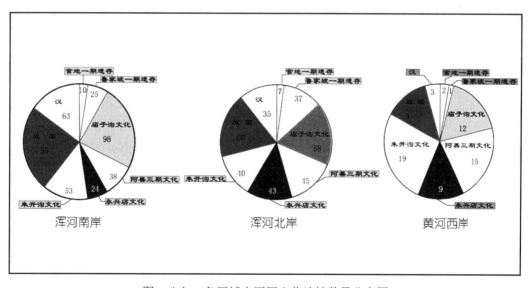

图一八九　各区域内不同文化遗址数量分布图

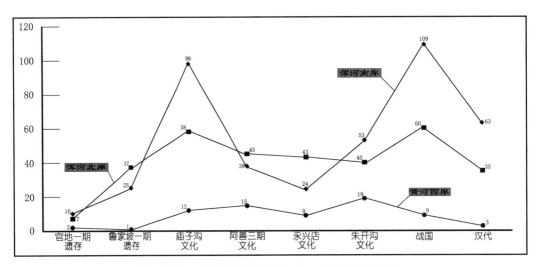

图一九〇　各区域内不同文化遗址数量变化趋势图

31.6％和29.4％；然后为鲁家坡一期遗存和汉代，分布密度达27.2％和25.7％。黄河西岸朱开沟文化和阿善三期文化相当，分布密高达61.2％和48.4％；其次为庙子沟文化、永兴店文化和战国，分布密度分别为38.7％、29％和29％（图一九〇）。

　　按照浑河南岸、浑河北岸和黄河西岸三地的分布密度和来看，官地一期在三地都处于低点，表明其遗址数量较少，人口稀少，可选择的居住地的余地较大。而鲁家坡一期、阿善三期和永兴店文化北岸比重较大，尤其是永兴店文化，表明北岸适于居住的避风向阳的坡地更多。阿善三期文化和永兴店文化在黄河西岸的分布比重较大，表明这一时期选址对靠近河流的要求较高。庙子沟文化在三个区域内基本都处于高点且较为平均，表明其为了扩大遗址点数量，对遗址点的选址条件限制较少。战国、汉代时期的遗址数量南岸较多，表明迫于居住压力的增加，一些选址条件不甚理想的地段也被建成新的聚落。而战国和汉代在黄河西岸较少，尤其汉代在黄河西岸特别是近黄河区域几乎不见，表明此时期遗址点选址已经远离河流两岸。朱开沟文化时期，南北两岸遗址平衡分布，而黄河西岸明显比重较大，可能与其选址条件特殊有关。

　　**2．不同海拔高度的分布及变化**

　　遗址海拔高度的分布情况是以单纯型遗址来进行探讨的，其中鲁家坡一期遗存没有单纯型遗址，官地一期遗存仅1处单纯型遗址，故对之不做探讨。经分析可知，海拔1000～1100米的16处遗址点，阿善三期文化和永兴店文化占62.5％，其余分布较少，表明这两种文化分布的海拔高度偏低。海拔1100～1200米的54处遗址点，战国和庙子沟文化占55.6％，其次为阿善三期文化和汉代，朱开沟文化和永兴店文化较少。在海

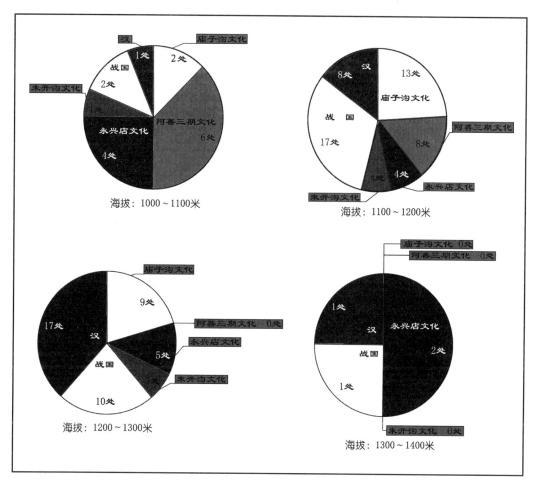

图一九一　不同海拔高度范围内各文化遗址数量分布图

拔1200～1300米，除汉代遗址点数量增加较多外，永兴店文化增加1处，其余几种文化都在减少，而阿善三期文化以致没有。表明汉代遗址开始选择较高的地势，而对于阿善三期文化而言，这一高度已经不适于居住了。在1300～1400米，遗址总数较少，仅4处，显然这里的环境已不适于人类居住（图一九一、一九二）。

庙子沟文化分布的海拔高度在1000～1300米，1300米以上不见。阿善三期文化分布在1000～1200米，1200米以上没有分布。永兴店文化分布范围较广，1000～1400米皆有，且在几个海拔范围内较为平均，1200～1300米较多。另外，阿善三期文化和永兴店文化还发现了部分石城，石城分布的海拔高度均偏低，阿善三期文化的单纯型遗址和石城皆分布在1200米以下。朱开沟文化分布在1000～1300米，主要分布在1100～1300米。战国和汉代分布范围皆较广，两者都集中分布在1100～1300米，战

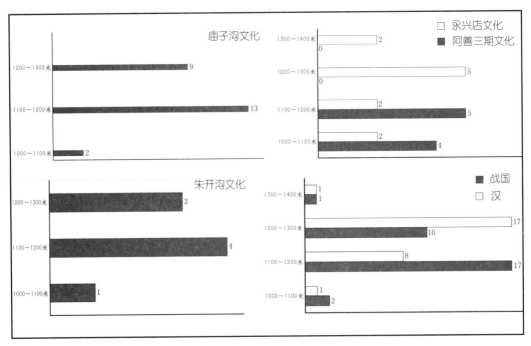

图一九二　各文化在不同海拔高度内遗址数量分布图

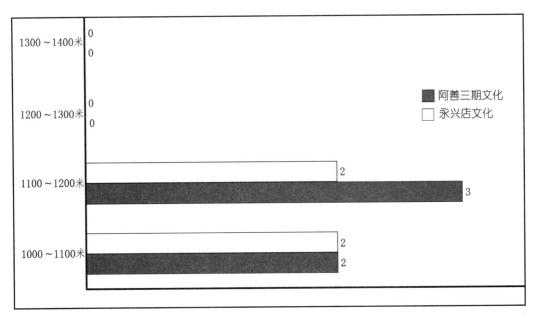

图一九三　石城海拔高度分布图

国分布的海拔高度偏低或偏高的较少，分布在1100～1200米的居多，而汉代分布在1200～1300米的居多（图一九三）。

总体而言，遗址点主要集中分布在海拔1100～1300米的范围之内，表明这一海拔高度最适宜人类居住。庙子沟文化和朱开沟文化海拔分布高度相近，皆在1000～1300米，且在每个海拔高度范围内分布趋势也相近，表明这两者的选址在海拔高度的选择上较为接近。阿善三期文化分布海拔高度都在1200米以下，普遍偏低，说明这一时期的聚落更为依赖水源。永兴店文化、战国和汉代分布范围较广，在1000～1400米皆有分布，战国和汉代偏高，尤其是汉代偏高的居多，说明聚落对水源的依赖性开始减弱，出现了远离水源的趋势，而到了汉代则明显远离河流。永兴店文化的海拔分布可能另有他因，需要结合其他因素综合考虑。

### 3. 遗址面积的分布及变化

各文化遗址面积问题的探讨，需要建立在对单纯型遗址数据统计的基础之上。故官地一期和鲁家坡一期不做讨论。根据统计需要，遗址的面积在1万平方米以下为超小型遗址，1万～3万平方米为小型遗址，3万～10万平方米为中型遗址和10万平方米以上为大型遗址（图一九四）。

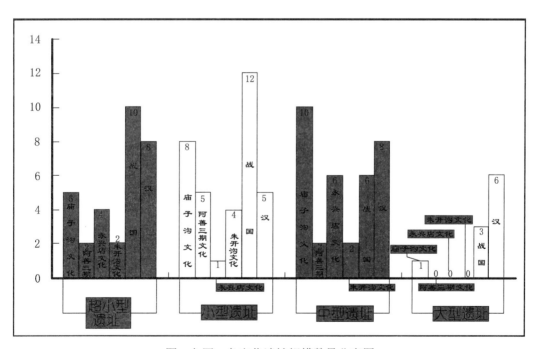

图一九四　各文化遗址规模数量分布图

　　官地一期最大的一处单纯型遗址面积6万平方米，庙子沟文化单个遗址面积最大可达10万平方米以上，但基本皆为中小型，小型和超小型的遗址约占庙子沟文化单纯型遗址的54.2%，中型占41.7%。阿善三期文化时期聚落面积较小，大型聚落不见，集中在中小型，尤其是小型居多。小型和超小型的遗址占据了阿善三期文化单纯型遗址的77.8%。但是这时出现了不同于一般遗址的石城，石城面积较一般遗址面积大，至少在阿善三期文化的单纯型遗址中，最小的石城也与中型遗址相当，中型石城可达10万平方米以上（图一九五）。永兴店文化与阿善三期文化相近，大型聚落不见，集中在中小型，但以中型居多。这一时期明显区别于一般遗址的石城显得尤为突出，石城面积均较阿善三期文化的大，最大的可达138万平方米。朱开沟文化不见大型遗址，皆为中小型，以小型和超小型居多。战国时期，大型遗址虽然不多，但聚落面积增加，10万平方米以上的较多，最大的一处单纯型战国聚落面积达48万平方米，另外还有一部分复合型遗址中面积达10万～30万平方米的，也基本为战国遗存分布，而发现的一座战国城址面积竟达40万平方米。总体而言，战国遗址中超小型和小型遗址居多，占64.5%。汉代遗址，小、中、大型分布相当，复合型遗址中有一处达60万平方米的，汉代遗存全面分布（彩版五〇）。

　　整体而言，各文化的单个遗址面积从早到晚是呈扩大趋势。

### 4．同一时期遗址的组合关系及聚落形态

　　官地一期遗存遗址19处，均集中在河流和沟谷两岸的较高的台地之上，除少量遗

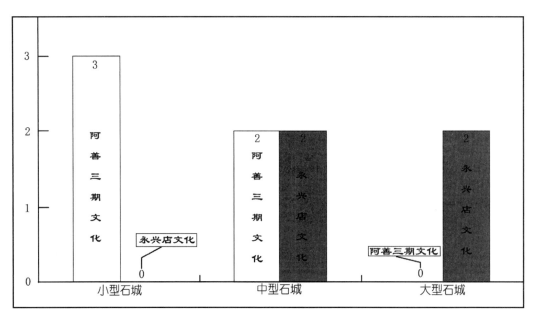

图一九五　石城面积数量分布图

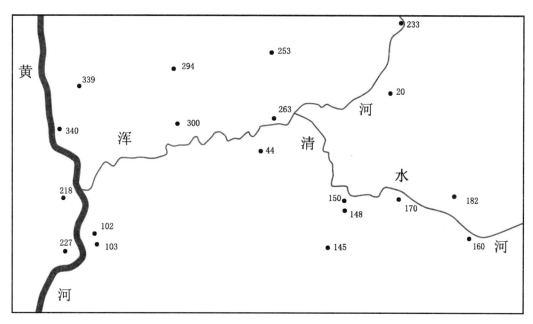

图一九六　官地一期遗存遗址分布图

址外，各遗址几乎呈等距离分布（图一九六；彩版三；彩版四一）。

鲁家坡一期遗存数量明显增加，共63处。遗址主要还是分布在沿河较近的台地之上，尤其集中在浑河北岸河流每一个小拐弯处的台地之上。其中浑河北岸18处、浑河南岸11处，黄河西岸7处，清水河两岸8处，仅河流两岸的遗址就占据69.8%。遗址间的距离较前期明显缩小，多为两三处遗址成组出现（图一九七；彩版四；彩版四二）。

庙子沟文化遗址急剧增加，遗址还是在河流两岸分布较为集中，黄河西岸30处，浑河两岸54处，清水河两岸41处。仅河流两岸的遗址点就占据74.4%。遗址分布极为密集，难以观察到成组分布的态势（图一九八；彩版五；彩版四三）。

阿善三期文化遗址点数量减少，黄河西岸28处、浑河两岸34处、清水河两岸9处，河流两岸遗址点占据了62.2%。遗址点除了集中在河流两岸之外，远离河流的遗址点显得较为分散，遗址多呈三三两两分布。此阶段在河流两岸出现了不同于一般聚落注重防御的石城，石城选址地点特殊，地理优势明显，即皆为紧邻河流的高地之上，地势险峻，易守难攻。多单个出现，未普遍出现多个遗址成组分布的情况，由于其面积比普通遗址大，有的面积可达20万平方公里，故其可能已脱离一般遗址成为中心聚落。此外，225号石城，处于黄河西岸拐弯处的一个圆形山顶之上，两道石墙围绕椭圆形的山体修成同心椭圆形，面积为7.5平方米，遗址中心现存有大型建筑台基。该石城的地理环境不适于人类居住，可能是当时的祭祀中心（图

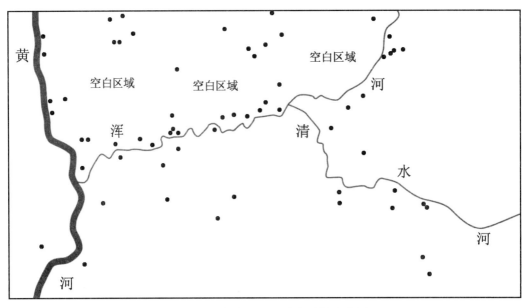

图一九七　鲁家坡一期遗存遗址分布图

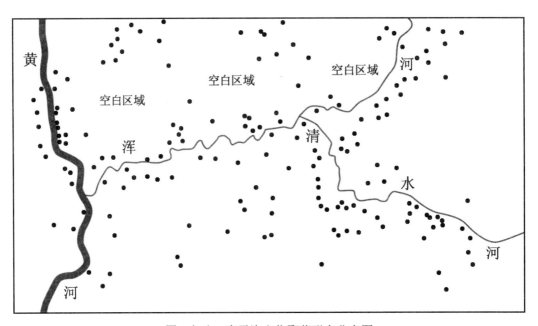

图一九八　庙子沟文化聚落形态分布图

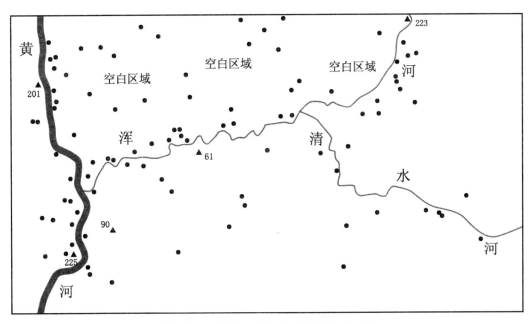

图一九九 阿善三期文化聚落形态分布图

一九九；彩版六；彩版四四）。

　　永兴店文化时期，遗址分布于黄河西岸19处、浑河两岸28处、清水河两岸7处，河流两岸遗址聚集71.1%。遗址成组出现的情况较阿善三期文化时期更为明显，调查区域内发现四个以石城为中心的聚落群，其他的普通遗址亦三五成群、聚集分布（彩版七）。

　　这一时期的单纯遗址仅13处，均未发现建有石城墙等防御设施，面积多在5万～7.5万平方米，而石城的面积皆在40万平方米以上，显然石城在规模方面要远远大于没有防御设施的普通遗址，这表明石城已从普通聚落中完全脱离出来，形成级别更高的中心聚落。与阿善三期文化不同，永兴店文化的石城不仅增设了防御性更强的马面，建筑了防御更为严密的城门，且石城并非单个出现，而是与其他遗址相组合，构成区域性的防御联盟，从而形成较大规模的聚落群。

　　以278与064号石城为中心的聚落群，由11个遗址构成，在规模上明显大于其他聚落群，中心聚落由两座石城隔浑河对峙分布，其中278号石城面积达138万平方米，是南流黄河沿岸目前发现的最大的石城址，因此此聚落群应是永兴店文化最重要的区域中心。以103、251、340号石城为代表的聚落群，以单个石城为中心，由4～6个中小型遗址构成，在规模上要小于以278与064号石城为中心的聚落群，属于低一级别的聚落群。围绕以石城为中心的聚落群外，没有明显防御设施的普通遗址，亦三五成群，属于最低级别的聚落群。三级聚落群的形成，表明当时的社会出现等级划分，已进入初

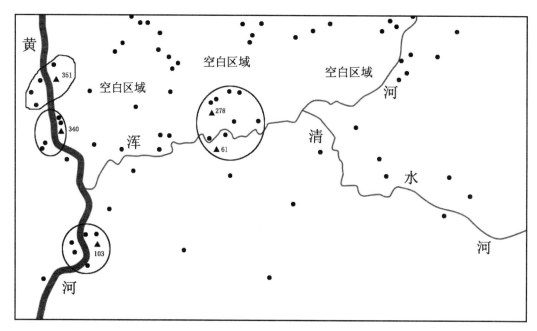

图二〇〇　永兴店文化聚落形态分布图

级国家的萌芽时期（图二〇〇；彩版四五）。

朱开沟文化时期，遗址分布于黄河西岸31处、浑河两岸34处、清水河两岸18处，在河流两岸的遗址点占朱开沟文化遗址点总数的74.1%。遗址间的组合关系不如永兴店文化明显，分布态势与庙子沟文化较为相似（图二〇一；彩版八；彩版四六）。

战国时期，分布于黄河西岸的遗址32处、浑河两岸40处、清水河两岸24处，在河流两岸的遗址点占战国时期遗址点总数的57.1%，靠近河流两岸的遗址分布仍较为密集，遗址间的组合关系并不显著，只是在黄河沿岸发现一处，以101号城址为中心，由16个遗址组成的大型的聚落群，应是当时南流黄河两岸地区重要的中心之一（图二〇二；彩版九；彩版四七）。

汉代，遗址分布于黄河西岸10处、浑河两岸13处、清水河两岸10处，在河流两岸的遗址点占汉代遗址点总数的32.7%。远离河流的聚落明显增加，分布较为零散，难见聚落成群的状态。前一时期出现的聚落群，到此时已不复存在，石城址已然废弃，地域中心出现迁移趋势（图二〇三；彩版一〇；彩版四八）。

值得注意的是，永兴店文化显现出来的聚落群中间的空白区域，在自鲁家坡一期遗存之后都有所表现。尤其是永兴店文化表现得最为强烈，从调查的时间段来看，这一区域始终空白，只是时而扩大、时而缩小，可能是聚落群之间自然资源的共享地带。

此外，这一区域内城址的分布也极具特点，具有明显的承袭性。凡阿善三期文化

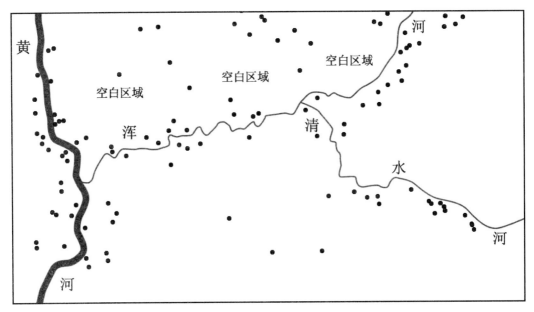

图二〇一 朱开沟文化聚落形态分布图

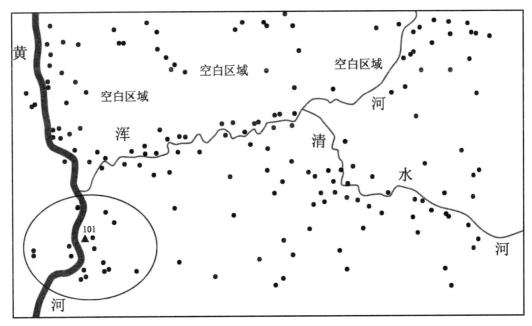

图二〇二 战国聚落形态分布图

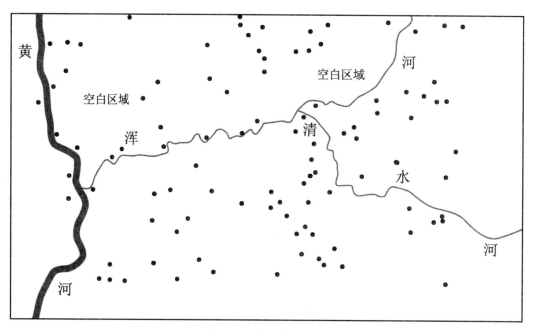

图二〇三　汉代聚落形态分布图

发现石城的地方，在永兴店文化时期大都得到进一步开发，成为永兴店文化的中心聚落，且调查区内唯一的一座战国城址也分布在发现阿善三期文化和永兴店文化石城的区域内。这一区域内，与不同阶段的人类开发的重点区域相近，只是战国以后，汉代的中心聚落已经明显远离这一地区（彩版四九）。

# 第三节　人地关系

## 一　内蒙古中南部地区的全新世环境演变

目前，本地关于环境的资料较多，有史培军对萨拉乌苏河滴哨沟湾剖面所做的研究及1万年以来岱海地区苴花河淤土坝剖面1万年温度变化和降水变化[1]；刘清泗等人对

---

[1]史培军：《地理环境演变研究的理论与实践——鄂尔多斯地区晚第四季以来地理环境演变研究》；史培军等：《10000年来河套及邻近地区在几种时间尺度上的降水变化》，《黄河流域环境演变与水沙运行规律研究文集》（第二集），地质出版社，1991年。

岱海、黄旗海等湖泊的水位、面积所做的测量和变化分析[②]；许清海等人对岱海盆地孢粉资料定量分析所做的古气候研究[③]；刘东生等对鄂尔多斯杨家湾古土壤剖面所做的研究[④]；汤卓炜对西岔遗址所做的孢粉分析研究[⑤]等。此外，岱海地区的石虎山[⑥]、准格尔旗的朱开沟遗址[⑦]等动物骨骼材料，表明内蒙古中南部1万年以来的气温的变化大体经历了几个阶段。

即距今8000年左右都进入一个温暖气候，在石虎山遗址Ⅰ聚落中发现大量水牛和鱼、鳖类的存在，还有大量野生鹿类、棕熊等哺乳动物，遗址中发现的野兔、鼢鼠、黄鼠等啮齿类动物亦生活在这样的草原环境。距今7600～7400年曾发生了一次明显的冷湿事件，之后温度回升，至距今7000年左右又出现明显干冷事件，距今6800～6600年有一次向干冷的波动，距今5500～5000年为降温期，距今5000年左右气候寒冷程度达到顶点，这次降温并未伴随降水的显著减少，可视为一次冷湿事件。而距今5500年以来，从王墓山坡上聚落发现的动物骨骼来看，当时有猪、狗、狍、马鹿、黄鼠、鼢鼠、鸟和鱼等，其中黄鼠和鼢鼠是温带草原地区典型啮齿类小动物，马鹿和狍等则是在森林环境中存在的中、小型动物，此时水牛已经不见。

距今5000年以后气温逐步回升，降水增加，至距今4500年左右温湿程度达到峰顶。距今4300年以后，气候又向冷干方向发展，至距今4000年左右气候的干冷程度达到又一个顶点，可以视为适宜期间的又一次极端气候事件，称其为"小冰期"。

在清水河县西岔遗址孢粉分析中可见，距今4800～4000年的仰韶时代中期，草本植物占绝对优势，花粉浓度相对较低，表明气候相对湿润凉爽，植被覆盖度小，反映较湿润草原植被景观。而距今4200～3900年龙山文化中期，草本植物占绝对优势，木本植物有所增加，反映草原植被景观特征，气候比前一期干旱些，属于湿干气候。

距今4000年以后气温降水稍趋上升，至距今3700年左右温湿程度达到一个准峰顶。这在朱开沟遗址文化层孢粉分析中较为明显，即距今3700～3000年木本花粉总体

---

② 刘清泗、汪家兴、李华章：《北方农牧交错带全新世湖泊演变特征》，《区域·环境·自然灾害地理研究》，科学出版社，1991年；刘清泗、李华章：《中国北方农牧交错带（岱海——黄旗海地区）全新世环境演变》，《中国北方农牧交错带全新世环境演变及预测》，地质出版社，1992年。

③ 许清海、肖举乐等：《孢粉资料定量重建全新世以来岱海盆地的古气候》，《海洋地质与第四纪地质》第23卷第4期，2003年。

④ 刘东生主编《西北地区水资源配置生态环境建设和可持续发展战略研究》（自然历史卷），科学出版社，2004年。

⑤ 汤卓炜、曹建恩、张淑芹：《内蒙古清水河县西岔遗址孢粉分析与古环境研究》，《边疆考古研究》第3辑，科学出版社。

⑥ 田广金、秋山进午：《岱海考古(二)——中日岱海地区考察研究报告集》，科学出版社，2001年10月。

⑦ 内蒙古自治区文物考古研究所、鄂尔多斯博物馆：《朱开沟——青铜时代早期遗址发掘报告》，文物出版社，2000年1月。

很少，以松、桦针阔混交林为主；草本中蒿、藜花粉比例逐步增加至93％，可知气候渐趋干冷，耐旱的蒿、藜逐渐制造出典型的草原景观，耐寒的松、杉最终成为主要的点缀林木。而距今3700年后渐趋干冷，直至距今3000年左右气温达到低谷。除气候不稳定外，干旱期在黄河流域并有较多大洪水。西岔遗址中的孢粉分析中表明距今3700～3500年的朱开沟文化中晚期，草原植被景观有所改观，木本植物增加，森林面积扩张，反映的是疏林草原植被景观，气候温暖偏湿，并有波动性变化。

距今3000年左右的西岔文化时期，草本植物占优势，植被覆盖率增高，气候温和偏干，以草原景观为主。出现了干旱化的趋势，并有偏湿润气候的气候波动[①]。距今3000年后，毛乌素沙地在这一时间段内，蒿已经上升到90％，总碳百分比含量波动下降，反映该区森林已基本消失。这一时期气温和降水波动下降，干旱化趋势越来越明显。在距今2620～2400年，毛乌素沙漠总碳百分比含量稍趋回升。

## 二 聚落变迁与环境的关系

距今6800～5500年的仰韶时代前期，属全新世气候最适宜期，5500年以后，开始了一个降温时代，气候逐渐变得湿凉。但总体而言，此一时期，舒适的自然环境和丰富的动植物资源，对人类社会持续稳定的发展提供了丰厚的条件，因此从官地一期经鲁家坡一期至庙子沟文化，遗址数量从19处增加到63处又激增到168处，展现出持续稳定增长的态势。距今5000年至2000年，本地区遗址数量出现了反复波动的状态。距今5000年左右，这一阶段正好是庙子沟文化向阿善三期文化发展的时期，由于温度和雨水降到最低点，阿善三期文化减至98处。距今4500年以后，气温和降水又回到一个新的临界点，但与距今6000年左右的暖湿情况不可同日而语，之后又慢慢下降，距今4200年左右落至低谷，这些波动都还在中全新世暖湿期的大范围内，对人类的活动都产生了明显影响，表现在永兴店文化聚落的数量持续减少至76处。距今3800年左右，气候又稍趋暖湿，中间虽有小的波动，但大趋势却是越来越干燥。从距今3700年后渐趋干冷，这一阶段正是朱开沟文化产生乃至发展的时期，遗址数量增至112处。距今37000年直至距今3000年气温达到低谷，表现在本地区相当于商代晚期－西周阶段存在一个漫长的文化缺环。而距今2620～2400年，气温又稍趋回升，加之中原东周两汉时期与北方民族之间交流甚密，中原人由于政治、军事或别的原因大量迁徙到这一区域戍边、垦田，在这一阶段随着较好的环境和人为因素的大力影响，又形成另一个文化高峰期。

---

① 岔河口遗址经过发掘，发掘有官地一期遗存，但调查中采集陶片未见官地一期遗物，本书统计数据均已调查。

　　总之，本区域伴随着中全新世大暖期的到来，来自晋南和关中迁徙人群，在原住地文化的压力下和本地区良好的气候环境的吸引下，分波次来到了内蒙古中南部，依靠粟作农业，在这里开始生息繁衍，从官地一期经鲁家坡一期直至庙子沟文化，在这一过程中借助各方的先进文化和自然条件大力开发，逐渐达到文化的鼎盛时期。为了满足人口日益增加带来的粮食要求，人们只能通过过度开发土地、大肆砍伐森林资源、肆意侵占自然资源的方式满足自身需求，至庙子沟文化时期，这种破坏，已经对需要休养生息的土地、需要长时间来补足的自然资源造成了毁灭性的破坏。

　　随着距今5500年以后的降温，庙子沟文化伴随着气候的恶劣和环境的破坏，人口减少，对生存空间的竞争也使得人们开始追求新的契机。文化上的表现表明，此时期气候的变迁并未改变本地传统的文化面貌，人们开始创新发展，吸收来自周边地区新的文化因素，加强宗教和防御，出现具有防御和宗教色彩的石城、祭坛等。环境持续的恶劣，在阿善三期文化和永兴店文化之间产生了变革，人们在不断创新刺激文化发展的情况下，还是无法延续下去，导致阿善三期文化消失。4500年以后，气温和降水又回到另一个临界点，对人类的活动产生了明显影响，永兴店文化的面貌显示这时一群来自晋中的新的人群，在气候环境恶劣的情况下，毅然来到这里，带来了新的外来的文化血液，并开始了发达的鬲文化阶段。永兴店文化在恶劣环境因素下艰难生存，面对较大的生存压力，出现了以大型石城为中心的中心聚落群、次中心石城聚落群和普通聚落群，这些不同级别的聚落群之间组成了一个联系紧密、相互依存的共同利用资源的利益联盟。

　　环境恶化带来的生存压力导致永兴店文化的发展出现不可逆转的严重危机，当时的居民不得不缩小生存空间，在这一文化的晚期，他们已退出南流黄河东岸，集聚于黄河以西的鄂尔多斯地区，并发展成为大口二期文化，形成一支独具特色的青铜文明。为适应当时环境的变化，此时的居民在发展农业的同时，还开发出另外一种生计模式，即以放养绵羊为主的畜牧业，这成为后代发达畜牧业或游牧业的发端。距今3800年至3700年气候由暖湿向冷干发展，正是大口二期文化消亡，朱开沟文化兴起的时期，朱开沟文化的居民为适应向冷干演变的气候，从事以农业为主，畜牧业为辅的生产方式，使得人口持续增长，但在距今3500年左右，受到商王朝及冷干气候的双重打击，这一文化逐渐衰落，不得不退出内蒙古中南部地区，逐渐向南占据陕北地区。

　　距今3000年至2600年间，西岔文化与西麻青一类遗存出现，但他们建立的聚落十分稀少，仅西岔文化在南流黄河东岸很小的区域内建立了少量据点，未能对内蒙古中南部实行全覆盖式的占领。西麻青一类遗存所代表的居民，可能是狄文化的一支，只对内蒙古中南部进行了有限的开发。总之，这一时期是本地区文化发展最为贫瘠的阶段。

　　进入距今2600年以后，本地区气温有所回升，气候逐渐好转，引起具有北亚体质特征的人群大规模南下，125号阳畔墓地的人群就是其典型代表，他们逐水草而居，经营发达的畜牧业或游牧业，与当地土著人群相结合，形成了复杂的文化集团和强大的政治势力，对中原诸国构成了极大威胁。为消除来自北方的威胁，争夺资源和生存空间，开疆扩土，大量的中原人在修筑赵长城、秦长城的过程中迁徙到北方，并在本地先后建成若干个中原文化的经济政治中心，用以戍边、垦田。随着两汉时期汉王朝与匈奴的关系亲疏不定，汉帝国有意将汉代移民大量迁徙至内蒙古中南部地区，并在本地区形成了如云中郡、定襄郡等重要的汉文化政治经济中心，这也直接导致了浑河下游地区东周两汉时期遗址显著增加，从而又达到一个文化繁荣的高峰时期。

　　总之，浑河下游地区地处内蒙古中南部，属中国北方农牧交错地区，是气候变化的敏感地带，这一地区聚落乃至文化的变迁与气候的变化息息相关。气候和自然环境的变化是聚落和文化变迁的主导因素，但是造成这一地区文化变迁的因素并非仅仅是气候和自然环境的变化。本地区先秦两汉时期的考古学文化不是同一谱系持续发展而来，而是由不同人群在相互借鉴、融合及创新的基础上形成的，因此人口结构、经济形态、政治关系以及周围人文环境的变化都可能对本地区的文化兴衰造成直接影响。众所周知，人地关系是一个相当复杂的学术课题，需将更多的因素考虑进去，才能更加接近历史的真实，这也是日后一段时期内，该区域考古学研究的趋势与学术目标。

附　　录

附表一　遗址点统计表

| 遗址编号 | 遗址名称 | 行政归属 | GPS坐标 | 文化属性 | 面积（平方米） | 初查时间 | 备注 |
|---|---|---|---|---|---|---|---|
| 04—001 | 庄窝坪遗址—1 | 清水河县小庙乡庄窝坪村 | E: 111°37′47.7″<br>N: 39°59′0.37″<br>H: 1147±4米 | 鲁家坡一期遗存、庙子沟文化、阿善三期文化、朱开沟文化 | 15万 | 2004年4月24日 | |
| 04—002 | 庄窝坪遗址—2 | 清水河县小庙乡庄窝坪村 | E: 111°37′29.3″<br>N: 39°58′57.6″<br>H: 1112±4米 | 鲁家坡一期遗存、阿善三期文化、永兴店文化、朱开沟文化、战国 | 8万 | 2004年4月24日 | |
| 04—003 | 庄窝坪遗址—3 | 清水河县小庙乡庄窝坪村 | E: 111°37′23.9″<br>N: 39°58′54.1″<br>H: 1103±5米 | 鲁家坡一期遗存、朱开沟文化、战国 | 1.4万 | 2004年4月24日 | |
| 04—004 | 庄窝坪遗址—4 | 清水河县小庙乡庄窝坪村 | E: 111°38′12.3″<br>N: 39°58′54.1″<br>H: 1146±5米 | 庙子沟文化 | 1.5万 | 2004年4月24日 | |
| 04—005 | 南卯上遗址—1 | 清水河县小庙乡南卯上村 | E: 111°38′45.2″<br>N: 39°58′30.4″<br>H: 1192±5米 | 庙子沟文化、战国 | 1.2万 | 2004年4月24日 | |

续附表一

| 遗址编号 | 遗址名称 | 行政归属 | GPS坐标 | 文化属性 | 面积（平方米） | 初查时间 | 备注 |
|---|---|---|---|---|---|---|---|
| 04—006 | 南卯上遗址—2 | 清水河县小庙乡南卯上村 | E: 111°38′20.9″ N: 39°58′15.9″ H: 1178±5米 | 汉代 | 8万 | 2004年4月24日 | |
| 04—007 | 破头窑遗址—1 | 清水河县小庙乡破头窑村 | E: 111°38′23.8″ N: 39°58′54.0″ H: 1155±5米 | 永兴店文化 | 3万 | 2004年4月24日 | |
| 04—008 | 四圪坦遗址—1 | 清水河县小庙乡四圪坦村 | E: 111°37′46.6″ N: 39°58′30.1″ H: 1152±9米 | 庙子沟文化、战国 | 2.5万 | 2004年4月24日 | |
| 04—009 | 四圪坦遗址—2 | 清水河县小庙乡四圪坦村 | E: 111°37′20.9″ N: 39°58′29.9″ H: 1124±9米 | 庙子沟文化、永兴店文化、朱开沟文化 | 6万 | 2004年4月24日 | 发现有石板墓 |
| 04—010 | 四圪坦遗址—3 | 清水河县小庙乡四圪坦村 | E: 111°37′04.7″ N: 39°58′26.4″ H: 1093±6米 | 阿善三期文化 | 0.48万 | 2004年4月24日 | |
| 04—011 | 黄洛城遗址—1 | 清水河县小庙乡黄洛城村 | E: 111°38′0.83″ N: 39°57′54.4″ H: 1185±5米 | 汉代 | 1.2万 | 2004年4月25日 | |

| 遗址编号 | 遗址名称 | 行政归属 | GPS坐标 | 文化属性 | 面积（平方米） | 初查时间 | 备注 |
|---|---|---|---|---|---|---|---|
| 04—012 | 马家新庄窝遗址—1 | 清水河县 小庙乡 马家新庄窝村 | E：111°36′25.2″ N：39°57′48.8″ H：1124±5米 | 鲁家坡一期遗存、庙子沟文化、阿善三期文化、朱开沟文化、汉代 | 5万 | 2004年 4月26日 | |
| 04—013 | 马家新庄窝遗址—2 | 清水河县 小庙乡 马家新庄窝村 | E：111°36′45.3″ N：39°57′35.0″ H：1155±7米 | 庙子沟文化 | 0.8万 | 2004年 4月26日 | |
| 04—014 | 贺家山遗址—3 | 清水河县 小庙乡 贺家山村 | E：111°37′25.6″ N：39°58′00.3″ H：1158±8米 | 汉代 | 3万 | 2004年 4月26日 | |
| 04—015 | 黄洛城遗址—2 | 清水河县 小庙乡 黄洛城村 | E：111°38′27.7″ N：39°57′46.1″ H：1203±7米 | 汉代 | 30万 | 2004年 4月26日 | |
| 04—016 | 马家新庄窝遗址—3 | 清水河县 小庙乡 马家新庄窝村 | E：111°36′45.0″ N：39°57′58.0″ H：1121±7米 | 庙子沟文化、朱开沟文化、战国 | 5万 | 2004年 4月26日 | |
| 04—017 | 贺家山遗址—1 | 清水河县 小庙乡 贺家山村 | E：111°37′35.8″ N：39°57′20.6″ H：1251±7米 | 战国、汉代 | 2万 | 2004年 4月26日 | |

续附表一

| 遗址编号 | 遗址名称 | 行政归属 | GPS坐标 | 文化属性 | 面积（平方米） | 初查时间 | 备注 |
|---|---|---|---|---|---|---|---|
| 04—018 | 贺家山遗址—2 | 清水河县小庙乡贺家山村 | E：111°37′42.9″ N：39°57′44.9″ H：1182±9米 | 阿善三期文化 | 1.5万 | 2004年4月26日 | |
| 04—019 | 石苍窑遗址—2 | 清水河县小庙乡石苍窑村 | E：111°37′06.1″ N：39°58′19.5″ H：1025±8米 | 庙子沟文化、阿善三期文化、永兴店文化、朱开沟文化 | 0.7万 | 2004年4月26日 | |
| 04—020 | 石苍窑遗址—1 | 清水河县小庙乡石苍窑村 | E：111°37′12.8″ N：39°58′05.4″ H：1150±6米 | 鲁家坡一期遗存、庙子沟文化、阿善三期文化、朱开沟文化、战国 | 1.5万 | 2004年4月26日 | |
| 04—021 | 薛家梁遗址—2 | 清水河县小庙乡薛家梁村 | E：111°35′54.1″ N：39°57′28.9″ H：1115±5米 | 鲁家坡一期遗存、庙子沟文化、阿善三期文化、朱开沟文化 | 1.5万 | 2004年4月26日 | 发现有类似西岔文化的遗物（暂归入朱开沟文化） |
| 04—022 | 黑瘩梁遗址—3 | 清水河县小庙乡黑瘩梁村 | E：111°36′26.1″ N：39°56′18.5″ H：1257±6米 | 鲁家坡一期遗存、庙子沟文化、永兴店文化 | 1.2万 | 2004年4月28日 | |
| 04—023 | 杨湾遗址—1 | 清水河县小庙乡杨湾村 | E：111°36′07.1″ N：39°55′51.3″ H：1218±5米 | 庙子沟文化、战国 | 6万 | 2004年4月28日 | |

续附表一

| 遗址编号 | 遗址名称 | 行政归属 | GPS坐标 | 文化属性 | 面积（平方米） | 初查时间 | 备注 |
|---|---|---|---|---|---|---|---|
| 04-024 | 走马塌遗址一1 | 清水河县小庙乡走马塌村 | E：111°36′38.9″N：39°55′52.6″H：1245±4米 | 庙子沟文化、永兴店文化 | 3万 | 2004年4月28日 | |
| 04-025 | 杨湾遗址一2 | 清水河县小庙乡杨湾村 | E：111°35′54.5″N：39°55′51.3″H：1218±5米 | 汉代 | 1.5万 | 2004年4月28日 | |
| 04-026 | 缸房坪遗址一1 | 清水河县小庙乡缸房坪村 | E：111°33′43.3″N：39°57′00.1″H：1125±7米 | 庙子沟文化、汉代 | 20万 | 2004年4月29日 | |
| 04-027 | 放牛沟遗址一1 | 清水河县小庙乡放牛沟村 | E：111°33′27.6″N：39°57′09.0″H：1112±6米 | 战国 | 2.3万 | 2004年4月29日 | |
| 04-028 | 西贺家山遗址一2 | 清水河县小庙乡西贺家山村 | E：111°34′28.0″N：39°56′28.9″H：1172±4米 | 庙子沟文化、阿善三期文化、永兴店文化、战国 | 3万 | 2004年4月29日 | |
| 04-029 | 下阳塔遗址一3 | 清水河县小庙乡下阳塔村 | E：111°33′25.5″N：39°56′15.6″H：1155±11米 | 庙子沟文化、战国 | 1.02万 | 2004年4月29日 | |

续附表一

| 遗址编号 | 遗址名称 | 行政归属 | GPS坐标 | 文化属性 | 面积（平方米） | 初查时间 | 备注 |
|---|---|---|---|---|---|---|---|
| 04－030 | 薛家梁遗址－1 | 清水河县小庙乡薛家梁村 | E：111°36′28.8″ N：39°57′29.6″ H：1131±5米 | 庙子沟文化、阿善三期文化、朱开沟文化、汉代 | 15万 | 2004年4月29日 | |
| 04－031 | 梁家圪坨遗址－1 | 清水河县小庙乡梁家圪坨村 | E：111°35′14.9″ N：39°56′59.2″ H：1128±4米 | 庙子沟文化、朱开沟文化 | 27.6万 | 2004年4月27日 | |
| 04－032 | 梁家圪坨遗址－2 | 清水河县小庙乡梁家圪坨村 | E：111°34′22.7″ N：39°57′40.9″ H：1077±6米 | 庙子沟文化、朱开沟文化、汉代 | 2万 | 2004年4月27日 | |
| 04－033 | 梁家圪坨遗址－4 | 清水河县小庙乡梁家圪坨村 | E：111°35′39.1″ N：39°57′06.0″ H：1151±10米 | 庙子沟文化、永兴店文化、汉代 | 0.25万 | 2004年4月28日 | |
| 04－034 | 梁家圪坨遗址－3 | 清水河县小庙乡梁家圪坨村 | E：111°35′45.8″ N：39°56′50.3″ H：1180±5米 | 庙子沟文化、汉代 | 0.5万 | 2004年4月28日 | |
| 04－035 | 黑瑙梁遗址－1 | 清水河县小庙乡黑瑙梁村 | E：111°35′24.5″ N：39°56′38.8″ H：1171±5米 | 庙子沟文化、阿善三期文化 | 14.4万 | 2004年4月28日 | |

续附表一

| 遗址编号 | 遗址名称 | 行政归属 | GPS坐标 | 文化属性 | 面积（平方米） | 初查时间 | 备注 |
|---|---|---|---|---|---|---|---|
| 04-036 | 黑愣梁遗址-2 | 清水河县小庙乡黑愣梁村 | E：111°35′12.3″<br>N：39°56′43.7″<br>H：1157±5米 | 庙子沟文化、朱开沟文化、战国 | 10万 | 2004年4月28日 | |
| 04-037 | 走马嫣遗址-2 | 清水河县小庙乡走马嫣村 | E：111°37′04.1″<br>N：39°56′13.0″<br>H：1252±6米 | 庙子沟文化、汉代 | 8万 | 2004年4月28日 | |
| 04-038 | 西贺家山遗址-1 | 清水河县小庙乡西贺家山村 | E：111°34′18.3″<br>N：39°56′41.2″<br>H：1125±5米 | 庙子沟文化、朱开沟文化、汉代 | 2万 | 2004年4月29日 | |
| 04-039 | 缸房坪遗址-2 | 清水河县小庙乡缸房坪村 | E：111°33′58.2″<br>N：39°57′22.3″<br>H：1108±4米 | 庙子沟文化、朱开沟文化、汉代 | 12万 | 2004年4月29日 | |
| 04-040 | 西贺家山遗址-3 | 清水河县小庙乡西贺家山村 | E：111°34′15.2″<br>N：39°56′17.3″<br>H：1189±4米 | 庙子沟文化、汉代 | 6万 | 2004年4月29日 | |
| 04-041 | 八龙湾遗址-1 | 清水河县小庙乡八龙湾村 | E：111°35′07.2″<br>N：39°56′02.6″<br>H：1111±5米 | 阿善三期文化、战国 | 0.5万 | 2004年4月29日 | |

续附表一

| 遗址编号 | 遗址名称 | 行政归属 | GPS坐标 | 文化属性 | 面积（平方米） | 初查时间 | 备注 |
|---|---|---|---|---|---|---|---|
| 04-042 | 八龙湾遗址-2 | 清水河县小庙乡八龙湾村 | E: 111°34′42.5″<br>N: 39°56′01.0″<br>H: 1172±4米 | 战国 | 48万 | 2004年4月29日 | |
| 04-043 | 下阳塔遗址-1 | 清水河县小庙乡下阳塔村 | E: 111°32′04.1″<br>N: 39°56′40.5″<br>H: 1117±4米 | 朱开沟文化、战国 | 15万 | 2004年4月30日 | |
| 04-044 | 下阳塔遗址-2 | 清水河县小庙乡下阳塔村 | E: 111°32′39.4″<br>N: 39°56′34.4″<br>H: 1146±5米 | 官地一期遗存 | 6万 | 2004年4月30日 | |
| 04-045 | 八龙湾遗址-3 | 清水河县小庙乡八龙湾村 | E: 111°34′11.3″<br>N: 39°55′53.1″<br>H: 1201±5米 | 战国、汉代 | 7万 | 2004年5月2日 | |
| 04-046 | 八龙湾遗址-4 | 清水河县小庙乡八龙湾村 | E: 111°34′24.1″<br>N: 39°55′57.7″<br>H: 1179±5米 | 庙子沟文化、战国 | 3万 | 2004年5月2日 | |
| 04-047 | 上阳塔遗址-1 | 清水河县小庙乡上阳塔村 | E: 111°33′25.1″<br>N: 39°54′51.2″<br>H: 1245±4米 | 汉代 | 7.5万 | 2004年5月2日 | |

续附表一

| 遗址编号 | 遗址名称 | 行政归属 | GPS坐标 | 文化属性 | 面积(平方米) | 初查时间 | 备注 |
|---|---|---|---|---|---|---|---|
| 04—048 | 小偏头遗址—5 | 清水河县小庙乡小偏头村 | E: 111°32′18.3″<br>N: 39°55′44.7″<br>H: 1214±5米 | 庙子沟文化 | 0.25万 | 2004年5月3日 | |
| 04—049 | 上富家梁遗址—1 | 清水河县小庙乡上富家梁村 | E: 111°31′41.7″<br>N: 39°56′22.5″<br>H: 1147±5米 | 庙子沟文化 | 1.5万 | 2004年5月3日 | |
| 04—050 | 碓臼墕遗址—1 | 清水河县小庙乡碓臼墕村 | E: 111°31′20.9″<br>N: 39°54′36.8″<br>H: 1265±5米 | 鲁家坡一期遗存、庙子沟文化、阿善三期文化、朱开沟文化 | 6万 | 2004年5月6日 | |
| 04—051 | 放牛沟遗址—2 | 清水河县小庙乡放牛沟村 | E: 111°32′50.0″<br>N: 39°57′05.6″<br>H: 1088±5米 | 庙子沟文化、战国 | 5万 | 2004年4月30日 | |
| 04—052 | 下阳塔遗址—4 | 清水河县小庙乡下阳塔村 | E: 111°33′00.4″<br>N: 39°56′48.3″<br>H: 1132±5米 | 庙子沟文化、阿善三期文化、战国 | 37.5万 | 2004年4月30日 | |
| 04—053 | 八龙湾遗址—5 | 清水河县小庙乡八龙湾村 | E: 111°33′59.0″<br>N: 39°55′59.5″<br>H: 1180±6米 | 战国 | 1.04万 | 2004年5月2日 | |

| 遗址编号 | 遗址名称 | 行政归属 | GPS坐标 | 文化属性 | 面积（平方米） | 初查时间 | 备注 |
|---|---|---|---|---|---|---|---|
| 04—054 | 上阳塔遗址-2 | 清水河县 小庙乡 上阳塔村 | E: 111°33'11.9" N: 39°55'12.2" H: 1215±5米 | 汉代 | 1.5万 | 2004年5月2日 | |
| 04—055 | 上阳塔遗址-3 | 清水河县 小庙乡 上阳塔村 | E: 111°32'49.5" N: 39°55'04.7" H: 1218±4米 | 庙子沟文化、战国、汉代 | 8.28万 | 2004年5月2日 | |
| 04—056 | 小偏头遗址-1 | 清水河县 小庙乡 小偏头村 | E: 111°32'52.4" N: 39°55'28.1" H: 1212±8米 | 庙子沟文化、战国、汉代 | 17.5万 | 2004年5月3日 | |
| 04—057 | 小偏头遗址-2 | 清水河县 小庙乡 小偏头村 | E: 111°32'59.0" N: 39°55'41.1" H: 1179±7米 | 汉代 | 0.5万 | 2004年5月3日 | 据村民反映出土过类似西岔铜器 |
| 04—058 | 小偏头遗址-3 | 清水河县 小庙乡 小偏头村 | E: 111°33'08.1" N: 39°55'45.8" H: 1168±5米 | 战国 | 24万 | 2004年5月3日 | 采集到铜扣等 |
| 04—059 | 小偏头遗址-4 | 清水河县 小庙乡 小偏头村 | E: 111°32'35.5" N: 39°56'02.8" H: 1202±7米 | 战国 | 12万 | 2004年5月3日 | |

续附表一

| 遗址编号 | 遗址名称 | 行政归属 | GPS坐标 | 文化属性 | 面积(平方米) | 初查时间 | 备注 |
|---|---|---|---|---|---|---|---|
| 04-060 | 下脑包遗址-1 | 清水河县小庙乡下脑包村 | E: 111°31′13.7″<br>N: 39°56′55.2″<br>H: 1085±6米 | 鲁家坡一期遗存、永兴店文化、战国 | 1.2万 | 2004年5月4日 | |
| 04-061 | 下脑包遗址-2 | 清水河县小庙乡下脑包村 | E: 111°30′53.2″<br>N: 39°56′28.7″<br>H: 1130±7米 | 庙子沟文化、永兴店文化 | 20万 | 2004年5月4日 | 2006年对永兴店文化石城进行试掘 |
| 04-062 | 庄窝坪遗址-5 | 清水河县小庙乡庄窝坪村 | E: 111°37′10.1″<br>N: 39°58′48.7″<br>H: 1083±7米 | 鲁家坡一期遗存、阿善三期文化、永兴店文化、朱开沟文化、战国 | 3万 | 2004年5月4日 | 2006年进行了试掘 |
| 04-063 | 阳坡上遗址-1 | 清水河县窑沟乡阳坡上村 | E: 111°30′17.8″<br>N: 39°56′07.8″<br>H: 1190±7米 | 汉代 | 6万 | 2004年5月4日 | |
| 04-064 | 下脑包遗址-3 | 清水河县窑沟乡下脑包村 | E: 111°30′22.5″<br>N: 39°56′30.2″<br>H: 1141±7米 | 庙子沟文化、阿善三期文化、朱开沟文化、战国 | 14万 | 2004年5月4日 | 2006年对阿善三期文化石城进行试掘 |
| 04-065 | 腰栅遗址-1 | 清水河县窑沟乡腰栅村 | E: 111°30′50.2″<br>N: 39°55′28.6″<br>H: 1211±5米 | 汉代 | 0.8万 | 2004年5月6日 | |

续附表一

| 遗址编号 | 遗址名称 | 行政归属 | GPS坐标 | 文化属性 | 面积(平方米) | 初查时间 | 备注 |
|---|---|---|---|---|---|---|---|
| 04-066 | 下枏遗址-1 | 清水河县窑沟乡下枏村 | E: 111°31′54.6″<br>N: 39°55′09.9″<br>H: 1204±11米 | 鲁家坡一期遗存、庙子沟文化、阿善三期文化、汉代 | 2.16万 | 2004年5月6日 | |
| 04-067 | 下枏遗址-2 | 清水河县窑沟乡下枏村 | E: 111°31′47.7″<br>N: 39°55′23.8″<br>H: 1183±5米 | 庙子沟文化 | 5万 | 2004年5月6日 | |
| 04-068 | 新营枏遗址-1 | 清水河县窑沟乡新营枏村 | E: 111°29′46.5″<br>N: 39°55′10.7″<br>H: 1198±6米 | 辽金 | 67.5万 | 2004年5月6日 | |
| 04-069 | 新营枏遗址-2 | 清水河县窑沟乡新营枏村 | E: 111°29′24.5″<br>N: 39°55′29.4″<br>H: 1210±7米 | 阿善三期文化、汉代 | 1.02万 | 2004年5月7日 | |
| 04-070 | 上富家梁遗址-2 | 清水河县小庙乡上富家梁村 | E: 111°31′24.6″<br>N: 39°55′52.8″<br>H: 1132±4米 | 永兴店文化、战国 | 0.25万 | 2004年5月5日 | |
| 04-071 | 高茂泉窑遗址-1 | 清水河县王桂窑子乡庄窝坪村 | E: 111°35′19.8″<br>N: 39°56′57.5″<br>H: 1224±7米 | 鲁家坡一期遗存、庙子沟文化 | 4万 | 2004年5月4日 | 浑河北岸 |

续附表一

| 遗址编号 | 遗址名称 | 行政归属 | GPS坐标 | 文化属性 | 面积（平方米） | 初查时间 | 备注 |
|---|---|---|---|---|---|---|---|
| 04-072 | 阳湾子遗址一1 | 清水河县窑沟乡阳湾子村 | E: 111°29′56.6″ N: 39°56′24.8″ H: 1163±6米 | 鲁家坡一期遗存、朱开沟文化 | 3万 | 2004年5月5日 | |
| 04-073 | 阳湾子遗址一2 | 清水河县窑沟乡阳湾子村 | E: 111°29′38.4″ N: 39°56′29.8″ H: 1190±7米 | 朱开沟文化、战国 | 0.5万 | 2004年5月5日 | |
| 04-074 | 五娃圪旦遗址一1 | 清水河县王桂窑子乡五娃圪旦村 | E: 111°34′51.0″ N: 39°58′03.1″ H: 1124±5米 | 庙子沟文化、阿善三期文化、战国 | 12万 | 2004年5月5日 | 浑河北岸 |
| 04-075 | 田报湾遗址一1 | 清水河县王桂窑子乡田报湾村 | E: 111°35′08.7″ N: 39°57′50.6″ H: 1077±5米 | 庙子沟文化 | 0.5万 | 2004年5月5日 | 浑河北岸 |
| 04-076 | 碓臼墕遗址一2 | 清水河县窑沟乡碓臼墕村 | E: 111°31′30.6″ N: 39°54′55.6″ H: 1190±7米 | 战国 | 2万 | 2004年5月6日 | |
| 04-077 | 小南墕遗址一1 | 清水河县窑沟乡小南墕村 | E: 111°29′23.3″ N: 39°56′00.0″ H: 1158±8米 | 鲁家坡一期遗存、庙子沟文化、朱开沟文化、战国 | 8万 | 2004年5月7日 | |

续附表一

| 遗址编号 | 遗址名称 | 行政归属 | GPS坐标 | 文化属性 | 面积（平方米） | 初查时间 | 备注 |
|---|---|---|---|---|---|---|---|
| 04－078 | 桑林坡遗址－1 | 清水河县窑沟乡桑林坡村 | E: 111° 28′ 53. 0″<br>N: 39° 55′ 23. 9″<br>H: 1199±5米 | 汉代 | 1万 | 2004年5月7日 | |
| 04－079 | 桑林坡遗址－2 | 清水河县窑沟乡桑林坡村 | E: 111° 28′ 33. 0″<br>N: 39° 56′ 01. 4″<br>H: 1144±5米 | 庙子沟文化 | 0.25万 | 2004年5月7日 | |
| 04－080 | 桑林坡遗址－3 | 清水河县窑沟乡桑林坡村 | E: 111° 29′ 01. 4″<br>N: 39° 55′ 48. 8″<br>H: 1140±6米 | 阿善三期文化 | 0.09万 | 2004年5月7日 | |
| 04－081 | 桑林坡遗址－4 | 清水河县窑沟乡桑林坡村 | E: 111° 28′ 23. 3″<br>N: 39° 56′ 11. 1″<br>H: 1199±8米 | 阿善三期文化、战国 | 0.06万 | 2004年5月8日 | |
| 04－082 | 桑林坡遗址－5 | 清水河县窑沟乡桑林坡村 | E: 111° 28′ 50. 8″<br>N: 39° 55′ 56. 7″<br>H: 1135±5米 | 庙子沟文化、战国 | 0.8万 | 2004年5月8日 | |
| 04－083 | 羊路渠遗址－1 | 清水河县窑沟乡羊路渠村 | E: 111° 28′ 03. 8″<br>N: 39° 55′ 59. 6″<br>H: 1142±6米 | 庙子沟文化、永兴店文化、朱开沟文化 | 15万 | 2004年5月8日 | |

| 遗址编号 | 遗址名称 | 行政归属 | GPS坐标 | 文化属性 | 面积（平方米） | 初查时间 | 备注 |
|---|---|---|---|---|---|---|---|
| 04－084 | 羊路渠遗址－2 | 清水河县窑沟乡羊路渠村 | E：111°27′49.9″<br>N：39°56′12.9″<br>H：1058±10米 | 鲁家坡一期遗存、庙子沟文化、阿善三期文化、朱开沟文化、战国 | 5.2万 | 2004年5月8日 | |
| 04－085 | 南梁遗址－1 | 清水河县窑沟乡南梁村 | E：111°26′40.3″<br>N：39°55′31.2″<br>H：1035±4米 | 阿善三期文化、汉代 | 0.8万 | 2004年5月8日 | |
| 04－086 | 铁驼塌遗址－1 | 清水河县窑沟乡铁驼塌村 | E：111°27′22.4″<br>N：39°54′31.6″<br>H：1142±6米 | 庙子沟文化、阿善三期文化、朱开沟文化 | 16万 | 2004年5月9日 | |
| 04－087 | 万家寨遗址－1 | 清水河县窑沟乡万家寨村 | E：111°29′39.8″<br>N：39°54′27.5″<br>H：1224±5米 | 汉代 | 21万 | 2004年5月10日 | |
| 04－088 | 小缸房遗址－1 | 清水河县窑沟乡小缸房村 | E：111°26′33.0″<br>N：39°53′24.6″<br>H：1146±6米 | 鲁家坡一期遗存、阿善三期文化、朱开沟文化、战国 | 3万 | 2004年5月12日 | |
| 04－089 | 小缸房遗址－2 | 清水河县窑沟乡小缸房村 | E：111°26′22.1″<br>N：39°53′20.8″<br>H：1128±4米 | 战国 | 1万 | 2004年5月12日 | |

续附表一

| 遗址编号 | 遗址名称 | 行政归属 | GPS坐标 | 文化属性 | 面积（平方米） | 初查时间 | 备注 |
|---|---|---|---|---|---|---|---|
| 04-090 | 小缸房遗址-3 | 清水河县窑沟乡小缸房村 | E: 111° 26′ 29.1″<br>N: 39° 53′ 34.9″<br>H: 1119±10米 | 庙子沟文化、阿善三期文化、兴店沟文化、朱开沟文化、永战国 | 12.5万 | 2004年5月12日 | 2006年经试掘，为阿善三期文化石城 |
| 04-091 | 新营峁遗址-3 | 清水河县窑沟乡新营峁村 | E: 111° 29′ 32.3″<br>N: 39° 55′ 06.1″<br>H: 1186±7米 | 鲁家坡一期遗存、战国 | 4万 | 2004年5月8日 | |
| 04-092 | 南梁遗址-2 | 清水河县窑沟乡南梁村 | E: 111° 27′ 42.4″<br>N: 39° 55′ 45.5″<br>H: 1157±5米 | 庙子沟文化 | 15万 | 2004年5月8日 | |
| 04-093 | 小河畔遗址-1 | 清水河县窑沟乡小河畔村 | E: 111° 27′ 05.6″<br>N: 39° 56′ 07.4″<br>H: 1033±6米 | 战国 | 0.32万 | 2004年5月8日 | |
| 04-094 | 南梁遗址-3 | 清水河县窑沟乡南梁村 | E: 111° 27′ 01.6″<br>N: 39° 55′ 53.1″<br>H: 1071±6米 | 庙子沟文化 | 1.2万 | 2004年5月8日 | 断崖上发现庙子沟文化时期的房址 |
| 04-095 | 铁驼塔遗址-2 | 清水河县窑沟乡铁驼塔村 | E: 111° 27′ 32.0″<br>N: 39° 54′ 45.9″<br>H: 1170±10米 | 庙子沟文化、朱开沟文化、战国 | 8万 | 2004年5月9日 | |

| 遗址编号 | 遗址名称 | 行政归属 | GPS坐标 | 文化属性 | 面积(平方米) | 初查时间 | 备注 |
|---|---|---|---|---|---|---|---|
| 04－096 | 铁驼墕遗址－3 | 清水河县窑沟乡铁驼墕村 | E：111°27′12.9″ N：39°55′00.7″ H：1105±5米 | 庙子沟文化、阿善三期文化、朱开沟文化、战国 | 4万 | 2004年5月9日 | |
| 04－097 | 万家寨遗址－2 | 清水河县窑沟乡万家寨村 | E：111°28′48.1″ N：39°54′43.1″ H：1215±9米 | 汉代 | 14万 | 2004年5月9日 | |
| 04－098 | 新营驿遗址－4 | 清水河县窑沟乡新营驿村 | E：111°30′01.2″ N：39°54′46.7″ H：1176±4米 | 庙子沟文化、汉代 | 4.5万 | 2004年5月9日 | |
| 04－099 | 黑草咀遗址－1 | 清水河县窑沟乡黑草咀村 | E：111°28′49.7″ N：39°53′38.8″ H：1203±5米 | 汉代 | 2万 | 2004年5月10日 | |
| 04－100 | 黑草咀遗址－2 | 清水河县窑沟乡黑草咀村 | E：111°28′14.2″ N：39°53′32.2″ H：1107±5米 | 永兴店文化、战国 | 0.75万 | 2004年5月10日 | |
| 04－101 | 城咀遗址－1 | 清水河县窑沟乡城咀村 | E：111°26′23.8″ N：39°54′22.7″ H：1075±5米 | 阿善三期文化、永兴店文化、朱开沟文化、战国 | 40万 | 2004年5月12日 | 20世纪90年代进行过发掘，为战国城址 |

续附表一

| 遗址编号 | 遗址名称 | 行政归属 | GPS坐标 | 文化属性 | 面积(平方米) | 初查时间 | 备注 |
|---|---|---|---|---|---|---|---|
| 04—102 | 城咀遗址—2 | 清水河县窑沟乡城咀村 | E: 111°26′47.3″ N: 39°54′23.2″ H: 1109±8米 | 官地一期遗存、永兴店文化、战国 | 6万 | 2004年5月12日 | |
| 04—103 | 城咀遗址—3 | 清水河县窑沟乡城咀村 | E: 111°26′50.7″ N: 39°54′06.5″ H: 1156±5米 | 官地一期遗存、永兴店文化、战国 | 20万 | 2004年5月12日 | 2006年经过试掘，永兴店古城 |
| 04—104 | 胶泥圪老遗址—1 | 清水河县窑沟乡胶泥圪老村 | E: 111°27′08.6″ N: 39°53′45.2″ H: 1154±7米 | 朱开沟文化、战国 | 17.5万 | 2004年5月12日 | |
| 04—105 | 胶泥圪老遗址—2 | 清水河县窑沟乡胶泥圪老村 | E: 111°27′19.3″ N: 39°53′35.7″ H: 1184±6米 | 战国、汉代 | 1.5万 | 2004年5月12日 | |
| 04—106 | 刁家梁遗址—1 | 清水河县窑沟乡刁家梁村 | E: 111°29′50.3″ N: 39°53′59.8″ H: 1227±5米 | 永兴店文化 | 0.64万 | 2004年5月12日 | |
| 04—107 | 刁家梁遗址—2 | 清水河县窑沟乡刁家梁村 | E: 111°29′38.7″ N: 39°53′58.7″ H: 1208±6米 | 庙子沟文化、阿善三期文化、汉代 | 0.3万 | 2004年5月13日 | |

续附表一

| 遗址编号 | 遗址名称 | 行政归属 | GPS坐标 | 文化属性 | 面积(平方米) | 初查时间 | 备注 |
|---|---|---|---|---|---|---|---|
| 04—108 | 黑草咀遗址—4 | 清水河县 窑沟乡 黑草咀村 | E: 111°29′40.5″ N: 39°53′15.5″ H: 1240±5米 | 汉代 | 0.64万 | 2004年5月13日 | |
| 04—109 | 贺家峁遗址—1 | 清水河县 小庙乡 贺家峁村 | E: 111°34′40.0″ N: 39°53′36.8″ H: 1324±6米 | 汉代 | 6万 | 2004年5月20日 | |
| 04—110 | 王洛咀遗址—1 | 清水河县 窑沟乡 王洛咀村 | E: 111°30′53.5″ N: 39°53′25.5″ H: 1238±12米 | 战国、汉代 | 26万 | 2004年5月17日 | |
| 04—111 | 刁家梁遗址—3 | 清水河县 窑沟乡 刁家梁村 | E: 111°30′26.0″ N: 39°53′43.9″ H: 1266±6米 | 汉代 | 0.8万 | 2004年5月17日 | |
| 04—112 | 朝天壕遗址—1 | 清水河县 窑沟乡 朝天壕村 | E: 111°32′52.5″ N: 39°53′12.4″ H: 1296±11米 | 战国 | 6万 | 2004年5月17日 | |
| 04—113 | 沟西遗址—1 | 清水河县 窑沟乡 沟西村 | E: 111°32′20.8″ N: 39°53′51.5″ H: 1272±7米 | 战国 | 1.5万 | 2004年5月18日 | |

续附表一

| 遗址编号 | 遗址名称 | 行政归属 | GPS坐标 | 文化属性 | 面积（平方米） | 初查时间 | 备注 |
|---|---|---|---|---|---|---|---|
| 04-114 | 朝天壕遗址-3 | 清水河县窑沟乡朝天壕村 | E：111°33′07.5″N：39°53′22.9″H：1311±5米 | 战国、汉代 | 21万 | 2004年5月18日 | |
| 04-115 | 马次梁遗址-1 | 清水河县窑沟乡马次梁村 | E：111°33′28.4″N：39°53′57.6″H：1266±5米 | 战国 | 0.8万 | 2004年5月18日 | |
| 04-116 | 马次梁遗址-2 | 清水河县窑沟乡马次梁村 | E：111°33′42.7″N：39°54′24.5″H：1261±5米 | 汉代 | 6万 | 2004年5月18日 | |
| 04-117 | 海子沟遗址-1 | 清水河县小庙乡海子沟村 | E：111°32′47.7″N：39°54′32.1″H：1245±5米 | 庙子沟文化 | 3万 | 2004年5月19日 | |
| 04-118 | 海子沟遗址-2 | 清水河县小庙乡海子沟村 | E：111°33′09.3″N：39°54′18.6″H：1270±6米 | 战国 | 0.77万 | 2004年5月19日 | |
| 04-119 | 下蒙家梁遗址-2 | 清水河县小庙乡下蒙家梁村 | E：111°34′31.2″N：39°55′16.1″H：1221±7米 | 庙子沟文化、战国 | 6万 | 2004年5月19日 | 东坡下为朱开沟文化遗址，约2万平方米 |

| 遗址编号 | 遗址名称 | 行政归属 | GPS坐标 | 文化属性 | 面积（平方米） | 初查时间 | 备注 |
|---|---|---|---|---|---|---|---|
| 04－120 | 胶泥圪老遗址－3 | 清水河县窑沟乡胶泥圪老村 | E：111°27′13.5″<br>N：39°53′32.3″<br>H：1183±7米 | 庙子沟文化、永兴店文化、朱开沟文化、战国 | 2万 | 2004年5月12日 | |
| 04－121 | 唐子峁遗址－1 | 清水河县窑沟乡唐子峁村 | E：111°27′54.0″<br>N：39°53′11.0″<br>H：1211±6米 | 汉代 | 1万 | 2004年5月12日 | |
| 04－122 | 唐子峁遗址－1 | 清水河县窑沟乡唐子峁村 | E：111°26′57.8″<br>N：39°53′14.1″<br>H：1172±5米 | 庙子沟文化、汉代 | 0.5万 | 2004年5月12日 | |
| 04－123 | 唐子峁遗址－1 | 清水河县窑沟乡唐子峁村 | E：111°27′19.0″<br>N：39°53′12.0″<br>H：1198±6米 | 阿善三期文化、汉代 | 0.25万 | 2004年5月12日 | |
| 04－124 | 刁家梁遗址－4 | 清水河县窑沟乡刁家梁村 | E：111°29′42.1″<br>N：39°53′45.6″<br>H：1213±4米 | 庙子沟文化、战国 | 3万 | 2004年5月13日 | |
| 04－125 | 阳畔遗址－1 | 清水河县小庙乡阳畔村 | E：111°39′03.9″<br>N：39°56′29.3″<br>H：1308±5米 | 战国、汉代 | 4万 | 2004年5月15日 | 2006年对遗址进行钻探。共清理墓葬8座 |
| 04－126 | 刘四窑子遗址－1 | 清水河县小庙乡刘四窑子村 | E：111°38′47.2″<br>N：39°57′47.1″<br>H：1219±5米 | 汉代 | 1.5万 | 2004年5月14日 | |

续附表一

| 遗址编号 | 遗址名称 | 行政归属 | GPS坐标 | 文化属性 | 面积(平方米) | 初查时间 | 备注 |
|---|---|---|---|---|---|---|---|
| 04-127 | 走马塔遗址-3 | 清水河县小庙乡走马塔村 | E: 111°37′50.3″ N: 39°56′10.8″ H: 1302±4米 | 战国 | 1.2万 | 2004年5月16日 | |
| 04-128 | 阳畔遗址-2 | 清水河县小庙乡阳畔村 | E: 111°38′44.0″ N: 39°55′51.4″ H: 1250±5米 | 永兴店文化、汉代 | 1.17万 | 2004年5月16日 | |
| 04-129 | 朝天塔遗址-2 | 清水河县盆沟乡朝天塔村 | E: 111°32′43.0″ N: 39°53′19.6″ H: 1305±5米 | 永兴店文化 | 0.5万 | 2004年5月18日 | |
| 04-130 | 朝天塔遗址-4 | 清水河县盆沟乡朝天塔村 | E: 111°32′48.6″ N: 39°53′45.7″ H: 1287±6米 | 朱开沟文化 | 0.5万 | 2004年5月18日 | |
| 04-131 | 海子沟遗址-3 | 清水河县小庙乡海子沟村 | E: 111°32′35.8″ N: 39°54′29.3″ H: 1235±4米 | 庙子沟文化 | 1.2万 | 2004年5月19日 | |
| 04-132 | 下蒙家梁遗址-1 | 清水河县小庙乡下蒙家梁村 | E: 111°34′25.8″ N: 39°55′28.0″ H: 1194±6米 | 庙子沟文化、阿善三期文化、朱开沟文化、汉代 | 21万 | 2004年5月19日 | |
| 04-133 | 八龙湾遗址-6 | 清水河县小庙乡八龙湾村 | E: 111°34′51.9″ N: 39°55′28.1″ H: 1164±4米 | 庙子沟文化、战国 | 0.6万 | 2004年5月19日 | |

续附表一

| 遗址编号 | 遗址名称 | 行政归属 | GPS坐标 | 文化属性 | 面积（平方米） | 初查时间 | 备注 |
|---|---|---|---|---|---|---|---|
| 04－134 | 杜家沟遗址－1 | 清水河县小庙乡杜家沟村 | E：111°34′31.0″ N：39°53′47.7″ H：1302±4米 | 战国、汉代 | 15万 | 2004年5月20日 | |
| 04－135 | 上蒙家梁遗址－1 | 清水河县小庙乡上蒙家梁村 | E：111°34′01.2″ N：39°54′35.0″ H：1261±5米 | 战国、汉代 | 3万 | 2004年5月20日 | |
| 04－136 | 西马厂遗址－1 | 清水河县小庙乡西马厂村 | E：111°33′31.8″ N：39°55′10.4″ H：1350±4米 | 永兴店文化 | 0.3万 | 2004年5月20日 | |
| 04－137 | 姑姑庵遗址－2 | 清水河县小庙乡姑姑庵村 | E：111°35′05.7″ N：39°54′30.9″ H：1238±5米 | 庙子沟文化 | 0.5万 | 2004年5月21日 | |
| 04－138 | 姑姑庵遗址－7 | 清水河县小庙乡姑姑庵村 | E：111°34′57.7″ N：39°54′39.7″ H：1249±5米 | 庙子沟文化 | 3万 | 2004年5月21日 | |
| 04－139 | 姑姑庵遗址－8 | 清水河县小庙乡姑姑庵村 | E：111°35′06.8″ N：39°55′14.4″ H：1159±5米 | 庙子沟文化 | 6万 | 2004年5月21日 | |
| 04－140 | 下蒙家梁遗址－3 | 清水河县小庙乡下蒙家梁村 | E：111°34′44.1″ N：39°55′11.3″ H：1188±6米 | 庙子沟文化、朱开沟文化、战国 | 6.75万 | 2004年5月19日 | |

续附表一

| 遗址编号 | 遗址名称 | 行政归属 | GPS坐标 | 文化属性 | 面积（平方米） | 初查时间 | 备注 |
|---|---|---|---|---|---|---|---|
| 04—141 | 下蒙家梁遗址—4 | 清水河县小庙乡下蒙家梁村 | E: 111°34′10.2″ N: 39°55′11.5″ H: 1238±5米 | 战国、汉代 | 0.64万 | 2004年5月19日 | |
| 04—142 | 杜家沟遗址—2 | 清水河县小庙乡杜家沟村 | E: 111°33′55.7″ N: 39°53′54.1″ H: 1295±5米 | 辽金 | 2万 | 2004年5月20日 | |
| 04—143 | 上蒙家梁遗址—4 | 清水河县小庙乡上蒙家梁村 | E: 111°34′17.2″ N: 39°54′25.6″ H: 1235±18米 | 汉代 | 0.8万 | 2004年5月20日 | |
| 04—144 | 二道咀遗址—1 | 清水河县小庙乡二道咀村 | E: 111°35′15.3″ N: 39°53′36.5″ H: 1276±5米 | 永兴店文化、战国、汉代 | 2.5万 | 2004年5月20日 | |
| 04—145 | 庙梁遗址—1 | 清水河县小庙乡庙梁村 | E: 111°35′01.2″ N: 39°54′02.7″ H: 1276±5米 | 官地一期遗存、战国、汉代 | 2万 | 2004年5月21日 | |
| 04—146 | 姑姑庵遗址—1 | 清水河县小庙乡姑姑庵村 | E: 111°35′22.8″ N: 39°54′38.1″ H: 1218±6米 | 庙子沟文化、阿善三期文化 | 3万 | 2004年5月21日 | |
| 04—147 | 姑姑庵遗址—3 | 清水河县小庙乡姑姑庵村 | E: 111°35′21.6″ N: 39°55′14.1″ H: 1178±7米 | 庙子沟文化 | 6万 | 2004年5月21日 | |

续附表一

| 遗址编号 | 遗址名称 | 行政归属 | GPS坐标 | 文化属性 | 面积（平方米） | 初查时间 | 备注 |
|---|---|---|---|---|---|---|---|
| 04—148 | 姑姑庵遗址—4 | 清水河县小庙乡姑姑庵村 | E：111°35′34.9″ N：39°55′16.9″ H：1179±5米 | 宫地一期遗存、鲁家坡一期遗存、庙子沟文化、朱开沟文化、战国 | 6万 | 2004年5月21日 | 2006年试掘，遗址下方为战国墓地 |
| 04—149 | 姑姑庵遗址—5 | 清水河县小庙乡姑姑庵村 | E：111°35′14.7″ N：39°55′21.3″ H：1153±9米 | 庙子沟文化、战国 | 0.8万 | 2004年5月21日 | |
| 04—150 | 姑姑庵遗址—6 | 清水河县小庙乡姑姑庵村 | E：111°35′35.4″ N：39°55′01.0″ H：1198±9米 | 宫地一期遗存、鲁家坡一期遗存、庙子沟文化 | 5万 | 2004年5月21日 | |
| 04—151 | 只几嫣遗址—1 | 清水河县小庙乡只几嫣村 | E：111°35′59.3″ N：39°55′08.0″ H：1179±11米 | 庙子沟文化、朱开沟文化、战国 | 14万 | 2004年5月21日 | |
| 04—152 | 只几嫣遗址—2 | 清水河县小庙乡只几嫣村 | E：111°36′21.3″ N：39°55′11.3″ H：1183±7米 | 朱开沟文化 | 3万 | 2004年5月21日 | |
| 04—153 | 只几嫣遗址—3 | 清水河县小庙乡只几嫣村 | E：111°36′24.8″ N：39°54′58.2″ H：1202±5米 | 庙子沟文化、阿善三期文化、朱开沟文化、战国 | 5万 | 2004年5月21日 | |

续附表一

| 遗址编号 | 遗址名称 | 行政归属 | GPS坐标 | 文化属性 | 面积（平方米） | 初查时间 | 备注 |
|---|---|---|---|---|---|---|---|
| 04－154 | 王三窑子遗址－2 | 清水河县小庙乡王三窑子村 | E: 111°37′47.2″<br>N: 39°55′15.1″<br>H: 1143±5米 | 庙子沟文化、战国 | 0.6万 | 2004年5月22日 | |
| 04－155 | 王三窑子遗址－3 | 清水河县小庙乡王三窑子村 | E: 111°37′31.5″<br>N: 39°55′04.8″<br>H: 1188±5米 | 庙子沟文化、汉代 | 0.8万 | 2004年5月22日 | |
| 04－156 | 五眼井遗址－1 | 清水河县小庙乡五眼井村 | E: 111°36′35.4″<br>N: 39°54′45.2″<br>H: 1186±6米 | 庙子沟文化 | 1.6万 | 2004年5月23日 | |
| 04－157 | 五道峁遗址－2 | 清水河县小庙乡五道峁村 | E: 111°37′35.9″<br>N: 39°54′28.9″<br>H: 1248±5米 | 战国 | 0.8万 | 2004年5月24日 | |
| 04－158 | 王三窑子遗址－4 | 清水河县小庙乡王三窑子村 | E: 111°37′25.8″<br>N: 39°54′51.5″<br>H: 1221±5米 | 鲁家坡一期遗存、庙子沟文化、战国 | 6万 | 2004年5月24日 | |
| 04－159 | 五七大学遗址－2 | 清水河县五良太乡五七大学村 | E: 111°38′42.1″<br>N: 39°59′41.8″<br>H: 1124±7米 | 庙子沟文化、朱开沟文化、战国、汉代 | 64万 | 2004年5月31日 | |

续附表一

| 遗址编号 | 遗址名称 | 行政归属 | GPS坐标 | 文化属性 | 面积（平方米） | 初查时间 | 备注 |
|---|---|---|---|---|---|---|---|
| 04－160 | 祁家沟遗址－2 | 清水河县城关镇祁家沟村 | E：111°39′58.1″ N：39°54′17.4″ H：1271±5米 | 鲁家坡一期遗存、阿善三期文化 | 3万 | 2004年5月26日 | |
| 04－161 | 畔峁子遗址－1 | 清水河县城关镇畔峁子村 | E：111°38′18.9″ N：39°54′43.6″ H：1221±6米 | 庙子沟文化、朱开沟文化、汉代 | 5万 | 2004年5月26日 | |
| 04－162 | 畔峁子遗址－2 | 清水河县城关镇畔峁子村 | E：111°38′37.0″ N：39°54′53.4″ H：1194±6米 | 鲁家坡一期遗存、庙子沟文化、阿善三期文化、永兴店文化、朱开沟文化、战国 | 2万 | 2004年5月26日 | |
| 04－163 | 畔峁子遗址－3 | 清水河县城关镇畔峁子村 | E：111°38′31.5″ N：39°54′57.6″ H：1183±6米 | 鲁家坡一期遗存、庙子沟文化、阿善三期文化、朱开沟文化、战国 | 3万 | 2004年5月26日 | |
| 04－164 | 畔峁子遗址－4 | 清水河县城关镇畔峁子村 | E：111°38′37.2″ N：39°54′46.5″ H：1201±5米 | 庙子沟文化、朱开沟文化、战国 | 1万 | 2004年5月26日 | |
| 04－165 | 罗头窑遗址－1 | 清水河县城关镇罗头窑村 | E：111°39′18.7″ N：39°54′40.2″ H：1185±5米 | 庙子沟文化、朱开沟文化、战国 | 4.5万 | 2004年5月26日 | |

续附表一

| 遗址编号 | 遗址名称 | 行政归属 | GPS坐标 | 文化属性 | 面积(平方米) | 初查时间 | 备注 |
|---|---|---|---|---|---|---|---|
| 04-166 | 新窑上遗址-3 | 清水河县小庙乡新窑上村 | E: 111°39'36.0"<br>N: 39°57'53.9"<br>H: 1256±5米 | 战国 | 2万 | 2004年5月29日 | |
| 04-167 | 庄窝坪遗址-6 | 清水河县小庙乡庄窝坪村 | E: 111°38'08.3"<br>N: 39°59'11.3"<br>H: 1137±10米 | 庙子沟文化、战国 | 3万 | 2004年5月29日 | |
| 04-168 | 皮家沟遗址-4 | 清水河县五良太乡皮家沟村 | E: 111°39'19.9"<br>N: 39°58'47.0"<br>H: 1163±5米 | 战国 | 3万 | 2004年5月30日 | |
| 04-169 | 皮家沟遗址-6 | 清水河县五良太乡皮家沟村 | E: 111°38'45.4"<br>N: 39°59'22.5"<br>H: 1159±5米 | 庙子沟文化、战国、汉代 | 0.8万 | 2004年5月30日 | |
| 04-170 | 王三窑子遗址-1 | 清水河县小庙乡王三窑子村 | E: 111°37'30.9"<br>N: 39°55'18.9"<br>H: 1172±5米 | 官地一期遗存、鲁家坡一期遗存、庙子沟文化、朱开沟文化、战国 | 6万 | 2004年5月22日 | |
| 04-171 | 新庄窝遗址-1 | 清水河县小庙乡新庄窝村 | E: 111°35'46.7"<br>N: 39°54'36.5"<br>H: 1200±5米 | 庙子沟文化、战国 | 6万 | 2004年5月21日 | |

| 遗址编号 | 遗址名称 | 行政归属 | GPS坐标 | 文化属性 | 面积（平方米） | 初查时间 | 备注 |
|---|---|---|---|---|---|---|---|
| 04—172 | 台子梁遗址—1 | 清水河县小庙乡台子梁村 | E: 111°38′41.6″ N: 39°53′11.2″ H: 1375±4米 | 鲁家坡一期遗存、庙子沟文化、战国、汉代 | 3万 | 2004年5月24日 | |
| 04—173 | 五道卯遗址—1 | 清水河县小庙乡五道卯村 | E: 111°38′27.9″ N: 39°53′36.1″ H: 1374±4米 | 鲁家坡一期遗存、庙子沟文化、战国 | 4万 | 2004年5月24日 | |
| 04—174 | 祁家沟遗址—1 | 清水河县城关镇祁家沟村 | E: 111°39′37.6″ N: 39°53′48.2″ H: 1280±6米 | 庙子沟文化 | 5万 | 2004年5月26日 | |
| 04—175 | 窑子上遗址—1 | 清水河县城关镇窑子上村 | E: 111°39′28.2″ N: 39°54′05.0″ H: 1232±6米 | 庙子沟文化、战国 | 2万 | 2004年5月26日 | |
| 04—176 | 窑子上遗址—2 | 清水河县城关镇窑子上村 | E: 111°39′37.1″ N: 39°54′19.1″ H: 1209±5米 | 朱开沟文化、战国 | 5万 | 2004年5月26日 | |
| 04—177 | 窑子上遗址—3 | 清水河县城关镇窑子上村 | E: 111°39′32.3″ N: 39°54′26.6″ H: 1202±6米 | 庙子沟文化、朱开沟文化 | 2.5万 | 2004年5月26日 | |

续附表一

| 遗址编号 | 遗址名称 | 行政归属 | GPS坐标 | 文化属性 | 面积（平方米） | 初查时间 | 备注 |
|---|---|---|---|---|---|---|---|
| 04－178 | 新窑上遗址－2 | 清水河县小庙乡新窑上村 | E: 111°38′00.7″ N: 39°54′27.1″ H: 1264±5米 | 庙子沟文化 | 9万 | 2004年5月26日 | |
| 04－179 | 打磨湾遗址－1 | 清水河县城关镇打磨湾村 | E: 111°38′07.1″ N: 39°55′02.8″ H: 1180±7米 | 庙子沟文化、阿善三期文化、朱开沟文化、战国 | 2万 | 2004年5月26日 | |
| 04－180 | 打磨湾遗址－2 | 清水河县城关镇打磨湾村 | E: 111°38′13.2″ N: 39°54′57.4″ H: 1183±5米 | 庙子沟文化、朱开沟文化 | 2万 | 2004年5月26日 | |
| 04－181 | 小庙子遗址－1 | 清水河县小庙乡小庙子村 | E: 111°40′00.8″ N: 39°55′30.4″ H: 1315±4米 | 辽金、明代 | 1万 | 2004年5月28日 | 明代烽燧 |
| 04－182 | 小庙子遗址－2 | 清水河县小庙乡小庙子村 | E: 111°39′28.2″ N: 39°55′22.9″ H: 1214±5米 | 官地一期遗存、鲁家坡一期遗存、庙子沟文化、阿善三期文化、永兴店文化、战国 | 3万 | 2004年5月28日 | |
| 04－183 | 庄窝峁遗址－1 | 清水河县小庙乡庄窝峁村 | E: 111°37′45.2″ N: 39°59′33.9″ H: 1103±5米 | 战国、汉代 | 3万 | 2004年5月28日 | |

续附表一

| 遗址编号 | 遗址名称 | 行政归属 | GPS坐标 | 文化属性 | 面积（平方米） | 初查时间 | 备注 |
|---|---|---|---|---|---|---|---|
| 04—184 | 庄窝坪遗址—7 | 清水河县小庙乡庄窝坪村 | E: 111° 37′ 30.1″<br>N: 39° 59′ 27.4″<br>H: 1102±6米 | 战国 | 6万 | 2004年5月28日 | |
| 04—185 | 庄窝坪遗址—8 | 清水河县小庙乡庄窝坪村 | E: 111° 37′ 21.1″<br>N: 39° 59′ 18.0″<br>H: 1099±5米 | 鲁家坡一期遗存、庙子沟文化、阿善三期文化、朱开沟文化 | 6万 | 2004年5月28日 | |
| 04—186 | 郭三窑子遗址—1 | 清水河县小庙乡郭三窑子村 | E: 111° 39′ 27.6″<br>N: 39° 55′ 54.7″<br>H: 1270±6米 | 战国 | 1.5万 | 2004年5月29日 | |
| 04—187 | 郭三窑子遗址—2 | 清水河县小庙乡郭三窑子村 | E: 111° 39′ 38.8″<br>N: 39° 56′ 00.7″<br>H: 1288±5米 | 战国 | 0.8万 | 2004年5月29日 | |
| 04—188 | 皮家沟遗址—1 | 清水河县五良太乡皮家沟村 | E: 111° 40′ 06.6″<br>N: 39° 59′ 19.4″<br>H: 1170±5米 | 战国 | 2万 | 2004年5月29日 | |
| 04—189 | 皮家沟遗址—2 | 清水河县五良太乡皮家沟村 | E: 111° 39′ 38.5″<br>N: 39° 59′ 24.5″<br>H: 1165±5米 | 战国 | 1.5万 | 2004年5月29日 | |

续附表一

| 遗址编号 | 遗址名称 | 行政归属 | GPS坐标 | 文化属性 | 面积（平方米） | 初查时间 | 备注 |
|---|---|---|---|---|---|---|---|
| 04—190 | 皮家沟遗址—3 | 清水河县五良太乡皮家沟村 | E: 111°39′29.5″<br>N: 39°59′26.5″<br>H: 1160±5米 | 战国 | 1万 | 2004年5月29日 | |
| 04—191 | 皮家沟遗址—5 | 清水河县五良太乡皮家沟村 | E: 111°39′01.9″<br>N: 39°59′30.8″<br>H: 1130±5米 | 永兴店文化、朱开沟文化 | 0.5万 | 2004年5月29日 | |
| 04—192 | 五七大学遗址—1 | 清水河县五良太乡五七大学村 | E: 111°38′11.8″<br>N: 39°59′45.6″<br>H: 1135±5米 | 庙子沟文化、战国 | 3万 | 2004年5月30日 | |
| 04—193 | 新窑上遗址—3 | 清水河县小庙乡新窑上村 | E: 111°39′19.3″<br>N: 39°59′40.3″<br>H: 1145±5米 | 庙子沟文化、朱开沟文化、战国、汉代 | 3万 | 2004年5月31日 | |
| 04—194 | 郭三窑子遗址—3 | 清水河县小庙乡郭三窑子村 | E: 111°38′40.9″<br>N: 39°59′25.7″<br>H: 1177±5米 | 朱开沟文化 | 0.8万 | 2004年6月1日 | |
| 04—195 | 贾家湾遗址—1 | 清水河县小庙乡贾家湾村 | E: 111°38′29.5″<br>N: 39°55′26.7″<br>H: 1142±6米 | 战国 | 6万 | 2004年6月1日 | |

续附表一

| 遗址编号 | 遗址名称 | 行政归属 | GPS坐标 | 文化属性 | 面积（平方米） | 初查时间 | 备注 |
| --- | --- | --- | --- | --- | --- | --- | --- |
| 04—196 | 八龙湾遗址—7 | 清水河县小庙乡八龙湾村 | E：111°34′27.4″ N：39°55′44.6″ H：1153±5米 | 庙子沟文化 | 4.5万 | 2004年6月1日 | |
| 04—197 | 八龙湾遗址—8 | 清水河县小庙乡八龙湾村 | E：111°34′46.8″ N：39°55′44.5″ H：1120±5米 | 战国 | 0.5万 | 2004年6月1日 | |
| 04—198 | 八龙湾遗址—9 | 清水河县小庙乡八龙湾村 | E：111°35′16.3″ N：39°55′39.9″ H：1110±5米 | 战国 | 0.96万 | 2004年6月1日 | |
| 04—199 | 王三窑子遗址—4 | 清水河县小庙乡王三窑子村 | E：111°36′40.0″ N：39°55′26.8″ H：1121±5米 | 战国 | 10万 | 2004年6月9日 | |
| 04—200 | 西咀遗址—1 | 清水河县小庙乡西咀村 | E：111°35′27.5″ N：39°56′07.1″ H：1175±9米 | 战国 | 0.6万 | 2004年6月9日 | 2004年发掘清理了三座墓葬 |
| 05—201 | 大路圪坦遗址—1 | 准格尔旗窑沟乡大路圪坦村 | E：111°24′47.0″ N：39°58′18.4″ H：1066±7米 | 庙子沟文化、阿善三期文化、永兴店文化、未开沟文化 | 10万 | 2005年4月11日 | 阿善三期文化石城 |

续附表一

| 遗址编号 | 遗址名称 | 行政归属 | GPS坐标 | 文化属性 | 面积（平方米） | 初查时间 | 备注 |
|---|---|---|---|---|---|---|---|
| 05－202 | 大路圪坦遗址－2 | 准格尔旗窑沟乡大路圪坦村 | E: 111° 24′ 31.0″<br>N: 39° 58′ 00.0″<br>H: 1083±5米 | 庙子沟文化、永兴店文化、战国 | 8.75万 | 2005年4月11日 | |
| 05－203 | 小窑上遗址－1 | 准格尔旗窑沟乡小窑上村 | E: 111° 24′ 47.1″<br>N: 39° 57′ 43.4″<br>H: 1067±5米 | 战国 | 5万 | 2005年4月11日 | |
| 05－204 | 小窑上遗址－2 | 准格尔旗窑沟乡小窑上村 | E: 111° 24′ 41.0″<br>N: 39° 57′ 40.5″<br>H: 1076±5米 | 庙子沟文化、永兴店文化、朱开沟文化、战国 | 10.5万 | 2005年4月11日 | |
| 05－205 | 槽牛营子遗址－1 | 准格尔旗窑沟乡槽牛营子村 | E: 111° 24′ 42.8″<br>N: 39° 57′ 19.4″<br>H: 1092±5米 | 庙子沟文化、阿善三期文化、朱开沟文化 | 6万 | 2005年4月11日 | |
| 05－206 | 槽牛营子遗址－2 | 准格尔旗窑沟乡槽牛营子村 | E: 111° 24′ 32.5″<br>N: 39° 57′ 19.3″<br>H: 1093±6米 | 阿善三期文化 | 3.75万 | 2005年4月11日 | |
| 05－207 | 九号窑子遗址－1 | 准格尔旗窑沟乡九号窑子村 | E: 111° 24′ 45.3″<br>N: 39° 56′ 48.4″<br>H: 1109±5米 | 朱开沟文化 | 5万 | 2005年4月11日 | |
| 05－208 | 畔梁遗址－1 | 准格尔旗窑沟乡畔梁村 | E: 111° 24′ 56.0″<br>N: 39° 56′ 32.9″<br>H: 1107±5米 | 庙子沟文化、永兴店文化、朱开沟文化 | 2.25万 | 2005年4月11日 | |

| 遗址编号 | 遗址名称 | 行政归属 | GPS坐标 | 文化属性 | 面积（平方米） | 初查时间 | 备注 |
|---|---|---|---|---|---|---|---|
| 05—209 | 畔梁遗址—2 | 准格尔旗窑沟乡畔梁村 | E：111°24′58.3″<br>N：39°56′42.2″<br>H：1105±6米 | 永兴店文化、朱开沟文化 | 3万 | 2005年4月11日 | 发现有石板墓 |
| 05—210 | 牛龙湾遗址—1 | 准格尔旗窑沟乡牛龙湾村 | E：111°25′21.0″<br>N：39°56′28.7″<br>H：1046±5米 | 阿善三期文化 | 1.5万 | 2005年4月12日 | |
| 05—211 | 牛龙湾遗址—2 | 准格尔旗窑沟乡牛龙湾村 | E：111°25′10.2″<br>N：39°56′23.0″<br>H：1090±5米 | 朱开沟文化 | 3万 | 2005年4月12日 | |
| 05—212 | 柳树渠遗址—1 | 准格尔旗窑沟乡柳树渠村 | E：111°25′36.4″<br>N：39°55′32.4″<br>H：1153±4米 | 朱开沟文化 | 3万 | 2005年4月12日 | |
| 05—213 | 牛龙湾遗址—3 | 准格尔旗窑沟乡牛龙湾村 | E：111°25′51.6″<br>N：39°55′51.2″<br>H：987±8米 | 庙子沟文化、阿善三期文化、汉代 | 3万 | 2005年4月13日 | |
| 05—214 | 牛龙湾遗址—4 | 准格尔旗窑沟乡牛龙湾村 | E：111°25′47.8″<br>N：39°56′06.6″<br>H：1103±5米 | 庙子沟文化、朱开沟文化 | 3.75万 | 2005年4月13日 | |
| 05—215 | 牛龙湾遗址—5 | 准格尔旗窑沟乡牛龙湾村 | E：111°25′37.8″<br>N：39°56′12.7″<br>H：1041±5米 | 庙子沟文化、朱开沟文化 | 2万 | 2005年4月13日 | |

| 遗址编号 | 遗址名称 | 行政归属 | GPS坐标 | 文化属性 | 面积<br>(平方米) | 初查<br>时间 | 备注 |
|---|---|---|---|---|---|---|---|
| 05－216 | 牛龙湾<br>遗址－6 | 准格尔旗<br>窑沟乡<br>牛龙湾村 | E: 111°25′46.4″<br>N: 39°56′18.1″<br>H: 1011±5米 | 永兴店文化、朱开沟文化、战国 | 2.5万 | 2005年<br>4月14日 | |
| 05－217 | 柳树渠<br>遗址－2 | 准格尔旗<br>窑沟乡<br>柳树渠村 | E: 111°25′51.8″<br>N: 39°55′16.7″<br>H: 1093±6米 | 阿善三期文化、战国、汉代 | 6.25万 | 2005年<br>4月14日 | |
| 05－218 | 柳树渠<br>遗址－3 | 准格尔旗<br>窑沟乡<br>柳树渠村 | E: 111°25′39.8″<br>N: 39°55′19.2″<br>H: 1150±5米 | 官地一期遗存、阿善三期文化、朱开沟文化 | 3.6万 | 2005年<br>4月14日 | |
| 05－219 | 柳树渠<br>遗址－4 | 准格尔旗<br>窑沟乡<br>柳树渠村 | E: 111°26′16.6″<br>N: 39°55′06.6″<br>H: 993±7米 | 庙子沟文化、战国 | 3万 | 2005年<br>4月14日 | |
| 05－220 | 柳树渠<br>遗址－5 | 准格尔旗<br>窑沟乡<br>柳树渠村 | E: 111°26′04.3″<br>N: 39°54′58.8″<br>H: 1014±6米 | 阿善三期文化、朱开沟文化、战国、汉代 | 5万 | 2005年<br>4月14日 | |
| 05－221 | 贾家圪坦<br>遗址－1 | 准格尔旗<br>窑沟乡<br>贾家圪坦村 | E: 111°25′16.2″<br>N: 39°54′48.0″<br>H: 1164±5米 | 庙子沟文化、阿善三期文化、朱开沟文化 | 20万 | 2005年<br>4月14日 | |

| 遗址编号 | 遗址名称 | 行政归属 | GPS坐标 | 文化属性 | 面积（平方米） | 初查时间 | 备注 |
|---|---|---|---|---|---|---|---|
| 05-222 | 贾家疙坦遗址-2 | 准格尔旗暖水乡贾家疙坦村 | E: 111°24′54.0″<br>N: 39°54′51.5″<br>H: 1143±4米 | 阿善三期文化 | 3.75万 | 2005年4月14日 | |
| 05-223 | 贾家疙坦遗址-3 | 准格尔旗暖水乡贾家疙坦村 | E: 111°25′27.7″<br>N: 39°54′44.7″<br>H: 1144±11米 | 朱开沟文化 | 3万 | 2005年4月14日 | |
| 05-224 | 贾家疙坦遗址-4 | 准格尔旗暖水乡贾家疙坦村 | E: 111°25′55.4″<br>N: 39°54′41.1″<br>H: 1017±5米 | 鲁家坡一期遗存、阿善三期文化、朱开沟文化 | 6.25万 | 2005年4月14日 | |
| 05-225 | 荒地遗址-1 | 准格尔旗暖水乡荒地村 | E: 111°25′57.0″<br>N: 39°54′09.7″<br>H: 1083±5米 | 阿善三期文化、永兴店文化、战国 | 7.5万 | 2005年4月14日 | 20世纪90年代进行了发掘，为阿善三期文化石城 |
| 05-226 | 荒地遗址-2 | 准格尔旗暖水乡荒地村 | E: 111°26′01.2″<br>N: 39°53′55.4″<br>H: 1048±5米 | 阿善三期文化、永兴店文化、战国 | 8.75万 | 2005年4月15日 | |
| 05-227 | 荒地遗址-3 | 准格尔旗暖水乡荒地村 | E: 111°25′43.0″<br>N: 39°53′55.2″<br>H: 1091±5米 | 官地一期遗存、阿善三期文化、朱开沟文化、战国 | 22.75万 | 2005年4月15日 | |

续附表一

| 遗址编号 | 遗址名称 | 行政归属 | GPS坐标 | 文化属性 | 面积(平方米) | 初查时间 | 备注 |
|---|---|---|---|---|---|---|---|
| 05—228 | 荒地遗址—4 | 准格尔旗窑沟乡荒地村 | E：111°25′0.75″<br>N：39°53′51.1″<br>H：1120±5米 | 鲁家坡一期遗存、阿善三期文化、朱开沟文化 | 5万 | 2005年4月15日 | |
| 05—229 | 荒地遗址—5 | 准格尔旗窑沟乡荒地村 | E：111°24′46.4″<br>N：39°54′03.1″<br>H：1164±5米 | 庙子沟文化、朱开沟文化、战国 | 9万 | 2005年4月14日 | |
| 05—230 | 荒地遗址—6 | 准格尔旗窑沟乡荒地村 | E：111°24′46.2″<br>N：39°53′53.3″<br>H：1134±8米 | 庙子沟文化、朱开沟文化、战国 | 1.2万 | 2005年4月15日 | |
| 05—231 | 马家圪坦遗址—1 | 准格尔旗窑沟乡马家圪坦村 | E：111°24′58.6″<br>N：39°53′14.7″<br>H：1063±5米 | 永兴店文化 | 7.5万 | 2005年4月15日 | |
| 05—232 | 石壁桥遗址—1 | 清水河县王桂窑子乡石壁桥村 | E：111°36′47.3″<br>N：39°59′46.6″<br>H：1153±6米 | 鲁家坡一期遗存、庙子沟文化、永兴店文化、朱开沟文化、汉代 | 31.5万 | 2005年4月16日 | |
| 05—233 | 石壁桥遗址—2 | 清水河县王桂窑子乡石壁桥村 | E：111°37′32.7″<br>N：39°59′54.1″<br>H：1141±4米 | 官地一期遗存、阿善三期文化、永兴店文化 | 3.75万 | 2005年4月17日 | 阿善三期文化石城 |

续附表一

| 遗址编号 | 遗址名称 | 行政归属 | GPS坐标 | 文化属性 | 面积(平方米) | 初查时间 | 备注 |
|---|---|---|---|---|---|---|---|
| 05-234 | 石壁桥遗址-3 | 清水窑河县王桂窑子乡石壁桥村 | E：111°37′01.5″<br>N：39°59′39.3″<br>H：1082±5米 | 官地一期遗存、庙子沟文化、战国 | 3万 | 2005年4月17日 | |
| 05-235 | 石壁桥遗址-4 | 清水窑河县王桂窑子乡石壁桥村 | E：111°36′31.0″<br>N：39°59′31.0″<br>H：1187±7米 | 庙子沟文化、阿善三期文化、永兴店文化、朱开沟文化、汉代 | 8.75万 | 2005年4月17日 | |
| 05-236 | 石壁桥遗址-5 | 清水窑河县王桂窑子乡石壁桥村 | E：111°36′14.8″<br>N：39°59′33.6″<br>H：1213±5米 | 朱开沟文化、战国 | 8万 | 2005年4月17日 | |
| 05-237 | 沙鄢遗址-1 | 清水窑河县王桂窑子乡沙鄢村 | E：111°34′45.9″<br>N：39°59′41.8″<br>H：1198±5米 | 汉代 | 9万 | 2005年4月18日 | |
| 05-238 | 小什俱牛梁遗址-1 | 清水窑河县王桂窑子乡小什俱牛梁村 | E：111°34′07.3″<br>N：39°59′02.6″<br>H：1191±5米 | 庙子沟文化、朱开沟文化、汉代 | 6万 | 2005年4月18日 | |
| 05-239 | 沙鄢遗址-2 | 清水窑河县王桂窑子乡沙鄢村 | E：111°34′13.0″<br>N：39°59′32.2″<br>H：1245±5米 | 永兴店文化、汉代 | 2.25万 | 2005年4月18日 | |

续附表一

| 遗址编号 | 遗址名称 | 行政归属 | GPS坐标 | 文化属性 | 面积（平方米） | 初查时间 | 备注 |
|---|---|---|---|---|---|---|---|
| 05－240 | 小什俱牛梁遗址－2 | 清水河县王桂窑子乡小什俱牛梁村 | E: 111°34′31.5″<br>N: 39°59′12.5″<br>H: 1181±5米 | 汉代 | 7.5万 | 2005年4月18日 | |
| 05－241 | 小什俱牛梁遗址－3 | 清水河县王桂窑子乡小什俱牛梁村 | E: 111°33′41.3″<br>N: 39°59′07.0″<br>H: 1183±5米 | 战国、汉代 | 7.5万 | 2005年4月18日 | |
| 05－242 | 青草鄢遗址－1 | 清水河县王桂窑子乡青草鄢村 | E: 111°33′35.0″<br>N: 39°59′22.1″<br>H: 1220±7米 | 鲁家坡一期遗存、庙子沟文化、永兴店文化、朱开沟文化 | 7.5万 | 2005年4月18日 | |
| 05－243 | 青草鄢遗址－2 | 清水河县王桂窑子乡青草鄢村 | E: 111°33′27.8″<br>N: 39°59′37.8″<br>H: 1227±8米 | 鲁家坡一期遗存、战国 | 12万 | 2005年4月18日 | |
| 05－244 | 解放遗址－1 | 清水河县王桂窑子乡解放村 | E: 111°33′14.3″<br>N: 39°59′56.4″<br>H: 1234±5米 | 鲁家坡一期遗存、庙子沟文化、阿善三期文化、朱开沟文化、战国 | 7.5万 | 2005年4月18日 | |
| 05－245 | 常家河遗址－1 | 清水河县王桂窑子乡常家河村 | E: 111°31′33.5″<br>N: 39°59′51.5″<br>H: 1243±6米 | 辽金 | 10.5万 | 2005年4月19日 | |

续附表一

| 遗址编号 | 遗址名称 | 行政归属 | GPS坐标 | 文化属性 | 面积（平方米） | 初查时间 | 备注 |
|---|---|---|---|---|---|---|---|
| 05－246 | 常家河遗址－2 | 清水河县王桂窑子乡常家河村 | E：111°31′49.1″<br>N：39°59′41.8″<br>H：1236±6米 | 庙子沟文化、永兴店文化、战国、汉代 | 11.25万 | 2005年4月19日 | |
| 05－247 | 常家河遗址－3 | 清水河县王桂窑子乡常家河村 | E：111°31′48.5″<br>N：39°59′52.7″<br>H：1229±5米 | 阿善三期文化、朱开沟文化、汉代 | 10万 | 2005年4月19日 | |
| 05－248 | 常家河遗址－4 | 清水河县王桂窑子乡常家河村 | E：111°31′35.7″<br>N：39°59′31.8″<br>H：1273±5米 | 鲁家坡一期遗存、朱开沟文化、战国 | 12.5万 | 2005年4月19日 | |
| 05－249 | 解放遗址－2 | 清水河县王桂窑子乡解放村 | E：111°32′29.3″<br>N：39°59′42.4″<br>H：1185±5米 | 庙子沟文化、永兴店文化、朱开沟文化、战国 | 12.5万 | 2005年4月19日 | |
| 05－250 | 解放遗址－3 | 清水河县王桂窑子乡解放村 | E：111°32′34.9″<br>N：39°59′38.1″<br>H：1229±6米 | 庙子沟文化、阿善三期文化、朱开沟文化、战国、汉代 | 22.5万 | 2005年4月19日 | |
| 05－251 | 常家河遗址－5 | 清水河县王桂窑子乡常家河村 | E：111°32′07.2″<br>N：39°59′25.6″<br>H：1232±4米 | 永兴店文化、汉代 | 12.25万 | 2005年4月19日 | |

| 遗址编号 | 遗址名称 | 行政归属 | GPS坐标 | 文化属性 | 面积(平方米) | 初查时间 | 备注 |
|---|---|---|---|---|---|---|---|
| 05—252 | 把兔沟遗址—1 | 清水河县王桂窑子乡把兔沟村 | E: 111°32′25.7″<br>N: 39°59′00.9″<br>H: 1230±5米 | 鲁家坡一期遗存、庙子沟文化、汉代 | 4万 | 2005年4月20日 | |
| 05—253 | 把兔沟遗址—2 | 清水河县王桂窑子乡把兔沟村 | E: 111°33′02.3″<br>N: 39°59′07.7″<br>H: 1195±6米 | 官地一期遗存、鲁家坡一期遗存、庙子沟文化、阿善三期文化、朱开沟文化 | 7.5万 | 2005年4月20日 | |
| 05—254 | 把兔沟遗址—3 | 清水河县王桂窑子乡把兔沟村 | E: 111°32′41.8″<br>N: 39°59′19.4″<br>H: 1200±6米 | 辽金 | 12.5万 | 2005年4月20日 | |
| 05—255 | 把兔沟遗址—4 | 清水河县王桂窑子乡把兔沟村 | E: 111°32′04.7″<br>N: 39°59′15.4″<br>H: 1174±6米 | 阿善三期文化、永兴店文化、朱开沟文化 | 2.25万 | 2005年4月20日 | |
| 05—256 | 把兔沟遗址—5 | 清水河县王桂窑子乡把兔沟村 | E: 111°32′38.7″<br>N: 39°58′50.2″<br>H: 1219±5米 | 鲁家坡一期遗存、汉代 | 16万 | 2005年4月20日 | |
| 05—257 | 南㘰遗址—1 | 清水河县王桂窑子乡南㘰村 | E: 111°33′45.0″<br>N: 39°58′20.4″<br>H: 1143±5米 | 庙子沟文化、阿善三期文化、朱开沟文化 | 6万 | 2005年4月21日 | |

续附表一

| 遗址编号 | 遗址名称 | 行政归属 | GPS坐标 | 文化属性 | 面积（平方米） | 初查时间 | 备注 |
|---|---|---|---|---|---|---|---|
| 05－258 | 南呈遗址－2 | 清水河县王桂窑乡南呈村 | E：111°33′31.0″<br>N：39°58′04.9″<br>H：1149±5米 | 鲁家坡一期遗存、庙子沟文化、阿善三期文化、战国 | 6.25万 | 2005年4月21日 | |
| 05－259 | 大石沿遗址－1 | 清水河县王桂窑乡大石沿村 | E：111°32′37.4″<br>N：39°58′28.5″<br>H：1264±6米 | 战国、汉代 | 6万 | 2005年4月22日 | |
| 05－260 | 后石畔遗址－1 | 清水河县王桂窑乡后石畔村 | E：111°33′30.6″<br>N：39°57′27.1″<br>H：1085±5米 | 鲁家坡一期遗存、阿善三期文化、战国 | 11.25万 | 2005年4月22日 | |
| 05－261 | 后石畔遗址－2 | 清水河县王桂窑乡后石畔村 | E：111°33′01.6″<br>N：39°57′38.4″<br>H：1125±5米 | 鲁家坡一期遗存、庙子沟文化 | 3.75万 | 2005年4月22日 | |
| 05－262 | 后石畔遗址－3 | 清水河县王桂窑乡后石畔村 | E：111°32′51.4″<br>N：39°57′25.4″<br>H：1089±6米 | 鲁家坡一期遗存、庙子沟文化、战国 | 6万 | 2005年4月22日 | |
| 05－263 | 后石畔遗址－4 | 清水河县王桂窑乡后石畔村 | E：111°33′07.9″<br>N：39°57′25.9″<br>H：1086±6米 | 鲁家坡一期遗存、永兴店文化、战国 | 6万 | 2005年4月22日 | |

续附表一

| 遗址编号 | 遗址名称 | 行政归属 | GPS坐标 | 文化属性 | 面积(平方米) | 初查时间 | 备注 |
|---|---|---|---|---|---|---|---|
| 05－264 | 言正子遗址－1 | 清水河县王桂窑子乡言正子村 | E：111°32′22.4″ N：39°57′16.0″ H：1087±5米 | 鲁家坡一期遗存、庙子沟文化、永兴店文化、朱开沟文化、战国、汉代 | 16.5万 | 2005年4月22日 | |
| 05－265 | 言正子遗址－2 | 清水河县王桂窑子乡言正子村 | E：111°32′11.9″ N：39°57′12.0″ H：1073±11米 | 永兴店文化、朱开沟文化、战国 | 6万 | 2005年4月22日 | |
| 05－266 | 胶泥塔遗址－1 | 清水河县王桂窑子乡胶泥塔村 | E：111°32′28.0″ N：39°58′02.4″ H：1226±7米 | 辽金 | 3.75万 | 2005年4月23日 | |
| 05－267 | 胶泥塔遗址－2 | 清水河县王桂窑子乡胶泥塔村 | E：111°32′04.6″ N：39°57′30.6″ H：1166±6米 | 庙子沟文化 | 6.25万 | 2005年4月23日 | |
| 05－268 | 胶泥塔遗址－3 | 清水河县王桂窑子乡胶泥塔村 | E：111°31′55.5″ N：39°57′18.4″ H：1150±6米 | 鲁家坡一期遗存、庙子沟文化 | 12.5万 | 2005年4月23日 | |
| 05－269 | 胶泥塔遗址－4 | 清水河县王桂窑子乡胶泥塔村 | E：111°31′56.0″ N：39°57′36.1″ H：1194±6米 | 庙子沟文化、永兴店文化、朱开沟文化 | 6.25万 | 2005年4月23日 | |

续附表一

| 遗址编号 | 遗址名称 | 行政归属 | GPS坐标 | 文化属性 | 面积(平方米) | 初查时间 | 备注 |
|---|---|---|---|---|---|---|---|
| 05－270 | 胶泥盼遗址－5 | 清水河县王桂窑子乡胶泥盼村 | E：111°31′52.9″<br>N：39°56′58.3″<br>H：1037±5米 | 战国 | 7万 | 2005年4月23日 | |
| 05－271 | 大石沿遗址－2 | 清水河县王桂窑子乡大石沿村 | E：111°31′34.6″<br>N：39°57′58.1″<br>H：1244±5米 | 辽金 | 2.5万 | 2005年4月24日 | |
| 05－272 | 大石沿遗址－3 | 清水河县王桂窑子乡大石沿村 | E：111°31′44.0″<br>N：39°58′00.2″<br>H：1234±6米 | 阿善三期文化、永兴店文化、战国 | 6.25万 | 2005年4月24日 | |
| 05－273 | 胶泥圪佬遗址－1 | 清水河县王桂窑子乡胶泥圪佬村 | E：111°31′26.8″<br>N：39°57′37.2″<br>H：1210±6米 | 阿善三期文化、永兴店文化、朱开沟文化 | 7.5万 | 2005年4月24日 | |
| 05－274 | 胶泥圪佬遗址－2 | 清水河县王桂窑子乡胶泥圪佬村 | E：111°31′09.5″<br>N：39°57′12.4″<br>H：1112±5米 | 阿善三期文化、战国 | 1.05万 | 2005年4月24日 | |
| 05－275 | 胶泥圪佬遗址－3 | 清水河县王桂窑子乡胶泥圪佬村 | E：111°31′31.0″<br>N：39°57′14.8″<br>H：1136±5米 | 鲁家坡一期遗存、阿善三期文化、永兴店文化、朱开沟文化、战国 | 8万 | 2005年4月24日 | |

续附表一

| 遗址编号 | 遗址名称 | 行政归属 | GPS坐标 | 文化属性 | 面积(平方米) | 初查时间 | 备注 |
|---|---|---|---|---|---|---|---|
| 05-276 | 胶泥圪佬遗址-4 | 清水河县王桂窑子乡胶泥圪佬村 | E: 111°31′21.7″<br>N: 39°57′59.8′<br>H: 1257±6米 | 永兴店文化、汉代 | 3万 | 2005年4月24日 | |
| 05-277 | 后城咀遗址-1 | 清水河县王桂窑子乡后城咀村 | E: 111°30′41.7″<br>N: 39°56′50.2′<br>H: 1049±7米 | 永兴店文化、战国、汉代 | 4万 | 2005年4月25日 | |
| 05-278 | 后城咀遗址-2 | 清水河县王桂窑子乡后城咀村 | E: 111°30′47.1″<br>N: 39°57′26.4′<br>H: 1191±7米 | 庙子沟文化、永兴店文化 | 138万 | 2005年4月25日 | 20世纪90年代进行过发掘，2007年再次试掘，为永兴店文化石城 |
| 05-279 | 小火盘遗址-1 | 清水河县王桂窑子乡小火盘村 | E: 111°30′55.2″<br>N: 39°57′49.4′<br>H: 1229±6米 | 永兴店文化 | 4.5万 | 2005年4月25日 | |
| 05-280 | 小火盘遗址-2 | 清水河县王桂窑子乡小火盘村 | E: 111°30′46.7″<br>N: 39°57′43.9′<br>H: 1226±8米 | 永兴店文化 | 6万 | 2005年4月25日 | |
| 05-281 | 大石沿遗址-4 | 清水河县王桂窑子乡大石沿村 | E: 111°30′46.1″<br>N: 39°58′20.3′<br>H: 1197±6米 | 汉代 | 7.5万 | 2005年4月25日 | |

续附表一

| 遗址编号 | 遗址名称 | 行政归属 | GPS坐标 | 文化属性 | 面积（平方米） | 初查时间 | 备注 |
|---|---|---|---|---|---|---|---|
| 05－282 | 大石沿遗址－5 | 清水河县王桂窑子乡大石沿村 | E：111°31′23.2″<br>N：39°59′08.4″<br>H：1256±5米 | 辽金 | 2万 | 2005年4月25日 | |
| 05－283 | 柴家岭遗址－1 | 清水河县王桂窑子乡柴家岭村 | E：111°31′18.0″<br>N：39°59′21.5″<br>H：1254±5米 | 辽金 | 6万 | 2005年4月27日 | |
| 05－284 | 柴家岭遗址－2 | 清水河县王桂窑子乡柴家岭村 | E：111°30′48.5″<br>N：39°59′14.0″<br>H：1265±5米 | 汉代 | 3.75万 | 2005年4月27日 | |
| 05－285 | 常家河遗址－1 | 清水河县王桂窑子乡常家河村 | E：111°31′12.3″<br>N：39°59′58.0″<br>H：1252±7米 | 朱开沟文化 | 7.5万 | 2005年4月27日 | |
| 05－286 | 庄堂梁遗址－1 | 清水河县王桂窑子乡庄堂梁村 | E：111°29′05.8″<br>N：39°59′59.5″<br>H：1270±4米 | 庙子沟文化 | 3万 | 2005年4月27日 | |
| 05－287 | 井路咀遗址－1 | 清水河县王桂窑子乡井路咀村 | E：111°28′55.9″<br>N：39°59′03.8″<br>H：1260±6米 | 永兴店文化、战国 | 6.25万 | 2005年4月29日 | |

续附表一

| 遗址编号 | 遗址名称 | 行政归属 | GPS坐标 | 文化属性 | 面积（平方米） | 初查时间 | 备注 |
|---|---|---|---|---|---|---|---|
| 05－288 | 新火盘遗址－1 | 清水河县王桂窑子乡新火盘村 | E: 111°28′36.1″<br>N: 39°59′43.5″<br>H: 1274±5米 | 永兴店文化、战国 | 6.25万 | 2005年4月30日 | |
| 05－289 | 新火盘遗址－2 | 清水河县王桂窑子乡新火盘村 | E: 111°28′19.1″<br>N: 39°59′44.3″<br>H: 1253±4米 | 鲁家坡一期遗存、庙子沟文化、阿善三期文化、永兴店文化 | 2.7万 | 2005年4月30日 | |
| 05－290 | 印牛咀遗址－1 | 清水河县王桂窑子乡印牛咀村 | E: 111°27′59.5″<br>N: 39°59′53.4″<br>H: 1238±4米 | 鲁家坡一期遗存、庙子沟文化、永兴店文化、朱开沟文化、汉代 | 11.25万 | 2005年4月30日 | |
| 05－291 | 井路咀遗址－4 | 清水河县王桂窑子乡井路咀村 | E: 111°28′23.3″<br>N: 39°59′25.5″<br>H: 1270±5米 | 鲁家坡一期遗存 | 7.5万 | 2005年4月30日 | |
| 05－292 | 井路咀遗址－2 | 清水河县王桂窑子乡井路咀村 | E: 111°28′57.3″<br>N: 39°59′28.6″<br>H: 1219±5米 | 庙子沟文化、阿善三期文化、永兴店文化、朱开沟文化、战国 | 15.75万 | 2005年4月30日 | |
| 05－293 | 井路咀遗址－3 | 清水河县王桂窑子乡井路咀村 | E: 111°29′16.5″<br>N: 39°58′52.0″<br>H: 1229±7米 | 庙子沟文化、永兴店文化、战国 | 5万 | 2005年5月1日 | |

| 遗址编号 | 遗址名称 | 行政归属 | GPS坐标 | 文化属性 | 面积<br>（平方米） | 初查<br>时间 | 备注 |
|---|---|---|---|---|---|---|---|
| 05－294 | 柴家岭<br>遗址一1 | 清水河县<br>王桂窑子乡<br>柴家岭村 | E：111°29′35.9″<br>N：39°58′42.7″<br>H：1202±6米 | 官地一期遗存、永兴店文化、战国 | 12万 | 2005年<br>5月1日 | |
| 05－295 | 柴家岭<br>遗址一2 | 清水河县<br>王桂窑子乡<br>柴家岭村 | E：111°29′23.5″<br>N：39°58′34.4″<br>H：1219±5米 | 永兴店文化、朱开沟文化、战国 | 15万 | 2005年<br>5月1日 | |
| 05－296 | 柴家岭<br>遗址一3 | 清水河县<br>王桂窑子乡<br>柴家岭村 | E：111°29′54.5″<br>N：39°58′30.0″<br>H：1181±5米 | 鲁家坡一期遗存、阿善三期文化、战国 | 5万 | 2005年<br>5月1日 | |
| 05－297 | 小偏头<br>遗址一1 | 清水河县<br>王桂窑子乡<br>小偏头村 | E：111°29′19.8″<br>N：39°57′59.1″<br>H：1218±5米 | 永兴店文化 | 5.25万 | 2005年<br>5月2日 | |
| 05－298 | 小偏头<br>遗址一2 | 清水河县<br>王桂窑子乡<br>小偏头村 | E：111°28′58.6″<br>N：39°58′14.7″<br>H：1254±7米 | 汉代 | 17.5万 | 2005年<br>5月2日 | |
| 05－299 | 大邬梁<br>遗址一1 | 清水河县<br>王桂窑子乡<br>大邬梁村 | E：111°29′31.0″<br>N：39°57′47.3″<br>H：1217±4米 | 辽金 | 6.25万 | 2005年<br>5月2日 | |

续附表一

| 遗址编号 | 遗址名称 | 行政归属 | GPS坐标 | 文化属性 | 面积（平方米） | 初查时间 | 备注 |
|---|---|---|---|---|---|---|---|
| 05-300 | 大弼梁遗址-2 | 清水河县王桂窑子乡大弼梁村 | E: 111°29′43.4″<br>N: 39°57′16.9″<br>H: 1172±5米 | 官地一期遗存、鲁家坡一期遗存、庙子沟文化 | 12.5万 | 2005年5月2日 | |
| 05-301 | 大弼梁遗址-3 | 清水河县王桂窑子乡大弼梁村 | E: 111°29′38.6″<br>N: 39°57′06.1″<br>H: 1149±5米 | 庙子沟文化、阿善三期文化 | 9.45万 | 2005年5月2日 | |
| 05-302 | 大弼梁遗址-4 | 清水河县王桂窑子乡大弼梁村 | E: 111°29′43.7″<br>N: 39°56′56.5″<br>H: 1086±5米 | 鲁家坡一期遗存、庙子沟文化、阿善三期文化 | 2.7万 | 2005年5月10日 | |
| 05-303 | 大弼梁遗址-5 | 清水河县王桂窑子乡大弼梁村 | E: 111°29′39.0″<br>N: 39°56′53.2″<br>H: 1149±5米 | 鲁家坡一期遗存、战国 | 3万 | 2005年5月3日 | |
| 05-304 | 大弼梁遗址-6 | 清水河县王桂窑子乡大弼梁村 | E: 111°29′55.9″<br>N: 39°56′51.3″<br>H: 1075±5米 | 鲁家坡一期遗存、庙子沟文化、阿善三期文化、朱开沟文化、战国 | 6万 | 2005年5月3日 | |
| 05-305 | 大弼梁遗址-7 | 清水河县王桂窑子乡大弼梁村 | E: 111°30′00.1″<br>N: 39°57′56.5″<br>H: 1080±11米 | 庙子沟文化、阿善三期文化、朱开沟文化 | 3万 | 2005年5月3日 | 朱开沟文化范围略小 |

续附表一

| 遗址编号 | 遗址名称 | 行政归属 | GPS坐标 | 文化属性 | 面积(平方米) | 初查时间 | 备注 |
|---|---|---|---|---|---|---|---|
| 05-306 | 大峁梁遗址-8 | 清水河县王桂窑子乡大峁梁村 | E: 111°29′02.5″ N: 39°57′05.1″ H: 1117±5米 | 战国 | 3万 | 2005年5月3日 | |
| 05-307 | 大峁梁遗址-9 | 清水河县王桂窑子乡大峁梁村 | E: 111°29′22.3″ N: 39°57′36.3″ H: 1215±5米 | 辽金 | 5万 | 2005年5月3日 | |
| 05-308 | 大峁梁遗址-10 | 清水河县王桂窑子乡大峁梁村 | E: 111°29′29.4″ N: 39°57′05.1″ H: 1109±7米 | 阿善三期文化、朱开沟文化 | 1万 | 2005年5月3日 | |
| 05-309 | 大峁梁遗址-11 | 清水河县王桂窑子乡大峁梁村 | E: 111°29′25.5″ N: 39°57′20.5″ H: 1179±7米 | 庙子沟文化 | 6万 | 2005年5月3日 | |
| 05-310 | 大峁梁遗址-12 | 清水河县王桂窑子乡大峁梁村 | E: 111°28′45.9″ N: 39°57′37.6″ H: 1208±5米 | 辽金 | 8.75万 | 2005年5月5日 | |
| 05-311 | 炭窑背遗址-1 | 清水河县王桂窑子乡炭窑背村 | E: 111°29′17.5″ N: 39°56′50.5″ H: 1066±6米 | 阿善三期文化、朱开沟文化、战国 | 4万 | 2005年5月5日 | |

续附表一

| 遗址编号 | 遗址名称 | 行政归属 | GPS坐标 | 文化属性 | 面积(平方米) | 初查时间 | 备注 |
|---|---|---|---|---|---|---|---|
| 05-312 | 炭窑背遗址-2 | 清水河县王桂窑子乡炭窑背村 | E: 111°29′16.0″<br>N: 39°56′54.4″<br>H: 1078±5米 | 庙子沟文化、永兴店文化 | 1.5万 | 2005年5月5日 | |
| 05-313 | 炭窑背遗址-3 | 清水河县王桂窑子乡炭窑背村 | E: 111°29′09.7″<br>N: 39°56′36.0″<br>H: 1044±9米 | 汉代 | 4万 | 2005年5月5日 | |
| 05-314 | 后河遗址-1 | 清水河县王桂窑子乡后河村 | E: 111°28′57.1″<br>N: 39°56′32.4″<br>H: 1068±8米 | 鲁家坡一期遗存、庙子沟文化、永兴店文化、朱开沟文化、战国 | 5万 | 2005年5月5日 | |
| 05-315 | 炭窑背遗址-4 | 清水河县王桂窑子乡炭窑背村 | E: 111°29′01.2″<br>N: 39°56′54.7″<br>H: 1110±4米 | 永兴店文化 | 3万 | 2005年5月5日 | |
| 05-316 | 后河遗址-2 | 清水河县王桂窑子乡后河村 | E: 111°28′41.5″<br>N: 39°56′44.4″<br>H: 1091±6米 | 阿善三期文化 | 2万 | 2005年5月5日 | |
| 05-317 | 后河遗址-3 | 清水河县王桂窑子乡后河村 | E: 111°28′32.9″<br>N: 39°56′40.2″<br>H: 1086±5米 | 鲁家坡一期遗存、朱开沟文化、战国 | 5万 | 2005年5月5日 | |

续附表一

| 遗址编号 | 遗址名称 | 行政归属 | GPS坐标 | 文化属性 | 面积（平方米） | 初查时间 | 备注 |
|---|---|---|---|---|---|---|---|
| 05－318 | 后河遗址－4 | 清水河县王桂窑子乡后河村 | E: 111°28′30.7″<br>N: 39°56′28.0″<br>H: 1023±7米 | 庙子沟文化、战国 | 2.25万 | 2005年5月5日 | |
| 05－319 | 老牛湾遗址－1 | 清水河县王桂窑子乡老牛湾村 | E: 111°28′05.5″<br>N: 39°56′32.6″<br>H: 1052±5米 | 阿善三期文化、战国 | 4万 | 2005年5月5日 | |
| 05－320 | 老牛湾遗址－2 | 清水河县王桂窑子乡老牛湾村 | E: 111°27′40.3″<br>N: 39°56′32.9″<br>H: 1057±5米 | 鲁家坡一期遗存、永兴店文化、汉代 | 6.25万 | 2005年5月5日 | 东坡下为朱开沟文化遗址，约2万平方米 |
| 05－321 | 火烧焉遗址－1 | 清水河县王桂窑子乡火烧焉村 | E: 111°28′10.1″<br>N: 39°57′36.5″<br>H: 1222±5米 | 阿善三期文化、汉代 | 6.25万 | 2005年5月6日 | |
| 05－322 | 小偏头遗址－3 | 清水河县王桂窑子乡小偏头村 | E: 111°28′26.8″<br>N: 39°57′50.4″<br>H: 1072±7米 | 永兴店文化 | 5万 | 2005年5月6日 | |
| 05－323 | 火烧焉遗址－2 | 清水河县王桂窑子乡火烧焉村 | E: 111°27′24.7″<br>N: 39°57′37.1″<br>H: 1092±7米 | 阿善三期文化 | 4万 | 2005年5月6日 | |

续附表一

| 遗址编号 | 遗址名称 | 行政归属 | GPS坐标 | 文化属性 | 面积(平方米) | 初查时间 | 备注 |
|---|---|---|---|---|---|---|---|
| 05－324 | 窑子上遗址－1 | 清水河县王桂窑子乡窑子上村 | E: 111°27′17.3″<br>N: 39°56′31.1″<br>H: 1052±5米 | 庙子沟文化、朱开沟文化 | 3万 | 2005年5月7日 | |
| 05－325 | 窑子上遗址－2 | 清水河县王桂窑子乡窑子上村 | E: 111°27′18.6″<br>N: 39°56′20.0″<br>H: 1023±5米 | 阿善三期文化、朱开沟文化、汉代 | 7.5万 | 2005年5月7日 | |
| 05－326 | 窑子上遗址－3 | 清水河县王桂窑子乡窑子上村 | E: 111°27′10.9″<br>N: 39°56′20.7″<br>H: 1015±5米 | 阿善三期文化、战国 | 3万 | 2005年5月7日 | 共清理墓葬8座 |
| 05－327 | 窑子上遗址－4 | 清水河县王桂窑子乡窑子上村 | E: 111°26′53.8″<br>N: 39°56′30.5″<br>H: 1062±5米 | 庙子沟文化、战国 | 12万 | 2005年5月7日 | |
| 05－328 | 窑子上遗址－5 | 清水河县王桂窑子乡窑子上村 | E: 111°26′40.9″<br>N: 39°56′40.2″<br>H: 1064±5米 | 鲁家坡一期遗存、永兴店文化 | 3.75万 | 2005年5月7日 | |
| 05－329 | 窑子上遗址－6 | 清水河县王桂窑子乡窑子上村 | E: 111°26′24.9″<br>N: 39°56′41.3″<br>H: 1048±6米 | 鲁家坡一期遗存、朱开沟文化 | 1.5万 | 2005年5月8日 | |
| 05－330 | 窑子上遗址－7 | 清水河县王桂窑子乡窑子上村 | E: 111°26′38.6″<br>N: 39°56′16.1″<br>H: 1072±4米 | 庙子沟文化、阿善三期文化、战国 | 10.5万 | 2005年5月8日 | |

续附表一

| 遗址编号 | 遗址名称 | 行政归属 | GPS坐标 | 文化属性 | 面积(平方米) | 初查时间 | 备注 |
|---|---|---|---|---|---|---|---|
| 05-331 | 窑子上遗址-8 | 清水河县王桂窑子乡窑子上村 | E: 111°26′16.2″<br>N: 39°56′18.6″<br>H: 1030±5米 | 辽金 | 5万 | 2005年5月8日 | |
| 05-332 | 窑子上遗址-9 | 清水河县王桂窑子乡窑子上村 | E: 111°26′07.9″<br>N: 39°56′34.4″<br>H: 1031±9米 | 朱开沟文化、战国、汉代 | 5万 | 2005年5月8日 | |
| 05-333 | 石畔遗址-1 | 清水河县王桂窑子乡石畔村 | E: 111°25′40.5″<br>N: 39°56′52.8″<br>H: 1031±10米 | 庙子沟文化、战国 | 7.5万 | 2005年5月9日 | |
| 05-334 | 石畔遗址-2 | 清水河县王桂窑子乡石畔村 | E: 111°26′21.3″<br>N: 39°57′06.6″<br>H: 1043±6米 | 庙子沟文化、战国 | 22万 | 2005年5月9日 | |
| 05-335 | 石畔遗址-3 | 清水河县王桂窑子乡石畔村 | E: 111°25′24.5″<br>N: 39°56′55.4″<br>H: 1052±5米 | 庙子沟文化、永兴店文化、战国、汉代 | 6万 | 2005年5月9日 | |
| 05-336 | 石畔遗址-4 | 清水河县王桂窑子乡石畔村 | E: 111°25′59.2″<br>N: 39°56′58.5″<br>H: 1098±5米 | 阿善三期文化、战国 | 5万 | 2005年5月9日 | |
| 05-337 | 卢子梁遗址-1 | 清水河县王桂窑子乡卢子梁村 | E: 111°27′40.6″<br>N: 39°58′16.7″<br>H: 1234±6米 | 朱开沟文化 | 10.5万 | 2005年5月10日 | |

续附表一

| 遗址编号 | 遗址名称 | 行政归属 | GPS坐标 | 文化属性 | 面积（平方米） | 初查时间 | 备注 |
|---|---|---|---|---|---|---|---|
| 05-338 | 卢子梁遗址-2 | 清水河县王桂窑子乡卢子梁村 | E: 111°26′33.2″<br>N: 39°58′01.1″<br>H: 1160±4米 | 阿善三期文化、永兴店文化、战国 | 5万 | 2005年5月10日 | |
| 05-339 | 酒铺焉遗址-1 | 清水河县王桂窑子乡酒铺焉村 | E: 111°26′14.2″<br>N: 39°58′16.2″<br>H: 1166±4米 | 官地一期遗存、战国 | 8.75万 | 2005年5月10日 | |
| 05-340 | 酒铺焉遗址-2 | 清水河县王桂窑子乡酒铺焉村 | E: 111°25′31.2″<br>N: 39°57′08.6″<br>H: 1092±6米 | 官地一期遗存、永兴店文化、朱开沟文化 | 20万 | 2005年5月10日 | 石城破坏严重，几乎不存 |
| 05-341 | 酒铺焉遗址-3 | 清水河县王桂窑子乡酒铺焉村 | E: 111°25′20.3″<br>N: 39°57′16.0″<br>H: 1029±4米 | 庙子沟文化、永兴店文化、朱开沟文化、战国 | 6万 | 2005年5月11日 | |
| 05-342 | 酒铺焉遗址-4 | 清水河县王桂窑子乡酒铺焉村 | E: 111°25′18.7″<br>N: 39°57′24.3″<br>H: 1022±5米 | 鲁家坡一期遗存、庙子沟文化 | 4万 | 2005年5月12日 | |
| 05-343 | 酒铺焉遗址-5 | 清水河县王桂窑子乡酒铺焉村 | E: 111°25′52.2″<br>N: 39°57′44.6″<br>H: 1135±9米 | 鲁家坡一期遗存、庙子沟文化、战国 | 14万 | 2005年5月11日 | |
| 05-344 | 酒铺焉遗址-6 | 清水河县王桂窑子乡酒铺焉村 | E: 111°25′21.1″<br>N: 39°57′48.1″<br>H: 1162±5米 | 庙子沟文化、阿善三期文化 | 3万 | 2005年5月12日 | |

续附表一

| 遗址编号 | 遗址名称 | 行政归属 | GPS坐标 | 文化属性 | 面积（平方米） | 初查时间 | 备注 |
|---|---|---|---|---|---|---|---|
| 05－345 | 酒铺焉遗址－7 | 清水河县王桂窑子乡酒铺焉村 | E: 111°25′15.3″<br>N: 39°57′41.2″<br>H: 1136±6米 | 鲁家坡一期遗存、庙子沟文化、阿善三期文化 | 2.25万 | 2005年5月12日 | |
| 05－346 | 酒铺焉遗址－8 | 清水河县王桂窑子乡酒铺焉村 | E: 111°25′36.8″<br>N: 39°57′07.4″<br>H: 1178±6米 | 庙子沟文化、朱开沟文化、战国 | 6万 | 2005年5月12日 | |
| 05－347 | 酒铺焉遗址－9 | 清水河县王桂窑子乡酒铺焉村 | E: 111°25′25.5″<br>N: 39°57′04.9″<br>H: 1103±5米 | 庙子沟文化、朱开沟文化、战国 | 6.25万 | 2005年5月12日 | |
| 05－348 | 酒铺焉遗址－10 | 清水河县王桂窑子乡酒铺焉村 | E: 111°25′11.3″<br>N: 39°58′08.7″<br>H: 1144±5米 | 阿善三期文化、朱开沟文化、战国、汉代 | 1.75万 | 2005年5月12日 | |
| 05－349 | 下塔遗址－1 | 清水河县王桂窑子乡下塔村 | E: 111°25′11.8″<br>N: 39°58′17.9″<br>H: 1141±9米 | 庙子沟文化、永兴店文化、战国 | 6万 | 2005年5月12日 | 断崖处发现战国时期墓葬 |
| 05－350 | 下塔遗址－2 | 清水河县王桂窑子乡下塔村 | E: 111°25′43.1″<br>N: 39°58′32.0″<br>H: 1105±5米 | 庙子沟文化、阿善三期文化、战国、汉代 | 6万 | 2005年5月13日 | |

续附表一

| 遗址编号 | 遗址名称 | 行政归属 | GPS坐标 | 文化属性 | 面积(平方米) | 初查时间 | 备注 |
|---|---|---|---|---|---|---|---|
| 05-351 | 下塔遗址-3 | 清水河县王桂窑子乡下塔村 | E: 111°25′18.0″ N: 39°58′42.7″ H: 1066±5米 | 庙子沟文化、阿善三期文化、永兴店文化、战国 | 45万 | 2005年5月13日 | 2006～2007年大面积发掘 |
| 05-352 | 棚稍焉村遗址-1 | 清水河县王桂窑子乡棚稍焉村 | E: 111°27′52.0″ N: 39°59′12.5″ H: 1229±5米 | 鲁家坡一期遗存、战国 | 6.25万 | 2005年5月14日 | |
| 05-353 | 棚稍焉村遗址-2 | 清水河县王桂窑子乡棚稍焉村 | E: 111°27′40.3″ N: 39°59′13.5″ H: 1210±5米 | 鲁家坡一期遗存、庙子沟文化、永兴店文化、战国 | 7.5万 | 2005年5月14日 | |
| 05-354 | 棚稍焉村遗址-3 | 清水河县王桂窑子乡棚稍焉村 | E: 111°27′24.6″ N: 39°59′00.4″ H: 1185±6米 | 庙子沟文化、阿善三期文化、永兴店文化、战国 | 10万 | 2005年5月14日 | |
| 05-355 | 棚稍焉村遗址-4 | 清水河县王桂窑子乡棚稍焉村 | E: 111°26′58.0″ N: 39°58′57.7″ H: 1154±5米 | 庙子沟文化 | 3.75万 | 2005年5月14日 | |
| 05-356 | 壕气焉遗址-1 | 清水河县王桂窑子乡壕气焉村 | E: 111°27′30.7″ N: 39°59′47.7″ H: 1243±5米 | 鲁家坡一期遗存、庙子沟文化 | 7万 | 2005年5月15日 | |

续附表一

| 遗址编号 | 遗址名称 | 行政归属 | GPS坐标 | 文化属性 | 面积（平方米） | 初查时间 | 备注 |
|---|---|---|---|---|---|---|---|
| 05－357 | 壕气焉遗址－2 | 清水河县王桂窑子乡壕气焉村 | E：111°27′15.9″<br>N：39°59′24.5″<br>H：1284±4米 | 庙子沟文化 | 4万 | 2005年5月15日 | |
| 05－358 | 壕气焉遗址－3 | 清水河县王桂窑子乡壕气焉村 | E：111°27′30.6″<br>N：39°59′32.8″<br>H：1210±4米 | 庙子沟文化、战国 | 7万 | 2005年5月15日 | |
| 05－359 | 壕气焉遗址－4 | 清水河县王桂窑子乡壕气焉村 | E：111°26′55.2″<br>N：39°59′14.1″<br>H：1161±5米 | 阿善三期文化 | 2.25万 | 2005年5月15日 | |
| 05－360 | 壕气焉遗址－5 | 清水河县王桂窑子乡壕气焉村 | E：111°26′15.1″<br>N：39°59′12.8″<br>H：1139±5米 | 阿善三期文化、战国、汉代 | 3万 | 2005年5月17日 | |
| 05－361 | 壕气焉遗址－6 | 清水河县王桂窑子乡壕气焉村 | E：111°25′46.2″<br>N：39°59′16.3″<br>H：1113±4米 | 战国、汉代 | 5万 | 2005年5月17日 | |
| 05－362 | 下塔遗址－4 | 清水河县王桂窑子乡下塔村 | E：111°25′19.7″<br>N：39°58′59.7″<br>H：1092±5米 | 阿善三期文化、朱开沟文化、战国 | 9万 | 2005年5月17日 | |

续附表一

| 遗址编号 | 遗址名称 | 行政归属 | GPS坐标 | 文化属性 | 面积（平方米） | 初查时间 | 备注 |
|---|---|---|---|---|---|---|---|
| 05-363 | 下塔遗址-5 | 清水河县王桂窑子乡下塔村 | E: 111°25′07.1″<br>N: 39°58′56.4″<br>H: 1036±6米 | 鲁家坡一期遗存、阿善三期文化、朱开沟文化 | 10.5万 | 2005年5月17日 | |
| 05-364 | 二道塔遗址-1 | 清水河县王桂窑子乡二道塔村 | E: 111°25′10.5″<br>N: 39°59′14.3″<br>H: 1053±7米 | 战国、汉代 | 6万 | 2005年5月18日 | |
| 05-365 | 二道塔遗址-2 | 清水河县王桂窑子乡二道塔村 | E: 111°25′04.0″<br>N: 39°59′23.5″<br>H: 1024±12米 | 鲁家坡一期遗存、阿善三期文化 | 7.5万 | 2005年5月18日 | |
| 05-366 | 三道塔遗址-1 | 清水河县王桂窑子乡三道塔村 | E: 111°25′17.7″<br>N: 39°59′41.6″<br>H: 1070±5米 | 鲁家坡一期遗存、战国 | 4.5万 | 2005年5月19日 | |
| 05-367 | 岔河口遗址-1 | 清水河县王桂窑子乡岔河口村 | E: 111°26′27.3″<br>N: 39°55′55.5″<br>H: 1058±6米 | 鲁家坡一期遗存、阿善三期文化 | 27.5万 | 2005年5月21日 | 20世纪90年代进行过发掘 |

附表二　各文化遗存遗址点列表

2.1　官地一期遗存遗址点列表

| 遗址编号 | 遗址名称 | 行政归属 | GPS坐标 | 文化属性 | 面积（平方米） |
|---|---|---|---|---|---|
| 04—044 | 下阳塔遗址—2 | 清水河县小庙乡下阳塔村 | E: 111°32′39.4″<br>N: 39°56′34.4″<br>H: 1146±5米 | 官地一期遗存 | 6万 |
| 04—102 | 城咀遗址—2 | 清水河县窑沟乡城咀村 | E: 111°26′47.3″<br>N: 39°54′23.2″<br>H: 1109±8米 | 官地一期遗存、永兴店文化、战国 | 6万 |
| 04—103 | 城咀遗址—3 | 清水河县窑沟乡城咀村 | E: 111°26′50.7″<br>N: 39°54′06.5″<br>H: 1156±5米 | 官地一期遗存、永兴店文化、战国 | 20万 |
| 04—145 | 庙梁遗址—1 | 清水河县小庙乡庙梁村 | E: 111°35′01.2″<br>N: 39°54′02.7″<br>H: 1276±5米 | 官地一期遗存、战国、汉代 | 2万 |
| 04—148 | 姑姑庵遗址—4 | 清水河县小庙乡姑姑庵村 | E: 111°35′34.9″<br>N: 39°55′16.9″<br>H: 1179±5米 | 官地一期遗存、鲁家坡一期遗存、庙子沟文化、朱开沟文化、战国 | 6万 |
| 04—150 | 姑姑庵遗址—6 | 清水河县小庙乡姑姑庵村 | E: 111°35′35.4″<br>N: 39°55′01.0″<br>H: 1198±9米 | 官地一期遗存、鲁家坡一期遗存、庙子沟文化 | 5万 |
| 04—170 | 王三窑子遗址—1 | 清水河县小庙乡王三窑子村 | E: 111°37′30.9″<br>N: 39°55′18.9″<br>H: 1172±5米 | 官地一期遗存、鲁家坡一期遗存、庙子沟文化、朱开沟文化、战国 | 6万 |

续附表二　2.1

| 遗址编号 | 遗址名称 | 行政归属 | GPS坐标 | 文化属性 | 面积（平方米） |
|---|---|---|---|---|---|
| 04－182 | 小庙子遗址－2 | 清水河县小庙乡小庙子村 | E: 111°39′28.2″<br>N: 39°55′22.9″<br>H: 1214±5米 | 官地一期遗存、鲁家坡一期遗存、庙子沟文化、阿善三期文化、永兴店文化、战国 | 3万 |
| 05－218 | 柳树渠遗址－3 | 准格尔旗窑沟乡柳树渠村 | E: 111°25′39.8″<br>N: 39°55′19.2″<br>H: 1150±5米 | 官地一期遗存、阿善三期文化、朱开沟文化 | 3.6万 |
| 05－227 | 荒地遗址－3 | 准格尔旗窑沟乡荒地村 | E: 111°25′43.0″<br>N: 39°53′55.2″<br>H: 1091±5米 | 官地一期遗存、阿善三期文化、朱开沟文化、战国 | 22.75万 |
| 05－233 | 石壁桥遗址－2 | 清水河县王桂窑子乡石壁桥村 | E: 111°37′32.7″<br>N: 39°59′54.1″<br>H: 1141±4米 | 官地一期遗存、阿善三期文化、永兴店文化 | 3.75万 |
| 05－234 | 石壁桥遗址－3 | 清水河县王桂窑子乡石壁桥村 | E: 111°37′01.5″<br>N: 39°59′39.3″<br>H: 1082±5米 | 官地一期遗存、庙子沟文化、战国 | 3万 |
| 05－253 | 把兔沟遗址－2 | 清水河县王桂窑子乡把兔沟村 | E: 111°33′02.3″<br>N: 39°59′07.7″<br>H: 1195±6米 | 官地一期遗存、鲁家坡一期遗存、庙子沟文化、阿善三期文化、朱开沟文化 | 7.5万 |
| 05－294 | 柴家岭遗址－1 | 清水河县王桂窑子乡柴家岭村 | E: 111°29′35.9″<br>N: 39°58′42.7″<br>H: 1202±6米 | 官地一期遗存、永兴店文化、战国 | 12万 |

续附表二 2.1

| 遗址编号 | 遗址名称 | 行政归属 | GPS坐标 | 文化属性 | 面积（平方米） |
|---|---|---|---|---|---|
| 05－300 | 大笋梁遗址－2 | 清水河县 王桂窑子乡大笋梁村 | E: 111°29′43.4″ N: 39°57′16.9″ H: 1172±5米 | 官地一期遗存、鲁家坡一期遗存、庙子沟文化 | 12.5万 |
| 05－339 | 酒铺焉遗址－1 | 清水河县 王桂窑子乡酒铺焉村 | E: 111°26′14.2″ N: 39°58′16.2″ H: 1166±4米 | 官地一期遗存、战国 | 8.75万 |
| 05－340 | 酒铺焉遗址－2 | 清水河县 王桂窑子乡酒铺焉村 | E: 111°25′31.2″ N: 39°57′08.6″ H: 1092±6米 | 官地一期遗存、永兴店文化、朱开沟文化 | 20万 |

## 2.2 鲁家坡一期遗存遗址点列表

| 遗址编号 | 遗址名称 | 行政归属 | GPS坐标 | 文化属性 | 面积（平方米） |
|---|---|---|---|---|---|
| 04－001 | 庄窝坪遗址－1 | 清水河县 小庙乡庄窝坪村 | E: 111°37′47.7″ N: 39°59′0.37″ H: 1147±4米 | 鲁家坡一期遗存、庙子沟文化、阿善三期文化、朱开沟文化 | 15万 |
| 04－002 | 庄窝坪遗址－2 | 清水河县 小庙乡庄窝坪村 | E: 111°37′29.3″ N: 39°58′57.6″ H: 1112±4米 | 鲁家坡一期遗存、阿善三期文化、永兴店文化、朱开沟文化、战国 | 8万 |

续附表二 2.2

| 遗址编号 | 遗址名称 | 行政归属 | GPS坐标 | 文化属性 | 面积（平方米） |
|---|---|---|---|---|---|
| 04-003 | 庄窝坪遗址-3 | 清水河县小庙乡庄窝坪村 | E: 111°37′23.9″ N: 39°58′54.1″ H: 1103±5米 | 鲁家坡一期遗存、朱开沟文化、战国 | 1.4万 |
| 04-012 | 马家新庄窝遗址-1 | 清水河县小庙乡马家新庄窝村 | E: 111°36′25.2″ N: 39°57′48.8″ H: 1124±5米 | 鲁家坡一期遗存、庙子沟文化、阿善三期文化、朱开沟文化、汉代 | 5万 |
| 04-020 | 石苍窑遗址-1 | 清水河县小庙乡石苍窑村 | E: 111°37′12.8″ N: 39°58′05.4″ H: 1150±6米 | 鲁家坡一期遗存、庙子沟文化、阿善三期文化、朱开沟文化、战国 | 1.5万 |
| 04-021 | 薛家梁遗址-2 | 清水河县小庙乡薛家梁村 | E: 111°35′54.1″ N: 39°57′28.9″ H: 1115±5米 | 鲁家坡一期遗存、庙子沟文化、阿善三期文化、朱开沟文化 | 1.5万 |
| 04-022 | 黑崂梁遗址-3 | 清水河县小庙乡黑崂梁村 | E: 111°36′26.1″ N: 39°56′18.5″ H: 1257±6米 | 鲁家坡一期遗存、庙子沟文化、阿善三期文化、永兴店文化 | 1.2万 |
| 04-050 | 碓臼塔遗址-1 | 清水河县小庙乡碓臼塔村 | E: 111°31′20.9″ N: 39°54′36.8″ H: 1265±5米 | 鲁家坡一期遗存、庙子沟文化、阿善三期文化、朱开沟文化 | 6万 |
| 04-060 | 下脑包遗址-1 | 清水河县小庙乡下脑包村 | E: 111°31′13.7″ N: 39°56′55.2″ H: 1085±6米 | 鲁家坡一期遗存、永兴店文化、战国 | 1.2万 |

续附表二 2.2

| 遗址编号 | 遗址名称 | 行政归属 | GPS坐标 | 文化属性 | 面积（平方米） |
|---|---|---|---|---|---|
| 04—062 | 庄窝坪遗址—5 | 清水河县<br>小庙乡庄窝坪村 | E：111°37′10.1″<br>N：39°58′48.7″<br>H：1083±7米 | 鲁家坡一期遗存、阿善三期文化、永兴店文化、朱开沟文化、战国 | 3万 |
| 04—066 | 下骅遗址—1 | 清水河县<br>窑沟乡下骅村 | E：111°31′54.6″<br>N：39°55′09.9″<br>H：1204±11米 | 鲁家坡一期遗存、庙子沟文化、阿善三期文化、汉代 | 2.16万 |
| 04—071 | 高茂泉窑遗址—1 | 清水河县<br>王桂窑子乡庄窝坪村 | E：111°35′19.8″<br>N：39°56′57.5″<br>H：1224±7米 | 鲁家坡一期遗存、庙子沟文化 | 4万 |
| 04—072 | 阳湾子遗址—1 | 清水河县<br>窑沟乡阳湾子村 | E：111°29′56.6″<br>N：39°56′24.8″<br>H：1163±6米 | 鲁家坡一期遗存、朱开沟文化 | 3万 |
| 04—077 | 小南墕遗址—1 | 清水河县<br>窑沟乡小南墕村 | E：111°29′23.3″<br>N：39°56′00.0″<br>H：1158±8米 | 鲁家坡一期遗存、庙子沟文化、朱开沟文化、战国 | 8万 |
| 04—084 | 羊路渠遗址—2 | 清水河县<br>窑沟乡羊路渠村 | E：111°27′49.9″<br>N：39°56′12.9″<br>H：1058±10米 | 鲁家坡一期遗存、庙子沟文化、阿善三期文化、朱开沟文化、战国 | 5.2万 |
| 04—088 | 小缸房遗址—1 | 清水河县<br>窑沟乡小缸房村 | E：111°26′33.0″<br>N：39°53′24.6″<br>H：1146±6米 | 鲁家坡一期遗存、阿善三期文化、朱开沟文化、战国 | 3万 |

续附表二　2.2

| 遗址编号 | 遗址名称 | 行政归属 | GPS坐标 | 文化属性 | 面积（平方米） |
|---|---|---|---|---|---|
| 04—091 | 新营盘遗址—3 | 清水河县 窑沟乡新营盘村 | E: 111°29′32.3″ N: 39°55′06.1″ H: 1186±7米 | 鲁家坡一期遗存、战国 | 4万 |
| 04—148 | 姑姑庵遗址—4 | 清水河县 小庙乡姑姑庵村 | E: 111°35′34.9″ N: 39°55′16.9″ H: 1179±5米 | 官地一期遗存、鲁家坡一期遗存、庙子沟文化、朱开沟文化、战国 | 6万 |
| 04—150 | 姑姑庵遗址—6 | 清水河县 小庙乡姑姑庵村 | E: 111°35′35.4″ N: 39°55′01.0″ H: 1198±9米 | 官地一期遗存、鲁家坡一期遗存、庙子沟文化 | 5万 |
| 04—158 | 王三窑子遗址—4 | 清水河县 小庙乡王三窑子村 | E: 111°37′25.8″ N: 39°54′51.5″ H: 1221±5米 | 鲁家坡一期遗存、庙子沟文化、战国 | 6万 |
| 04—160 | 祁家沟遗址—2 | 清水河县 城关镇祁家沟村 | E: 111°39′58.1″ N: 39°54′17.4″ H: 1271±5米 | 鲁家坡一期遗存、阿善三期文化 | 3万 |
| 04—162 | 畔跑子遗址—2 | 清水河县 城关镇畔跑子村 | E: 111°38′37.0″ N: 39°54′53.4″ H: 1194±6米 | 鲁家坡一期遗存、庙子沟文化、阿善三期文化、永兴店文化、朱开沟文化、战国 | 2万 |
| 04—163 | 畔跑子遗址—3 | 清水河县 城关镇畔跑子村 | E: 111°38′31.5″ N: 39°54′57.6″ H: 1183±6米 | 鲁家坡一期遗存、庙子沟文化、阿善三期文化、朱开沟文化、战国 | 3万 |

续附表二 2.2

| 遗址编号 | 遗址名称 | 行政归属 | GPS坐标 | 文化属性 | 面积（平方米） |
|---|---|---|---|---|---|
| 04—170 | 王三窑子遗址—1 | 清水河县小庙乡王三窑子村 | E: 111°37′30.9″<br>N: 39°55′18.9″<br>H: 1172±5米 | 官地一期遗存、鲁家坡一期遗存、庙子沟文化、未开沟文化、战国 | 6万 |
| 04—172 | 台子梁遗址—1 | 清水河县小庙乡台子梁村 | E: 111°38′41.6″<br>N: 39°53′11.2″<br>H: 1375±4米 | 鲁家坡一期遗存、庙子沟文化、战国、汉代 | 3万 |
| 04—173 | 五道峁遗址—1 | 清水河县小庙乡五道峁村 | E: 111°38′27.9″<br>N: 39°53′36.1″<br>H: 1374±4米 | 鲁家坡一期遗存、庙子沟文化、战国 | 4万 |
| 04—182 | 小庙子遗址—2 | 清水河县小庙乡小庙子村 | E: 111°39′28.2″<br>N: 39°55′22.9″<br>H: 1214±5米 | 官地一期遗存、庙子沟文化、阿善三期文化、店文化、战国 | 3万 |
| 04—185 | 庄窝坪遗址—8 | 清水河县小庙乡庄窝坪村 | E: 111°37′21.1″<br>N: 39°59′18.0″<br>H: 1099±5米 | 鲁家坡一期遗存、庙子沟文化、阿善三期文化、未开沟文化、永兴 | 6万 |
| 05—224 | 贾家圪坦遗址—4 | 准格尔旗窑沟乡贾家圪坦村 | E: 111°25′55.4″<br>N: 39°54′41.1″<br>H: 1017±5米 | 鲁家坡一期遗存、阿善三期文化、未开沟文化 | 6.25万 |
| 05—228 | 荒地遗址—4 | 准格尔旗窑沟乡荒地村 | E: 111°25′0.75″<br>N: 39°53′51.1″<br>H: 1120±5米 | 鲁家坡一期遗存、阿善三期文化、未开沟文化 | 5万 |

续附表二 2.2

| 遗址编号 | 遗址名称 | 行政归属 | GPS坐标 | 文化属性 | 面积(平方米) |
|---|---|---|---|---|---|
| 05-232 | 石壁桥遗址-1 | 清水河县王桂窑子乡石壁桥村 | E: 111°36′47.3″ N: 39°59′46.6″ H: 1153±6米 | 鲁家坡一期遗存、庙子沟文化、永兴店文化、汉代 | 31.5万 |
| 05-242 | 青草鄢遗址-1 | 清水河县王桂窑子乡青草鄢村 | E: 111°33′35.0″ N: 39°59′22.1″ H: 1220±7米 | 鲁家坡一期遗存、庙子沟文化、永兴店文化、朱开沟文化 | 7.5万 |
| 05-243 | 青草鄢遗址-2 | 清水河县王桂窑子乡青草鄢村 | E: 111°33′27.8″ N: 39°59′37.8″ H: 1227±8米 | 鲁家坡一期遗存、战国 | 12万 |
| 05-244 | 解放遗址-1 | 清水河县王桂窑子乡解放村 | E: 111°33′14.3″ N: 39°59′56.4″ H: 1234±5米 | 鲁家坡一期遗存、庙子沟文化、阿善三期文化、朱开沟文化、战国 | 7.5万 |
| 05-248 | 常家河遗址-4 | 清水河县王桂窑子乡常家河村 | E: 111°31′35.7″ N: 39°59′31.8″ H: 1273±5米 | 鲁家坡一期遗存、朱开沟文化、战国 | 12.5万 |
| 05-252 | 把兔沟遗址-1 | 清水河县王桂窑子乡把兔沟村 | E: 111°32′25.7″ N: 39°59′00.9″ H: 1230±5米 | 鲁家坡一期遗存、庙子沟文化、汉代 | 4万 |
| 05-253 | 把兔沟遗址-2 | 清水河县王桂窑子乡把兔沟村 | E: 111°33′02.3″ N: 39°59′07.7″ H: 1195±6米 | 官地一期遗存、鲁家坡一期遗存、庙子沟文化、阿善三期文化、朱开沟文化 | 7.5万 |

续附表二　2.2

| 遗址编号 | 遗址名称 | 行政归属 | GPS坐标 | 文化属性 | 面积（平方米） |
|---|---|---|---|---|---|
| 05－256 | 把兔沟遗址－5 | 清水河县王桂窑子乡把兔沟村 | E: 111° 32′ 38.7″<br>N: 39° 58′ 50.2″<br>H: 1219±5米 | 鲁家坡一期遗存、汉代 | 16万 |
| 05－258 | 南夭遗址－2 | 清水河县王桂窑子乡南夭村 | E: 111° 33′ 31.0″<br>N: 39° 58′ 04.9″<br>H: 1149±5米 | 鲁家坡一期遗存、庙子沟文化、阿善三期文化、战国 | 6.25万 |
| 05－260 | 后石畔遗址－1 | 清水河县王桂窑子乡后石畔村 | E: 111° 33′ 30.6″<br>N: 39° 57′ 27.1″<br>H: 1085±5米 | 鲁家坡一期遗存、阿善三期文化、战国 | 11.25万 |
| 05－261 | 后石畔遗址－2 | 清水河县王桂窑子乡后石畔村 | E: 111° 33′ 01.6″<br>N: 39° 57′ 38.4″<br>H: 1125±5米 | 鲁家坡一期遗存、庙子沟文化 | 3.75万 |
| 05－262 | 后石畔遗址－3 | 清水河县王桂窑子乡后石畔村 | E: 111° 32′ 51.4″<br>N: 39° 57′ 25.4″<br>H: 1089±6米 | 鲁家坡一期遗存、庙子沟文化、战国 | 6万 |
| 05－263 | 后石畔遗址－4 | 清水河县王桂窑子乡后石畔村 | E: 111° 33′ 07.9″<br>N: 39° 57′ 25.9″<br>H: 1086±6米 | 鲁家坡一期遗存、永兴店文化、战国 | 6万 |
| 05－264 | 言正子遗址－1 | 清水河县王桂窑子乡言正子村 | E: 111° 32′ 22.4″<br>N: 39° 57′ 16.0″<br>H: 1087±5米 | 鲁家坡一期遗存、庙子沟文化、永兴店文化、未开沟文化、战国、汉代 | 16.5万 |

续附表二　2.2

| 遗址编号 | 遗址名称 | 行政归属 | GPS坐标 | 文化属性 | 面积(平方米) |
|---|---|---|---|---|---|
| 05—268 | 胶泥峁遗址－3 | 清水河县王桂窑子乡胶泥峁村 | E: 111°31′55.5″<br>N: 39°57′18.4″<br>H: 1150±6米 | 鲁家坡一期遗存、庙子沟文化 | 12.5万 |
| 05—275 | 胶泥圪佬遗址－3 | 清水河县王桂窑子乡胶泥圪佬村 | E: 111°31′31.0″<br>N: 39°57′14.8″<br>H: 1136±5米 | 鲁家坡一期遗存、阿善三期文化、永兴店文化、朱开沟文化、战国 | 8万 |
| 05—289 | 新火盘遗址－2 | 清水河县王桂窑子乡新火盘村 | E: 111°28′19.1″<br>N: 39°59′44.3″<br>H: 1253±4米 | 鲁家坡一期遗存、庙子沟文化、阿善三期文化、永兴店文化 | 2.7万 |
| 05—290 | 印牛咀遗址－1 | 清水河县王桂窑子乡印牛咀村 | E: 111°27′59.5″<br>N: 39°59′53.4″<br>H: 1238±4米 | 鲁家坡一期遗存、庙子沟文化、永兴店文化、朱开沟文化、汉代 | 11.25万 |
| 05—291 | 井路咀遗址－4 | 清水河县王桂窑子乡井路咀村 | E: 111°28′23.3″<br>N: 39°59′25.5″<br>H: 1270±5米 | 鲁家坡一期遗存 | 7.5万 |
| 05—296 | 柴家岭遗址－3 | 清水河县王桂窑子乡柴家岭村 | E: 111°29′54.5″<br>N: 39°58′30.0″<br>H: 1181±5米 | 鲁家坡一期遗存、阿善三期文化、战国 | 5万 |
| 05—300 | 大峁梁遗址－2 | 清水河县王桂窑子乡大峁梁村 | E: 111°29′43.4″<br>N: 39°57′16.9″<br>H: 1172±5米 | 官地一期遗存、鲁家坡一期遗存、庙子沟文化 | 12.5万 |

续附表二 2.2

| 遗址编号 | 遗址名称 | 行政归属 | GPS坐标 | 文化属性 | 面积(平方米) |
|---|---|---|---|---|---|
| 05-302 | 大邬梁遗址-4 | 清水河县王桂窑子乡大邬梁村 | E: 111°29′43.7″<br>N: 39°56′56.5″<br>H: 1086±5米 | 鲁家坡一期遗存、庙子沟文化、阿善三期文化 | 2.7万 |
| 05-303 | 大邬梁遗址-5 | 清水河县王桂窑子乡大邬梁村 | E: 111°29′39.0″<br>N: 39°56′53.2″<br>H: 1149±5米 | 鲁家坡一期遗存、战国 | 3万 |
| 05-304 | 大邬梁遗址-6 | 清水河县王桂窑子乡大邬梁村 | E: 111°29′55.9″<br>N: 39°56′51.3″<br>H: 1075±5米 | 鲁家坡一期遗存、庙子沟文化、阿善三期文化、朱开沟文化、战国 | 6万 |
| 05-314 | 后河遗址-1 | 清水河县王桂窑子乡后河村 | E: 111°28′57.1″<br>N: 39°56′32.4″<br>H: 1068±8米 | 鲁家坡一期遗存、庙子沟文化、永兴店文化、朱开沟文化、战国 | 5万 |
| 05-317 | 后河遗址-3 | 清水河县王桂窑子乡后河村 | E: 111°28′32.9″<br>N: 39°56′40.2″<br>H: 1086±5米 | 鲁家坡一期遗存、朱开沟文化、战国 | 5万 |
| 05-320 | 老牛湾遗址-2 | 清水河县王桂窑子乡老牛湾村 | E: 111°27′40.3″<br>N: 39°56′32.9″<br>H: 1057±5米 | 鲁家坡一期遗存、永兴店文化、汉代 | 6.25万 |
| 05-328 | 窑子上遗址-5 | 清水河县王桂窑子乡窑子上村 | E: 111°26′40.9″<br>N: 39°56′40.2″<br>H: 1064±5米 | 鲁家坡一期遗存、永兴店文化 | 3.75万 |

续附表二 2.2

| 遗址编号 | 遗址名称 | 行政归属 | GPS坐标 | 文化属性 | 面积<br>(平方米) |
|---|---|---|---|---|---|
| 05-329 | 窑子上遗址-6 | 清水河县<br>王桂窑子乡窑子上村 | E: 111°26′24.9″<br>N: 39°56′41.3″<br>H: 1048±6米 | 鲁家坡一期遗存、朱开沟文化 | 1.5万 |
| 05-342 | 酒铺焉遗址-4 | 清水河县<br>王桂窑子乡酒铺焉村 | E: 111°25′18.7″<br>N: 39°57′24.3″<br>H: 1022±5米 | 鲁家坡一期遗存、庙子沟文化 | 4万 |
| 05-343 | 酒铺焉遗址-5 | 清水河县<br>王桂窑子乡酒铺焉村 | E: 111°25′52.2″<br>N: 39°57′44.6″<br>H: 1135±9米 | 鲁家坡一期遗存、庙子沟文化、战国 | 14万 |
| 05-345 | 酒铺焉遗址-7 | 清水河县<br>王桂窑子乡酒铺焉村 | E: 111°25′15.3″<br>N: 39°57′41.2″<br>H: 1136±6米 | 鲁家坡一期遗存、庙子沟文化、阿善三期文化 | 2.25万 |
| 05-352 | 棚稍焉村遗址-1 | 清水河县<br>王桂窑子乡棚稍焉村 | E: 111°27′52.0″<br>N: 39°59′12.5″<br>H: 1229±5米 | 鲁家坡一期遗存、战国 | 6.25万 |
| 05-353 | 棚稍焉村遗址-2 | 清水河县<br>王桂窑子乡棚稍焉村 | E: 111°27′40.3″<br>N: 39°59′13.5″<br>H: 1210±5米 | 鲁家坡一期遗存、庙子沟文化、永兴店文化、战国 | 7.5万 |
| 05-356 | 壕气焉遗址-1 | 清水河县<br>王桂窑子乡壕气焉村 | E: 111°27′30.7″<br>N: 39°59′47.7″<br>H: 1243±5米 | 鲁家坡一期遗存、庙子沟文化 | 7万 |

续附表二 2.2

| 遗址编号 | 遗址名称 | 行政归属 | GPS坐标 | 文化属性 | 面积(平方米) |
|---|---|---|---|---|---|
| 05-363 | 下塔遗址-5 | 清水河县王桂窑子乡下塔村 | E: 111°25′07.1″ N: 39°58′56.4″ H: 1036±6米 | 鲁家坡一期遗存、阿善三期文化、朱开沟文化 | 10.5万 |
| 05-365 | 二道塔遗址-2 | 清水河县王桂窑子乡二道塔村 | E: 111°25′04.0″ N: 39°59′23.5″ H: 1024±12米 | 鲁家坡一期遗存、阿善三期文化 | 7.5万 |
| 05-366 | 三道塔遗址-1 | 清水河县王桂窑子乡三道塔村 | E: 111°25′17.7″ N: 39°59′41.6″ H: 1070±5米 | 鲁家坡一期遗存、战国 | 4.5万 |
| 05-367 | 岔河口遗址-1 | 清水河县王桂窑子乡岔河口村 | E: 111°26′27.3″ N: 39°55′55.5″ H: 1058±6米 | 鲁家坡一期遗存、阿善三期文化 | 27.5万 |

## 2.3 庙子沟文化遗址点列表

| 遗址编号 | 遗址名称 | 行政归属 | GPS坐标 | 文化属性 | 面积(平方米) |
|---|---|---|---|---|---|
| 04-001 | 庄窝坪遗址-1 | 清水河县小庙乡庄窝坪村 | E: 111°37′47.7″ N: 39°59′0.37″ H: 1147±4米 | 鲁家坡一期遗存、庙子沟文化、阿善三期文化、朱开沟文化 | 15万 |

续附表二 2.3

| 遗址编号 | 遗址名称 | 行政归属 | GPS坐标 | 文化属性 | 面积（平方米） |
|---|---|---|---|---|---|
| 04—004 | 庄窝坪遗址—4 | 清水河县 小庙乡庄窝坪村 | E: 111°38′12.3″ N: 39°58′54.1″ H: 1146±5米 | 庙子沟文化 | 1.5万 |
| 04—005 | 南卯上遗址—1 | 清水河县 小庙乡南卯上村 | E: 111°38′45.2″ N: 39°58′30.4″ H: 1192±5米 | 庙子沟文化、战国 | 1.2万 |
| 04—008 | 四圪坨遗址—1 | 清水河县 小庙乡四圪坨村 | E: 111°37′46.6″ N: 39°58′30.1″ H: 1152±9米 | 庙子沟文化、战国 | 2.5万 |
| 04—009 | 四圪坨遗址—2 | 清水河县 小庙乡四圪坨村 | E: 111°37′20.9″ N: 39°58′29.9″ H: 1124±9米 | 庙子沟文化、永兴店文化、朱开沟文化 | 6万 |
| 04—012 | 马家新庄窝遗址—1 | 清水河县 小庙乡马家新庄窝村 | E: 111°36′25.2″ N: 39°57′48.8″ H: 1124±5米 | 鲁家坡一期遗存、庙子沟文化、阿善三期文化、朱开沟文化、汉代 | 5万 |
| 04—013 | 马家新庄窝遗址—2 | 清水河县 小庙乡马家新庄窝村 | E: 111°36′45.3″ N: 39°57′35.0″ H: 1155±7米 | 庙子沟文化 | 0.8万 |
| 04—016 | 马家新庄窝遗址—3 | 清水河县 小庙乡马家新庄窝村 | E: 111°36′45.0″ N: 39°57′58.0″ H: 1121±7米 | 庙子沟文化、朱开沟文化、战国 | 5万 |

续附表二 2.3

| 遗址编号 | 遗址名称 | 行政归属 | GPS坐标 | 文化属性 | 面积（平方米） |
|---|---|---|---|---|---|
| 04—019 | 石苍窑遗址-2 | 清水河县小庙乡石苍窑村 | E: 111°37′06.1″ N: 39°58′19.5″ H: 1025±8米 | 庙子沟文化、阿善三期文化、永兴店文化、朱开沟文化 | 0.7万 |
| 04—020 | 石苍窑遗址-1 | 清水河县小庙乡石苍窑村 | E: 111°37′12.8″ N: 39°58′05.4″ H: 1150±6米 | 鲁家坡一期遗存、庙子沟文化、阿善三期文化、朱开沟文化、战国 | 1.5万 |
| 04—021 | 薛家梁遗址-2 | 清水河县小庙乡薛家梁村 | E: 111°35′54.1″ N: 39°57′28.9″ H: 1115±5米 | 鲁家坡一期遗存、庙子沟文化、阿善三期文化、朱开沟文化 | 1.5万 |
| 04—022 | 黑崂梁遗址-3 | 清水河县小庙乡黑崂梁村 | E: 111°36′26.1″ N: 39°56′18.5″ H: 1257±6米 | 鲁家坡一期遗存、庙子沟文化、永兴店文化 | 1.2万 |
| 04—023 | 杨湾遗址-1 | 清水河县小庙乡杨湾村 | E: 111°36′07.1″ N: 39°55′51.3″ H: 1218±5米 | 庙子沟文化、战国 | 6万 |
| 04—024 | 走马塔遗址-1 | 清水河县小庙乡走马塔村 | E: 111°36′38.9″ N: 39°55′52.6″ H: 1245±4米 | 永兴店文化 | 3万 |
| 04—026 | 缸房坪遗址-1 | 清水河县小庙乡缸房坪村 | E: 111°33′43.3″ N: 39°57′00.1″ H: 1125±7米 | 庙子沟文化、汉代 | 20万 |

续附表二　2.3

| 遗址编号 | 遗址名称 | 行政归属 | GPS坐标 | 文化属性 | 面积（平方米） |
|---|---|---|---|---|---|
| 04-028 | 西贺家山遗址-2 | 清水河县小庙乡西贺家山村 | E：111°34′28.0″ N：39°56′28.9″ H：1172±4米 | 庙子沟文化、阿善三期文化、永兴店文化、战国 | 3万 |
| 04-029 | 下阳塔遗址-3 | 清水河县小庙乡下阳塔村 | E：111°33′25.5″ N：39°56′15.6″ H：1155±11米 | 庙子沟文化、战国 | 1.02万 |
| 04-030 | 薛家梁遗址-1 | 清水河县小庙乡薛家梁村 | E：111°36′28.8″ N：39°57′29.6″ H：1131±5米 | 庙子沟文化、阿善三期文化、朱开沟文化、汉代 | 15万 |
| 04-031 | 梁家圪垯遗址-1 | 清水河县小庙乡梁家圪垯村 | E：111°35′14.9″ N：39°56′59.2″ H：1128±4米 | 庙子沟文化、朱开沟文化 | 27.6万 |
| 04-032 | 梁家圪垯遗址-2 | 清水河县小庙乡梁家圪垯村 | E：111°34′22.7″ N：39°57′40.9″ H：1077±6米 | 庙子沟文化、朱开沟文化、汉代 | 2万 |
| 04-033 | 梁家圪垯遗址-4 | 清水河县小庙乡梁家圪垯村 | E：111°35′39.1″ N：39°57′06.0″ H：1151±10米 | 庙子沟文化、永兴店文化、汉代 | 0.25万 |
| 04-034 | 梁家圪垯遗址-3 | 清水河县小庙乡梁家圪垯村 | E：111°35′45.8″ N：39°56′50.3″ H：1180±5米 | 庙子沟文化、汉代 | 0.5万 |

续附表二 2.3

| 遗址编号 | 遗址名称 | 行政归属 | GPS坐标 | 文化属性 | 面积（平方米） |
|---|---|---|---|---|---|
| 04—035 | 黑嘹梁遗址－1 | 清水河县 小庙乡黑嘹梁村 | E: 111°35′24.5″ N: 39°56′38.8″ H: 1171±5米 | 庙子沟文化、阿善三期文化 | 14.4万 |
| 04—036 | 黑嘹梁遗址－2 | 清水河县 小庙乡黑嘹梁村 | E: 111°35′12.3″ N: 39°56′43.7″ H: 1157±5米 | 庙子沟文化、朱开沟文化、战国 | 10万 |
| 04—037 | 走马墕遗址－2 | 清水河县 小庙乡走马墕村 | E: 111°37′04.1″ N: 39°56′13.0″ H: 1252±6米 | 庙子沟文化、汉代 | 8万 |
| 04—038 | 西贺家山遗址－1 | 清水河县 小庙乡西贺家山村 | E: 111°34′18.3″ N: 39°56′41.2″ H: 1125±5米 | 庙子沟文化、朱开沟文化、汉代 | 2万 |
| 04—039 | 缸房坪遗址－2 | 清水河县 小庙乡缸房坪村 | E: 111°33′58.2″ N: 39°57′22.3″ H: 1108±4米 | 庙子沟文化、朱开沟文化、汉代 | 12万 |
| 04—040 | 西贺家山遗址－3 | 清水河县 小庙乡西贺家山村 | E: 111°34′15.2″ N: 39°56′17.3″ H: 1189±4米 | 庙子沟文化、汉代 | 6万 |
| 04—046 | 八龙湾遗址－4 | 清水河县 小庙乡八龙湾村 | E: 111°34′24.1″ N: 39°55′57.7″ H: 1179±5米 | 庙子沟文化、战国 | 3万 |

续附表二　2.3

| 遗址编号 | 遗址名称 | 行政归属 | GPS坐标 | 文化属性 | 面积（平方米） |
|---|---|---|---|---|---|
| 04—048 | 小偏头遗址—5 | 清水河县小庙乡小偏头村 | E：111°32′18.3″<br>N：39°55′44.7″<br>H：1214±5米 | 庙子沟文化 | 0.25万 |
| 04—049 | 上富家梁遗址—1 | 清水河县小庙乡上富家梁村 | E：111°31′41.7″<br>N：39°56′22.5″<br>H：1147±5米 | 庙子沟文化 | 1.5万 |
| 04—050 | 碓臼塔遗址—1 | 清水河县小庙乡碓臼塔村 | E：111°31′20.9″<br>N：39°54′36.8″<br>H：1265±5米 | 鲁家坡一期遗存、庙子沟文化、阿善三期文化、朱开沟文化 | 6万 |
| 04—051 | 放牛沟遗址—2 | 清水河县小庙乡放牛沟村 | E：111°32′50.0″<br>N：39°57′05.6″<br>H：1088±5米 | 庙子沟文化、战国 | 5万 |
| 04—052 | 下阳塔遗址—4 | 清水河县小庙乡下阳塔村 | E：111°33′00.4″<br>N：39°56′48.3″<br>H：1132±5米 | 庙子沟文化、阿善三期文化、战国 | 37.5万 |
| 04—055 | 上阳塔遗址—3 | 清水河县小庙乡上阳塔村 | E：111°32′49.5″<br>N：39°55′04.7″<br>H：1218±4米 | 庙子沟文化、战国、汉代 | 8.28万 |
| 04—056 | 小偏头遗址—1 | 清水河县小庙乡小偏头村 | E：111°32′52.4″<br>N：39°55′28.1″<br>H：1212±8米 | 庙子沟文化、战国、汉代 | 17.5万 |

续附表二 2.3

| 遗址编号 | 遗址名称 | 行政归属 | GPS坐标 | 文化属性 | 面积（平方米） |
|---|---|---|---|---|---|
| 04—061 | 下脑包遗址－2 | 清水河县小庙乡下脑包村 | E：111°30′53.2″<br>N：39°56′28.7″<br>H：1130±7米 | 庙子沟文化、永兴店文化 | 20万 |
| 04—064 | 下脑包遗址－3 | 清水河县窑沟乡下脑包村 | E：111°30′22.5″<br>N：39°56′30.2″<br>H：1141±7米 | 庙子沟文化、阿善三期文化、朱开沟文化、战国 | 14万 |
| 04—066 | 下卯遗址－1 | 清水河县窑沟乡下卯村 | E：111°31′54.6″<br>N：39°55′09.9″<br>H：1204±11米 | 鲁家坡一期遗存、庙子沟文化、阿善三期文化、汉代 | 2.16万 |
| 04—067 | 下卯遗址－2 | 清水河县窑沟乡下卯村 | E：111°31′47.7″<br>N：39°55′23.8″<br>H：1183±5米 | 庙子沟文化 | 5万 |
| 04—071 | 高茂泉窑遗址－1 | 清水河县王桂窑子乡高茂泉窑村 | E：111°35′19.8″<br>N：39°56′57.5″<br>H：1224±7米 | 鲁家坡一期遗存、庙子沟文化 | 4万 |
| 04—074 | 五娃圪旦遗址－1 | 清水河县王桂窑子乡五娃圪旦村 | E：111°34′51.0″<br>N：39°58′03.1″<br>H：1124±5米 | 庙子沟文化、阿善三期文化、战国 | 12万 |
| 04—075 | 田报湾遗址－1 | 清水河县王桂窑子乡田报湾村 | E：111°35′08.7″<br>N：39°57′50.6″<br>H：1077±5米 | 庙子沟文化 | 0.5万 |

续附表二 2.3

| 遗址编号 | 遗址名称 | 行政归属 | GPS坐标 | 文化属性 | 面积（平方米） |
|---|---|---|---|---|---|
| 04-077 | 小南壕遗址-1 | 清水河县窑沟乡小南壕村 | E: 111° 29′ 23.3″<br>N: 39° 56′ 00.0″<br>H: 1158±8米 | 鲁家坡一期遗存、庙子沟文化、朱开沟文化、战国 | 8万 |
| 04-079 | 桑林坡遗址-2 | 清水河县窑沟乡桑林坡村 | E: 111° 28′ 33.0″<br>N: 39° 56′ 01.4″<br>H: 1144±5米 | 庙子沟文化 | 0.25万 |
| 04-082 | 桑林坡遗址-5 | 清水河县窑沟乡桑林坡村 | E: 111° 28′ 50.8″<br>N: 39° 55′ 56.7″<br>H: 1135±5米 | 庙子沟文化、战国 | 0.8万 |
| 04-083 | 羊路渠遗址-1 | 清水河县窑沟乡羊路渠村 | E: 111° 28′ 03.8″<br>N: 39° 55′ 59.6″<br>H: 1142±6米 | 庙子沟文化、永兴店文化、朱开沟文化 | 15万 |
| 04-084 | 羊路渠遗址-2 | 清水河县窑沟乡羊路渠村 | E: 111° 27′ 49.9″<br>N: 39° 56′ 12.9″<br>H: 1058±10米 | 鲁家坡一期遗存、庙子沟文化、阿善三期文化、朱开沟文化、战国 | 5.2万 |
| 04-086 | 铁驼壕遗址-1 | 清水河县窑沟乡铁驼壕村 | E: 111° 27′ 22.4″<br>N: 39° 54′ 31.6″<br>H: 1142±6米 | 庙子沟文化、阿善三期文化、朱开沟文化 | 16万 |
| 04-090 | 小缸房遗址-3 | 清水河县窑沟乡小缸房村 | E: 111° 26′ 29.1″<br>N: 39° 53′ 34.9″<br>H: 1119±10米 | 庙子沟文化、阿善三期文化、永兴店文化、朱开沟文化、战国 | 12.5万 |

续附表二　2.3

| 遗址编号 | 遗址名称 | 行政归属 | GPS坐标 | 文化属性 | 面积（平方米） |
|---|---|---|---|---|---|
| 04—092 | 南梁遗址—2 | 清水河县窑沟乡南梁村 | E: 111° 27′ 42.4″<br>N: 39° 55′ 45.5″<br>H: 1157±5米 | 庙子沟文化 | 15万 |
| 04—094 | 南梁遗址—3 | 清水河县窑沟乡南梁村 | E: 111° 27′ 01.6″<br>N: 39° 55′ 53.1″<br>H: 1071±6米 | 庙子沟文化 | 1.2万 |
| 04—095 | 铁驼墕遗址—2 | 清水河县窑沟乡铁驼墕村 | E: 111° 27′ 32.0″<br>N: 39° 54′ 45.9″<br>H: 1170±10米 | 庙子沟文化、朱开沟文化、战国 | 8万 |
| 04—096 | 铁驼墕遗址—3 | 清水河县窑沟乡铁驼墕村 | E: 111° 27′ 12.9″<br>N: 39° 55′ 00.7″<br>H: 1105±5米 | 庙子沟文化、阿善三期文化、朱开沟文化、战国 | 4万 |
| 04—098 | 新营卯遗址—4 | 清水河县窑沟乡新营卯村 | E: 111° 30′ 01.2″<br>N: 39° 54′ 46.7″<br>H: 1176±4米 | 庙子沟文化、汉代 | 4.5万 |
| 04—107 | 刁家梁遗址—2 | 清水河县窑沟乡刁家梁村 | E: 111° 29′ 38.7″<br>N: 39° 53′ 58.7″<br>H: 1208±6米 | 庙子沟文化、阿善三期文化、汉代 | 0.3万 |
| 04—117 | 海子沟遗址—1 | 清水河县小庙乡海子沟村 | E: 111° 32′ 47.7″<br>N: 39° 54′ 32.1″<br>H: 1245±5米 | 庙子沟文化 | 3万 |

续附表二　2.3

| 遗址编号 | 遗址名称 | 行政归属 | GPS坐标 | 文化属性 | 面积（平方米） |
|---|---|---|---|---|---|
| 04－119 | 下蒙家梁遗址－2 | 清水河县小庙乡下蒙家梁村 | E：111°34′31.2″ N：39°55′16.1″ H：1221±7米 | 庙子沟文化、战国 | 6万 |
| 04－120 | 胶泥圪老遗址－3 | 清水河县窑沟乡胶泥圪老村 | E：111°27′13.5″ N：39°53′32.3″ H：1183±7米 | 庙子沟文化、朱开沟文化、永兴店文化、战国 | 2万 |
| 04－122 | 唐子峁遗址－1 | 清水河县窑沟乡唐子峁村 | E：111°26′57.8″ N：39°53′14.1″ H：1172±5米 | 庙子沟文化、汉代 | 0.5万 |
| 04－124 | 刁家梁遗址－4 | 清水河县窑沟乡刁家梁村 | E：111°29′42.1″ N：39°53′45.6″ H：1213±4米 | 庙子沟文化、战国 | 3万 |
| 04－131 | 海子沟遗址－3 | 清水河县小庙乡海子沟村 | E：111°32′35.8″ N：39°54′29.3″ H：1235±4米 | 庙子沟文化 | 1.2万 |
| 04－132 | 下蒙家梁遗址－1 | 清水河县小庙乡下蒙家梁村 | E：111°34′25.8″ N：39°55′28.0″ H：1194±6米 | 庙子沟文化、阿善三期文化、朱开沟文化、汉代 | 21万 |
| 04－133 | 八龙湾遗址－1 | 清水河县小庙乡八龙湾村 | E：111°34′51.9″ N：39°55′28.1″ H：1164±4米 | 庙子沟文化、战国 | 0.6万 |

续附表二 2.3

| 遗址编号 | 遗址名称 | 行政归属 | GPS坐标 | 文化属性 | 面积(平方米) |
|---|---|---|---|---|---|
| 04—137 | 姑姑庵遗址—2 | 清水河县小庙乡姑姑庵村 | E: 111°35′05.7″ N: 39°54′30.9″ H: 1238±5米 | 庙子沟文化 | 0.5万 |
| 04—138 | 姑姑庵遗址—7 | 清水河县小庙乡姑姑庵村 | E: 111°34′57.7″ N: 39°54′39.7″ H: 1249±5米 | 庙子沟文化 | 3万 |
| 04—139 | 姑姑庵遗址—8 | 清水河县小庙乡姑姑庵村 | E: 111°35′06.8″ N: 39°55′14.4″ H: 1159±5米 | 庙子沟文化 | 6万 |
| 04—140 | 下蒙家梁遗址—3 | 清水河县小庙乡下蒙家梁村 | E: 111°34′44.1″ N: 39°55′11.3″ H: 1188±6米 | 庙子沟文化、朱开沟文化、战国 | 6.75万 |
| 04—146 | 姑姑庵遗址—1 | 清水河县小庙乡姑姑庵村 | E: 111°35′22.8″ N: 39°54′38.1″ H: 1218±6米 | 庙子沟文化、阿善三期文化 | 3万 |
| 04—147 | 姑姑庵遗址—3 | 清水河县小庙乡姑姑庵村 | E: 111°35′21.6″ N: 39°55′14.1″ H: 1178±7米 | 庙子沟文化 | 6万 |
| 04—148 | 姑姑庵遗址—4 | 清水河县小庙乡姑姑庵村 | E: 111°35′34.9″ N: 39°55′16.9″ H: 1179±5米 | 官地一期遗存、鲁家坡一期遗存、庙子沟文化、朱开沟文化、战国 | 6万 |

续附表二  2.3

| 遗址编号 | 遗址名称 | 行政归属 | GPS坐标 | 文化属性 | 面积（平方米） |
|---|---|---|---|---|---|
| 04—149 | 姑姑庵遗址-5 | 清水河县小庙乡姑姑庵村 | E: 111°35′14.7″<br>N: 39°55′21.3″<br>H: 1153±9米 | 庙子沟文化、战国 | 0.8万 |
| 04—150 | 姑姑庵遗址-6 | 清水河县小庙乡姑姑庵村 | E: 111°35′35.4″<br>N: 39°55′01.0″<br>H: 1198±9米 | 官地一期遗存、鲁家坡一期遗存、庙子沟文化 | 5万 |
| 04—151 | 只几焉遗址-1 | 清水河县小庙乡只几焉村 | E: 111°35′59.3″<br>N: 39°55′08.0″<br>H: 1179±11米 | 庙子沟文化、朱开沟文化、战国 | 14万 |
| 04—153 | 只几焉遗址-3 | 清水河县小庙乡只几焉村 | E: 111°36′24.8″<br>N: 39°54′58.2″<br>H: 1202±5米 | 庙子沟文化、阿善三期文化、朱开沟文化、战国 | 5万 |
| 04—154 | 王三窑子遗址-2 | 清水河县小庙乡王三窑子村 | E: 111°37′47.2″<br>N: 39°55′15.1″<br>H: 1143±5米 | 庙子沟文化、战国 | 0.6万 |
| 04—155 | 王三窑子遗址-3 | 清水河县小庙乡王三窑子村 | E: 111°37′31.5″<br>N: 39°55′04.8″<br>H: 1188±5米 | 庙子沟文化、汉代 | 0.8万 |
| 04—156 | 五眼井遗址-1 | 清水河县小庙乡五眼井村 | E: 111°36′35.4″<br>N: 39°54′45.2″<br>H: 1186±6米 | 庙子沟文化 | 1.6万 |

续附表二 2.3

| 遗址编号 | 遗址名称 | 行政归属 | GPS坐标 | 文化属性 | 面积（平方米） |
|---|---|---|---|---|---|
| 04—158 | 王三窑子遗址－4 | 清水河县<br>小庙乡王三窑子村 | E: 111° 37′ 25.8″<br>N: 39° 54′ 51.5″<br>H: 1221±5米 | 鲁家坡一期遗存、庙子沟文化、战国 | 6万 |
| 04—159 | 五七大学遗址－2 | 清水河县<br>五良太乡五七大学村 | E: 111° 38′ 42.1″<br>N: 39° 59′ 41.8″<br>H: 1124±7米 | 庙子沟文化、朱开沟文化、战国、汉代 | 64万 |
| 04—161 | 畔玗子遗址－1 | 清水河县<br>城关镇畔玗子村 | E: 111° 38′ 18.9″<br>N: 39° 54′ 43.6″<br>H: 1221±6米 | 庙子沟文化、朱开沟文化、汉代 | 5万 |
| 04—162 | 畔玗子遗址－2 | 清水河县<br>城关镇畔玗子村 | E: 111° 38′ 37.0″<br>N: 39° 54′ 53.4″<br>H: 1194±6米 | 鲁家坡一期遗存、庙子沟文化、阿善三期文化、永兴店文化、朱开沟文化、战国 | 2万 |
| 04—163 | 畔玗子遗址－3 | 清水河县<br>城关镇畔玗子村 | E: 111° 38′ 31.5″<br>N: 39° 54′ 57.6″<br>H: 1183±6米 | 鲁家坡一期遗存、庙子沟文化、阿善三期文化、朱开沟文化、战国 | 3万 |
| 04—164 | 畔玗子遗址－4 | 清水河县<br>城关镇畔玗子村 | E: 111° 38′ 37.2″<br>N: 39° 54′ 46.5″<br>H: 1201±5米 | 庙子沟文化、朱开沟文化、战国 | 1万 |
| 04—165 | 罗头窑遗址－1 | 清水河县<br>城关镇罗头窑村 | E: 111° 39′ 18.7″<br>N: 39° 54′ 40.2″<br>H: 1185±5米 | 庙子沟文化、朱开沟文化、战国 | 4.5万 |

续附表二　2.3

| 遗址编号 | 遗址名称 | 行政归属 | GPS坐标 | 文化属性 | 面积（平方米） |
|---|---|---|---|---|---|
| 04—167 | 庄窝坪遗址—6 | 清水河县小庙乡庄窝坪村 | E: 111°38′08.3″<br>N: 39°59′11.3″<br>H: 1137±10米 | 庙子沟文化、战国 | 3万 |
| 04—169 | 皮家沟遗址—6 | 清水河县五良太乡皮家沟村 | E: 111°38′45.4″<br>N: 39°59′22.5″<br>H: 1159±5米 | 庙子沟文化、战国、汉代 | 0.8万 |
| 04—170 | 王三窑子遗址—1 | 清水河县小庙乡王三窑子村 | E: 111°37′30.9″<br>N: 39°55′18.9″<br>H: 1172±5米 | 官地一期遗存、鲁家坡一期遗存、庙子沟文化、朱开沟文化、战国 | 6万 |
| 04—171 | 新庄窝遗址—1 | 清水河县小庙乡新庄窝村 | E: 111°35′46.7″<br>N: 39°54′36.5″<br>H: 1200±5米 | 庙子沟文化、战国 | 6万 |
| 04—172 | 台子梁遗址—1 | 清水河县小庙乡台子梁村 | E: 111°38′41.6″<br>N: 39°53′11.2″<br>H: 1375±4米 | 鲁家坡一期遗存、庙子沟文化、战国、汉代 | 3万 |
| 04—173 | 五道卯遗址—1 | 清水河县小庙乡五道卯村 | E: 111°38′27.9″<br>N: 39°53′36.1″<br>H: 1374±4米 | 鲁家坡一期遗存、庙子沟文化、战国 | 4万 |
| 04—174 | 祁家沟遗址—1 | 清水河县城关镇祁家沟村 | E: 111°39′37.6″<br>N: 39°53′48.2″<br>H: 1280±6米 | 庙子沟文化 | 5万 |

续附表二 2.3

| 遗址编号 | 遗址名称 | 行政归属 | GPS坐标 | 文化属性 | 面积(平方米) |
|---|---|---|---|---|---|
| 04－175 | 窑子上遗址－1 | 清水河县城关镇窑子上村 | E：111°39′28.2″ N：39°54′05.0″ H：1232±6米 | 庙子沟文化、战国 | 2万 |
| 04－177 | 窑子上遗址－3 | 清水河县城关镇窑子上村 | E：111°39′32.3″ N：39°54′26.6″ H：1202±6米 | 庙子沟文化、朱开沟文化 | 2.5万 |
| 04－178 | 新窑上遗址－2 | 清水河县小庙乡新窑上村 | E：111°38′00.7″ N：39°54′27.1″ H：1264±5米 | 庙子沟文化 | 9万 |
| 04－179 | 打磨湾遗址－1 | 清水河县城关镇打磨湾村 | E：111°38′07.1″ N：39°55′02.8″ H：1180±7米 | 庙子沟文化、阿善三期文化、朱开沟文化、战国 | 2万 |
| 04－180 | 打磨湾遗址－2 | 清水河县城关镇打磨湾村 | E：111°38′13.2″ N：39°54′57.4″ H：1183±5米 | 庙子沟文化、朱开沟文化 | 2万 |
| 04－182 | 小庙子遗址－2 | 清水河县小庙乡小庙子村 | E：111°39′28.2″ N：39°55′22.9″ H：1214±5米 | 官地一期遗存、鲁家坡一期遗存、阿善三期文化、永兴店文化、战国 | 3万 |
| 04－185 | 庄窝坪遗址－8 | 清水河县小庙乡庄窝坪村 | E：111°37′21.1″ N：39°59′18.0″ H：1099±5米 | 鲁家坡一期遗存、庙子沟文化、阿善三期文化、朱开沟文化 | 6万 |

续附表二　2.3

| 遗址编号 | 遗址名称 | 行政归属 | GPS坐标 | 文化属性 | 面积(平方米) |
|---|---|---|---|---|---|
| 04－192 | 五七大学遗址－1 | 清水河县五良太乡五七大学村 | E: 111°38′11.8″<br>N: 39°59′45.6″<br>H: 1135±5米 | 庙子沟文化、战国 | 3万 |
| 04－193 | 新窑上遗址－3 | 清水河县小庙乡新窑上村 | E: 111°39′19.3″<br>N: 39°59′40.3″<br>H: 1145±5米 | 庙子沟文化、朱开沟文化、战国、汉代 | 3万 |
| 04－196 | 八龙湾遗址－7 | 清水河县小庙乡八龙湾村 | E: 111°34′27.4″<br>N: 39°55′44.6″<br>H: 1153±5米 | 庙子沟文化 | 4.5万 |
| 05－201 | 大路圪坦遗址－1 | 准格尔旗窑沟乡大路圪坦村 | E: 111°24′47.0″<br>N: 39°58′18.4″<br>H: 1066±7米 | 庙子沟文化、阿善三期文化、永兴店文化、朱开沟文化 | 10万 |
| 05－202 | 大路圪坦遗址－2 | 准格尔旗窑沟乡大路圪坦村 | E: 111°24′31.0″<br>N: 39°58′00.0″<br>H: 1083±5米 | 庙子沟文化、永兴店文化、战国 | 8.75万 |
| 05－204 | 小窑上遗址－2 | 准格尔旗窑沟乡小窑上村 | E: 111°24′41.0″<br>N: 39°57′40.5″<br>H: 1076±5米 | 庙子沟文化、永兴店文化、朱开沟文化、战国 | 10.5万 |
| 05－205 | 槽牛营子遗址－1 | 准格尔旗窑沟乡槽牛营子村 | E: 111°24′42.8″<br>N: 39°57′19.4″<br>H: 1092±5米 | 庙子沟文化、阿善三期文化、朱开沟文化 | 6万 |

| 遗址编号 | 遗址名称 | 行政归属 | GPS坐标 | 文化属性 | 面积<br>(平方米) |
|---|---|---|---|---|---|
| 05—207 | 九号窑子遗址—1 | 准格尔旗<br>窑沟乡九号窑子村 | E: 111°24′45.3″<br>N: 39°56′48.4″<br>H: 1109±5米 | 庙子沟文化、朱开沟文化 | 5万 |
| 05—208 | 畔梁遗址—1 | 准格尔旗<br>窑沟乡畔梁村 | E: 111°24′56.0″<br>N: 39°56′32.9″<br>H: 1107±5米 | 庙子沟文化、永兴店文化、朱开沟文化 | 2.25万 |
| 05—213 | 牛龙湾遗址—3 | 准格尔旗<br>窑沟乡牛龙湾村 | E: 111°25′51.6″<br>N: 39°55′51.2″<br>H: 987±8米 | 庙子沟文化、阿善三期文化、汉代 | 3万 |
| 05—214 | 牛龙湾遗址—4 | 准格尔旗<br>窑沟乡牛龙湾村 | E: 111°25′47.8″<br>N: 39°56′06.6″<br>H: 1103±5米 | 庙子沟文化、朱开沟文化 | 3.75万 |
| 05—215 | 牛龙湾遗址—5 | 准格尔旗<br>窑沟乡牛龙湾村 | E: 111°25′37.8″<br>N: 39°56′12.7″<br>H: 1041±5米 | 庙子沟文化、朱开沟文化 | 2万 |
| 05—219 | 柳树渠遗址—4 | 准格尔旗<br>窑沟乡柳树渠村 | E: 111°26′16.6″<br>N: 39°55′06.6″<br>H: 993±7米 | 庙子沟文化、战国 | 3万 |
| 05—221 | 贾家圪坦遗址—1 | 准格尔旗<br>窑沟乡贾家圪坦村 | E: 111°25′16.2″<br>N: 39°54′48.0″<br>H: 1164±5米 | 庙子沟文化、阿善三期文化、朱开沟文化 | 20万 |

续附表二　2.3

| 遗址编号 | 遗址名称 | 行政归属 | GPS坐标 | 文化属性 | 面积（平方米） |
|---|---|---|---|---|---|
| 05－229 | 荒地遗址－5 | 准格尔旗窑沟乡荒地村 | E: 111°24′46.4″ N: 39°54′03.1″ H: 1164±5米 | 庙子沟文化、朱开沟文化、战国 | 9万 |
| 05－230 | 荒地遗址－6 | 准格尔旗窑沟乡荒地村 | E: 111°24′46.2″ N: 39°53′53.3″ H: 1134±8米 | 庙子沟文化、朱开沟文化、战国 | 1.2万 |
| 05－232 | 石壁桥遗址－1 | 清水河县王桂窑子乡石壁桥村 | E: 111°36′47.3″ N: 39°59′46.6″ H: 1153±6米 | 鲁家坡一期遗存、庙子沟文化、永兴店文化、朱开沟文化、汉代 | 31.5万 |
| 05－234 | 石壁桥遗址－3 | 清水河县王桂窑子乡石壁桥村 | E: 111°37′01.5″ N: 39°59′39.3″ H: 1082±5米 | 官地一期遗存、庙子沟文化、战国 | 3万 |
| 05－235 | 石壁桥遗址－4 | 清水河县王桂窑子乡石壁桥村 | E: 111°36′31.0″ N: 39°59′31.0″ H: 1187±7米 | 庙子沟文化、阿善三期文化、永兴店文化、朱开沟文化、汉代 | 8.75万 |
| 05－238 | 小什俱牛梁遗址－1 | 清水河县王桂窑子乡小什俱牛梁村 | E: 111°34′07.3″ N: 39°59′02.6″ H: 1191±5米 | 庙子沟文化、朱开沟文化、汉代 | 6万 |
| 05－242 | 青草鄂遗址－1 | 清水河县王桂窑子乡青草鄂村 | E: 111°33′35.0″ N: 39°59′22.1″ H: 1220±7米 | 鲁家坡一期遗存、庙子沟文化、永兴店文化、朱开沟文化 | 7.5万 |

续附表二 2.3

| 遗址编号 | 遗址名称 | 行政归属 | GPS坐标 | 文化属性 | 面积（平方米） |
|---|---|---|---|---|---|
| 05-244 | 解放遗址-1 | 清水河县王桂窑子乡解放村 | E：111°33′14.3″ N：39°59′56.4″ H：1234±5米 | 鲁家坡一期遗存、庙子沟文化、阿善三期文化、朱开沟文化、战国 | 7.5万 |
| 05-246 | 常家河遗址-2 | 清水河县王桂窑子乡常家河村 | E：111°31′49.1″ N：39°59′41.8″ H：1236±6米 | 庙子沟文化、永兴店文化、战国、汉代 | 11.25万 |
| 05-249 | 解放遗址-2 | 清水河县王桂窑子乡解放村 | E：111°32′29.3″ N：39°59′42.4″ H：1185±5米 | 庙子沟文化、永兴店文化、朱开沟文化、战国 | 12.5万 |
| 05-250 | 解放遗址-3 | 清水河县王桂窑子乡解放村 | E：111°32′34.9″ N：39°59′38.1″ H：1229±6米 | 庙子沟文化、阿善三期文化、战国、汉代、朱开沟文化 | 22.5万 |
| 05-252 | 把兔沟遗址-1 | 清水河县王桂窑子乡把兔沟村 | E：111°32′25.7″ N：39°59′00.9″ H：1230±5米 | 鲁家坡一期遗存、庙子沟文化、汉代 | 4万 |
| 05-253 | 把兔沟遗址-2 | 清水河县王桂窑子乡把兔沟村 | E：111°33′02.3″ N：39°59′07.7″ H：1195±6米 | 官地一期遗存、鲁家坡一期遗存、庙子沟文化、阿善三期文化、朱开沟文化 | 7.5万 |
| 05-257 | 南峁遗址-1 | 清水河县王桂窑子乡南峁村 | E：111°33′45.0″ N：39°58′20.4″ H：1143±5米 | 庙子沟文化、阿善三期文化、朱开沟文化 | 6万 |

续附表二 2.3

| 遗址编号 | 遗址名称 | 行政归属 | GPS坐标 | 文化属性 | 面积（平方米） |
|---|---|---|---|---|---|
| 05-258 | 南㟆遗址-2 | 清水河县王桂窑子乡南㟆村 | E: 111°33′31.0″<br>N: 39°58′04.9″<br>H: 1149±5米 | 鲁家坡一期遗存、庙子沟文化、阿善三期文化、战国 | 6.25万 |
| 05-261 | 后石畔遗址-2 | 清水河县王桂窑子乡后石畔村 | E: 111°33′01.6″<br>N: 39°57′38.4″<br>H: 1125±5米 | 鲁家坡一期遗存、庙子沟文化 | 3.75万 |
| 05-262 | 后石畔遗址-3 | 清水河县王桂窑子乡后石畔村 | E: 111°32′51.4″<br>N: 39°57′25.4″<br>H: 1089±6米 | 鲁家坡一期遗存、庙子沟文化、战国 | 6万 |
| 05-264 | 言正子遗址-1 | 清水河县王桂窑子乡言正子村 | E: 111°32′22.4″<br>N: 39°57′16.0″<br>H: 1087±5米 | 鲁家坡一期遗存、庙子沟文化、永兴店文化、朱开沟文化、战国、汉代 | 16.5万 |
| 05-267 | 胶泥㟆遗址-2 | 清水河县王桂窑子乡胶泥㟆村 | E: 111°32′04.6″<br>N: 39°57′30.6″<br>H: 1166±6米 | 庙子沟文化 | 6.25万 |
| 05-268 | 胶泥㟆遗址-3 | 清水河县王桂窑子乡胶泥㟆村 | E: 111°31′55.5″<br>N: 39°57′18.4″<br>H: 1150±6米 | 鲁家坡一期遗存、庙子沟文化 | 12.5万 |
| 05-269 | 胶泥㟆遗址-4 | 清水河县王桂窑子乡胶泥㟆村 | E: 111°31′56.0″<br>N: 39°57′36.1″<br>H: 1194±6米 | 庙子沟文化、永兴店文化、朱开沟文化 | 6.25万 |

续附表二 2.3

| 遗址编号 | 遗址名称 | 行政归属 | GPS坐标 | 文化属性 | 面积（平方米） |
|---|---|---|---|---|---|
| 05—278 | 后城咀遗址—2 | 清水河县<br>王桂窑子乡后城咀村 | E: 111°30′ 47.1″<br>N: 39°57′ 26.4″<br>H: 1191±7米 | 庙子沟文化、永兴店文化 | 138万 |
| 05—286 | 庄堂梁遗址—1 | 清水河县<br>王桂窑子乡庄堂梁村 | E: 111°29′ 05.8″<br>N: 39°59′ 59.5″<br>H: 1270±4米 | 庙子沟文化 | 3万 |
| 05—289 | 新火盘遗址—2 | 清水河县<br>王桂窑子乡新火盘村 | E: 111°28′ 19.1″<br>N: 39°59′ 44.3″<br>H: 1253±4米 | 鲁家坡一期遗存、庙子沟文化、阿善三期文化、永兴店文化 | 2.7万 |
| 05—290 | 印牛咀遗址—1 | 清水河县<br>王桂窑子乡印牛咀村 | E: 111°27′ 59.5″<br>N: 39°59′ 53.4″<br>H: 1238±4米 | 鲁家坡一期遗存、庙子沟文化、永兴店文化、朱开沟文化、汉代 | 11.25万 |
| 05—292 | 井路咀遗址—2 | 清水河县<br>王桂窑子乡井路咀村 | E: 111°28′ 57.3″<br>N: 39°59′ 28.6″<br>H: 1219±5米 | 庙子沟文化、阿善三期文化、永兴店文化、朱开沟文化、战国 | 15.75万 |
| 05—293 | 井路咀遗址—3 | 清水河县<br>王桂窑子乡井路咀村 | E: 111°29′ 16.5″<br>N: 39°58′ 52.0″<br>H: 1229±7米 | 庙子沟文化、永兴店文化、战国 | 5万 |
| 05—300 | 大峁梁遗址—2 | 清水河县<br>王桂窑子乡大峁梁村 | E: 111°29′ 43.4″<br>N: 39°57′ 16.9″<br>H: 1172±5米 | 官地一期遗存、鲁家坡一期遗存、庙子沟文化 | 12.5万 |

续附表二　2.3

| 遗址编号 | 遗址名称 | 行政归属 | GPS坐标 | 文化属性 | 面积（平方米） |
|---|---|---|---|---|---|
| 05-301 | 大呼梁遗址-3 | 清水河县<br>王桂窑子乡大呼梁村 | E: 111° 29′ 38.6″<br>N: 39° 57′ 06.1″<br>H: 1149±5米 | 庙子沟文化、阿善三期文化 | 9.45万 |
| 05-302 | 大呼梁遗址-4 | 清水河县<br>王桂窑子乡大呼梁村 | E: 111° 29′ 43.7″<br>N: 39° 56′ 56.5″<br>H: 1086±5米 | 鲁家坡一期遗存、庙子沟文化、阿善三期文化 | 2.7万 |
| 05-304 | 大呼梁遗址-6 | 清水河县<br>王桂窑子乡大呼梁村 | E: 111° 29′ 55.9″<br>N: 39° 56′ 51.3″<br>H: 1075±5米 | 鲁家坡一期遗存、庙子沟文化、阿善三期文化、朱开沟文化、战国 | 6万 |
| 05-305 | 大呼梁遗址-7 | 清水河县<br>王桂窑子乡大呼梁村 | E: 111° 30′ 00.1″<br>N: 39° 57′ 56.5″<br>H: 1080±11米 | 庙子沟文化、阿善三期文化、朱开沟文化 | 3万 |
| 05-309 | 大呼梁遗址-11 | 清水河县<br>王桂窑子乡大呼梁村 | E: 111° 29′ 25.5″<br>N: 39° 57′ 20.5″<br>H: 1179±7米 | 庙子沟文化 | 6万 |
| 05-312 | 炭窑背遗址-2 | 清水河县<br>王桂窑子乡炭窑背村 | E: 111° 29′ 16.0″<br>N: 39° 56′ 54.4″<br>H: 1078±5米 | 庙子沟文化、永兴店文化 | 1.5万 |
| 05-314 | 后河遗址-1 | 清水河县<br>王桂窑子乡后河村 | E: 111° 28′ 57.1″<br>N: 39° 56′ 32.4″<br>H: 1068±8米 | 鲁家坡一期遗存、庙子沟文化、永兴店文化、朱开沟文化、战国 | 5万 |

续附表二　2.3

| 遗址编号 | 遗址名称 | 行政归属 | GPS坐标 | 文化属性 | 面积（平方米） |
|---|---|---|---|---|---|
| 05-318 | 后河遗址-4 | 清水河县<br>王桂窑子乡后河村 | E：111°28′30.7″<br>N：39°56′28.0″<br>H：1023±7米 | 庙子沟文化、战国 | 2.25万 |
| 05-324 | 窑子上遗址-1 | 清水河县<br>王桂窑子乡窑子上村 | E：111°27′17.3″<br>N：39°56′31.1″<br>H：1052±5米 | 庙子沟文化、朱开沟文化 | 3万 |
| 05-327 | 窑子上遗址-4 | 清水河县<br>王桂窑子乡窑子上村 | E：111°26′53.8″<br>N：39°56′30.5″<br>H：1062±5米 | 庙子沟文化、战国 | 12万 |
| 05-330 | 窑子上遗址-7 | 清水河县<br>王桂窑子乡窑子上村 | E：111°26′38.6″<br>N：39°56′16.1″<br>H：1072±4米 | 庙子沟文化、阿善三期文化、战国 | 10.5万 |
| 05-333 | 石畔遗址-1 | 清水河县<br>王桂窑子乡石畔村 | E：111°25′40.5″<br>N：39°56′52.8″<br>H：1031±10米 | 庙子沟文化、战国 | 7.5万 |
| 05-334 | 石畔遗址-2 | 清水河县<br>王桂窑子乡石畔村 | E：111°26′21.3″<br>N：39°57′06.6″<br>H：1043±6米 | 庙子沟文化、战国 | 22万 |
| 05-335 | 石畔遗址-3 | 清水河县<br>王桂窑子乡石畔村 | E：111°25′24.5″<br>N：39°56′55.4″<br>H：1052±5米 | 庙子沟文化、永兴店文化、战国、汉代 | 6万 |

续附表二 2.3

| 遗址编号 | 遗址名称 | 行政归属 | GPS坐标 | 文化属性 | 面积（平方米） |
|---|---|---|---|---|---|
| 05-341 | 酒铺焉遗址-3 | 清水河县王桂窑子乡酒铺焉村 | E: 111°25′20.3″<br>N: 39°57′16.0″<br>H: 1029±4米 | 庙子沟文化、永兴店文化、朱开沟文化、战国 | 6万 |
| 05-342 | 酒铺焉遗址-4 | 清水河县王桂窑子乡酒铺焉村 | E: 111°25′18.7″<br>N: 39°57′24.3″<br>H: 1022±5米 | 鲁家坡一期遗存、庙子沟文化 | 4万 |
| 05-343 | 酒铺焉遗址-5 | 清水河县王桂窑子乡酒铺焉村 | E: 111°25′52.2″<br>N: 39°57′44.6″<br>H: 1135±9米 | 鲁家坡一期遗存、庙子沟文化、战国 | 14万 |
| 05-344 | 酒铺焉遗址-6 | 清水河县王桂窑子乡酒铺焉村 | E: 111°25′21.1″<br>N: 39°57′48.1″<br>H: 1162±5米 | 庙子沟文化、阿善三期文化 | 3万 |
| 05-345 | 酒铺焉遗址-7 | 清水河县王桂窑子乡酒铺焉村 | E: 111°25′15.3″<br>N: 39°57′41.2″<br>H: 1136±6米 | 鲁家坡一期遗存、庙子沟文化、阿善三期文化 | 2.25万 |
| 05-346 | 酒铺焉遗址-8 | 清水河县王桂窑子乡酒铺焉村 | E: 111°25′36.8″<br>N: 39°57′07.4″<br>H: 1178±6米 | 庙子沟文化、朱开沟文化、战国 | 6万 |
| 05-347 | 酒铺焉遗址-9 | 清水河县王桂窑子乡酒铺焉村 | E: 111°25′25.5″<br>N: 39°57′04.9″<br>H: 1103±5米 | 庙子沟文化、朱开沟文化、战国 | 6.25万 |

续附表二 2.3

| 遗址编号 | 遗址名称 | 行政归属 | GPS坐标 | 文化属性 | 面积（平方米） |
|---|---|---|---|---|---|
| 05-349 | 下塔遗址-1 | 清水河县王桂窑子乡下塔村 | E: 111°25′11.8″ N: 39°58′17.9″ H: 1141±9米 | 庙子沟文化、永兴店文化、战国 | 6万 |
| 05-350 | 下塔遗址-2 | 清水河县王桂窑子乡下塔村 | E: 111°25′43.1″ N: 39°58′32.0″ H: 1105±5米 | 庙子沟文化、阿善三期文化、战国、汉代 | 6万 |
| 05-351 | 下塔遗址-3 | 清水河县王桂窑子乡下塔村 | E: 111°25′18.0″ N: 39°58′42.7″ H: 1066±5米 | 庙子沟文化、阿善三期文化、永兴店文化、战国 | 45万 |
| 05-353 | 棚稍焉村遗址-2 | 清水河县王桂窑子乡棚稍焉村 | E: 111°27′40.3″ N: 39°59′13.5″ H: 1210±5米 | 鲁家坡一期遗存、庙子沟文化、永兴店文化、战国 | 7.5万 |
| 05-354 | 棚稍焉村遗址-3 | 清水河县王桂窑子乡棚稍焉村 | E: 111°27′24.6″ N: 39°59′00.4″ H: 1185±6米 | 庙子沟文化、阿善三期文化、永兴店文化、战国 | 10万 |
| 05-355 | 棚稍焉村遗址-4 | 清水河县王桂窑子乡棚稍焉村 | E: 111°26′58.0″ N: 39°58′57.7″ H: 1154±5米 | 庙子沟文化 | 3.75万 |
| 05-356 | 壕气焉遗址-1 | 清水河县王桂窑子乡壕气焉村 | E: 111°27′30.7″ N: 39°59′47.7″ H: 1243±5米 | 鲁家坡一期遗存、庙子沟文化 | 7万 |

续附表二 2.3

| 遗址编号 | 遗址名称 | 行政归属 | GPS坐标 | 文化属性 | 面积(平方米) |
|---|---|---|---|---|---|
| 05-357 | 壕气焉遗址-2 | 清水河县 王桂窑子乡壕气焉村 | E: 111°27'15.9" N: 39°59'24.5" H: 1284±4米 | 庙子沟文化 | 4万 |
| 05-358 | 壕气焉遗址-3 | 清水河县 王桂窑子乡壕气焉村 | E: 111°27'30.6" N: 39°59'32.8" H: 1210±4米 | 庙子沟文化、战国 | 7万 |

## 2.4 阿善三期文化遗址点列表

| 遗址编号 | 遗址名称 | 行政归属 | GPS坐标 | 文化属性 | 面积(平方米) |
|---|---|---|---|---|---|
| 04-001 | 庄窝坪遗址-1 | 清水河县 小庙乡庄窝坪村 | E: 111°37'47.7" N: 39°59'0.37" H: 1147±4米 | 鲁家坡一期遗存、庙子沟文化、阿善三期文化、朱开沟文化 | 15万 |
| 04-002 | 庄窝坪遗址-2 | 清水河县 小庙乡庄窝坪村 | E: 111°37'29.3" N: 39°58'57.6" H: 1112±4米 | 鲁家坡一期遗存、阿善三期文化、永兴店文化、朱开沟文化、战国 | 8万 |
| 04-010 | 四圪垯遗址-3 | 清水河县 小庙乡四圪垯村 | E: 111°37'04.7" N: 39°58'26.4" H: 1093±6米 | 阿善三期文化 | 0.48万 |

续附表二 2.4

| 遗址编号 | 遗址名称 | 行政归属 | GPS坐标 | 文化属性 | 面积（平方米） |
|---|---|---|---|---|---|
| 04－012 | 马家新庄窝遗址－1 | 清水河县<br>小庙乡马家新庄窝村 | E: 111°36′25.2″<br>N: 39°57′48.8″<br>H: 1124±5米 | 鲁家坡一期遗存、庙子沟文化、阿善三期文化、朱开沟文化、汉代 | 5万 |
| 04－018 | 贺家山遗址－2 | 清水河县<br>小庙乡贺家山村 | E: 111°37′42.9″<br>N: 39°57′44.9″<br>H: 1182±9米 | 阿善三期文化 | 1.5万 |
| 04－019 | 石苍窑遗址－2 | 清水河县<br>小庙乡石苍窑村 | E: 111°37′06.1″<br>N: 39°58′19.5″<br>H: 1025±8米 | 庙子沟文化、阿善三期文化、永兴店文化、朱开沟文化 | 0.7万 |
| 04－020 | 石苍窑遗址－1 | 清水河县<br>小庙乡石苍窑村 | E: 111°37′12.8″<br>N: 39°58′05.4″<br>H: 1150±6米 | 鲁家坡一期遗存、庙子沟文化、阿善三期文化、朱开沟文化、战国 | 1.5万 |
| 04－021 | 薛家梁遗址－2 | 清水河县<br>小庙乡薛家梁村 | E: 111°35′54.1″<br>N: 39°57′28.9″<br>H: 1115±5米 | 鲁家坡一期遗存、庙子沟文化、阿善三期文化、朱开沟文化 | 1.5万 |
| 04－028 | 西贺家山遗址－2 | 清水河县<br>小庙乡西贺家山村 | E: 111°34′28.0″<br>N: 39°56′28.9″<br>H: 1172±4米 | 庙子沟文化、阿善三期文化、永兴店文化、战国 | 3万 |
| 04－030 | 薛家梁遗址－1 | 清水河县<br>小庙乡薛家梁村 | E: 111°36′28.8″<br>N: 39°57′29.6″<br>H: 1131±5米 | 庙子沟文化、阿善三期文化、朱开沟文化、汉代 | 15万 |

续附表二　2.4

| 遗址编号 | 遗址名称 | 行政归属 | GPS坐标 | 文化属性 | 面积（平方米） |
|---|---|---|---|---|---|
| 04—035 | 黑崂梁遗址—1 | 清水河县小庙乡黑崂梁村 | E: 111°35′24.5″<br>N: 39°56′38.8″<br>H: 1171±5米 | 庙子沟文化、阿善三期文化 | 14.4万 |
| 04—041 | 八龙湾遗址—1 | 清水河县小庙乡八龙湾村 | E: 111°35′07.2″<br>N: 39°56′02.6″<br>H: 1111±5米 | 阿善三期文化、战国 | 0.5万 |
| 04—050 | 碓臼墕遗址—1 | 清水河县小庙乡碓臼墕村 | E: 111°31′20.9″<br>N: 39°54′36.8″<br>H: 1265±5米 | 鲁家坡一期遗存、庙子沟文化、阿善三期文化、朱开沟文化 | 6万 |
| 04—052 | 下阳塔遗址—4 | 清水河县小庙乡下阳塔村 | E: 111°33′00.4″<br>N: 39°56′48.3″<br>H: 1132±5米 | 庙子沟文化、阿善三期文化、战国 | 37.5万 |
| 04—062 | 庄窝坪遗址—5 | 清水河县小庙乡庄窝坪村 | E: 111°37′10.1″<br>N: 39°58′48.7″<br>H: 1083±7米 | 鲁家坡一期遗存、阿善三期文化、永兴店文化、朱开沟文化、战国 | 3万 |
| 04—064 | 下脑包遗址—3 | 清水河县窑沟乡下脑包村 | E: 111°30′22.5″<br>N: 39°56′30.2″<br>H: 1141±7米 | 庙子沟文化、阿善三期文化、朱开沟文化、战国 | 14万 |
| 04—066 | 下圪卜遗址—1 | 清水河县窑沟乡下圪卜村 | E: 111°31′54.6″<br>N: 39°55′09.9″<br>H: 1204±11米 | 鲁家坡一期遗存、庙子沟文化、阿善三期文化、汉代 | 2.16万 |

续附表二 2.4

| 遗址编号 | 遗址名称 | 行政归属 | GPS坐标 | 文化属性 | 面积(平方米) |
|---|---|---|---|---|---|
| 04-069 | 新营盘遗址-2 | 清水河县窑沟乡新营盘村 | E: 111° 29′ 24.5″<br>N: 39° 55′ 29.4″<br>H: 1210±7米 | 阿善三期文化、汉代 | 1.02万 |
| 04-074 | 五娃圪旦遗址-1 | 清水河县王桂窑子乡五娃圪旦村 | E: 111° 34′ 51.0″<br>N: 39° 58′ 03.1″<br>H: 1124±5米 | 庙子沟文化、阿善三期文化、战国 | 12万 |
| 04-080 | 桑林坡遗址-3 | 清水河县窑沟乡桑林坡村 | E: 111° 29′ 01.4″<br>N: 39° 55′ 48.8″<br>H: 1140±6米 | 阿善三期文化 | 0.09万 |
| 04-081 | 桑林坡遗址-4 | 清水河县窑沟乡桑林坡村 | E: 111° 28′ 23.3″<br>N: 39° 56′ 11.1″<br>H: 1199±8米 | 阿善三期文化、战国 | 0.06万 |
| 04-084 | 羊路渠遗址-2 | 清水河县窑沟乡羊路渠村 | E: 111° 27′ 49.9″<br>N: 39° 56′ 12.9″<br>H: 1058±10米 | 鲁家坡一期遗存、庙子沟文化、阿善三期文化、朱开沟文化、战国 | 5.2万 |
| 04-085 | 南梁遗址-1 | 清水河县窑沟乡南梁村 | E: 111° 26′ 40.3″<br>N: 39° 55′ 31.2″<br>H: 1035±4米 | 阿善三期文化、汉代 | 0.8万 |
| 04-086 | 铁驼塙遗址-1 | 清水河县窑沟乡铁驼塙村 | E: 111° 27′ 22.4″<br>N: 39° 54′ 31.6″<br>H: 1142±6米 | 庙子沟文化、阿善三期文化、朱开沟文化 | 16万 |

续附表二　2.4

| 遗址编号 | 遗址名称 | 行政归属 | GPS坐标 | 文化属性 | 面积（平方米） |
|---|---|---|---|---|---|
| 04—088 | 小缸房遗址—1 | 清水河县窑沟乡小缸房村 | E: 111°26′33.0″<br>N: 39°53′24.6″<br>H: 1146±6米 | 鲁家坡一期遗存、阿善三期文化、朱开沟文化、战国 | 3万 |
| 04—090 | 小缸房遗址—3 | 清水河县窑沟乡小缸房村 | E: 111°26′29.1″<br>N: 39°53′34.9″<br>H: 1119±10米 | 庙子沟文化、阿善三期文化、永兴店文化、朱开沟文化、战国 | 12.5万 |
| 04—096 | 铁驼墕遗址—3 | 清水河县窑沟乡铁驼墕村 | E: 111°27′12.9″<br>N: 39°55′00.7″<br>H: 1105±5米 | 庙子沟文化、阿善三期文化、朱开沟文化、战国 | 4万 |
| 04—101 | 墕咀遗址—1 | 清水河县窑沟乡墕咀村 | E: 111°26′23.8″<br>N: 39°54′22.7″<br>H: 1075±5米 | 阿善三期文化、永兴店文化、朱开沟文化、战国 | 40万 |
| 04—107 | 刁家梁遗址—2 | 清水河县窑沟乡刁家梁村 | E: 111°29′38.7″<br>N: 39°53′58.7″<br>H: 1208±6米 | 庙子沟文化、阿善三期文化、汉代 | 0.3万 |
| 04—123 | 唐子峁遗址—1 | 清水河县窑沟乡唐子峁村 | E: 111°27′19.0″<br>N: 39°53′12.0″<br>H: 1198±6米 | 阿善三期文化、汉代 | 0.25万 |
| 04—132 | 下蒙家梁遗址—1 | 清水河县小庙乡下蒙家梁村 | E: 111°34′25.8″<br>N: 39°55′28.0″<br>H: 1194±6米 | 庙子沟文化、阿善三期文化、朱开沟文化、汉代 | 21万 |

续附表二　2.4

| 遗址编号 | 遗址名称 | 行政归属 | GPS坐标 | 文化属性 | 面积（平方米） |
|---|---|---|---|---|---|
| 04—146 | 姑姑庵遗址—1 | 清水河县小庙乡姑姑庵村 | E: 111°35′22.8″<br>N: 39°54′38.1″<br>H: 1218±6米 | 庙子沟文化、阿善三期文化 | 3万 |
| 04—153 | 只几壕遗址—3 | 清水河县小庙乡只几壕村 | E: 111°36′24.8″<br>N: 39°54′58.2″<br>H: 1202±5米 | 庙子沟文化、阿善三期文化、朱开沟文化、战国 | 5万 |
| 04—160 | 祁家沟遗址—2 | 清水河县城关镇祁家沟村 | E: 111°39′58.1″<br>N: 39°54′17.4″<br>H: 1271±5米 | 官地一期遗存、阿善三期文化 | 3万 |
| 04—162 | 畔郢子遗址—2 | 清水河县城关镇畔郢子村 | E: 111°38′37.0″<br>N: 39°54′53.4″<br>H: 1194±6米 | 鲁家坡一期遗存、庙子沟文化、阿善三期文化、永兴店文化、朱开沟文化、战国 | 2万 |
| 04—163 | 畔郢子遗址—3 | 清水河县城关镇畔郢子村 | E: 111°38′31.5″<br>N: 39°54′57.6″<br>H: 1183±6米 | 鲁家坡一期遗存、庙子沟文化、阿善三期文化、朱开沟文化、战国 | 3万 |
| 04—179 | 打磨湾遗址—1 | 清水河县城关镇打磨湾村 | E: 111°38′07.1″<br>N: 39°55′02.8″<br>H: 1180±7米 | 庙子沟文化、阿善三期文化、朱开沟文化、战国 | 2万 |
| 04—182 | 小庙子遗址—2 | 清水河县小庙乡小庙子村 | E: 111°39′28.2″<br>N: 39°55′22.9″<br>H: 1214±5米 | 官地一期遗存、鲁家坡一期遗存、庙子沟文化、阿善三期文化、永兴店文化、战国 | 3万 |

续附表二 2.4

| 遗址编号 | 遗址名称 | 行政归属 | GPS坐标 | 文化属性 | 面积（平方米） |
|---|---|---|---|---|---|
| 04—185 | 庄窝坪遗址—8 | 清水河县小庙乡庄窝坪村 | E: 111°37′21.1″<br>N: 39°59′18.0″<br>H: 1099±5米 | 鲁家坡一期遗存、庙子沟文化、阿善三期文化、朱开沟文化 | 6万 |
| 05—201 | 大路圪坦遗址—1 | 准格尔旗窑沟乡大路圪坦村 | E: 111°24′47.0″<br>N: 39°58′18.4″<br>H: 1066±7米 | 庙子沟文化、阿善三期文化、永兴店文化、朱开沟文化 | 10万 |
| 05—205 | 槽牛营子遗址—1 | 准格尔旗窑沟乡槽牛营子村 | E: 111°24′42.8″<br>N: 39°57′19.4″<br>H: 1092±5米 | 庙子沟文化、阿善三期文化、朱开沟文化 | 6万 |
| 05—206 | 槽牛营子遗址—2 | 准格尔旗窑沟乡槽牛营子村 | E: 111°24′32.5″<br>N: 39°57′19.3″<br>H: 1093±6米 | 阿善三期文化 | 3.75万 |
| 05—210 | 牛龙湾遗址—1 | 准格尔旗窑沟乡牛龙湾村 | E: 111°25′21.0″<br>N: 39°56′28.7″<br>H: 1046±5米 | 阿善三期文化 | 1.5万 |
| 05—213 | 牛龙湾遗址—3 | 准格尔旗窑沟乡牛龙湾村 | E: 111°25′51.6″<br>N: 39°55′51.2″<br>H: 987±8米 | 庙子沟文化、阿善三期文化、汉代 | 3万 |
| 05—217 | 柳树渠遗址—2 | 准格尔旗窑沟乡柳树渠村 | E: 111°25′51.8″<br>N: 39°55′16.7″<br>H: 1093±6米 | 阿善三期文化、战国、汉代 | 6.25万 |

续附表二　2.4

| 遗址编号 | 遗址名称 | 行政归属 | GPS坐标 | 文化属性 | 面积（平方米） |
|---|---|---|---|---|---|
| 05－218 | 柳树渠遗址－3 | 准格尔旗 窑沟乡柳树渠村 | E: 111° 25′ 39.8″ N: 39° 55′ 19.2″ H: 1150±5米 | 官地一期遗存、阿善三期文化、朱开沟文化 | 3.6万 |
| 05－220 | 柳树渠遗址－5 | 准格尔旗 窑沟乡柳树渠村 | E: 111° 26′ 04.3″ N: 39° 54′ 58.8″ H: 1014±6米 | 阿善三期文化、朱开沟文化、战国、汉代 | 5万 |
| 05－221 | 贾家圪坦遗址－1 | 准格尔旗 窑沟乡贾家圪坦村 | E: 111° 25′ 16.2″ N: 39° 54′ 48.0″ H: 1164±5米 | 庙子沟文化、阿善三期文化、朱开沟文化 | 20万 |
| 05－222 | 贾家圪坦遗址－2 | 准格尔旗 窑沟乡贾家圪坦村 | E: 111° 24′ 54.0″ N: 39° 54′ 51.5″ H: 1143±4米 | 阿善三期文化 | 3.75万 |
| 05－224 | 贾家圪坦遗址－4 | 准格尔旗 窑沟乡贾家圪坦村 | E: 111° 25′ 55.4″ N: 39° 54′ 41.1″ H: 1017±5米 | 鲁家坡一期遗存、阿善三期文化、朱开沟文化 | 6.25万 |
| 05－225 | 荒地遗址－1 | 准格尔旗 窑沟乡荒地村 | E: 111° 25′ 57.0″ N: 39° 54′ 09.7″ H: 1083±5米 | 阿善三期文化、永兴店文化、战国 | 7.5万 |
| 05－226 | 荒地遗址－2 | 准格尔旗 窑沟乡荒地村 | E: 111° 26′ 01.2″ N: 39° 53′ 55.4″ H: 1048±5米 | 阿善三期文化、永兴店文化、战国 | 8.75万 |

续附表二　2.4

| 遗址编号 | 遗址名称 | 行政归属 | GPS坐标 | 文化属性 | 面积（平方米） |
|---|---|---|---|---|---|
| 05-227 | 荒地遗址-3 | 准格尔旗窑沟乡荒地村 | E: 111°25′43.0″ N: 39°53′55.2″ H: 1091±5米 | 官地一期遗存、阿善三期文化、朱开沟文化、战国 | 22.75万 |
| 05-228 | 荒地遗址-4 | 准格尔旗窑沟乡荒地村 | E: 111°25′0.75″ N: 39°53′51.1″ H: 1120±5米 | 鲁家坡一期遗存、阿善三期文化、朱开沟文化 | 5万 |
| 05-233 | 石壁桥遗址-2 | 清水河县王桂窑子乡石壁桥村 | E: 111°37′32.7″ N: 39°59′54.1″ H: 1141±4米 | 官地一期遗存、阿善三期文化、永兴店文化 | 3.75万 |
| 05-235 | 石壁桥遗址-4 | 清水河县王桂窑子乡石壁桥村 | E: 111°36′31.0″ N: 39°59′31.0″ H: 1187±7米 | 庙子沟文化、阿善三期文化、永兴店文化、朱开沟文化、汉代 | 8.75万 |
| 05-244 | 解放遗址-1 | 清水河县王桂窑子乡解放村 | E: 111°33′14.3″ N: 39°59′56.4″ H: 1234±5米 | 鲁家坡一期遗存、庙子沟文化、阿善三期文化、朱开沟文化、战国 | 7.5万 |
| 05-247 | 常家河遗址-3 | 清水河县王桂窑子乡常家河村 | E: 111°31′48.5″ N: 39°59′52.7″ H: 1229±5米 | 阿善三期文化、朱开沟文化、汉代 | 10万 |
| 05-250 | 解放遗址-3 | 清水河县王桂窑子乡解放村 | E: 111°32′34.9″ N: 39°59′38.1″ H: 1229±6米 | 庙子沟文化、阿善三期文化、朱开沟文化、战国、汉代 | 22.5万 |

续附表二 2.4

| 遗址编号 | 遗址名称 | 行政归属 | GPS坐标 | 文化属性 | 面积（平方米） |
|---|---|---|---|---|---|
| 05-253 | 把兔沟遗址-2 | 清水河县王桂窑子乡把兔沟村 | E：111°33′02.3″ N：39°59′07.7″ H：1195±6米 | 官地一期遗存、鲁家坡一期遗存、庙子沟文化、阿善三期文化、未开沟文化 | 7.5万 |
| 05-255 | 把兔沟遗址-4 | 清水河县王桂窑子乡把兔沟村 | E：111°32′4.7″ N：39°59′15.4″ H：1174±6米 | 阿善三期文化、永兴店文化、未开沟文化 | 2.25万 |
| 05-257 | 南㟆遗址-1 | 清水河县王桂窑子乡南㟆村 | E：111°33′45.0″ N：39°58′20.4″ H：1143±5米 | 庙子沟文化、阿善三期文化、未开沟文化 | 6万 |
| 05-258 | 南㟆遗址-2 | 清水河县王桂窑子乡南㟆村 | E：111°33′31.0″ N：39°58′4.9″ H：1149±5米 | 鲁家坡一期遗存、庙子沟文化、阿善三期文化、战国 | 6.25万 |
| 05-260 | 后石畔遗址-1 | 清水河县王桂窑子乡后石畔村 | E：111°33′30.6″ N：39°57′27.1″ H：1085±5米 | 鲁家坡一期遗存、阿善三期文化、战国 | 11.25万 |
| 05-272 | 大石沿遗址-3 | 清水河县王桂窑子乡大石沿村 | E：111°31′44.0″ N：39°58′00.2″ H：1234±6米 | 阿善三期文化、永兴店文化、战国 | 6.25万 |
| 05-273 | 胶泥圪佬遗址-1 | 清水河县王桂窑子乡胶泥圪佬村 | E：111°31′26.8″ N：39°57′37.2″ H：1210±6米 | 阿善三期文化、永兴店文化、未开沟文化 | 7.5万 |

续附表二 2.4

| 遗址编号 | 遗址名称 | 行政归属 | GPS坐标 | 文化属性 | 面积（平方米） |
|---|---|---|---|---|---|
| 05—274 | 胶泥圪佬遗址—2 | 清水河县王桂窑子乡胶泥圪佬村 | E: 111°31′09.5″<br>N: 39°57′12.4″<br>H: 1112±5米 | 阿善三期文化、战国 | 1.05万 |
| 05—275 | 胶泥圪佬遗址—3 | 清水河县王桂窑子乡胶泥圪佬村 | E: 111°31′31.0″<br>N: 39°57′14.8″<br>H: 1136±5米 | 鲁家坡一期遗存、阿善三期文化、永兴店文化、朱开沟文化、战国 | 8万 |
| 05—289 | 新火盘遗址—2 | 清水河县王桂窑子乡新火盘村 | E: 111°28′19.1″<br>N: 39°59′44.3″<br>H: 1253±4米 | 鲁家坡一期遗存、庙子沟文化、阿善三期文化、朱开沟文化、永兴店文化、战国 | 2.7万 |
| 05—292 | 井路咀遗址—2 | 清水河县王桂窑子乡井路咀村 | E: 111°28′57.3″<br>N: 39°59′28.6″<br>H: 1219±5米 | 庙子沟文化、阿善三期文化、永兴店文化、朱开沟文化、战国 | 15.75万 |
| 05—296 | 柴家岭遗址—3 | 清水河县王桂窑子乡柴家岭村 | E: 111°29′54.5″<br>N: 39°58′30.0″<br>H: 1181±5米 | 鲁家坡一期遗存、阿善三期文化、战国 | 5万 |
| 05—301 | 大峁梁遗址—3 | 清水河县王桂窑子乡大峁梁村 | E: 111°29′38.6″<br>N: 39°57′06.1″<br>H: 1149±5米 | 庙子沟文化、阿善三期文化 | 9.45万 |
| 05—302 | 大峁梁遗址—4 | 清水河县王桂窑子乡大峁梁村 | E: 111°29′43.7″<br>N: 39°56′56.5″<br>H: 1086±5米 | 鲁家坡一期遗存、庙子沟文化、阿善三期文化 | 2.7万 |

续附表二　2.4

| 遗址编号 | 遗址名称 | 行政归属 | GPS坐标 | 文化属性 | 面积（平方米） |
|---|---|---|---|---|---|
| 05—304 | 大茆梁遗址－6 | 清水河县王桂窑子乡大茆梁村 | E: 111°29′55.9″<br>N: 39°56′51.3″<br>H: 1075±5米 | 鲁家坡一期遗存、庙子沟文化、阿善三期文化、朱开沟文化、战国 | 6万 |
| 05—305 | 大茆梁遗址－7 | 清水河县王桂窑子乡大茆梁村 | E: 111°30′00.1″<br>N: 39°57′56.5″<br>H: 1080±11米 | 庙子沟文化、阿善三期文化、朱开沟文化 | 3万 |
| 05—308 | 大茆梁遗址－10 | 清水河县王桂窑子乡大茆梁村 | E: 111°29′29.4″<br>N: 39°57′05.1″<br>H: 1109±7米 | 阿善三期文化、朱开沟文化 | 1万 |
| 05—311 | 炭窑背遗址－1 | 清水河县王桂窑子乡炭窑背村 | E: 111°29′17.5″<br>N: 39°56′50.5″<br>H: 1066±6米 | 阿善三期文化、朱开沟文化、战国 | 4万 |
| 05—316 | 后河遗址－2 | 清水河县王桂窑子乡后河村 | E: 111°28′41.5″<br>N: 39°56′44.4″<br>H: 1091±6米 | 阿善三期文化 | 2万 |
| 05—319 | 老牛湾遗址－1 | 清水河县王桂窑子乡老牛湾村 | E: 111°28′05.5″<br>N: 39°56′32.6″<br>H: 1052±5米 | 阿善三期文化、战国 | 4万 |
| 05—321 | 火烧焉遗址－1 | 清水河县王桂窑子乡火烧焉村 | E: 111°28′10.1″<br>N: 39°57′36.5″<br>H: 1222±5米 | 阿善三期文化、汉代 | 6.25万 |

续附表二　2.4

| 遗址编号 | 遗址名称 | 行政归属 | GPS坐标 | 文化属性 | 面积<br>(平方米) |
|---|---|---|---|---|---|
| 05－323 | 火烧焉遗址－2 | 清水河县<br>王桂窑子乡火烧焉村 | E: 111° 27′ 24.7″<br>N: 39° 57′ 37.1″<br>H: 1092±7米 | 阿善三期文化 | 4万 |
| 05－325 | 窑子上遗址－2 | 清水河县<br>王桂窑子乡窑子上村 | E: 111° 27′ 18.6″<br>N: 39° 56′ 20.0″<br>H: 1023±5米 | 阿善三期文化、朱开沟文化、汉代 | 7.5万 |
| 05－326 | 窑子上遗址－3 | 清水河县<br>王桂窑子乡窑子上村 | E: 111° 27′ 10.9″<br>N: 39° 56′ 20.7″<br>H: 1015±5米 | 阿善三期文化、战国 | 3万 |
| 05－330 | 窑子上遗址－7 | 清水河县<br>王桂窑子乡窑子上村 | E: 111° 26′ 38.6″<br>N: 39° 56′ 16.1″<br>H: 1072±4米 | 庙子沟文化、阿善三期文化、战国 | 10.5万 |
| 05－336 | 石畔遗址－4 | 清水河县<br>王桂窑子乡石畔村 | E: 111° 25′ 59.2″<br>N: 39° 56′ 58.5″<br>H: 1098±5米 | 阿善三期文化、战国 | 5万 |
| 05－338 | 卢子梁遗址－2 | 清水河县<br>王桂窑子乡卢子梁村 | E: 111° 26′ 33.2″<br>N: 39° 58′ 01.1″<br>H: 1160±4米 | 阿善三期文化、永兴店文化、战国 | 5万 |
| 05－344 | 酒铺焉遗址－6 | 清水河县<br>王桂窑子乡酒铺焉村 | E: 111° 25′ 21.1″<br>N: 39° 57′ 48.1″<br>H: 1162±5米 | 庙子沟文化、阿善三期文化 | 3万 |

续附表二　2.4

| 遗址编号 | 遗址名称 | 行政归属 | GPS坐标 | 文化属性 | 面积（平方米） |
|---|---|---|---|---|---|
| 05－345 | 酒铺焉遗址－7 | 清水河县 王桂窑子乡酒铺焉村 | E: 111°25′15.3″ N: 39°57′41.2″ H: 1136±6米 | 鲁家坡一期遗存、庙子沟文化、阿善三期文化 | 2.25万 |
| 05－348 | 酒铺焉遗址－10 | 清水河县 王桂窑子乡酒铺焉村 | E: 111°25′11.3″ N: 39°58′08.7″ H: 1144±5米 | 阿善三期文化、朱开沟文化、战国、汉代 | 1.75万 |
| 05－350 | 下塔遗址－2 | 清水河县 王桂窑子乡下塔村 | E: 111°25′43.1″ N: 39°58′32.0″ H: 1105±5米 | 庙子沟文化、阿善三期文化、战国、汉代 | 6万 |
| 05－351 | 下塔遗址－3 | 清水河县 王桂窑子乡下塔村 | E: 111°25′18.0″ N: 39°58′42.7″ H: 1066±5米 | 庙子沟文化、阿善三期文化、永兴店文化、战国 | 45万 |
| 05－354 | 栅稍焉村遗址－3 | 清水河县 王桂窑子乡栅稍焉村 | E: 111°27′24.6″ N: 39°59′00.4″ H: 1185±6米 | 庙子沟文化、阿善三期文化、永兴店文化 | 10万 |
| 05－359 | 壕气焉遗址－4 | 清水河县 王桂窑子乡壕气焉村 | E: 111°26′55.2″ N: 39°59′14.1″ H: 1161±5米 | 阿善三期文化 | 2.25万 |
| 05－360 | 壕气焉遗址－5 | 清水河县 王桂窑子乡壕气焉村 | E: 111°26′15.1″ N: 39°59′12.8″ H: 1139±5米 | 阿善三期文化、战国、汉代 | 3万 |

续附表二 2.4

| 遗址编号 | 遗址名称 | 行政归属 | GPS坐标 | 文化属性 | 面积（平方米） |
|---|---|---|---|---|---|
| 05－362 | 下塔遗址－4 | 清水河县王桂窑子乡下塔村 | E: 111° 25′ 19. 7″<br>N: 39° 58′ 59. 7″<br>H: 1092±5米 | 阿善三期文化、朱开沟文化、战国 | 9万 |
| 05－363 | 下塔遗址－5 | 清水河县王桂窑子乡下塔村 | E: 111° 25′ 07. 1″<br>N: 39° 58′ 56. 4″<br>H: 1036±6米 | 鲁家坡一期遗存、阿善三期文化、朱开沟文化 | 10.5万 |
| 05－365 | 二道塔遗址－2 | 清水河县王桂窑子乡二道塔村 | E: 111° 25′ 04. 0″<br>N: 39° 59′ 23. 5″<br>H: 1024±12米 | 鲁家坡一期遗存、阿善三期文化 | 7.5万 |
| 05－367 | 岔河口遗址－1 | 清水河县王桂窑子乡岔河口村 | E: 111° 26′ 27. 3″<br>N: 39° 55′ 55. 5″<br>H: 1058±6米 | 鲁家坡一期遗存、阿善三期文化 | 27.5万 |

## 2.5　永兴店文化遗址点列表

| 遗址编号 | 遗址名称 | 行政归属 | GPS坐标 | 文化属性 | 面积（平方米） |
|---|---|---|---|---|---|
| 04－002 | 庄窝坪遗址－2 | 清水河县小庙乡庄窝坪村 | E: 111° 37′ 29. 3″<br>N: 39° 58′ 57. 6″<br>H: 1112±4米 | 鲁家坡一期遗存、阿善三期文化、永兴店文化、朱开沟文化、战国 | 8万 |

续附表二　2.5

| 遗址编号 | 遗址名称 | 行政归属 | GPS坐标 | 文化属性 | 面积（平方米） |
|---|---|---|---|---|---|
| 04－007 | 破头窑遗址－1 | 清水河县小庙乡破头窑村 | E: 111° 38′ 23.8″ N: 39° 58′ 54.0″ H: 1155±5米 | 永兴店文化 | 3万 |
| 04－009 | 四圪垯遗址－2 | 清水河县小庙乡四圪垯村 | E: 111° 37′ 20.9″ N: 39° 58′ 29.9″ H: 1124±9米 | 庙子沟文化、永兴店文化、朱开沟文化 | 6万 |
| 04－019 | 石苍窑遗址－2 | 清水河县小庙乡石苍窑村 | E: 111° 37′ 06.1″ N: 39° 58′ 19.5″ H: 1025±8米 | 庙子沟文化、阿善三期文化、永兴店文化、朱开沟文化 | 0.7万 |
| 04－022 | 黑脑梁遗址－3 | 清水河县小庙乡黑脑梁村 | E: 111° 36′ 26.1″ N: 39° 56′ 18.5″ H: 1257±6米 | 鲁家坡一期遗存、庙子沟文化、永兴店文化 | 1.2万 |
| 04－024 | 走马塔遗址－1 | 清水河县小庙乡走马塔村 | E: 111° 36′ 38.9″ N: 39° 55′ 52.6″ H: 1245±4米 | 庙子沟文化、永兴店文化 | 3万 |
| 04－028 | 西贺家山遗址－2 | 清水河县小庙乡西贺家山村 | E: 111° 34′ 28.0″ N: 39° 56′ 28.9″ H: 1172±4米 | 庙子沟文化、阿善三期文化、战国 | 3万 |
| 04－033 | 梁家圪垯遗址－4 | 清水河县小庙乡梁家圪垯村 | E: 111° 35′ 39.1″ N: 39° 57′ 06.0″ H: 1151±10米 | 庙子沟文化、永兴店文化、汉代 | 0.25万 |

续附表二 2.5

| 遗址编号 | 遗址名称 | 行政归属 | GPS坐标 | 文化属性 | 面积（平方米） |
|---|---|---|---|---|---|
| 04-060 | 下脑包遗址-1 | 清水河县<br>小庙乡下脑包村 | E: 111°31′13.7″<br>N: 39°56′55.2″<br>H: 1085±6米 | 鲁家坡一期遗存、永兴店文化、战国 | 1.2万 |
| 04-061 | 下脑包遗址-2 | 清水河县<br>小庙乡下脑包村 | E: 111°30′53.2″<br>N: 39°56′28.7″<br>H: 1130±7米 | 庙子沟文化、永兴店文化 | 20万 |
| 04-062 | 庄窝坪遗址-5 | 清水河县<br>小庙乡庄窝坪村 | E: 111°37′10.1″<br>N: 39°58′48.7″<br>H: 1083±7米 | 鲁家坡一期遗存、阿善三期文化、永兴店文化、朱开沟文化、战国 | 3万 |
| 04-070 | 上富家梁遗址-2 | 清水河县<br>小庙乡上富家梁村 | E: 111°31′24.6″<br>N: 39°55′52.8″<br>H: 1132±4米 | 永兴店文化、战国 | 0.25万 |
| 04-083 | 羊路渠遗址-1 | 清水河县<br>窑沟乡羊路渠村 | E: 111°28′03.8″<br>N: 39°55′59.6″<br>H: 1142±6米 | 庙子沟文化、永兴店文化、朱开沟文化 | 15万 |
| 04-090 | 小缸房遗址-3 | 清水河县<br>窑沟乡小缸房村 | E: 111°26′29.1″<br>N: 39°53′34.9″<br>H: 1119±10米 | 庙子沟文化、阿善三期文化、永兴店文化、朱开沟文化、战国 | 12.5万 |
| 04-100 | 黑草咀遗址-2 | 清水河县<br>窑沟乡黑草咀村 | E: 111°28′14.2″<br>N: 39°53′32.2″<br>H: 1107±5米 | 永兴店文化、战国 | 0.75万 |

续附表二　2.5

| 遗址编号 | 遗址名称 | 行政归属 | GPS坐标 | 文化属性 | 面积（平方米） |
|---|---|---|---|---|---|
| 04—101 | 城咀遗址—1 | 清水河县窑沟乡城咀村 | E: 111°26′23.8″<br>N: 39°54′22.7″<br>H: 1075±5米 | 阿善三期文化、永兴店文化、朱开沟文化、战国 | 40万 |
| 04—102 | 城咀遗址—2 | 清水河县窑沟乡城咀村 | E: 111°26′47.3″<br>N: 39°54′23.2″<br>H: 1109±8米 | 官地一期遗存、永兴店文化、战国 | 6万 |
| 04—103 | 城咀遗址—3 | 清水河县窑沟乡城咀村 | E: 111°26′50.7″<br>N: 39°54′06.5″<br>H: 1156±5米 | 官地一期遗存、永兴店文化、战国 | 20万 |
| 04—106 | 刁家梁遗址—1 | 清水河县窑沟乡刁家梁村 | E: 111°29′50.3″<br>N: 39°53′59.8″<br>H: 1227±5米 | 永兴店文化 | 0.64万 |
| 04—120 | 胶泥圪老遗址—3 | 清水河县窑沟乡胶泥圪老村 | E: 111°27′13.5″<br>N: 39°53′32.3″<br>H: 1183±7米 | 庙子沟文化、朱开沟文化、永兴店文化、战国 | 2万 |
| 04—128 | 阳畔遗址—2 | 清水河县小庙乡阳畔村 | E: 111°38′44.0″<br>N: 39°55′51.4″<br>H: 1250±5米 | 永兴店文化、汉代 | 1.17万 |
| 04—129 | 朝天壕遗址—2 | 清水河县窑沟乡朝天壕村 | E: 111°32′43.0″<br>N: 39°53′19.6″<br>H: 1305±5米 | 永兴店文化 | 0.5万 |

续附表二　2.5

| 遗址编号 | 遗址名称 | 行政归属 | GPS坐标 | 文化属性 | 面积（平方米） |
|---|---|---|---|---|---|
| 04—136 | 西马厂遗址—1 | 清水河县小庙乡西马厂村 | E: 111°33′31.8″<br>N: 39°55′10.4″<br>H: 1350±4米 | 永兴店文化 | 0.3万 |
| 04—144 | 二道咀遗址—1 | 清水河县小庙乡二道咀村 | E: 111°35′15.3″<br>N: 39°53′36.5″<br>H: 1276±5米 | 永兴店文化、战国、汉代 | 2.5万 |
| 04—162 | 畔卯子遗址—2 | 清水河县城关镇畔卯子村 | E: 111°38′37.0″<br>N: 39°54′53.4″<br>H: 1194±6米 | 鲁家坡一期遗存、庙子沟文化、阿善三期文化、永兴店文化、朱开沟文化、战国 | 2万 |
| 04—182 | 小庙子遗址—2 | 清水河县小庙乡小庙子村 | E: 111°39′28.2″<br>N: 39°55′22.9″<br>H: 1214±5米 | 官地一期遗存、鲁家坡一期遗存、庙子沟文化、阿善三期文化、永兴店文化、战国 | 3万 |
| 04—191 | 皮家沟遗址—5 | 清水河县五良太乡皮家沟村 | E: 111°39′01.9″<br>N: 39°59′30.8″<br>H: 1130±5米 | 永兴店文化、朱开沟文化 | 0.5万 |
| 05—201 | 大路圪坦遗址—1 | 准格尔旗窑沟乡大路圪坦村 | E: 111°24′47.0″<br>N: 39°58′18.4″<br>H: 1066±7米 | 庙子沟文化、阿善三期文化、永兴店文化、朱开沟文化 | 10万 |
| 05—202 | 大路圪坦遗址—2 | 准格尔旗窑沟乡大路圪坦村 | E: 111°24′31.0″<br>N: 39°58′00.0″<br>H: 1083±5米 | 庙子沟文化、永兴店文化、战国 | 8.75万 |

续附表二　2.5

| 遗址编号 | 遗址名称 | 行政归属 | GPS坐标 | 文化属性 | 面积（平方米） |
|---|---|---|---|---|---|
| 05—204 | 小窑上遗址—2 | 准格尔旗窑沟乡小窑上村 | E: 111° 24′ 41.0″ N: 39° 57′ 40.5″ H: 1076±5米 | 庙子沟文化、永兴店文化、朱开沟文化、战国 | 10.5万 |
| 05—208 | 畔梁遗址—1 | 准格尔旗窑沟乡畔梁村 | E: 111° 24′ 56.0″ N: 39° 56′ 32.9″ H: 1107±5米 | 庙子沟文化、永兴店文化、朱开沟文化 | 2.25万 |
| 05—209 | 畔梁遗址—2 | 准格尔旗窑沟乡畔梁村 | E: 111° 24′ 58.3″ N: 39° 56′ 42.2″ H: 1105±6米 | 永兴店文化、朱开沟文化 | 3万 |
| 05—216 | 牛龙湾遗址—6 | 准格尔旗窑沟乡牛龙湾村 | E: 111° 25′ 46.4″ N: 39° 56′ 18.1″ H: 1011±5米 | 永兴店文化、朱开沟文化、战国 | 2.5万 |
| 05—225 | 荒地遗址—1 | 准格尔旗窑沟乡荒地村 | E: 111° 25′ 57.0″ N: 39° 54′ 09.7″ H: 1083±5米 | 阿善三期文化、永兴店文化、战国 | 7.5万 |
| 05—226 | 荒地遗址—2 | 准格尔旗窑沟乡荒地村 | E: 111° 26′ 01.2″ N: 39° 53′ 55.4″ H: 1048±5米 | 阿善三期文化、永兴店文化、战国 | 8.75万 |
| 05—231 | 马家圪坦遗址—1 | 准格尔旗窑沟乡马家圪坦村 | E: 111° 24′ 58.6″ N: 39° 53′ 14.7″ H: 1063±5米 | 永兴店文化 | 7.5万 |

续附表二　2.5

| 遗址编号 | 遗址名称 | 行政归属 | GPS坐标 | 文化属性 | 面积（平方米） |
|---|---|---|---|---|---|
| 05-232 | 石壁桥遗址-1 | 清水河县 王桂窑子乡石壁桥村 | E: 111°36′47.3″ N: 39°59′46.6″ H: 1153±6米 | 鲁家坡一期遗存、庙子沟文化、永兴店文化、朱开沟文化、汉代 | 31.5万 |
| 05-233 | 石壁桥遗址-2 | 清水河县 王桂窑子乡石壁桥村 | E: 111°37′32.7″ N: 39°59′54.1″ H: 1141±4米 | 官地一期遗存、阿善三期文化、永兴店文化 | 3.75万 |
| 05-235 | 石壁桥遗址-4 | 清水河县 王桂窑子乡石壁桥村 | E: 111°36′31.0″ N: 39°59′31.0″ H: 1187±7米 | 庙子沟文化、阿善三期文化、永兴店文化、朱开沟文化、汉代 | 8.75万 |
| 05-239 | 沙鄂遗址-2 | 清水河县 王桂窑子乡沙鄂村 | E: 111°34′13.0″ N: 39°59′32.2″ H: 1245±5米 | 永兴店文化、汉代 | 2.25万 |
| 05-242 | 青草鄂遗址-1 | 清水河县 王桂窑子乡青草鄂村 | E: 111°33′35.0″ N: 39°59′22.1″ H: 1220±7米 | 鲁家坡一期遗存、庙子沟文化、永兴店文化、朱开沟文化 | 7.5万 |
| 05-246 | 常家河遗址-2 | 清水河县 王桂窑子乡常家河村 | E: 111°31′49.1″ N: 39°59′41.8″ H: 1236±6米 | 庙子沟文化、永兴店文化、战国、汉代 | 11.25万 |
| 05-249 | 解放遗址-2 | 清水河县 王桂窑子乡解放村 | E: 111°32′29.3″ N: 39°59′42.4″ H: 1185±5米 | 庙子沟文化、永兴店文化、朱开沟文化、战国 | 12.5万 |

续附表二 2.5

| 遗址编号 | 遗址名称 | 行政归属 | GPS坐标 | 文化属性 | 面积（平方米） |
|---|---|---|---|---|---|
| 05－251 | 常家河遗址－5 | 清水河县 王桂窑子乡常家河村 | E: 111°32′07.2″ N: 39°59′25.6″ H: 1232±4米 | 永兴店文化、汉代 | 12.25万 |
| 05－255 | 把兔沟遗址－4 | 清水河县 王桂窑子乡把兔沟村 | E: 111°32′04.7″ N: 39°59′15.4″ H: 1174±6米 | 阿善三期文化、永兴店文化、朱开沟文化 | 2.25万 |
| 05－263 | 后石畔遗址－4 | 清水河县 王桂窑子乡后石畔村 | E: 111°33′07.9″ N: 39°57′25.9″ H: 1086±6米 | 鲁家坡一期遗存、永兴店文化、战国 | 6万 |
| 05－264 | 营正子遗址－1 | 清水河县 王桂窑子乡营正子村 | E: 111°32′22.4″ N: 39°57′16.0″ H: 1087±5米 | 鲁家坡一期遗存、庙子沟文化、永兴店文化、朱开沟文化、战国、汉代 | 16.5万 |
| 05－265 | 营正子遗址－2 | 清水河县 王桂窑子乡营正子村 | E: 111°32′11.9″ N: 39°57′12.0″ H: 1073±11米 | 永兴店文化、朱开沟文化、战国 | 6万 |
| 05－269 | 胶泥甼遗址－4 | 清水河县 王桂窑子乡胶泥甼村 | E: 111°31′56.0″ N: 39°57′36.1″ H: 1194±6米 | 庙子沟文化、永兴店文化、朱开沟文化 | 6.25万 |
| 05－272 | 大石沿遗址－3 | 清水河县 王桂窑子乡大石沿村 | E: 111°31′44.0″ N: 39°58′00.2″ H: 1234±6米 | 阿善三期文化、永兴店文化、战国 | 6.25万 |

续附表二　2.5

| 遗址编号 | 遗址名称 | 行政归属 | GPS坐标 | 文化属性 | 面积<br>（平方米） |
|---|---|---|---|---|---|
| 05—273 | 胶泥圪佬遗址—1 | 清水河县<br>王桂窑子乡胶泥圪佬村 | E: 111°31′26.8″<br>N: 39°57′37.2″<br>H: 1210±6米 | 阿善三期文化、永兴店文化、朱开<br>沟文化 | 7.5万 |
| 05—275 | 胶泥圪佬遗址—3 | 清水河县<br>王桂窑子乡胶泥圪佬村 | E: 111°31′31.0″<br>N: 39°57′14.8″<br>H: 1136±5米 | 鲁家坡一期遗存、阿善三期文化、<br>永兴店文化、朱开沟文化、战国 | 8万 |
| 05—276 | 胶泥圪佬遗址—4 | 清水河县<br>王桂窑子乡胶泥圪佬村 | E: 111°31′21.7″<br>N: 39°57′59.8″<br>H: 1257±6米 | 永兴店文化、汉代 | 3万 |
| 05—277 | 后城咀遗址—1 | 清水河县<br>王桂窑子乡后城咀村 | E: 111°30′41.7″<br>N: 39°56′50.2″<br>H: 1049±7米 | 永兴店文化、战国、汉代 | 4万 |
| 05—278 | 后城咀遗址—2 | 清水河县<br>王桂窑子乡后城咀村 | E: 111°30′47.1″<br>N: 39°57′26.4″<br>H: 1191±7米 | 庙子沟文化、永兴店文化 | 138万 |
| 05—279 | 小火盘遗址—1 | 清水河县<br>王桂窑子乡小火盘村 | E: 111°30′55.2″<br>N: 39°57′49.4″<br>H: 1229±6米 | 永兴店文化 | 4.5万 |
| 05—280 | 小火盘遗址—2 | 清水河县<br>王桂窑子乡小火盘村 | E: 111°30′46.7″<br>N: 39°57′43.9″<br>H: 1226±8米 | 永兴店文化 | 6万 |

续附表二 2.5

| 遗址编号 | 遗址名称 | 行政归属 | GPS坐标 | 文化属性 | 面积（平方米） |
|---|---|---|---|---|---|
| 05—287 | 井路咀遗址—1 | 清水河县王桂窑子乡井路咀村 | E: 111°28′55.9″<br>N: 39°59′03.8″<br>H: 1260±6米 | 永兴店文化、战国 | 6.25万 |
| 05—288 | 新火盘遗址—1 | 清水河县王桂窑子乡新火盘村 | E: 111°28′36.1″<br>N: 39°59′43.5″<br>H: 1274±5米 | 永兴店文化、战国 | 6.25万 |
| 05—289 | 新火盘遗址—2 | 清水河县王桂窑子乡新火盘村 | E: 111°28′19.1″<br>N: 39°59′44.3″<br>H: 1253±4米 | 鲁家坡一期遗存、庙子沟文化、阿善三期文化、永兴店文化 | 2.7万 |
| 05—290 | 印牛咀遗址—1 | 清水河县王桂窑子乡印牛咀村 | E: 111°27′59.5″<br>N: 39°59′53.4″<br>H: 1238±4米 | 鲁家坡一期遗存、庙子沟文化、永兴店文化、朱开沟文化、汉代 | 11.25万 |
| 05—292 | 井路咀遗址—2 | 清水河县王桂窑子乡井路咀村 | E: 111°28′57.3″<br>N: 39°59′28.6″<br>H: 1219±5米 | 庙子沟文化、阿善三期文化、永兴店文化、朱开沟文化、战国 | 15.75万 |
| 05—293 | 井路咀遗址—3 | 清水河县王桂窑子乡井路咀村 | E: 111°29′16.5″<br>N: 39°58′52.0″<br>H: 1229±7米 | 庙子沟文化、永兴店文化、战国 | 5万 |
| 05—294 | 柴家岭遗址—1 | 清水河县王桂窑子乡柴家岭村 | E: 111°29′35.9″<br>N: 39°58′42.7″<br>H: 1202±6米 | 营地一期遗存、永兴店文化、战国 | 12万 |

续附表二 2.5

| 遗址编号 | 遗址名称 | 行政归属 | GPS坐标 | 文化属性 | 面积（平方米） |
|---|---|---|---|---|---|
| 05－295 | 柴家岭遗址－2 | 清水河县 王桂窑子乡柴家岭村 | E：111°29′23.5″ N：39°58′34.4″ H：1219±5米 | 永兴店文化、朱开沟文化、战国 | 15万 |
| 05－297 | 小偏头遗址－1 | 清水河县 王桂窑子乡小偏头村 | E：111°29′19.8″ N：39°57′59.1″ H：1218±5米 | 永兴店文化 | 5.25万 |
| 05－312 | 炭窑背遗址－2 | 清水河县 王桂窑子乡炭窑背村 | E：111°29′16.0″ N：39°56′54.4″ H：1078±5米 | 庙子沟文化、永兴店文化 | 1.5万 |
| 05－314 | 后河遗址－1 | 清水河县 王桂窑子乡后河村 | E：111°28′57.1″ N：39°56′32.4″ H：1068±8米 | 鲁家坡一期遗存、庙子沟文化、永兴店文化、朱开沟文化、战国 | 5万 |
| 05－315 | 炭窑背遗址－4 | 清水河县 王桂窑子乡炭窑背村 | E：111°29′01.2″ N：39°56′54.7″ H：1110±4米 | 永兴店文化 | 3万 |
| 05－320 | 老牛湾遗址－2 | 清水河县 王桂窑子乡老牛湾村 | E：111°27′40.3″ N：39°56′32.9″ H：1057±5米 | 鲁家坡一期遗存、永兴店文化、汉代 | 6.25万 |
| 05－322 | 小偏头遗址－3 | 清水河县 王桂窑子乡小偏头村 | E：111°28′26.8″ N：39°57′50.4″ H：1072±7米 | 永兴店文化 | 5万 |

| 遗址编号 | 遗址名称 | 行政归属 | GPS坐标 | 文化属性 | 面积（平方米） |
|---|---|---|---|---|---|
| 05—328 | 窑子上遗址—5 | 清水河县王桂窑子乡窑子上村 | E: 111°26′40.9″<br>N: 39°56′40.2″<br>H: 1064±5米 | 鲁家坡一期遗存、永兴店文化 | 3.75万 |
| 05—335 | 石畔遗址—3 | 清水河县王桂窑子乡石畔村 | E: 111°25′24.5″<br>N: 39°56′55.4″<br>H: 1052±5米 | 庙子沟文化、永兴店文化、战国、汉代 | 6万 |
| 05—338 | 卢子梁遗址—2 | 清水河县王桂窑子乡卢子梁村 | E: 111°26′33.2″<br>N: 39°58′01.1″<br>H: 1160±4米 | 阿善三期文化、永兴店文化、战国 | 5万 |
| 05—340 | 酒铺焉遗址—2 | 清水河县王桂窑子乡酒铺焉村 | E: 111°25′31.2″<br>N: 39°57′08.6″<br>H: 1092±6米 | 官地一期遗存、永兴店文化、朱开沟文化 | 20万 |
| 05—341 | 酒铺焉遗址—3 | 清水河县王桂窑子乡酒铺焉村 | E: 111°25′20.3″<br>N: 39°57′16″<br>H: 1029±4米 | 庙子沟文化、永兴店文化、朱开沟文化、战国 | 6万 |
| 05—349 | 下塔遗址—1 | 清水河县王桂窑子乡下塔村 | E: 111°25′11.8″<br>N: 39°58′17.9″<br>H: 1141±9米 | 庙子沟文化、永兴店文化、战国 | 6万 |
| 05—351 | 下塔遗址—3 | 清水河县王桂窑子乡下塔村 | E: 111°25′18.0″<br>N: 39°58′42.7″<br>H: 1066±5米 | 庙子沟文化、阿善三期文化、永兴店文化、战国 | 45万 |

| 遗址编号 | 遗址名称 | 行政归属 | GPS坐标 | 文化属性 | 面积（平方米） |
|---|---|---|---|---|---|
| 05-353 | 棚稍焉村遗址-2 | 清水河县王桂窑子乡棚稍焉村 | E: 111°27′40.3″<br>N: 39°59′13.5″<br>H: 1210±5米 | 鲁家坡一期遗存、庙子沟文化、永兴店文化、战国 | 7.5万 |
| 05-354 | 棚稍焉村遗址-3 | 清水河县王桂窑子乡棚稍焉村 | E: 111°27′24.6″<br>N: 39°59′00.4″<br>H: 1185±6米 | 庙子沟文化、阿善三期文化、永兴店文化 | 10万 |

## 2.6　朱开沟文化遗址点列表

| 遗址编号 | 遗址名称 | 行政归属 | GPS坐标 | 文化属性 | 面积（平方米） |
|---|---|---|---|---|---|
| 04-001 | 庄窝坪遗址-1 | 清水河县小庙乡庄窝坪村 | E: 111°37′47.7″<br>N: 39°59′0.37″<br>H: 1147±4米 | 鲁家坡一期遗存、庙子沟文化、阿善三期文化、朱开沟文化 | 15万 |
| 04-002 | 庄窝坪遗址-2 | 清水河县小庙乡庄窝坪村 | E: 111°37′29.3″<br>N: 39°58′57.6″<br>H: 1112±4米 | 鲁家坡一期遗存、阿善三期文化、永兴店文化、朱开沟文化、战国 | 8万 |
| 04-003 | 庄窝坪遗址-3 | 清水河县小庙乡庄窝坪村 | E: 111°37′23.9″<br>N: 39°58′54.1″<br>H: 1103±5米 | 鲁家坡一期遗存、朱开沟文化、战国 | 1.4万 |

续附表二　2.6

| 遗址编号 | 遗址名称 | 行政归属 | GPS坐标 | 文化属性 | 面积（平方米） |
|---|---|---|---|---|---|
| 04—009 | 四圪坨遗址—2 | 清水河县小庙乡四圪坨村 | E: 111°37′20.9″<br>N: 39°58′29.9″<br>H: 1124±9米 | 庙子沟文化、永兴店文化、朱开沟文化 | 6万 |
| 04—012 | 马家新庄窝遗址—1 | 清水河县小庙乡马家新庄窝村 | E: 111°36′25.2″<br>N: 39°57′48.8″<br>H: 1124±5米 | 鲁家坡一期遗存、庙子沟文化、阿善三期文化、朱开沟文化、汉代 | 5万 |
| 04—016 | 马家新庄窝遗址—3 | 清水河县小庙乡马家新庄窝村 | E: 111°36′45.0″<br>N: 39°57′58.0″<br>H: 1121±7米 | 庙子沟文化、朱开沟文化、战国 | 5万 |
| 04—019 | 石苍峁遗址—2 | 清水河县小庙乡石苍峁村 | E: 111°37′06.1″<br>N: 39°58′19.5″<br>H: 1025±8米 | 庙子沟文化、阿善三期文化、永兴店文化、朱开沟文化 | 0.7万 |
| 04—020 | 石苍峁遗址—1 | 清水河县小庙乡石苍峁村 | E: 111°37′12.8″<br>N: 39°58′05.4″<br>H: 1150±6米 | 鲁家坡一期遗存、庙子沟文化、阿善三期文化、朱开沟文化、战国 | 1.5万 |
| 04—021 | 薛家梁遗址—2 | 清水河县小庙乡薛家梁村 | E: 111°35′54.1″<br>N: 39°57′28.9″<br>H: 1115±5米 | 鲁家坡一期遗存、庙子沟文化、阿善三期文化、朱开沟文化 | 1.5万 |
| 04—030 | 薛家梁遗址—1 | 清水河县小庙乡薛家梁村 | E: 111°36′28.8″<br>N: 39°57′29.6″<br>H: 1131±5米 | 庙子沟文化、阿善三期文化、朱开沟文化、汉代 | 15万 |

续附表二 2.6

| 遗址编号 | 遗址名称 | 行政归属 | GPS坐标 | 文化属性 | 面积（平方米） |
|---|---|---|---|---|---|
| 04-031 | 梁家圪坮遗址一1 | 清水河县<br>小庙乡梁家圪坮村 | E: 111°35′14.9″<br>N: 39°56′59.2″<br>H: 1128±4米 | 庙子沟文化、朱开沟文化 | 27.6万 |
| 04-032 | 梁家圪坮遗址一2 | 清水河县<br>小庙乡梁家圪坮村 | E: 111°34′22.7″<br>N: 39°57′40.9″<br>H: 1077±6米 | 庙子沟文化、朱开沟文化、汉代 | 2万 |
| 04-036 | 黑愣梁遗址一2 | 清水河县<br>小庙乡黑愣梁村 | E: 111°35′12.3″<br>N: 39°56′43.7″<br>H: 1157±5米 | 庙子沟文化、朱开沟文化、战国 | 10万 |
| 04-038 | 西贺家山遗址一1 | 清水河县<br>小庙乡西贺家山村 | E: 111°34′18.3″<br>N: 39°56′41.2″<br>H: 1125±5米 | 庙子沟文化、朱开沟文化、汉代 | 2万 |
| 04-039 | 缸房坪遗址一2 | 清水河县<br>小庙乡缸房坪村 | E: 111°33′58.2″<br>N: 39°57′22.3″<br>H: 1108±4米 | 庙子沟文化、朱开沟文化、汉代 | 12万 |
| 04-043 | 下阳塔遗址一1 | 清水河县<br>小庙乡下阳塔村 | E: 111°32′04.1″<br>N: 39°56′40.5″<br>H: 1117±4米 | 朱开沟文化、战国 | 15万 |
| 04-050 | 碓臼墕遗址一1 | 清水河县<br>小庙乡碓臼墕村 | E: 111°31′20.9″<br>N: 39°54′36.8″<br>H: 1265±5米 | 鲁家坡一期遗存、庙子沟文化、阿善三期文化、朱开沟文化 | 6万 |

续附表二 2.6

| 遗址编号 | 遗址名称 | 行政归属 | GPS坐标 | 文化属性 | 面积（平方米） |
|---|---|---|---|---|---|
| 04-062 | 庄窝坪遗址-5 | 清水河县 小庙乡庄窝坪村 | E: 111° 37′ 10.1″ N: 39° 58′ 48.7″ H: 1083±7米 | 鲁家坡一期遗存、阿善三期文化、永兴店文化、朱开沟文化、战国 | 3万 |
| 04-064 | 下脑包遗址-3 | 清水河县 窑沟乡下脑包村 | E: 111° 30′ 22.5″ N: 39° 56′ 30.2″ H: 1141±7米 | 庙子沟文化、阿善三期文化、朱开沟文化、战国 | 14万 |
| 04-072 | 阳湾子遗址-1 | 清水河县 窑沟乡阳湾子村 | E: 111° 29′ 56.6″ N: 39° 56′ 24.8″ H: 1163±6米 | 鲁家坡一期遗存、朱开沟文化 | 3万 |
| 04-073 | 阳湾子遗址-2 | 清水河县 窑沟乡阳湾子村 | E: 111° 29′ 38.4″ N: 39° 56′ 29.8″ H: 1190±7米 | 朱开沟文化、战国 | 0.5万 |
| 04-077 | 小南墕遗址-1 | 清水河县 窑沟乡小南墕村 | E: 111° 29′ 23.3″ N: 39° 56′ 00.0″ H: 1158±8米 | 鲁家坡一期遗存、庙子沟文化、朱开沟文化、战国 | 8万 |
| 04-083 | 羊路渠遗址-1 | 清水河县 窑沟乡羊路渠村 | E: 111° 28′ 03.8″ N: 39° 55′ 59.6″ H: 1142±6米 | 庙子沟文化、永兴店文化、朱开沟文化 | 15万 |
| 04-084 | 羊路渠遗址-2 | 清水河县 窑沟乡羊路渠村 | E: 111° 27′ 49.9″ N: 39° 56′ 12.9″ H: 1058±10米 | 鲁家坡一期遗存、庙子沟文化、阿善三期文化、朱开沟文化、战国 | 5.2万 |

续附表二　2.6

| 遗址编号 | 遗址名称 | 行政归属 | GPS坐标 | 文化属性 | 面积（平方米） |
|---|---|---|---|---|---|
| 04—086 | 铁驼墕遗址—1 | 清水河县<br>窑沟乡铁驼墕村 | E: 111°27′22.4″<br>N: 39°54′31.6″<br>H: 1142±6米 | 庙子沟文化、阿善三期文化、朱开沟文化 | 16万 |
| 04—088 | 小缸房遗址—1 | 清水河县<br>窑沟乡小缸房村 | E: 111°26′33.0″<br>N: 39°53′24.6″<br>H: 1146±6米 | 鲁家坡一期遗存、阿善三期文化、朱开沟文化、战国 | 3万 |
| 04—090 | 小缸房遗址—3 | 清水河县<br>窑沟乡小缸房村 | E: 111°26′29.1″<br>N: 39°53′34.9″<br>H: 1119±10米 | 庙子沟文化、阿善三期文化、永兴店文化、朱开沟文化、战国 | 12.5万 |
| 04—095 | 铁驼墕遗址—2 | 清水河县<br>窑沟乡铁驼墕村 | E: 111°27′32.0″<br>N: 39°54′45.9″<br>H: 1170±10米 | 庙子沟文化、朱开沟文化、战国 | 8万 |
| 04—096 | 铁驼墕遗址—3 | 清水河县<br>窑沟乡铁驼墕村 | E: 111°27′12.9″<br>N: 39°55′00.7″<br>H: 1105±5米 | 庙子沟文化、阿善三期文化、朱开沟文化、战国 | 4万 |
| 04—101 | 坡咀遗址—1 | 清水河县<br>窑沟乡坡咀村 | E: 111°26′23.8″<br>N: 39°54′22.7″<br>H: 1075±5米 | 阿善三期文化、永兴店文化、朱开沟文化、战国 | 40万 |
| 04—104 | 胶泥圪老遗址—1 | 清水河县<br>窑沟乡胶泥圪老村 | E: 111°27′08.6″<br>N: 39°53′45.2″<br>H: 1154±7米 | 朱开沟文化、战国 | 17.5万 |

续附表二 2.6

| 遗址编号 | 遗址名称 | 行政归属 | GPS坐标 | 文化属性 | 面积（平方米） |
|---|---|---|---|---|---|
| 04－120 | 胶泥圪老遗址－3 | 清水河县窑沟乡胶泥圪老村 | E：111°27′13.5″<br>N：39°53′32.3″<br>H：1183±7米 | 庙子沟文化、永兴店文化、朱开沟文化、战国 | 2万 |
| 04－130 | 朝天壕遗址－4 | 清水河县窑沟乡朝天壕村 | E：111°32′48.6″<br>N：39°53′45.7″<br>H：1287±6米 | 朱开沟文化 | 0.5万 |
| 04－132 | 下蒙家梁遗址－1 | 清水河县小庙乡下蒙家梁村 | E：111°34′25.8″<br>N：39°55′28.0″<br>H：1194±6米 | 庙子沟文化、阿善三期文化、朱开沟文化、汉代 | 21万 |
| 04－140 | 下蒙家梁遗址－3 | 清水河县小庙乡下蒙家梁村 | E：111°34′44.1″<br>N：39°55′11.3″<br>H：1188±6米 | 庙子沟文化、朱开沟文化 | 6.75万 |
| 04－148 | 姑姑庵遗址－4 | 清水河县小庙乡姑姑庵村 | E：111°35′34.9″<br>N：39°55′16.9″<br>H：1179±5米 | 官地一期遗存、鲁家坡一期遗存、庙子沟文化、朱开沟文化、战国 | 6万 |
| 04－151 | 只几梁遗址－1 | 清水河县小庙乡只几梁村 | E：111°35′59.3″<br>N：39°55′08.0″<br>H：1179±11米 | 庙子沟文化、朱开沟文化、战国 | 14万 |
| 04－152 | 只几梁遗址－2 | 清水河县小庙乡只几梁村 | E：111°36′21.3″<br>N：39°55′11.3″<br>H：1183±7米 | 朱开沟文化 | 3万 |

续附表二　2.6

| 遗址编号 | 遗址名称 | 行政归属 | GPS坐标 | 文化属性 | 面积（平方米） |
|---|---|---|---|---|---|
| 04－153 | 只几嫣遗址－3 | 清水河县小庙乡只几嫣村 | E: 111°36′24.8″<br>N: 39°54′58.2″<br>H: 1202±5米 | 庙子沟文化、阿善三期文化、朱开沟文化、战国 | 5万 |
| 04－159 | 五七大学遗址－2 | 清水河县五良太乡五七大学村 | E: 111°38′42.1″<br>N: 39°59′41.8″<br>H: 1124±7米 | 庙子沟文化、朱开沟文化、战国、汉代 | 64万 |
| 04－161 | 畔鸡子遗址－1 | 清水河县城关镇畔鸡子村 | E: 111°38′18.9″<br>N: 39°54′43.6″<br>H: 1221±6米 | 庙子沟文化、朱开沟文化、汉代 | 5万 |
| 04－162 | 畔鸡子遗址－2 | 清水河县城关镇畔鸡子村 | E: 111°38′37.0″<br>N: 39°54′53.4″<br>H: 1194±6米 | 鲁家坡一期遗存、庙子沟文化、阿善三期文化、永兴店文化、朱开沟文化、战国 | 2万 |
| 04－163 | 畔鸡子遗址－3 | 清水河县城关镇畔鸡子村 | E: 111°38′31.5″<br>N: 39°54′57.6″<br>H: 1183±6米 | 鲁家坡一期遗存、庙子沟文化、阿善三期文化、朱开沟文化、战国 | 3万 |
| 04－164 | 畔鸡子遗址－4 | 清水河县城关镇畔鸡子村 | E: 111°38′37.2″<br>N: 39°54′46.5″<br>H: 1201±5米 | 庙子沟文化、朱开沟文化、战国 | 1万 |
| 04－165 | 罗头窑遗址－1 | 清水河县城关镇罗头窑村 | E: 111°39′18.7″<br>N: 39°54′40.2″<br>H: 1185±5米 | 庙子沟文化、朱开沟文化、战国 | 4.5万 |

续附表二　2.6

| 遗址编号 | 遗址名称 | 行政归属 | GPS坐标 | 文化属性 | 面积（平方米） |
|---|---|---|---|---|---|
| 04－170 | 王三窑子遗址－1 | 清水河县小庙乡王三窑子村 | E: 111° 37′ 30.9″<br>N: 39° 55′ 18.9″<br>H: 1172±5米 | 官地一期遗存、鲁家坡一期遗存、庙子沟文化、朱开沟文化、战国 | 6万 |
| 04－176 | 窑子上遗址－2 | 清水河县城关镇窑子上村 | E: 111° 39′ 37.1″<br>N: 39° 54′ 19.1″<br>H: 1209±5米 | 朱开沟文化、战国 | 5万 |
| 04－177 | 窑子上遗址－3 | 清水河县城关镇窑子上村 | E: 111° 39′ 32.3″<br>N: 39° 54′ 26.6″<br>H: 1202±6米 | 庙子沟文化、朱开沟文化 | 2.5万 |
| 04－179 | 打磨湾遗址－1 | 清水河县城关镇打磨湾村 | E: 111° 38′ 07.1″<br>N: 39° 55′ 02.8″<br>H: 1180±7米 | 庙子沟文化、阿善三期文化、朱开沟文化、战国 | 2万 |
| 04－180 | 打磨湾遗址－2 | 清水河县城关镇打磨湾村 | E: 111° 38′ 13.2″<br>N: 39° 54′ 57.4″<br>H: 1183±5米 | 庙子沟文化、朱开沟文化 | 2万 |
| 04－185 | 庄窝坪遗址－8 | 清水河县小庙乡庄窝坪村 | E: 111° 37′ 21.1″<br>N: 39° 59′ 18.0″<br>H: 1099±5米 | 鲁家坡一期遗存、庙子沟文化、阿善三期文化、朱开沟文化 | 6万 |
| 04－191 | 皮家沟遗址－5 | 清水河县五良太乡皮家沟村 | E: 111° 39′ 01.9″<br>N: 39° 59′ 30.8″<br>H: 1130±5米 | 永兴店文化、朱开沟文化 | 0.5万 |

续附表二 2.6

| 遗址编号 | 遗址名称 | 行政归属 | GPS坐标 | 文化属性 | 面积（平方米） |
|---|---|---|---|---|---|
| 04—193 | 新窑上遗址—3 | 清水河县<br>小庙乡新窑上村 | E: 111°39′19.3″<br>N: 39°59′40.3″<br>H: 1145±5米 | 庙子沟文化、朱开沟文化、战国、汉代 | 3万 |
| 04—194 | 郭三窑子遗址—3 | 清水河县<br>小庙乡郭三窑子村 | E: 111°38′40.9″<br>N: 39°59′25.7″<br>H: 1177±5米 | 朱开沟文化 | 0.8万 |
| 05—201 | 大路圪坦遗址—1 | 准格尔旗<br>窑沟乡大路圪坦村 | E: 111°24′47.0″<br>N: 39°58′18.4″<br>H: 1066±7米 | 庙子沟文化、阿善三期文化、永兴店文化、朱开沟文化 | 10万 |
| 05—204 | 小窑上遗址—2 | 准格尔旗<br>窑沟乡小窑上村 | E: 111°24′41.0″<br>N: 39°57′40.5″<br>H: 1076±5米 | 庙子沟文化、永兴店文化、朱开沟文化、战国 | 10.5万 |
| 05—205 | 槽牛营子遗址—1 | 准格尔旗<br>窑沟乡槽牛营子村 | E: 111°24′42.8″<br>N: 39°57′19.4″<br>H: 1092±5米 | 庙子沟文化、阿善三期文化、朱开沟文化 | 6万 |
| 05—207 | 九号窑子遗址—1 | 准格尔旗<br>窑沟乡九号窑子村 | E: 111°24′45.3″<br>N: 39°56′48.4″<br>H: 1109±5米 | 庙子沟文化、朱开沟文化 | 5万 |
| 05—208 | 畔梁遗址—1 | 准格尔旗<br>窑沟乡畔梁村 | E: 111°24′56.0″<br>N: 39°56′32.9″<br>H: 1107±5米 | 庙子沟文化、永兴店文化、朱开沟文化 | 2.25万 |

续附表二　2.6

| 遗址编号 | 遗址名称 | 行政归属 | GPS坐标 | 文化属性 | 面积(平方米) |
|---|---|---|---|---|---|
| 05-209 | 畔梁遗址-2 | 准格尔旗窑沟乡畔梁村 | E: 111°24′58.3″ N: 39°56′42.2″ H: 1105±6米 | 永兴店文化、朱开沟文化 | 3万 |
| 05-211 | 牛龙湾遗址-2 | 准格尔旗窑沟乡牛龙湾村 | E: 111°25′10.2″ N: 39°56′23.0″ H: 1090±5米 | 朱开沟文化 | 3万 |
| 05-212 | 柳树渠遗址-1 | 准格尔旗窑沟乡柳树渠村 | E: 111°25′36.4″ N: 39°55′32.4″ H: 1153±4米 | 朱开沟文化 | 3万 |
| 05-214 | 牛龙湾遗址-4 | 准格尔旗窑沟乡牛龙湾村 | E: 111°25′47.8″ N: 39°56′06.6″ H: 1103±5米 | 庙子沟文化、朱开沟文化 | 3.75万 |
| 05-215 | 牛龙湾遗址-5 | 准格尔旗窑沟乡牛龙湾村 | E: 111°25′37.8″ N: 39°56′12.7″ H: 1041±5米 | 庙子沟文化、朱开沟文化 | 2万 |
| 05-216 | 牛龙湾遗址-6 | 准格尔旗窑沟乡牛龙湾村 | E: 111°25′46.4″ N: 39°56′18.1″ H: 1011±5米 | 永兴店文化、朱开沟文化、战国 | 2.5万 |
| 05-218 | 柳树渠遗址-3 | 准格尔旗窑沟乡柳树渠村 | E: 111°25′39.8″ N: 39°55′19.2″ H: 1150±5米 | 官地一期遗存、阿善三期文化、朱开沟文化 | 3.6万 |

续附表二 2.6

| 遗址编号 | 遗址名称 | 行政归属 | GPS坐标 | 文化属性 | 面积（平方米） |
|---|---|---|---|---|---|
| 05—220 | 柳树渠遗址—5 | 准格尔旗窑沟乡柳树渠村 | E: 111°26′04.3″<br>N: 39°54′58.8″<br>H: 1014±6米 | 阿善三期文化、朱开沟文化、战国、汉代 | 5万 |
| 05—221 | 贾家圪坦遗址—1 | 准格尔旗窑沟乡贾家圪坦村 | E: 111°25′16.2″<br>N: 39°54′48.0″<br>H: 1164±5米 | 庙子沟文化、阿善三期文化、朱开沟文化 | 20万 |
| 05—223 | 贾家圪坦遗址—3 | 准格尔旗窑沟乡贾家圪坦村 | E: 111°25′27.7″<br>N: 39°54′44.7″<br>H: 1144±11米 | 朱开沟文化 | 3万 |
| 05—224 | 贾家圪坦遗址—4 | 准格尔旗窑沟乡贾家圪坦村 | E: 111°25′55.4″<br>N: 39°54′41.1″<br>H: 1017±5米 | 鲁家坡一期遗存、阿善三期文化、朱开沟文化 | 6.25万 |
| 05—227 | 荒地遗址—3 | 准格尔旗窑沟乡荒地村 | E: 111°25′43.0″<br>N: 39°53′55.2″<br>H: 1091±5米 | 官地一期遗存、阿善三期文化、朱开沟文化、战国 | 22.75万 |
| 05—228 | 荒地遗址—4 | 准格尔旗窑沟乡荒地村 | E: 111°25′0.75″<br>N: 39°53′51.1″<br>H: 1120±5米 | 鲁家坡一期遗存、阿善三期文化、朱开沟文化 | 5万 |
| 05—229 | 荒地遗址—5 | 准格尔旗窑沟乡荒地村 | E: 111°24′46.4″<br>N: 39°54′03.1″<br>H: 1164±5米 | 庙子沟文化、朱开沟文化、战国 | 9万 |

续附表二　2.6

| 遗址编号 | 遗址名称 | 行政归属 | GPS坐标 | 文化属性 | 面积（平方米） |
|---|---|---|---|---|---|
| 05－230 | 荒地遗址－6 | 准格尔旗窑沟乡荒地村 | E: 111°24′46.2″<br>N: 39°53′53.3″<br>H: 1134±8米 | 庙子沟文化、朱开沟文化、战国 | 1.2万 |
| 05－232 | 石壁桥遗址－1 | 清水河县王桂窑子乡石壁桥村 | E: 111°36′47.3″<br>N: 39°59′46.6″<br>H: 1153±6米 | 鲁家坡一期遗存、庙子沟文化、永兴店文化、朱开沟文化、汉代 | 31.5万 |
| 05－235 | 石壁桥遗址－4 | 清水河县王桂窑子乡石壁桥村 | E: 111°36′31.0″<br>N: 39°59′31.0″<br>H: 1187±7米 | 庙子沟文化、阿善三期文化、永兴店文化、朱开沟文化、汉代 | 8.75万 |
| 05－236 | 石壁桥遗址－5 | 清水河县王桂窑子乡石壁桥村 | E: 111°36′14.8″<br>N: 39°59′33.6″<br>H: 1213±5米 | 朱开沟文化、战国 | 8万 |
| 05－238 | 小什俱牛梁遗址－1 | 清水河县王桂窑子乡小什俱牛梁村 | E: 111°34′07.3″<br>N: 39°59′02.6″<br>H: 1191±5米 | 庙子沟文化、朱开沟文化、汉代 | 6万 |
| 05－242 | 青草塔遗址－1 | 清水河县王桂窑子乡青草塔村 | E: 111°33′35.0″<br>N: 39°59′22.1″<br>H: 1220±7米 | 鲁家坡一期遗存、庙子沟文化、永兴店文化、朱开沟文化 | 7.5万 |
| 05－244 | 解放遗址－1 | 清水河县王桂窑子乡解放村 | E: 111°33′14.3″<br>N: 39°59′56.4″<br>H: 1234±5米 | 鲁家坡一期遗存、庙子沟文化、阿善三期文化、朱开沟文化、战国 | 7.5万 |

续附表二　2.6

| 遗址编号 | 遗址名称 | 行政归属 | GPS坐标 | 文化属性 | 面积（平方米） |
|---|---|---|---|---|---|
| 05-247 | 常家河遗址-3 | 清水河县王桂窑子乡常家河村 | E: 111°31′48.5″<br>N: 39°59′52.7″<br>H: 1229±5米 | 阿善三期文化、朱开沟文化、汉代 | 10万 |
| 05-248 | 常家河遗址-4 | 清水河县王桂窑子乡常家河村 | E: 111°31′35.7″<br>N: 39°59′31.8″<br>H: 1273±5米 | 鲁家坡一期遗存、朱开沟文化、战国 | 12.5万 |
| 05-249 | 解放遗址-2 | 清水河县王桂窑子乡解放村 | E: 111°32′29.3″<br>N: 39°59′42.4″<br>H: 1185±5米 | 庙子沟文化、永兴店文化、朱开沟文化、战国 | 12.5万 |
| 05-250 | 解放遗址-3 | 清水河县王桂窑子乡解放村 | E: 111°32′34.9″<br>N: 39°59′38.1″<br>H: 1229±6米 | 庙子沟文化、阿善三期文化、朱开沟文化、汉代 | 22.5万 |
| 05-253 | 把兔沟遗址-2 | 清水河县王桂窑子乡把兔沟村 | E: 111°33′02.3″<br>N: 39°59′07.7″<br>H: 1195±6米 | 官地一期遗存、鲁家坡一期遗存、庙子沟文化、阿善三期文化、朱开沟文化 | 7.5万 |
| 05-255 | 把兔沟遗址-4 | 清水河县王桂窑子乡把兔沟村 | E: 111°32′04.7″<br>N: 39°59′15.4″<br>H: 1174±6米 | 阿善三期文化、永兴店文化、朱开沟文化 | 2.25万 |
| 05-257 | 南卭遗址-1 | 清水河县王桂窑子乡南卭村 | E: 111°33′45.0″<br>N: 39°58′20.4″<br>H: 1143±5米 | 庙子沟文化、阿善三期文化、朱开沟文化 | 6万 |

续附表二　2.6

| 遗址编号 | 遗址名称 | 行政归属 | GPS坐标 | 文化属性 | 面积（平方米） |
|---|---|---|---|---|---|
| 05－264 | 言正子遗址－1 | 清水河县王桂窑子乡言正子村 | E: 111°32′22.4″ N: 39°57′16.0″ H: 1087±5米 | 鲁家坡一期遗存、庙子沟文化、永兴店文化、朱开沟沟文化、战国、汉代 | 16.5万 |
| 05－265 | 言正子遗址－2 | 清水河县王桂窑子乡言正子村 | E: 111°32′11.9″ N: 39°57′12.0″ H: 1073±11米 | 永兴店文化、朱开沟文化、战国 | 6万 |
| 05－269 | 胶泥咀遗址－4 | 清水河县王桂窑子乡胶泥咀村 | E: 111°31′56.0″ N: 39°57′36.1″ H: 1194±6米 | 庙子沟文化、永兴店文化、朱开沟文化 | 6.25万 |
| 05－273 | 胶泥圪佬遗址－1 | 清水河县王桂窑子乡胶泥圪佬村 | E: 111°31′26.8″ N: 39°57′37.2″ H: 1210±6米 | 永兴店文化、阿善三期文化、朱开沟文化 | 7.5万 |
| 05－275 | 胶泥圪佬遗址－3 | 清水河县王桂窑子乡胶泥圪佬村 | E: 111°31′31.0″ N: 39°57′14.8″ H: 1136±5米 | 鲁家坡一期遗存、阿善三期文化、永兴店文化、朱开沟文化、战国 | 8万 |
| 05－285 | 常家河遗址－1 | 清水河县王桂窑子乡常家河村 | E: 111°31′12.3″ N: 39°59′58.0″ H: 1252±7米 | 朱开沟文化 | 7.5万 |
| 05－290 | 印牛咀遗址－1 | 清水河县王桂窑子乡印牛咀村 | E: 111°27′59.5″ N: 39°59′53.4″ H: 1238±4米 | 鲁家坡一期遗存、庙子沟文化、永兴店文化、朱开沟文化、汉代 | 11.25万 |

续附表二　2.6

| 遗址编号 | 遗址名称 | 行政归属 | GPS坐标 | 文化属性 | 面积（平方米） |
|---|---|---|---|---|---|
| 05-292 | 井路咀遗址-2 | 清水河县王桂窑子乡井路咀村 | E: 111°28′57.3″<br>N: 39°59′28.6″<br>H: 1219±5米 | 庙子沟文化、阿善三期文化、永兴店文化、朱开沟文化、战国 | 15.75万 |
| 05-295 | 柴家岭遗址-2 | 清水河县王桂窑子乡柴家岭村 | E: 111°29′23.5″<br>N: 39°58′34.4″<br>H: 1219±5米 | 永兴店文化、朱开沟文化、战国 | 15万 |
| 05-304 | 大峁梁遗址-6 | 清水河县王桂窑子乡大峁梁村 | E: 111°29′55.9″<br>N: 39°56′51.3″<br>H: 1075±5米 | 鲁家坡一期遗存、庙子沟文化、阿善三期文化、朱开沟文化、战国 | 6万 |
| 05-305 | 大峁梁遗址-7 | 清水河县王桂窑子乡大峁梁村 | E: 111°30′00.1″<br>N: 39°57′56.5″<br>H: 1080±11米 | 庙子沟文化、阿善三期文化、朱开沟文化 | 3万 |
| 05-308 | 大峁梁遗址-10 | 清水河县王桂窑子乡大峁梁村 | E: 111°29′29.4″<br>N: 39°57′05.1″<br>H: 1109±7米 | 阿善三期文化、朱开沟文化 | 1万 |
| 05-311 | 炭窑背遗址-1 | 清水河县王桂窑子乡炭窑背村 | E: 111°29′17.5″<br>N: 39°56′50.5″<br>H: 1066±6米 | 阿善三期文化、朱开沟文化、战国 | 4万 |
| 05-314 | 后河遗址-1 | 清水河县王桂窑子乡后河村 | E: 111°28′57.1″<br>N: 39°56′32.4″<br>H: 1068±8米 | 鲁家坡一期遗存、庙子沟文化、永兴店文化、朱开沟文化、战国 | 5万 |

续附表二 2.6

| 遗址编号 | 遗址名称 | 行政归属 | GPS坐标 | 文化属性 | 面积（平方米） |
|---|---|---|---|---|---|
| 05－317 | 后河遗址－3 | 清水河县王桂窑子乡后河村 | E: 111°28′32.9″<br>N: 39°56′40.2″<br>H: 1086±5米 | 鲁家坡一期遗存、朱开沟文化、战国 | 5万 |
| 05－324 | 窑子上遗址－1 | 清水河县王桂窑子乡窑子上村 | E: 111°27′17.3″<br>N: 39°56′31.1″<br>H: 1052±5米 | 庙子沟文化、朱开沟文化 | 3万 |
| 05－325 | 窑子上遗址－2 | 清水河县王桂窑子乡窑子上村 | E: 111°27′18.6″<br>N: 39°56′20.0″<br>H: 1023±5米 | 阿善三期文化、朱开沟文化、汉代 | 7.5万 |
| 05－329 | 窑子上遗址－6 | 清水河县王桂窑子乡窑子上村 | E: 111°26′24.9″<br>N: 39°56′41.3″<br>H: 1048±6米 | 鲁家坡一期遗存、朱开沟文化 | 1.5万 |
| 05－332 | 窑子上遗址－9 | 清水河县王桂窑子乡窑子上村 | E: 111°26′07.9″<br>N: 39°56′34.4″<br>H: 1031±9米 | 朱开沟文化、战国、汉代 | 5万 |
| 05－337 | 卢子梁遗址－1 | 清水河县王桂窑子乡卢子梁村 | E: 111°27′40.6″<br>N: 39°58′16.7″<br>H: 1234±6米 | 朱开沟文化 | 10.5万 |
| 05－340 | 酒铺焉遗址－2 | 清水河县王桂窑子乡酒铺焉村 | E: 111°25′31.2″<br>N: 39°57′08.6″<br>H: 1092±6米 | 官地一期遗存、永兴店文化、朱开沟文化 | 20万 |
| 05－341 | 酒铺焉遗址－3 | 清水河县王桂窑子乡酒铺焉村 | E: 111°25′20.3″<br>N: 39°57′16″<br>H: 1029±4米 | 庙子沟文化、永兴店文化、朱开沟文化、战国 | 6万 |

续附表二　2.6

| 遗址编号 | 遗址名称 | 行政归属 | GPS坐标 | 文化属性 | 面积（平方米） |
|---|---|---|---|---|---|
| 05－346 | 酒铺焉遗址－8 | 清水河县王桂窑子乡酒铺焉村 | E: 111°25′36.8″ N: 39°57′07.4″ H: 1178±6米 | 庙子沟文化、朱开沟文化、战国 | 6万 |
| 05－347 | 酒铺焉遗址－9 | 清水河县王桂窑子乡酒铺焉村 | E: 111°25′25.5″ N: 39°57′04.9″ H: 1103±5米 | 庙子沟文化、朱开沟文化、战国 | 6.25万 |
| 05－348 | 酒铺焉遗址－10 | 清水河县王桂窑子乡酒铺焉村 | E: 111°25′11.3″ N: 39°58′08.7″ H: 1144±5米 | 阿善三期文化、朱开沟文化、战国、汉代 | 1.75万 |
| 05－362 | 下塔遗址－4 | 清水河县王桂窑子乡下塔村 | E: 111°25′19.7″ N: 39°58′59.7″ H: 1092±5米 | 阿善三期文化、朱开沟文化、战国 | 9万 |
| 05－363 | 下塔遗址－5 | 清水河县王桂窑子乡下塔村 | E: 111°25′07.1″ N: 39°58′56.4″ H: 1036±6米 | 鲁家坡一期遗存、阿善三期文化、朱开沟文化 | 10.5万 |

## 2.7　战国遗址点列表

| 遗址编号 | 遗址名称 | 行政归属 | GPS坐标 | 文化属性 | 面积（平方米） |
|---|---|---|---|---|---|
| 04—002 | 庄窝坪遗址－2 | 清水河县小庙乡庄窝坪村 | E: 111°37′29.3″<br>N: 39°58′57.6″<br>H: 1112±4米 | 鲁家坡一期遗存、阿善三期文化、永兴店文化、朱开沟文化、战国 | 8万 |
| 04—003 | 庄窝坪遗址－3 | 清水河县小庙乡庄窝坪村 | E: 111°37′23.9″<br>N: 39°58′54.1″<br>H: 1103±5米 | 鲁家坡一期遗存、朱开沟文化、战国 | 1.4万 |
| 04—005 | 南卯上遗址－1 | 清水河县小庙乡南卯上村 | E: 111°38′45.2″<br>N: 39°58′30.4″<br>H: 1192±5米 | 庙子沟文化、战国 | 1.2万 |
| 04—008 | 四圪堎遗址－1 | 清水河县小庙乡四圪堎村 | E: 111°37′46.6″<br>N: 39°58′30.1″<br>H: 1152±9米 | 庙子沟文化、战国 | 2.5万 |
| 04—016 | 马家新庄窝遗址－3 | 清水河县小庙乡马家新庄窝村 | E: 111°36′45.0″<br>N: 39°57′58.0″<br>H: 1121±7米 | 庙子沟文化、朱开沟文化、战国 | 5万 |
| 04—017 | 贺家山遗址－1 | 清水河县小庙乡贺家山村 | E: 111°37′35.8″<br>N: 39°57′20.6″<br>H: 1251±7米 | 战国、汉代 | 2万 |
| 04—020 | 石岜岜遗址－1 | 清水河县小庙乡石岜岜村 | E: 111°37′12.8″<br>N: 39°58′05.4″<br>H: 1150±6米 | 鲁家坡一期遗存、庙子沟文化、阿善三期文化、朱开沟文化、战国 | 1.5万 |

续附表二　2.7

| 遗址编号 | 遗址名称 | 行政归属 | GPS坐标 | 文化属性 | 面积（平方米） |
|---|---|---|---|---|---|
| 04－023 | 杨湾遗址－1 | 清水河县小庙乡杨湾村 | E: 111°36′07.1″<br>N: 39°55′51.3″<br>H: 1218±5米 | 庙子沟文化、战国 | 6万 |
| 04－027 | 放牛沟遗址－1 | 清水河县小庙乡放牛沟村 | E: 111°33′27.6″<br>N: 39°57′09.0″<br>H: 1112±6米 | 战国 | 2.3万 |
| 04－028 | 西贺家山遗址－2 | 清水河县小庙乡西贺家山村 | E: 111°34′28.0″<br>N: 39°56′28.9″<br>H: 1172±4米 | 庙子沟文化、阿善三期文化、永兴店文化、战国 | 3万 |
| 04－029 | 下阳塔遗址－3 | 清水河县小庙乡下阳塔村 | E: 111°33′25.5″<br>N: 39°56′15.6″<br>H: 1155±11米 | 庙子沟文化、战国 | 1.02万 |
| 04－036 | 黑脑梁遗址－2 | 清水河县小庙乡黑脑梁村 | E: 111°35′12.3″<br>N: 39°56′43.7″<br>H: 1157±5米 | 庙子沟文化、朱开沟文化、战国 | 10万 |
| 04－041 | 八龙湾遗址－1 | 清水河县小庙乡八龙湾村 | E: 111°35′07.2″<br>N: 39°56′02.6″<br>H: 1111±5米 | 阿善三期文化、战国 | 0.5万 |
| 04－042 | 八龙湾遗址－2 | 清水河县小庙乡八龙湾村 | E: 111°34′42.5″<br>N: 39°56′01.0″<br>H: 1172±4米 | 战国 | 48万 |

续附表二 2.7

| 遗址编号 | 遗址名称 | 行政归属 | GPS坐标 | 文化属性 | 面积（平方米） |
|---|---|---|---|---|---|
| 04—043 | 下阳塔遗址－1 | 清水河县<br>小庙乡下阳塔村 | E: 111°32′04.1″<br>N: 39°56′40.5″<br>H: 1117±4米 | 朱开沟文化、战国 | 15万 |
| 04—045 | 八龙湾遗址－3 | 清水河县<br>小庙乡八龙湾村 | E: 111°34′11.3″<br>N: 39°55′53.1″<br>H: 1201±5米 | 战国、汉代 | 7万 |
| 04—046 | 八龙湾遗址－4 | 清水河县<br>小庙乡八龙湾村 | E: 111°34′24.1″<br>N: 39°55′57.7″<br>H: 1179±5米 | 庙子沟文化、战国 | 3万 |
| 04—051 | 放牛沟遗址－2 | 清水河县<br>小庙乡放牛沟村 | E: 111°32′50.0″<br>N: 39°57′05.6″<br>H: 1088±5米 | 庙子沟文化、战国 | 5万 |
| 04—052 | 下阳塔遗址－4 | 清水河县<br>小庙乡下阳塔村 | E: 111°33′00.4″<br>N: 39°56′48.3″<br>H: 1132±5米 | 庙子沟文化、阿善三期文化、战国 | 37.5万 |
| 04—053 | 八龙湾遗址－5 | 清水河县<br>小庙乡八龙湾村 | E: 111°33′59.0″<br>N: 39°55′59.5″<br>H: 1180±6米 | 战国 | 1.04万 |
| 04—055 | 上阳塔遗址－3 | 清水河县<br>小庙乡上阳塔村 | E: 111°32′49.5″<br>N: 39°55′04.7″<br>H: 1218±4米 | 庙子沟文化、战国、汉代 | 8.28万 |

续附表二　2.7

| 遗址编号 | 遗址名称 | 行政归属 | GPS坐标 | 文化属性 | 面积（平方米） |
|---|---|---|---|---|---|
| 04—056 | 小偏头遗址—1 | 清水河县小庙乡小偏头村 | E: 111°32′52.4″<br>N: 39°55′28.1″<br>H: 1212±8米 | 庙子沟文化、战国、汉代 | 17.5万 |
| 04—058 | 小偏头遗址—3 | 清水河县小庙乡小偏头村 | E: 111°33′08.1″<br>N: 39°55′45.8″<br>H: 1168±5米 | 战国 | 24万 |
| 04—059 | 小偏头遗址—4 | 清水河县小庙乡小偏头村 | E: 111°32′35.5″<br>N: 39°56′02.8″<br>H: 1202±7米 | 战国 | 12万 |
| 04—060 | 下脑包遗址—1 | 清水河县小庙乡下脑包村 | E: 111°31′13.7″<br>N: 39°56′55.2″<br>H: 1085±6米 | 鲁家坡一期遗存、永兴店文化、战国 | 1.2万 |
| 04—062 | 庄窝坪遗址—5 | 清水河县小庙乡庄窝坪村 | E: 111°37′10.1″<br>N: 39°58′48.7″<br>H: 1083±7米 | 鲁家坡一期遗存、阿善三期文化、永兴店文化、朱开沟文化、战国 | 3万 |
| 04—064 | 下脑包遗址—3 | 清水河县窑沟乡下脑包村 | E: 111°30′22.5″<br>N: 39°56′30.2″<br>H: 1141±7米 | 庙子沟文化、阿善三期文化、朱开沟文化、战国 | 14万 |
| 04—070 | 上富家梁遗址—2 | 清水河县小庙乡上富家梁村 | E: 111°31′24.6″<br>N: 39°55′52.8″<br>H: 1132±4米 | 永兴店文化、战国 | 0.25万 |

续附表二 2.7

| 遗址编号 | 遗址名称 | 行政归属 | GPS坐标 | 文化属性 | 面积（平方米） |
|---|---|---|---|---|---|
| 04-073 | 阳湾子遗址-2 | 清水河县窑沟乡阳湾子村 | E: 111°29′38.4″ N: 39°56′29.8″ H: 1190±7米 | 朱开沟文化、战国 | 0.5万 |
| 04-074 | 五娃圪旦遗址-1 | 清水河县王桂窑子乡五娃圪旦村 | E: 111°34′51.0″ N: 39°58′03.1″ H: 1124±5米 | 庙子沟文化、阿善三期文化、战国 | 12万 |
| 04-076 | 碓白瑪遗址-2 | 清水河县窑沟乡碓白瑪村 | E: 111°31′30.6″ N: 39°54′55.6″ H: 1190±7米 | 战国 | 2万 |
| 04-077 | 小南瑪遗址-1 | 清水河县窑沟乡小南瑪村 | E: 111°29′23.3″ N: 39°56′00.0″ H: 1158±8米 | 鲁家坡一期遗存、庙子沟文化、朱开沟文化、战国 | 8万 |
| 04-081 | 桑林坡遗址-4 | 清水河县窑沟乡桑林坡村 | E: 111°28′23.3″ N: 39°56′11.1″ H: 1199±8米 | 阿善三期文化、战国 | 0.06万 |
| 04-082 | 桑林坡遗址-5 | 清水河县窑沟乡桑林坡村 | E: 111°28′50.8″ N: 39°55′56.7″ H: 1135±5米 | 庙子沟文化、战国 | 0.8万 |
| 04-084 | 羊路渠遗址-2 | 清水河县窑沟乡羊路渠村 | E: 111°27′49.9″ N: 39°56′12.9″ H: 1058±10米 | 鲁家坡一期遗存、庙子沟文化、阿善三期文化、朱开沟文化、战国 | 5.2万 |

续附表二 2.7

| 遗址编号 | 遗址名称 | 行政归属 | GPS坐标 | 文化属性 | 面积（平方米） |
|---|---|---|---|---|---|
| 04－088 | 小缸房遗址－1 | 清水河县窑沟乡小缸房村 | E: 111° 26′ 33.0″<br>N: 39° 53′ 24.6″<br>H: 1146±6米 | 鲁家坡一期遗存，阿善三期文化，朱开沟文化，战国 | 3万 |
| 04－089 | 小缸房遗址－2 | 清水河县窑沟乡小缸房村 | E: 111° 26′ 22.1″<br>N: 39° 53′ 20.8″<br>H: 1128±4米 | 战国 | 1万 |
| 04－090 | 小缸房遗址－3 | 清水河县窑沟乡小缸房村 | E: 111° 26′ 29.1″<br>N: 39° 53′ 34.9″<br>H: 1119±10米 | 庙子沟文化，阿善三期文化，永兴店文化，朱开沟文化，战国 | 12.5万 |
| 04－091 | 新营卯遗址－3 | 清水河县窑沟乡新营卯村 | E: 111° 29′ 32.3″<br>N: 39° 55′ 06.1″<br>H: 1186±7米 | 鲁家坡一期，战国 | 4万 |
| 04－093 | 小河畔遗址－1 | 清水河县窑沟乡小河畔村 | E: 111° 27′ 05.6″<br>N: 39° 56′ 07.4″<br>H: 1033±6米 | 战国 | 0.32万 |
| 04－095 | 铁驼塔遗址－2 | 清水河县窑沟乡铁驼塔村 | E: 111° 27′ 32.0″<br>N: 39° 54′ 45.9″<br>H: 1170±10米 | 庙子沟文化，朱开沟文化，战国 | 8万 |
| 04－096 | 铁驼塔遗址－3 | 清水河县窑沟乡铁驼塔村 | E: 111° 27′ 12.9″<br>N: 39° 55′ 00.7″<br>H: 1105±5米 | 庙子沟文化，阿善三期文化，朱开沟文化，战国 | 4万 |

续附表二　2.7

| 遗址编号 | 遗址名称 | 行政归属 | GPS坐标 | 文化属性 | 面积（平方米） |
|---|---|---|---|---|---|
| 04—100 | 黑草咀遗址—2 | 清水河县窑沟乡黑草咀村 | E: 111°28′14.2″ N: 39°53′32.2″ H: 1107±5米 | 永兴店文化、战国 | 0.75万 |
| 04—101 | 城咀遗址—1 | 清水河县窑沟乡城咀村 | E: 111°26′23.8″ N: 39°54′22.7″ H: 1075±5米 | 阿善三期文化、永兴店文化、未开沟文化、战国 | 40万 |
| 04—102 | 城咀遗址—2 | 清水河县窑沟乡城咀村 | E: 111°26′47.3″ N: 39°54′23.2″ H: 1109±8米 | 官地一期遗存、永兴店文化、战国 | 6万 |
| 04—103 | 城咀遗址—3 | 清水河县窑沟乡城咀村 | E: 111°26′50.7″ N: 39°54′06.5″ H: 1156±5米 | 官地一期遗存、永兴店文化、战国 | 20万 |
| 04—104 | 胶泥圪老遗址—1 | 清水河县窑沟乡胶泥圪老村 | E: 111°27′08.6″ N: 39°53′45.2″ H: 1154±7米 | 未开沟文化、战国 | 17.5万 |
| 04—105 | 胶泥圪老遗址—2 | 清水河县窑沟乡胶泥圪老村 | E: 111°27′19.3″ N: 39°53′35.7″ H: 1184±6米 | 战国、汉代 | 1.5万 |
| 04—110 | 王洛咀遗址—1 | 清水河县窑沟乡王洛咀村 | E: 111°30′53.5″ N: 39°53′25.5″ H: 1238±12米 | 战国、汉代 | 26万 |

续附表二　2.7

| 遗址编号 | 遗址名称 | 行政归属 | GPS坐标 | 文化属性 | 面积（平方米） |
|---|---|---|---|---|---|
| 04—112 | 朝天壕遗址—1 | 清水河县窑沟乡朝天壕村 | E: 111° 32′ 52.5″<br>N: 39° 53′ 12.4″<br>H: 1296±11米 | 战国 | 6万 |
| 04—113 | 沟西遗址—1 | 清水河县窑沟乡沟西村 | E: 111° 32′ 20.8″<br>N: 39° 53′ 51.5″<br>H: 1272±7米 | 战国 | 1.5万 |
| 04—114 | 朝天壕遗址—3 | 清水河县窑沟乡朝天壕村 | E: 111° 33′ 07.5″<br>N: 39° 53′ 22.9″<br>H: 1311±5米 | 战国、汉代 | 21万 |
| 04—115 | 马次梁遗址—1 | 清水河县窑沟乡马次梁村 | E: 111° 33′ 28.4″<br>N: 39° 53′ 57.6″<br>H: 1266±5米 | 战国 | 0.8万 |
| 04—118 | 海子沟遗址—2 | 清水河县小庙乡海子沟村 | E: 111° 33′ 09.3″<br>N: 39° 54′ 18.6″<br>H: 1270±6米 | 战国 | 0.77万 |
| 04—119 | 下蒙家梁遗址—2 | 清水河县小庙乡下蒙家梁村 | E: 111° 34′ 31.2″<br>N: 39° 55′ 16.1″<br>H: 1221±7米 | 庙子沟文化、战国 | 6万 |
| 04—120 | 胶泥圪老遗址—3 | 清水河县窑沟乡胶泥圪老村 | E: 111° 27′ 13.5″<br>N: 39° 53′ 32.3″<br>H: 1183±7米 | 庙子沟文化、朱开沟文化、永兴店文化、战国 | 2万 |

续附表二　2.7

| 遗址编号 | 遗址名称 | 行政归属 | GPS坐标 | 文化属性 | 面积（平方米） |
|---|---|---|---|---|---|
| 04—124 | 刁家梁遗址—4 | 清水河县 窑沟乡刁家梁村 | E: 111° 29′ 42.1″<br>N: 39° 53′ 45.6″<br>H: 1213±4米 | 庙子沟文化、战国 | 3万 |
| 04—125 | 阳畔遗址—1 | 清水河县 小庙乡阳畔村 | E: 111° 39′ 03.9″<br>N: 39° 56′ 29.3″<br>H: 1308±5米 | 战国、汉代 | 4万 |
| 04—127 | 走马墙遗址—3 | 清水河县 小庙乡走马墙村 | E: 111° 37′ 50.3″<br>N: 39° 56′ 10.8″<br>H: 1302±4米 | 战国 | 1.2万 |
| 04—133 | 八龙湾遗址—6 | 清水河县 小庙乡八龙湾村 | E: 111° 34′ 51.9″<br>N: 39° 55′ 28.1″<br>H: 1164±4米 | 庙子沟文化、战国 | 21万 |
| 04—134 | 杜家沟遗址—1 | 清水河县 小庙乡杜家沟村 | E: 111° 34′ 31.0″<br>N: 39° 53′ 47.7″<br>H: 1302±4米 | 战国、汉代 | 15万 |
| 04—135 | 上蒙家梁遗址—1 | 清水河县 小庙乡上蒙家梁村 | E: 111° 34′ 01.2″<br>N: 39° 54′ 35.0″<br>H: 1261±5米 | 战国、汉代 | 3万 |
| 04—140 | 下蒙家梁遗址—3 | 清水河县 小庙乡下蒙家梁村 | E: 111° 34′ 44.1″<br>N: 39° 55′ 11.3″<br>H: 1188±6米 | 庙子沟文化、朱开沟文化、战国 | 6.75万 |

续附表二 2.7

| 遗址编号 | 遗址名称 | 行政归属 | GPS坐标 | 文化属性 | 面积（平方米） |
|---|---|---|---|---|---|
| 04—141 | 下蒙家梁遗址—4 | 清水河县 小庙乡下蒙家梁村 | E: 111°34′10.2″ N: 39°55′11.5″ H: 1238±5米 | 战国、汉代 | 0.64万 |
| 04—144 | 二道咀遗址—1 | 清水河县 小庙乡二道咀村 | E: 111°35′15.3″ N: 39°53′36.5″ H: 1276±5米 | 永兴店文化、战国、汉代 | 2.5万 |
| 04—145 | 庙梁遗址—1 | 清水河县 小庙乡庙梁村 | E: 111°35′01.2″ N: 39°54′02.7″ H: 1276±5米 | 官地一期遗存、战国、汉代 | 2万 |
| 04—148 | 姑姑庵遗址—4 | 清水河县 小庙乡姑姑庵村 | E: 111°35′34.9″ N: 39°55′16.9″ H: 1179±5米 | 官地一期遗存、鲁家坡一期遗存、庙子沟文化、朱开沟文化、战国 | 6万 |
| 04—149 | 姑姑庵遗址—5 | 清水河县 小庙乡姑姑庵村 | E: 111°35′14.7″ N: 39°55′21.3″ H: 1153±9米 | 庙子沟文化、战国 | 0.8万 |
| 04—151 | 只几嫣遗址—1 | 清水河县 小庙乡只几嫣村 | E: 111°35′59.3″ N: 39°55′08.0″ H: 1179±11米 | 庙子沟文化、朱开沟文化、战国 | 14万 |
| 04—153 | 只几嫣遗址—3 | 清水河县 小庙乡只几嫣村 | E: 111°36′24.8″ N: 39°54′58.2″ H: 1202±5米 | 庙子沟文化、阿善三期文化、朱开沟文化、战国 | 5万 |

续附表二　2.7

| 遗址编号 | 遗址名称 | 行政归属 | GPS坐标 | 文化属性 | 面积（平方米） |
|---|---|---|---|---|---|
| 04—154 | 王三窑子遗址—2 | 清水河县 小庙乡王三窑子村 | E: 111°37′47.2″ N: 39°55′15.1″ H: 1143±5米 | 庙子沟文化、战国 | 0.6万 |
| 04—157 | 五道峁遗址—2 | 清水河县 小庙乡五道峁村 | E: 111°37′35.9″ N: 39°54′28.9″ H: 1248±5米 | 战国 | 0.8万 |
| 04—158 | 王三窑子遗址—4 | 清水河县 小庙乡王三窑子村 | E: 111°37′25.8″ N: 39°54′51.5″ H: 1221±5米 | 鲁家坡一期遗存、庙子沟文化、战国 | 6万 |
| 04—159 | 五七大学遗址—2 | 清水河县 五良太乡五七大学村 | E: 111°38′42.1″ N: 39°59′41.8″ H: 1124±7米 | 庙子沟文化、朱开沟文化、战国、汉代 | 64万 |
| 04—162 | 畔峁子遗址—2 | 清水河县 城关镇畔峁子村 | E: 111°38′37.0″ N: 39°54′53.4″ H: 1194±6米 | 鲁家坡一期遗存、庙子沟文化、阿善三期文化、永兴店文化、战国 | 2万 |
| 04—163 | 畔峁子遗址—3 | 清水河县 城关镇畔峁子村 | E: 111°38′31.5″ N: 39°54′57.6″ H: 1183±6米 | 鲁家坡一期遗存、庙子沟文化、阿善三期文化、朱开沟文化、战国 | 3万 |
| 04—164 | 畔峁子遗址—4 | 清水河县 城关镇畔峁子村 | E: 111°38′37.2″ N: 39°54′46.5″ H: 1201±5米 | 庙子沟文化、朱开沟文化、战国 | 1万 |

续附表二　2.7

| 遗址编号 | 遗址名称 | 行政归属 | GPS坐标 | 文化属性 | 面积（平方米） |
|---|---|---|---|---|---|
| 04－165 | 罗头窑遗址－1 | 清水河县城关镇罗头窑村 | E：111°39′18.7″<br>N：39°54′40.2″<br>H：1185±5米 | 庙子沟文化、朱开沟文化、战国 | 4.5万 |
| 04－166 | 新窑上遗址－3 | 清水河县小庙乡新窑上村 | E：111°39′36.0″<br>N：39°57′53.9″<br>H：1256±5米 | 战国 | 2万 |
| 04－167 | 庄窝坪遗址－6 | 清水河县小庙乡庄窝坪村 | E：111°38′08.3″<br>N：39°59′11.3″<br>H：1137±10米 | 庙子沟文化、战国 | 3万 |
| 04－168 | 皮家沟遗址－4 | 清水河县五良太乡皮家沟村 | E：111°39′19.9″<br>N：39°58′47.0″<br>H：1163±5米 | 战国 | 3万 |
| 04－169 | 皮家沟遗址－6 | 清水河县五良太乡皮家沟村 | E：111°38′45.4″<br>N：39°59′22.5″<br>H：1159±5米 | 庙子沟文化、战国、汉代 | 0.8万 |
| 04－170 | 王三窑子遗址－1 | 清水河县小庙乡王三窑子村 | E：111°37′30.9″<br>N：39°55′18.9″<br>H：1172±5米 | 官地一期遗存、鲁家坡一期遗存、庙子沟文化、朱开沟文化、战国 | 6万 |
| 04－171 | 新庄窝遗址－1 | 清水河县小庙乡新庄窝村 | E：111°35′46.7″<br>N：39°54′36.5″<br>H：1200±5米 | 庙子沟文化、战国 | 6万 |

续附表二 2.7

| 遗址编号 | 遗址名称 | 行政归属 | GPS坐标 | 文化属性 | 面积（平方米） |
|---|---|---|---|---|---|
| 04－172 | 台子梁遗址－1 | 清水河县小庙乡台子梁村 | E: 111°38′41.6″<br>N: 39°53′11.2″<br>H: 1375±4米 | 鲁家坡一期遗存、庙子沟文化、战国、汉代 | 3万 |
| 04－173 | 五道峁遗址－1 | 清水河县小庙乡五道峁村 | E: 111°38′27.9″<br>N: 39°53′36.1″<br>H: 1374±4米 | 鲁家坡一期遗存、庙子沟文化、战国 | 4万 |
| 04－175 | 窑子上遗址－1 | 清水河县城关镇窑子上村 | E: 111°39′28.2″<br>N: 39°54′05.0″<br>H: 1232±6米 | 庙子沟文化、战国 | 2万 |
| 04－176 | 窑子上遗址－2 | 清水河县城关镇窑子上村 | E: 111°39′37.1″<br>N: 39°54′19.1″<br>H: 1209±5米 | 朱开沟文化、战国 | 5万 |
| 04－179 | 打磨湾遗址－1 | 清水河县城关镇打磨湾村 | E: 111°38′07.1″<br>N: 39°55′02.8″<br>H: 1180±7米 | 庙子沟文化、阿善三期文化、朱开沟文化、战国 | 2万 |
| 04－182 | 小庙子遗址－2 | 清水河县小庙乡小庙子村 | E: 111°39′28.2″<br>N: 39°55′22.9″<br>H: 1214±5米 | 官地一期遗存、鲁家坡一期遗存、庙子沟文化、阿善三期文化、永兴店文化、战国 | 3万 |
| 04－183 | 庄窝峁遗址－1 | 清水河县小庙乡庄窝峁村 | E: 111°37′45.2″<br>N: 39°59′33.9″<br>H: 1103±5米 | 战国、汉代 | 3万 |

| 遗址编号 | 遗址名称 | 行政归属 | GPS坐标 | 文化属性 | 面积（平方米） |
|---|---|---|---|---|---|
| 04-184 | 庄窝坪遗址-7 | 清水河县 小庙乡庄窝坪村 | E: 111°37′30.1″ N: 39°59′27.4″ H: 1102±6米 | 战国 | 6万 |
| 04-186 | 郭三窑子遗址-1 | 清水河县 小庙乡郭三窑子村 | E: 111°39′27.6″ N: 39°55′54.7″ H: 1270±6米 | 战国 | 1.5万 |
| 04-187 | 郭三窑子遗址-2 | 清水河县 小庙乡郭三窑子村 | E: 111°39′38.8″ N: 39°56′00.7″ H: 1288±5米 | 战国 | 0.8万 |
| 04-188 | 皮家沟遗址-1 | 清水河县 五良太乡皮家沟村 | E: 111°40′06.6″ N: 39°59′19.4″ H: 1170±5米 | 战国 | 2万 |
| 04-189 | 皮家沟遗址-2 | 清水河县 五良太乡皮家沟村 | E: 111°39′38.5″ N: 39°59′24.5″ H: 1165±5米 | 战国 | 1.5万 |
| 04-190 | 皮家沟遗址-3 | 清水河县 五良太乡皮家沟村 | E: 111°39′29.5″ N: 39°59′26.5″ H: 1160±5米 | 战国 | 1万 |
| 04-192 | 五七大学遗址-1 | 清水河县 五良太乡五七大学村 | E: 111°38′11.8″ N: 39°59′45.6″ H: 1135±5米 | 庙子沟文化、战国 | 3万 |

续附表二　2.7

| 遗址编号 | 遗址名称 | 行政归属 | GPS坐标 | 文化属性 | | 面积（平方米） |
|---|---|---|---|---|---|---|
| 04－193 | 新窑上遗址－3 | 清水河县小庙乡新窑上村 | E: 111°39′19.3″<br>N: 39°59′40.3″<br>H: 1145±5米 | 庙子沟文化、朱开沟文化、战国、汉代 | | 3万 |
| 04－195 | 贾家湾遗址－1 | 清水河县小庙乡贾家湾村 | E: 111°38′29.5″<br>N: 39°55′26.7″<br>H: 1142±6米 | 战国 | | 6万 |
| 04－197 | 八龙湾遗址－8 | 清水河县小庙乡八龙湾村 | E: 111°34′46.8″<br>N: 39°55′44.5″<br>H: 1120±5米 | 战国 | | 0.5万 |
| 04－198 | 八龙湾遗址－9 | 清水河县小庙乡八龙湾村 | E: 111°35′16.3″<br>N: 39°55′39.9″<br>H: 1110±5米 | 战国 | | 0.96万 |
| 04－199 | 王三窑子遗址－4 | 清水河县小庙乡王三窑子村 | E: 111°36′40.0″<br>N: 39°55′26.8″<br>H: 1121±5米 | 战国 | | 10万 |
| 04－200 | 西咀遗址－1 | 清水河县小庙乡西咀村 | E: 111°35′27.5″<br>N: 39°56′07.1″<br>H: 1175±9米 | 战国 | | 0.6万 |
| 05－202 | 大路圪坦遗址－2 | 准格尔旗窑沟乡大路圪坦村 | E: 111°24′31.0″<br>N: 39°58′00.0″<br>H: 1083±5米 | 庙子沟文化、永兴店文化、战国 | | 8.75万 |

续附表二 2.7

| 遗址编号 | 遗址名称 | 行政归属 | GPS坐标 | 文化属性 | 面积（平方米） |
|---|---|---|---|---|---|
| 05－203 | 小窑上遗址－1 | 准格尔旗 窑沟乡小窑上村 | E: 111° 24′ 47.1″ N: 39° 57′ 43.4″ H: 1067±5米 | 战国 | 5万 |
| 05－204 | 小窑上遗址－2 | 准格尔旗 窑沟乡小窑上村 | E: 111° 24′ 41.0″ N: 39° 57′ 40.5″ H: 1076±5米 | 庙子沟文化、永兴店文化、朱开沟文化、战国 | 10.5万 |
| 05－216 | 牛龙湾遗址－6 | 准格尔旗 窑沟乡牛龙湾村 | E: 111° 25′ 46.4″ N: 39° 56′ 18.1″ H: 1011±5米 | 永兴店文化、朱开沟文化、战国 | 2.5万 |
| 05－217 | 柳树渠遗址－2 | 准格尔旗 窑沟乡柳树渠村 | E: 111° 25′ 51.8″ N: 39° 55′ 16.7″ H: 1093±6米 | 阿善三期文化、战国、汉代 | 6.25万 |
| 05－219 | 柳树渠遗址－4 | 准格尔旗 窑沟乡柳树渠村 | E: 111° 26′ 16.6″ N: 39° 55′ 06.6″ H: 993±7米 | 庙子沟文化、战国 | 3万 |
| 05－220 | 柳树渠遗址－5 | 准格尔旗 窑沟乡柳树渠村 | E: 111° 26′ 04.3″ N: 39° 54′ 58.8″ H: 1014±6米 | 阿善三期文化、朱开沟文化、战国、汉代 | 5万 |
| 05－225 | 荒地遗址－1 | 准格尔旗 窑沟乡荒地村 | E: 111° 25′ 57.0″ N: 39° 54′ 09.7″ H: 1083±5米 | 阿善三期文化、永兴店文化、战国 | 7.5万 |

续附表二　2.7

| 遗址编号 | 遗址名称 | 行政归属 | GPS坐标 | 文化属性 | 面积（平方米） |
|---|---|---|---|---|---|
| 05－226 | 荒地遗址－2 | 准格尔旗窑沟乡荒地村 | E：111°26′01.2″<br>N：39°53′55.4″<br>H：1048±5米 | 阿善三期文化、永兴店文化、战国 | 8.75万 |
| 05－227 | 荒地遗址－3 | 准格尔旗窑沟乡荒地村 | E：111°25′43.0″<br>N：39°53′55.2″<br>H：1091±5米 | 官地一期遗存、阿善三期文化、朱开沟文化、战国 | 22.75万 |
| 05－229 | 荒地遗址－5 | 准格尔旗窑沟乡荒地村 | E：111°24′46.4″<br>N：39°54′03.1″<br>H：1164±5米 | 庙子沟文化、朱开沟文化、战国 | 9万 |
| 05－230 | 荒地遗址－6 | 准格尔旗窑沟乡荒地村 | E：111°24′46.2″<br>N：39°53′53.3″<br>H：1134±8米 | 庙子沟文化、朱开沟文化、战国 | 1.2万 |
| 05－234 | 石壁桥遗址－3 | 清水河县王桂窑子乡石壁桥村 | E：111°37′01.5″<br>N：39°59′39.3″<br>H：1082±5米 | 官地一期遗存、庙子沟文化、战国 | 3万 |
| 05－236 | 石壁桥遗址－5 | 清水河县王桂窑子乡石壁桥村 | E：111°36′14.8″<br>N：39°59′33.6″<br>H：1213±5米 | 朱开沟文化、战国 | 8万 |
| 05－241 | 小什俱牛梁遗址－3 | 清水河县王桂窑子乡小什俱牛梁村 | E：111°33′41.3″<br>N：39°59′07.0″<br>H：1183±5米 | 战国、汉代 | 7.5万 |

续附表二　2.7

| 遗址编号 | 遗址名称 | 行政归属 | GPS坐标 | 文化属性 | 面积（平方米） |
|---|---|---|---|---|---|
| 05－243 | 菁草鄢遗址－2 | 清水河县王桂窑子乡菁草鄢村 | E: 111°33′27.8″<br>N: 39°59′37.8″<br>H: 1227±8米 | 鲁家坡一期遗存、战国 | 12万 |
| 05－244 | 解放遗址－1 | 清水河县王桂窑子乡解放村 | E: 111°33′14.3″<br>N: 39°59′56.4″<br>H: 1234±5米 | 鲁家坡一期遗存、庙子沟文化、阿善三期文化、朱开沟文化、战国 | 7.5万 |
| 05－246 | 常家河遗址－2 | 清水河县王桂窑子乡常家河村 | E: 111°31′49.1″<br>N: 39°59′41.8″<br>H: 1236±6米 | 庙子沟文化、永兴店文化、战国、汉代 | 11.25万 |
| 05－248 | 常家河遗址－4 | 清水河县王桂窑子乡常家河村 | E: 111°31′35.7″<br>N: 39°59′31.8″<br>H: 1273±5米 | 鲁家坡一期遗存、朱开沟文化、战国 | 12.5万 |
| 05－249 | 解放遗址－2 | 清水河县王桂窑子乡解放村 | E: 111°32′29.3″<br>N: 39°59′42.4″<br>H: 1185±5米 | 庙子沟文化、永兴店文化、朱开沟文化、战国 | 12.5万 |
| 05－250 | 解放遗址－3 | 清水河县王桂窑子乡解放村 | E: 111°32′34.9″<br>N: 39°59′38.1″<br>H: 1229±6米 | 庙子沟文化、阿善三期文化、朱开沟文化、战国、汉代 | 22.5万 |
| 05－258 | 南卯遗址－2 | 清水河县王桂窑子乡南卯村 | E: 111°33′31.0″<br>N: 39°58′04.9″<br>H: 1149±5米 | 鲁家坡一期遗存、庙子沟文化、阿善三期文化、战国 | 6.25万 |

续附表二 2.7

| 遗址编号 | 遗址名称 | 行政归属 | GPS坐标 | 文化属性 | 面积(平方米) |
|---|---|---|---|---|---|
| 05-259 | 大石沿遗址-1 | 清水河县王桂窑子乡大石沿村 | E: 111°32′37.4″ N: 39°58′28.5″ H: 1264±6米 | 战国、汉代 | 6万 |
| 05-260 | 后石畔遗址-1 | 清水河县王桂窑子乡后石畔村 | E: 111°33′30.6″ N: 39°57′27.1″ H: 1085±5米 | 鲁家坡一期遗存、阿善三期文化、战国 | 11.25万 |
| 05-262 | 后石畔遗址-3 | 清水河县王桂窑子乡后石畔村 | E: 111°32′51.4″ N: 39°57′25.4″ H: 1089±6米 | 鲁家坡一期遗存、战国、汉代 | 6万 |
| 05-263 | 后石畔遗址-4 | 清水河县王桂窑子乡后石畔村 | E: 111°33′07.9″ N: 39°57′25.9″ H: 1086±6米 | 鲁家坡一期遗存、永兴店文化、战国 | 6万 |
| 05-264 | 言正子遗址-1 | 清水河县王桂窑子乡言正子村 | E: 111°32′22.4″ N: 39°57′16.0″ H: 1087±5米 | 鲁家坡一期遗存、庙子沟文化、永兴店文化、朱开沟文化、战国、汉代 | 16.5万 |
| 05-265 | 言正子遗址-2 | 清水河县王桂窑子乡言正子村 | E: 111°32′11.9″ N: 39°57′12.0″ H: 1073±11米 | 永兴店文化、朱开沟文化、战国 | 6万 |
| 05-270 | 胶泥邦遗址-5 | 清水河县王桂窑子乡胶泥邦村 | E: 111°31′52.9″ N: 39°56′58.3″ H: 1037±5米 | 战国 | 7万 |

| 遗址编号 | 遗址名称 | 行政归属 | GPS坐标 | 文化属性 | 面积(平方米) |
|---|---|---|---|---|---|
| 05-272 | 大石沿遗址-3 | 清水河县王桂窑子乡大石沿村 | E: 111°31′44.0″<br>N: 39°58′00.2″<br>H: 1234±6米 | 阿善三期文化、永兴店文化、战国 | 6.25万 |
| 05-274 | 胶泥圪佬遗址-2 | 清水河县王桂窑子乡胶泥圪佬村 | E: 111°31′09.5″<br>N: 39°57′12.4″<br>H: 1112±5米 | 阿善三期文化、战国 | 1.05万 |
| 05-275 | 胶泥圪佬遗址-3 | 清水河县王桂窑子乡胶泥圪佬村 | E: 111°31′31.0″<br>N: 39°57′14.8″<br>H: 1136±5米 | 鲁家坡一期遗存、阿善三期文化、永兴店文化、朱开沟文化、战国 | 8万 |
| 05-277 | 后城咀遗址-1 | 清水河县王桂窑子乡后城咀村 | E: 111°30′41.7″<br>N: 39°56′50.2″<br>H: 1049±7米 | 永兴店文化、战国、汉代 | 4万 |
| 05-287 | 井路咀遗址-1 | 清水河县王桂窑子乡井路咀村 | E: 111°28′55.9″<br>N: 39°59′03.8″<br>H: 1260±6米 | 永兴店文化、战国 | 6.25万 |
| 05-288 | 新火盘遗址-1 | 清水河县王桂窑子乡新火盘村 | E: 111°28′36.1″<br>N: 39°59′43.5″<br>H: 1274±5米 | 永兴店文化、战国 | 6.25万 |
| 05-292 | 井路咀遗址-2 | 清水河县王桂窑子乡井路咀村 | E: 111°28′57.3″<br>N: 39°59′28.6″<br>H: 1219±5米 | 庙子沟文化、阿善三期文化、永兴店文化、朱开沟文化、战国 | 15.75万 |

续附表二　2.7

| 遗址编号 | 遗址名称 | 行政归属 | GPS坐标 | 文化属性 | 面积（平方米） |
|---|---|---|---|---|---|
| 05-293 | 井路咀遗址-3 | 清水河县王桂窑子乡井路咀村 | E: 111°29′16.5″<br>N: 39°58′52.0″<br>H: 1229±7米 | 庙子沟文化、永兴店文化、战国 | 5万 |
| 05-294 | 柴家岭遗址-1 | 清水河县王桂窑子乡柴家岭村 | E: 111°29′35.9″<br>N: 39°58′42.7″<br>H: 1202±6米 | 官地一期遗存、永兴店文化、战国 | 12万 |
| 05-295 | 柴家岭遗址-2 | 清水河县王桂窑子乡柴家岭村 | E: 111°29′23.5″<br>N: 39°58′34.4″<br>H: 1219±5米 | 永兴店文化、朱开沟文化、战国 | 15万 |
| 05-296 | 柴家岭遗址-3 | 清水河县王桂窑子乡柴家岭村 | E: 111°29′54.5″<br>N: 39°58′30.0″<br>H: 1181±5米 | 鲁家坡一期遗存、阿善三期文化、战国 | 5万 |
| 05-303 | 大峁梁遗址-5 | 清水河县王桂窑子乡大峁梁村 | E: 111°29′39.0″<br>N: 39°56′53.2″<br>H: 1149±5米 | 鲁家坡一期遗存、战国 | 3万 |
| 05-304 | 大峁梁遗址-6 | 清水河县王桂窑子乡大峁梁村 | E: 111°29′55.9″<br>N: 39°56′51.3″<br>H: 1075±5米 | 鲁家坡一期遗存、庙子沟文化、阿善三期文化、朱开沟文化、战国 | 6万 |
| 05-306 | 大峁梁遗址-8 | 清水河县王桂窑子乡大峁梁村 | E: 111°29′02.5″<br>N: 39°57′05.1″<br>H: 1117±5米 | 战国 | 3万 |

续附表二 2.7

| 遗址编号 | 遗址名称 | 行政归属 | GPS坐标 | 文化属性 | 面积（平方米） |
|---|---|---|---|---|---|
| 05-311 | 炭窑背遗址-1 | 清水河县 王桂窑子乡炭窑背村 | E: 111°29′17.5″<br>N: 39°56′50.5″<br>H: 1066±6米 | 阿善三期文化、朱开沟文化、战国 | 4万 |
| 05-314 | 后河遗址-1 | 清水河县 王桂窑子乡后河村 | E: 111°28′57.1″<br>N: 39°56′32.4″<br>H: 1068±8米 | 鲁家坡一期遗存、庙子沟文化、永兴店文化、朱开沟文化、战国 | 5万 |
| 05-317 | 后河遗址-3 | 清水河县 王桂窑子乡后河村 | E: 111°28′32.9″<br>N: 39°56′40.2″<br>H: 1086±5米 | 鲁家坡一期遗存、朱开沟文化、战国 | 5万 |
| 05-318 | 后河遗址-4 | 清水河县 王桂窑子乡后河村 | E: 111°28′30.7″<br>N: 39°56′28.0″<br>H: 1023±7米 | 庙子沟文化、战国 | 2.25万 |
| 05-319 | 老牛湾遗址-1 | 清水河县 王桂窑子乡老牛湾村 | E: 111°28′05.5″<br>N: 39°56′32.6″<br>H: 1052±5米 | 阿善三期文化、战国 | 4万 |
| 05-326 | 窑子上遗址-3 | 清水河县 王桂窑子乡窑子上村 | E: 111°27′10.9″<br>N: 39°56′20.7″<br>H: 1015±5米 | 阿善三期文化、战国 | 3万 |
| 05-327 | 窑子上遗址-4 | 清水河县 王桂窑子乡窑子上村 | E: 111°26′53.8″<br>N: 39°56′30.5″<br>H: 1062±5米 | 庙子沟文化、战国 | 12万 |

续附表二　2.7

| 遗址编号 | 遗址名称 | 行政归属 | GPS坐标 | 文化属性 | 面积(平方米) |
|---|---|---|---|---|---|
| 05－330 | 窑子上遗址－7 | 清水河县王桂窑子乡窑子上村 | E：111°62′38.6″<br>N：39°56′16.1″<br>H：1072±4米 | 庙子沟文化、阿善三期文化、战国 | 10.5万 |
| 05－332 | 窑子上遗址－9 | 清水河县王桂窑子乡窑子上村 | E：111°26′07.9″<br>N：39°56′34.4″<br>H：1031±9米 | 朱开沟文化、战国、汉代 | 5万 |
| 05－333 | 石畔遗址－1 | 清水河县王桂窑子乡石畔村 | E：111°25′40.5″<br>N：39°56′52.8″<br>H：1031±10米 | 庙子沟文化、战国 | 7.5万 |
| 05－334 | 石畔遗址－2 | 清水河县王桂窑子乡石畔村 | E：111°26′21.3″<br>N：39°57′06.6″<br>H：1043±6米 | 庙子沟文化、战国 | 22万 |
| 05－335 | 石畔遗址－3 | 清水河县王桂窑子乡石畔村 | E：111°25′24.5″<br>N：39°56′55.4″<br>H：1052±5米 | 庙子沟文化、永兴店文化、战国、汉代 | 6万 |
| 05－336 | 石畔遗址－4 | 清水河县王桂窑子乡石畔村 | E：111°25′59.2″<br>N：39°56′58.5″<br>H：1098±5米 | 阿善三期文化、战国 | 5万 |
| 05－338 | 卢子梁遗址－2 | 清水河县王桂窑子乡卢子梁村 | E：111°26′33.2″<br>N：39°58′01.1″<br>H：1160±4米 | 阿善三期文化、永兴店文化、战国 | 5万 |

续附表二 2.7

| 遗址编号 | 遗址名称 | 行政归属 | GPS坐标 | 文化属性 | 面积（平方米） |
|---|---|---|---|---|---|
| 05—339 | 酒铺焉遗址—1 | 清水河县王桂窑子乡酒铺焉村 | E: 111°26′14.2″ N: 39°58′16.2″ H: 1166±4米 | 官地一期遗存、战国 | 8.75万 |
| 05—341 | 酒铺焉遗址—3 | 清水河县王桂窑子乡酒铺焉村 | E: 111°25′20.3″ N: 39°57′16.0″ H: 1029±4米 | 庙子沟文化、永兴店文化、朱开沟文化、战国 | 6万 |
| 05—343 | 酒铺焉遗址—5 | 清水河县王桂窑子乡酒铺焉村 | E: 111°25′52.2″ N: 39°57′44.6″ H: 1135±9米 | 鲁家坡一期遗存、庙子沟文化、战国 | 14万 |
| 05—346 | 酒铺焉遗址—8 | 清水河县王桂窑子乡酒铺焉村 | E: 111°25′36.8″ N: 39°57′07.4″ H: 1178±6米 | 庙子沟文化、朱开沟文化、战国 | 6万 |
| 05—347 | 酒铺焉遗址—9 | 清水河县王桂窑子乡酒铺焉村 | E: 111°25′25.5″ N: 39°57′04.9″ H: 1103±5米 | 庙子沟文化、朱开沟文化、战国 | 6.25万 |
| 05—348 | 酒铺焉遗址—10 | 清水河县王桂窑子乡酒铺焉村 | E: 111°25′11.3″ N: 39°58′08.7″ H: 1144±5米 | 阿善三期文化、朱开沟文化、战国、汉代 | 1.75万 |
| 05—349 | 下塔遗址—1 | 清水河县王桂窑子乡下塔村 | E: 111°25′11.8″ N: 39°58′17.9″ H: 1141±9米 | 庙子沟文化、永兴店文化、战国 | 6万 |

续附表二　2.7

| 遗址编号 | 遗址名称 | 行政归属 | GPS坐标 | 文化属性 | 面积（平方米） |
|---|---|---|---|---|---|
| 05-350 | 下塔遗址-2 | 清水河县王桂窑子乡下塔村 | E: 111°25′43.1″<br>N: 39°58′32.0″<br>H: 1105±5米 | 庙子沟文化、阿善三期文化、战国、汉代 | 6万 |
| 05-351 | 下塔遗址-3 | 清水河县王桂窑子乡下塔村 | E: 111°25′18.0″<br>N: 39°58′42.7″<br>H: 1066±5米 | 庙子沟文化、阿善三期文化、永兴店文化、战国 | 45万 |
| 05-352 | 栅稍焉村遗址-1 | 清水河县王桂窑子乡栅稍焉村 | E: 111°27′52.0″<br>N: 39°59′12.5″<br>H: 1229±5米 | 鲁家坡一期遗存、战国 | 6.25万 |
| 05-353 | 栅稍焉村遗址-2 | 清水河县王桂窑子乡栅稍焉村 | E: 111°27′40.3″<br>N: 39°59′13.5″<br>H: 1210±5米 | 鲁家坡一期遗存、庙子沟文化、永兴店文化、战国 | 7.5万 |
| 05-358 | 壕气焉遗址-3 | 清水河县王桂窑子乡壕气焉村 | E: 111°27′30.6″<br>N: 39°59′32.8″<br>H: 1210±4米 | 庙子沟文化、战国 | 7万 |
| 05-360 | 壕气焉遗址-5 | 清水河县王桂窑子乡壕气焉村 | E: 111°26′15.1″<br>N: 39°59′12.8″<br>H: 1139±5米 | 阿善三期文化、战国、汉代 | 3万 |
| 05-361 | 壕气焉遗址-6 | 清水河县王桂窑子乡壕气焉村 | E: 111°25′46.2″<br>N: 39°59′16.3″<br>H: 1113±4米 | 战国、汉代 | 5万 |

续附表二　2.7

| 遗址编号 | 遗址名称 | 行政归属 | GPS坐标 | 文化属性 | 面积（平方米） |
|---|---|---|---|---|---|
| 05－362 | 下塔遗址－4 | 清水河县 王桂窑子乡下塔村 | E: 111°25′19.7″ N: 39°58′59.7″ H: 1092±5米 | 阿善三期文化、朱开沟文化、战国 | 9万 |
| 05－364 | 二道塔遗址－1 | 清水河县 王桂窑子乡二道塔村 | E: 111°25′10.5″ N: 39°59′14.3″ H: 1053±7米 | 战国、汉代 | 6万 |
| 05－366 | 三道塔遗址－1 | 清水河县 王桂窑子乡三道塔村 | E: 111°25′17.7″ N: 39°59′41.6″ H: 1070±5米 | 鲁家坡一期遗存、战国 | 4.5万 |

## 2.8　汉代遗址点列表

| 遗址编号 | 遗址名称 | 行政归属 | GPS坐标 | 文化属性 | 面积（平方米） |
|---|---|---|---|---|---|
| 04－006 | 南卯上遗址－2 | 清水河县 小庙乡南卯上村 | E: 111°38′20.9″ N: 39°58′15.9″ H: 1178±5米 | 汉代 | 8万 |
| 04－011 | 黄洛城遗址－1 | 清水河县 小庙乡黄洛城村 | E: 111°38′0.83″ N: 39°57′54.4″ H: 1185±5米 | 汉代 | 1.2万 |

续附表二 2.8

| 遗址编号 | 遗址名称 | 行政归属 | GPS坐标 | 文化属性 | 面积（平方米） |
|---|---|---|---|---|---|
| 04—012 | 马家新庄窝遗址—1 | 清水河县小庙乡马家新庄窝村 | E：111°36′25.2″<br>N：39°57′48.8″<br>H：1124±5米 | 鲁家坡一期遗存、庙子沟文化、阿善三期文化、朱开沟文化、汉代 | 5万 |
| 04—014 | 贺家山遗址—3 | 清水河县小庙乡贺家山村 | E：111°37′25.6″<br>N：39°58′00.3″<br>H：1158±8米 | 汉代 | 3万 |
| 04—015 | 黄洛城遗址—2 | 清水河县小庙乡黄洛城村 | E：111°38′27.7″<br>N：39°57′46.1″<br>H：1203±7米 | 汉代 | 30万 |
| 04—017 | 贺家山遗址—1 | 清水河县小庙乡贺家山村 | E：111°37′35.8″<br>N：39°57′20.6″<br>H：1251±7米 | 战国、汉代 | 2万 |
| 04—025 | 杨湾遗址—2 | 清水河县小庙乡杨湾村 | E：111°35′54.5″<br>N：39°55′51.3″<br>H：1218±5米 | 汉代 | 1.5万 |
| 04—026 | 缸房坪遗址—1 | 清水河县小庙乡缸房坪村 | E：111°33′43.3″<br>N：39°57′00.1″<br>H：1125±7米 | 庙子沟文化、汉代 | 20万 |
| 04—030 | 薛家梁遗址—1 | 清水河县小庙乡薛家梁村 | E：111°36′28.8″<br>N：39°57′29.6″<br>H：1131±5米 | 庙子沟文化、阿善三期文化、朱开沟文化、汉代 | 15万 |

续附表二　2.8

| 遗址编号 | 遗址名称 | 行政归属 | GPS坐标 | 文化属性 | 面积（平方米） |
|---|---|---|---|---|---|
| 04-032 | 梁家圪垯遗址-2 | 清水河县小庙乡梁家圪垯村 | E: 111°34′22.7″<br>N: 39°57′40.9″<br>H: 1077±6米 | 庙子沟文化、朱开沟文化、汉代 | 2万 |
| 04-033 | 梁家圪垯遗址-4 | 清水河县小庙乡梁家圪垯村 | E: 111°35′39.1″<br>N: 39°57′06.0″<br>H: 1151±10米 | 庙子沟文化、永兴店文化、汉代 | 0.25万 |
| 04-034 | 梁家圪垯遗址-3 | 清水河县小庙乡梁家圪垯村 | E: 111°35′45.8″<br>N: 39°56′50.3″<br>H: 1180±5米 | 庙子沟文化、汉代 | 0.5万 |
| 04-037 | 走马嫣遗址-2 | 清水河县小庙乡走马嫣村 | E: 111°37′04.1″<br>N: 39°56′13.0″<br>H: 1252±6米 | 庙子沟文化、汉代 | 8万 |
| 04-038 | 西贺家山遗址-1 | 清水河县小庙乡西贺家山村 | E: 111°34′18.3″<br>N: 39°56′41.2″<br>H: 1125±5米 | 庙子沟文化、朱开沟文化、汉代 | 2万 |
| 04-039 | 缸房坪遗址-2 | 清水河县小庙乡缸房坪村 | E: 111°33′58.2″<br>N: 39°57′22.3″<br>H: 1108±4米 | 庙子沟文化、朱开沟文化、汉代 | 12万 |
| 04-040 | 西贺家山村遗址-3 | 清水河县小庙乡西贺家山村 | E: 111°34′15.2″<br>N: 39°56′17.3″<br>H: 1189±4米 | 庙子沟文化、汉代 | 6万 |

续附表二　2.8

| 遗址编号 | 遗址名称 | 行政归属 | GPS坐标 | 文化属性 | 面积（平方米） |
|---|---|---|---|---|---|
| 04-045 | 八龙湾遗址-3 | 清水河县小庙乡八龙湾村 | E: 111°34′11.3″<br>N: 39°55′53.1″<br>H: 1201±5米 | 战国、汉代 | 7万 |
| 04-047 | 上阳塔遗址-1 | 清水河县小庙乡上阳塔村 | E: 111°33′25.1″<br>N: 39°54′51.2″<br>H: 1245±4米 | 汉代 | 7.5万 |
| 04-054 | 上阳塔遗址-2 | 清水河县小庙乡上阳塔村 | E: 111°33′11.9″<br>N: 39°55′12.2″<br>H: 1215±5米 | 汉代 | 1.5万 |
| 04-055 | 上阳塔遗址-3 | 清水河县小庙乡上阳塔村 | E: 111°32′49.5″<br>N: 39°55′04.7″<br>H: 1218±4米 | 庙子沟文化、战国、汉代 | 8.28万 |
| 04-056 | 小偏头遗址-1 | 清水河县小庙乡小偏头村 | E: 111°32′52.4″<br>N: 39°55′28.1″<br>H: 1212±8米 | 庙子沟文化、战国、汉代 | 17.5万 |
| 04-057 | 小偏头遗址-2 | 清水河县小庙乡小偏头村 | E: 111°32′59.0″<br>N: 39°55′41.1″<br>H: 1179±7米 | 汉代 | 0.5万 |
| 04-063 | 阳坡上遗址-1 | 清水河县窑沟乡阳坡上村 | E: 111°30′17.8″<br>N: 39°56′07.8″<br>H: 1190±7米 | 汉代 | 6万 |

续附表二　2.8

| 遗址编号 | 遗址名称 | 行政归属 | GPS坐标 | 文化属性 | 面积<br>（平方米） |
|---|---|---|---|---|---|
| 04-065 | 腰棚遗址一1 | 清水河县<br>窑沟乡腰棚村 | E: 111°30′50.2″<br>N: 39°55′28.6″<br>H: 1211±5米 | 汉代 | 0.8万 |
| 04-066 | 下咀遗址一1 | 清水河县<br>窑沟乡下咀村 | E: 111°31′54.6″<br>N: 39°55′09.9″<br>H: 1204±11米 | 鲁家坡一期遗存、庙子沟文化、阿善三期文化、汉代 | 2.16万 |
| 04-069 | 新营咀遗址一2 | 清水河县<br>窑沟乡新营咀村 | E: 111°29′24.5″<br>N: 39°55′29.4″<br>H: 1210±7米 | 阿善三期文化、汉代 | 1.02万 |
| 04-078 | 桑林坡遗址一1 | 清水河县<br>窑沟乡桑林坡村 | E: 111°28′53.0″<br>N: 39°55′23.9″<br>H: 1199±5米 | 汉代 | 1万 |
| 04-085 | 南梁遗址一1 | 清水河县<br>窑沟乡南梁村 | E: 111°26′40.3″<br>N: 39°55′31.2″<br>H: 1035±4米 | 阿善三期文化、汉代 | 0.8万 |
| 04-087 | 万家寨遗址一1 | 清水河县<br>窑沟乡万家寨村 | E: 111°29′39.8″<br>N: 39°54′27.5″<br>H: 1224±5米 | 汉代 | 21万 |
| 04-097 | 万家寨遗址一2 | 清水河县<br>窑沟乡万家寨村 | E: 111°28′48.1″<br>N: 39°54′43.1″<br>H: 1215±9米 | 汉代 | 14万 |

续附表二 2.8

| 遗址编号 | 遗址名称 | 行政归属 | GPS坐标 | 文化属性 | 面积（平方米） |
|---|---|---|---|---|---|
| 04－098 | 新营坬遗址－4 | 清水河县窑沟乡新营坬村 | E: 111°30′01.2″<br>N: 39°54′46.7″<br>H: 1176±4米 | 庙子沟文化、汉代 | 4.5万 |
| 04－099 | 黑草咀遗址－1 | 清水河县窑沟乡黑草咀村 | E: 111°28′49.7″<br>N: 39°53′38.8″<br>H: 1203±5米 | 汉代 | 2万 |
| 04－105 | 胶泥圪老遗址－2 | 清水河县窑沟乡胶泥圪老村 | E: 111°27′19.3″<br>N: 39°53′35.7″<br>H: 1184±6米 | 战国、汉代 | 1.5万 |
| 04－107 | 刁家梁遗址－2 | 清水河县窑沟乡刁家梁村 | E: 111°29′38.7″<br>N: 39°53′58.7″<br>H: 1208±6米 | 庙子沟文化、阿善三期文化、汉代 | 0.3万 |
| 04－108 | 黑草咀遗址－4 | 清水河县窑沟乡黑草咀村 | E: 111°29′40.5″<br>N: 39°53′15.5″<br>H: 1240±5米 | 汉代 | 0.64万 |
| 04－109 | 贺家坬遗址－1 | 清水河县小庙乡贺家坬村 | E: 111°34′40.0″<br>N: 39°53′36.8″<br>H: 1324±6米 | 汉代 | 6万 |
| 04－110 | 王洛咀遗址－1 | 清水河县窑沟乡王洛咀村 | E: 111°30′53.5″<br>N: 39°53′25.5″<br>H: 1238±12米 | 战国、汉代 | 26万 |

续附表二 2.8

| 遗址编号 | 遗址名称 | 行政归属 | GPS坐标 | 文化属性 | 面积<br>(平方米) |
|---|---|---|---|---|---|
| 04—111 | 刁家梁遗址—3 | 清水河县<br>窑沟乡刁家梁村 | E: 111° 30′ 26.0″<br>N: 39° 53′ 43.9″<br>H: 1266±6米 | 汉代 | 0.8万 |
| 04—114 | 朝天壕遗址—3 | 清水河县<br>窑沟乡朝天壕村 | E: 111° 33′ 07.5″<br>N: 39° 53′ 22.9″<br>H: 1311±5米 | 战国、汉代 | 21万 |
| 04—116 | 马次梁遗址—2 | 清水河县<br>窑沟乡马次梁村 | E: 111° 33′ 42.7″<br>N: 39° 54′ 24.5″<br>H: 1261±5米 | 汉代 | 0.6万 |
| 04—121 | 唐子弼遗址—1 | 清水河县<br>窑沟乡唐子弼村 | E: 111° 27′ 54.0″<br>N: 39° 53′ 11.0″<br>H: 1211±6米 | 汉代 | 1万 |
| 04—122 | 唐子弼遗址—1 | 清水河县<br>窑沟乡唐子弼村 | E: 111° 26′ 57.8″<br>N: 39° 53′ 14.1″<br>H: 1172±5米 | 庙子沟文化、汉代 | 0.5万 |
| 04—123 | 唐子弼遗址—1 | 清水河县<br>窑沟乡唐子弼村 | E: 111° 27′ 19.0″<br>N: 39° 53′ 12.0″<br>H: 1198±6米 | 阿善三期文化、汉代 | 0.25万 |
| 04—125 | 阳畔遗址—1 | 清水河县<br>小庙乡阳畔村 | E: 111° 39′ 03.9″<br>N: 39° 56′ 29.3″<br>H: 1308±5米 | 战国、汉代 | 4万 |

续附表二 2.8

| 遗址编号 | 遗址名称 | 行政归属 | GPS坐标 | 文化属性 | 面积（平方米） |
|---|---|---|---|---|---|
| 04—126 | 刘四窑子遗址—1 | 清水河县小庙乡刘四窑子村 | E: 111°38′47.2″ N: 39°57′47.1″ H: 1219±5米 | 汉代 | 1.5万 |
| 04—128 | 阳畔遗址—2 | 清水河县小庙乡阳畔村 | E: 111°38′44.0″ N: 39°55′51.4″ H: 1250±5米 | 永兴店文化、汉代 | 1.17万 |
| 04—132 | 下蒙家梁遗址—1 | 清水河县小庙乡下蒙家梁村 | E: 111°34′25.8″ N: 39°55′28.0″ H: 1194±6米 | 庙子沟文化、阿善三期文化、朱开沟文化、汉代 | 21万 |
| 04—134 | 杜家沟遗址—1 | 清水河县小庙乡杜家沟村 | E: 111°34′31.0″ N: 39°53′47.7″ H: 1302±4米 | 战国、汉代 | 15万 |
| 04—135 | 上蒙家梁遗址—1 | 清水河县小庙乡上蒙家梁村 | E: 111°34′01.2″ N: 39°54′35.0″ H: 1261±5米 | 战国、汉代 | 3万 |
| 04—141 | 下蒙家梁遗址—4 | 清水河县小庙乡下蒙家梁村 | E: 111°34′10.2″ N: 39°55′11.5″ H: 1238±5米 | 战国、汉代 | 0.64万 |
| 04—143 | 上蒙家梁遗址—4 | 清水河县小庙乡上蒙家梁村 | E: 111°34′17.2″ N: 39°54′25.6″ H: 1235±18米 | 汉代 | 0.8万 |

续附表二 2.8

| 遗址编号 | 遗址名称 | 行政归属 | GPS坐标 | 文化属性 | 面积（平方米） |
|---|---|---|---|---|---|
| 04—144 | 二道咀遗址—1 | 清水河县 小庙乡二道咀村 | E: 111°35′15.3″ N: 39°53′36.5″ H: 1276±5米 | 永兴店文化、战国、汉代 | 2.5万 |
| 04—145 | 庙梁遗址—1 | 清水河县 小庙乡庙梁村 | E: 111°35′01.2″ N: 39°54′02.7″ H: 1276±5米 | 官地一期遗存、战国、汉代 | 2万 |
| 04—155 | 王三窑子遗址—3 | 清水河县 小庙乡王三窑子村 | E: 111°37′31.5″ N: 39°55′04.8″ H: 1188±5米 | 庙子沟文化、汉代 | 0.8万 |
| 04—159 | 五七大学遗址—2 | 清水河县 五良太乡五七大学村 | E: 111°38′42.1″ N: 39°59′41.8″ H: 1124±7米 | 庙子沟文化、朱开沟文化、战国、汉代 | 64万 |
| 04—161 | 畔铒子遗址—1 | 清水河县 城关镇畔铒子村 | E: 111°38′18.9″ N: 39°54′43.6″ H: 1221±6米 | 庙子沟文化、朱开沟文化、汉代 | 5万 |
| 04—169 | 皮家沟遗址—6 | 清水河县 五良太乡皮家沟村 | E: 111°38′45.4″ N: 39°59′22.5″ H: 1159±5米 | 庙子沟文化、战国、汉代 | 0.8万 |
| 04—172 | 台子梁遗址—1 | 清水河县 小庙乡台子梁村 | E: 111°38′41.6″ N: 39°53′11.2″ H: 1375±4米 | 鲁家坡一期遗存、庙子沟文化、战国、汉代 | 3万 |

续附表二 2.8

| 遗址编号 | 遗址名称 | 行政归属 | GPS坐标 | 文化属性 | 面积（平方米） |
|---|---|---|---|---|---|
| 04—183 | 庄窝峁遗址—1 | 清水河县 小庙乡庄窝峁村 | E: 111°37′45.2″ N: 39°59′33.9″ H: 1103±5米 | 战国、汉代 | 3万 |
| 04—193 | 新窑上遗址—3 | 清水河县 小庙乡新窑上村 | E: 111°39′19.3″ N: 39°59′40.3″ H: 1145±5米 | 庙子沟文化、朱开沟文化、战国、汉代 | 3万 |
| 05—213 | 牛龙湾遗址—3 | 准格尔旗 窑沟乡牛龙湾村 | E: 111°25′51.6″ N: 39°55′51.2″ H: 987±8米 | 庙子沟文化、阿善三期文化 | 3万 |
| 05—217 | 柳树渠遗址—2 | 准格尔旗 窑沟乡柳树渠村 | E: 111°25′51.8″ N: 39°55′16.7″ H: 1093±6米 | 阿善三期文化、战国、汉代 | 6.25万 |
| 05—220 | 柳树渠遗址—5 | 准格尔旗 窑沟乡柳树渠村 | E: 111°26′04.3″ N: 39°54′58.8″ H: 1014±6米 | 阿善三期文化、朱开沟文化、战国、汉代 | 5万 |
| 05—232 | 石壁桥遗址—1 | 清水河县 王桂窑子乡石壁桥村 | E: 111°36′47.3″ N: 39°59′46.6″ H: 1153±6米 | 鲁家坡一期遗存、庙子沟文化、永兴店文化、朱开沟文化、汉代 | 31.5万 |
| 05—235 | 石壁桥遗址—4 | 清水河县 王桂窑子乡石壁桥村 | E: 111°36′31.0″ N: 39°59′31.0″ H: 1187±7米 | 庙子沟文化、阿善三期文化、永兴店文化、朱开沟文化、汉代 | 8.75万 |

续附表二　2.8

| 遗址编号 | 遗址名称 | 行政归属 | GPS坐标 | 文化属性 | 面积(平方米) |
|---|---|---|---|---|---|
| 05－237 | 沙蒿遗址－1 | 清水河县王桂窑子乡沙蒿村 | E: 111° 34′ 45.9″<br>N: 39° 59′ 41.8″<br>H: 1198±5米 | 汉代 | 9万 |
| 05－238 | 小什俱牛梁遗址－1 | 清水河县王桂窑子乡小什俱牛梁村 | E: 111° 34′ 07.3″<br>N: 39° 59′ 02.6″<br>H: 1191±5米 | 庙子沟文化、朱开沟文化、汉代 | 6万 |
| 05－239 | 沙蒿遗址－2 | 清水河县王桂窑子乡沙蒿村 | E: 111° 34′ 13.0″<br>N: 39° 59′ 32.2″<br>H: 1245±5米 | 永兴店文化、汉代 | 2.25万 |
| 05－240 | 小什俱牛梁遗址－2 | 清水河县王桂窑子乡小什俱牛梁村 | E: 111° 34′ 31.5″<br>N: 39° 59′ 12.5″<br>H: 1181±5米 | 汉代 | 7.5万 |
| 05－241 | 小什俱牛梁遗址－3 | 清水河县王桂窑子乡小什俱牛梁村 | E: 111° 33′ 41.3″<br>N: 39° 59′ 07.0″<br>H: 1183±5米 | 战国、汉代 | 7.5万 |
| 05－246 | 常家河遗址－2 | 清水河县王桂窑子乡常家河村 | E: 111° 31′ 49.1″<br>N: 39° 59′ 41.8″<br>H: 1236±6米 | 庙子沟文化、永兴店文化、战国、汉代 | 11.25万 |
| 05－247 | 常家河遗址－3 | 清水河县王桂窑子乡常家河村 | E: 111° 31′ 48.5″<br>N: 39° 59′ 52.7″<br>H: 1229±5米 | 阿善三期文化、朱开沟文化、汉代 | 10万 |

续附表二　2.8

| 遗址编号 | 遗址名称 | 行政归属 | GPS坐标 | 文化属性 | 面积（平方米） |
|---|---|---|---|---|---|
| 05-250 | 解放遗址-3 | 清水河县王桂窑子乡解放村 | E: 111°32′34.9″ N: 39°59′38.1″ H: 1229±6米 | 庙子沟文化、阿善三期文化、朱开沟文化、战国、汉代 | 22.5万 |
| 05-251 | 常家河遗址-5 | 清水河县王桂窑子乡常家河村 | E: 111°32′07.2″ N: 39°59′25.6″ H: 1232±4米 | 永兴店文化、汉代 | 12.25万 |
| 05-252 | 把兔沟遗址-1 | 清水河县王桂窑子乡把兔沟村 | E: 111°32′25.7″ N: 39°59′00.9″ H: 1230±5米 | 鲁家坡一期遗存、庙子沟文化、汉代 | 4万 |
| 05-256 | 把兔沟遗址-5 | 清水河县王桂窑子乡把兔沟村 | E: 111°32′38.7″ N: 39°58′50.2″ H: 1219±5米 | 鲁家坡一期遗存、汉代 | 16万 |
| 05-259 | 大石沿遗址-1 | 清水河县王桂窑子乡大石沿村 | E: 111°32′37.4″ N: 39°58′28.5″ H: 1264±6米 | 战国、汉代 | 6万 |
| 05-264 | 言正子遗址-1 | 清水河县王桂窑子乡言正子村 | E: 111°32′22.4″ N: 39°57′16.0″ H: 1087±5米 | 鲁家坡一期遗存、庙子沟文化、朱开沟文化、战国、汉代 | 16.5万 |
| 05-276 | 胶泥圪佬遗址-4 | 清水河县王桂窑子乡胶泥圪佬村 | E: 111°31′21.7″ N: 39°57′59.8″ H: 1257±6米 | 永兴店文化、汉代 | 3万 |

续附表二　2.8

| 遗址编号 | 遗址名称 | 行政归属 | GPS坐标 | 文化属性 | 面积<br>(平方米) |
|---|---|---|---|---|---|
| 05—277 | 后城咀遗址—1 | 清水河县<br>王桂窑子乡后城咀村 | E：111°30′41.7″<br>N：39°56′50.2″<br>H：1049±7米 | 永兴店文化、战国、汉代 | 4万 |
| 05—281 | 大石沿遗址—4 | 清水河县<br>王桂窑子乡大石沿村 | E：111°30′46.1″<br>N：39°58′20.3″<br>H：1197±6米 | 汉代 | 7.5万 |
| 05—284 | 柴家岭遗址—2 | 清水河县<br>王桂窑子乡柴家岭村 | E：111°30′48.5″<br>N：39°59′14.0″<br>H：1265±5米 | 汉代 | 3.75万 |
| 05—290 | 印牛咀遗址—1 | 清水河县<br>王桂窑子乡印牛咀村 | E：111°27′59.5″<br>N：39°59′53.4″<br>H：1238±4米 | 鲁家坡一期遗存、庙子沟文化、永<br>兴店文化、朱开沟文化、汉代 | 11.25万 |
| 05—298 | 小偏头遗址—2 | 清水河县<br>王桂窑子乡小偏头村 | E：111°28′58.6″<br>N：39°58′14.7″<br>H：1254±7米 | 汉代 | 17.5万 |
| 05—313 | 炭窑背遗址—3 | 清水河县<br>王桂窑子乡炭窑背村 | E：111°29′09.7″<br>N：39°56′36.0″<br>H：1044±9米 | 汉代 | 4万 |
| 05—320 | 老牛湾遗址—2 | 清水河县<br>王桂窑子乡老牛湾村 | E：111°27′40.3″<br>N：39°56′32.9″<br>H：1057±5米 | 鲁家坡一期遗存、永兴店文化、汉代 | 6.25万 |
| 05—321 | 火烧焉遗址—1 | 清水河县<br>王桂窑子乡火烧焉村 | E：111°28′10.1″<br>N：39°57′36.5″<br>H：1222±5米 | 阿善三期文化、汉代 | 6.25万 |

续附表二　2.8

| 遗址编号 | 遗址名称 | 行政归属 | GPS坐标 | 文化属性 | 面积（平方米） |
|---|---|---|---|---|---|
| 05－325 | 窑子上遗址－2 | 清水河县王桂窑子乡窑子上村 | E：111°27′18.6″ N：39°56′20.0″ H：1023±5米 | 阿善三期文化、朱开沟文化、汉代 | 7.5万 |
| 05－332 | 窑子上遗址－9 | 清水河县王桂窑子乡窑子上村 | E：111°26′07.9″ N：39°56′34.4″ H：1031±9米 | 朱开沟文化、战国、汉代 | 5万 |
| 05－335 | 石畔遗址－3 | 清水河县王桂窑子乡石畔村 | E：111°25′24.5″ N：39°56′55.4″ H：1052±5米 | 庙子沟文化、永兴店文化、战国、汉代 | 6万 |
| 05－348 | 酒铺焉遗址－10 | 清水河县王桂窑子乡酒铺焉村 | E：111°25′11.3″ N：39°58′08.7″ H：1144±5米 | 阿善三期文化、朱开沟文化、战国、汉代 | 1.75万 |
| 05－350 | 下塔遗址－2 | 清水河县王桂窑子乡下塔村 | E：111°25′43.1″ N：39°58′32.0″ H：1105±5米 | 庙子沟文化、阿善三期文化、战国、汉代 | 6万 |
| 05－360 | 壕气焉遗址－5 | 清水河县王桂窑子乡壕气焉村 | E：111°26′15.1″ N：39°59′12.8″ H：1139±5米 | 阿善三期文化、战国、汉代 | 3万 |
| 05－361 | 壕气焉遗址－6 | 清水河县王桂窑子乡壕气焉村 | E：111°25′46.2″ N：39°59′16.3″ H：1113±4米 | 战国、汉代 | 5万 |
| 05－364 | 二道塔遗址－1 | 清水河县王桂窑子乡二道塔村 | E：111°25′10.5″ N：39°59′14.3″ H：1053±7米 | 战国、汉代 | 6万 |

# 附表三　浑河下游区域考古调查遗址采集标本统计表

1. 浑河下游区域性考古调查中所获得的遗址点均有较为密集的陶片分布，但因个别遗址保存状况较差，陶片标本破损较为严重，仅可以分辨时代，但无法进行更为深层次的考古学研究，故并未列入本统计表之中。

2. 在个别遗址中陶片标本难以确属其属于战国或汉代遗物，故将此类遗物划为战国-汉代时期。

3. 汉代以后（辽金、明）陶片数量未进入统计之内，仅在遗址介绍中对其文化属性进行说明。

04—001

| 时代 | 陶质 / 陶色 / 纹饰 | 泥质 灰（褐） | 夹砂 红（褐） | 总计 | 可辨器形 |
|---|---|---|---|---|---|
| 鲁家坡一期遗存 | 素面 | | 2 | 3 | 直口钵1 |
| | 彩陶 | | 1 | | 宽彩带钵1 |
| 庙子沟文化 | 素面 | | 21 | 47 | 尖底瓶1、直口曲腹钵2 |
| | 彩陶 | | 26 | | 小口双耳罐1 |
| 阿善三期文化 | 附加堆纹 | 1 | | 1 | |
| 朱开沟文化 | 绳纹 | 灰褐15 黑褐2 | 17 | 34 | 高领侈口绳纹罐1 鬲/甗1 |

04—002

| 时代　　　陶质<br>　　　陶色<br>纹饰 | 泥质 | | 夹砂 | 总计 | 可辨器形 |
|---|---|---|---|---|---|
| | 灰（褐） | 红（褐） | 灰（褐） | | |
| 鲁家坡一期遗存 | 素面 | | 2 | | 13 | 尖底瓶1<br>彩带钵1<br>侈沿罐1 |
| | 彩陶 | | 3 | | | |
| | 弦纹 | | 1 | | | |
| | 绳纹 | | | 4 | | |
| | 彩陶 | | 2 | | | |
| | 篮纹 | | 1 | | | |
| 阿善三期文化 | 篮纹 | 4 | | | 4 | 尖底瓶1、窄沿罐1 |
| 永兴店文化 | 篮纹 | 3 | | | 5 | 瓮1 |
| | 素面 | 2 | | | | |
| 朱开沟文化 | 绳纹 | 6 | 5 | | 11 | 三足瓮2、罐2、甗1 |
| 战国 | 绳纹 | 4 | | 2 | 6 | 板瓦、矮领罐 |

04—003

| 时代　　　陶质<br>　　　陶色<br>纹饰 | 泥质 | | 夹砂 | | 总计 | 可辨器形 |
|---|---|---|---|---|---|---|
| | 灰/灰褐 | 红/红褐 | 灰/灰褐 | 红/红褐 | | |
| 鲁家坡一期遗存 | 线纹 | | | 2 | | 2 | |
| 朱开沟文化 | 绳纹 | 8 | 6 | 2 | 2 | 18 | 高领绳纹罐1、瓮1 |
| 战国 | 素面 | 1 | | | | 4 | 罐1 |
| | 抹断绳纹 | 2 | | | | | |
| | 弦纹 | 1 | | | | | |

04—004

| 时代　　　陶质<br>　　　陶色<br>纹饰 | 泥质 | 总计 | 可辨器形 |
|---|---|---|---|
| | 红 | | |
| 庙子沟文化 | 素面 | 3 | 21 | 小口双耳罐1 |
| | 彩陶 | 18 | | |

04-005

| 时代 | 陶质 陶色 纹饰 | 泥质 灰（褐） | 泥质 红（褐） | 总计 | 可辨器形 |
|---|---|---|---|---|---|
| 庙子沟文化 | 素面 | 4 | | 10 | 小口双耳罐1、侈沿罐1、筒形罐1 |
| | 彩陶 | | 1 | | |
| | 绳纹 | | 2 | | |
| | 线纹 | | 3 | | |
| 战国 | 素面 | 6 | | 9 | 平折沿盆2 |
| | 弦纹 | 1 | | | 碗1 |
| | 抹断绳纹 | 2 | | | |

04-006

| 时代 | 陶质 陶色 纹饰 | 泥质 灰 | 总计 | 可辨器形 |
|---|---|---|---|---|
| 汉代 | 素面 | 24 | 34 | 平沿盆3 |
| | 抹断绳纹 | 10 | | 矮领罐1 |

04-007

| 时代 | 陶质 陶色 纹饰 | 泥质 灰 | 夹砂 灰（褐） | 总计 | 可辨器形 |
|---|---|---|---|---|---|
| 永兴店文化 | 篮纹 | 1 | 1 | 7 | |
| | 绳纹 | | 3 | | |
| | 素面 | 1 | 1 | | |

04—008

| 时代 \ 陶质、陶色、纹饰 | 纹饰 | 泥质 灰 | 夹砂 灰褐 | 总计 | 可辨器形 |
|---|---|---|---|---|---|
| 庙子沟文化 | 交错绳纹 | | 1 | 1 | |
| 战国 | 素面 | 4 | | 12 | 平折沿盆3 |
| | 弦纹 | 1 | | | 卷沿罐1 |
| | 抹断绳纹 | 2 | | | |
| | 绳纹 | 4 | | | |
| | 压印泥条纹 | 1 | | | |

04—009

| 时代 \ 陶质、陶色、纹饰 | 纹饰 | 泥质 灰（褐） | 泥质 红（褐） | 总计 | 可辨器形 |
|---|---|---|---|---|---|
| 庙子沟文化 | 素面 | 1 | 1 | 4 | 小口双耳罐1 |
| | 彩陶 | | 2 | | 灰陶罐1 |
| 永兴店文化 | 篮纹 | 3 | | 3 | |
| 朱开沟文化 | 绳纹 | 4 | 5 | 9 | 高领罐1、三足瓮1、蛇纹鬲1 |

04—010

| 时代 \ 陶质、陶色、纹饰 | 纹饰 | 泥质 灰（褐） | 泥质 红（褐） | 夹砂 灰 | 总计 | 可辨器形 |
|---|---|---|---|---|---|---|
| 阿善三期文化 | 素面 | 9 | 1 | 1 | 16 | 直口瓮1 |
| | 篮纹 | 1 | | 3 | | |
| | 绳纹 | | | 1 | | |

04—011

| 时代 | 陶质<br>陶色<br>纹饰 | 泥质<br>灰 | 总计 | 可辨器形 |
|---|---|---|---|---|
| 汉代 | 素面 | 21 | 40 | 甑1、矮领罐4、平折沿盆4、瓮1 |
| | 弦纹 | 3 | | |
| | 抹断绳纹 | 7 | | |
| | 绳纹 | 5 | | |
| | 戳刺纹 | 4 | | |

04—012

| 时代 | 陶质<br>陶色<br>纹饰 | 泥质<br>灰<br>(褐) | 泥质<br>红<br>(褐) | 夹砂<br>灰<br>(褐) | 总计 | 可辨器形 |
|---|---|---|---|---|---|---|
| 鲁家坡一期遗存 | 素面 | 2 | | | 5 | 叠唇线纹罐1 |
| | 线纹 | | 3 | | | |
| 庙子沟文化 | 素面 | | 13 | | 27 | 泥质红陶尖底瓶1、钵1 |
| | 彩陶 | 1 | 7 | | | 彩陶小口双耳罐1 |
| | 篮纹 | | 6 | | | 尖底瓶1 |
| 阿善三期文化 | 篮纹 | 2 | | 2 | 4 | |
| 朱开沟文化 | 绳纹 | 1 | 1 | | 3 | 罐1 |
| | 素面 | 1 | | | | |
| 汉代 | 绳纹 | 3 | | | 10 | 罐1、敛口盆1 |
| | 素面 | 7 | | | | |

04—013

| 时代 | 陶质<br>陶色<br>纹饰 | 夹砂<br>灰<br>(褐) | 泥质<br>红<br>(褐) | 总计 | 可辨器形 |
|---|---|---|---|---|---|
| 庙子沟文化 | 素面 | 1 | 2 | 4 | |
| | 彩陶 | | 1 | | |

04—016

| 时代 | 陶质 | 泥质 | | 总计 | 可辨器形 |
|---|---|---|---|---|---|
| 陶色 纹饰 | | 灰 | 红 | | |
| 庙子沟文化 | 素面 | | 2 | 2 | |
| 朱开沟文化 | 绳纹 | 1 | 1 | 2 | |
| 战国 | 素面 | 5 | | 5 | |

04—017

| 时代 | 陶质 | 泥质 | 总计 | 可辨器形 |
|---|---|---|---|---|
| 陶色 纹饰 | | 灰 | | |
| 战国 | 抹断绳纹 | 2 | 4 | 平折沿盆1 |
| | 水波划纹 | 1 | | |
| | 刻划网格纹 | 1 | | |
| 汉代 | 素面 | 8 | 10 | 罐2 |
| | 附加泥条堆纹 | 2 | | |

04—018

| 时代 | 陶质 | 泥质 | 总计 | 可辨器形 |
|---|---|---|---|---|
| 陶色 纹饰 | | 灰 | | |
| 阿善三期文化 | 素面 | 2 | 11 | 矮领罐1 |
| | 篮纹 | 9 | | |

04—019

| 陶质 | | 泥质 | | 夹砂 | | 总计 | 可辨器形 |
|---|---|---|---|---|---|---|---|
| 时代 | 陶色 纹饰 | 灰（褐） | 红（褐） | 灰（褐） | 红（褐） | | |
| 庙子沟文化 | 素面 | 7 | 7 | | | 25 | 敛口钵1、尖底瓶1 |
| | 绳纹 | | | | 6 | | 侈沿罐1 |
| | 彩陶 | | 4 | | | | |
| | 篮纹 | | 1 | | | | |
| 阿善三期文化 | 篮纹 | 6 | | 2 | | 11 | 窄沿罐1 |
| | 附加堆纹 | 1 | | 2 | | | 平口瓮1 |
| 永兴店文化 | 绳纹 | | | 2 | | 2 | |
| 朱开沟文化 | 绳纹 | 17 | 14 | | | 38 | 罐2、鬲1 |
| | 素面 | 7 | | | | | |

04—020

| 陶质 | | 泥质 | | 夹砂 | 总计 | 可辨器形 |
|---|---|---|---|---|---|---|
| 时代 | 陶色 纹饰 | 灰（褐） | 红（褐） | 红（褐） | | |
| 鲁家坡一期遗存 | 素面 | | 10 | | 24 | 敛口钵3 |
| | 绳纹 | | 3 | 8 | | |
| | 彩陶 | | 3 | | | |
| 庙子沟文化 | 篮纹 | 2 | | | 2 | |
| 阿善三期文化 | 素面 | 2 | | | 2 | 敛口折腹钵1 |
| 朱开沟文化 | 绳纹 | 9 | 5 | | 14 | 矮领罐1 |
| 战国 | 素面 | 5 | | | 5 | |

04—021

| 时代 \ 纹饰 \ 陶质→陶色 | 泥质 灰(褐) | 泥质 红(褐) | 夹砂 红 | 总计 | 可辨器形 |
|---|---|---|---|---|---|
| 鲁家坡一期遗存 素面 | | 4 | | 8 | 敛口钵2 |
| 鲁家坡一期遗存 绳纹 | | | 2 | | |
| 鲁家坡一期遗存 彩陶 | | 2 | | | |
| 庙子沟文化 素面 | | 2 | | 4 | 侈沿罐1 |
| 庙子沟文化 绳纹 | | 2 | | | |
| 阿善三期文化 篮纹 | 2 | | | 2 | |
| 阿善三期文化 绳纹 | | | | | |
| 朱开沟文化 绳纹 | 14 | 5 | | 19 | 三足瓮1、高领罐1 |

04—022

| 时代 \ 纹饰 \ 陶质→陶色 | 泥质 灰(褐) | 泥质 红(褐) | 夹砂 灰(褐) | 总计 | 可辨器形 |
|---|---|---|---|---|---|
| 鲁家坡一期遗存 弦纹 | | | 2 | 2 | 铁轨式口沿罐1 |
| 永兴店文化 素面 | 7 | | 1 | 17 | 折沿罐1 |
| 永兴店文化 篮纹 | 3 | 3 | | | 折腹钵1 |
| 永兴店文化 绳纹 | | | 2 | | |
| 永兴店文化 素面 | 1 | | | | |

04—023

| 时代 \ 纹饰 \ 陶质→陶色 | 泥质 灰(褐) | 泥质 红(褐) | 夹砂 灰(褐) | 夹砂 红(褐) | 总计 | 可辨器形 |
|---|---|---|---|---|---|---|
| 庙子沟文化 素面 | 12 | 12 | 2 | | 36 | 尖底瓶1 |
| 庙子沟文化 彩陶 | 1 | 1 | | | | 钵1 |
| 庙子沟文化 篮纹 | | 2 | | | | 侈沿罐3 |
| 庙子沟文化 绳纹 | | | 4 | 2 | | |
| 战国 绳纹 | 3 | 1 | | | 11 | 平折沿盆1、釜1 |
| 战国 素面 | 7 | | | | | |

04—024

| 时代 | 陶质 / 陶色 / 纹饰 | 泥质 灰（褐） | 泥质 红（褐） | 夹砂 灰（褐） | 总计 | 可辨器形 |
|---|---|---|---|---|---|---|
| 庙子沟文化 | 素面 | | | | 6 | |
| | 彩陶 | | | | | |
| | 篮纹 | | 6 | | | |
| 永兴店文化 | 篮纹 | 2 | | | 2 | |

04—025

| 时代 | 陶质 / 陶色 / 纹饰 | 泥质 灰（褐） | 总计 | 可辨器形 |
|---|---|---|---|---|
| 汉代 | 素面 | 8 | 8 | |

04—026

| 时代 | 陶质 / 陶色 / 纹饰 | 泥质 灰（褐） | 泥质 红（褐） | 夹砂 灰（褐） | 夹砂 红（褐） | 总计 | 可辨器形 |
|---|---|---|---|---|---|---|---|
| 庙子沟文化 | 交叉线纹 | | 2 | 1 | | 6 | 筒形罐1 |
| | 绳纹 | | | 1 | | | |
| | 篮纹 | | 2 | | | | |
| 汉代 | 素面 | 25 | | | | 31 | 小口罐8、盆6、圈足器1、卷沿罐2、壶1 |
| | 凸弦纹 | 5 | | | | | |
| | 戳刺纹 | 1 | | | | | |

04-027

| 时代 | 陶质<br>陶色<br>纹饰 | 泥质<br>灰 | 夹砂<br>灰 | 总计 | 可辨器形 |
|---|---|---|---|---|---|
| 战国 | 素面 | 3 | | 31 | 豆1 |
| | 绳纹 | 11 | | | 矮领罐5、釜1 |
| | 抹断绳纹 | 12 | | | |
| | 粗绳纹 | | 3 | | |
| | 压印纹 | 2 | | | |

04-028

| 时代 | 陶质<br>陶色<br>纹饰 | 泥质<br>灰<br>（褐） | 泥质<br>红<br>（褐） | 夹砂<br>灰<br>（褐） | 总计 | 可辨器形 |
|---|---|---|---|---|---|---|
| 庙子沟文化 | 素面 | 5 | 2 | | 19 | 小口双耳罐1 |
| | 彩陶 | 1 | 2 | | | 侈沿灌2 |
| | 绳纹 | | 6 | 3 | | |
| 阿善三期文化 | 篮纹 | 5 | | | 5 | 窄沿罐1 |
| 永兴店文化 | 篮纹 | 4 | | | 4 | |
| 战国 | 素面 | 6 | | | 17 | 矮领罐1 |
| | 抹断绳纹 | 11 | | | | |

04-029

| 时代 | 陶质<br>陶色<br>纹饰 | 泥质<br>灰 | 总计 | 可辨器形 |
|---|---|---|---|---|
| 庙子沟文化 | 素面 | 1 | 1 | 直口钵1 |
| 战国 | 素面 | 13 | 22 | |
| | 抹断绳纹 | 7 | | |
| | 绳纹 | 2 | | |

04−030

| 时代 | 陶质 / 陶色 / 纹饰 | 泥质 灰 | 泥质 黑 | 泥质 红(褐) | 夹砂 灰(褐) | 夹砂 红(褐) | 总计 | 可辨器形 |
|---|---|---|---|---|---|---|---|---|
| 庙子沟文化 | 素面 | 1 | 1 | 15 | | | 46 | 尖底瓶2、敛口弧腹钵3、小口双耳罐2、直口钵1、侈沿灌7、平口罐3、敛口曲腹钵1 |
| | 彩陶 | | | 14 | | | | |
| | 绳纹 | | | 6 | 3 | | | |
| | 篮纹 | | | 6 | | | | |
| 阿善三期文化 | 篮纹 | 4 | | | | | 4 | 窄沿罐1、敛口折腹钵2 |
| 朱开沟文化 | 绳纹 | | | | | 1 | 1 | 蛇纹鬲1 |
| 汉代 | 素面 | 16 | | | | | 20 | 瓮1、罐5、盆4 |
| | 戳刺纹 | 4 | | | | | | |

04−031

| 时代 | 陶质 / 陶色 / 纹饰 | 泥质 灰(褐) | 泥质 红(褐) | 夹砂 红(褐) | 总计 | 可辨器形 |
|---|---|---|---|---|---|---|
| 庙子沟文化 | 素面 | 3 | 12 | | 38 | 侈沿灌7、平口罐1、小口双耳罐2、尖底瓶1 |
| | 彩陶 | | 7 | | | |
| | 绳纹 | | | 16 | | |
| 朱开沟文化 | 绳纹 | 12 | 11 | | 23 | 三足瓮1、高领罐1、鬲1 |

04−032

| 时代 | 陶质 / 陶色 / 纹饰 | 泥质 灰 | 泥质 红(褐) | 夹砂 灰褐 | 夹砂 红褐 | 总计 | 可辨器形 |
|---|---|---|---|---|---|---|---|
| 庙子沟文化 | 绳纹 | | | 1 | 2 | 5 | 侈沿罐2 |
| | 附加堆纹 | | | 2 | | | |
| 朱开沟文化 | 绳纹 | 10 | | | | 10 | 直领罐1 |
| 汉代 | 素面 | 4 | 1 | | | 5 | 平折沿盆2、卷沿瓮1 |

04—033

| 时代 | 陶质 陶色 纹饰 | 泥质 | | 夹砂 | 总计 | 可辨器形 |
|---|---|---|---|---|---|---|
| | | 灰（褐） | 红（褐） | 灰（褐） | | |
| 庙子沟文化 | 素面 | 12 | | | 17 | 夹砂灰褐中口罐1 |
| | 彩陶 | | 3 | | | |
| | 绳纹 | | | 2 | | |
| 永兴店文化 | 篮纹 | 4 | | | 4 | |
| 汉代 | 素面 | 2 | | | 2 | 盆 |

04—034

| 时代 | 陶质 陶色 纹饰 | 泥质 | | 总计 | 可辨器形 |
|---|---|---|---|---|---|
| | | 灰 | 红（褐） | | |
| 庙子沟文化 | 绳纹 | | | | |
| 汉代 | 绳纹 | 1 | | 28 | 罐4 |
| | 素面 | 26 | 1 | | |

04—035

| 时代 | 陶质 陶色 纹饰 | 泥质 | | 夹砂 | 总计 | 可辨器形 |
|---|---|---|---|---|---|---|
| | | 灰（褐） | 红（褐） | 红（褐） | | |
| 庙子沟文化 | 素面 | 10 | | | 30 | 尖底瓶1、小口双耳罐5、侈沿罐3、平口罐1、敛口钵2 |
| | 彩陶 | | 5 | | | |
| | 绳纹 | | | 11 | | |
| | 篮纹 | 3 | 1 | | | |
| 阿善三期文化 | 篮纹 | 3 | | | 3 | 窄沿罐2 |

04—036

| 时代 \ 陶质 \ 陶色 \ 纹饰 | | 泥质 | | 夹砂 | 总计 | 可辨器形 |
|---|---|---|---|---|---|---|
| | | 灰（褐） | 红（褐） | 红（褐） | | |
| 庙子沟文化 | 素面 | | 2 | | 2 | |
| 朱开沟文化 | 绳纹 | 1 | | | 1 | |
| 战国 | 素面 | 2 | | | 3 | |
| | 绳纹 | 1 | | | | |

04—037

| 时代 \ 陶质 \ 陶色 \ 纹饰 | | 泥质 | | 总计 | 可辨器形 |
|---|---|---|---|---|---|
| | | 灰（褐） | 红（褐） | | |
| 庙子沟文化 | 素面 | | 1 | 1 | 直口折腹钵1 |
| 汉代 | 素面 | 31 | | 31 | 平折沿盆2 |

04—038

| 时代 \ 陶质 \ 陶色 \ 纹饰 | | 泥质 | 总计 | 可辨器形 |
|---|---|---|---|---|
| | | 灰 | | |
| 庙子沟文化 | 交错绳纹 | 1 | 1 | |
| 朱开沟文化 | 素面 | 1 | 1 | |
| 汉代 | 素面 | 12 | 16 | 盆4、罐3 |
| | 压印戳刺纹 | 2 | | |
| | 戳刺纹 | 1 | | |
| | 泥条堆纹 | 1 | | |

04—039

| 时代 | 陶质<br>陶色<br>纹饰 | 泥质<br>灰（褐） | 总计 | 可辨器形 |
|---|---|---|---|---|
| 庙子沟文化 | 素面 | 1 | 3 | 侈沿罐1 |
| | 绳纹 | 2 | | 小口双耳罐1 |
| 朱开沟文化 | 绳纹 | 3 | 3 | |
| 汉代 | 素面 | 18 | 26 | 盆2、罐1 |
| | 绳纹 | 2 | | |
| | 戳刺纹 | 6 | | |

04—040

| 时代 | 陶质<br>陶色<br>纹饰 | 泥质<br>灰（褐） | 泥质<br>红（褐） | 夹砂<br>红（褐） | 总计 | 可辨器形 |
|---|---|---|---|---|---|---|
| 庙子沟文化 | 素面 | | 1 | | 26 | 侈沿鼓腹罐1 |
| | 彩陶 | | 1 | | | 小口双耳罐2 |
| | 绳纹 | | | 24 | | 侈沿罐1 |
| 汉代 | 绳纹 | 3 | | | 5 | 矮领罐3 |
| | 弦纹 | 2 | | | | |

04—041

| 时代 | 陶质<br>陶色<br>纹饰 | 泥质<br>灰 | 夹砂<br>灰褐 | 总计 | 可辨器形 |
|---|---|---|---|---|---|
| 阿善三期文化 | 篮纹 | 2 | | 4 | 窄沿罐2 |
| | 绳纹 | 1 | 1 | | |
| 战国 | 素面 | 15 | | 36 | 素面豆2、盆1 |
| | 绳纹 | 10 | 1 | | 平折沿盆1 |
| | 抹断绳纹 | 6 | | | 矮领罐1 |
| | 粗绳纹 | | 4 | | 釜1 |

04—043

| 时代 \ 陶质 \ 陶色 \ 纹饰 | | 泥质 | | 总计 | 可辨器形 |
|---|---|---|---|---|---|
| | | 灰（褐） | 红（褐） | | |
| 朱开沟文化 | 绳纹 | 4 | 2 | 6 | 红陶鬲1 |
| 战国 | 素面 | 2 | | 2 | 罐1 |

04—044

| 时代 \ 陶质 \ 陶色 \ 纹饰 | | 泥质 | 夹砂 | 总计 | 可辨器形 |
|---|---|---|---|---|---|
| | | 红（褐） | 红（褐） | | |
| 官地一期遗存 | 素面 | 8 | | 18 | 铁轨式口沿罐2 |
| | 绳纹 | | 10 | | 小口罐1 |

04—045

| 时代 \ 陶质 \ 陶色 \ 纹饰 | | 泥质 | 总计 | 可辨器形 |
|---|---|---|---|---|
| | | 灰（褐） | | |
| 战国-汉代 | 素面 | 6 | 7 | 罐2 |
| | 戳刺纹 | 1 | | |

04—046

| 时代 \ 陶质 \ 陶色 \ 纹饰 | | 泥质 | | 夹砂 | 总计 | 可辨器形 |
|---|---|---|---|---|---|---|
| | | 灰（褐） | 红（褐） | 红（褐） | | |
| 庙子沟文化 | 彩陶 | | 4 | | 16 | 尖底瓶1 |
| | 粗绳纹 | | | 8 | | 彩陶小口双耳罐1 |
| | 篮纹 | | 4 | | | 夹砂陶罐2 |
| 战国 | 素面 | 1 | | | 5 | 罐1 |
| | 抹断绳纹 | 4 | | | | |

04—047

| 时代 | 陶质 | 泥质 | 总计 | 可辨器形 |
| | 陶色纹饰 | 灰 | | |
|---|---|---|---|---|
| 汉代 | 素面 | 14 | 14 | 罐1、瓮1、盆3 |

04—048

| 时代 | 陶质 | 泥质 | | 夹砂 | 总计 | 可辨器形 |
| | 陶色纹饰 | 灰(褐) | 红(褐) | 灰(褐) | | |
|---|---|---|---|---|---|---|
| 庙子沟文化 | 彩陶 | 5 | 5 | | 23 | 敛口折腹钵2 |
| | 绳纹 | | | 7 | | 小口双耳罐1 |
| | 素面 | | 4 | | | 侈沿罐2 |
| | 篮纹 | 2 | | | | |

04—049

| 时代 | 陶质 | 泥质 | | 夹砂 | | 总计 | 可辨器形 |
| | 陶色纹饰 | 灰(褐) | 红(褐) | 灰(褐) | 红(褐) | | |
|---|---|---|---|---|---|---|---|
| 庙子沟文化 | 素面 | 7 | 1 | | | 15 | 侈口盆2、侈沿罐4 |
| | 彩陶 | | 1 | | | | |
| | 粗绳纹 | | | 2 | 4 | | |

04—050

| 时代 | 陶质 | 泥质 | | 夹砂 | 总计 | 可辨器形 |
| | 陶色纹饰 | 灰(褐) | 红(褐) | 红(褐) | | |
|---|---|---|---|---|---|---|
| 鲁家坡一期遗存 | 线纹 | 1 | | 2 | 3 | 铁轨式口沿罐1 |
| 庙子沟文化 | 素面 | | | 4 | 8 | |
| | 绳纹 | | | 4 | | |
| 阿善三期文化 | 素面 | 1 | | | 2 | 窄沿罐1 |
| | 篮纹 | 1 | | | | |
| 朱开沟文化 | 绳纹 | | 2 | | 2 | 鬲1 |

04—051

| 时代 | 陶质 陶色 纹饰 | 泥质 灰（褐） | 夹砂 灰（褐） | 总计 | 可辨器形 |
|---|---|---|---|---|---|
| 战国 | 素面 | 4 | | | 甗1、豆1 |
| | 绳纹 | 8 | | | 罐5、盆4 |
| | 弦纹+绳纹 | 1 | | 32 | 釜1 |
| | 抹断绳纹 | 15 | | | |
| | 粗绳纹 | 2 | 2 | | |

04—052

| 时代 | 陶质 陶色 纹饰 | 泥质 灰（褐） | 泥质 红（褐） | 夹砂 灰（褐） | 总计 | 可辨器形 |
|---|---|---|---|---|---|---|
| 庙子沟文化 | 彩陶 | | 1 | | 1 | 小口双耳罐1 |
| 阿善三期文化 | 素面 | 14 | | | | 高领罐4、窄沿罐8 |
| | 篮纹 | 18 | | | 40 | 折沿罐3、直壁瓮1 |
| | 附加堆纹+篮纹 | | | 8 | | |
| 战国 | 素面 | 5 | | | 6 | 鬲1、矮领罐1 |
| | 戳刺纹 | 1 | | | | |

04—053

| 时代 | 陶质 陶色 纹饰 | 泥质 灰 | 总计 | 可辨器形 |
|---|---|---|---|---|
| 战国 | 素面 | 15 | 21 | 折沿盆1 |
| | 绳纹 | 6 | | |

04—054

| 时代 | 陶质<br>陶色<br>纹饰 | 泥质<br>灰 | 总计 | 可辨器形 |
|---|---|---|---|---|
| 汉代 | 素面 | 21 | 26 | 平折沿盆1、瓮1 |
| | 弦纹 | 1 | | |
| | 弦纹+抹断绳纹 | 3 | | |
| | 压印泥条纹+水波纹 | 1 | | |

04—055

| 时代 | 陶质<br>陶色<br>纹饰 | 泥质<br>灰 | 泥质<br>红 | 总计 | 可辨器形 |
|---|---|---|---|---|---|
| 庙子沟文化 | 素面 | | 1 | 2 | 小口双耳罐1 |
| | 彩陶 | | 1 | | |
| 战国 | 素面 | 6 | | 6 | |
| 汉代 | 素面 | 32 | | 44 | 盆3、罐2 |
| | 绳纹 | 5 | | | |
| | 抹断绳纹 | 4 | | | |
| | 压印戳刺纹 | 3 | | | |

04—056

| 时代 | 陶质<br>陶色<br>纹饰 | 泥质<br>灰（褐） | 泥质<br>红 | 总计 | 可辨器形 |
|---|---|---|---|---|---|
| 庙子沟文化 | 附加泥条堆纹 | | 2 | 2 | |
| 战国-汉代 | 素面 | 15 | | 18 | 盆4、罐1、瓮1 |
| | 绳纹 | 2 | | | 采集铜扣1件 |
| | 弦纹 | 1 | | | |

04—058

| 时代 | 纹饰 陶色 | 陶质 泥质 灰 | 总计 | 可辨器形 |
|---|---|---|---|---|
| 战国 | 素面 | 11 | 62 | 折沿盆2、罐4、瓮2、卷沿盆3 |
| | 抹断绳纹 | 28 | | |
| | 绳纹 | 12 | | |
| | 压印方格纹 | 2 | | |
| | 粗绳纹 | 2 | | |
| | 弦纹+抹断绳纹 | 6 | | |
| | 压印泥条纹+水波纹 | 1 | | |

04—059

| 时代 | 纹饰 陶色 | 陶质 泥质 灰 | 总计 | 可辨器形 |
|---|---|---|---|---|
| 战国 | 素面 | 17 | 39 | 折沿盆1、碗1、矮领罐2、卷沿罐2 |
| | 绳纹 | 13 | | |
| | 抹断绳纹 | 7 | | |
| | 粗绳纹 | 2 | | |

04—060

| 时代 | 纹饰 陶色 | 泥质 灰(褐) | 泥质 红(褐) | 夹砂 灰(褐) | 夹砂 红(褐) | 总计 | 可辨器形 |
|---|---|---|---|---|---|---|---|
| 鲁家坡一期遗存 | 素面 | | 1 | | | 5 | 敛口弧腹钵1 |
| | 彩陶 | | 2 | | | | |
| | 线纹 | | | | 2 | | |
| 永兴店文化 | 素面 | 1 | | | | 4 | 高领罐1 |
| | 篮纹 | 2 | | | | | |
| | 绳纹 | | | | 1 | | |
| 战国 | 素面 | 8 | | | | 15 | 平折沿盆1 |
| | 抹断绳纹 | 3 | | | | | 碗1、罐2 |
| | 绳纹 | 4 | | | | | |

04—061

| 时代 | 陶质 / 陶色 / 纹饰 | 泥质 灰(褐) | 泥质 红(褐) | 夹砂 灰(褐) | 夹砂 红(褐) | 总计 | 可辨器形 |
|---|---|---|---|---|---|---|---|
| 庙子沟文化 | 素面 | | 15 | | | 34 | 尖底瓶1 |
| | 彩陶 | 3 | 4 | | | | 敛口弧腹钵1、侈沿罐1 |
| | 绳纹 | | 2 | 3 | 5 | | |
| | 篮纹 | 2 | | | | | |
| 永兴店文化 | 素面 | 3 | | | | 16 | 豆1 |
| | 篮纹 | 11 | | | | | 绳纹鬲1 |
| | 绳纹 | | | 2 | | | |

04—062

| 时代 | 陶质 / 陶色 / 纹饰 | 泥质 灰 | 泥质 红 | 夹砂 灰(褐) | 夹砂 红(褐) | 总计 | 可辨器形 |
|---|---|---|---|---|---|---|---|
| 鲁家坡一期遗存 | 素面 | | 2 | | | 7 | 敛口弧腹钵1 |
| | 彩陶 | | | | | | |
| | 绳纹 | | | | 5 | | |
| 阿善三期文化 | 绳纹 | 2 | | 1 | | 3 | |
| 永兴店文化 | 篮纹 | 16 | | 1 | | 25 | 双板宽裆鬲1、高领罐3、平口罐1、折沿瓮1 |
| | 附加堆纹+绳纹 | 8 | | | | | |
| 朱开沟文化 | 绳纹 | 5 | 7 | | | 12 | 鬲1 |
| 战国 | 素面 | 24 | | | | 31 | 盆4、瓮1、罐3 |
| | 粗绳纹 | 2 | | | | | |
| | 抹断绳纹 | 4 | | | | | |
| | 戳刺纹 | 1 | | | | | |

04—063

| 时代 | 陶质 / 陶色 / 纹饰 | 泥质 灰 | 总计 | 可辨器形 |
|---|---|---|---|---|
| 汉代 | 素面 | 32 | 32 | 罐4、瓮3、盆7 |

04—064

| 时代 ＼ 纹饰 | 陶质 陶色 | 泥质 灰(褐) | 泥质 红(褐) | 夹砂 灰(褐) | 夹砂 红(褐) | 总计 | 可辨器形 |
|---|---|---|---|---|---|---|---|
| 庙子沟文化 | 绳纹 | | | 5 | 2 | 7 | 侈沿罐1、平口罐1 |
| 阿善三期文化 | 篮纹 | 1 | | | | 2 | 窄沿罐1 |
| | 附加堆纹＋篮纹 | 1 | | | | | |
| 朱开沟文化 | 绳纹 | 12 | 7 | | | 19 | 甗2、平口瓮1 |
| 战国 | 绳纹 | 11 | | | | 13 | 高领罐1、矮领罐1、鬲3 |
| | 抹断绳纹 | 2 | | | | | |

04—065

| 时代 ＼ 纹饰 | 陶质 陶色 | 泥质 灰 | 总计 | 可辨器形 |
|---|---|---|---|---|
| 汉代 | 素面 | 18 | 23 | 罐2 |
| | 绳纹 | 4 | | |
| | 压印纹 | 1 | | |

04—066

| 时代 ＼ 纹饰 | 陶质 陶色 | 泥质 灰(褐) | 泥质 红(褐) | 夹砂 灰(褐) | 夹砂 红(褐) | 总计 | 可辨器形 |
|---|---|---|---|---|---|---|---|
| 鲁家坡一期遗存 | 彩陶 | | 1 | | | 3 | 敛口钵1 |
| | 线纹 | | 2 | | | | |
| 庙子沟文化 | 素面 | 1 | 3 | | | 13 | 敛口钵2 |
| | 彩陶 | 2 | 6 | | | | 小口双耳罐1 |
| | 绳纹 | | | | 1 | | 侈沿罐 |
| 阿善三期文化 | 素面 | 1 | | | | 4 | 敛口钵1 |
| | 篮纹 | 3 | | | | | |
| 汉代 | 素面 | 15 | | | | 15 | 罐3、盆1 |

04-067

| 时代 \ 陶质 \ 陶色 \ 纹饰 | 泥质 | | 总计 | 可辨器形 |
|---|---|---|---|---|
| | 灰（褐） | 红（褐） | | |
| 庙子沟文化　素面 | | 4 | 8 | 小口双耳罐1、尖底瓶1 |
| 庙子沟文化　彩陶 | | 3 | | |
| 庙子沟文化　篮纹 | 1 | | | |

04-069

| 时代 \ 陶质 \ 陶色 \ 纹饰 | 泥质 | 总计 | 可辨器形 |
|---|---|---|---|
| | 灰 | | |
| 阿善三期文化　篮纹 | 1 | 1 | |
| 汉代　素面 | 41 | 43 | 平折沿盆1 |
| 汉代　绳纹 | 2 | | |

04-070

| 时代 \ 陶质 \ 陶色 \ 纹饰 | 泥质 | 总计 | 可辨器形 |
|---|---|---|---|
| | 灰 | | |
| 永兴店文化　素面 | 2 | 3 | 敛口瓮1 |
| 永兴店文化　篮纹 | 1 | | |
| 战国　素面 | 11 | 35 | 碗1、矮领罐2、平折沿盆2 |
| 战国　绳纹 | 12 | | |
| 战国　抹断绳纹 | 9 | | |
| 战国　弦纹 | 1 | | |
| 战国　戳刺纹 | 2 | | |

04—071

| 时代 陶质<br>陶色<br>纹饰 | | 泥质 | | 总计 | 可辨器形 |
|---|---|---|---|---|---|
| | | 灰 | 红 | | |
| 鲁家坡一期遗存 | 素面 | | 3 | 3 | 敛口钵1 |
| 庙子沟文化 | 素面 | | 5 | 10 | 直口盆1 |
| | 彩陶 | | 3 | | |
| | 压篮纹 | | 2 | | |

04—072

| 时代 陶质<br>陶色<br>纹饰 | | 泥质 | | 夹砂 | 总计 | 可辨器形 |
|---|---|---|---|---|---|---|
| | | 灰<br>(褐) | 红<br>(褐) | 红<br>(褐) | | |
| 鲁家坡一期遗存 | 素面 | 7 | 2 | | 25 | 尖底瓶1、敛口钵2、敞口钵1、小口双耳罐1、铁轨式口沿罐3 |
| | 彩陶 | | 2 | | | |
| | 线纹 | | | 11 | | |
| | 篮纹 | 1 | 2 | | | |
| 朱开沟文化 | 素面 | 4 | 2 | | 6 | 带纽罐1、侈口盆1 |

04—073

| 时代 陶质<br>陶色<br>纹饰 | | 泥质 | | 夹砂 | 总计 | 可辨器形 |
|---|---|---|---|---|---|---|
| | | 灰<br>(褐) | 红<br>(褐) | 红<br>(褐) | | |
| 朱开沟文化 | 绳纹 | 4 | 9 | | 13 | 罐2、鬲1 |
| 战国 | 绳纹 | 2 | | 1 | 3 | 罐1、釜1 |

04—074

| 时代 | 陶质<br>陶色<br>纹饰 | 泥质 | | 夹砂 | | 总计 | 可辨器形 |
|---|---|---|---|---|---|---|---|
| | | 灰<br>（褐） | 红<br>（褐） | 灰<br>（褐） | 红<br>（褐） | | |
| 庙子沟文化 | 素面 | | 1 | | | 25 | |
| | 彩陶 | | 7 | | | | |
| | 绳纹 | | | 2 | 3 | | |
| | 粗绳纹 | | | 8 | | | |
| | 篮纹 | | 4 | | | | |
| 阿善三期文化 | 篮纹 | 20 | | | | 20 | 平口瓮2、窄沿罐6 |
| 战国 | 素面 | 1 | | | | 1 | 矮领罐1 |

04—075

| 时代 | 陶质<br>陶色<br>纹饰 | 泥质 | | 夹砂 | 总计 | 可辨器形 |
|---|---|---|---|---|---|---|
| | | 灰<br>（褐） | 红<br>（褐） | 红<br>（褐） | | |
| 庙子沟文化 | 彩陶 | | 2 | | 12 | 侈沿罐3 |
| | 绳纹 | 2 | | 3 | | 小口双耳罐1 |
| | 素面 | 1 | 4 | | | |

04—076

| 时代 | 陶质<br>陶色<br>纹饰 | 泥质 | 夹砂 | 总计 | 可辨器形 |
|---|---|---|---|---|---|
| | | 灰 | 灰（褐） | | |
| 战国 | 素面 | 6 | | 19 | 碗1、甑1 |
| | 粗绳纹 | | 2 | | 夹砂釜1 |
| | 绳纹 | 5 | | | |
| | 抹断绳纹 | 6 | | | |

04—077

| 时代 ＼ 陶质 ＼ 陶色 ＼ 纹饰 | | 泥质 | | 夹砂 | | 总计 | 可辨器形 |
|---|---|---|---|---|---|---|---|
| | | 灰 | 红(褐) | 红(褐) | 灰褐 | | |
| 鲁家坡一期遗存 | 绳纹 | | | | 2 | 2 | 折沿罐1 |
| 庙子沟文化 | 素面 | 7 | 3 | | | 60 | 尖底瓶5、敛口钵2、直口钵1、小口双耳罐3、侈沿罐8 |
| | 彩陶 | | 10 | | | | |
| | 绳纹 | | | | | | |
| | 附加堆纹+绳纹 | | | | 28 | | |
| | 篮纹 | 1 | 11 | | | | |
| 朱开沟文化 | 绳纹 | 3 | | | | 3 | |
| 战国 | 素面 | 4 | | | | 16 | 罐1 |
| | 绳纹 | 9 | | | | | |
| | 抹断绳纹 | 3 | | | | | |

04—078

| 时代 ＼ 陶质 ＼ 陶色 ＼ 纹饰 | | 泥质 | 总计 | 可辨器形 |
|---|---|---|---|---|
| | | 灰 | | |
| 汉代 | 素面 | 6 | 7 | |
| | 绳纹 | 1 | | |

04—079

| 时代 ＼ 陶质 ＼ 陶色 ＼ 纹饰 | | 泥质 | | 夹砂 | 总计 | 可辨器形 |
|---|---|---|---|---|---|---|
| | | 灰 | 红 | 红(褐) | | |
| 庙子沟文化 | 素面 | | 2 | | 14 | 直口钵1 |
| | 绳纹 | | | 2 | | |
| | 彩陶 | 2 | 8 | | | |

04—080

| 时代 | 陶质 | 泥质 | 总计 | 可辨器形 |
|---|---|---|---|---|
| | 陶色 纹饰 | 灰 | | |
| 阿善三期文化 | 篮纹 | 5 | 5 | 高领罐1 |

04—081

| 时代 | 陶质 | 泥质 | 夹砂 | 总计 | 可辨器形 |
|---|---|---|---|---|---|
| | 陶色 纹饰 | 灰 | | | |
| 阿善三期文化 | 篮纹 | 3 | | 3 | |
| 战国 | 素面 | 5 | | 24 | 夹砂釜1 |
| | 抹断绳纹 | 14 | | | 碗1、豆1 |
| | 绳纹 | | 5 | | |

04—082

| 时代 | 陶质 | 泥质 | | 总计 | 可辨器形 |
|---|---|---|---|---|---|
| | 陶色 纹饰 | 灰 | 红 | | |
| 庙子沟文化 | 素面 | 2 | 3 | 19 | 直口钵4、小口双耳罐1 |
| | 彩陶 | | 12 | | |
| | 线纹 | 1 | | | |
| | 篮纹 | 1 | | | |
| 战国 | 素面 | 7 | | 9 | |
| | 戳刺纹 | 2 | | | |

04—083

| 时代 \\ 陶质陶色纹饰 | | 泥质 | | | 夹砂 | 总计 | 可辨器形 |
|---|---|---|---|---|---|---|---|
| | | 灰 | 黑 | 红 | 灰褐 | | |
| 庙子沟文化 | 素面 | | | 10 | | 17 | 小口双耳罐1 |
| | 彩陶 | 3 | | 4 | | | |
| 永兴店文化 | 篮纹 | 5 | 2 | | | 10 | 双鋬鬲1 |
| | 绳纹 | | | | 3 | | |
| 朱开沟文化 | 绳纹 | 6 | | | | 6 | |

04—084

| 时代 \\ 陶质陶色纹饰 | | 泥质 | | 夹砂 | 总计 | 可辨器形 |
|---|---|---|---|---|---|---|
| | | 灰（褐） | 红（褐） | 红（褐） | | |
| 鲁家坡一期遗存 | 线纹 | | 3 | 4 | 7 | 夹砂罐1、折沿罐1 |
| 庙子沟文化 | 彩陶 | | 3 | | 9 | 侈沿罐2、直口钵1 |
| | 素面 | 4 | 2 | | | 尖底瓶1、小口双耳罐1 |
| 阿善三期文化 | 篮纹 | 5 | | | 5 | 窄沿罐2 |
| 朱开沟文化 | 绳纹 | 4 | | | 4 | 侈口盆2、甗1 |
| 战国 | 素面 | 1 | | | 4 | 高领壶2 |
| | 弦纹 | 2 | | | | |
| | 水波纹 | 1 | | | | |

04—085

| 时代 \\ 陶质陶色纹饰 | | 泥质 | | 夹砂 | | 总计 | 可辨器形 |
|---|---|---|---|---|---|---|---|
| | | 灰（褐） | 红（褐） | 灰（褐） | 红（褐） | | |
| 阿善三期文化 | 篮纹 | 9 | | | | 12 | 窄沿罐1、折沿罐1、直口钵1、高领罐1 |
| | 素面 | 2 | | 1 | | | |
| 汉代 | 素面 | 5 | | | | 5 | 甑1 |

04—086

| 时代 | 陶质<br>陶色<br>纹饰 | 泥质 | | 总计 | 可辨器形 |
|---|---|---|---|---|---|
| | | 灰（褐） | 红（褐） | | |
| 庙子沟文化 | 素面 | | 1 | 3 | |
| | 彩陶 | 1 | 1 | | |
| | 绳纹 | | | | |
| 阿善三期文化 | 篮纹 | 2 | | 3 | |
| | 素面 | 1 | | | |
| 朱开沟文化 | 绳纹 | 9 | 4 | 13 | 三足瓮1、甗1 |

04—087

| 时代 | 陶质<br>陶色<br>纹饰 | 泥质 | 总计 | 可辨器形 |
|---|---|---|---|---|
| | | 灰 | | |
| 汉代 | 素面 | 10 | 10 | |

04—088

| 时代 | 陶质<br>陶色<br>纹饰 | 泥质 | | 总计 | 可辨器形 |
|---|---|---|---|---|---|
| | | 灰（褐） | 红（褐） | | |
| 鲁家坡一期遗存 | 彩陶 | | 3 | 3 | 直口弧腹钵2 |
| 阿善三期文化 | 篮纹 | 4 | | 6 | |
| | 素面 | 2 | | | |
| 朱开沟文化 | 绳纹 | 5 | 5 | 10 | 矮领罐2、侈口盆1 |
| 战国 | 素面 | 15 | | 16 | 罐1 |
| | 绳纹 | 1 | | | |

04—089

| 时代 陶质 陶色 纹饰 | | 泥质 | 总计 | 可辨器形 |
|---|---|---|---|---|
| | | 灰 | | |
| 战国 | 素面 | 4 | 13 | 瓮1、折沿盆3、矮领罐3 |
| | 绳纹 | 4 | | 高领罐1 |
| | 抹断绳纹 | 3 | | |
| | 弦纹 | 2 | | |

04—090

| 时代 陶质 陶色 纹饰 | | 泥质 | | 夹砂 | | 总计 | 可辨器形 |
|---|---|---|---|---|---|---|---|
| | | 灰 | 红(褐) | 红(褐) | 灰 | | |
| 庙子沟文化 | 绳纹 | | | 3 | | 4 | 侈沿罐1 |
| | 素面 | | | 1 | | | |
| 阿善三期文化 | 篮纹 | 14 | | | | 14 | 窄沿罐4 |
| 永兴店文化 | 篮纹 | 11 | | | | 21 | 折沿罐2 |
| | 刻划线纹 | 2 | | | | | |
| | 绳纹 | | | | 8 | | |
| 朱开沟文化 | 绳纹 | 14 | 5 | | | 19 | 鬲1、三足瓮1、甗1 |
| 战国 | 素面 | 7 | | | | 43 | 夹砂釜1 |
| | 绳纹 | 7 | | | | | 折沿盆2 |
| | 抹断绳纹 | 16 | | | | | |
| | 方格纹 | 1 | | | | | |
| | 粗绳纹 | | | | 12 | | |

04—091

| 时代 陶质 陶色 纹饰 | | 泥质 | | 总计 | 可辨器形 |
|---|---|---|---|---|---|
| | | 灰 | 红 | | |
| 鲁家坡一期遗存 | 素面 | | 5 | 5 | |
| 战国 | 素面 | 2 | | 18 | 平折沿盆3、矮领罐3 |
| | 弦纹 | 3 | | | |
| | 绳纹 | 2 | | | |
| | 抹断绳纹 | 11 | | | |

04—092

| 时代 陶质 陶色 纹饰 | | 泥质 | | 总计 | 可辨器形 |
|---|---|---|---|---|---|
| | | 灰（褐） | 红（褐） | | |
| 庙子沟文化 | 彩陶 | | 7 | 10 | 小口双耳罐1 |
| | 素面 | | 3 | | |

04—093

| 时代 陶质 陶色 纹饰 | | 泥质 | 夹砂 | 总计 | 可辨器形 |
|---|---|---|---|---|---|
| | | 灰 | 灰 | | |
| 战国 | 素面 | 21 | | 27 | 平折沿盆2 |
| | 绳纹 | 4 | | | |
| | 抹断绳纹 | 1 | | | |
| | 粗绳纹 | | 1 | | |

04—094

| 时代 | 陶质<br>陶色<br>纹饰 | 泥质 | | 夹砂 | 总计 | 可辨器形 |
|---|---|---|---|---|---|---|
| | | 灰<br>(褐) | 红<br>(褐) | 红<br>(褐) | | |
| 庙子沟文化 | 彩陶 | | 1 | | 29 | 敛口钵1 |
| | 绳纹 | | | 20 | | 侈沿罐1、平口罐1 |
| | 素面 | 3 | 1 | | | 尖底瓶1 |
| | 篮纹 | | 4 | | | |

04—095

| 时代 | 陶质<br>陶色<br>纹饰 | 泥质 | | 夹砂 | 总计 | 可辨器形 |
|---|---|---|---|---|---|---|
| | | 灰<br>(褐) | 红<br>(褐) | 红<br>(褐) | | |
| 庙子沟文化 | 彩陶 | | 2 | | 12 | 侈沿罐2 |
| | 绳纹 | 2 | | 3 | | 小口双耳罐1 |
| | 素面 | 1 | 4 | | | |
| 朱开沟文化 | 素面 | 7 | 3 | | 20 | 鬲1 |
| | 绳纹 | 4 | 6 | | | |
| 战国 | 素面 | 3 | | | 6 | |
| | 抹绳纹 | 2 | | | | |
| | 戳刺纹 | 1 | | | | |

04—096

| 时代 | 纹饰 | 泥质 灰 | 泥质 红(褐) | 夹砂 红(褐) | 夹砂 灰 | 总计 | 可辨器形 |
|---|---|---|---|---|---|---|---|
| 庙子沟文化 | 绳纹 | | | 4 | 2 | 7 | 侈沿罐2 |
| | 素面 | | 1 | | | | |
| 阿善三期文化 | 篮纹 | 2 | | | | 2 | |
| 朱开沟文化 | 绳纹 | 4 | 6 | | | 10 | |
| 战国 | 素面 | 23 | | | | 56 | 夹砂釜1 |
| | 绳纹 | 6 | | | | | 折沿盆2 |
| | 抹断绳纹 | 16 | | | | | 碗4、豆1、矮领罐2 |
| | 弦纹＋绳纹 | 3 | | | | | |
| | 粗绳纹 | | | | 8 | | |

04—097

| 时代 | 纹饰 | 泥质 灰 | 总计 | 可辨器形 |
|---|---|---|---|---|
| 汉代 | 素面 | 13 | 19 | 平折沿盆5、矮领瓮1、矮领罐2 |
| | 弦纹 | 1 | | |
| | 绳纹 | 4 | | |
| | 戳刺纹 | 1 | | |

04—098

| 时代 | 纹饰 | 泥质 灰(褐) | 夹砂 灰 | 总计 | 可辨器形 |
|---|---|---|---|---|---|
| 庙子沟文化 | 绳纹 | | 2 | 2 | |
| 汉代 | 绳纹 | 2 | 3 | 32 | 罐3、平折沿盆2 |
| | 抹断绳纹 | 13 | | | 折沿罐1 |
| | 弦纹+抹断绳纹 | 11 | | | |
| | 素面 | 3 | | | |

04−099

| 时代 | 陶质<br>陶色<br>纹饰 | 泥质<br>灰 | 总计 | 可辨器形 |
|---|---|---|---|---|
| 汉代 | 素面 | 6 | 6 | 平折沿盆2、瓮1、卷沿罐1 |

04−100

| 时代 | 陶质<br>陶色<br>纹饰 | 泥质<br>灰 | 总计 | 可辨器形 |
|---|---|---|---|---|
| 永兴店文化 | 篮纹 | 6 | 6 | |
| 战国 | 素面 | 6 | 20 | 折沿盆2、碗1 |
| | 绳纹 | 6 | | |
| | 抹断绳纹 | 6 | | |
| | 弦纹+<br>抹断绳纹 | 2 | | |

04−101

| 时代 | 陶质<br>陶色<br>纹饰 | 泥质<br>灰 | 泥质<br>红 | 夹砂<br>红（褐） | 总计 | 可辨器形 |
|---|---|---|---|---|---|---|
| 阿善三期文化 | 附加堆纹<br>+绳纹 | | | 2 | 2 | 平口罐2 |
| 永兴店文化 | 素面 | 6 | | | 23 | 折肩罐1、折沿罐1 |
| | 篮纹 | 14 | 1 | | | 高领罐2 |
| | 绳纹 | | 2 | | | 鬲1 |
| 朱开沟文化 | 绳纹 | 4 | | | 4 | 矮领罐1 |
| 战国 | 素面 | 9 | | | 12 | 折沿瓮1、敛口瓮1、<br>矮领罐2、高领罐1、<br>折沿盆1、豆1 |
| | 绳纹 | 2 | | | | |
| | 抹断绳纹 | 1 | | | | |

04－102

| 时代 \ 纹饰 \ 陶质/陶色 | 泥质 灰 | 泥质 红(褐) | 夹砂 红(褐) | 夹砂 灰 | 总计 | 可辨器形 |
|---|---|---|---|---|---|---|
| 官地一期遗存 — 线纹 | | | 4 | 3 | 25 | 铁轨式口沿罐2、窄沿盆1、平口罐1 |
| 官地一期遗存 — 素面 | | 18 | | | | |
| 永兴店文化 — 篮纹 | 7 | | | | 7 | |
| 战国 — 绳纹 | 4 | | | | 7 | |
| 战国 — 抹断绳纹 | 3 | | | | | |

04－103

| 时代 \ 纹饰 \ 陶质/陶色 | 泥质 灰 | 泥质 红(褐) | 夹砂 红(褐) | 夹砂 灰 | 总计 | 可辨器形 |
|---|---|---|---|---|---|---|
| 官地一期遗存 — 绳纹 | | | 1 | | 3 | 铁轨式口沿罐2、铁轨式口沿瓮1 |
| 官地一期遗存 — 素面 | | 2 | | | | |
| 永兴店文化 — 篮纹 | 2 | | | | 3 | 直壁瓮1 |
| 永兴店文化 — 素面 | 1 | | | | | |
| 战国 — 绳纹 | 7 | | | | 11 | 瓦1；矮领罐4、敞口盆1；平折沿盆1 |
| 战国 — 抹断绳纹 | 3 | | | | | |
| 战国 — 弦纹 | 1 | | | | | |

04－104

| 时代 \ 纹饰 \ 陶质/陶色 | 泥质 灰 | 泥质 红(褐) | 夹砂 红(褐) | 总计 | 可辨器形 |
|---|---|---|---|---|---|
| 朱开沟文化 — 绳纹 | 11 | 2 | 4 | 22 | 甗1 |
| 朱开沟文化 — 素面 | 5 | | | | |
| 战国 — 素面 | 3 | | | 7 | |
| 战国 — 绳纹 | 4 | | | | |

04-105

| 时代 | 陶质<br>陶色<br>纹饰 | 泥质<br>灰 | 夹砂<br>灰（褐） | 总计 | 可辨器形 |
|---|---|---|---|---|---|
| 战国 | 素面 | 7 | | 15 | 碗1、折沿盆1、矮领罐2、豆1、夹砂釜1 |
| | 粗绳纹 | | 3 | | |
| | 绳纹 | 2 | | | |
| | 抹断绳纹 | 3 | | | |

04-106

| 时代 | 陶质<br>陶色<br>纹饰 | 泥质<br>灰 | 夹砂<br>灰（褐） | 总计 | 可辨器形 |
|---|---|---|---|---|---|
| 永兴店文化 | 素面 | 6 | | 25 | |
| | 篮纹 | 18 | | | |
| | 绳纹 | | 1 | | |

04-107

| 时代 | 陶质<br>陶色<br>纹饰 | 泥质<br>灰 | 夹砂<br>灰（褐） | 总计 | 可辨器形 |
|---|---|---|---|---|---|
| 庙子沟文化 | 绳纹 | | 2 | 2 | |
| 阿善三期文化 | 篮纹 | 2 | | 2 | |
| 汉代 | 素面 | 3 | | 7 | |
| | 粗绳纹 | | 4 | | |

04-108

| 时代 | 陶质<br>陶色<br>纹饰 | 泥质<br>灰 | 夹砂<br>灰（褐） | 总计 | 可辨器形 |
|---|---|---|---|---|---|
| 汉代 | 素面 | 9 | | 15 | |
| | 粗绳纹 | | 2 | | |
| | 戳刺纹 | 4 | | | |

04—109

| 时代 | 陶质 / 陶色 / 纹饰 | 泥质 / 灰 | 总计 | 可辨器形 |
|---|---|---|---|---|
| 汉代 | 素面 | 14 | 25 | |
| | 戳刺纹 | 7 | | |
| | 抹断绳纹 | 4 | | |

04—110

| 时代 | 陶质 / 陶色 / 纹饰 | 泥质 / 灰 | 夹砂 / 灰（褐） | 总计 | 可辨器形 |
|---|---|---|---|---|---|
| 战国-汉代 | 素面 | 14 | | 24 | 平折沿盆3、卷沿瓮3、碗1、罐4、夹砂釜1 |
| | 粗绳纹 | | 2 | | |
| | 压印泥条纹 | 1 | | | |
| | 抹断绳纹+弦纹 | 7 | | | |

04—111

| 时代 | 陶质 / 陶色 / 纹饰 | 泥质 / 灰 | 总计 | 可辨器形 |
|---|---|---|---|---|
| 汉代 | 素面 | 24 | 24 | 平折沿盆2、侈口小盆1、罐2 |

04—112

| 时代 | 陶质 / 陶色 / 纹饰 | 泥质 / 灰 | 夹砂 / 灰（褐） | 总计 | 可辨器形 |
|---|---|---|---|---|---|
| 战国 | 素面 | 8 | | 32 | 矮领罐2、折沿盆2 |
| | 绳纹 | 10 | 2 | | |
| | 抹断绳纹 | 12 | | | |

04—113

| 时代 陶质 纹饰 | 陶色 | 泥质 | 总计 | 可辨器形 |
|---|---|---|---|---|
| | | 灰 | | |
| 战国 | 素面 | 8 | 30 | 高领罐2、卷沿盆2 |
| | 绳纹 | 10 | | |
| | 抹断绳纹 | 12 | | |

04—114

| 时代 陶质 纹饰 | 陶色 | 泥质 | 夹砂 | 总计 | 可辨器形 |
|---|---|---|---|---|---|
| | | 灰 | 灰（褐） | | |
| 战国-汉代 | 素面 | 36 | | 52 | 矮领罐1、折沿盆3、甑1、釜1 |
| | 粗绳纹 | | 5 | | |
| | 抹断绳纹 | 11 | | | |

04—115

| 时代 陶质 纹饰 | 陶色 | 泥质 | 总计 | 可辨器形 |
|---|---|---|---|---|
| | | 灰 | | |
| 战国 | 素面 | 25 | 40 | |
| | 抹断绳纹 | 15 | | |

04—116

| 时代 陶质 纹饰 | 陶色 | 泥质 | 总计 | 可辨器形 |
|---|---|---|---|---|
| | | 灰 | | |
| 汉代 | 素面 | 8 | 10 | 矮领罐2、平折沿盆2、甑1 |
| | 抹断绳纹 | 2 | | |

04—117

| 时代 \ 陶质 \ 陶色 \ 纹饰 | | 泥质 | | 总计 | 可辨器形 |
|---|---|---|---|---|---|
| | | 灰（褐） | 红（褐） | | |
| 庙子沟文化 | 素面 | 3 | 5 | 12 | |
| | 线纹 | 1 | | | |
| | 彩陶 | | 3 | | |

04—118

| 时代 \ 陶质 \ 陶色 \ 纹饰 | | 泥质 | 总计 | 可辨器形 |
|---|---|---|---|---|
| | | 灰 | | |
| 战国 | 素面 | 4 | 11 | |
| | 粗绳纹 | 2 | | 罐1 |
| | 抹断绳纹 | 3 | | |
| | 绳纹 | 2 | | |

04—119

| 时代 \ 陶质 \ 陶色 \ 纹饰 | | 泥质 | | 总计 | 可辨器形 |
|---|---|---|---|---|---|
| | | 灰（褐） | 红（褐） | | |
| 庙子沟文化 | 素面 | 9 | 10 | 31 | |
| | 彩陶 | | 12 | | |
| 战国 | 绳纹 | 2 | | 2 | |

04—120

| 时代 | 陶质 | 泥质 | | 夹砂 | | 总计 | 可辨器形 |
|---|---|---|---|---|---|---|---|
| 纹饰 | 陶色 | 灰 | 红(褐) | 红(褐) | 灰 | | |
| 庙子沟文化 | 素面 | | | 3 | | 13 | 侈沿罐2、平口罐1 |
| | 彩陶 | | 8 | | | | |
| | 绳纹 | | | | 2 | | |
| 永兴店文化 | 篮纹 | 2 | | | | 2 | |
| 朱开沟文化 | 绳纹 | 4 | 6 | | | 10 | 矮领罐1 |
| 战国 | 素面 | 23 | | | | 56 | 夹砂釜1 |
| | 绳纹 | 6 | | | | | 折沿盆2 |
| | 抹断绳纹 | 16 | | | | | 碗4、豆1、矮领罐2 |
| | 弦纹+绳纹 | 3 | | | | | |
| | 粗绳纹 | | | | 8 | | |

04—121

| 时代 | 陶质 | 泥质 | 总计 | 可辨器形 |
|---|---|---|---|---|
| 纹饰 | 陶色 | 灰 | | |
| 汉代 | 素面 | 9 | 9 | |

04—122

| 时代 | 陶质 | 泥质 | | 夹砂 | 总计 | 可辨器形 |
|---|---|---|---|---|---|---|
| 纹饰 | 陶色 | 灰 | 红(褐) | 红(褐) | | |
| 庙子沟文化 | 素面 | 4 | 3 | | 17 | 小口双耳罐1 |
| | 彩陶 | 1 | 3 | | | 侈沿鼓腹罐1 |
| | 绳纹 | | | 6 | | |

04—123

| 时代 | 陶质<br>陶色<br>纹饰 | 泥质<br>灰 | 总计 | 可辨器形 |
|---|---|---|---|---|
| 阿善三期文化 | 篮纹 | 2 | 2 | |
| 汉代 | 素面 | 9 | 9 | |

04—124

| 时代 | 陶质<br>陶色<br>纹饰 | 泥质<br>灰 | 泥质<br>红（褐） | 夹砂<br>红（褐） | 夹砂<br>黑褐 | 总计 | 可辨器形 |
|---|---|---|---|---|---|---|---|
| 庙子沟文化 | 素面 | 3 | 5 | | | 23 | 侈沿罐1 |
| 庙子沟文化 | 彩陶 | | 10 | | | | 平口罐1 |
| 庙子沟文化 | 绳纹 | | | 2 | 3 | | |
| 战国 | 绳纹 | 2 | | | | 2 | 矮领罐1 |

04—125

| 时代 | 陶质<br>陶色<br>纹饰 | 泥质<br>灰 | 总计 | 可辨器形 |
|---|---|---|---|---|
| 汉代 | 素面 | 28 | 28 | 瓮2、平折沿盆1、卷沿罐1 |

04—126

| 时代 | 陶质<br>陶色<br>纹饰 | 泥质<br>灰 | 总计 | 可辨器形 |
|---|---|---|---|---|
| 汉代 | 素面 | 6 | 6 | |

04—127

| 时代 | 陶质 纹饰 陶色 | 泥质 灰 | 总计 | 可辨器形 |
|---|---|---|---|---|
| 战国 | 素面 | 3 | 11 | |
| | 绳纹 | 8 | | |

04—128

| 时代 | 陶质 纹饰 陶色 | 泥质 灰 | 红 | 总计 | 可辨器形 |
|---|---|---|---|---|---|
| 永兴店文化 | 篮纹 | 2 | | 2 | |
| 汉代 | 素面 | 5 | | 5 | |

04—129

| 时代 | 陶质 纹饰 陶色 | 泥质 灰 | 夹砂 灰 | 总计 | 可辨器形 |
|---|---|---|---|---|---|
| 永兴店文化 | 素面 | 8 | | 15 | 豆1 |
| | 篮纹 | 5 | | | |
| | 绳纹 | | 2 | | |
| 永兴店文化H1 | 素面 | 3 | | 76 | 高领罐1、鬲1 |
| | 篮纹 | 49 | | | |
| | 戳刺纹 | 1 | | | |
| | 绳纹 | | 23 | | |

04—130

| 时代 | 陶质 纹饰 陶色 | 泥质 灰 | 总计 | 可辨器形 |
|---|---|---|---|---|
| 朱开沟文化 | 绳纹 | 15 | 15 | 鬲1 |

04—131

| 时代 | 陶质<br>陶色<br>纹饰 | 泥质<br>红 | 总计 | 可辨器形 |
|---|---|---|---|---|
| 庙子沟文化 | 素面 | 17 | 22 | |
| | 彩陶 | 5 | | |

04—132

| 时代 | 陶质<br>陶色<br>纹饰 | 泥质<br>灰 | 泥质<br>红 | 总计 | 可辨器形 |
|---|---|---|---|---|---|
| 庙子沟文化 | 线纹 | | 4 | 12 | 尖底瓶1 |
| | 彩陶 | | 7 | | |
| | 篮纹 | | 1 | | |
| 阿善三期文化 | 篮纹 | 6 | | 6 | |
| 朱开沟文化 | 绳纹 | | 2 | 4 | |
| | 素面 | 2 | | | |
| 汉代 | 素面 | 7 | | 7 | 平折沿盆1 |

04—133

| 时代 | 陶质<br>陶色<br>纹饰 | 泥质<br>灰（褐） | 泥质<br>红（褐） | 夹砂<br>灰（褐） | 夹砂<br>红（褐） | 总计 | 可辨器形 |
|---|---|---|---|---|---|---|---|
| 庙子沟文化 | 素面 | | 2 | | | 14 | 侈沿罐3、平口罐3 |
| | 粗绳纹 | | | 8 | 3 | | |
| | 篮纹 | | 1 | | | | |
| 战国 | 抹断绳纹 | 5 | | | | 9 | |
| | 绳纹 | 4 | | | | | |

04—134

| 时代 | 陶质<br>陶色<br>纹饰 | 泥质<br>灰 | 总计 | 可辨器形 |
|---|---|---|---|---|
| 战国 | 素面 | 15 | 16 | 平折沿盆2、矮领罐1、陶盘1 |
| 战国 | 弦纹 | 1 | 16 | 平折沿盆2、矮领罐1、陶盘1 |
| 汉代 | 素面 | 6 | 6 | 平折沿盆1 |

04—135

| 时代 | 陶质<br>陶色<br>纹饰 | 泥质<br>灰 | 总计 | 可辨器形 |
|---|---|---|---|---|
| 战国 | 素面 | 19 | 26 | 折沿盆1、敛口瓮1 |
| 战国 | 弦纹 | 3 | 26 | 折沿盆1、敛口瓮1 |
| 战国 | 弦纹+绳纹 | 1 | 26 | 平沿盆1 |
| 战国 | 抹断绳纹 | 1 | 26 | 平沿盆1 |
| 战国 | 绳纹 | 2 | 26 | 平沿盆1 |
| 汉代 | 素面 | 3 | 3 | |

04—136

| 时代 | 陶质<br>陶色<br>纹饰 | 泥质<br>灰 | 总计 | 可辨器形 |
|---|---|---|---|---|
| 永兴店文化 | 篮纹 | 22 | 26 | |
| 永兴店文化 | 绳纹 | 4 | 26 | |

04—137

| 时代 | 陶质<br>陶色<br>纹饰 | 泥质<br>灰（褐） | 泥质<br>红（褐） | 夹砂<br>红（褐） | 总计 | 可辨器形 |
|---|---|---|---|---|---|---|
| 庙子沟文化 | 素面 | 8 | 1 | | 14 | 尖底瓶1、小口双耳罐1、侈沿罐1、平口罐1 |
| 庙子沟文化 | 粗绳纹 | | | 4 | 14 | 尖底瓶1、小口双耳罐1、侈沿罐1、平口罐1 |
| 庙子沟文化 | 篮纹 | | 1 | | 14 | 尖底瓶1、小口双耳罐1、侈沿罐1、平口罐1 |

04—138

| 时代 | 陶质<br>陶色<br>纹饰 | 泥质<br>红 | 夹砂<br>红（褐） | 总计 | 可辨器形 |
|---|---|---|---|---|---|
| 庙子沟文化 | 素面 | 1 | | 10 | 侈沿罐1 |
| | 彩陶 | 1 | | | |
| | 绳纹 | | 8 | | |

04—139

| 时代 | 陶质<br>陶色<br>纹饰 | 泥质<br>红 | 夹砂<br>红（褐） | 总计 | 可辨器形 |
|---|---|---|---|---|---|
| 庙子沟文化 | 素面 | 1 | | 4 | |
| | 彩陶 | 1 | | | |
| | 绳纹 | | 2 | | |

04—140

| 时代 | 陶质<br>陶色<br>纹饰 | 泥质<br>灰（褐） | 泥质<br>红（褐） | 夹砂<br>灰（褐） | 夹砂<br>红（褐） | 总计 | 可辨器形 |
|---|---|---|---|---|---|---|---|
| 庙子沟文化 | 素面 | 10 | 9 | | | 99 | 小口双耳罐2、平口罐1、叠唇罐1、筒形罐2、小杯1 |
| | 彩陶 | 9 | 45 | | | | |
| | 绳纹 | | | 1 | 9 | | |
| | 线纹 | | | 11 | 5 | | |
| 朱开沟文化 | 绳纹 | | 14 | 5 | 5 | 24 | |
| 战国 | 素面 | 13 | | | | 15 | |
| | 弦纹 | 1 | | | | | |
| | 抹断绳纹 | 1 | | | | | |

04-141

| 时代 | 陶质 陶色 纹饰 | 泥质 灰 | 总计 | 可辨器形 |
|---|---|---|---|---|
| 战国 | 素面 | 9 | 14 | |
| | 抹断绳纹 | 4 | | |
| | 戳刺纹 | 1 | | |

04-143

| 时代 | 陶质 陶色 纹饰 | 泥质 灰 | 总计 | 可辨器形 |
|---|---|---|---|---|
| 汉代 | 素面 | 23 | 24 | |
| | 弦纹 | 1 | | |

04-144

| 时代 | 陶质 陶色 纹饰 | 泥质 灰 | 总计 | 可辨器形 |
|---|---|---|---|---|
| 永兴店文化 | 篮纹 | 2 | 3 | 高领罐1 |
| | 绳纹 | 1 | | |
| 战国 | 素面 | 5 | 17 | 罐1、平折沿盆1 |
| | 绳纹 | 8 | | |
| | 抹断绳纹 | 3 | | |
| | 戳刺纹 | 1 | | |
| 汉代 | 素面 | 22 | 22 | |

04—145

| 时代 \ 纹饰 | 陶质 \ 陶色 | 泥质 | | 夹砂 | 总计 | 可辨器形 |
|---|---|---|---|---|---|---|
| | | 灰 | 红 | 灰(褐) | | |
| 官地一期遗存 | 素面 | | 2 | | 2 | 叠唇罐1 |
| 战国 | 素面 | 2 | | | 12 | 盆1、釜1 |
| | 粗绳纹 | | | 2 | | |
| | 绳纹 | 6 | | | | |
| | 抹断绳纹 | 2 | | | | |
| 汉代 | 素面 | 14 | | | 14 | |

04—146

| 时代 \ 纹饰 | 陶质 \ 陶色 | 泥质 | | 夹砂 | | 总计 | 可辨器形 |
|---|---|---|---|---|---|---|---|
| | | 灰(褐) | 红(褐) | 灰(褐) | 红(褐) | | |
| 庙子沟文化 | 素面 | 5 | | | | 14 | 尖底瓶1 |
| | 彩陶 | | 2 | | | | 侈沿罐1 |
| | 绳纹 | | | | 4 | | |
| | 篮纹 | | 3 | | | | |
| 阿善三期文化 | 素面 | 1 | | | | 9 | |
| | 篮纹 | 8 | | | | | |

04—147

| 时代 \ 纹饰 | 陶质 \ 陶色 | 泥质 | | 夹砂 | | 总计 | 可辨器形 |
|---|---|---|---|---|---|---|---|
| | | 灰 | 红 | 灰(褐) | 红(褐) | | |
| 庙子沟文化 | 素面 | 13 | 8 | 2 | | 48 | 尖底瓶1、侈沿罐3 |
| | 彩陶 | 1 | 1 | | | | 小口双耳罐1、敛口折腹钵2 |
| | 篮纹 | 7 | | 6 | | | |
| | 绳纹 | | | 10 | | | |

04—148

| 时代 \ 纹饰 \ 陶质(陶色) | 泥质 灰(褐) | 泥质 红(褐) | 夹砂 灰(褐) | 夹砂 红(褐) | 总计 | 可辨器形 |
|---|---|---|---|---|---|---|
| 官地一期遗存 素面 | | 14 | | | 36 | 铁轨式口沿罐10、敛口钵5、罐1、瓮2 |
| 官地一期遗存 绳纹 | | 1 | | | | |
| 官地一期遗存 线纹 | | 2 | 15 | 4 | | |
| 鲁家坡一期遗存 素面 | 1 | 2 | | | 9 | 直口弧腹钵2、敛口弧腹钵2、重唇口尖底瓶1、绳纹罐1 |
| 鲁家坡一期遗存 彩陶 | | 5 | | | | |
| 鲁家坡一期遗存 绳纹 | | | | 1 | | |
| 庙子沟文化 素面 | 2 | 2 | | | 11 | 侈沿罐3、直口钵1、碧玉环1 |
| 庙子沟文化 彩陶 | 2 | 3 | | | | |
| 庙子沟文化 绳纹 | | | 2 | | | |
| 朱开沟文化 绳纹 | 3 | 8 | 3 | | 14 | 三足瓮1、鬲1 |
| 战国 素面 | 5 | | | | 17 | 豆1、甑1 |
| 战国 绳纹 | 3 | | | | | 抹断绳纹罐1 |
| 战国 抹断绳纹 | 5 | | | | | 夹砂绳纹釜1 |
| 战国 粗绳纹 | | | 4 | | | |

04—149

| 时代 \ 纹饰 \ 陶质(陶色) | 泥质 红 | 夹砂 红（褐） | 总计 | 可辨器形 |
|---|---|---|---|---|
| 庙子沟文化 篮纹 | 1 | | 5 | 侈沿罐1、尖底瓶1 |
| 庙子沟文化 彩陶 | 3 | | | |
| 庙子沟文化 绳纹 | | 1 | | |
| 战国 绳纹 | 2 | | 2 | |

04—150

| 时代 | 陶质 / 陶色 / 纹饰 | 泥质 红 | 夹砂 红（褐） | 总计 | 可辨器形 |
|---|---|---|---|---|---|
| 官地一期遗存 | 线纹 | 4 | | 4 | |
| 鲁家坡一期遗存 | 绳纹 | | 1 | 1 | |
| 庙子沟文化 | 素面 | 9 | | 13 | |
| | 彩陶 | 2 | | | |
| | 绳纹 | | 2 | | |

04—151

| 时代 | 陶质 / 陶色 / 纹饰 | 泥质 灰 | 泥质 红 | 夹砂 灰（褐） | 总计 | 可辨器形 |
|---|---|---|---|---|---|---|
| 庙子沟文化 | 素面 | | 1 | | 6 | 尖底瓶1、敛口钵1、平口罐1 |
| | 彩陶 | | 3 | | | |
| | 篮纹 | 1 | | | | |
| | 绳纹+附加堆纹 | 1 | | | | |
| 朱开沟文化 | 绳纹 | 32 | 9 | | 41 | 矮领罐1、侈口盆1 |
| 战国 | 绳纹 | 12 | | 2 | 31 | 罐2、鬲1 |
| | 素面 | 17 | | | | |

04—152

| 时代 | 陶质 / 陶色 / 纹饰 | 泥质 灰 | 泥质 红（褐） | 总计 | 可辨器形 |
|---|---|---|---|---|---|
| 朱开沟文化 | 绳纹 | 15 | 13 | 28 | 带纽鬲1、平口罐3 |

04-153

| 时代 | 陶质<br>陶色<br>纹饰 | 泥质 | | 夹砂 | | 总计 | 可辨器形 |
|---|---|---|---|---|---|---|---|
| | | 灰 | 红 | 灰<br>(褐) | 红<br>(褐) | | |
| 庙子沟文化 | 绳纹 | | 2 | | | 2 | |
| 阿善三期文化 | 篮纹 | 2 | | | | 2 | |
| 朱开沟文化 | 绳纹 | | 2 | | | 2 | |
| 战国 | 戳刺纹 | 3 | | | | 6 | |
| | 绳纹 | 3 | | | | | |

04-154

| 时代 | 陶质<br>陶色<br>纹饰 | 泥质 | 总计 | 可辨器形 |
|---|---|---|---|---|
| | | 灰 | | |
| 战国 | 素面 | 6 | 19 | 素面罐1 |
| | 抹断绳纹 | 3 | | 抹断绳纹盆1 |
| | 绳纹 | 10 | | |

04-155

| 时代 | 陶质<br>陶色<br>纹饰 | 泥质 | | 夹砂 | 总计 | 可辨器形 |
|---|---|---|---|---|---|---|
| | | 灰 | 红 | 红<br>(褐) | | |
| 庙子沟文化 | 素面 | | 2 | | 6 | 平口罐1 |
| | 绳纹 | | | 4 | | |
| 汉代 | 素面 | 6 | | | 6 | |

04-156

| 时代 | 陶质<br>陶色<br>纹饰 | 泥质 | | 夹砂 | | 总计 | 可辨器形 |
|---|---|---|---|---|---|---|---|
| | | 灰 | 红 | 灰<br>(褐) | 红<br>(褐) | | |
| 庙子沟文化 | 素面 | 15 | 3 | | | 33 | 高领罐1、平口罐1、敛口曲腹钵2、尖底瓶1、侈沿罐3 |
| | 篮纹 | 1 | 5 | | | | |
| | 绳纹 | 6 | | 2 | 1 | | |

04—158

| 时代 \ 陶质 陶色 纹饰 | | 泥质 | | 夹砂 | 总计 | 可辨器形 |
|---|---|---|---|---|---|---|
| | | 灰 | 红 | 红褐 | | |
| 鲁家坡一期遗存 | 绳纹 | | | 2 | 2 | |
| 庙子沟文化 | 素面 | 3 | 12 | | 24 | 直口钵1、小口双耳罐1、侈沿罐1 |
| | 彩陶 | 4 | 5 | | | |
| 战国 | 素面 | 2 | | | 2 | |

04—159

| 时代 \ 陶质 陶色 纹饰 | | 泥质 | | 夹砂 | | 总计 | 可辨器形 |
|---|---|---|---|---|---|---|---|
| | | 灰 | 红 | 灰(褐) | 红(褐) | | |
| 庙子沟文化 | 素面 | | 2 | | | 2 | 侈口盆1 |
| 朱开沟文化 | 绳纹 | 12 | | 1 | | 15 | |
| | 素面 | 2 | | | | | |
| 战国 | 素面 | 2 | | | | 10 | 盆4、罐2、瓮1 |
| | 粗绳纹 | | | 6 | | | |
| | 戳刺纹 | 1 | | | | | |
| | 弦纹 | 1 | | | | | |
| 汉代 | 素面 | 25 | | | | 25 | |

04—160

| 时代 \ 陶质 陶色 纹饰 | | 泥质 | | 夹砂 | | 总计 | 可辨器形 |
|---|---|---|---|---|---|---|---|
| | | 灰 | 红 | 灰(褐) | 红(褐) | | |
| 鲁家坡一期遗存 | 素面 | | 2 | 2 | 1 | 5 | |
| 阿善三期文化 | 素面 | 2 | | | | 13 | 折沿盆1 |
| | 篮纹 | 9 | | | | | 敛口折腹钵1 |
| | 篮纹+附加堆纹 | 1 | | | | | |
| | 凹坑点纹 | 1 | | | | | |

04—161

| 时代 | 陶质<br>陶色<br>纹饰 | 泥质 | | 夹砂 | | 总计 | 可辨器形 |
|---|---|---|---|---|---|---|---|
| | | 灰 | 红 | 灰<br>(褐) | 红<br>(褐) | | |
| 庙子沟文化 | 素面 | 4 | 5 | | | 21 | 侈沿鼓腹罐6 |
| | 绳纹 | | 1 | | 7 | | |
| | 附加堆纹<br>+绳纹 | | | | 4 | | |
| 朱开沟文化 | 绳纹 | 3 | | | | 3 | |
| 汉代 | 素面 | 11 | | | | 22 | 釜1 |
| | 绳纹 | 10 | | | | | |
| | 粗绳纹 | | | | 1 | | |

04—162

| 时代 | 陶质<br>陶色<br>纹饰 | 泥质 | | 夹砂 | | 总计 | 可辨器形 |
|---|---|---|---|---|---|---|---|
| | | 灰 | 红 | 灰<br>(褐) | 红<br>(褐) | | |
| 鲁家坡一期遗存 | 线纹 | | | | 2 | 2 | 铁轨式口沿罐1 |
| 庙子沟文化 | 素面 | 3 | 3 | | | 16 | 小口双耳罐1 |
| | 彩陶 | | 2 | | | | 侈沿罐1 |
| | 绳纹 | | | 5 | 1 | | 筒形罐1 |
| | 线纹 | | | 2 | | | |
| 阿善三期文化 | 素面 | 6 | | | | 11 | 窄沿罐1、直壁瓮1 |
| | 篮纹 | 4 | | | | | 敞口盆1 |
| | 绳纹+附<br>加堆纹 | 1 | | | | | |
| 永兴店文化 | 绳纹 | | | 1 | | 1 | |
| 朱开沟文化 | 绳纹 | 2 | 5 | | 1 | 9 | 鬲1 |
| | 刻划纹 | | 1 | | | | |
| 战国-汉代 | 素面 | 4 | | | | 6 | 罐2 |
| | 绳纹 | 2 | | | | | |

04—163

| 时代 | 陶质 纹饰 | 泥质 | | 夹砂 | 总计 | 可辨器形 |
|---|---|---|---|---|---|---|
| | 陶色 | 灰 | 红 | 灰（褐） | | |
| 庙子沟文化 | 素面 | | 7 | | 12 | 侈沿罐1 |
| | 彩陶 | | 1 | | | 小口双耳罐1、直口钵1 |
| | 绳纹 | | | 4 | | |
| 阿善三期文化 | 素面 | 7 | | | 15 | 折沿罐1 |
| | 篮纹 | 7 | | | | 折肩罐1 |
| | 篮纹+附加堆纹 | 1 | | | | |
| 朱开沟文化 | 绳纹 | 9 | 5 | | 14 | 平口罐1 |
| 战国-汉代 | 素面 | 11 | | | 19 | |
| | 绳纹 | 2 | | | | |
| | 抹断绳纹 | 5 | | | | |
| | 压印泥条纹 | 1 | | | | |

04—164

| 时代 | 陶质 纹饰 | 泥质 | | 总计 | 可辨器形 |
|---|---|---|---|---|---|
| | 陶色 | 灰 | 红 | | |
| 庙子沟文化 | | | 2 | 2 | |
| 朱开沟文化 | 绳纹 | 2 | 2 | 10 | |
| | 素面 | 6 | | | 敛口折腹钵1 |
| 战国 | 素面 | 2 | | 3 | |
| | 抹断绳纹 | 1 | | | |

04—166

| 时代 | 陶质 陶色 纹饰 | 泥质 灰 | 总计 | 可辨器形 |
|---|---|---|---|---|
| 战国 | 素面 | 6 | 20 | 矮领罐2、盆1、绳纹卷沿瓮1、碗1 |
| | 抹断绳纹 | 6 | | |
| | 绳纹 | 5 | | |
| | 回纹+抹断绳纹 | 1 | | |
| | 弦纹 | 2 | | |

04—167

| 时代 | 陶质 陶色 纹饰 | 泥质 红 | 总计 | 可辨器形 |
|---|---|---|---|---|
| 庙子沟文化 | 素面 | 5 | 10 | 尖底瓶1 |
| | 彩陶 | 1 | | |
| | 篮纹 | 4 | | |
| 战国 | 绳纹 | 3 | 3 | |

04—169

| 时代 | 陶质 陶色 纹饰 | 泥质 灰 | 泥质 红 | 夹砂 红(褐) | 总计 | 可辨器形 |
|---|---|---|---|---|---|---|
| 庙子沟文化 | 素面 | | 12 | | 19 | 侈沿盆1、尖底瓶1 |
| | 篮纹 | | 1 | | | 侈沿罐1 |
| | 彩陶 | | 5 | | | |
| | 绳纹 | | | 1 | | |
| 战国-汉代 | 素面 | 14 | | | 20 | |
| | 抹断绳纹 | 4 | | | | |
| | 绳纹 | 1 | | | | |
| | 戳刺纹 | 1 | | | | |

04—170

| 时代 \ 陶质\陶色\纹饰 | | 泥质 | | 夹砂 | | 总计 | 可辨器形 |
|---|---|---|---|---|---|---|---|
| | | 灰 | 红 | 灰（褐） | 红（褐） | | |
| 官地一期遗存 | 绳纹 | | | 3 | 1 | 4 | 铁轨式口沿罐1、敛口瓮1 |
| 鲁家坡一期遗存 | 素面 | | 4 | | | 12 | 敛口弧腹钵3、折沿盆1 |
| | 彩陶 | | 2 | | | | |
| | 线纹 | | | | 6 | | |
| 庙子沟文化 | 素面 | 5 | 3 | | | 16 | 直口钵1、平口罐1、敛口弧腹钵1、小口双耳罐1 |
| | 彩陶 | 4 | | | | | |
| | 绳纹 | | | 4 | | | |
| 朱开沟文化 | 绳纹 | 5 | 2 | 1 | 2 | 10 | 三足瓮1、鬲、甗1 |
| 战国 | 素面 | 21 | | | | 52 | 豆1、高领罐3、甑1 |
| | 抹断绳纹 | 15 | | | | | 平折沿盆2 |
| | 绳纹 | 8 | | | | | |
| | 粗绳纹 | 2 | | | | | |
| | 弦纹+抹断绳纹 | 2 | | | | | |
| | 弦纹 | 4 | | | | | |

04—171

| 时代 \ 陶质\陶色\纹饰 | | 泥质 | | 夹砂 | | 总计 | 可辨器形 |
|---|---|---|---|---|---|---|---|
| | | 灰 | 红 | 灰（褐） | 红（褐） | | |
| 庙子沟文化 | 素面 | 8 | 2 | | | 24 | 尖底瓶1 |
| | 彩陶 | | 2 | | | | 平口罐1、侈沿罐2 |
| | 绳纹 | | | | 11 | | |
| | 篮纹 | | 1 | | | | |
| 战国 | 素面 | 12 | | | | 24 | 矮领罐1 |
| | 抹断绳纹 | 5 | | | | | |
| | 绳纹 | 7 | | | | | |

04-172

| 时代 　　陶质<br>　陶色<br>纹饰 | | 泥质 | | 夹砂 | 总计 | 可辨器形 |
|---|---|---|---|---|---|---|
| | | 灰 | 红 | 红褐 | | |
| 鲁家坡一期遗存 | 素面 | 1 | | | 1 | |
| 庙子沟文化 | 素面 | 4 | 5 | | 19 | 小口双耳罐1 |
| | 绳纹 | | | 10 | | |
| 永兴店文化 | 篮纹 | 2 | | | 2 | |
| 战国 | 素面 | 11 | | | 13 | 平折沿盆1 |
| | 抹断绳纹 | 2 | | | | |

04-173

| 时代 　　陶质<br>　陶色<br>纹饰 | | 泥质 | | 夹砂 | 总计 | 可辨器形 |
|---|---|---|---|---|---|---|
| | | 灰 | 红 | 灰褐 | | |
| 鲁家坡一期遗存 | 素面 | 1 | | | 1 | |
| 庙子沟文化 | 素面 | | 2 | | 2 | 小口双耳罐1 |
| 战国 | 素面 | 21 | | | 33 | 高领罐2、卷沿瓮1 |
| | 抹断绳纹 | 5 | | | | |
| | 绳纹 | 5 | | | | |
| | 泥条纹+抹断绳纹 | 1 | | | | |
| | 弦纹 | 1 | | | | |

04-174

| 时代 　　陶质<br>　陶色<br>纹饰 | | 泥质 | 夹砂 | 总计 | 可辨器形 |
|---|---|---|---|---|---|
| | | 灰 | 灰（褐） | | |
| 庙子沟文化 | 素面 | 7 | | 10 | |
| | 篮纹 | 1 | | | |
| | 绳纹 | | 2 | | |

04—175

| 时代 | 陶质 陶色 纹饰 | 泥质 | | 夹砂 | | 总计 | 可辨器形 |
|---|---|---|---|---|---|---|---|
| | | 灰 | 红 | 灰（褐） | 红（褐） | | |
| 庙子沟文化 | 素面 | 7 | 4 | | | 43 | 尖底瓶2、敛口弧腹钵1、侈沿罐2 |
| | 彩陶 | | 3 | | | | |
| | 绳纹 | 1 | | 4 | 15 | | |
| | 篮纹 | 2 | 7 | | | | |
| 战国 | 素面 | 8 | | | | 15 | |
| | 粗绳纹 | 5 | | | | | |
| | 压印泥条纹 | 2 | | | | | |

04—176

| 时代 | 陶质 陶色 纹饰 | 泥质 | | 夹砂 | 总计 | 可辨器形 |
|---|---|---|---|---|---|---|
| | | 灰 | 红 | 灰（褐） | | |
| 朱开沟文化 | 绳纹 | 17 | 15 | 2 | 34 | 三足瓮1、高领罐1、甗1 带纽鬲1 |
| 战国 | 素面 | 1 | | | 3 | 卷沿罐1 |
| | 绳纹 | 2 | | | | |

04—177

| 时代 | 陶质 陶色 纹饰 | 泥质 | | 夹砂 | | 总计 | 可辨器形 |
|---|---|---|---|---|---|---|---|
| | | 灰 | 红 | 灰（褐） | 红（褐） | | |
| 庙子沟文化 | 素面 | 8 | 1 | | | 12 | 筒形罐1 |
| | 交叉线纹 | | | 2 | 1 | | |
| 朱开沟文化 | 绳纹 | 13 | 6 | 1 | | 20 | 罐2、鬲1 |

04—178

| 时代 陶质<br>陶色<br>纹饰 | | 泥质 | | 总计 | 可辨器形 |
|---|---|---|---|---|---|
| | | 灰 | 红 | | |
| 庙子沟文化 | 素面 | 6 | 17 | 44 | 敛口曲腹钵1、小口双耳罐1 |
| | 彩陶 | 3 | 18 | | |

04—179

| 时代 陶质<br>陶色<br>纹饰 | | 泥质 | | 夹砂 | 总计 | 可辨器形 |
|---|---|---|---|---|---|---|
| | | 灰 | 红 | 红（褐） | | |
| 庙子沟文化 | 素面 | | 2 | | 7 | 尖底瓶1 |
| | 彩陶 | | 1 | | | |
| | 绳纹 | 2 | | | | |
| | 篮纹 | 2 | | | | |
| 阿善三期文化 | 素面 | 4 | | | 4 | |
| 朱开沟文化 | 绳纹 | 3 | 4 | 2 | 9 | 甗1 |
| 战国 | 素面 | 2 | | | 8 | 矮领罐1 |
| | 抹断绳纹 | 2 | | | | |
| | 绳纹 | 4 | | | | |

04—180

| 时代 陶质<br>陶色<br>纹饰 | | 泥质 | | 夹砂 | 总计 | 可辨器形 |
|---|---|---|---|---|---|---|
| | | 灰 | 红 | 红（褐） | | |
| 庙子沟文化 | 篮纹 | 1 | | | 13 | 敛口弧腹钵1 |
| | 彩陶 | | 2 | | | 侈沿罐1 |
| | 绳纹 | | | 10 | | |
| 朱开沟文化 | 绳纹 | 6 | 3 | | 9 | |

04—182

| 时代 | 陶质<br>陶色<br>纹饰 | 泥质 | | 夹砂 | 总计 | 可辨器形 |
|---|---|---|---|---|---|---|
| | | 灰 | 红 | 红<br>(褐) | | |
| 官地一期遗存 | 绳纹 | | | 2 | 2 | |
| 鲁家坡一期遗存 | 素面 | 1 | 35 | | 82 | 敛口弧腹钵2、叠唇口罐4、直口钵4、铁轨式口沿罐5、折沿罐1 |
| | 彩陶 | 1 | 14 | | | |
| | 线纹 | 1 | 8 | 22 | | |
| 庙子沟文化 | 素面 | 3 | 6 | | 14 | 尖底瓶1 |
| | 篮纹 | | 2 | | | 侈沿鼓腹罐1 |
| | 绳纹 | | | 3 | | |
| 阿善三期文化 | 篮纹 | 2 | | | 2 | |
| 永兴店文化 | 素面 | 14 | | | 25 | |
| | 篮纹 | 11 | | | | |
| 战国 | 抹断绳纹 | 2 | | | 2 | |

04—183

| 时代 | 陶质<br>陶色<br>纹饰 | 泥质 | 总计 | 可辨器形 |
|---|---|---|---|---|
| | | 灰 | | |
| 汉代 | 素面 | 20 | 28 | 绳纹筒瓦1、罐1、盆1 |
| | 抹断绳纹 | 2 | | |
| | 绳纹 | 4 | | |
| | 压印泥条纹 | 2 | | |

04—184

| 时代 | 陶质<br>陶色<br>纹饰 | 泥质 | 总计 | 可辨器形 |
|---|---|---|---|---|
| | | 灰 | | |
| 战国 | 素面 | 19 | 48 | 敛口盆3、罐2 |
| | 粗绳纹 | 4 | | |
| | 绳纹 | 18 | | |
| | 抹断绳纹 | 7 | | |

04—185

| 时代 \ 陶质 / 陶色 / 纹饰 | | 泥质 | | 夹砂 | | 总计 | 可辨器形 |
|---|---|---|---|---|---|---|---|
| | | 灰 | 红 | 灰（褐） | 红（褐） | | |
| 鲁家坡一期遗存 | 素面 | | 8 | | | 17 | 敛口弧腹钵2、叠唇钵1 |
| | 彩陶 | | 4 | | | | 铁轨式口沿罐2 |
| | 线纹 | | | 1 | 4 | | |
| 庙子沟文化 | 素面 | 3 | | | | 6 | |
| | 绳纹 | | | 3 | | | |
| 阿善三期文化 | 篮纹 | 2 | | | | 2 | |
| 朱开沟文化 | 绳纹 | 4 | | | | 4 | 三足瓮1 |

04—186

| 时代 \ 陶质 / 陶色 / 纹饰 | | 泥质 | 总计 | 可辨器形 |
|---|---|---|---|---|
| | | 灰 | | |
| 战国 | 素面 | 7 | 12 | 矮领罐1 |
| | 粗绳纹 | 3 | | |
| | 绳纹 | 2 | | |

04—187

| 时代 \ 陶质 / 陶色 / 纹饰 | | 泥质 | 总计 | 可辨器形 |
|---|---|---|---|---|
| | | 灰 | | |
| 战国 | 素面 | 9 | 14 | |
| | 抹断绳纹 | 5 | | |

04—188

| 时代 | 陶质<br>陶色<br>纹饰 | 泥质<br>灰 | 夹砂<br>灰 | 总计 | 可辨器形 |
|---|---|---|---|---|---|
| 战国 | 素面 | 11 | | 28 | 平折沿盆2 |
| | 抹断绳纹 | 6 | | | |
| | 粗绳纹 | | 4 | | |
| | 绳纹 | 7 | | | |

04—189

| 时代 | 陶质<br>陶色<br>纹饰 | 泥质<br>灰 | 总计 | 可辨器形 |
|---|---|---|---|---|
| 战国 | 素面 | 21 | 24 | 矮领罐2、平折沿盆1、卷沿盆1 |
| | 绳纹 | 3 | | |

04—190

| 时代 | 陶质<br>陶色<br>纹饰 | 泥质<br>灰 | 总计 | 可辨器形 |
|---|---|---|---|---|
| 战国 | 素面 | 4 | 9 | 矮领罐2 |
| | 粗绳纹 | 3 | | |
| | 绳纹 | 2 | | |

04—191

| 时代 | 陶质<br>陶色<br>纹饰 | 泥质<br>灰 | 泥质<br>红 | 总计 | 可辨器形 |
|---|---|---|---|---|---|
| 永兴店文化 | 篮纹 | 2 | | 2 | |
| 朱开沟文化 | 绳纹 | 22 | 7 | 29 | |

04-192

| 时代 | 陶质 纹饰 陶色 | 泥质 | | 总计 | 可辨器形 |
|---|---|---|---|---|---|
| | | 灰 | 红 | | |
| 庙子沟文化 | 素面 | 10 | 3 | 14 | 敛口曲腹钵1、侈沿罐1 |
| | 彩陶 | | 1 | | |
| 战国 | 素面 | 9 | | 10 | |
| | 绳纹 | 1 | | | |

04-193

| 时代 | 陶质 纹饰 陶色 | 泥质 | | 总计 | 可辨器形 |
|---|---|---|---|---|---|
| | | 灰 | 红 | | |
| 庙子沟文化 | 素面 | 6 | 2 | 12 | 平口罐1 |
| | 篮纹 | 3 | | | |
| | 绳纹 | 1 | | | |
| 朱开沟文化 | 绳纹 | 23 | 3 | 26 | 三足瓮1 |
| 汉代 | 素面 | 6 | | 8 | 平折沿盆1、盆2、陶碗1 |
| | 弦纹 | 2 | | | |

04-194

| 时代 | 陶质 纹饰 陶色 | 泥质 | | 总计 | 可辨器形 |
|---|---|---|---|---|---|
| | | 灰 | 红 | | |
| 朱开沟文化 | 绳纹 | 11 | 5 | 16 | 三足瓮1、瓹1 |

04—195

| 时代 | 陶质<br>陶色<br>纹饰 | 泥质<br>灰 | 总计 | 可辨器形 |
|---|---|---|---|---|
| 战国 | 绳纹 | 4 | 14 | 矮领罐2 |
| | 抹断绳纹 | 8 | | |
| | 压印附加堆纹 | 2 | | |

04—196

| 时代 | 陶质<br>陶色<br>纹饰 | 泥质<br>灰 | 夹砂<br>灰（褐） | 总计 | 可辨器形 |
|---|---|---|---|---|---|
| 庙子沟文化 | 素面 | 5 | | 8 | 侈沿罐2 |
| | 绳纹 | | 3 | | |

04—197

| 时代 | 陶质<br>陶色<br>纹饰 | 泥质<br>灰 | 夹砂<br>灰 | 总计 | 可辨器形 |
|---|---|---|---|---|---|
| 战国 | 素面 | 3 | | 10 | 夹砂釜1 |
| | 粗绳纹 | | 3 | | |
| | 抹断绳纹 | 2 | | | |
| | 弦纹 | 2 | | | |

04—198

| 时代 | 陶质<br>陶色<br>纹饰 | 泥质<br>灰 | 总计 | 可辨器形 |
|---|---|---|---|---|
| 战国 | 素面 | 5 | 26 | 敛口盆1、矮领罐1、卷沿瓮4 |
| | 粗绳纹 | 4 | | |
| | 绳纹 | 10 | | |
| | 抹断绳纹 | 7 | | |

04—199

| 时代 \ 陶质 \ 陶色 \ 纹饰 | 泥质 灰 | 总计 | 可辨器形 |
|---|---|---|---|
| 战国 — 素面 | 23 | 31 | 平折沿盆2、矮领罐1 |
| 战国 — 绳纹 | 5 | | |
| 战国 — 抹断绳纹 | 2 | | |
| 战国 — 弦纹 | 1 | | |

05—201

| 时代 \ 陶质 \ 陶色 \ 纹饰 | 泥质 灰 | 泥质 红 | 夹砂 灰 | 夹砂 红 | 总计 | 可辨器形 |
|---|---|---|---|---|---|---|
| 庙子沟文化 — 素面 | 1 | | | | 5 | 侈沿罐2 |
| 庙子沟文化 — 彩陶 | 2 | | | | | |
| 庙子沟文化 — 绳纹 | | | | 2 | | |
| 阿善三期文化 — 篮纹 | 18 | | | | 18 | 窄沿罐3 |
| 永兴店文化 — 素面 | 7 | | 4 | | 34 | 敛口瓮1、宽裆鬲1 |
| 永兴店文化 — 绳纹 | | | 10 | | | |
| 永兴店文化 — 篮纹 | | | 10 | | | |
| 永兴店文化 — 划纹 | | | 3 | | | |
| 朱开沟文化 — 绳纹 | | | 4 | | 4 | 鬲2 |

05—202

| 时代 \ 陶质 \ 陶色 \ 纹饰 | 泥质 灰(褐) | 泥质 红(褐) | 夹砂 灰 | 夹砂 红 | 总计 | 可辨器形 |
|---|---|---|---|---|---|---|
| 庙子沟文化 — 绳纹 | | | 3 | 2 | 5 | |
| 永兴店文化 — 素面 | 10 | | 6 | | 39 | 敛口罐1 |
| 永兴店文化 — 绳纹 | | | 14 | | | |
| 永兴店文化 — 篮纹 | | | 9 | | | |
| 战国 — 素面 | 9 | | | | 26 | 矮领罐1、碗1 |
| 战国 — 绳纹 | | | 17 | | | |

05-203

| 时代 | 陶质<br>陶色<br>纹饰 | 泥质 | | 夹砂 | | 总计 | 可辨器形 |
|---|---|---|---|---|---|---|---|
| | | 灰<br>(褐) | 红<br>(褐) | 灰<br>(褐) | 红<br>(褐) | | |
| 战国 | 素面 | 7 | | 3 | | 23 | 卷沿罐1 |
| | 绳纹 | 8 | | 5 | | | |

05-204

| 时代 | 陶质<br>陶色<br>纹饰 | 泥质 | | 夹砂 | | 总计 | 可辨器形 |
|---|---|---|---|---|---|---|---|
| | | 灰<br>(褐) | 红<br>(褐) | 灰<br>(褐) | 红<br>(褐) | | |
| 庙子沟文化 | 素面 | 1 | 2 | | | 5 | 侈沿罐1 |
| | 绳纹 | | | 2 | | | |
| 永兴店文化 | 素面 | 8 | | | | 22 | |
| | 绳纹 | | | 8 | | | |
| | 篮纹 | | | 6 | | | |
| 朱开沟文化 | 绳纹 | 19 | | | | 19 | 矮领罐2 |
| 战国 | 绳纹 | 10 | | | | 10 | 卷沿罐1 |

05-205

| 时代 | 陶质<br>陶色<br>纹饰 | 泥质 | | 夹砂 | | 总计 | 可辨器形 |
|---|---|---|---|---|---|---|---|
| | | 灰<br>(褐) | 红<br>(褐) | 灰<br>(褐) | 红<br>(褐) | | |
| 庙子沟文化 | 素面 | | 8 | | | 12 | 侈沿罐1、侈沿盆1、<br>敛口折腹钵1 |
| | 绳纹 | | | | 4 | | |
| 阿善三期文化 | 素面 | 4 | | | | 13 | 窄沿罐2 |
| | 绳纹 | | | 2 | | | |
| | 篮纹 | 3 | | 4 | | | |
| 朱开沟文化 | 绳纹 | | | 7 | | 9 | 鬲1 |
| | 篮纹 | | | 2 | | | |

05-206

| 时代 | 陶质<br>陶色<br>纹饰 | 泥质 | | 夹砂 | | 总计 | 可辨器形 |
|---|---|---|---|---|---|---|---|
| | | 灰<br>(褐) | 红<br>(褐) | 灰<br>(褐) | 红<br>(褐) | | |
| 阿善三期文化 | 素面 | 3 | | 6 | | 36 | 窄沿罐1、小口壶1 |
| | 篮纹 | 10 | | 17 | | | |

05-207

| 时代 | 陶质<br>陶色<br>纹饰 | 泥质 | | 夹砂 | | 总计 | 可辨器形 |
|---|---|---|---|---|---|---|---|
| | | 灰<br>(褐) | 红<br>(褐) | 灰<br>(褐) | 红<br>(褐) | | |
| 庙子沟文化 | 素面 | | 1 | | | 5 | 侈沿盆1 |
| | 彩陶 | 1 | | | | | |
| | 绳纹 | | | | 3 | | |
| 朱开沟文化 | 素面 | | | 3 | | 40 | 三足瓮3、鬲1 |
| | 绳纹 | | | 37 | | | |

05-208

| 时代 | 陶质<br>陶色<br>纹饰 | 泥质 | | 夹砂 | | 总计 | 可辨器形 |
|---|---|---|---|---|---|---|---|
| | | 灰<br>(褐) | 红<br>(褐) | 灰<br>(褐) | 红<br>(褐) | | |
| 庙子沟文化 | 绳纹 | | | 2 | | 2 | 侈沿罐1 |
| 永兴店文化 | 绳纹 | | | 7 | | 10 | |
| | 篮纹 | 3 | | | | | |
| 朱开沟文化 | 绳纹 | | | 14 | | 14 | 矮领罐1 |

05-209

| 时代 | 陶质 | 泥质 | | 夹砂 | | 总计 | 可辨器形 |
|---|---|---|---|---|---|---|---|
| | 陶色<br>纹饰 | 灰<br>(褐) | 红<br>(褐) | 灰<br>(褐) | 红<br>(褐) | | |
| 永兴店文化 | 素面 | | | 2 | | 11 | 敛口罐2 |
| | 绳纹 | | | 2 | | | |
| | 篮纹 | 3 | | 4 | | | |
| 朱开沟文化 | 绳纹 | | | 6 | | 6 | |

05-210

| 时代 | 陶质 | 泥质 | | 夹砂 | | 总计 | 可辨器形 |
|---|---|---|---|---|---|---|---|
| | 陶色<br>纹饰 | 灰<br>(褐) | 红<br>(褐) | 灰<br>(褐) | 红<br>(褐) | | |
| 阿善三期文化 | 绳纹 | | | 3 | | 28 | 窄沿罐1 |
| | 篮纹 | 25 | | | | | |

05-211

| 时代 | 陶质 | 泥质 | | 夹砂 | | 总计 | 可辨器形 |
|---|---|---|---|---|---|---|---|
| | 陶色<br>纹饰 | 灰<br>(褐) | 红<br>(褐) | 灰<br>(褐) | 红<br>(褐) | | |
| 朱开沟文化 | 绳纹 | | | 16 | 6 | 22 | 折沿罐2、筒形罐1 |

05-212

| 时代 | 陶质 | 泥质 | | 夹砂 | | 总计 | 可辨器形 |
|---|---|---|---|---|---|---|---|
| | 陶色<br>纹饰 | 灰<br>(褐) | 红<br>(褐) | 灰<br>(褐) | 红<br>(褐) | | |
| 朱开沟文化 | 素面 | | | | | 40 | 三足瓮1、侈口罐1、<br>直口罐1 |
| | 彩陶 | | | | | | |
| | 绳纹 | | | 40 | | | |
| | 篮纹 | | | | | | |

05—213

| 时代 \ 陶质 \ 陶色 \ 纹饰 | | 泥质 | | 夹砂 | | 总计 | 可辨器形 |
|---|---|---|---|---|---|---|---|
| | | 灰（褐） | 红（褐） | 灰（褐） | 红（褐） | | |
| 庙子沟文化 | 彩陶 | 1 | | | | 4 | 敛口钵1、平口罐1 |
| | 绳纹 | | | | 3 | | |
| 阿善三期文化 | 素面 | 18 | | 10 | | 31 | |
| | 篮纹 | | | 3 | | | |
| 汉代 | 素面 | 7 | | | | 11 | 折沿盆1 |
| | 彩陶 | | | | | | |
| | 绳纹 | 4 | | | | | |
| | 篮纹 | | | | | | |

05—214

| 时代 \ 陶质 \ 陶色 \ 纹饰 | | 泥质 | | 夹砂 | | 总计 | 可辨器形 |
|---|---|---|---|---|---|---|---|
| | | 灰（褐） | 红（褐） | 灰（褐） | 红（褐） | | |
| 朱开沟文化 | 素面 | 3 | | | | 19 | |
| | 绳纹 | 11 | 5 | | | | |

05—215

| 时代 \ 陶质 \ 陶色 \ 纹饰 | | 泥质 | | 夹砂 | | 总计 | 可辨器形 |
|---|---|---|---|---|---|---|---|
| | | 灰（褐） | 红（褐） | 灰（褐） | 红（褐） | | |
| 庙子沟文化 | 素面 | | 4 | | | 9 | 小口壶1 |
| | 篮纹 | | 5 | | | | |
| 朱开沟文化 | 绳纹 | 17 | 4 | | | 21 | |

05—216

| 时代 | 陶质 | 泥质 | | 夹砂 | | 总计 | 可辨器形 |
|---|---|---|---|---|---|---|---|
| 纹饰 | 陶色 | 灰（褐） | 红（褐） | 灰（褐） | 红（褐） | | |
| 永兴店文化 | 素面 | 18 | | | | 33 | |
| | 篮纹 | 15 | | | | | |
| 朱开沟文化 | 绳纹 | | | 15 | | 15 | |
| 战国 | 绳纹 | | | 43 | | 43 | 矮领罐1 |

05—217

| 时代 | 陶质 | 泥质 | | 夹砂 | | 总计 | 可辨器形 |
|---|---|---|---|---|---|---|---|
| 纹饰 | 陶色 | 灰（褐） | 红（褐） | 灰（褐） | 红（褐） | | |
| 阿善三期文化 | 素面 | 4 | 1 | | | 7 | 侈沿罐1 |
| | 篮纹 | 2 | | | | | |
| 战国 | 抹断绳纹 | 6 | | | | 6 | |
| 汉代 | 素面 | 8 | | | | 21 | 敛口盆1、直口罐1 |
| | 绳纹 | 11 | | 2 | | | |

05—218

| 时代 | 陶质 | 泥质 | | 夹砂 | | 总计 | 可辨器形 |
|---|---|---|---|---|---|---|---|
| 纹饰 | 陶色 | 灰（褐） | 红（褐） | 灰（褐） | 红（褐） | | |
| 官地一期遗存 | 素面 | | 3 | | | 3 | 敛口钵1 |
| 阿善三期文化 | 素面 | 5 | | | | 24 | 直壁瓮1 |
| | 绳纹 | | | 2 | | | |
| | 篮纹 | 6 | | 11 | | | |
| 朱开沟文化 | 绳纹 | 21 | | | | 21 | 鬲1 |

05-219

| 时代\陶色\纹饰\陶质 | | 泥质 | | 夹砂 | | 总计 | 可辨器形 |
|---|---|---|---|---|---|---|---|
| | | 灰(褐) | 红(褐) | 灰(褐) | 红(褐) | | |
| 战国 | 素面 | 18 | | | | 21 | |
| | 绳纹 | 3 | | | | | |

05-220

| 时代\陶色\纹饰\陶质 | | 泥质 | | 夹砂 | | 总计 | 可辨器形 |
|---|---|---|---|---|---|---|---|
| | | 灰(褐) | 红(褐) | 灰(褐) | 红(褐) | | |
| 阿善三期文化 | 素面 | 8 | | | | 57 | |
| | 白陶 | 6 | | | | | |
| | 篮纹 | 43 | | | | | |
| 朱开沟文化 | 绳纹 | 5 | | | 3 | 8 | |
| 战国-汉代 | 绳纹 | 6 | | | | 6 | |

05-221

| 时代\陶色\纹饰\陶质 | | 泥质 | | 夹砂 | | 总计 | 可辨器形 |
|---|---|---|---|---|---|---|---|
| | | 灰(褐) | 红(褐) | 灰(褐) | 红(褐) | | |
| 庙子沟文化 | 素面 | | 1 | | | 8 | 敛口钵1、侈沿罐2 |
| | 彩陶 | | 6 | | | | |
| | 其他纹饰 | | 1 | | | | |
| 阿善三期文化 | 素面 | 8 | | | | 8 | 敛口瓮1、敞口钵1 |
| 朱开沟文化 | 绳纹 | 5 | 13 | | | 18 | 矮领罐1、侈口罐1 |

05-222

| 时代\陶色\纹饰\陶质 | | 泥质 | | 夹砂 | | 总计 | 可辨器形 |
|---|---|---|---|---|---|---|---|
| | | 灰(褐) | 红(褐) | 灰(褐) | 红(褐) | | |
| 阿善三期文化 | 素面 | 1 | | | | 41 | |
| | 篮纹 | | | 40 | | | |

05-223

| 时代 | 陶质 | 泥质 | | 夹砂 | | 总计 | 可辨器形 |
| | 陶色 纹饰 | 灰(褐) | 红(褐) | 灰(褐) | 红(褐) | | |
|---|---|---|---|---|---|---|---|
| 朱开沟文化 | 素面 | 11 | | | | 16 | 高领鬲3 |
| | 绳纹 | | | 4 | 1 | | |

05-224

| 时代 | 陶质 | 泥质 | | 夹砂 | | 总计 | 可辨器形 |
| | 陶色 纹饰 | 灰(褐) | 红(褐) | 灰(褐) | 红(褐) | | |
|---|---|---|---|---|---|---|---|
| 鲁家坡一期遗存 | 绳纹 | | | 2 | | 2 | 敛口瓮1 |
| 阿善三期文化 | 素面 | 2 | | | | 17 | |
| | 篮纹 | 15 | | | | | |
| 朱开沟文化 | 绳纹 | | | 5 | 17 | 22 | 矮领罐2 |

05-225

| 时代 | 陶质 | 泥质 | | 夹砂 | | 总计 | 可辨器形 |
| | 陶色 纹饰 | 灰(褐) | 红(褐) | 灰(褐) | 红(褐) | | |
|---|---|---|---|---|---|---|---|
| 阿善三期文化 | 素面 | | | 3 | | 12 | 窄沿罐2、器盖1 |
| | 弦纹 | | | 1 | | | |
| | 绳纹 | | | 1 | | | |
| | 篮纹 | 2 | | 2 | 3 | | |
| 永兴店文化 | 篮纹 | | | 6 | | 6 | |
| 战国 | 绳纹 | 4 | | | | 4 | |

05-226

| 时代 | 陶质<br>陶色<br>纹饰 | 泥质 | | 夹砂 | | 总计 | 可辨器形 |
|---|---|---|---|---|---|---|---|
| | | 灰<br>(褐) | 红<br>(褐) | 灰<br>(褐) | 红<br>(褐) | | |
| 阿善三期文化 | 素面 | | | 3 | | 16 | 窄沿罐1 |
| | 篮纹 | | | 13 | | | |
| 永兴店文化 | 绳纹 | | | 6 | | 7 | 鬲1 |
| | 篮纹 | | | 1 | | | |
| 战国 | 绳纹 | 8 | | | | 8 | 平折沿1、侈口罐1 |

05-227

| 时代 | 陶质<br>陶色<br>纹饰 | 泥质 | | 夹砂 | | 总计 | 可辨器形 |
|---|---|---|---|---|---|---|---|
| | | 灰<br>(褐) | 红<br>(褐) | 灰<br>(褐) | 红<br>(褐) | | |
| 官地一期遗存 | 弦纹 | | | 2 | 3 | 8 | 敛口罐1 |
| | 彩陶 | | 2 | | | | |
| | 彩陶 | 1 | | | | | |
| 阿善三期文化 | 篮纹 | | | 13 | | 13 | 窄沿罐1 |
| 朱开沟文化 | 绳纹 | 11 | | 3 | | 14 | |
| 战国 | 绳纹 | 7 | | | | 7 | |

05-228

| 时代 | 陶质<br>陶色<br>纹饰 | 泥质 | | 夹砂 | | 总计 | 可辨器形 |
|---|---|---|---|---|---|---|---|
| | | 灰<br>(褐) | 红<br>(褐) | 灰<br>(褐) | 红<br>(褐) | | |
| 鲁家坡一期遗存 | 素面 | | 3 | 2 | | 15 | 敛口罐2 |
| | 彩陶 | | 1 | | | | |
| | 绳纹 | | | | 7 | | |
| | 弦纹 | | | | 2 | | |
| 阿善三期文化 | 篮纹 | 4 | | 3 | | 7 | |
| 朱开沟文化 | 绳纹 | 6 | | | | 6 | |

05—229

| 时代 | 陶质 陶色 纹饰 | 泥质 | | 夹砂 | | 总计 | 可辨器形 |
|---|---|---|---|---|---|---|---|
| | | 灰（褐） | 红（褐） | 灰（褐） | 红（褐） | | |
| 庙子沟文化 | 素面 | | 1 | | | 1 | 筒形罐2 |
| 朱开沟文化 | 绳纹 | | | | 7 | 7 | |
| 战国 | 素面 | 3 | | | | 8 | |
| | 绳纹 | 5 | | | | | |

05—230

| 时代 | 陶质 陶色 纹饰 | 泥质 | | 夹砂 | | 总计 | 可辨器形 |
|---|---|---|---|---|---|---|---|
| | | 灰（褐） | 红（褐） | 灰（褐） | 红（褐） | | |
| 庙子沟文化 | 素面 | 2 | 3 | | | 6 | 敛口罐1 |
| | 彩陶 | | 1 | | | | |
| 朱开沟文化 | 绳纹 | | | 16 | 10 | 26 | 鬲1 |
| 战国 | 弦断绳纹 | 2 | | | | 2 | |

05—231

| 时代 | 陶质 陶色 纹饰 | 泥质 | | 夹砂 | | 总计 | 可辨器形 |
|---|---|---|---|---|---|---|---|
| | | 灰（褐） | 红（褐） | 灰（褐） | 红（褐） | | |
| 永兴店文化 | 素面 | 11 | | 5 | | 61 | 敛口瓮1、高领罐2 |
| | 彩陶 | | | | | | |
| | 绳纹 | | | 9 | | | |
| | 篮纹 | 11 | | 25 | | | |

05-232

| 时代 | 纹饰 | 泥质 灰(褐) | 泥质 红(褐) | 夹砂 灰(褐) | 夹砂 红(褐) | 总计 | 可辨器形 |
|---|---|---|---|---|---|---|---|
| 鲁家坡一期遗存 | 素面 | | | | 3 | 4 | 敛口盆1 |
| | 彩陶 | | 1 | | | | |
| 庙子沟文化 | 素面 | | 13 | | 3 | 34 | 侈沿罐6 |
| | 彩陶 | 9 | 6 | | 3 | | |
| 永兴店文化 | 素面 | | | 29 | | 47 | 折沿罐1 |
| | 绳纹 | | | 5 | | | |
| | 篮纹 | | | 13 | | | |
| 朱开沟文化 | 绳纹 | | | 3 | | 3 | 鬲1 |
| 汉代 | 素面 | 47 | | | | 56 | 折沿盆3、甑1、罐1 |
| | 绳纹 | 9 | | | | | |

05-233

| 时代 | 纹饰 | 泥质 灰(褐) | 泥质 红(褐) | 泥质 黄 | 夹砂 灰(褐) | 夹砂 红(褐) | 总计 | 可辨器形 |
|---|---|---|---|---|---|---|---|---|
| 官地一期遗存 | 绳纹 | | | 2 | | | 2 | |
| 庙子沟文化 | 素面 | | 1 | | | | 1 | 侈沿罐1 |
| 永兴店文化 | 素面 | 6 | | | | | 34 | |
| | 篮纹 | 18 | | | | 10 | | |

05-234

| 时代 | 纹饰 | 泥质 灰(褐) | 泥质 红(褐) | 夹砂 灰(褐) | 夹砂 红(褐) | 总计 | 可辨器形 |
|---|---|---|---|---|---|---|---|
| 官地一期遗存 | 素面 | | | 4 | | 4 | |
| 庙子沟文化 | 素面 | | 7 | | | 9 | 侈沿罐1 |
| | 绳纹 | | | | 2 | | |
| 战国 | 素面 | 8 | | | | 8 | |

05—235

| 时代 | 陶质<br>陶色<br>纹饰 | 泥质 | | 夹砂 | | 总计 | 可辨器形 |
|---|---|---|---|---|---|---|---|
| | | 灰<br>(褐) | 红<br>(褐) | 灰<br>(褐) | 红<br>(褐) | | |
| 庙子沟文化 | 素面 | | 3 | | 5 | 17 | 尖底瓶1、小口双耳罐1 |
| | 彩陶 | | 2 | | | | |
| | 绳纹 | | | | 7 | | |
| 阿善三期文化 | 篮纹 | 3 | | | | 3 | |
| 永兴店文化 | 素面 | 3 | | 7 | | 15 | 鬲1 |
| | 绳纹 | | | 3 | | | |
| | 篮纹 | | | 2 | | | |
| 朱开沟文化 | 绳纹 | 15 | | | | 15 | |
| 汉代 | 素面 | 7 | | | | 9 | |
| | 绳纹 | 2 | | | | | |

05—236

| 时代 | 陶质<br>陶色<br>纹饰 | 泥质 | | 夹砂 | | 总计 | 可辨器形 |
|---|---|---|---|---|---|---|---|
| | | 灰<br>(褐) | 红<br>(褐) | 灰<br>(褐) | 红<br>(褐) | | |
| 朱开沟文化 | 绳纹 | | 2 | | 2 | 4 | |
| 战国 | 素面 | 19 | | | | 23 | 豆1、钵1、罐1 |
| | 绳纹 | 4 | | | | | |

05—237

| 时代 | 陶质<br>陶色<br>纹饰 | 泥质 | | 夹砂 | | 总计 | 可辨器形 |
|---|---|---|---|---|---|---|---|
| | | 灰<br>(褐) | 红<br>(褐) | 灰<br>(褐) | 红<br>(褐) | | |
| 汉代 | 素面 | 10 | | | | 12 | 卷沿罐1、侈口罐1 |
| | 绳纹 | 1 | | | | | |
| | 篮纹 | 1 | | | | | |

05—238

| 时代 | 陶质<br>陶色<br>纹饰 | 泥质 | | 夹砂 | | 总计 | 可辨器形 |
|---|---|---|---|---|---|---|---|
| | | 灰<br>(褐) | 红<br>(褐) | 灰<br>(褐) | 红<br>(褐) | | |
| 庙子沟文化 | 素面 | | 2 | | | 6 | 敛口钵1 |
| | 彩陶 | | 1 | | | | |
| | 绳纹 | | | | 3 | | |
| | | | | | | | |
| 朱开沟文化 | 绳纹 | 2 | | | | 2 | |
| 汉代 | 素面 | 5 | | | | 12 | 折沿盆1 |
| | 绳纹 | 7 | | | | | |

05—239

| 时代 | 陶质<br>陶色<br>纹饰 | 泥质 | | 夹砂 | | 总计 | 可辨器形 |
|---|---|---|---|---|---|---|---|
| | | 灰<br>(褐) | 红<br>(褐) | 灰<br>(褐) | 红<br>(褐) | | |
| 永兴店文化 | 素面 | 7 | 1 | | | 9 | 卷沿罐1 |
| | 篮纹 | 1 | | | | | |
| 汉代 | 戳刺纹 | 2 | | | | 2 | |

05—240

| 时代 | 陶质<br>陶色<br>纹饰 | 泥质 | | 夹砂 | | 总计 | 可辨器形 |
|---|---|---|---|---|---|---|---|
| | | 灰<br>(褐) | 红<br>(褐) | 灰<br>(褐) | 红<br>(褐) | | |
| 汉代 | 素面 | 37 | | | | 68 | 折沿盆1、敛口罐2 |
| | 绳纹 | 31 | | | | | |

05-242

| 时代 | 陶质<br>陶色<br>纹饰 | 泥质 | | 夹砂 | | 总计 | 可辨器形 |
|---|---|---|---|---|---|---|---|
| | | 灰（褐） | 红（褐） | 灰（褐） | 红（褐） | | |
| 鲁家坡一期遗存 | 彩陶 | | 2 | | | 2 | 敛口弧腹钵1 |
| 庙子沟文化 | 素面 | | 4 | 1 | | 7 | 侈沿罐1 |
| | 彩陶 | 1 | | | | | |
| | 绳纹 | | | 1 | | | |
| 永兴店文化 | 素面 | 4 | | | | 29 | 侈口罐1、敛口折腹钵1 |
| | 绳纹 | | | 3 | | | |
| | 篮纹 | 6 | | 16 | | | |
| 朱开沟文化 | 绳纹 | | | 5 | | 5 | |

05-243

| 时代 | 陶质<br>陶色<br>纹饰 | 泥质 | | 夹砂 | | 总计 | 可辨器形 |
|---|---|---|---|---|---|---|---|
| | | 灰（褐） | 红（褐） | 灰（褐） | 红（褐） | | |
| 鲁家坡一期遗存 | 素面 | 7 | | 4 | | 11 | |
| 战国 | 素面 | 19 | | | | 19 | 卷沿罐2 |

05-244

| 时代 | 陶质<br>陶色<br>纹饰 | 泥质 | | 夹砂 | | 总计 | 可辨器形 |
|---|---|---|---|---|---|---|---|
| | | 灰<br>(褐) | 红<br>(褐) | 灰<br>(褐) | 红<br>(褐) | | |
| 鲁家坡一期遗存 | 素面 | | 3 | | | 9 | 敛口弧腹钵2 |
| | 彩陶 | | 4 | | | | |
| | 绳纹 | | | 2 | | | |
| 庙子沟文化 | 素面 | | 12 | | 3 | 36 | 小口双耳罐1 |
| | 彩陶 | | 13 | | | | |
| | 绳纹 | | | | 8 | | |
| 阿善三期文化 | 素面 | | | 3 | | 11 | |
| | 篮纹 | | 3 | 5 | | | |
| 朱开沟文化 | 绳纹 | | | 7 | | 7 | |
| 汉代 | 素面 | 22 | | 2 | | 32 | |
| | 绳纹 | | | 8 | | | |

05-246

| 时代 | 陶质<br>陶色<br>纹饰 | 泥质 | | 夹砂 | | 总计 | 可辨器形 |
|---|---|---|---|---|---|---|---|
| | | 灰<br>(褐) | 红<br>(褐) | 灰<br>(褐) | 红<br>(褐) | | |
| 庙子沟文化 | 彩陶 | | 1 | | | 1 | |
| 永兴店文化 | 绳纹 | | | 4 | | 7 | |
| | 篮纹 | 3 | | | | | |
| 战国 | 绳纹 | 17 | | | | 17 | 敛口碗1 |
| 汉代 | 素面 | 45 | | | | 59 | 小口双耳罐2 |
| | 其他纹饰 | 14 | | | | | |

05-247

| 时代 | 陶质<br>陶色<br>纹饰 | 泥质 | | 夹砂 | | 总计 | 可辨器形 |
|---|---|---|---|---|---|---|---|
| | | 灰<br>(褐) | 红<br>(褐) | 灰<br>(褐) | 红<br>(褐) | | |
| 阿善三期文化 | 篮纹 | 3 | | 11 | | 14 | 窄沿罐1 |
| 朱开沟文化 | 绳纹 | | | 10 | 24 | 34 | 鬲1 |
| 汉代 | 素面 | 40 | | | | 49 | 平折沿盆1、甑1 |
| | 绳纹 | 9 | | | | | |

05-248

| 时代 | 陶质<br>陶色<br>纹饰 | 泥质 | | 夹砂 | | 总计 | 可辨器形 |
|---|---|---|---|---|---|---|---|
| | | 灰<br>(褐) | 黄<br>(褐) | 灰<br>(褐) | 黄<br>(褐) | | |
| 鲁家坡一期遗存 | 素面 | 3 | 1 | | 1 | 8 | |
| | 绳纹 | | | 2 | 1 | | |
| 朱开沟文化 | 绳纹 | | | 10 | 24 | 34 | 三足瓮2 |
| 战国 | 素面 | 17 | | | | 52 | 碗1 |
| | 绳纹 | 35 | | | | | |

05-249

| 时代 | 陶质<br>陶色<br>纹饰 | 泥质 | | 夹砂 | | 总计 | 可辨器形 |
|---|---|---|---|---|---|---|---|
| | | 灰<br>(褐) | 红<br>(褐) | 灰<br>(褐) | 红<br>(褐) | | |
| 庙子沟文化 | 素面 | | 2 | | | 4 | 敛口钵1、尖底瓶1 |
| | 彩陶 | | 1 | | | | |
| | 绳纹 | | | | 1 | | |
| 永兴店文化 | 素面 | 1 | | | | 2 | 敛口折腹钵1 |
| | 篮纹 | | 1 | | | | |
| 朱开沟文化 | 绳纹 | 1 | | 1 | | 2 | 三足瓮1、鬲2 |
| 战国 | 素面 | 2 | | | | 5 | 矮领罐3 |
| | 绳纹 | 2 | | | 1 | | |

05—250

| 时代 \ 陶质 / 陶色 / 纹饰 | 泥质 | | 夹砂 | | 总计 | 可辨器形 |
|---|---|---|---|---|---|---|
| | 灰(褐) | 红(褐) | 灰(褐) | 红(褐) | | |
| 庙子沟文化 素面 | | 6 | 2 | | 22 | 侈沿罐2、小口壶1、 |
| 庙子沟文化 绳纹 | | 9 | | | | |
| 庙子沟文化 篮纹 | | | | 5 | | |
| 阿善三期文化 素面 | 6 | | | | 30 | 窄沿罐1、敛口瓮1 |
| 阿善三期文化 篮纹 | 4 | | 20 | | | |
| 朱开沟文化 绳纹 | | | 18 | 15 | 33 | 鬲1、直口盆1、三足瓮2 |
| 战国 素面 | 23 | | | | 30 | 高领罐1、鼓腹罐1 |
| 战国 绳纹 | 7 | | | | | |
| 汉代 素面 | 7 | | | | 7 | 平折沿盆1 |

05—252

| 时代 \ 陶质 / 陶色 / 纹饰 | 泥质 | | 夹砂 | | 总计 | 可辨器形 |
|---|---|---|---|---|---|---|
| | 灰(褐) | 红(褐) | 灰(褐) | 红(褐) | | |
| 鲁家坡一期遗存 绳纹 | | | | 2 | 2 | |
| 庙子沟文化 素面 | | | 2 | 3 | 16 | 敛口弧腹钵1 |
| 庙子沟文化 彩陶 | 3 | 8 | | | | |
| 汉代 素面 | 8 | | | | 8 | |

05－253

| 时代 | 陶质<br>陶色<br>纹饰 | 泥质 | | 夹砂 | | 总计 | 可辨器形 |
|---|---|---|---|---|---|---|---|
| | | 灰<br>(褐) | 红<br>(褐) | 灰<br>(褐) | 红<br>(褐) | | |
| 官地一期遗存 | 绳纹 | | | 21 | | 21 | 铁轨式口沿罐5 |
| 鲁家坡一期遗存 | 素面 | | 1 | 2 | | 29 | 敛口罐2 |
| | 绳纹 | | | 9 | | | |
| | 线纹 | | | 17 | | | |
| 庙子沟文化 | 素面 | 3 | 24 | | | 54 | 侈沿罐11 |
| | 彩陶 | | 20 | | | | |
| | 绳纹 | | | 4 | | | |
| | 篮纹 | | | 3 | | | |
| 永兴店文化 | 绳纹 | | | 4 | | 16 | 双耳罐1 |
| | 篮纹 | | 4 | 8 | | | |
| 朱开沟文化 | 绳纹 | | | 10 | | 10 | |

05－255

| 时代 | 陶质<br>陶色<br>纹饰 | 泥质 | | 夹砂 | | 总计 | 可辨器形 |
|---|---|---|---|---|---|---|---|
| | | 灰<br>(褐) | 红<br>(褐) | 灰<br>(褐) | 红<br>(褐) | | |
| 阿善三期文化 | 篮纹 | 14 | | | | 14 | 窄沿罐4、直壁瓮2 |
| 永兴店文化 | 素面 | 8 | | | | 21 | 鬲1 |
| | 绳纹 | | | 3 | | | |
| | 篮纹 | 10 | | | | | |
| 朱开沟文化 | 素面 | 3 | | | | 3 | |

05－256

| 时代 | 陶质<br>陶色<br>纹饰 | 泥质 | | 总计 | 可辨器形 |
|---|---|---|---|---|---|
| | | 灰（褐） | 红（褐） | | |
| 鲁家坡一期遗存 | 素面 | 2 | 2 | 4 | |
| 汉代 | 素面 | 27 | | 27 | 矮领罐1、平折沿盆1 |

05-257

| 时代 \ 纹饰 | 陶质→ | 泥质 | | 夹砂 | | 总计 | 可辨器形 |
|---|---|---|---|---|---|---|---|
| | 陶色→ | 灰（褐） | 红（褐） | 灰（褐） | 红（褐） | | |
| 庙子沟文化 | 素面 | | 1 | | | 2 | |
| | 彩陶 | | 1 | | | | |
| 阿善三期文化 | 素面 | 4 | | | | 10 | 直壁瓮1 |
| | 篮纹 | | | 1 | 5 | | |
| 朱开沟文化 | 绳纹 | 10 | | | | 10 | 鬲1、三足瓮2 |

05-258

| 时代 \ 纹饰 | 陶质→ | 泥质 | | 夹砂 | | 总计 | 可辨器形 |
|---|---|---|---|---|---|---|---|
| | 陶色→ | 灰 | 红 | 灰（褐） | 红（褐） | | |
| 鲁家坡一期遗存 | 素面 | 2 | 4 | 1 | 5 | 21 | 铁轨式口沿罐2、敛口钵13 |
| | 彩陶 | | 4 | | | | |
| | 绳纹 | | | 1 | 4 | | |
| 庙子沟文化 | 素面 | 3 | 2 | | | 16 | 直口钵2 |
| | 绳纹 | | | 3 | | | |
| | 彩陶 | | 5 | 2 | 1 | | |
| 阿善三期文化 | 素面 | 2 | | | | 12 | 折沿罐1 |
| | 篮纹 | 4 | | | | | |
| | 绳纹 | | | 4 | 2 | | |
| 战国 | 弦断绳纹 | 4 | | | | 4 | |

05-259

| 时代 \ 纹饰 | 陶质→ | 泥质 | | 夹砂 | | 总计 | 可辨器形 |
|---|---|---|---|---|---|---|---|
| | 陶色→ | 灰（褐） | 红（褐） | 灰（褐） | 红（褐） | | |
| 战国 | 绳纹 | 10 | | 4 | | 14 | 碗1、敛口罐1 |
| 汉代 | 素面 | 8 | | | | 23 | |
| | 绳纹 | 15 | | | | | |

05-260

| 时代 \ 陶质 陶色 \ 纹饰 | | 泥质 | | 夹砂 | | 总计 | 可辨器形 |
|---|---|---|---|---|---|---|---|
| | | 灰（褐） | 红（褐） | 灰（褐） | 红（褐） | | |
| 战国 | 绳纹 | | | 5 | | 28 | 鼓腹罐1、卷沿盆1 |
| | 弦断绳纹 | | | 23 | | | |
| 备注：鲁家坡一期遗存1件，阿善三期文化1件 | | | | | | | |

05-261

| 时代 \ 陶质 陶色 \ 纹饰 | | 泥质 | | 夹砂 | | 总计 | 可辨器形 |
|---|---|---|---|---|---|---|---|
| | | 灰（褐） | 红（褐） | 灰（褐） | 红（褐） | | |
| 鲁家坡一期遗存 | 素面 | | | 3 | | 3 | |
| 庙子沟文化 | 素面 | 7 | 5 | | | 20 | 侈沿罐1 |
| | 彩陶 | 2 | 3 | | | | |
| | 绳纹 | | | | 3 | | |

05-262

| 时代 \ 陶质 陶色 \ 纹饰 | | 泥质 | | 夹砂 | | 总计 | 可辨器形 |
|---|---|---|---|---|---|---|---|
| | | 灰 | 红 | 灰（褐） | 红（褐） | | |
| 鲁家坡一期遗存 | 素面 | 2 | 3 | 3 | 4 | 23 | 筒形罐2、敛口钵1 |
| | 彩陶 | | 2 | | | | |
| | 绳纹 | | | 1 | 4 | | |
| | 线纹 | | | 4 | | | |
| 庙子沟文化 | 素面 | 2 | 5 | | | 17 | 敛口弧腹钵2 |
| | 绳纹 | | | 7 | | | |
| | 彩陶 | | 3 | | | | |
| 战国 | 弦断绳纹 | 6 | | | | 11 | 折沿罐1、折沿盆1、碗2 |
| | 素面 | 5 | | | | | |

05-263

| 陶质 | | 泥质 | | 夹砂 | | 总计 | 可辨器形 |
|---|---|---|---|---|---|---|---|
| 时代 \ 纹饰 | 陶色 | 灰（褐） | 红（褐） | 灰（褐） | 红（褐） | | |
| 鲁家坡一期遗存 | 素面 | | 2 | | | 15 | 直口钵1 |
| | 彩陶 | | 1 | | | | |
| | 绳纹 | | | 5 | | | |
| | 篮纹 | | | 7 | | | |
| 永兴店文化 | 素面 | 10 | | | | 12 | 折沿罐1 |
| | 篮纹 | 2 | | | | | |
| 战国 | 素面 | 4 | | | | 21 | 折沿罐1、碗1 |
| | 弦断绳纹 | 17 | | | | | |

05-264

| 陶质 | | 泥质 | | 夹砂 | | 总计 | 可辨器形 |
|---|---|---|---|---|---|---|---|
| 时代 \ 纹饰 | 陶色 | 灰（褐） | 红（褐） | 灰（褐） | 红（褐） | | |
| 庙子沟文化 | 素面 | | 1 | | | 12 | 敛口钵1、小口壶1、敛口瓮1 |
| | 彩陶 | | 4 | | | | |
| | 绳纹 | | | | 7 | | |
| 永兴店文化 | 素面 | 21 | | | | 40 | 鬲1 |
| | 绳纹 | | | 15 | | | |
| | 篮纹 | 4 | | | | | |
| 汉代 | 素面 | 14 | | | | 44 | 高领罐1、侈沿罐1 |
| | 绳纹 | 30 | | | | | |
| 备注：鲁家坡一期遗存3片；朱开沟文化5片；战国2片 | | | | | | | |

05-265

| 时代 | 陶质 陶色 纹饰 | 泥质 | | 夹砂 | | 总计 | 可辨器形 |
|---|---|---|---|---|---|---|---|
| | | 灰（褐） | 红（褐） | 灰（褐） | 红（褐） | | |
| 永兴店文化 | 素面 | 4 | | | | 4 | |
| 朱开沟文化 | 绳纹 | 5 | | | | 5 | |
| 战国 | 素面 | 5 | | | | 24 | 折沿罐1 |
| | 绳纹 | 19 | | | | | |

05-267

| 时代 | 陶质 陶色 纹饰 | 泥质 | | 夹砂 | | 总计 | 可辨器形 |
|---|---|---|---|---|---|---|---|
| | | 灰（褐） | 红（褐） | 灰（褐） | 红（褐） | | |
| 庙子沟文化 | 素面 | 3 | | | | 7 | |
| | 彩陶 | 3 | | | | | |
| | 绳纹 | | 1 | | | | |

05-268

| 时代 | 陶质 陶色 纹饰 | 泥质 | | 夹砂 | | 总计 | 可辨器形 |
|---|---|---|---|---|---|---|---|
| | | 灰（褐） | 红（褐） | 灰（褐） | 红（褐） | | |
| 庙子沟文化 | 素面 | | 9 | | | 21 | 侈沿罐1、敛口瓮1 |
| | 彩陶 | | 7 | | | | |
| | 绳纹 | | | | 5 | | |
| 备注：鲁家坡一期遗存1片 | | | | | | | |

05—269

| 时代 陶质<br>陶色<br>纹饰 | | 泥质 | | 夹砂 | | 总计 | 可辨器形 |
|---|---|---|---|---|---|---|---|
| | | 灰<br>(褐) | 红<br>(褐) | 灰<br>(褐) | 红<br>(褐) | | |
| 庙子沟文化 | 素面 | 13 | | | | 34 | 小口壶1、小口罐1 |
| | 彩陶 | 4 | 9 | | | | |
| | 绳纹 | | | | 8 | | |
| 永兴店文化 | 素面 | 30 | | | | 32 | |
| | 篮纹 | 2 | | | | | |
| 朱开沟文化 | 绳纹 | 6 | | | | 6 | |

05—270

| 时代 陶质<br>陶色<br>纹饰 | | 泥质 | | 夹砂 | | 总计 | 可辨器形 |
|---|---|---|---|---|---|---|---|
| | | 灰<br>(褐) | 红<br>(褐) | 灰<br>(褐) | 红<br>(褐) | | |
| 战国 | 素面 | 8 | | | | 27 | 窄沿盆2、卷沿罐1 |
| | 绳纹 | 19 | | | | | |

05—272

| 时代 陶质<br>陶色<br>纹饰 | | 泥质 | | 夹砂 | | 总计 | 可辨器形 |
|---|---|---|---|---|---|---|---|
| | | 灰<br>(褐) | 红<br>(褐) | 灰<br>(褐) | 红<br>(褐) | | |
| 阿善三期文化 | 篮纹 | 12 | | | | 14 | |
| | 绳纹 | | | 2 | | | |
| 朱开沟文化 | 绳纹 | 6 | | | | 6 | |
| 永兴店文化 | 素面 | 10 | | | 4 | 33 | |
| | 绳纹 | | | 5 | | | |
| | 篮纹 | 14 | | | | | |

05—273

| 时代 \ 陶质陶色纹饰 | | 泥质 | | 夹砂 | | 总计 | 可辨器形 |
|---|---|---|---|---|---|---|---|
| | | 灰（褐） | 红（褐） | 灰（褐） | 红（褐） | | |
| 阿善三期文化 | 篮纹 | 2 | | | | 2 | |
| 永兴店文化 | 素面 | 2 | | | | 6 | 侈沿罐1 |
| | 篮纹 | 4 | | | | | |
| 朱开沟文化 | 绳纹 | | | 6 | | 6 | |

05—274

| 时代 \ 陶质陶色纹饰 | | 泥质 | | 夹砂 | | 总计 | 可辨器形 |
|---|---|---|---|---|---|---|---|
| | | 灰（褐） | 红（褐） | 灰（褐） | 红（褐） | | |
| 阿善三期文化 | 素面 | 4 | | | | 29 | 窄沿罐1 |
| | 绳纹 | | | 2 | | | |
| | 篮纹 | 22 | | 1 | | | |
| 战国 | 篮纹 | 4 | | | | 12 | 高领罐1 |
| | 绳纹 | 5 | | 3 | | | |

05—275

| 时代 \ 陶质陶色纹饰 | | 泥质 | | 夹砂 | | 总计 | 可辨器形 |
|---|---|---|---|---|---|---|---|
| | | 灰（褐） | 红（褐） | 灰（褐） | 红（褐） | | |
| 鲁家坡一期遗存 | 素面 | 1 | 2 | | | 3 | |
| 阿善三期文化 | 篮纹 | 4 | | 2 | | 6 | |
| 永兴店文化 | 篮纹 | 21 | | 3 | | 37 | 鬲1、窄沿罐1、敛口瓮1 |
| | 素面 | 9 | | | | | |
| | 绳纹 | | | 4 | | | |
| 朱开沟文化 | 绳纹 | | | 12 | 68 | 80 | 甗1、三足瓮2 |
| 战国 | 素面 | 6 | | | | 30 | 侈沿罐1 |
| | 绳纹 | 24 | | | | | |

05-276

| 时代 | 陶质<br>陶色<br>纹饰 | 泥质 | | 夹砂 | | 总计 | 可辨器形 |
|---|---|---|---|---|---|---|---|
| | | 灰(褐) | 红(褐) | 灰(褐) | 红(褐) | | |
| 永兴店文化 | 绳纹 | | | 5 | | 17 | |
| | 篮纹 | 12 | | | | | |
| 汉代 | 素面 | 10 | | | | 10 | |

05-277

| 时代 | 陶质<br>陶色<br>纹饰 | 泥质 | | 夹砂 | | 总计 | 可辨器形 |
|---|---|---|---|---|---|---|---|
| | | 灰(褐) | 红(褐) | 灰(褐) | 红(褐) | | |
| 永兴店文化 | 素面 | 4 | | | | 14 | |
| | 绳纹 | | | 5 | | | |
| | 篮纹 | 5 | | | | | |
| 汉代 | 素面 | 14 | | | | 23 | |
| | 绳纹 | 9 | | | | | |

05-278

| 时代 | 陶质<br>陶色<br>纹饰 | 泥质 | | 夹砂 | | 总计 | 可辨器形 |
|---|---|---|---|---|---|---|---|
| | | 灰(褐) | 红(褐) | 灰(褐) | 红(褐) | | |
| 庙子沟文化 | 彩陶 | | 2 | | | 4 | |
| | 绳纹 | | | | 2 | | |
| 永兴店文化 | 素面 | 20 | | | | 120 | 高领罐1、盂1、鬲2、敛口瓮1 |
| | 绳纹 | | | 30 | | | |
| | 篮纹 | 40 | | 30 | | | |

05—279

| 时代 | 纹饰 陶色 陶质 | 泥质 | | 夹砂 | | 总计 | 可辨器形 |
|---|---|---|---|---|---|---|---|
| | | 灰（褐） | 红（褐） | 灰（褐） | 红（褐） | | |
| 永兴店文化 | 素面 | 9 | | | | 72 | 高领罐2、敛口罐1、敛口瓮1、鬲2 |
| | 绳纹 | | | 31 | | | |
| | 篮纹 | 24 | | 8 | | | |

05—280

| 时代 | 纹饰 陶色 陶质 | 泥质 | | 夹砂 | | 总计 | 可辨器形 |
|---|---|---|---|---|---|---|---|
| | | 灰（褐） | 红（褐） | 灰（褐） | 红（褐） | | |
| 永兴店文化 | 绳纹 | | | 23 | | 63 | 盂1、高领罐1、鬲1 |
| | 篮纹 | 40 | | | | | |

05—281

| 时代 | 纹饰 陶色 陶质 | 泥质 | | 夹砂 | | 总计 | 可辨器形 |
|---|---|---|---|---|---|---|---|
| | | 灰（褐） | 红（褐） | 灰（褐） | 红（褐） | | |
| 汉代 | 素面 | 53 | | | | 68 | 卷沿罐1、卷沿盆1 |
| | 绳纹 | 5 | | | | | |
| | 刺纹 | 10 | | | | | |

05—284

| 时代 | 纹饰 陶色 陶质 | 泥质 | | 夹砂 | | 总计 | 可辨器形 |
|---|---|---|---|---|---|---|---|
| | | 灰（褐） | 红（褐） | 灰（褐） | 红（褐） | | |
| 汉代 | 素面 | 12 | | | | 16 | |
| | 刺纹 | 4 | | | | | |

05-285

| 时代 | 陶质 陶色 纹饰 | 泥质 | | 夹砂 | | 总计 | 可辨器形 |
|---|---|---|---|---|---|---|---|
| | | 灰(褐) | 红(褐) | 灰(褐) | 红(褐) | | |
| 朱开沟文化 | 素面 | 7 | | | | 91 | 三足瓮1、敞口盆1 |
| | 绳纹 | | | 84 | | | |

05-286

| 时代 | 陶质 陶色 纹饰 | 泥质 | | 夹砂 | | 总计 | 可辨器形 |
|---|---|---|---|---|---|---|---|
| | | 灰(褐) | 红(褐) | 灰(褐) | 红(褐) | | |
| 庙子沟文化 | 素面 | | 10 | | | 32 | |
| | 彩陶 | | 22 | | | | |

05-287

| 时代 | 陶质 陶色 纹饰 | 泥质 | | 夹砂 | | 总计 | 可辨器形 |
|---|---|---|---|---|---|---|---|
| | | 灰(褐) | 红(褐) | 灰(褐) | 红(褐) | | |
| 永兴店文化 | 绳纹 | | | 10 | | 22 | |
| | 篮纹 | 12 | | | | | |
| 汉代 | 绳纹 | 2 | | | | 2 | |

05-288

| 时代 | 陶质 陶色 纹饰 | 泥质 | | 夹砂 | | 总计 | 可辨器形 |
|---|---|---|---|---|---|---|---|
| | | 灰(褐) | 红(褐) | 灰(褐) | 红(褐) | | |
| 永兴店文化 | 素面 | 7 | | | 2 | 12 | |
| | 篮纹 | | | 3 | | | |
| 战国 | 素面 | 11 | | | | 15 | |
| | 绳纹 | 4 | | | | | |

05-289

| 时代 | 纹饰 | 泥质 灰(褐) | 泥质 红(褐) | 夹砂 灰(褐) | 夹砂 红(褐) | 总计 | 可辨器形 |
|---|---|---|---|---|---|---|---|
| 鲁家坡一期遗存 | 绳纹 | | | | 6 | 6 | 铁轨式口沿罐1 |
| 庙子沟文化 | 素面 | | | | 3 | 10 | 敛口钵1 |
| | 彩陶 | 5 | | | | | |
| | 绳纹 | | | 2 | | | |
| 阿善三期文化 | 素面 | 4 | | | | 64 | 窄沿罐1 |
| | 绳纹 | 60 | | | | | |
| 永兴店文化 | 篮纹 | 6 | | | | 9 | |
| | 绳纹 | | | | 3 | | |

05-290

| 时代 | 纹饰 | 泥质 灰(褐) | 泥质 红(褐) | 夹砂 灰(褐) | 夹砂 红(褐) | 总计 | 可辨器形 |
|---|---|---|---|---|---|---|---|
| 鲁家坡一期遗存 | 彩陶 | | 4 | | | 14 | 铁轨式口沿罐2 |
| | 绳纹 | | | | 6 | | |
| | 弦纹 | | | | 4 | | |
| 庙子沟文化 | 素面 | 4 | 21 | | | 39 | |
| | 彩陶 | | 14 | | | | |
| 永兴店文化 | 素面 | 3 | | | | 16 | 折沿罐1 |
| | 绳纹 | | | 4 | | | |
| | 篮纹 | 9 | | | | | |
| 朱开沟文化 | 绳纹 | | 4 | 6 | | 10 | |
| 汉代 | 素面 | 8 | | | | 9 | |
| | 水波纹 | 1 | | | | | |

05—291

| 时代 | 陶质 | 泥质 | | 夹砂 | | 总计 | 可辨器形 |
|------|------|------|------|------|------|------|------|
| | 陶色 纹饰 | 灰(褐) | 红(褐) | 灰(褐) | 红(褐) | | |
| 鲁家坡一期遗存 | 素面 | 5 | 12 | | | 28 | 敛口钵2、尖底瓶1 |
| | 彩陶 | | 2 | | | | |
| | 绳纹 | | | | 9 | | |

05—292

| 时代 | 陶质 | 泥质 | | 夹砂 | | 总计 | 可辨器形 |
|------|------|------|------|------|------|------|------|
| | 陶色 纹饰 | 灰(褐) | 红(褐) | 灰(褐) | 红(褐) | | |
| 庙子沟文化 | 素面 | | 5 | | | 18 | 小口双耳罐2、瓮1 |
| | 彩陶 | | 11 | | | | |
| | 篮纹 | | 2 | | | | |
| 永兴店文化 | 素面 | 10 | | | | 53 | 小口罐2、敛口瓮1 |
| | 绳纹 | | | 10 | | | |
| | 篮纹 | 33 | | | | | |
| 朱开沟文化 | 绳纹 | | 9 | 5 | | 14 | 三足瓮1、甗1件、壶1 |
| 备注：阿善三期文化2片，战国4片 | | | | | | | |

05—293

| 时代 | 陶质 | 泥质 | | 夹砂 | | 总计 | 可辨器形 |
|------|------|------|------|------|------|------|------|
| | 陶色 纹饰 | 灰(褐) | 红(褐) | 灰(褐) | 红(褐) | | |
| 庙子沟文化 | 绳纹 | | 3 | | | 3 | |
| 永兴店文化 | 篮纹 | 7 | | | | 7 | |
| 战国 | 素面 | 12 | | | | 32 | 窄沿盆1 |
| | 绳纹 | 20 | | | | | |

05-294

| 时代 | 陶质 / 陶色 / 纹饰 | 泥质 | | 夹砂 | | 总计 | 可辨器形 |
|---|---|---|---|---|---|---|---|
| | | 灰(褐) | 红(褐) | 灰(褐) | 红(褐) | | |
| 官地一期遗存 | 素面 | | | | 4 | 13 | |
| | 绳纹 | | | | 9 | | |
| 永兴店文化 | 素面 | 11 | | | | 41 | 鬲1 |
| | 弦断绳纹 | | | 14 | | | |
| | 篮纹 | 16 | | | | | |
| 战国 | 素面 | 6 | | | | 36 | 碗1 |
| | 绳纹 | 30 | | | | | |

05-295

| 时代 | 陶质 / 陶色 / 纹饰 | 泥质 | | 夹砂 | | 总计 | 可辨器形 |
|---|---|---|---|---|---|---|---|
| | | 灰(褐) | 红(褐) | 灰(褐) | 红(褐) | | |
| 永兴店文化 | 素面 | | 3 | | | 97 | 敛口瓮1、甗1 |
| | 绳纹 | | | 40 | | | |
| | 篮纹 | 42 | 12 | | | | |
| 朱开沟文化 | 绳纹 | | | 4 | | 4 | |
| 战国 | 素面 | 8 | | | | 18 | 侈沿罐1 |
| | 绳纹 | 10 | | | | | |

05-296

| 时代 | 陶质 / 陶色 / 纹饰 | 泥质 | | 夹砂 | | 总计 | 可辨器形 |
|---|---|---|---|---|---|---|---|
| | | 灰(褐) | 红(褐) | 灰(褐) | 红(褐) | | |
| 鲁家坡一期遗存 | 绳纹 | | | 3 | | 3 | |
| 阿善三期文化 | 篮纹 | 5 | | | | 5 | |
| 战国 | 绳纹 | 35 | | | | 35 | 折沿盆2、碗1、高领罐1 |

05—300

| 时代 \ 陶质 陶色 纹饰 | | 泥质 | | 夹砂 | | 总计 | 可辨器形 |
|---|---|---|---|---|---|---|---|
| | | 灰（褐） | 红（褐） | 灰（褐） | 红（褐） | | |
| 鲁家坡一期遗存 | 素面 | | 26 | | | 60 | 铁轨式口沿罐1、窄沿罐1 |
| | 彩陶 | | 6 | | | | |
| | 绳纹 | | | 8 | 20 | | |
| 庙子沟文化 | 素面 | | 8 | | | 15 | 直口钵1 |
| | 彩陶 | 3 | 3 | | | | |
| | 篮纹 | | 1 | | | | |
| 备注：官地一期遗存陶片3 | | | | | | | |

05—301

| 时代 \ 陶质 陶色 纹饰 | | 泥质 | | 夹砂 | | 总计 | 可辨器形 |
|---|---|---|---|---|---|---|---|
| | | 灰（褐） | 红（褐） | 灰（褐） | 红（褐） | | |
| 庙子沟文化 | 素面 | | 5 | 2 | | 24 | 尖底瓶2、侈沿罐2 |
| | 篮纹 | | 4 | | | | |
| | 绳纹 | | | 6 | | | |
| | 附加堆纹 | | 3 | 4 | | | |
| 阿善三期文化 | 绳纹 | | | 7 | | 13 | |
| | 篮纹 | | 6 | | | | |

05—302

| 时代 \ 陶质 陶色 纹饰 | | 泥质 | | 夹砂 | | 总计 | 可辨器形 |
|---|---|---|---|---|---|---|---|
| | | 灰（褐） | 红（褐） | 灰（褐） | 红（褐） | | |
| 鲁家坡一期遗存 | 绳纹 | | | | 8 | 8 | 敛口钵1、尖底瓶1 |
| 庙子沟文化 | 素面 | 4 | 16 | 7 | | 45 | 直口弧腹钵2 |
| | 彩陶 | | 18 | | | | |
| 阿善三期文化 | 绳纹 | 28 | | | | 28 | |

05—303

| 时代 \ 纹饰 \ 陶色 \ 陶质 | | 泥质 | | 夹砂 | | 总计 | 可辨器形 |
|---|---|---|---|---|---|---|---|
| | | 灰（褐） | 红（褐） | 灰（褐） | 红（褐） | | |
| 鲁家坡一期遗存 | 素面 | 2 | | | 1 | 3 | |
| 战国 | 素面 | 14 | | | | 25 | 卷沿盆1、碗1 |
| | 绳纹 | 11 | | | | | |

05—304

| 时代 \ 纹饰 \ 陶色 \ 陶质 | | 泥质 | | 夹砂 | | 总计 | 可辨器形 |
|---|---|---|---|---|---|---|---|
| | | 灰（褐） | 红（褐） | 灰（褐） | 红（褐） | | |
| 庙子沟文化 | 素面 | | | | 2 | 5 | 小口双耳罐1 |
| | 彩陶 | | | | 3 | | |
| 阿善三期文化 | 素面 | 2 | | | | 4 | 钵1 |
| | 篮纹 | 2 | | | | | |
| 朱开沟文化 | 绳纹 | | | 4 | | 4 | |
| 战国 | 素面 | 5 | | | | 11 | |
| | 绳纹 | 6 | | | | | |
| 备注：鲁家坡一期遗存陶片2片 | | | | | | | |

05—305

| 时代 \ 纹饰 \ 陶色 \ 陶质 | | 泥质 | | 夹砂 | | 总计 | 可辨器形 |
|---|---|---|---|---|---|---|---|
| | | 灰（褐） | 红（褐） | 灰（褐） | 红（褐） | | |
| 庙子沟文化 | 绳纹 | | | 2 | 3 | 5 | 敛口钵1 |
| 阿善三期文化 | 篮纹 | 4 | | | | 4 | |
| 朱开沟文化 | 绳纹 | | | 21 | 10 | 31 | 鬲2 |

05-306

| 时代 | 陶质 | 泥质 | | 夹砂 | | 总计 | 可辨器形 |
| | 陶色 | 灰(褐) | 红(褐) | 灰(褐) | 红(褐) | | |
| | 纹饰 | | | | | | |
| 战国 | 素面 | 5 | | | | 32 | 矮领罐1 |
| | 绳纹 | | | 27 | | | |

05-308

| 时代 | 陶质 | 泥质 | | 夹砂 | | 总计 | 可辨器形 |
| | 陶色 | 灰(褐) | 红(褐) | 灰(褐) | 红(褐) | | |
| | 纹饰 | | | | | | |
| 阿善三期文化 | 绳纹 | | | | 2 | 8 | |
| | 篮纹 | 6 | | | | | |
| 朱开沟文化 | 绳纹 | | | 6 | | 6 | |

05-309

| 时代 | 陶质 | 泥质 | | 夹砂 | | 总计 | 可辨器形 |
| | 陶色 | 灰(褐) | 红(褐) | 灰(褐) | 红(褐) | | |
| | 纹饰 | | | | | | |
| 庙子沟文化 | 素面 | 7 | | | | 23 | 尖底瓶1、侈沿罐2 |
| | 彩陶 | | 2 | | | | |
| | 绳纹 | | | 8 | | | |
| | 篮纹 | 6 | | | | | |

05-311

| 时代 | 陶质 | 泥质 | | 夹砂 | | 总计 | 可辨器形 |
| | 陶色 | 灰(褐) | 红(褐) | 灰(褐) | 红(褐) | | |
| | 纹饰 | | | | | | |
| 阿善三期文化 | 篮纹 | 3 | | 1 | | 4 | |
| 朱开沟文化 | 绳纹 | | | 4 | 6 | 10 | 鬲、高领罐1 |
| 战国 | 素面 | 2 | | | | 10 | |
| | 绳纹 | 8 | | | | | |

05-312

| 时代 | 陶质 陶色 纹饰 | 泥质 灰（褐） | 泥质 红（褐） | 夹砂 灰（褐） | 夹砂 红（褐） | 总计 | 可辨器形 |
|---|---|---|---|---|---|---|---|
| 庙子沟文化 | 素面 | | 15 | | 3 | 89 | 筒形罐2 |
| 庙子沟文化 | 彩陶 | | 37 | | | 89 | |
| 庙子沟文化 | 交叉绳纹 | | | 28 | 6 | 89 | |
| 永兴店文化 | 篮纹 | 6 | | | | 6 | |

05-313

| 时代 | 陶质 陶色 纹饰 | 泥质 灰（褐） | 泥质 红（褐） | 夹砂 灰（褐） | 夹砂 红（褐） | 总计 | 可辨器形 |
|---|---|---|---|---|---|---|---|
| 汉代 | 素面 | 6 | | | | 15 | 小口罐2、折沿盆1 |
| 汉代 | 绳纹 | 9 | | | | 15 | |

05-314

| 时代 | 陶质 陶色 纹饰 | 泥质 灰（褐） | 泥质 红（褐） | 夹砂 灰（褐） | 夹砂 红（褐） | 总计 | 可辨器形 |
|---|---|---|---|---|---|---|---|
| 庙子沟文化 | 素面 | 2 | 3 | | | 9 | |
| 庙子沟文化 | 彩陶 | | 2 | | | 9 | |
| 庙子沟文化 | 绳纹 | | | 2 | | 9 | |
| 永兴店文化 | 绳纹 | 6 | | | | 34 | |
| 永兴店文化 | 篮纹 | 28 | | | | 34 | |
| 朱开沟文化 | 绳纹 | 18 | | | 4 | 22 | |
| 战国 | 绳纹 | 28 | | | | 28 | |
| 备注：鲁家坡一期遗存陶片6片 | | | | | | | |

05—315

| 时代 | 陶质<br>陶色<br>纹饰 | 泥质 | | 夹砂 | | 总计 | 可辨器形 |
|---|---|---|---|---|---|---|---|
| | | 灰<br>(褐) | 红<br>(褐) | 灰<br>(褐) | 红<br>(褐) | | |
| 永兴店文化 | 素面 | 1 | | | | 7 | |
| | 篮纹 | 5 | | 1 | | | |

05—316

| 时代 | 陶质<br>陶色<br>纹饰 | 泥质 | | 夹砂 | | 总计 | 可辨器形 |
|---|---|---|---|---|---|---|---|
| | | 灰<br>(褐) | 红<br>(褐) | 灰<br>(褐) | 红<br>(褐) | | |
| 阿善三期文化 | 篮纹 | 25 | | | | 25 | 窄沿罐2 |

05—317

| 时代 | 陶质<br>陶色<br>纹饰 | 泥质 | | 夹砂 | | 总计 | 可辨器形 |
|---|---|---|---|---|---|---|---|
| | | 灰<br>(褐) | 红<br>(褐) | 灰<br>(褐) | 红<br>(褐) | | |
| 鲁家坡一期遗存 | 素面 | 2 | | 3 | | 5 | |
| 朱开沟文化 | 绳纹 | | | 4 | 1 | 5 | 带纽罐1 |
| 战国 | 绳纹 | 3 | | | | 3 | |

05—318

| 时代 | 陶质<br>陶色<br>纹饰 | 泥质 | | 夹砂 | | 总计 | 可辨器形 |
|---|---|---|---|---|---|---|---|
| | | 灰<br>(褐) | 红<br>(褐) | 灰<br>(褐) | 红<br>(褐) | | |
| 庙子沟文化 | 素面 | 2 | | 4 | | 6 | 窄沿罐1 |
| 战国 | 绳纹 | 21 | | | | 21 | |

05-319

| 时代 | 陶质<br>陶色<br>纹饰 | 泥质 | | 夹砂 | | 总计 | 可辨器形 |
|---|---|---|---|---|---|---|---|
| | | 灰<br>(褐) | 红<br>(褐) | 灰<br>(褐) | 红<br>(褐) | | |
| 阿善三期文化 | 素面 | 2 | | | | 4 | |
| | 篮纹 | 2 | | | | | |
| 战国 | 素面 | 10 | | | | 18 | 折沿盆1 |
| | 绳纹 | 8 | | | | | |

05-320

| 时代 | 陶质<br>陶色<br>纹饰 | 泥质 | | 夹砂 | | 总计 | 可辨器形 |
|---|---|---|---|---|---|---|---|
| | | 灰<br>(褐) | 红<br>(褐) | 灰<br>(褐) | 红<br>(褐) | | |
| 鲁家坡一期遗存 | 素面 | 1 | 1 | | | 3 | |
| | 绳纹 | | 1 | | | | |
| 永兴店文化 | 素面 | | 1 | | | 2 | |
| | 篮纹 | | | 1 | | | |
| 汉代 | 素面 | 16 | | | | 16 | 矮领罐2 |

05-321

| 时代 | 陶质<br>陶色<br>纹饰 | 泥质 | | 夹砂 | | 总计 | 可辨器形 |
|---|---|---|---|---|---|---|---|
| | | 灰<br>(褐) | 红<br>(褐) | 灰<br>(褐) | 红<br>(褐) | | |
| 阿善三期文化 | 素面 | | | 1 | 1 | 3 | |
| | 篮纹 | 1 | | | | | |
| 汉代 | 素面 | 10 | | | | 12 | 窄沿罐1 |
| | 绳纹 | 2 | | | | | |

05-322

| 时代 | 陶质 陶色 纹饰 | 泥质 | | 夹砂 | | 总计 | 可辨器形 |
|---|---|---|---|---|---|---|---|
| | | 灰（褐） | 红（褐） | 灰（褐） | 红（褐） | | |
| 永兴店文化 | 绳纹 | | | 2 | | 10 | |
| | 篮纹 | 8 | | | | | |

05-323

| 时代 | 陶质 陶色 纹饰 | 泥质 | | 夹砂 | | 总计 | 可辨器形 |
|---|---|---|---|---|---|---|---|
| | | 灰（褐） | 红（褐） | 灰（褐） | 红（褐） | | |
| 阿善三期文化 | 素面 | 2 | | | | 8 | |
| | 绳纹 | | | 3 | | | |
| | 篮纹 | 3 | | | | | |

05-324

| 时代 | 陶质 陶色 纹饰 | 泥质 | | 夹砂 | | 总计 | 可辨器形 |
|---|---|---|---|---|---|---|---|
| | | 灰（褐） | 红（褐） | 灰（褐） | 红（褐） | | |
| 庙子沟文化 | 绳纹 | | | 4 | | 9 | |
| | 篮纹 | | 5 | | | | |
| 朱开沟文化 | 绳纹 | | | 13 | | 13 | 折沿罐1 |

05-325

| 时代 | 陶质 陶色 纹饰 | 泥质 | | 夹砂 | | 总计 | 可辨器形 |
|---|---|---|---|---|---|---|---|
| | | 灰（褐） | 红（褐） | 灰（褐） | 红（褐） | | |
| 阿善三期文化 | 素面 | 2 | | | | 5 | |
| | 篮纹 | 1 | | 2 | | | |
| 朱开沟文化 | 绳纹 | | | 2 | | 2 | |
| 汉代 | 绳纹 | 2 | | | | 2 | |

05-326

| 时代 | 陶质 陶色 纹饰 | 泥质 | | 夹砂 | | 总计 | 可辨器形 |
|---|---|---|---|---|---|---|---|
| | | 灰（褐） | 红（褐） | 灰（褐） | 红（褐） | | |
| 阿善三期文化 | 篮纹 | 3 | | | | 3 | |
| 战国 | 绳纹 | 18 | | | | 18 | |

05-327

| 时代 | 陶质 陶色 纹饰 | 泥质 | | 夹砂 | | 总计 | 可辨器形 |
|---|---|---|---|---|---|---|---|
| | | 灰（褐） | 红（褐） | 灰（褐） | 红（褐） | | |
| 庙子沟文化 | 素面 | | 6 | 2 | | 20 | |
| | 彩陶 | | 4 | | | | |
| | 绳纹 | | | 5 | 3 | | |
| 战国 | 绳纹 | 21 | | | | 21 | |

05-328

| 时代 | 陶质 陶色 纹饰 | 泥质 | | 夹砂 | | 总计 | 可辨器形 |
|---|---|---|---|---|---|---|---|
| | | 灰（褐） | 红（褐） | 灰（褐） | 红（褐） | | |
| 鲁家坡一期遗存 | 素面 | | 2 | | | 4 | |
| | 绳纹 | | | 2 | | | |
| 永兴店文化 | 绳纹 | | | 10 | | 60 | 小口罐1、鬲1 |
| | 篮纹 | 50 | | | | | |

05−329

| 时代 | 陶质<br>陶色<br>纹饰 | 泥质 | | 夹砂 | | 总计 | 可辨器形 |
|---|---|---|---|---|---|---|---|
| | | 灰<br>（褐） | 红<br>（褐） | 灰<br>（褐） | 红<br>（褐） | | |
| 鲁家坡一期遗存 | 素面 | | 3 | | | 14 | 敛口卷沿罐1、直口罐1 |
| | 彩陶 | | 9 | | | | |
| | 线纹 | | 1 | | | | |
| | 篮纹 | 1 | | | | | |
| 朱开沟文化 | 绳纹 | 4 | | | | 4 | |

05−330

| 时代 | 陶质<br>陶色<br>纹饰 | 泥质 | | 夹砂 | | 总计 | 可辨器形 |
|---|---|---|---|---|---|---|---|
| | | 灰<br>（褐） | 红<br>（褐） | 灰<br>（褐） | 红<br>（褐） | | |
| 庙子沟文化 | 素面 | 2 | | | | 6 | |
| | 绳纹 | | | | 4 | | |
| 阿善三期文化 | 素面 | 10 | | | | 11 | |
| | 篮纹 | 1 | | | | | |
| 战国 | 绳纹 | 7 | | | | 7 | |

05−332

| 时代 | 陶质<br>陶色<br>纹饰 | 泥质 | | 夹砂 | | 总计 | 可辨器形 |
|---|---|---|---|---|---|---|---|
| | | 灰<br>（褐） | 红<br>（褐） | 灰<br>（褐） | 红<br>（褐） | | |
| 庙子沟文化 | 绳纹 | | 1 | 2 | | 4 | 筒形罐1 |
| | 篮纹 | 1 | | | | | |
| 朱开沟文化 | 绳纹 | 6 | | 4 | 6 | 16 | |
| 汉代 | 素面 | 10 | | | | 52 | 矮领罐2、碗1 |
| | 绳纹 | 42 | | | | | |

05—333

| 时代 ＼ 纹饰 ＼ 陶色 ＼ 陶质 | | 泥质 | | 夹砂 | | 总计 | 可辨器形 |
|---|---|---|---|---|---|---|---|
| | | 灰（褐） | 红（褐） | 灰（褐） | 红（褐） | | |
| 庙子沟文化 | 素面 | | 8 | | | 54 | 小口双耳罐1、矮领罐1 |
| | 彩陶 | | 22 | | | | |
| | 绳纹 | | | | 4 | | |
| | 篮纹 | 8 | 12 | | | | |
| 战国 | 素面 | 5 | | | | 15 | 矮领罐1、折沿盆1 |
| | 绳纹 | 10 | | | | | |

05—334

| 时代 ＼ 纹饰 ＼ 陶色 ＼ 陶质 | | 泥质 | | 夹砂 | | 总计 | 可辨器形 |
|---|---|---|---|---|---|---|---|
| | | 灰（褐） | 红（褐） | 灰（褐） | 红（褐） | | |
| 庙子沟文化 | 素面 | | 5 | | | 39 | 敛口罐2、敛口钵1 |
| | 彩陶 | | 24 | | | | |
| | 绳纹 | | | | 10 | | |
| 战国 | 素面 | 6 | | | | 21 | 矮领罐1、折沿盆1 |
| | 绳纹 | 15 | | | | | |

05—335

| 时代 ＼ 纹饰 ＼ 陶色 ＼ 陶质 | | 泥质 | | 夹砂 | | 总计 | 可辨器形 |
|---|---|---|---|---|---|---|---|
| | | 灰（褐） | 红（褐） | 灰（褐） | 红（褐） | | |
| 庙子沟文化 | 彩陶 | | 7 | | | 9 | |
| | 绳纹 | | | | 2 | | |
| 永兴店文化 | 素面 | 5 | | | | 44 | 敛口罐1、敛口钵2、侈沿罐1 |
| | 绳纹 | | | 15 | | | |
| | 篮纹 | 24 | | | | | |
| 战国 | 素面 | 4 | | | | 7 | |
| | 绳纹 | 3 | | | | | |

05－336

| 时代 | 陶质<br>陶色<br>纹饰 | 泥质 | | 夹砂 | | 总计 | 可辨器形 |
|---|---|---|---|---|---|---|---|
| | | 灰<br>(褐) | 红<br>(褐) | 灰<br>(褐) | 红<br>(褐) | | |
| 阿善三期文化 | 篮纹 | 6 | | | | 6 | 敛口瓮1 |
| 战国 | 素面 | 5 | | | | 15 | 矮领罐1 |
| | 绳纹 | 10 | | | | | |

05－337

| 时代 | 陶质<br>陶色<br>纹饰 | 泥质 | | 夹砂 | | 总计 | 可辨器形 |
|---|---|---|---|---|---|---|---|
| | | 灰<br>(褐) | 红<br>(褐) | 灰<br>(褐) | 红<br>(褐) | | |
| 朱开沟文化 | 素面 | | | | 1 | 2 | 侈沿罐1 |
| | 绳纹 | | | | 1 | | |

05－338

| 时代 | 陶质<br>陶色<br>纹饰 | 泥质 | | 夹砂 | | 总计 | 可辨器形 |
|---|---|---|---|---|---|---|---|
| | | 灰<br>(褐) | 红<br>(褐) | 灰<br>(褐) | 红<br>(褐) | | |
| 阿善三期文化 | 绳纹 | | | 16 | | 26 | 敛口瓮1 |
| | 篮纹 | 10 | | | | | |
| 永兴店文化 | 篮纹 | 8 | | | | 8 | |
| 战国 | 绳纹 | 3 | | | | 3 | |

05－339

| 时代 | 陶质<br>陶色<br>纹饰 | 泥质 | | 夹砂 | | 总计 | 可辨器形 |
|---|---|---|---|---|---|---|---|
| | | 灰<br>(褐) | 红<br>(褐) | 灰<br>(褐) | 红<br>(褐) | | |
| 官地一期遗存 | 素面 | 2 | 1 | | | 5 | |
| | 绳纹 | | | | 2 | | |
| 战国 | 素面 | 15 | | | | 36 | 矮领罐2 |
| | 绳纹 | 21 | | | | | |

05－340

| 时代 | 陶质 陶色 纹饰 | 泥质 | | 夹砂 | | 总计 | 可辨器形 |
|---|---|---|---|---|---|---|---|
| | | 灰(褐) | 红(褐) | 灰(褐) | 红(褐) | | |
| 永兴店文化 | 素面 | 7 | | | | 55 | |
| | 绳纹 | | | 14 | | | |
| | 篮纹 | 34 | | | | | |
| 备注：官地一期遗存及朱开沟文化陶片各3片 | | | | | | | |

05－341

| 时代 | 陶质 陶色 纹饰 | 泥质 | | 夹砂 | | 总计 | 可辨器形 |
|---|---|---|---|---|---|---|---|
| | | 灰(褐) | 红(褐) | 灰(褐) | 红(褐) | | |
| 庙子沟文化 | 彩陶 | 1 | | | | 2 | |
| | 绳纹 | | | | 1 | | |
| 永兴店文化 | 绳纹 | | | 9 | | 15 | 鬲2 |
| | 篮纹 | 6 | | | | | |
| 朱开沟文化 | 绳纹 | | | 2 | | 2 | |
| 战国 | 绳纹 | 11 | | | | 11 | |

05－342

| 时代 | 陶质 陶色 纹饰 | 泥质 | | 夹砂 | | 总计 | 可辨器形 |
|---|---|---|---|---|---|---|---|
| | | 灰(褐) | 红(褐) | 灰(褐) | 红(褐) | | |
| 鲁家坡一期遗存 | 素面 | 1 | 1 | | | 8 | |
| | 绳纹 | | | 6 | | | |
| 庙子沟文化 | 素面 | 10 | 3 | | | 22 | 碗1 |
| | 绳纹 | | | 7 | 1 | | |
| | 篮纹 | | 1 | | | | |

05-343

| 时代 | 陶质<br>陶色<br>纹饰 | 泥质 | | 夹砂 | | 总计 | 可辨器形 |
|---|---|---|---|---|---|---|---|
| | | 灰<br>(褐) | 红<br>(褐) | 灰<br>(褐) | 红<br>(褐) | | |
| 鲁家坡一期遗存 | 绳纹 | | | | 5 | 5 | |
| 庙子沟文化 | 素面 | 31 | 30 | | | 84 | 侈沿罐2、敛口瓮1、<br>直口折腹钵1 |
| | 彩陶 | | 6 | | | | |
| | 绳纹 | | | 17 | | | |
| 战国 | 素面 | 8 | | | | 10 | |
| | 绳纹 | 2 | | | | | |

05-344

| 时代 | 陶质<br>陶色<br>纹饰 | 泥质 | | 夹砂 | | 总计 | 可辨器形 |
|---|---|---|---|---|---|---|---|
| | | 灰<br>(褐) | 红<br>(褐) | 灰<br>(褐) | 红<br>(褐) | | |
| 庙子沟文化 | 素面 | 1 | 3 | | | 7 | |
| | 彩陶 | | 1 | | | | |
| | 绳纹 | | | 2 | | | |
| 阿善三期文化 | 素面 | 1 | | | | 16 | 窄沿罐2、侈沿罐1 |
| | 篮纹 | 15 | | | | | |

05-345

| 时代 | 陶质<br>陶色<br>纹饰 | 泥质 | | 夹砂 | | 总计 | 可辨器形 |
|---|---|---|---|---|---|---|---|
| | | 灰<br>(褐) | 红<br>(褐) | 灰<br>(褐) | 红<br>(褐) | | |
| 鲁家坡一期遗存 | 素面 | 2 | | | | 7 | 铁轨式口沿罐2 |
| | 绳纹 | | | 5 | | | |
| 庙子沟文化 | 素面 | | 3 | | | 5 | |
| | 彩陶 | | 2 | | | | |
| 阿善三期文化 | 素面 | 7 | | | | 36 | 窄沿罐2、侈沿罐1 |
| | 篮纹 | 16 | | 13 | | | |

05—346

| 时代 \ 陶质 \ 陶色 \ 纹饰 | | 泥质 | | 夹砂 | | 总计 | 可辨器形 |
|---|---|---|---|---|---|---|---|
| | | 灰（褐） | 红（褐） | 灰（褐） | 红（褐） | | |
| 庙子沟文化 | 素面 | | 1 | | | 12 | 小口壶2 |
| | 彩陶 | 3 | 8 | | | | |
| 朱开沟文化 | 绳纹 | | | 6 | | 6 | |
| 战国 | 素面 | 4 | | | | 4 | |

05—347

| 时代 \ 陶质 \ 陶色 \ 纹饰 | | 泥质 | | 夹砂 | | 总计 | 可辨器形 |
|---|---|---|---|---|---|---|---|
| | | 灰（褐） | 红（褐） | 灰（褐） | 红（褐） | | |
| 庙子沟文化 | 素面 | 5 | | | | 23 | 敛口钵2 |
| | 绳纹 | | | | 18 | | |
| 朱开沟文化 | 绳纹 | 11 | | 8 | | 19 | 甗1 |
| 战国 | 素面 | 2 | | | | 6 | |
| | 绳纹 | 4 | | | | | |

05—348

| 时代 \ 陶质 \ 陶色 \ 纹饰 | | 泥质 | | 夹砂 | | 总计 | 可辨器形 |
|---|---|---|---|---|---|---|---|
| | | 灰（褐） | 红（褐） | 灰（褐） | 红（褐） | | |
| 阿善三期文化 | 素面 | 5 | | | | 28 | 折沿罐1 |
| | 篮纹 | 15 | | 8 | | | |
| 朱开沟文化 | 绳纹 | | | | 6 | 6 | |
| 战国 | 绳纹 | 3 | | | | 3 | 平折沿盆1 |
| 汉代 | 绳纹 | 6 | | | | 6 | |

05—349

| 时代 | 陶质<br>陶色<br>纹饰 | 泥质 | | 夹砂 | | 总计 | 可辨器形 |
|---|---|---|---|---|---|---|---|
| | | 灰<br>(褐) | 红<br>(褐) | 灰<br>(褐) | 红<br>(褐) | | |
| 庙子沟文化 | 绳纹 | | | | 4 | 4 | 侈沿罐1 |
| 永兴店文化 | 素面 | 3 | | | | 4 | 敛口瓮1、高领罐1 |
| | 篮纹 | | | 1 | | | |
| 战国 | 绳纹 | 7 | | | | 7 | 高领罐2 |

05—350

| 时代 | 陶质<br>陶色<br>纹饰 | 泥质 | | 夹砂 | | 总计 | 可辨器形 |
|---|---|---|---|---|---|---|---|
| | | 灰<br>(褐) | 红<br>(褐) | 灰<br>(褐) | 红<br>(褐) | | |
| 庙子沟文化 | 彩陶 | 4 | | | | 7 | 小口壶1 |
| | 绳纹 | | | 3 | | | |
| 阿善三期文化 | 绳纹 | | | 2 | | 12 | 甑1件 |
| | 篮纹 | 10 | | | | | |
| 战国 | 素面 | 3 | | | | 15 | 矮领罐1 |
| | 绳纹 | 12 | | | | | |
| 汉代 | 绳纹 | 2 | | 3 | | 5 | |

05—351

| 时代 | 陶质<br>陶色<br>纹饰 | 泥质 | | 夹砂 | | 总计 | 可辨器形 |
|---|---|---|---|---|---|---|---|
| | | 灰<br>(褐) | 红<br>(褐) | 灰<br>(褐) | 红<br>(褐) | | |
| 庙子沟文化 | 绳纹 | | | 2 | | 2 | 侈沿罐1 |
| 阿善三期文化 | 素面 | 4 | | | | 8 | |
| | 篮纹 | 3 | | 1 | | | |
| 永兴店文化 | 素面 | 13 | | | | 76 | 鬲3、罐1、高领壶1、敛口瓮1 |
| | 绳纹 | 32 | | | | | |
| | 篮纹 | 31 | | | | | |
| 战国 | 绳纹 | 26 | | | | 26 | 折沿盆2、碗1 |

05-352

| 时代 | 陶质<br>陶色<br>纹饰 | 泥质 | | 夹砂 | | 总计 | 可辨器形 |
|---|---|---|---|---|---|---|---|
| | | 灰（褐） | 红（褐） | 灰（褐） | 红（褐） | | |
| 鲁家坡一期遗存 | 素面 | | 2 | | | 6 | 折沿盆1 |
| | 绳纹 | | | 1 | | | |
| | 弦纹 | | | | 3 | | |
| 战国 | 素面 | 50 | | | | 120 | 矮领罐1、平折沿盆1 |
| | 绳纹 | 70 | | | | | |

05-353

| 时代 | 陶质<br>陶色<br>纹饰 | 泥质 | | 夹砂 | | 总计 | 可辨器形 |
|---|---|---|---|---|---|---|---|
| | | 灰（褐） | 红（褐） | 灰（褐） | 红（褐） | | |
| 庙子沟文化 | 素面 | 2 | | | | 3 | |
| | 绳纹 | 1 | | | | | |
| 永兴店文化 | 绳纹 | | | 7 | | 7 | |
| 战国 | 绳纹 | 10 | | | | 10 | 卷沿罐1 |
| 备注：鲁家坡一期遗存陶片2片 | | | | | | | |

05-354

| 时代 | 陶质<br>陶色<br>纹饰 | 泥质 | | 夹砂 | | 总计 | 可辨器形 |
|---|---|---|---|---|---|---|---|
| | | 灰（褐） | 红（褐） | 灰（褐） | 红（褐） | | |
| 庙子沟文化 | 素面 | 7 | | | | 29 | 敞口弧腹钵1、敛口弧腹钵1、小口双耳罐1 |
| | 彩陶 | 15 | | | | | |
| | 绳纹 | | | 7 | | | |
| 阿善三期文化 | 篮纹 | 3 | | 6 | | 18 | 窄沿罐3 |
| | 素面 | 5 | | 4 | | | |
| 永兴店文化 | 素面 | 4 | | | | 11 | |
| | 篮纹 | 7 | | | | | |

05−355

| 时代 陶质 陶色 纹饰 | | 泥质 | | 夹砂 | | 总计 | 可辨器形 |
|---|---|---|---|---|---|---|---|
| | | 灰（褐） | 红（褐） | 灰（褐） | 红（褐） | | |
| 庙子沟文化 | 素面 | 10 | 16 | | | 41 | |
| | 彩陶 | | 5 | | | | |
| | 绳纹 | | | 10 | | | |

05−356

| 时代 陶质 陶色 纹饰 | | 泥质 | | 夹砂 | | 总计 | 可辨器形 |
|---|---|---|---|---|---|---|---|
| | | 灰（褐） | 红（褐） | 灰（褐） | 红（褐） | | |
| 鲁家坡一期遗存 | 绳纹 | | | 3 | 2 | 5 | 铁轨式口沿罐1 |
| 庙子沟文化 | 素面 | | 28 | | | 61 | 小口双耳罐1 |
| | 彩陶 | 6 | 17 | | | | |
| | 绳纹 | | | 10 | | | |

05−357

| 时代 陶质 陶色 纹饰 | | 泥质 | | 夹砂 | | 总计 | 可辨器形 |
|---|---|---|---|---|---|---|---|
| | | 灰（褐） | 红（褐） | 灰（褐） | 红（褐） | | |
| 庙子沟文化 | 素面 | 7 | 10 | | | 49 | 侈沿罐4 |
| | 彩陶 | | 5 | | | | |
| | 绳纹 | | | 16 | 6 | | |
| | 篮纹 | 5 | | | | | |

05-358

| 时代 | 陶质 陶色 纹饰 | 泥质 | | 夹砂 | | 总计 | 可辨器形 |
|---|---|---|---|---|---|---|---|
| | | 灰(褐) | 红(褐) | 灰(褐) | 红(褐) | | |
| 庙子沟文化 | 素面 | 4 | | | | 13 | |
| | 彩陶 | | 6 | | | | |
| | 绳纹 | | | 3 | | | |
| 战国 | 素面 | 10 | | | | 23 | 碗1 |
| | 绳纹 | 13 | | | | | |

05-359

| 时代 | 陶质 陶色 纹饰 | 泥质 | | 夹砂 | | 总计 | 可辨器形 |
|---|---|---|---|---|---|---|---|
| | | 灰(褐) | 红(褐) | 灰(褐) | 红(褐) | | |
| 阿善三期文化 | 绳纹 | | | 1 | | 5 | 小口罐1 |
| | 篮纹 | 3 | | 1 | | | |

05-360

| 时代 | 陶质 陶色 纹饰 | 泥质 | | 夹砂 | | 总计 | 可辨器形 |
|---|---|---|---|---|---|---|---|
| | | 灰(褐) | 红(褐) | 灰(褐) | 红(褐) | | |
| 阿善三期文化 | 素面 | 11 | | | | 13 | 折沿盆1 |
| | 篮纹 | 2 | | | | | |
| 战国-汉代 | 绳纹 | 9 | | | | 9 | |

05-361

| 时代 | 陶质 陶色 纹饰 | 泥质 | | 夹砂 | | 总计 | 可辨器形 |
|---|---|---|---|---|---|---|---|
| | | 灰(褐) | 红(褐) | 灰(褐) | 红(褐) | | |
| 战国 | 绳纹 | 4 | | | | 4 | |
| 汉代 | 素面 | 32 | | | | 32 | |

05－362

| 时代 | 陶质<br>陶色<br>纹饰 | 泥质 | | 夹砂 | | 总计 | 可辨器形 |
|---|---|---|---|---|---|---|---|
| | | 灰<br>(褐) | 红<br>(褐) | 灰<br>(褐) | 红<br>(褐) | | |
| 阿善三期文化 | 篮纹 | | 5 | | | 5 | 折沿罐1 |
| 朱开沟文化 | 绳纹 | | | 17 | | 17 | |
| 战国 | 素面 | 4 | | | | 16 | |
| | 绳纹 | 12 | | | | | |

05－363

| 时代 | 陶质<br>陶色<br>纹饰 | 泥质 | | 夹砂 | | 总计 | 可辨器形 |
|---|---|---|---|---|---|---|---|
| | | 灰<br>(褐) | 红<br>(褐) | 灰<br>(褐) | 红<br>(褐) | | |
| 鲁家坡一期遗存 | 绳纹 | | | 2 | | 2 | |
| 阿善三期文化 | 绳纹 | | | 2 | | 13 | 折沿罐1 |
| | 篮纹 | 11 | | | | | |
| 朱开沟文化 | 绳纹 | | | 8 | | 8 | |

05－364

| 时代 | 陶质<br>陶色<br>纹饰 | 泥质 | | 夹砂 | | 总计 | 可辨器形 |
|---|---|---|---|---|---|---|---|
| | | 灰<br>(褐) | 红<br>(褐) | 灰<br>(褐) | 红<br>(褐) | | |
| 战国 | 素面 | 7 | | | | 22 | 卷沿盆1 |
| | 绳纹 | 15 | | | | | |
| 汉代 | 素面 | 6 | | | | 13 | |
| | 绳纹 | 7 | | | | | |

05-365

| 时代 \ 陶质 陶色 纹饰 | | 泥质 | | 夹砂 | | 总计 | 可辨器形 |
|---|---|---|---|---|---|---|---|
| | | 灰(褐) | 红(褐) | 灰(褐) | 红(褐) | | |
| 鲁家坡遗存 | 素面 | | 7 | 4 | | 11 | 敛口钵2 |
| 阿善三期文化 | 篮纹 | 4 | | | | 6 | |
| | 素面 | 2 | | | | | |

05-366

| 时代 \ 陶质 陶色 纹饰 | | 泥质 | | 夹砂 | | 总计 | 可辨器形 |
|---|---|---|---|---|---|---|---|
| | | 灰(褐) | 红(褐) | 灰(褐) | 红(褐) | | |
| 战国 | 绳纹 | 25 | | 13 | | 38 | 碗1、矮领罐1、折沿盆1 |
| 备注：鲁家坡一期遗存陶片3片 | | | | | | | |

05-367

| 时代 \ 陶质 陶色 纹饰 | | 泥质 | | 夹砂 | | 总计 | 可辨器形 |
|---|---|---|---|---|---|---|---|
| | | 灰(褐) | 红(褐) | 灰(褐) | 红(褐) | | |
| 鲁家坡一期遗存 | 弦纹 | | 7 | | | 13 | 铁轨式口沿罐2 |
| | 绳纹 | | | | 6 | | |
| 阿善三期文化 | 篮纹 | 4 | | | | 4 | 直口钵1 |

彩版

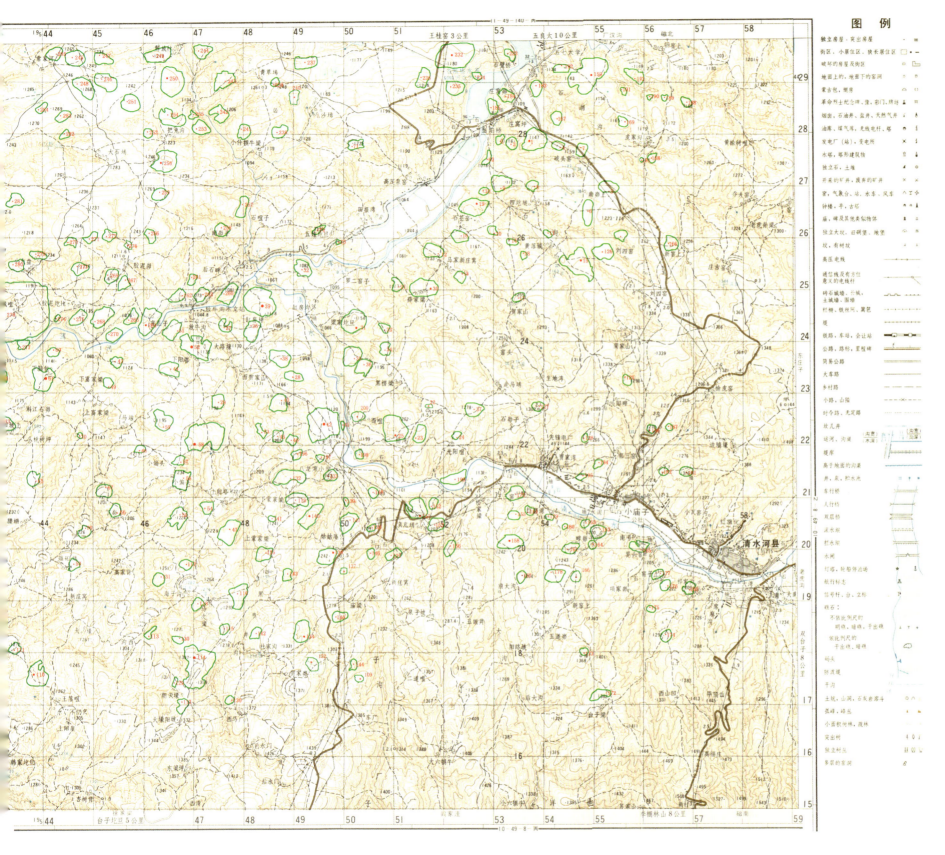

图例

调查区域内遗址点分布及地理位置图

彩版一

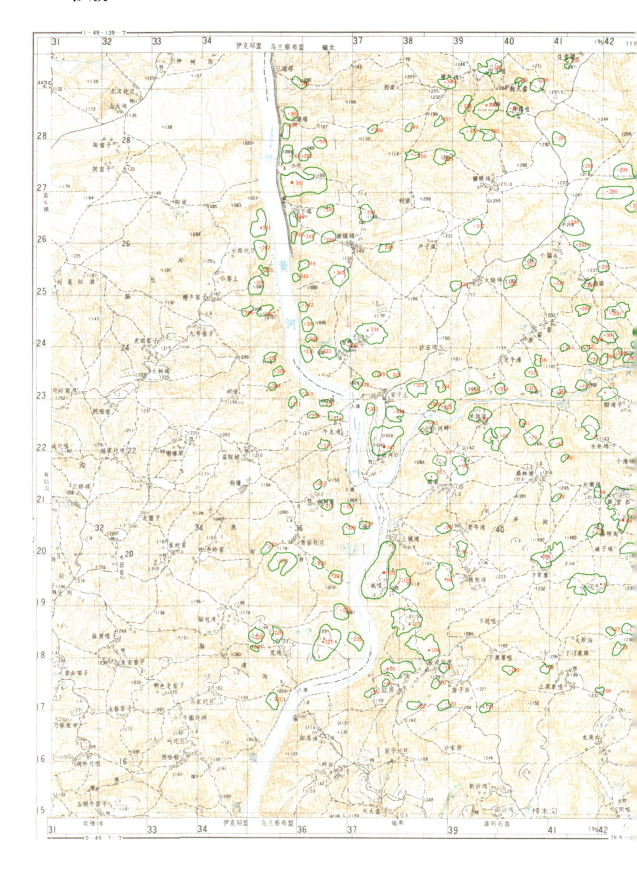

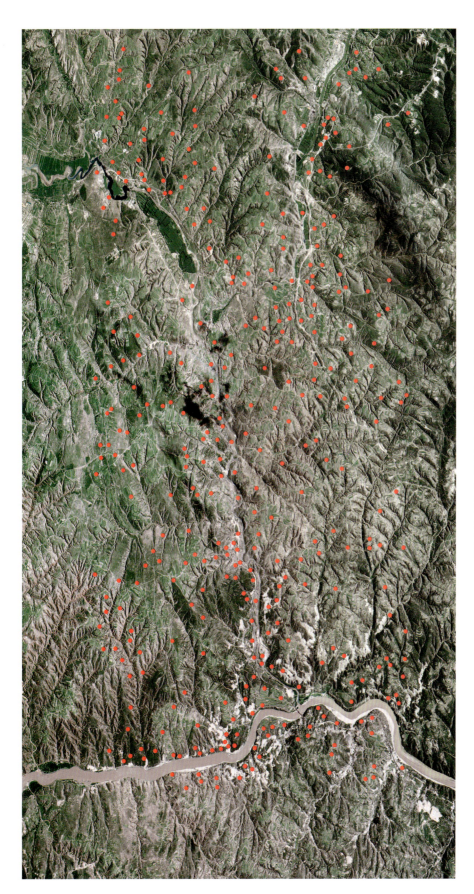

调查区域内遗址点卫片分布图

官地一期遗存遗址点卫片分布图

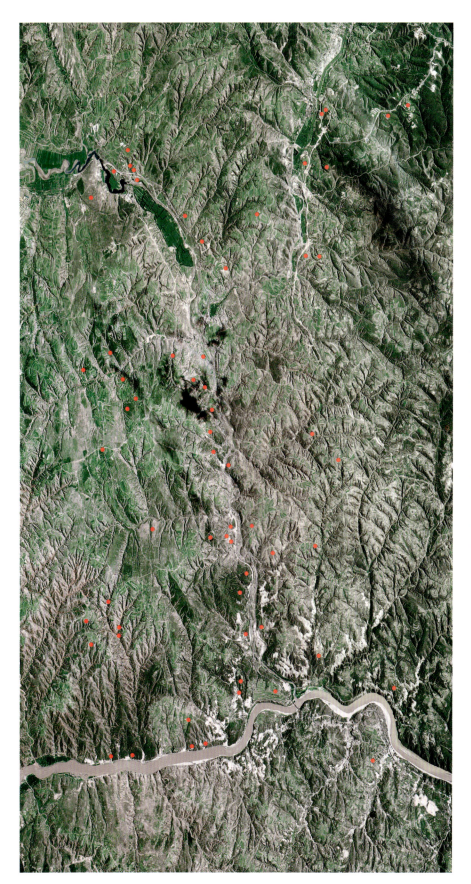

鲁家坡一期遗存遗址点卫片分布图

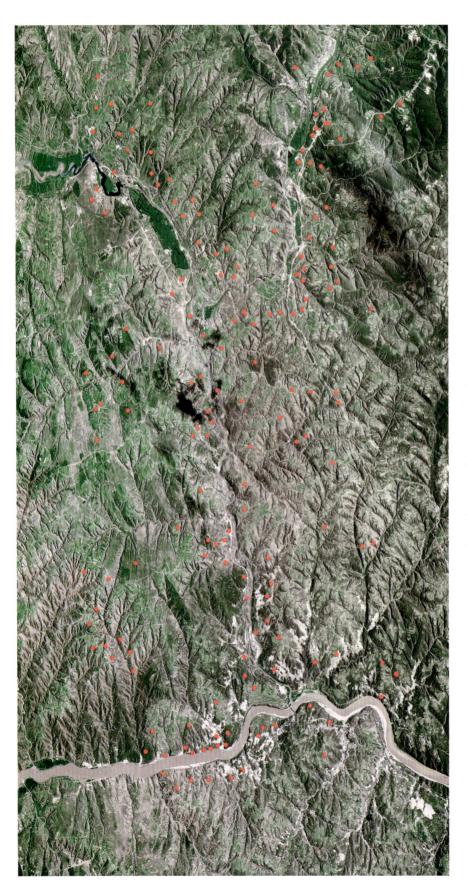

庙子沟文化遗址点卫片分布图

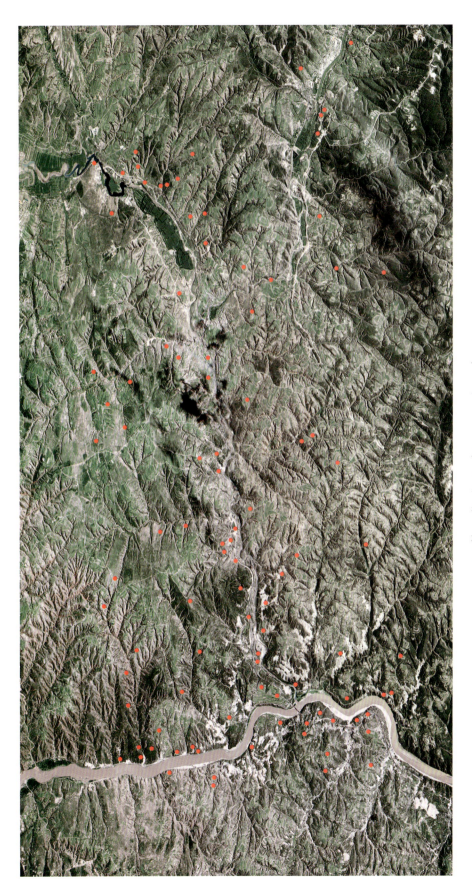

阿善三期文化遗址点卫片分布图

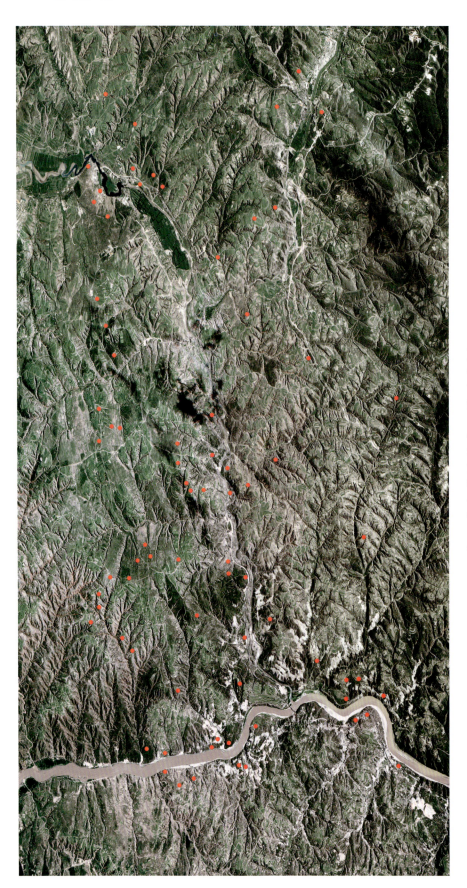

永兴店文化遗址点卫片分布图

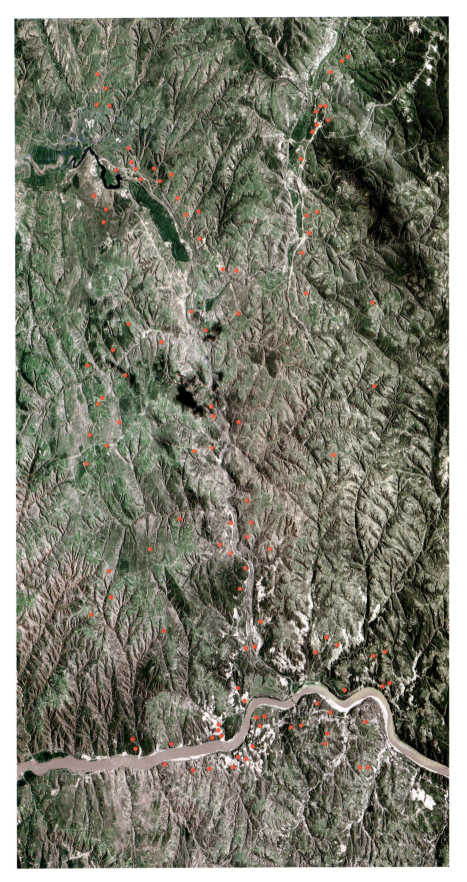

朱开沟文化遗址点卫片分布图

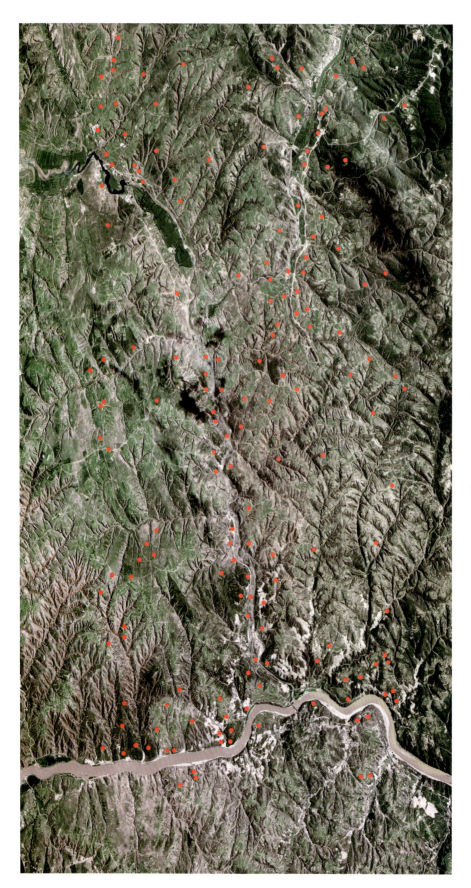

战国遗址点卫片分布图

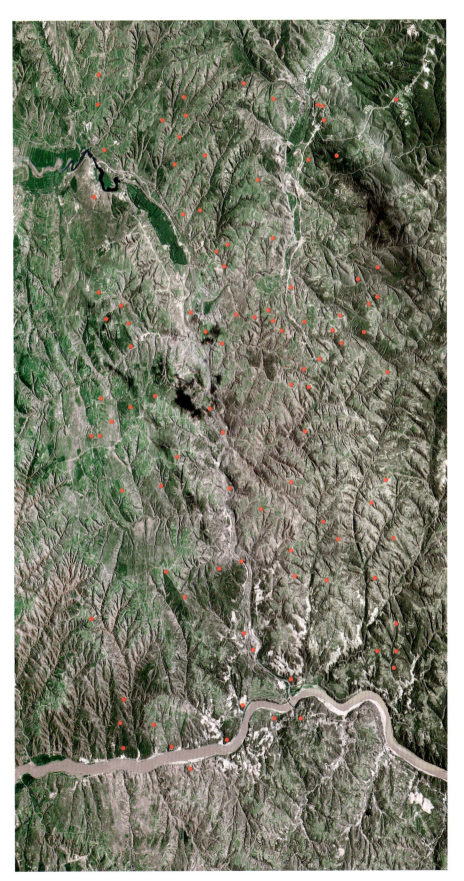

汉代遗址点卫片分布图

1. 04-001～04-004号遗址远景（西北—东南）

2. 04-002号遗址点远景（西北—东南）

04-001～04-004号遗址点远景

1.04-023号遗址点全景（北—南）

2.04-027号遗址点全景（西北—东南）

04-023、04-027号遗址点全景

1. 04-061号下脑包石城远景（西一东）

2. 04-061号遗址内清理的祭祀坑

04-061号下脑包石城

1. 04-064号下脑包石城远景（南—北）

2. 04-074号遗址点远景（东—西）

04-064、04-074号遗址点远景

1. 04-062号遗址点远景（北—南）

2. 04-101号咀古城城内近景（东南—西北）

04-062号遗址点远景及04-101号遗址点近景

1. 04-101号城咀古城东城墙墙体（南—北）

2. 04-101号城咀古城南城墙墙体（东—西）

04-101号城咀古城

1.04-103号城咀石城全景（东南一西北）

2.04-103号城咀石城东城墙墙体（西一东）

04-103号城咀石城全景及城墙近景

1. 04-125号阳畔墓地远景

2. 05-225号荒地遗址近景

04-125、05-225号遗址点远景及近景

1.05-236号遗址点全景（南一北）

2.05-242号遗址点全景（南一北）

05-236、05-242号遗址点全景

1.05-243号遗址点远景（南—北）

1.05-249号遗址点远景（南—北）

05-243、05-249号遗址点远景

1. 后城城内近景（南—北）

2. 东城墙墙体（北—南）

3. 西城墙墙体（北—南）

05-278号后城咀石城

1.05-292号遗址点全景（北—南）

2.05-339号遗址点全景（北—南）

05-292、05-339号遗址点全景

1. 后城远景（西—东）

2. 东第一道城墙墙体（南—北）

05-351号下塔石城（一）

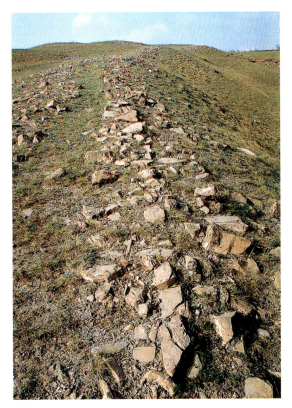

1. 第二道东城墙（南—北）

2. 东第一道城墙发掘全景（北—南）

05-351号下塔石城（二）

1. 05-343号遗址点全景（北—南）

2. 05-367号岔河口遗址全景（东北—西南）

05-343、05-367号遗址点全景

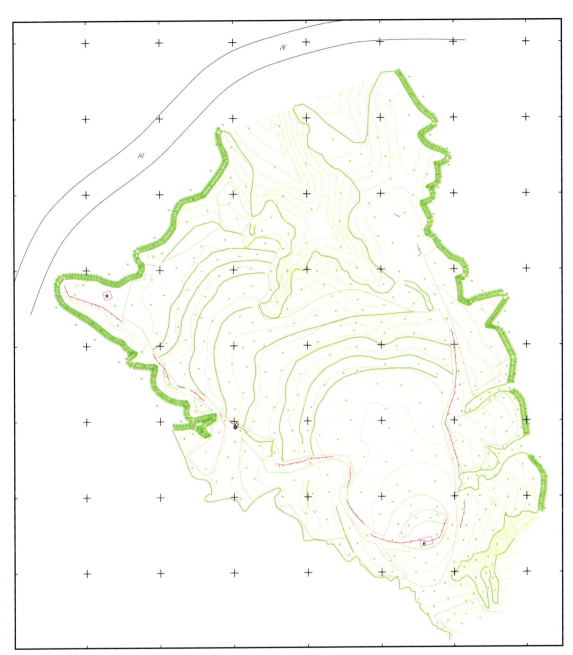

河

浑

浑

河

说明：图中的浑河是示意位置，只作为参考。

1 : 1000

04-061号下脑包石城地形图

彩版二七

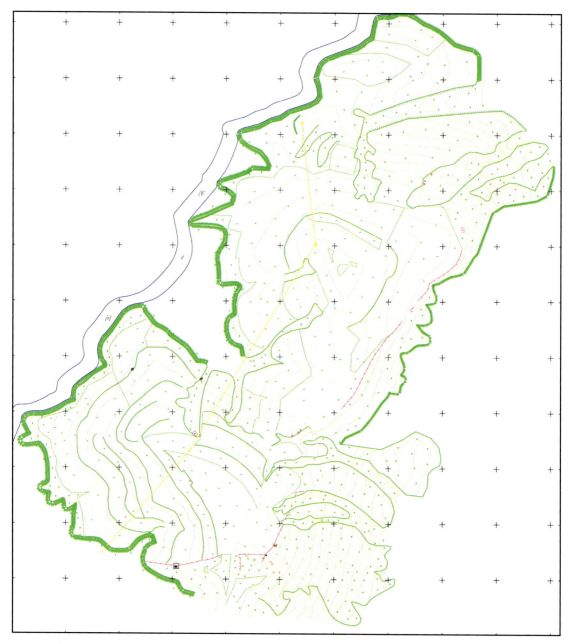

河

浑

说明：图中的浑河是示意位置，只作为参考。

1：1000

04—064号下脑包石城地形图

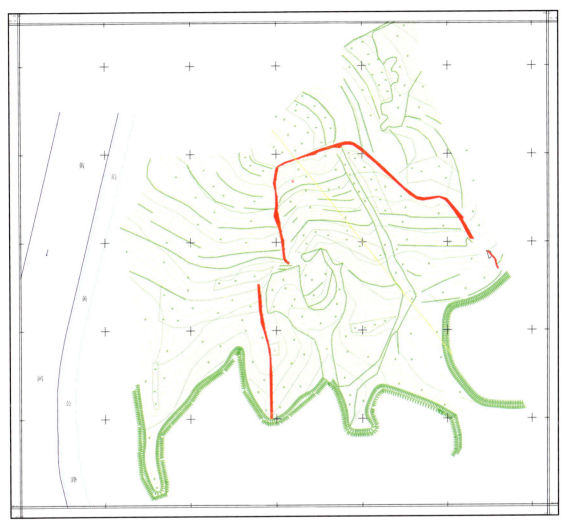

说明：图中的黄河及沿黄公路是示意位置，只作为参考。　　　　　　　　　　1∶1000

**04—090号城咀石城地形图**

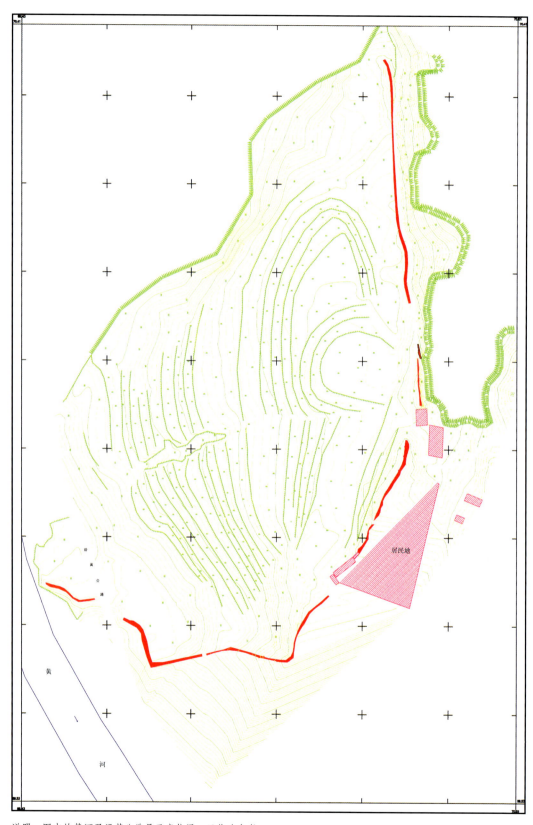

说明：图中的黄河及沿黄公路是示意位置，只作为参考。

1∶1000

04−101号城咀古城地形图

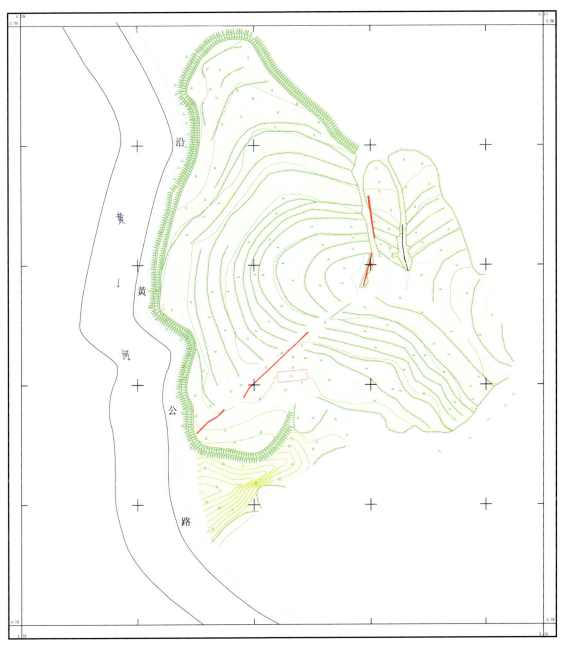

说明：图中的黄河及沿黄公路是示意位置，只作为参考。

1∶1000

04－103号城咀石城地形图

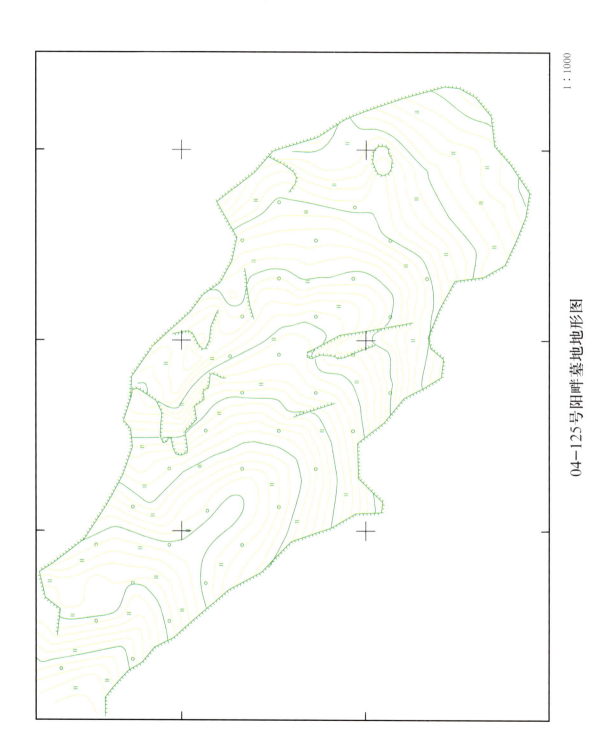

1:1000

04—125号阴畔墓地地形图

清 水 河

1：2000

04－148号姑姑庵遗址地形图

1：1000

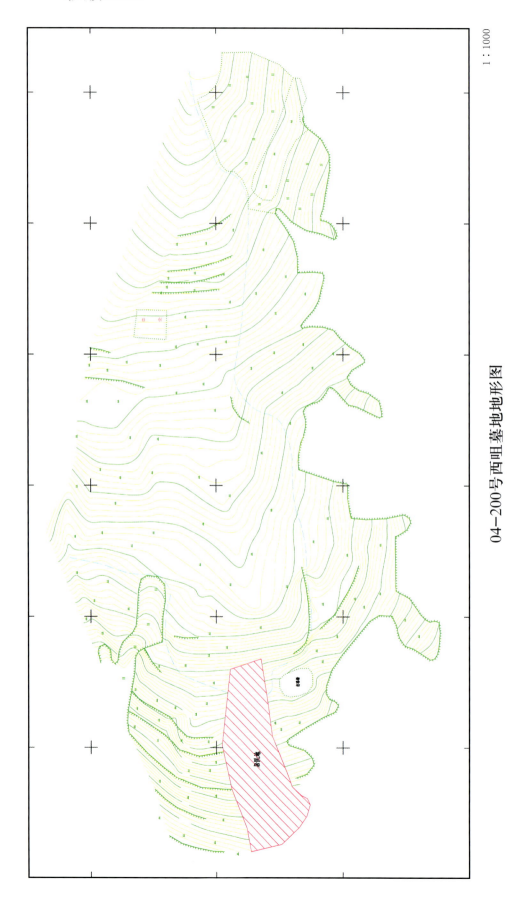

04—200号西咀墓地地形图

说明：图中的黄河是示意位置，只作为参考。

1∶1000

05—201号大路圪坦石城地形图

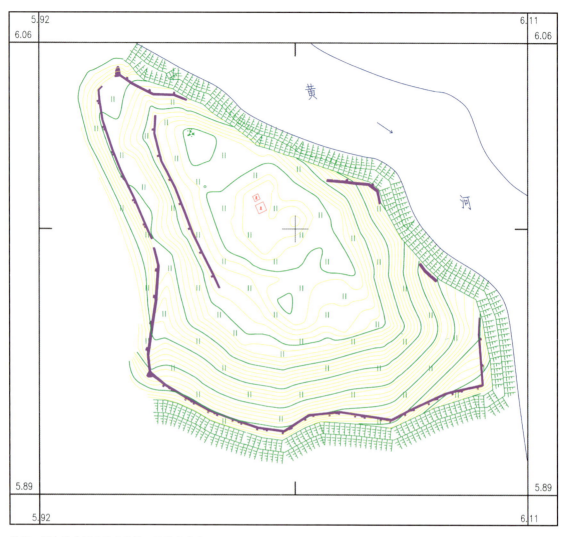

5.92
6.06

6.11
6.06

黄

河

5.89

5.89

5.92

6.11

说明：图中的黄河是示意位置，只作为参考。

1：1000

05—225号荒地石城地形图

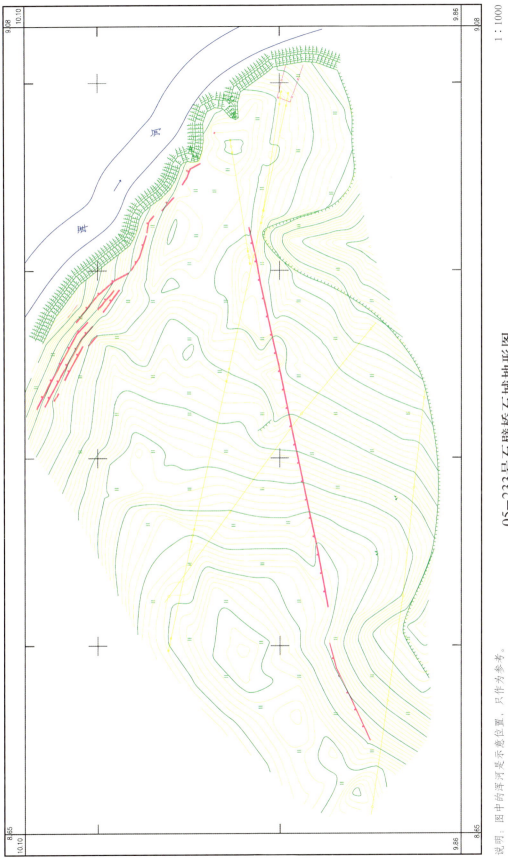

05—233号石壁桥石城地形图

1：1000

说明：图中的泽河是示意位置，只作为参考。

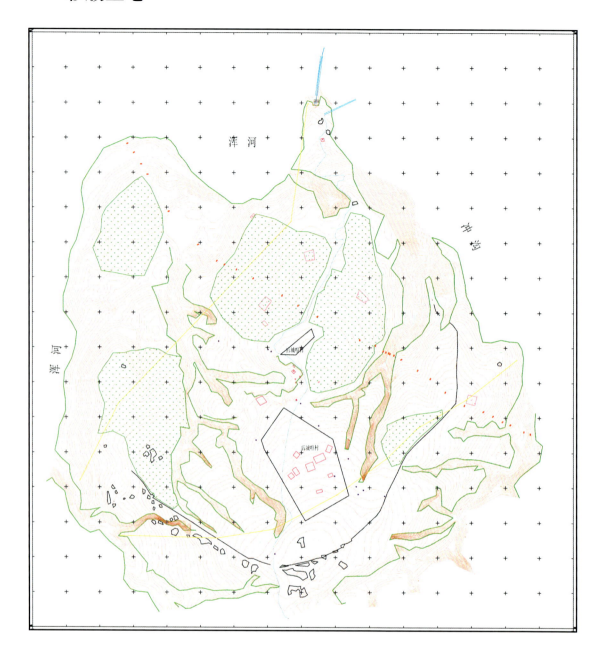

浑河

浑河

后城咀村

05-278号遗址点地形图

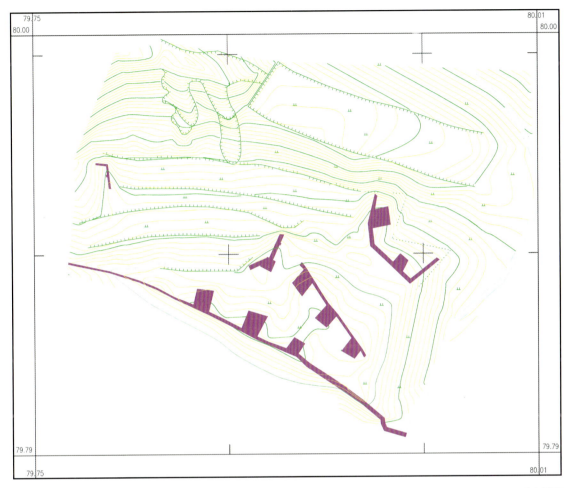

79.75
80.00
80.01
80.00

79.79
79.79
79.75
80.01

1 : 1000

05-278号遗址点北部城墙局部地形图

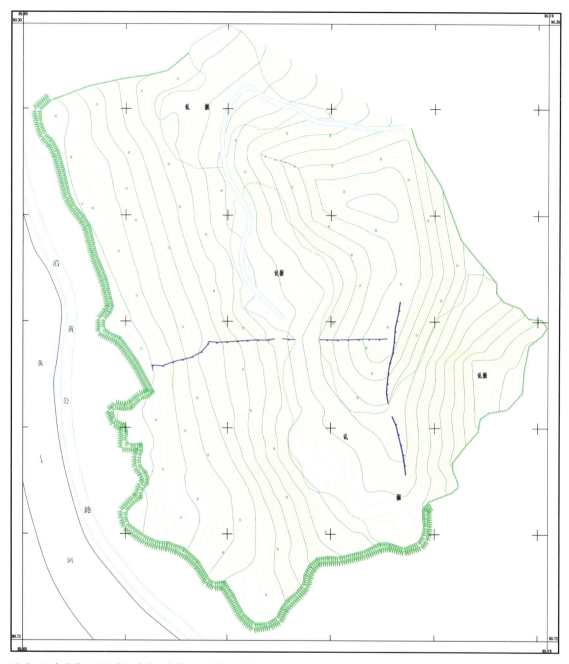

说明：图中的黄河及沿黄公路是示意位置，只作为参考。

1：1000

05-340号遗址点地形图

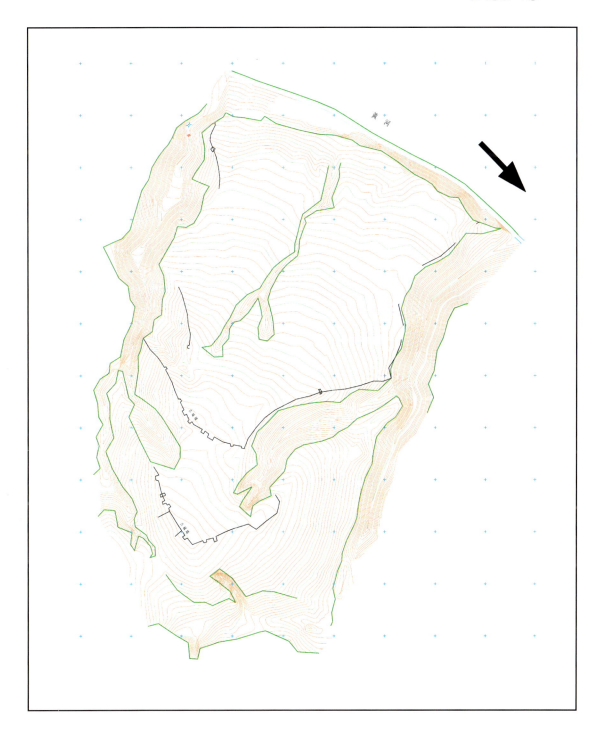

黄 河

05−351号遗址点地形图

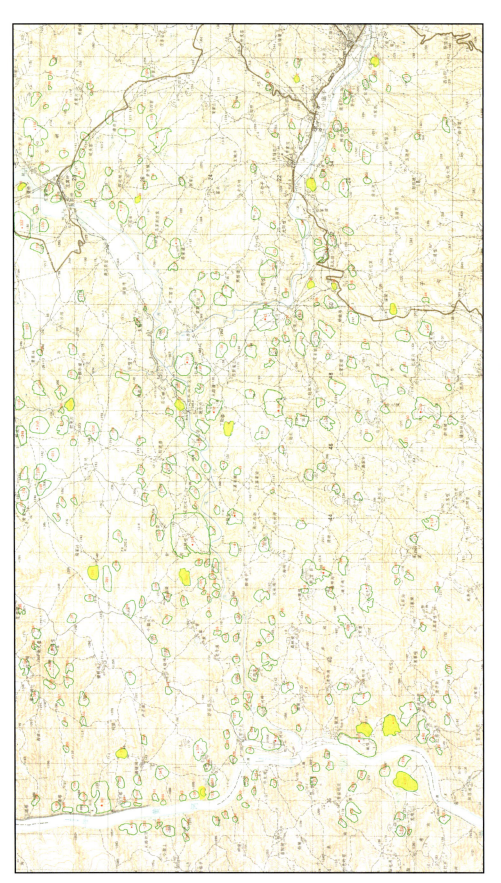

官地一期遗存遗址分布图

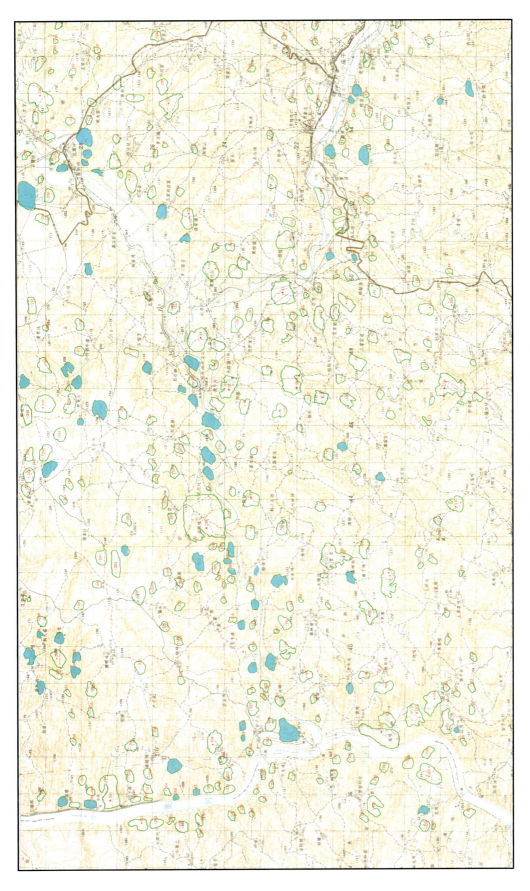

鲁家坡一期遗存遗址分布图

庙子沟文化遗址分布图

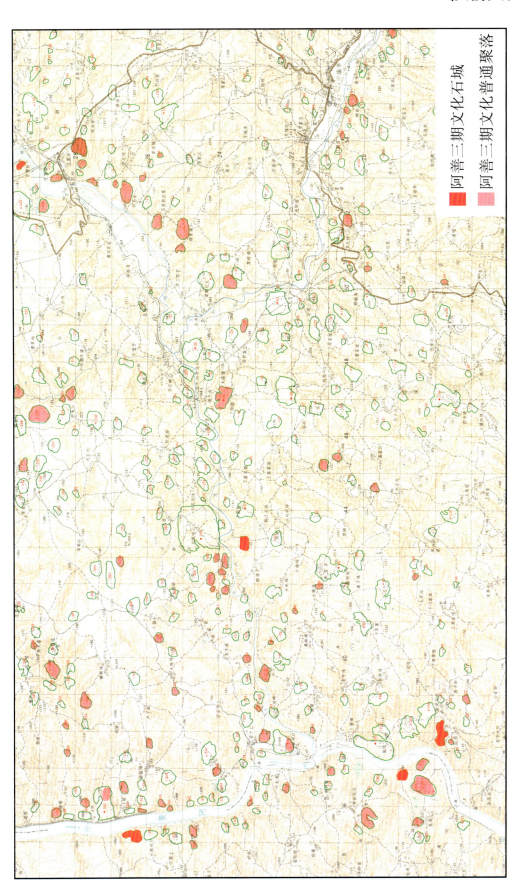

阿善三期文化遗址分布图

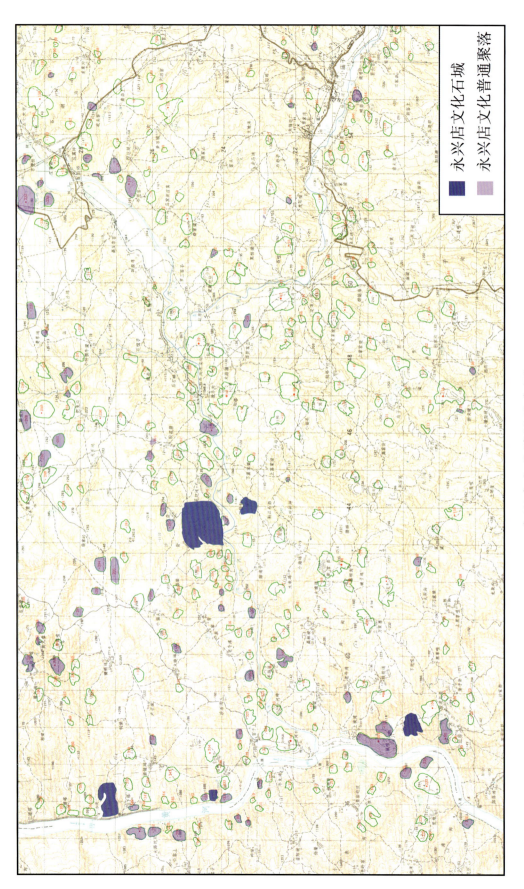

永兴店文化遗址分布图

永兴店文化石城
永兴店文化普通聚落

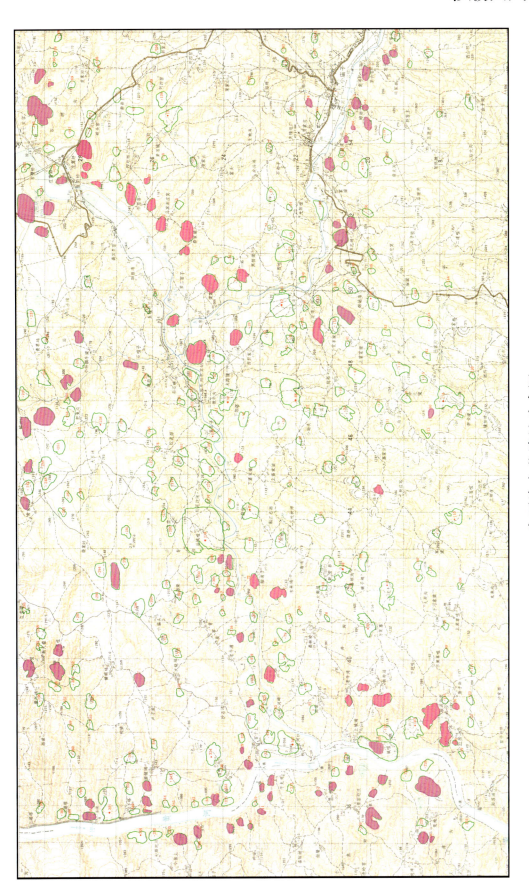

朱开沟文化遗址分布图

战国遗址分布图

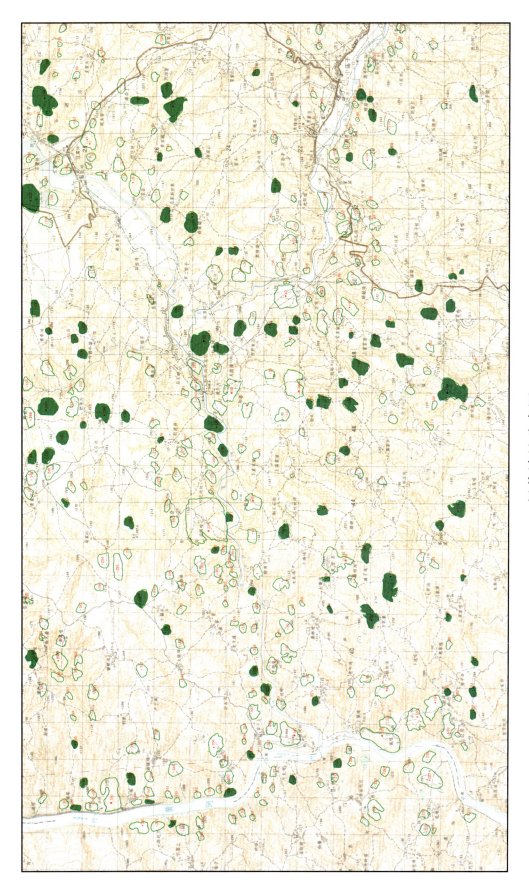

汉代遗址分布图

各阶段城址分布图

阿善三期文化石城

永兴店文化石城

战国城址

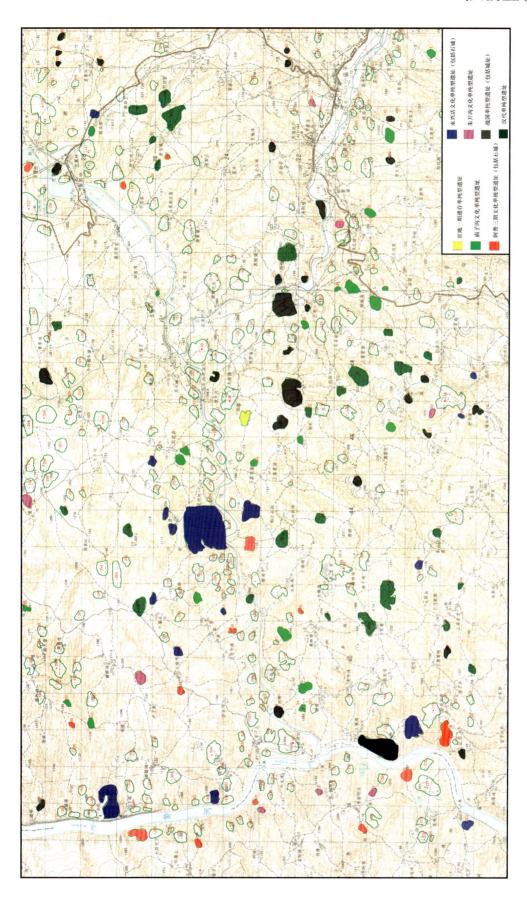

各阶段单纯型遗址分布图

04-061号遗址石城航片

04－064号遗址石城航片

04-090号遗址石城航片

04—101号遗址古城航片

04-103号遗址石城航片

04-200号西咀墓地航片

05-201号遗址石城航片

05—225号遗址石城航片

05-233号遗址石城航片

05—278号遗址石城航片

05—278号遗址瓮城航片

05-351号遗址石城航片

1. 04-005~04-007号遗址影像图

2. 04-008~04-010号遗址影像图

04-005~04-010号遗址影像图

1.04-012、04-013号遗址影像图

2.04-014、04-019、04-020号遗址影像图

04-012～04-014、04-019、04-020号遗址影像图

1.04-017号遗址影像图

2.04-021号遗址影像图

04-017、04-021号遗址影像图

1. 04-022号遗址影像图

2. 04-023、04-025号遗址影像图

04-022、04-023、04-025号遗址影像图

1. 04-024号遗址影像图

2. 04-026、04-027号遗址影像图

04-024、04-026、04-027号遗址影像图

1.04-032号遗址影像图

2.04-035、04-036号遗址影像图

04-032、04-035、04-036号遗址影像图

1. 04-039号遗址影像图

2. 04-041、04-042号遗址影像图

04-039、04-041、04-042号遗址影像图

1. 04-047号遗址影像图

2. 04-048号遗址影像图

04-047、04-048号遗址影像图

1.04-049号遗址影像图

2.04-050号遗址影像图

04-049、04-050号遗址影像图

1.04-051号遗址影像图

2.04-053号遗址影像图

04-051、04-053号遗址影像图

1. 04-054～04-056号遗址影像图

2. 04-057～04-059号遗址影像图

04-054～04-059号遗址影像图

1. 04-060号遗址影像图

2. 04-061、04-063、04-064号遗址影像图

04-060、04-061、04-063、04-064号遗址影像图

1.04-065号遗址影像图

2.04-066、04-067号遗址影像图

04-065～04-067号遗址影像图

1.04-068号遗址影像图

2.04-074、04-075号遗址影像图

04-068、04-074、04-075号遗址影像图

1. 04-076号遗址影像图

2. 04-078号遗址影像图

04-076、04-078号遗址影像图

1. 04-083、04-084号遗址影像图

2. 04-088～04-090号遗址影像图

04-083、04-084、04-088～04-090号遗址影像图

1. 04-091号遗址影像图

2. 04-092号遗址影像图

04-091、04-092号遗址影像图

1.04-097号遗址影像图

2.04-099、04-100号遗址影像图

04-097、04-099、04-100号遗址影像图

1. 04-101～04-103号遗址影像图

2. 04-108号遗址影像图

04-101～04-103、04-108号遗址影像图

1. 04-111号遗址影像图

2. 04-114号遗址影像图

04-111、04-114号遗址影像图

1.04-116号遗址影像图

2.04-118号遗址影像图

04-116、04-118号遗址影像图

1.04-119号遗址影像图

2.04-120号遗址影像图

04-119、04-120号遗址影像图

1.04-121～04-123号遗址影像图

2.04-124号遗址影像图

04-121～04-124号遗址影像图

1. 04-128号遗址影像图

2. 04-129、04-130号遗址影像图

04-128～04-130号遗址影像图

1.04-133号遗址影像图

2.04-135号遗址影像图

04-133、04-135号遗址影像图

1. 04-138号遗址影像图

2. 04-141号遗址影像图

04-138、04-141号遗址影像图

1.04-146号遗址影像图

2.04-147～04-150号遗址影像图

04-146～04-150号遗址影像图

1.04-151～04-153号遗址影像图

2.04-155、04-158号遗址影像图

04-151～04-153、04-155、04-158号遗址影像图

1.04-160号遗址影像图

2.04-165号遗址影像图

04-160、04-165号遗址影像图

1.04—170号遗址影像图

2.04—172、04—173号遗址影像图

04—170、04—172、04—173号遗址影像图

1. 04-174～04-177号遗址影像图

2. 04-178号遗址影像图

04-174～04-177、04-178号遗址影像图

1. 04-181、04-182号遗址影像图

2. 04-183～04-185号遗址影像图

04-181～04-185号遗址影像图

1. 04-193号遗址影像图

2. 04-199号遗址影像图

04-193、04-199号遗址影像图

1. 04-200号遗址影像图

2. 05-201号遗址影像图

04-200、05-201号遗址影像图

1.05-214、05-216号遗址影像图

2.05-233号遗址影像图

05-214、05-216、05-233号遗址影像图

1. 05-238号遗址影像图

2. 05-241~05-244号遗址影像图

05-238、05-241~05-244号遗址影像图

1.05-253号遗址影像图

2.05-257、05-258号遗址影像图

05-253、05-257、05-258号遗址影像图

1.05-264号遗址影像图

2.05-273号遗址影像图

05-264、05-273号遗址影像图

1.05-278号遗址影像图

2.05-279、05-280号遗址影像图

05-278～05-280号遗址影像图

1. 05-282、05-284、05-285号遗址影像图

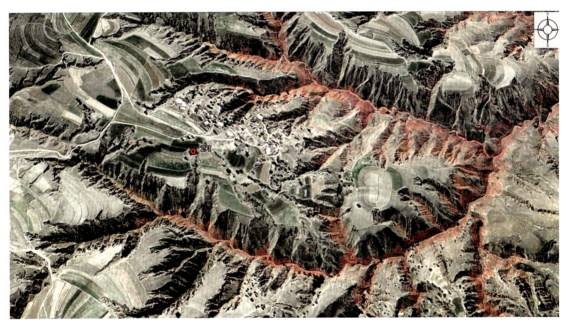

2. 05-291号遗址影像图

05-282、05-284、05-285、05-291号遗址影像图

1. 05−300号遗址影像图

2. 05−307号遗址影像图

05−300、05−307号遗址影像图

1. 05-323号遗址影像图

2. 05-334、05-336号遗址影像图

05-323、05-334、05-336号遗址影像图

1.05-338号遗址影像图

2.05-348、05-349号遗址影像图

05-338、05-348、05-349号遗址影像图

1. 05-350号遗址影像图

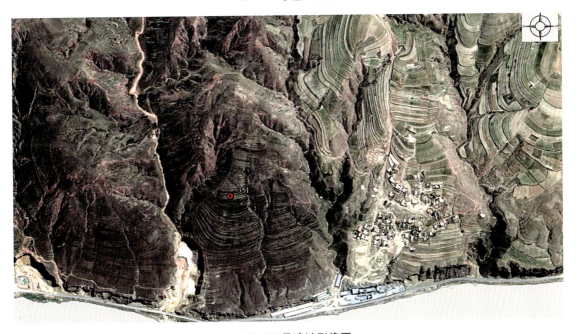

2. 05-351号遗址影像图

05-350、05-351号遗址影像图

1. 05-352、05-353号遗址影像图

2. 05-354、05-355号遗址影像图

05-352～05-355号遗址影像图

1. 05-356号遗址影像图

2. 05-367号遗址影像图

05-356、05-367号遗址影像图

# 后　记

2000年，"河套地区先秦两汉时期人类的文化、生业与环境"科研项目确立，张忠培先生要求山西、陕西、内蒙古课题组分别选择一个小流域进行地毯式考古调查，接到任务后，我在呼和浩特、包头、鄂尔多斯多次进行了调研，初选大黑河、乌兰木伦河、浑河流域作为调查对象，终因大黑河流域遗址稀少，而乌兰木伦河沿岸遗址沙化严重，最后选择了考古学文化序列比较清楚的浑河下游流域。

浑河下游考古调查历经2004～2005年两个年度，其间有长途跋涉、居无定所的艰难，风沙酷热的磨砺，也有发现新遗址的快乐，于今想来，快乐、艰难、疲惫早已经化为乌有，那些一起经历的点点滴滴已经模糊，只记得跨越黄河、几近倾覆的那条破损的小木船；互相拽着衣服，在黑暗中摸着隧道壁慢慢前行的丰准铁路隧道；中午靠着吃方便面、打盹的路边榆树；路遇突袭的大风、突降的大雪或大雨而临时躲藏的石崖……280平方公里可以承载的记忆很多，但往事如烟，记忆飘零，真正能够记录全部的也许只有汗水——课题组成员洒下的依旧滋润浑河的汗水。

2006～2007年，我和党郁对遗址的采集标本进行了统计，对每个遗址、标本的文化属性进行了详细的分析，孙金松对遗址进行量化分析，制作考古学文化分层图，为报告编写奠定了坚实基础。2007～2008年，张忠培、乔梁、杨晶、朱延平、杨建华等先生对调查资料进行了研究，年近古稀的张先生不顾鞍马劳顿，亲自摸陶片看图纸，对发现的问题给予了指导性的意见，并对内蒙古的工作给予了较高的评价，谬赞之下，让我既感喜悦的同时，也颇感压力如山。

2008年，我与国家博物馆雷生霖联系，促成了内蒙古自治区文物考古研究所与国家博物馆联合开展浑河下游流域的航空考古工作，此项工作成果对于更为全面地了解遗址地理环境、保存状况，尤其是龙山时期石城的整体布局、城墙的走向，具有非常重要的学术价值。根据无人机拍到的航空照片，观察发现2005年至2008年仅三年时间，已经有大量的遗址遭到铁矿、采石场的破坏，更为痛心的是矿洞、石场涉及的遗址环境已经变得千疮百孔，支离破碎。2013年我调到内蒙古自治区文物保护中心工作，有机会接触到呼市、清水河县的领导，多次就浑河下游的遗址情况进行沟通，建议将后城咀、下脑包、下塔等重要遗址列为自治区、市县级文物保护单位，为申报全国重点文物保护单位做基础准备。

2004至2015年，十余年来情系浑河，心系367处遗址，于今成果即将出版，我作为内蒙古课题组组长，履行了承诺，完成了任务。此报告的出版，首先要感谢张忠培先生及其团队，是张忠培先生主持的《河套地区先秦两汉时期的文化、生业与环境》这一项目，使参与此次项目的内蒙古课题组成员都获得了成果，开阔了眼界、得到了锻炼、提高了认识。其次要感谢内蒙古自治区文物考古研究所刘来学、魏坚、陈永志等领导的大力支持，尤其要感谢刘兆和先生、塔拉先生给予的热忱帮助，另外还要感谢课题组党郁、杨星宇、孙金松、张青秀、杨小勇、刘金娃、王东升、侯志军、刘志勇、贾青海等，有了他们才使这一成果得以完成。

此报告是集体智慧的结晶，内蒙古自治区文物考古研究所李力、敖汉旗博物馆刘海文完成了所有遗址地形图清绘以及采集标本的绘图工作，党郁完成第二章采集标本以及第二章第一节遗址概况的撰写工作，杨星宇完成第二章第二节、第三节遗址概况撰写工作，孙金松完成第一章撰写以及彩版制作工作，党郁和孙金松根据我的意见完成第三章结语的初稿，我在此基础上又进行修改并最终定稿。对于各位的辛勤劳动，在此一并感谢！

本书基础资料数据虽经多次核查，但限于水平，难免存在疏漏，望读者不吝赐教！

曹建恩

2015年5月于老虎山工作站